"傻瓜"计量经济学
与Stata应用

（第二版）

Econometrics for Dummies
Using Stata

习明明　编著

中国财经出版传媒集团

经济科学出版社
Economic Science Press
北京

图书在版编目（CIP）数据

"傻瓜"计量经济学与Stata应用 / 习明明编著. --

2版. --北京：经济科学出版社，2024.7（2025.5重印）

ISBN 978-7-5218-5943-0

Ⅰ. ①傻… Ⅱ. ①习… Ⅲ. ①计量经济学–应用软件

Ⅳ. ①F224.0–39

中国国家版本馆CIP数据核字（2024）第111088号

责任编辑：白留杰　凌　敏

责任校对：刘　娅　孙　晨

责任印制：张佳裕

"傻瓜"计量经济学与Stata应用

（第二版）

"SHAGUA" JILIANG JINGJIXUE YU Stata YINGYONG（DI-ER BAN）

习明明　编著

经济科学出版社出版、发行　新华书店经销

社址：北京市海淀区阜成路甲28号　邮编：100142

教材分社电话：010-88191309　发行部电话：010-88191522

网址：www.esp.com.cn

电子邮箱：bailiujie518@126.com

天猫网店：经济科学出版社旗舰店

网址：http://jjkxcbs.tmall.com

北京季蜂印刷有限公司印装

787×1092　16开　41.5印张　790000字

2024年7月第2版　2025年5月第2次印刷

ISBN 978-7-5218-5943-0　定价：78.00元

（图书出现印装问题，本社负责调换。电话：010-88191545）

（版权所有　侵权必究　打击盗版　举报热线：010-88191661

QQ：2242791300　营销中心电话：010-88191537

电子邮箱：dbts@esp.com.cn）

第二版前言

经济学是一门社会科学，实验是社会科学的短板。尽管经济学也可以做实验，但由于很难控制实验环境，经济学的理论很难被验证。但是因为计量经济学的应用和发展，经济学成功跨界为一门"准实验科学"，运用现代计量经济学可以得到很多有趣的结论和发现。以教育回报率研究为例，学术界关于教育边际回报率评估的文献可谓汗牛充栋，然而教育对收入究竟有多大影响？学术界至今没有达成一致的结论。尽管多数情况下，经济学家们都是自说自话，但这并不影响大家对该主题研究的热情。

其实，从实践的角度看，教育对收入影响的边际效应，根本就不是一个重要的话题，或者说它的结论如何是无关紧要的。不是因为教育本身不重要，而是因为收入仅仅是教育诸多社会成效中的一种而已，至于它的收益回报率是高一点还是低一点，我们并不是特别在乎，反正总是要把教育搞好的。

但是，从理论的角度看，如何准确测度教育对收入的边际影响，却极具挑战性。探讨这个话题，在经济学中有着极为重要的启示意义。一方面，在经济学基础理论中，教育代表了重要的人力资本积累，我们希望能准确地测度它的水平和边际回报率，以便于更好地验证经济增长理论。另一方面，在计量经济学理论研究中，教育与收入之间的内生性问题又极具代表性。如何准确地识别教育对收入影响的边际效应，对于计量经济学的发展方向和方法评估极为重要。甚至可以说，对这个问题的回答是否能令人信服，成了检验经济学实证方法是否科学的重要"试金石"。

既然如此，那么为什么经济学长达百年对教育的研究成果，还是没能准确地计算出教育的回报率呢？

要回答这个问题，还要从新古典经济理论说起。我们知道，新古典经济学相对于古典经济学而言，最大的贡献之一就是将微积分引入到经济学分析，开启了一场"边际主义"的革命。自然，教育作为一种重要的投入要素，它对经济增长和收入影响的平均边际效应也就引起了人们的兴趣。

　　但是，对教育边际回报率的测度却面临两大难题。一是受教育年限具有重要的异质性。接受九年义务教育和接受八年的义务教育，两者虽然只相差一年，但这跟完成七年和八年义务教育也相差一年是完全不一样的。同样的道理，完成大学四年学业跟只读三年就辍学，虽然只差一年，但两者之间有本质的差异。因而，教育本身就不是一个连续的变量，忽略这种异质性，直接研究教育每增加一年对收入影响的平均边际效应，这个出发点本身就是错误的，可能是一个伪命题。二是教育对不同人群的影响也是不一样的。不同人群的特征不一样，能力也不一样，我们很难在保持其他条件不变的情况下（ceteris paribus），直接估算教育的总体平均边际效应（average marginal effect，AME）或平均处理效应（average treatment effect，ATE），这样做会因为内生性问题而导致估计产生偏误。

　　经济学家们为了回答这个问题，以期得到一个令人信服的答案，可谓是付出了百年的努力。而且形成**两种不同的思路：**一是继续沿着新古典经济学派的思路，以复杂的模型设计和微积分理论推导，来论证结果的可信性。二是采取"退一步海阔天空"的思路。既然这种总体平均边际效应（AME）或平均处理效应（ATE）很难计算出来，那么就可以估算教育回报率的局部平均处理效应（local average treatment effect，LATE）。例如，我们可以估算是否上大学对个体未来收入的影响；是否选择修读经济学专业对未来收入的影响等。当你把教育对收入影响的所有局部平均处理效应都估计出来之后，那离教育回报率真实的总体平均处理效应（ATE）其实也就不远了。但其实，这个真实的总体平均处理效应是多少，我们并不是很关心。我们恰恰需要的，就是一个精确的、令人信服的局部平均处理效应（LATE）。

　　以教育对收入影响的分位数估计为例，条件分位数估计的是不同受教育程度条件下，受教育年限每增加一年对该条件下某一分位的人收入影响的平均边际效应（AME或ATE）。例如，10分位条件分位估计的平均处理效应包括：（1）初等教育程度的人，他们的受教育年限每增加一年，对小学毕业的个体中10分位收入的人的边际影响；（2）中等教育程度水平的人，他们的受教育年限每增加一年，对中等教育个体中10分位收入的人的边际影响；（3）高等教育程度水平的人，他们的受教育年限每增加一年，对高等教育个体中10分位收入的人的边际影响。假设样本中受教育程度只有初等、中等和高等三种，则10分位条件分位估计的平均处理效应就是以上三种边际效应的加权平均值。而这个平均边际效应，往往并不是我们所真正关注的效应。事实上，我们更加关注的是，受教育程度变化对无条件10分位收入群体变化的影响，这些人才是真正的低收入群体。

　　笔者认为，第二种估计局部平均处理效应（LATE）的思路，才是真正地对新古典经济学派思想的继承，以微积分的思路将教育回报率问题进行无限"切割"，再精准地计算局部平均处理效应。

这种计算LATE的思路看似简单，但要想在控制其他条件不变的情况下，准确识别LATE也很困难。因为经济学不能像自然科学那样能够通过高精准实验的方式计算LATE。例如，你可以找到两块一模一样的材料，分别以不同的方式处理，然后再计算不同方式处理的LATE。经济学既不能找到两个一模一样的人（哪怕是双胞胎也有区别），也不能找到两个一模一样的企业或城市。而且，经济学的实验也有可能面临一定的道德问题，尤其是在评估教育回报率的过程中。如果你找到两个条件相似的学校，一个学校要求他们下午三点钟放学，另外一个学校要求他们下午五点钟放学，然后比较若干年后这种制度设计的效果。这种方法看似可行，但有可能在无形中改变了两个学校成百上千孩子的命运。

在通常情况下，经济学家们为了避免道德问题，只能采取仿真的实验室实验，或者采用事后评估的方式来估计LATE。尤其是后一种事后评估的方式，要求经济学家在数据处理、数理统计方法和计量设计上有较深的造诣。所以，经济学虽然是一门社会科学，但是这些年在计量经济学方法和应用中所取得的成绩，绝不会逊色于任何一门自然科学或者理工科专业。经济学对数学的要求，甚至超过了计算机科学、材料科学、生命科学、医学、化学、电子信息科学、软件工程等专业。这既是经济学的无奈选择，也是经济学迈向科学的重要一步。

阅读到这里，很多读者心里可能凉了一截！读者心里可能会想："经济学对数学要求这么高，我是不是选错了专业？接下来该怎么读下去"？因为有些修读经济学专业的学生，高中的时候是文科生或者数学基础不够扎实，所以才选择了经济学这门社会科学。

读者的疑问，也是本教材撰写的初衷。数学并不"可怕"，真正的数学不是计算，而是想象和抽象思维。背不下九九乘法表，不会用笔手动计算微积分，并不影响一个人成为伟大的数学家。更何况是经济学！不会推导计量经济学的公式，难道我们还听不懂经济学故事吗？

为了帮助读者克服对计量经济学的"恐惧"，本教材博采百家之长，绕过复杂的计量公式推导，以故事的形式展现计量经济学理论的核心思想与Stata实践操作，让数学基础差的学生也能读懂并巧妙应用计量经济学前沿方法，准确识别和测度LATE。

"傻瓜"计量不是传统计量，而是以因果识别为导向的现代计量。"傻瓜"计量也不是初级计量，而是一本将初、中、高级各阶段计量经济学理论与软件操作融会贯通的综合教材。因而，本教材既可以作为国内本科生、硕士生和博士生各阶段计量经济学课程教材，也可以作为从事相关实证研究工作教师的参考书。

本教材第一版发行之后，受到了国内外广大读者和同行的好评，笔者在此一并表示感谢！同时，再次感谢经济科学出版社白留杰、刘娅、孙晨、张佳裕等老师们的辛苦付出，因为你们的认真负责、本书才能以更完美的形式呈现给读者。此外，笔者也收到不少读者的来信，指出本教材存在的一些粗疏错漏之处。同时在教学应用过程中，笔者也发现了第一版有些地方逻辑不通顺。第二版已予以更正，并且补充了计量经济学方法的一些最新成果和应用，以飨读者。

江西财经大学蛟桥园

2024年7月

第一版序

 计量经济学是一门应用性极强的学科，因为它不仅在统计、经济、金融、会计、国际贸易、管理、财税、市场营销等几乎所有经济管理专业有广泛的应用，而且在法学、社会学、心理学、医学、新闻传播等专业也有大量的使用，足见其学科地位和作用。但是，因为计量经济学需要用到大量的数理统计理论作为基础，想要学好它也有一定的"难度"。在大学里面，计量经济学令很多学生望而却步，甚至成为了国内外很多大学生的"滑铁卢"。笔者曾见过很多优秀的大学生，好不容易在大一和大二学年培养了经济学兴趣，但是到大三学年学完计量经济学之后，自信心就开始不足了，认为自己不适合走经济学研究这条路。

 对于初学者而言，计量经济学确实"不好"学并且不易入门。不是因为计量经济学真的很难，而是因为没有"合适"的教材作为引导。众所周知，计量经济学可以帮助我们透过现象看本质，识别变量之间的因果关系。但也正是因为这样一个定位，使得我们不仅要把计量经济学讲得通俗易懂，而且不能讲得太浅。不仅要把理论讲透，还要讲得全面。否则，学生"学艺不精"，容易做出"伪回归"，得出很多错误的结论和统计推断，甚至闹出不少笑话。与其如此，倒真还不如不学。

 笔者在江西财经大学从事"计量经济学和Stata应用"教学工作已经有十多年了，一直苦恼没有"称手"的教材。上课不能做到"随心所欲"，讲课的时候"如鲠在喉"。市面上流行的国内外的教材，都编写得很好。但是，这些教材并不适合笔者的教学方式。这些年笔者在计量经济学教学中，用过很多种不同的国内外教材。有的教材确实写得很有逻辑性，论证也很严密，但是烦琐的公式推导和对数理统计知识的依赖，令很多学生上课的时候"云里雾里、一知半解"；有的教材虽然写得更通俗易懂，但反反复复地谈多元线性回归和统计推断，而对于现代计量的因果推断与模型设计只字不提。不要说学生听课的时候容易打瞌睡，笔者作为老师在讲课的时候也会觉得无趣。一些中高级计量经济学的教材，即便是对于部分硕士生和博士生而言，也跟侠客岛二十四座洞壁上用蝌蚪文刻成的《侠客行》一样难懂，更难以达成笔者想要实现的教学目标。

这些年，笔者一直想要寻找一本通俗易懂但不浅显的教材，它不仅是要让普通本科生，甚至专科生都能看得懂并且容易上手，而且深度还必须达到博士研究生水平和要求。这个想法听上去有点矛盾，但经过多年的教学探索，笔者发现这个想法并不是不可实现。一些复杂的计量经济理论，通过结合身边的事例，以故事的形式很容易把机理讲清楚。自从有了这样的想法之后，笔者一直在探索用简单的语言来表述计量经济学的核心思想与计算逻辑，辅之以详细软件操作程序和说明，让即便没有计量经济学理论基础的学生，也能轻松地掌握计量经济学原理并且能够实证应用。就像一部电脑或一部手机一样，我们需要使用的是它们的功能，并不需要掌握它们的源代码，我们只需要会用App执行命令就行。

既然市面上没有笔者满意的教材，作为一名长期从事计量经济学教学的教师，笔者只能自己动手编写，这既是笔者的夙愿，也是一份责任担当。因而，在撰写的过程中，本教材力求文笔简洁和通俗易懂，尽量不依赖数学公式推导，以故事的形式把复杂的计量经济学逻辑讲清楚。让读者不用费太多的脑筋，就能先把计量经济学理论的主要逻辑和Stata软件实现方法搞清楚，最大可能培养读者对计量经济学的兴趣。让他们能够以兴趣为"导师"，在计量经济学和实证研究的道路上边干边学和不断突破自我。同时，为了满足更高水平的硕士生和博士生对方法应用的需求，本教材除了在操作上追求简单易懂之外，在理论和逻辑自洽上，也要追求故事与公式的完美匹配，让读者能够至少找到一种理解计量经济学核心逻辑的方法，也让有不同诉求的读者能够各取所需！

在使用本教材之前，建议读者提前通过百度网盘下载与本书相对应的数据集 data（https://pan.baidu.com/s/16VepqnkU1maxY8x8j4HBdw，提取码：jufe）和外部命令 do 文件 plus（https://pan.baidu.com/s/1QWkGhwMTtgZNMh66K7BfvA，提取码：jufe），存放在自己电脑相应的工作路径文件夹下。**由于百度网盘下载地址不稳定，有时会出现无法打开的情况，以上下载地址仅供参考，具体以笔者在"哔哩哔哩"个人主页"江西财大习明明"公布的数据下载链接为准（读者也可以通过发邮件到笔者邮箱 mmxi@foxmail.com 索取数据链接）。**

下载数据和 plus 文件之后，读者可以使用 sysdir 命令查看 Stata 的默认工作路径（如果仅是查看当前工作路径，可以输入命令 pwd）。以笔者的电脑为例，在 Stata 命令窗口输入：

. sysdir

STATA: D:\program files\Stata18

BASE: D:\program files\Stata18\ado\base\

SITE: D:\program files\Stata18\ado\site\

PLUS: C:\Users\jjys9\ado\plus

PERSONAL: C:\Users\jjys9\ado\personal

OLDPLACE: C:\ado\

数据文件（data文件夹中的内容）需要下载、解压缩并存放在工作文件夹"D:\program files\Stata18\"中（注意：直接将数据拷贝出来，存放在Stata18工作目录下，不要放在data文件夹里面），以方便后期直接调用数据。**如果Stata当前的工作路径不在Stata的安装目录下（比如在桌面），导致Stata使用use命令都无法调用系统自带数据auto.dta。可以在Stata的安装目录下新建一个初始配置文件profile.do的文件**（在命令窗口输入**doedit profile.do**，或者直接使用**do-file**编辑器新建一个**profile.do文件），在profile.do里面输入命令：cd "D:\program files\Stata18"，再将profile.do文件保存在Stata的安装目录下。读者也可以设置其他工作路径，但一定要确保该工作路径上的文件夹是存在的，否则Stata会报错。每次开机之后，Stata会自动找到这个名为profile.do的文件，并执行里面的所有命令，显示结果为："Running D:\program files\Stata18\profile.do ..."。读者想要做任何设置更改，只需将对应命令写入初始配置文件profile.do即可。**

do文件（plus文件夹中的内容）可以下载存放在"C:\Users\jjys9\ado\plus\"中（注意：先解压缩，然后再替换该目录下的plus文件夹。如果没有找到ado文件夹，则可以手动新建一个文件夹，命名为ado，再将笔者提供的plus文件夹解压缩，并存放在ado文件夹中；启动Stata之后，如果工作路径找不到或者Stata无法写入安装外部命令，可以在C盘根目录下新建一个ado文件，ado文件里面再新建plus和personal文件（其中，plus文件使用笔者提供的文件解压缩，personal为空文件夹即可），再重新启动电脑和Stata界面，使用sysdir命令查看工作路径，就可以看到工作路径已经重新设置。**

如果想自己跟着教材循序渐进，用Stata在线下载系统外部命令，则可以不拷贝plus文件夹（需要确保Stata可以在线更新），但数据（data）文件夹中的内容还是需要下载（有一定Stata操作基础的同学，可以根据自己喜好选择电脑中的存放位置）。另外，本教材配套的视频线上教学课程，可以在"哔哩哔哩"网站观看，站内搜索关键词"傻瓜计量经济学"或者"习明明"即可找到。该线上课程内容是本教材的一个简化版本，主要起到兴趣引导作用。更详细的操作和深入的分析，还是要以本教材或者"傻瓜"计量培训班视频为准。

师恩永难忘，虽然笔者已经毕业十多年了，但饮水思源，本书之所以能够付梓出版，笔者首先要感谢我的博士生导师——武汉大学郭熙保教授；其次，笔者要特别感谢的是经济科学出版社白留杰老师，她为本教材的出版付出了巨大的努力；此外，感谢我的研究生刘雅琴、刘鹏和张卢千漪，以及在书稿编撰和修改过程中提供过帮助的所有朋友；感谢"傻瓜"计量培训班全体学员们的支持，希望你们的科研和学业更上一层楼；最后，还要特别感谢我的爱人周旋和女儿习乐凡，是你们的爱让我无后顾之忧，能够全身心地投入书稿编撰工作。另外，本教材也是国家自然科学基金项目（72264011、71863011）阶段性成果。

"吾生也有涯，而知也无涯"。由于笔者的学识有限，对本教材中的错误和不足之处，敬向广大读者致以万分的歉意！同时也希望大家能不吝赐教，将相关的错误或者遗漏之处及时告知笔者（mmxi@foxmail.com），笔者将不胜感激，以期在本书未来的版本中进一步完善并逐一致谢。

江西财经大学蛟桥园

2022年6月

目 录 Contents

第1章 计量经济学导论

1.1 什么是计量经济学

"天之道，损有余而补不足。人之道则不然，损不足以奉有余"（老子《道德经》）。天道守恒，通过减少有剩余的来补给不足的，自然界才能维持均衡和可持续发展。但是人道不同，人心不足蛇吞象，富裕的人还想更富裕，并且希望那些贫苦的人能够继续供养他们，形成贫富的马太效应，这会破坏人类社会发展的平衡。当人道违背天道的时候，就需要有人出来匡扶正道，将事物发展回归其本原规律，人与自然才能和谐共处，人类社会才能长治久安。

但是，何谓天道？不知"道"又何以卫道？道无所不在，但道又无常态。悟道看似简单，但实际却很困难。不仅需要很深的知识积累和理论基础，还需要很强的哲学思辨能力，才能透过现象看本质。"人法地，地法天，天法道，道法自然"。只有弄清楚事物本身的运转规律和背后的因果关系，才能以人道效法于天道，推动事物发展回归均衡和可持续发展之路。

计量经济学是以统计和数理分析为基础的实证分析工具，是从样本和数据分析中**寻找一般规律或识别因果关系**的分析方法。计量经济学的基础理论虽然是由经济理论、数学和统计学构成，但并不是三者的简单加总，也绝非等同于经济统计，而是三者的有机融合与统一①。一般而言，计量经济学研究可以进一步分为计量经济学理论与应用计量经济学两个分支。其中，计量经济学理论关注计量工具和方法的发展，以及对计量经济学方法性质的研究；而应用计量经济学则更加关注经济理论模型的实证应用、价值判断、因果识别和政策评估等。

计量经济学也是经济学的分支学科，而经济学是社会科学，研究的主要目标是经济社会活动，研究的主要对象是人、企业、城市、国家等，而这些研究对象本质

---

① "计量经济学"这个术语被认为是由挪威的拉格纳·弗里希（Ragnar Frisch）最早提出的，他是计量经济学协会的三位主要创始人之一，《计量经济学》杂志的第一任编辑，1969年他获得了首届纪念诺贝尔经济学奖。

都有一个共同的特点，就是由人的活动组成。因为每个人都有自己的主观性，单个人的行为或许有其内在的客观规律，但是当不同的人组合在一起时，不存在统一的客观规律能够精准模拟和预测所有人的行为。只能通过数理统计的方法，找到反映人及其所形成的各种主体行为的一般规律。

经济学是先于计量经济学和统计学而诞生的，早在春秋战国时期，我国古代就已经萌生了很多的经济思想。典型的代表如老子的"无为而治"、商鞅的"重农思想"和孔孟的"中庸之道"等。那么，在没有计量经济学和统计学的时代，古人如何测度并把握事物的发展规律呢？其实，很多古典经济思想都蕴含了计量经济思想。

儒家思想在中国发展了几千年，其中最核心的思想就是"中庸之道"，而"中庸"最重要的本质之一，其实就是计量经济学普通最小二乘法（ordinary least squares，OLS）的核心思想体现。什么是"中庸之道"？举例而言，一个班级要选一位班长，那谁最适合？按照"中庸"的思想，候选人应该是思想观念不能太偏激，既不能太左，也不能太右。既不能倾向于男性，也不能倾向于女性。最好是跟每个人的思想都比较接近，这样才有利于开展工作，大家才会投票给该候选人。按照计量经济学普通最小二乘法的思想，候选人的思想如果与每个人思想差异的平方和最小，该候选人就是班长的"最佳人选"[1]。由此可见，"中庸"思想和计量经济学普通最小二乘法有相同的地方。但是，"中庸"的思想要远比普通最小二乘法的思想更广阔，适用的范围更大，内涵也更加丰富，普通最小二乘法仅仅是"中庸"思想某一个方面的具体体现[2]。

1.2 为什么要学习计量经济学

大学和中学都是学理论知识，究竟有什么区别？难道就是理论的深浅和专业技能的区分？如果仅仅是因为如此，那读大学就意义不大，把中学再多延长几年就行。

大学之所以区别于中学，重点在于学以致用，明辨慎思笃行。要达成这个目的，关键是要跨越理论与实践之间的鸿沟。根据笔者近二十年的从教经验，社会科学专业的学生，绝大多数人并不能如期顺利完成任务。一般而言，社会科学理论都是有

---

[1] "最佳人选"并不意味着是"最正确"人选，民选出来的班长，虽然能够代表最大多数人的意愿，但是于班级而言，是不是就最正确呢？这个还有待商榷。他可能守成有余，但是不一定能改革创新，不一定能够把这个班级带得最好。同样的道理，OLS估计是最佳的拟合线，但不一定是最正确的解决方案，也不一定就是事实的真相。以制度和经济增长为例，如果拿全世界各个国家几千年发展的制度与经济增长进行回归，可能能够找到一个数学上的最佳制度，但这个绝对不是最正确的制度路线。最正确的路线一定是未来经过实践检验的，不是过去制度的综合或"中庸"路线。而预测未来，是计量经济学的最大短板和缺陷。如果用计量经济学来决定一国的制度，那毫无疑问将是一场重大灾难。

[2] 每种理论和思想都有它正确的一面，也会有局限和不足的地方，计量经济学和中庸思想都不例外，我们要学会辩证思考和理解。

很强的假设前提的，而现实情况又往往并不能满足这些假定，直接照搬理论无异于纸上谈兵，不切实际。

如何根据实际情况调整理论与预期，这是大学生必须要努力掌握但又难以掌握的技能。笔者认为在社会科学的诸多课程中，计量经济学就是能够帮助大家跨越理论与实践鸿沟的桥梁，是联结理论与现实的纽带，能够帮助大学生摆脱中学教育思维的束缚，实现慎思明辨笃行的教育目的。

举例而言，人们通常认为开快车容易出交通事故，所以临出门时，亲人们总爱嘱咐说："慢点开，注意安全"。然而，实际上很大一部分比例的交通事故并不是因为开快车，而是违章驾驶或者高速公路上"龟速"行驶。又比如，手机是一款智能科技产品，理论上越是受教育水平高的人，越是倾向于通过手机来观看新闻和接收外部信息。但实际上你仔细观察周边，可能会发现真正"机不离手"的人，可能多数并不是受教育程度高的人。再比如，那些经常在网上购买商品的消费者，对网络购买和促销信息会相对更加熟悉，当同寝室的室友都参加"双十一"活动时，大家可能会预期有网购经验的人更倾向于也会因为从众而参加"双十一"活动。但实际情况却并非如此，那些缺少网购经验的大学生更容易产生从众行为，也就是"菜鸟"更容易冲动。

当你观察到理论预期与实践结果不一致时，你就需要检验到底是理论出错了？还是自己的观察和思考出错了？那需要用什么工具呢？计量经济学可以完成这个任务，具体可以参考以下几个案例：

（1）如何评价一款药品的疗效？

如果有人发明了一种新的抗癌药，为了证明这种抗癌药的效果，发明人请来100位癌症患者，让他们按要求服用此药。几个疗程之后，发现这100位癌症患者中，有50%的患者都康复了。那么，是不是说明这种抗癌药的治疗效果有50%呢？

答案是不确定的，有可能是，也有可能不是。因为这次实验只有干预组，没有控制组作为参照，就不能保持其他条件不变（ceteris paribus，拉丁文，意思是"其他条件相同"），因而不能将药物的干预与其他影响因素区分开来。如果其他条件发生变化了，比如他们可能在服药期间，做了某种有效的食疗或者理疗，多种因素混杂在一起，就有可能会高估药物的治疗效应。也有可能，如果这100位患者不服用此药，可能康复率会有60%，那么这种抗癌药的治疗效果就是负的了！问题的关键，应该是要找100位与干预组特征相似的患者作为参照，并且参照组的群体服用安慰剂（淀粉之类）。除了实验的组织者和设计者之外，志愿者也不能知道自己服用的是治疗药物还是安慰剂，每个人都不知道自己是干预组还是控制组。最后比较两组康复率的差异（DID），才能知道抗癌药的真实效果。

为什么干预组和控制组的特征要相似呢？原因很简单，如果干预组都是青壮年，而控制组都是老弱病残，那么这样的DID实验结果在统计上再显著，也没有任何意义。因为没有办法区分到底是抗癌药的疗效，还是实验组成员凭借自己的身体素质征服了疾病。**控制组的作用，就是构建其他条件不变情况下的反事实参照。在政策分析中，保持其他条件不变对于识别处理效应至关重要。**

（2）双一流大学能在多大程度上提高人们的收入？

假如我们统计江西财经大学和厦门大学2017届大学生的毕业工资，发现厦门大学2017届毕业生的平均工资，要显著高于江西财经大学毕业生工资约2000元。并且不管你用什么计量方法，控制什么个体特征，结果都很显著。

计量结果既有干预组，又有控制组，潜在结果可观测，是否能够说明厦门大学的教育成效显著高于江西财经大学呢？

答案是：不一定。为什么？

我们都知道厦门大学的高考分数线要显著高于江西财经大学。以2017届学生为例，假设2013年高考，厦门大学的分数线是600分，而江西财经大学的分数线是550分（假定全国的分数线都是统一的）。

很明显，厦门大学的分数线要显著高于江西财经大学。虽然上面的实验既有干预组又有控制组，但是干预组和控制组的特征差异显著，所以结果（DID）并不可靠，不能说明任何问题。因为在进入大学前两批学生的能力素质不一致，我们就必须要思考究竟是因为两校教育水平带来了毕业生薪资水平的差距，还是因为学生自身能力素质不同而产生了差距。

正确的做法是，从厦门大学2017届毕业生中，选取几百个样本，这些样本满足的特征是2013年入学时的高考成绩在600分附近（比如大于600分，但小于620分）。然后，再从江西财经大学2017届毕业生中，也选取几百个样本，这些样本满足的特征是2013年入学时的高考成绩略低于600分（比如580~600分）。

这样，我们就可以比较600分附近的两批学生，他们特征更加相似或接近，个人努力程度和能力也应该差不多。但是，一批上了厦门大学，一批上了江西财经大学。实证结果可能表明，江西财经大学毕业生的平均工资显著高于厦门大学！

听起来好像是"田忌赛马"的改版！其实是实证研究最流行的断点回归（RDD），不过和"田忌赛马"有异曲同工之妙。这是不是说明，江西财经大学的教育水平要显著优于厦门大学呢？答案还是否定的。

那么，问题到底出在哪里呢？首先，这只是断点回归，它只能反映高考成绩600分附近的学生，不能推广到全样本或总体的平均因果效应。而真实的平均因果效应没人检验过，无从知晓。

其次，为什么断点附近江西财经大学的学生会显著优于厦门大学的学生。一个可能的原因是，那些略低于600分的学生进入到江西财经大学之后，他们多数人都将成为最优秀的学生，可以选择自己最喜欢的专业，并且每年都有各种奖助学金，得到老师和同学的各种鼓励和羡慕，能够更加激励自己努力（棘轮效应），从而更加鞭策自己发愤图强；而那些分数略高于600分的学生进入厦门大学之后，因为在厦门大学相对分数低的原因，他们多数人只能进最差的或者调剂到自己不喜欢的专业，或者进入好的专业也是在班级垫底，既没有奖助学金激励，也可能没有老师鼓励。在没有受到适合的引导和关注条件下，最终可能影响他们的就业质量。

（3）抽样调查的结论在总体样本中一定成立吗？

很多计量方法都涉及抽样调查，那么是不是只要满足随机抽样的条件，样本分析所得到的结论就一定能应用到总体呢？答案是不一定。一定要注意局部与整体、片面与全面的关系，避免以偏概全。

假如分析新冠疫情对全世界碳排放的影响，实证可以发现新冠疫情极大地减少了生产和商业活动，显著地降低了全世界的碳排放。这不仅不是一个伪回归，而且经得住任何因果识别的计量方法检验，两者之间确实存在因果关系。但是，这样的分析逻辑，是超越人类社会道德底线的。在生命价值和文明进步面前，这种"一叶障目、以偏概全"的强词夺理是毫无意义的，计量做成这样，就可以说是"有害的"了。凡事都有利有弊，如果仅仅是观察到事物极细小、极不重要的一点属性，就企图以偏概全，翻转人类社会的"普世价值"，是违背科学发展观的。学术研究确实需要坐"冷板凳"，确实需要标新立异，但是我们不能为了计量实证而计量实证，忽略整体与局部、全面与片面之间的辩证关系。

计量实证是服务于逻辑论证的，我们首先要在逻辑论证上站得住脚，计量实证才会有价值。计量不是全部，只是说明问题的一个方式而已，千万不要迷信计量结论。所以，我们在分析问题时，一定要做局部与总体的通盘考虑。既要弯得下腰，看到局部的情况；也要身体站得直，看得见总体的情况。抽样调查得到的局部结论，或者全样本得到的片面结论，如果要推广应用到总体，一定要经过深思熟虑、慎之又慎的考量，以避免一叶障目、以偏概全，避免误导他人和贻害社会，至少要做到"基本无害"。

（4）考研——应该选择报考什么样的大学？

截至2022年研究生入学考试，全国硕士研究生报名人数已经达到500万人左右（毕业生人数约1000万人）。显然，考研已经成为继中考和高考之后规模最大的考试，也已经成为大学本科毕业生面临的最重要选择之一。

但是，考研又显著区别于中考和高考，每个人只能选择一所大学作为志愿，要么成功，要么失败（调剂是另一个问题，不仅学校要降低档次，而且并不是总能成功）。同样的考试科目和专业，有人考400多分却落榜了，有人考350多分却顺利被录取。为什么？选择的目标学校和专业不同而已，考试的难易程度和竞争激烈程度也大相径庭。因而考研的策略性很强，我们应该选择什么样的大学才能提高"上岸"的概率呢？

在讨论考研志愿填报之前，我们先看一个"幸存者偏差"案例。第二次世界大战期间，在英国和德国进行的空战中，双方都损失了不少轰炸机和飞行员。因此当时英国军部研究的一大课题就是：在轰炸机的哪个部位装上更厚的装甲，可以提高本方飞机的防御能力，减少损失。由于装甲很厚，会极大地增加飞机的重量，不可能将飞机从头到尾全都用装甲包起来，因此研究人员需要做出选择，在飞机最易受到攻击的地方加上装甲（见图1.1）。

然而，实际上这样做并不能减少伤亡和飞机损失。因为，飞回来的幸存飞机，受到的所有攻击，无论中弹多少，都不是"致命"的。真正受到"致命"攻击的飞机，都中途坠毁了，并没有幸存下来。所以需要钢板加厚的地方，不应该是幸存飞机中弹最密集的地方，而是那些没有中弹但是又很关键的地方。

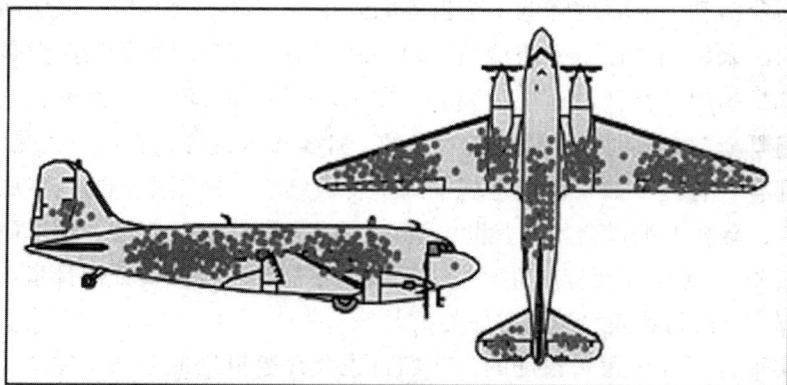

图1.1　幸存飞机中弹

同样的道理，高校每年都会组织很多考研成功的学子给学弟学妹们做经验分享，尤其是那些考上一流"985"高校的学长学姐们。很多学生在听了这些讲座之后都"深受启发""激情澎湃"，认真学习学长学姐们的经验，备考一流"985"高校。但实际上作为"双非"学校的本科生，能够成功考上一流"985"高校的学生比例又有多少呢？大家只是听了那些成功的少数学生的经验，却很少留意到那些考研失败的学长学姐们的经验。不考虑自身的实际情况，仅仅根据考研成功学生的经验或建议就做出人生的重大判断，难道不就是在无视幸存者偏差和拿自己的职业生涯"盲赌"吗？

（5）贝叶斯定理——遇到好人的概率。

我们经常在网上读到一些新闻，某某干部给人的印象是清廉公正，每天坚持骑自行车上班，对待下属友善亲和，但忽然有一天就被纪委约谈了。或者前一天还在公开大会上说"反腐倡廉"，隔天自己就被"留置"了。所以，如果一个人经常表现出做好事或正直的形象，那么他事实上真是一个好人的概率有多大？

由英国数学家贝叶斯（Thomas Bayes）发展的贝叶斯概率可以解释这一问题。所谓贝叶斯概率，是指用来描述两个条件概率之间的关系，即事件A在事件B（发生）

条件下的概率：

$$P(A|B) = P(B|A) \times P(A) / P(B)$$

好人不一定做好事，做好事的也不一定是好人。好人不会天天做好事，坏人也不会天天做坏事。假设一个人（包括好人和坏人）做好事 $P(B)$ 的平均概率是0.05，一个人是好人 $P(A)$ 的概率是0.7（这个世界好人占多数），一个好人每天坚持做好事的概率 $P(B|A)$ 只有0.06（你自己会每天坚持做好事吗？）。按照贝叶斯法则，那么生活中某一天，当你看到一个人做好事时，他是好人的概率只有 0.06 × 0.7/0.05=0.84，即做好事的人只有84%的概率是一个好人。如果坏人为了躲避法律制裁，故意表现出做好事，而好人又不肯表现，总是选择明哲保身，那么好人做好事的概率 $P(B|A)$ 就可能下降到0.05，而坏人伪装做好事的概率上升，导致平均做好事概率 $P(B)$ 上升为0.06，那么当你看到一个人做好事，而他又同时是好人的概率就只有 0.05 × 0.7/0.06=0.583，即58.3%的概率。所以不要看到有人做好事，就认定他是一个好人。

但是，行为经济学家发现，人们在决策过程中往往并不遵循贝叶斯规律，而是给予最近发生的事件和最新的经验以更多的权重，在决策和做出判断时过分看重近期的事件。面对复杂而笼统的问题，人们往往走捷径，依据可能性而非根据概率来决策，这种对经典模型的系统性偏离称为"偏差"。由于心理偏差的存在，投资者在决策判断时并非绝对理性，会产生行为偏差，进而影响资本市场上价格的变动。但长期以来，由于缺乏有力的替代工具，经济学家不得不在分析中坚持贝叶斯法则。

（6）你以为法律专业就不需要学计量吗？

你以为自己修的是纯文科专业，像文学、历史、法律、哲学、心理学就不需要学习计量经济学吗？其实计量经济学对这些学科研究的帮助也是非常大的。文科专业虽然不像理工科专业那样有明显的"科技性"标签，但越是如此越注重逻辑分析和因果诊断，越需要作者或研究者有缜密的逻辑思维和推断能力。

以法律学科为例，假设在一场民事诉讼中，你想要证明某村的村民肺炎患病率上升，是因为村庄周边的一个污染工厂不达标的排污所导致。那么你应该如何来调研取证呢？

自说自话在诉讼过程中是毫无意义的，必须进行充分的举证。首先要对该村庄附近的空气、土壤、水质等进行检测，但即便发生了一定程度的污染，也不能就此断定村民的肺炎就是工厂的污染所导致，有因未必就一定有果！也有可能是村民烧煤、烧秸秆、烧柴火，或者上游、邻近地区其他污染因素导致。

要进行因果举证，必须做好这样几步。（1）到医院或者其他机构，或者通过调研的方式寻找收集数据，看看该村庄在工厂建立以前的肺炎患病率情况，对比工厂建立前后村民的肺炎患病率，看看有没有显著地上升。（2）寻找与该村庄情况相似的村庄（可以多找几个），但是没有被污染（最好是处在该污染工厂的上游或者上风口，即不太可能被工厂污染的地方，且空气、土壤、水质等检测必须达标）。看看该工厂建立前后，这些村庄的村民肺炎患病率有没有显著变化。（3）将被污染村庄在工厂建立前后肺炎患病率的变化率，减去没被污染村庄在工厂建立前后肺炎患病率的平均变化率，就是工厂污染所导致的肺炎患病率上升结果，也是村民通过法律诉讼胜诉和获取赔偿的重要证据。

当你作为一名优秀的律师，完成上述举证过程之后，虽然你没有受过专业的计量经济学训练，但这已经是计量经济学最常用、最前沿和最经典的双重差分设计（DID）。

1.3　为什么叫"傻瓜"计量经济学

曾经风靡全球的胶卷傻瓜相机，已经进入了时代博物馆，很多"00"后年轻人对此可能很陌生（见图1.2）。但是傻瓜相机因为操作简单，似乎连傻瓜都能利用它拍摄出曝光准确和影像清晰照片的"卖点"，被植入到了现代智能手机中。打败傻瓜相机的不是专业照相机，因为它们两者的定位和目标用户本来就不同。真正打败傻瓜相机的是数码傻瓜相机，而打败数码傻瓜相机的又是智能手机所携带的傻瓜拍

图1.2　傻瓜相机

摄功能。胶卷傻瓜相机虽然被淘汰了，但是因为操作简单而被普及推广的营销思路被智能手机传承了下去。

其实，傻瓜相机并不是真的傻，而只是将复杂的技术操作简化为普通人也能掌握而已。这就跟Windows、iPhone、安卓和鸿蒙等智能操作系统一样，将复杂的计算机程序操作简化为可视化的用户界面，使得普通人也能高效应用其功能。简化不是品质缩水，而是更高水平的技术要求和质量服务。

本书傻瓜计量的想法，来源于"傻瓜相机"的启发。计量经济学是一门很好的工具学科，能够帮助我们独立思考和透过现象看本质，它几乎适用于所有社会科学。但计量经济学复杂的公式推导和对高等数学、概率论、线性代数等先行课基础要求，令很多大学生望而却步，使得一多半的社会科学专业学生不能掌握此技能，实在是一个重大的高等教育遗憾。

因而，本教材基于推广计量经济学工具的使命，包含**三层含义：一是**承袭了"傻瓜相机"和"智能手机"的设计理念。操作简单并且故事性强，即便是"傻瓜"，

只要肯努力，使用本教材也能轻松掌握计量经济学和Stata应用。在撰写过程中，本书尽量避免过多的公式推动，以通俗易懂的语言逻辑将计量经济学的理论及Stata操作介绍给所有社会科学专业的学生。摒弃传统以复杂数学公式推导的计量经济学授课方式，由此能大幅降低同学们学习计量经济学的难度，更重要的是能培养同学们的学习热情和兴趣。但同时，用语言逻辑和故事的形式将复杂的数理逻辑讲清楚，又不失计量理论的真谛。**二是**认清计量经济学的定位和不足。计量经济学只是分析问题的众多方法和思路之一，它有自身独特的优势，也存在一定的不足。仅仅依靠计量统计结果，忽略整体和局部、全面和片面的辩证关系，就做出肯定推断，不能从计量中"跳"出来看，那一定是傻瓜结论。使用计量经济学的第一法则，应该是帮助你的理论和逻辑分析"锦上添花"，至少做到"基本无害"，而不能是"画蛇添足"。**三是**如本教材序言所说的，生也有涯而知也无涯，计量经济学虽然有严密的数理统计知识做支撑，但这些理论的假设前提要求同样也不含糊，而经济社会主体行为又有很大的不确定性，往往不能满足计量经济学的假设要求。而且我们所能观察和量化到的其实非常有限，可能只是真实事件的冰山一角，有时候真相到底是什么？我们其实很难用已知有限的模型去准确推断未知复杂的现实与未来。所以，慎思明辨笃行，始终保持一个"傻瓜"的谦逊态度，好好学习天天向上，才是上上策。学本教材之前，你是一个"傻瓜"；学完本书以后，你恍然大悟，却依然还是一个"傻瓜"！这大概就是本书所追求的目标。

1.4　Stata用户界面简介

本教材中所有的计量模型和操作命令都是基于Stata18及以上版本讲解的[①]。读者可以通过网络搜索或者相关资源，下载最新的Stata软件包与安装指南。

在正式讲解计量经济学理论和Stata操作之前，有必要先认识一下Stata的用户操作界面，如图1.3所示。

图1.3为Stata18的用户操作界面。需要特别注意和常用的几个窗口，图中都用椭圆形框起来并予以标注：第1个窗口是历史命令窗口，所有用户使用过的命令都会出现在命令窗口。如果需要重复使用该命令，只需要用鼠标双击该条命令即可。第2个窗口是结果显示窗口，会呈现命令的执行情况和结果。如果命令输入错误，也会出现报错信息。第3个窗口是命令窗口，是用户输入运行命令的主要窗口。第4个窗口是变量窗口，显示了样本中包含的所有变量。在变量窗口中双击变量名称，该变

---

① 因为Stata是向上兼容的，所以后续更新的Stata新版本，本书的命令也是可以使用的。但是，Stata18以前的旧版本，可能就需要安装一些新的命令。

量名称会自动显示在命令窗口。第5个窗口是变量属性窗口，在变量窗口单击某个变量，该变量的所有属性都会显示在属性窗口。

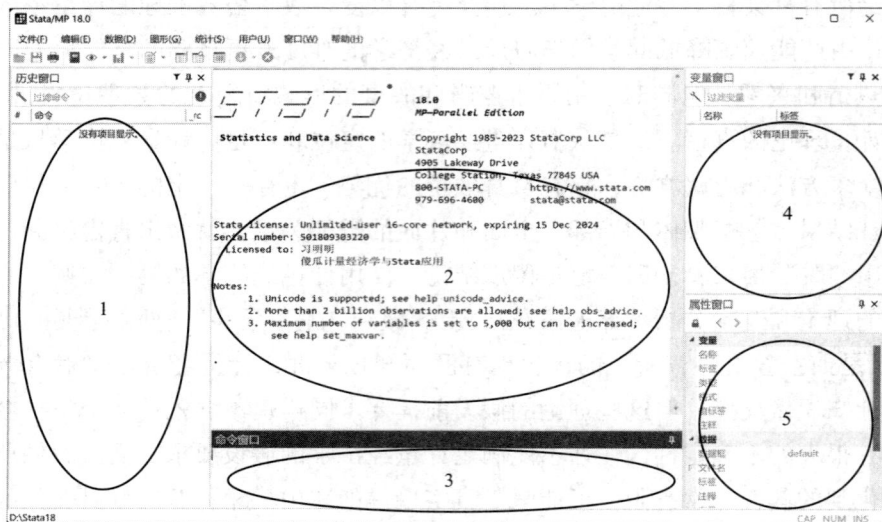

图1.3　Stata18用户操作界面

此外，常用及需要特别注意的工具包括：数据编辑器、数据浏览器以及Do-file程序编辑器，如图1.4所示。

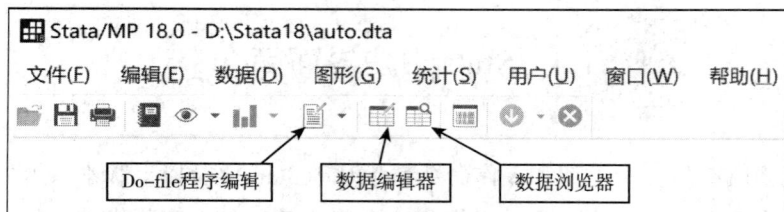

图1.4　Stata数据与程序编辑快捷窗口

数据编辑器可以对数据进行直接修改；而数据浏览器仅用于数据查看，不能修改数据，目的是避免在浏览数据时无意间删改了某些数据；Do-file程序编辑器主要是用来自定义一些基于个性化需求，需要多个步骤或多条命令才能完成的工作程序。

1.5　计量经济学的核心逻辑

计量经济学有很多模型，但是万变不离其宗，最核心的模型是普通最小二乘法（ordinary least squares，OLS）和线性回归模型。著名计量经济学家威廉·格林

（William H. Greene）认为，基于OLS的线性回归模型是计量经济学家的工具箱中**唯一最有用**的工具[1]。

所谓普通最小二乘法，也是一种线性最小二乘法，即最小化因变量的真实值与预测值之差的平方和，用于估计线性回归模型中的未知参数[2]。具体而言，假设我们所要研究的线性方程为：

$$y = X\beta + \varepsilon \tag{1-1}$$

其中，y 代表因变量，是 $n \times 1$ 阶列向量；X 代表解释变量矩阵，是 $n \times k$ 阶矩阵，包含 k 个解释变量（$X_1, X_2, \cdots, X_k$）；β 是 $k \times 1$ 阶参数向量；$X\beta$ 代表了 $n \times 1$ 阶因变量的预测值 $\hat{y}$；ε 是 $n \times 1$ 阶误差项或扰动项（error term or disturbance），是条件均值 $E(\varepsilon \mid X) = E(\varepsilon) = 0$ 的正态分布白噪声序列[3]；定义 $\hat{\varepsilon} = y - \hat{y}$ 为模型估计的残差（Residual），则普通最小二乘法就是要最小化目标函数：

$$\text{Min} \ \ S(\beta) = (y - \hat{y})^2 = \hat{\varepsilon}'\hat{\varepsilon} = (y - X\beta)'(y - X\beta)$$

上式也称为最小残差平方和，展开即得：

$$\hat{\varepsilon}'\hat{\varepsilon} = y'y - \beta'X'y - y'X\beta + \beta'X'X\beta$$

由于 $\beta'X'y$ 和 $y'X\beta$ 都是 1×1 标量，并且 $\beta'X'y = y'X\beta$，上式也可以简化为：

$$S(\beta) = \hat{\varepsilon}'\hat{\varepsilon} = y'y - 2y'X\beta + \beta'X'X\beta$$

最小化的一阶条件（first order condition）即为：

$$\frac{\partial S(\beta)}{\partial \beta} = -2X'y + 2X'X\beta = 0 \tag{1-2}$$

根据向量与矩阵的数量函数求导法则，对向量求导的结果仍然是向量，对矩阵求导的结果仍是矩阵。这里 β 是 $k \times 1$ 阶参数向量，对 β 求导的结果必须也是 $k \times 1$ 阶向量。因为 y' 是 $1 \times n$ 阶向量，X 是 $n \times k$ 阶矩阵，所以 $-2y'X\beta$ 是由 y'、X 和 β 等向量和矩阵构成的 1×1 的数量函数（也就是一个标量），该数量函数对 β 求导，其结果必须是和 β 同阶的，也就是 $k \times 1$ 阶向量。因而 $-2y'X\beta$ 对 β 求导的结果是 $-2X'y$，因为

---

[1]　威廉·H.格林.计量经济分析[M].北京：中国人民大学出版社，2011.

[2]　普通最小二乘法是最小二乘法最基础的一种应用，学术界关于最小二乘法的起源存在争议。1805年法国数学家阿德利昂·马里·勒让德（Adrien Marie Legendre）首次公开发表发现了最小二乘法。1808年美籍爱尔兰数学家罗伯特·阿德雷恩（Robert Adrain）报告了关于最小二乘法的发现。1809年德国著名数学家高斯（Carl Friedrich Gauss，1777–1855）于他发表的《天体运动论》中提到了他所使用的最小二乘法，同年Gauss提出从1795年起自己就已经开始使用最小二乘法。勒让德（Legendre）和高斯（Gauss）两人曾为谁最早创立最小二乘法原理发生争执，有点类似于牛顿和莱布尼茨关于微积分起源的争议。但Legendre和Gauss的理论交汇不仅限于最小二乘法，在数值分析理论中，还有著名的Gauss–Legendre积分公式。

[3]　白噪声序列，简称白噪声，其特点表现在任何两个时点的随机变量都不相关，序列中没有任何可以利用的动态规律，因此不能用历史数据对未来进行预测和推断。

$\mathbf{X}'$ 是 $\mathrm{k} \times \mathrm{n}$ 阶，$\mathbf{y}$ 是 $\mathrm{n} \times 1$ 阶，所以 $-2\mathbf{X}'\mathbf{y}$ 也是 $\mathrm{k} \times 1$ 阶向量。但不能是 $-2\mathbf{y}'\mathbf{X}$，因为它是 $1 \times \mathrm{k}$ 的行向量。对一个 $\mathrm{k} \times 1$ 阶列向量求导，怎么可能得到一个 $1 \times \mathrm{k}$ 的行向量呢？同理，数量函数 $\boldsymbol{\beta}'\mathbf{X}'\mathbf{X}\boldsymbol{\beta}$ 对 $\boldsymbol{\beta}$ 求导，得到的结果也必然是 $\mathrm{k} \times 1$ 阶的 $\mathbf{X}'\mathbf{X}\boldsymbol{\beta}$ 列向量，而不能是 $1 \times \mathrm{k}$ 阶的 $\boldsymbol{\beta}'\mathbf{X}'\mathbf{X}$ 行向量。

根据式（1-2），又可以进一步得到普通最小二乘法的参数解：

$$\hat{\boldsymbol{\beta}} = (\mathbf{X}'\mathbf{X})^{-1}\mathbf{X}'\mathbf{y} \tag{1-3}$$

要保证上述等式可解，就必须满足矩阵 $\mathbf{X}'\mathbf{X}$ 是正定可逆的，也就是解释变量之间不能存在共线性问题，从而行列式 $|\mathbf{X}'\mathbf{X}| \neq 0$。

为了证明式（1-3）的无偏性，再把式（1-1）代入可得：

$$\hat{\boldsymbol{\beta}} = (\mathbf{X}'\mathbf{X})^{-1}\mathbf{X}'\mathbf{y} = (\mathbf{X}'\mathbf{X})^{-1}\mathbf{X}'(\mathbf{X}\boldsymbol{\beta} + \boldsymbol{\varepsilon}) = \boldsymbol{\beta} + (\mathbf{X}'\mathbf{X})^{-1}\mathbf{X}'\boldsymbol{\varepsilon}$$

由于 $\mathbf{X}$ 和 $\boldsymbol{\varepsilon}$ 不相关，因而有 $\mathbf{E}[\mathbf{X}'\boldsymbol{\varepsilon} \mid \mathbf{X}] = 0$，进一步可得：

$$\mathbf{E}(\hat{\boldsymbol{\beta}} \mid \mathbf{X}) = \boldsymbol{\beta} + \mathbf{E}\left[(\mathbf{X}'\mathbf{X})^{-1}\mathbf{X}'\boldsymbol{\varepsilon} \mid \mathbf{X}\right] = \boldsymbol{\beta} \tag{1-4}$$

由式（1-4）可知，OLS的估计量 $\hat{\boldsymbol{\beta}}$ 是对 $\boldsymbol{\beta}$ 的无偏估计量。因为 $\boldsymbol{\beta}$ 是一个常量，所以 $\hat{\boldsymbol{\beta}}$ 的变异部分全部来自 $(\mathbf{X}'\mathbf{X})^{-1}\mathbf{X}'\boldsymbol{\varepsilon}$。但是，这里必须注意的是，$(\mathbf{X}'\mathbf{X})^{-1}\mathbf{X}'\boldsymbol{\varepsilon}$ 代表的是参数 $\hat{\boldsymbol{\beta}}$ 估计的偏误，而非标准误，因为标准误是非负的，必须是方差的根号值。根据方差的公式，$\hat{\boldsymbol{\beta}}$ 的方差为：

$$\mathbf{Var}(\hat{\boldsymbol{\beta}}) = \mathbf{E}\left[(\hat{\boldsymbol{\beta}} - \boldsymbol{\beta}) \cdot (\hat{\boldsymbol{\beta}} - \boldsymbol{\beta})'\right] = (\mathbf{X}'\mathbf{X})^{-1}\mathbf{X}'\boldsymbol{\varepsilon}\boldsymbol{\varepsilon}'\mathbf{X}(\mathbf{X}'\mathbf{X})^{-1} \tag{1-5}$$

令 $\boldsymbol{\Omega} = \boldsymbol{\varepsilon}\boldsymbol{\varepsilon}'$，代表误差项 $\boldsymbol{\varepsilon}$ 的方差-协方差矩阵。因为误差项 $\boldsymbol{\varepsilon}$ 是 $\mathrm{n} \times 1$ 阶向量，$\boldsymbol{\varepsilon}'$ 是 $1 \times \mathrm{n}$ 阶向量，并且 $\varepsilon_i \cdot \varepsilon_j = 0$（当 $i \neq j$），又因为误差项满足同方差假设：$\varepsilon_i^2 = \varepsilon_j^2 = \sigma^2$，所以方差-协方差矩阵 $\boldsymbol{\Omega}$ 是 $\mathrm{n} \times \mathrm{n}$ 阶对角矩阵：

$$\boldsymbol{\Omega} = \begin{pmatrix} \sigma^2 & 0 & \cdots & 0 \\ 0 & \sigma^2 & \cdots & 0 \\ \vdots & \vdots & \ddots & \vdots \\ 0 & 0 & \cdots & \sigma^2 \end{pmatrix} = \mathbf{I}_n \sigma^2$$

将 $\boldsymbol{\Omega} = \mathbf{I}_n \sigma^2$ 代入到式（1-5）中可得：

$$\mathbf{Var}(\hat{\boldsymbol{\beta}}) = (\mathbf{X}'\mathbf{X})^{-1}\sigma^2 \tag{1-6}$$

如何理解式（1-6）参数估计的方差呢？根据前文分析，方差 $\mathbf{Var}\left(\hat{\boldsymbol{\beta}}\right)$ 反映的是样本参数 $\hat{\boldsymbol{\beta}}$ 对总体参数 $\boldsymbol{\beta}$ 估计的偏误，而 σ^2 代表的是样本估计的总体方差（偏误的平方）。$\mathbf{X'X}$ 代表解释变量 $\mathbf{X}$ 的"方差和"，也称解释变量波动性。从而参数估计的方差 $\mathbf{Var}\left(\hat{\boldsymbol{\beta}}\right)$，实际上就是样本推断总体的平均预测偏误的平方。

多元回归的矩阵形式可能有一点复杂，为了方便读者更进一步理解其意义，现在假设 $\mathbf{X}$ 只包含一个解释变量——简单线性回归或一元线性回归，因而可以将解释变量矩阵简写为向量 x。

$$y = \beta_0 + \beta_1 \cdot x + \varepsilon \tag{1-7}$$

根据 OLS 原理，我们的目标是最小化残差平方和：

$$\sum_{i=1}^{n} \varepsilon_i^2 = \sum_{i=1}^{n} \left(y_i - \hat{\beta}_0 - \hat{\beta}_1 \cdot x_i \right)^2 \tag{1-8}$$

对参数 β_1 求偏导，可得它的一阶条件为：

$$\sum_{i=1}^{n} x_i \left(y_i - \hat{\beta}_0 - \hat{\beta}_1 \cdot x_i \right) = 0 \tag{1-9}$$

对 $y = \beta_0 + \beta_1 \cdot x + \varepsilon$ 两边同时取均值（注意不是条件均值），可得 $\bar{y} = \beta_0 + \beta_1 \cdot \bar{x}$，从而有 $\beta_0 = \bar{y} - \beta_1 \cdot \bar{x}$，代入上式可得：

$$\sum_{i=1}^{n} x_i \left(y_i - \bar{y} + \hat{\beta}_1 \cdot \bar{x} - \hat{\beta}_1 \cdot x_i \right) = 0 \tag{1-10}$$

整理可得：

$$\sum_{i=1}^{n} x_i \left(y_i - \bar{y} \right) = \hat{\beta}_1 \sum_{i=1}^{n} x_i \left(x_i - \bar{x} \right) \tag{1-11}$$

因为 $\sum_{i=1}^{n} x_i = \sum_{i=1}^{n} \bar{x}$，$\sum_{i=1}^{n} y_i = \sum_{i=1}^{n} \bar{y}$，所以有：

$$\sum_{i=1}^{n} \left(x_i - \bar{x} \right)\left(y_i - \bar{y} \right) = \sum_{i=1}^{n} x_i y_i - \sum_{i=1}^{n} \bar{x} y_i - \sum_{i=1}^{n} x_i \bar{y} + \sum_{i=1}^{n} \bar{x}\,\bar{y}$$

$$= \sum_{i=1}^{n} x_i y_i - \sum_{i=1}^{n} \bar{x} y_i = \sum_{i=1}^{n} \left(x_i - \bar{x} \right) y_i = \sum_{i=1}^{n} x_i \left(y_i - \bar{y} \right)$$

同理可得：$\sum_{i=1}^{n} x_i \left(x_i - \bar{x} \right) = \sum_{i=1}^{n} \left(x_i - \bar{x} \right)^2$。所以：

$$\hat{\beta}_1 = \frac{\sum_{i=1}^{n} \left(x_i - \bar{x} \right)\left(y_i - \bar{y} \right)}{\sum_{i=1}^{n} \left(x_i - \bar{x} \right)^2} \tag{1-12}$$

令 $\mathrm{Cov}(x,\ y)=\dfrac{1}{n}\sum\limits_{i=1}^{n}(x_i-\overline{x})(y_i-\overline{y})$ 代表协方差，$\mathrm{Var}(x)=\dfrac{1}{n}\sum\limits_{i=1}^{n}(x_i-\overline{x})^2$ 代表方差。则 $\hat{\beta}_1$ 也可以写成协方差和方差的比值。

$$\hat{\beta}_1=\frac{\sum\limits_{i=1}^{n}(x_i-\overline{x})(y_i-\overline{y})}{\sum\limits_{i=1}^{n}(x_i-\overline{x})^2}=\frac{\mathrm{Cov}(x,\ y)}{\mathrm{Var}(x)}=\frac{\sigma_{xy}}{\sigma_x^2} \qquad (1\text{-}13)$$

又因为 x 与 y 的相关系数：

$$\rho_{xy}=\frac{\mathrm{Cov}(x,y)}{\sigma_x\cdot\sigma_y}=\frac{\sigma_{xy}}{\sigma_x\cdot\sigma_y} \qquad (1\text{-}14)$$

联立式（1-13）和式（1-14）可得：

$$\hat{\beta}_1=\rho_{xy}\cdot\frac{\sigma_y}{\sigma_x} \qquad (1\text{-}15)$$

式（1-15）的意义有两个：（1）参数 $\hat{\beta}_1$ 的估计结果是对相关系数 ρ_{xy} 的调整；（2）如果不想参数估计值 $\hat{\beta}_1$ 太 "突兀"，我们应该尽量保持因变量和解释变量的标准差接近，对变量取对数可能是一个好的方法。

为了计算参数 $\hat{\beta}_1$ 的标准误，将 $\hat{\beta}_1$ 的估计式重新调整可得：

$$\hat{\beta}_1=\frac{\sum\limits_{i=1}^{n}(x_i-\overline{x})(y_i-\overline{y})}{\sum\limits_{i=1}^{n}(x_i-\overline{x})^2}=\frac{\sum\limits_{i=1}^{n}(x_i-\overline{x})y_i}{\sum\limits_{i=1}^{n}(x_i-\overline{x})^2}=\frac{\sum\limits_{i=1}^{n}(x_i-\overline{x})(\beta_0+\beta_1\cdot x_i+\varepsilon_i)}{\mathrm{SST}_x}$$

其中，定义 $\mathrm{SST}_x=\sum\limits_{i=1}^{n}(x_i-\overline{x})^2$。上式中，分子部分展开可得：

$$\sum\limits_{i=1}^{n}(x_i-\overline{x})(\beta_0+\beta_1\cdot x_i+\varepsilon_i)=\sum\limits_{i=1}^{n}(x_i-\overline{x})\beta_0+\beta_1\sum\limits_{i=1}^{n}(x_i-\overline{x})x_i+\sum\limits_{i=1}^{n}(x_i-\overline{x})\varepsilon_i$$

由于 $\sum\limits_{i=1}^{n}(x_i-\overline{x})=0$，$\sum\limits_{i=1}^{n}(x_i-\overline{x})x_i=\sum\limits_{i=1}^{n}(x_i-\overline{x})^2=\mathrm{SST}_x$，将其重新代入 $\hat{\beta}_1$ 的公式可得：

$$\hat{\beta}_1=\beta_1+\frac{\sum\limits_{i=1}^{n}(x_i-\overline{x})\hat{\varepsilon}_i}{\mathrm{SST}_x} \qquad (1\text{-}16)$$

由此，对于一元线性回归而言，参数 $\hat{\beta}_1$ 的方差为：

$$\mathrm{Var}(\hat{\beta}_1)=\mathrm{E}\left[(\hat{\beta}_1-\beta_1)^2\right]=\mathrm{E}\left[\frac{\sum\limits_{i=1}^{n}(x_i-\overline{x})\hat{\varepsilon}_i}{\mathrm{SST}_x}\right]^2=\frac{\mathrm{Var}(\hat{\varepsilon})}{\sum\limits_{i=1}^{n}(x_i-\overline{x})^2}$$

上式推导利用了 x 和 ε 相互独立。由此 $\hat{\beta}_1$ 的标准误为：

$$se\left(\hat{\beta}_1\right) = \sqrt{\frac{Var(\hat{\varepsilon})}{\sum\limits_{i=1}^{n}\left(x_i - \bar{x}\right)^2}} \qquad (1-17)$$

式（1-3）中，参数 $\hat{\boldsymbol{\beta}}$ 估计的第二种方法是矩估计方法（method of moments estimators, MME）。矩估计方法最早由英国统计学家皮尔逊（Pearson）于1894年提出，也是最古老的估计法之一。矩估计方法原理简单且使用方便，使用时不需要知道总体的分布，是样本推断总体的一个好方法。该方法后来由（拉尔斯·汉森 Lars Hansen，1982）引入计量经济学，并提出了广义矩估计（GMM）。根据前文的分析，OLS的关键假定 $E(\boldsymbol{\varepsilon}|\mathbf{X}) = E(\boldsymbol{\varepsilon})$，意味着 $cov(\mathbf{X},\boldsymbol{\varepsilon}) = 0$，那么就有 k 个矩条件 $E(\mathbf{X}'\boldsymbol{\varepsilon}) = 0$，即：

$$E[\mathbf{X}'(\mathbf{y} - \mathbf{X}\boldsymbol{\beta})] = E(\mathbf{X}'\mathbf{y} - \mathbf{X}'\mathbf{X}\boldsymbol{\beta}) = 0 \qquad (1-18)$$

由此可以得到：

$$E(\mathbf{X}'\mathbf{y}) = E(\mathbf{X}'\mathbf{X})\hat{\boldsymbol{\beta}} \text{ 也即 } \hat{\boldsymbol{\beta}} = (\mathbf{X}'\mathbf{X})^{-1}\mathbf{X}'\mathbf{y}$$

对于 $\hat{\boldsymbol{\beta}}$ 的方差，根据矩估计的条件有：

$$\mathbf{Var}\left(\hat{\boldsymbol{\beta}}\right) = \mathbf{E}\left[\mathbf{Var}\left(\hat{\boldsymbol{\beta}}|\mathbf{X}\right)\right]) + \mathbf{Var}\left[\mathbf{E}\left(\hat{\boldsymbol{\beta}}|\mathbf{X}\right)\right] \qquad (1-19)$$

因为 $E\left(\hat{\boldsymbol{\beta}}|\mathbf{X}\right) = \boldsymbol{\beta}$，所以 $\mathbf{Var}\left[\mathbf{E}\left(\hat{\boldsymbol{\beta}}|\mathbf{X}\right)\right] = 0$。因而有：

$$\mathbf{Var}\left(\hat{\boldsymbol{\beta}}\right) = \mathbf{E}\left[\mathbf{Var}\left(\hat{\boldsymbol{\beta}}|\mathbf{X}\right)\right] = \mathbf{E}\left[(\mathbf{X}'\mathbf{X})^{-1}\mathbf{X}'\boldsymbol{\varepsilon}\boldsymbol{\varepsilon}'\mathbf{X}(\mathbf{X}'\mathbf{X})^{-1}\right] \qquad (1-20)$$

在同方差假设下，可以简化为：

$$\mathbf{Var}\left(\hat{\boldsymbol{\beta}}\right) = (\mathbf{X}'\mathbf{X})^{-1}\sigma^2 \qquad (1-21)$$

关于矩估计和广义矩估计的进一步介绍，详见本教材第5章内容。

式（1-3）中，参数 $\hat{\boldsymbol{\beta}}$ 估计的第三种方法是极大似然估计法（maximum likelihood estimate，MLE）[1]。该方法略微复杂一些，原理是利用因变量的概率分布特征，来估计导致因变量取当前观测值的最大可能参数分布。假设甲箱中有90个白球，10个黑球；乙箱中有10个白球，90个黑球。先随机取出一箱，再从抽取的一箱中随机

---

① 极大似然估计方法，最早于1821年由德国数学家高斯（Carl Friedrich Gauss）提出，但是这个方法通常被归功于英国的统计学家罗纳德·费希尔（R. A. Fisher），他在1922年的论文《On the mathematical foundations of theoretical statistics》（Philosophical Transactions of the Royal Society, 1922：309-368）中再次提出了这个思想，并且首先探讨了这种方法的一些性质，极大似然估计这一名称也是费希尔给的。有趣的是，费希尔的这篇论文讨论的主要是Pearson矩估计方法的有效性。

取出一球，结果是黑球，这一黑球从乙箱抽取的概率比从甲箱抽取的概率大得多，这时我们自然更多地相信这个黑球是取自乙箱的。一般说来，事件 y 发生的概率与某一未知参数 β 和 σ^2（方差）有关，β 和 σ^2 取值不同，则事件 y 发生的概率 $P(y|\beta, \sigma^2)$ 也不同，当我们在一次试验中事件 y 发生了，则认为此时的 β 和 σ^2 值应该是一切可能取值中使 y 发生最大概率的参数。

假设因变量 y 服从正态分布，且根据式（1-1），有 $E(y_i) = X_i\beta$，根据正态分布函数的概率密度函数公式，单个 y_i 发生的概率为：

$$P\left(y_i \mid \beta, \sigma^2\right) = \frac{1}{\sqrt{2\pi}\sigma} e^{\frac{\left[y_i - E(y_i)\right]^2}{2\sigma^2}} \tag{1-22}$$

假设样本观测值的数量为 n，则 n 个 y_i 的联合概率分布为：

$$L\left(\beta, \sigma^2\right) = \prod_{i=1}^{n} P\left(y_i \mid \beta, \sigma^2\right) = \prod_{i=1}^{n} \frac{1}{\sqrt{2\pi}\sigma} e^{\frac{\left[y_i - X_i\beta\right]^2}{2\sigma^2}} \tag{1-23}$$

取对数可得对数似然函数：

$$\ln L\left(\beta, \sigma^2\right) = -\frac{n}{2}\ln(2\pi) - \frac{n}{2}\ln\left(\sigma^2\right) - \frac{1}{2\sigma^2}\sum_{i=1}^{n}\left(y_i - X_i\beta\right)^2 \tag{1-24}$$

对数似然函数取最大值的一阶条件为：

$$\begin{cases} \dfrac{\partial \ln L\left(\beta, \sigma^2\right)}{\beta} = \dfrac{1}{\sigma^2}\sum_{i=1}^{n} X_i'\left(y_i - X_i\beta\right) \\[3mm] \dfrac{\partial \ln L\left(\beta, \sigma^2\right)}{\sigma^2} = -\dfrac{n}{2\sigma^2} + \dfrac{1}{2\sigma^4}\sum_{i=1}^{n}\left(y_i - X_i\beta\right)^2 \end{cases} \tag{1-25}$$

联合求解可得：

$$\begin{cases} \hat{\beta} = \left(\mathbf{X}'\mathbf{X}\right)^{-1}\mathbf{X}'\mathbf{y} \\[3mm] \hat{\sigma}^2 = \dfrac{1}{n}\sum_{i=1}^{n}\left(y_i - X_i\beta\right)^2 \end{cases} \tag{1-26}$$

最小二乘法、矩估计和极大似然估计，是计量经济模型中参数估计的三大主要方法。 其中，对于满足正态分布的因变量 **y**，完全没有必要使用极大似然估计的方法，OLS 和矩估计方法更为简单。对于不满足正态分布的因变量 **y**，则可以选择使用极大似然估计的方法（详见本书第 8 章的受限因变量模型和第 16 章的空间计量分析）。

此外，需要特别注意的是，简单一元线性回归估计中，参数 $\hat{\beta}_1$ 的估计值中变量的波动性需要减去均值，即 $\hat{\beta}_1 = \dfrac{\sum\limits_{i=1}^{n}(x_i - \bar{x})(y_i - \bar{y})}{\sum\limits_{i=1}^{n}(x_i - \bar{x})^2}$；但是，在矩阵的表达式中（多元

线性回归），参数估计值 $\hat{\boldsymbol{\beta}} = (\mathbf{X'X})^{-1}\mathbf{X'y}$ 中，自变量和因变量都没有减去均值。这主要是因为矩阵表达式中的 $\hat{\beta}$ 参数不仅包含所有斜率系数，最重要的是还包含常数项 $\hat{\beta}_0$，而一元线性回归最小二乘法仅仅计算 $\hat{\beta}_1$。

言归正传，线性回归方程的OLS估计如何在Stata中实现？我们可以从基本的数据调用开始，在命令窗口输入以下命令：

. use auto.dta, clear　　　//本书中，有时候命令前面加"."号，是为了避免首字母自动大写，在执行命令时不可将"."号输入

数据auto.dta是Stata自带的一个数据，其内容是关于汽车品牌型号、价格、重量、长度等，读者可以打开系统菜单下方的数据编辑器（浏览）进行查看。后缀名"dta"是Stata存储数据的专用格式，类似于软件Word的"doc"格式和Excel的"xls"格式等。

需要注意的是，只有将数据放置在Stata的默认工作路径下，才可以使用命令"use 数据名称.dta"调用数据。如果数据不是在Stata默认工作路径下，则使用use命令时需要指出具体的路径，例如：

. use "D:\program files\Stata18\auto.dta", clear

当然，读者也可以选择把工作路径修改到存储数据的地方，然后再用命令"use 数据名称.dta"直接调用数据，例如：

. cd "D:\傻瓜计量经济学与Stata应用\Stata数据集"

另外，也可以先用sysdir命令查看Stata的当前工作路径，然后直接把数据拷贝到该路径的文件夹中，就可以直接调用数据。查看工作路径的命令为：

. sysdir

STATA: D:\program files\Stata18

BASE:　　　D:\program files\Stata18\ado\base\

SITE:　　　D:\program files\Stata18\ado\site\

PLUS:　　　C:\Users\jjys9\ado\plus\

PERSONAL:　C:\Users\jjys9\ado\personal\

OLDPLACE:　C:\ado\

第一行"**STATA: D:\program files\Stata18**"代表了Stata当前默认的工作路径。除了以上数据调用的方式，用户还可以选择用鼠标单击Stata菜单栏的"文件/打开"，通过对话窗口，直接找到需要的dta数据，双击即可导入到Stata中，这也是最简单直接有效的方法之一。下面使用数据auto.dta进行演示，在Stata的命令窗口依次输入命令：

. sysuse auto　　　//调用系统自带数据auto.dta

. summarize　　　　//描述性统计，得到表1.1

表1.1 描述性统计分析

Variable	Obs	Mean	Std. Dev.	Min	Max
price	74	6165.257	2949.496	3291	15906
mpg	74	21.297	5.786	12	41
rep78	69	3.406	0.99	1	5
headroom	74	2.993	0.846	1.5	5
trunk	74	13.757	4.277	5	23
weight	74	3019.459	777.194	1760	4840
length	74	187.932	22.266	142	233
turn	74	39.649	4.399	31	51
displacement	74	197.297	91.837	79	425
gear ratio	74	3.015	0.456	2.19	3.89
foreign	74	0.297	0.46	0	1

在表1.1中，第一列是变量名称；第二列是观测值数量；第三列是变量均值；第四列是变量标准差；第五、六列则分别为变量最小值和最大值。此外，也可以使用describe命令查看各个变量的属性和名称（见图1.5）。

. describe   //描述数据

```
Variable     Storage   Display   Value
name         type      format    label    Variable label

make         str18     %-18s               Make and model
price        int       %8.0gc              Price
mpg          int       %8.0g               Mileage (mpg)
rep78        int       %8.0g               Repair record 1978
headroom     float     %6.1f               Headroom (in.)
trunk        int       %8.0g               Trunk space (cu. ft.)
weight       int       %8.0gc              Weight (lbs.)
length       int       %8.0g               Length (in.)
turn         int       %8.0g               Turn circle (ft.)
displacement int       %8.0g               Displacement (cu. in.)
gear_ratio   float     %6.2f               Gear ratio
foreign      byte      %8.0g     origin    Car origin
```

图1.5   命令describe输出结果

由图1.5可知，变量make代表汽车品牌型号，如别克君越（Regal）、丰田卡罗拉（Corolla）、本田思域（Civic）等；变量price代表汽车的价格；变量mpg代表汽车的里程数（mpg代表英里）；变量rep78代表汽车1978年的维修记录（由此可见是二手车）；变量headroom代表汽车的净空高度或头部空间；变量trunk代表汽车的后备箱空间（"cu. ft."代表立方英尺）；变量weight代表汽车重量（"lbs."代表磅）；变量length代表汽车长度（"in."代表英寸）；变量turn代表汽车的转弯半径（"ft."代表英尺）；变量displacement代表汽车的排量；变量gear_ratio代表汽车齿轮传动比；变量foreign代表汽车是国产还是进口，取值为1代表进口，取值为0代表国产（美国）。

假设我们想研究汽车的长度length对汽车价格price的影响[①]。为了直观地看出两

---

① 一般而言，模型如果只有一个解释变量（不包含残差），被称作为一元线性回归模型；如果有两个及以上的解释变量，则称为多元线性回归模型。

者之间的关系，首先通过散点图和线性拟合图来观察：

. graph twoway (scatter price length) (lfit price length)　　// graph twoway是Stata作图的命令，尤指直角坐标图；Scatter用于画散点图；lfit用于绘制线性拟合图（见图1.6）。

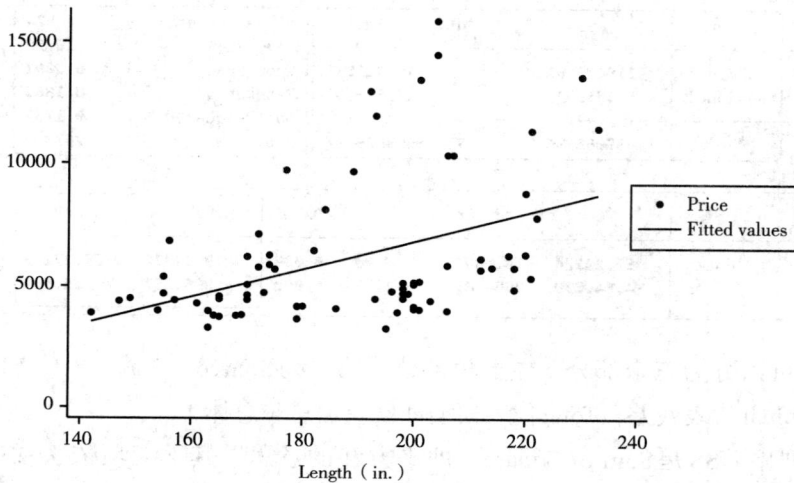

图1.6　散点与线性拟合

图1.6中，如果我们想将图例放在图形的正下方，可以使用下面的命令调整：

. graph twoway (scatter price length) (lfit price length), legend(pos(6) col(2))

//选项legend(pos(6) col(2))代表图例放在6点钟方向，呈一排两列形状（见图1.7）。

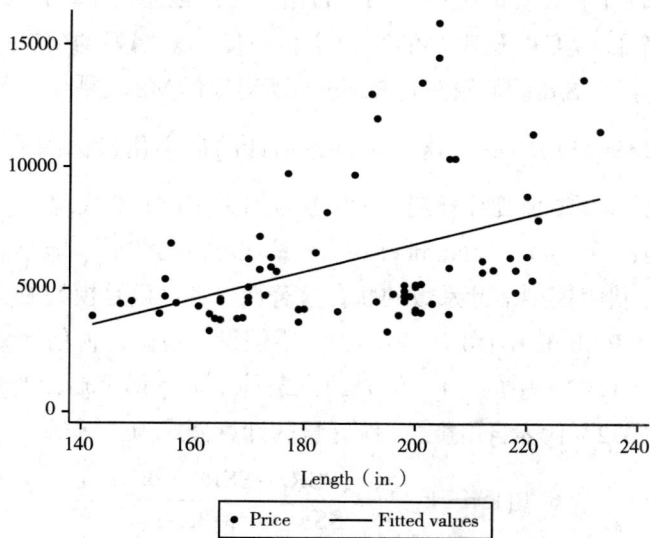

图1.7　散点与线性拟合

图1.6和图1.7中，如果我们想要知道图中拟合线的具体方程系数，可以使用

命令：

    . regress price length　　　// regress命令代表OLS估计（见表1.2）。

表**1.2** 简单OLS估计结果

Source	SS	df	MS		
Model	118425867	1	118425867	Number of obs = 74
Residual	516639529	72	7175549.01	F(1, 72) = 16.50
				Prob > F = 0.0001
				R-squared = 0.1865
				Adj R-squared = 0.1752
Total	635065396	73	8699525.97	Root MSE = 2678.7

price	Coef.	Std. Err.	t	P>|t|	[95% Conf. Interval]
length	57.20224	14.08047	4.06	0.000	29.13332　85.27115
_cons	-4584.899	2664.437	-1.72	0.090	-9896.357　726.559

表1.2可以分为三个部分。左上角部分，第一列Source（来源）中，Model代表模型，Residual代表残差，Total代表模型和残差加总（总体）。

第二列中，SS是Sum of Square，即平方和的意思。其下三项依次描述了模型平方和（model sum of square，MSS或SSM），有些教材也把MSS称为解释平方和（explained sum of square，ESS或SSE）；残差平方和（residual sum of square，RSS或SSR）；总体平方和（total sum of square，TSS或SST），且总体平方和=模型平方和+残差平方和。

第三列中，df的含义是自由度（degree of freedom）[①]。需要注意的是，原数据一共74项数据值，由于在计算时损失了一个自由度，所以总的自由度变成了73，其中包括模型里的1个自由度以及残差里的72个自由度。第四列的MS是均方和（mean square），其结果等于SS/df。而第三行Residual所对应的MS就是均方误（mean square error, MSE），即MS=SSR/(n–k)，这也是OLS估计的最小化目标函数 $E\left(Y-\hat{Y}\right)^2$。在实际计算过程中，该项取值往往被视作为干扰项方差Var(u)的代理。

表1.2右上角部分。第一行Number of obs是观测值的数量，即原数据的数量。第二行是F统计量，代表模型估计系数的联合显著性，零假设是模型所有解释变量的估计系数为零。如果Prob>F值小0.1，表示拒绝零假设，也就是说估计系数显著区别于0。具体而言，F（1,72）中的"1"代表约束条件个数，即零假设为解释变量length的估计参数为0，"72"代表自由度。F统计量的计算公式为：

$$F\left(k, n-k-1\right) = \frac{\left(SSR_r - SSR_{ur}\right)/k}{SSR_{ur}/\left(n-k-1\right)} \tag{1-27}$$

---

① 自由度（degree of freedom, df）指当以样本的统计量来估计总体的参数时，样本中独立或能自由变化的数据的个数，称为该统计量的自由度。通常 df＝n－k。其中n为样本数量，k为被限制的条件数或变量个数，或计算某一统计量时用到其他独立统计量的个数。

　　其中，SSR_{ur}代表无约束条件下回归模型的残差平方和，即加入解释变量后的约束方程。SSR_r代表有约束条件下估计模型的残差平方和，其实就是因变量price直接对常数项进行回归估计（命令：reg price），运行该命令之后读者可以发现，本例中$SSR_r = SST = 635065396$。读者还可以证明，在任何一个线性回归模型中，因变量直接对常数进行估计得到的$SSR_r = SST$，从而有：

$$F(k, n-k-1) = \frac{(SST - SSR_{ur})/k}{SSR_{ur}/(n-k-1)} = \frac{R^2/k}{(1-R^2)/(n-k-1)} \quad (1-28)$$

　　本例中$F = \dfrac{0.1865/1}{(1-0.1865)/72} = 16.50$。根据经验法则，F统计量一般大于10较好。

　　第三行是判定系数R^2（R-squared，R^2），也称作拟合优度，表示在实际数据中我们的回归模型所能解释的部分，$R^2 = 1 - RSS/TSS = MSS/TSS$，可以在Stata的命令窗口使用命令display 118425867/635065396进行计算，这也是Stata自带的计算器功能[①]。在实际操作中，并不是R^2越大，回归的结果就一定越好，重要的还是看F统计量与p值是否显著。

　　第四行是根据自由度调整后的判定系数$\bar{R}^2$。RSS/(n-k-1)比RSS/n更能代表模型的均方误MSE，而TSS/(n-1)比TSS/n更能代表总体平方和均值。因此，调整的判定系数$\bar{R}^2 = 1 - \dfrac{RSS/(n-k-1)}{TSS/n-1} = 1 - 7175549.01/8699525.97 = 0.1752$。

　　第五行是均方误的根（Root MSE），也称根均方误RMSE $=(SSR/n-k-1)^{1/2}$，代表模型预测的平均偏误，可以输入命令display (7175549.01)^(1/2)计算，该项数据越小越好。

　　表1.2中，回归分析的最后一个部分，即位于回归结果下方的表格。第一列是变量名称，price为因变量，length为自变量，_cons为常数项。

　　第二列的coef是英文单词coefficient的缩写，代表各变量的估计系数。根据表1.2的回归结果，length的估计系数为57.20224，也即自变量length的OLS估计系数$\hat{\beta}_{length}$ =57.20224。当存在多个解释变量时，则估计系数$\hat{\beta}_{length}$代表变量length对汽车价格影响的偏效应或边际效应，即在其他控制变量保持不变的条件下（或排除其他控制变量影响后），解释变量对因变量的影响。例如，考虑多元线性回归模型：

　　. reg price length mpg　　　// reg是命令regress的缩写（见表1.3）。

　　[①]　判定系数实际上是被解释变量的实际值与预测值相关系数（Relationship）的平方。不用相关系数而用其平方项R^2，是为了确保非负。但是，如果模型回归中不包含截距项，如果使用1-RSS/TSS计算，则可能得到负的判定系数。

表1.3　　　　　　　　　　　　　　　　多元OLS估计结果

Source	SS	df	MS			
				Number of obs	=	74
				F(2, 71)	=	10.55
Model	145463467	2	72731733.7	Prob > F	=	0.0001
Residual	489601929	71	6895801.81	R-squared	=	0.2291
				Adj R-squared	=	0.2073
Total	635065396	73	8699525.97	Root MSE	=	2626

price	Coef.	Std. Err.	t	P>|t|	[95% Conf. Interval]	
length	21.28605	22.79323	0.93	0.354	-24.16237	66.73446
mpg	-173.7022	87.72302	-1.98	0.052	-348.6169	1.212558
_cons	5864.305	5888.103	1.00	0.323	-5876.238	17604.85

　　表1.3中，解释变量length的估计系数为21.28605，它实际上是代表了控制变量mpg保持不变的情况下（或排除控制变量mpg影响后），解释变量length对因变量price的偏效应或边际效应。为了进一步说明这种偏效应，我们可以采用排除法（partialling out）来做估计。第一步，先用解释变量length对mpg进行回归，并计算残差：

. quietly reg length mpg

. predict uhat, residuals

　　由此得到的残差uhat，排除了mpg对变量length的影响。第二步，使用因变量price对残差uhat进行回归估计：

. reg price uhat　　　//（见表1.4）。

表1.4　　　　　　　　　　　　　　　　排除法计算边际效应

Source	SS	df	MS			
				Number of obs	=	74
				F(1, 72)	=	0.69
Model	6013994.09	1	6013994.09	Prob > F	=	0.4095
Residual	629051402	72	8736825.03	R-squared	=	0.0095
				Adj R-squared	=	-0.0043
Total	635065396	73	8699525.97	Root MSE	=	2955.8

price	Coef.	Std. Err.	t	P>|t|	[95% Conf. Interval]	
uhat	21.28605	25.65608	0.83	0.409	-29.85842	72.43051
_cons	6165.257	343.6062	17.94	0.000	5480.29	6850.223

　　表1.4中变量uhat的系数和表1.3中变量length的系数是一样的。由此可以得出，**对于任意的包含k个解释变量的多元线性回归模型，估计系数 $\hat{\beta}_j$ 度量的是排除其他控制变量影响后，解释变量 x_j 对因变量y影响的偏效应或边际效应，这被称为弗里希–沃定理（Frisch–Waugh theorem）。**

　　表1.2、表1.3和表1.4中的最后一部分，第三列是参数估计的标准误。**标准误（standard error）和标准差（standard deviation）是两个不同的概念，标准差是单**次抽样得到的数据离散程度，标准差越大，分布越广，集中程度越差，均值代表性

越差。标准误是样本推断总体的平均预测偏误，即解释变量矩阵 **X** 对因变量 **Y** 影响的平均预测偏误。也可以是通过多次抽样得到多个回归参数，再将这些参数值的标准差视作标准误（如 **bootstrap** 和 **jackknife** 再抽样方法）。单次抽样回归得到的标准误计算，可以用公式：

$$se(\hat{\beta}) = \sqrt{\frac{Var(\hat{\varepsilon})^2}{\sum_{i=1}^{n}(x_i - \overline{x})^2}} = \sqrt{\frac{\hat{\sigma}^2}{SST_x}} \quad (1-29)$$

标准误用于预测样本数据准确性，标准误越小代表样本均值和总体均值差距越小，说明样本数据越能代表总体数据。从标准误的计算公式我们可以得出两点结论：（1）残差项方差 $\hat{\sigma}^2$ 越大，说明影响因变量的不可观测因素越多，准确估计 $\hat{\beta}$ 就越难；（2）解释变量的总波动（variability）SST_x 越大，则模型预测越准确。在极端情况下，当解释变量只有一个值时（解释变量无波动性），则模型不可识别。总波动大可以来自两个方面：一是解释变量自身的变异越大，总波动越大；二是样本量越大，解释变量总波动越大，模型估计的系数会越显著。表 1.2 中，解释变量 length 的标准误为：

$$se(\widehat{length}) = \sqrt{\frac{\hat{\sigma}^2}{\sum_{i=1}^{n}(length_i - \overline{length})^2}} = \sqrt{\frac{\frac{SSR}{n-2}}{(n-1)var(length)}}$$

$$= (7175549.01 / (73 \times 495.7899))^{(1/2)} = 14.080475$$

上式中，$\hat{\sigma}^2$ 代表干扰项的方差估计值，它等于 $SSR/(n-2)$；定义解释变量的总波动 $SST_x = \sum_{i=1}^{n}(x_i - \overline{x})^2 = (n-1)Var(x)$。本例中，解释变量 length 的方差，可以用 sum 命令查看该变量的标准差为 22.26634，那么方差 $var(length) = 22.26634^2 = 495.7899$。**标准误是一个随机变量，这里单次回归估计得到的标准误只是一个数值，因而是有偏的。如果使用不同的样本进行回归估计，则会得到不同的回归系数，然后取这些回归系数的标准差作为参数估计的标准误，可以提升模型估计的效率（如 bootstrap 和 jackknife 再抽样估计）；也可以使用聚类稳健估计的方法，来修正模型估计的标准误。**

如果是多元回归分析，则参数估计的标准误计算必须根据各个解释变量之间的相关性做相应的调整：

$$se(\hat{\beta}_j) = \sqrt{\frac{\hat{\sigma}^2}{SST_j \times (1 - R_j^2)}} \quad (1-30)$$

其中，SST_j代表第j个解释变量的总波动性，既有$SST_j = \sum_{i=1}^{n}\left(x_{ji} - \bar{x}_j\right)^2$；$R_j^2$代表第$j$个解释变量对其他所有解释变量回归的判定系数。$R_j^2$取值越大，说明解释变量之间的共线性问题越严重，从而参数估计的标准误会越大，导致参数估计的显著性水平越低。极端情况下$R_j^2 = 1$，存在完全共线性，则分母趋近于无穷大，模型不可识别，Stata会自动删除完全共线性变量，以避免此类情况发生。反之，R_j^2取值越小，则变量之间的共线性问题越轻，参数估计的标准误就会越小，显著性水平就会越高，越能代表总体水平。极端情况下$R_j^2 = 0$，则各解释变量之间完全不相关，多元线性回归模型估计的参数标准误和简单线性回归中估计的标准误相同。由此，R_j^2的取值大小对模型中是否存在共线性问题至关重要，我们可以定义方差膨胀因子$VIF_j = 1/\left(1 - R_j^2\right)$。当方差膨胀因子超过10时，这意味着$R_j^2 > 0.9$，说明模型解释变量之间存在较为严重的共线性问题。同判定系数一样，方差膨胀因子也只是一个参考指标，是不是真的构成严重问题还另当别论，毕竟参数的标准误还取决于模型的方差和解释变量的总波动。接下来，我们讨论多元线性回归情况下标准误的计算：

. reg price length mpg foreign   //（见表1.5）。

表1.5   **多元OLS估计结果**

Source	SS	df	MS			
				Number of obs	=	74
				F(3, 70)	=	12.14
Model	217367689	3	72455896.3	Prob > F	=	0.0000
Residual	417697707	70	5967110.1	R-squared	=	0.3423
				Adj R-squared	=	0.3141
Total	635065396	73	8699525.97	Root MSE	=	2442.8

price	Coef.	Std. Err.	t	P>|t|	[95% Conf. Interval]	
length	59.61193	23.90525	2.49	0.015	11.93442	107.2894
mpg	-139.0814	82.20966	-1.69	0.095	-303.0434	24.88062
foreign	2644.771	761.8912	3.47	0.001	1125.227	4164.315
_cons	-2861.984	6026.6	-0.47	0.636	-14881.66	9157.69

表1.5中，变量length的标准误为23.905，那么它是怎么计算得到的呢？根据前文多元回归估计系数标准误的计算公式，还需要用length变量对其他变量进行回归，来计算判定系数R_j^2：

. reg length mpg foreign   //（见表1.6）。

表1.6中，$R_j^2 = 0.7115$，根据多元回归估计系数标准误的计算公式，我们可以计算出变量length的标准误为：

. display [5967110.1/((e(mss)+e(rss)) × (1-e(r2)))]^(1/2)

$$se\left(\widehat{length}\right)=\sqrt{\frac{\hat{\sigma}^2}{SST_j\times\left(1-R_j^2\right)}}=\left(\frac{5967110.1}{36192.6622\times\left(1-0.7115\right)}\right)^{\frac{1}{2}}=23.905$$

表1.6   解释变量之间的回归

Source	SS	df	MS		Number of obs	=	74
					F(2, 71)	=	87.55
Model	25750.8087	2	12875.4044		Prob > F	=	0.0000
Residual	10441.8534	71	147.068358		R-squared	=	0.7115
					Adj R-squared	=	0.7034
Total	36192.6622	73	495.789893		Root MSE	=	12.127

length	Coefficient	Std. err.	t	P>|t|	[95% conf. interval]	
mpg	-2.602065	0.2668501	-9.75	0.000	-3.134149	-2.069981
foreign	-14.71985	3.354848	-4.39	0.000	-21.40923	-8.030478
_cons	247.7256	5.551665	44.62	0.000	236.6559	258.7953

表1.2~表1.6中，回归分析最后一部分的第四列是t统计量，它的取值为"估计系数/标准误"。它的完整表达式是 $t_{n-k-1}=\frac{\hat{\beta}_j-\beta_j}{se\left(\hat{\beta}_j\right)}\sim N(0,1)$，即自由度为n-k-1的t统计量，近似服从标准正态分布[1]。又因为我们设定的零假设是真实系数 $\beta_j=0$，所以t统计量经常简写为 $t_{\hat{\beta}_j}=\hat{\beta}_j/se\left(\hat{\beta}_j\right)$ [2]。如图1.8所示，标准正态分布97.5分位对应的临界值c为1.96，2.5分位对应的临界值c为-1.96。

如果t统计量的绝对值超过了1.96，则说明估计的参数偏离0值很远，代表零假设越不可信（5%的显著性水平上拒绝零假设）。虽然97.5%的临界值为1.96，但为方便记忆，一般而言对于双侧检验，当 $|t|>2$ 时我们就可以在5%的显著性水平拒绝零假设（简记为"**2t法则**"）。如果是单侧检验，则5%显著性水平对应的95分位临界值为1.64。

第五列是根据t检验的临界值得出的概率 $P\left(\left|\hat{\beta}_j/se\left(\hat{\beta}_j\right)\right|>|t|\right)$，也称为显著性水平。一般而言，如果p<0.1，则表明双侧检验下10%的显著性水平可以拒绝零假设。如果p<0.05，则表明双侧检验下5%的显著性水平可以拒绝零假设。以此类推。

---

① 正态分布（Normal Distribution），也称"常态分布"，又名高斯分布（Gaussian Distribution）。因其形态两头低、中间高、左右对称，类似于钟形，故也称作高斯钟型曲线。正态分布概念是由法国数学家棣莫弗（Abraham de Moivre）于1733年首次提出，后由德国数学家高斯（Gauss）于1809年将其应用于天文学研究，提出了以正态分布为基础的最小二乘法，使得正态分布有了更广泛的应用。因其影响巨大，故正态分布又叫高斯分布，后世之所以多将最小二乘法的发明权归之于他，也是出于这一工作。

② 关于t分布的介绍，以及为什么 $\hat{\beta}_j/se\left(\hat{\beta}_j\right)$ 服从t分布，见本书第4章。

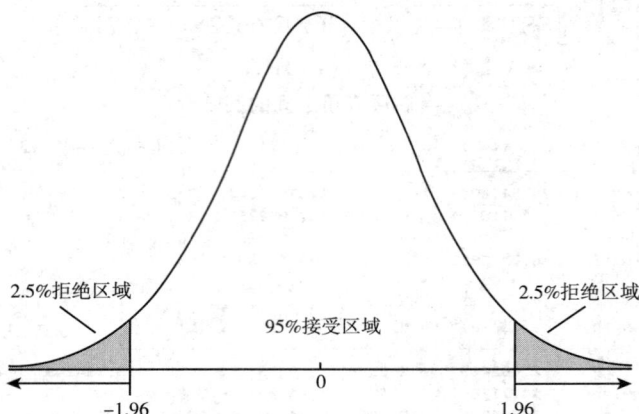

图1.8　标准正态分布的双侧检验临界值

最后一列是95%的置信区间（confidence interval），意思是该变量系数的真实值有95%的概率落在该区间上。一般而言，置信区间恒等于 $\hat{\beta}_j \pm c \cdot se\left(\hat{\beta}_j\right)$，但是因为临界值1.96不方便记忆，所以我们一般说置信区间大约为coef加减2个标准误，读者可以使用Stata的计算器功能进行验证。

综上所述，计量经济学其实并没有我们想象中那么难，虽然计量模型和方法很多，但万变不离其宗，都是在OLS的基础上演化而来，具体内容我们留待后续章节再逐一介绍。

1.6　因变量与核心解释变量选择

好的选题是一篇优秀论文的前提基础，而选题是否足够好也依赖于因变量与核心解释变量的选择。如果因变量与核心解释变量存在很大的测度误差，那么即便是好的选题，也有可能会改写"故事的结局"，得到错误的统计推断。

（1）考虑因变量存在测度误差的情况。 假设我们想要分析国企私有化改革对员工福利的影响，因变量为员工福利 y^*。

$$y^* = \beta_0 + \beta_1 x_1 + \beta_2 x_2 + \cdots + \beta_k x_k + u \qquad (1\text{--}31)$$

但是员工福利是一个定性指标，很难被准确测度，我们需要从多个角度来综合分析测度，例如，可以使用主成分分析法构造员工福利指标 y 来代替 y^*（主成分分析方法详见本书第2章）：

$$y = y^* + e \qquad (1\text{--}32)$$

其中，e代表测度误差。如果我们用 y 来代替 y^*，则实际估计的方程为：

$$y = \beta_0 + \beta_1 x_1 + \beta_2 x_2 + \cdots + \beta_k x_k + (u + e) \tag{1-33}$$

虽然 y 是 y^* 的不完美替代，但只要满足 $E[(u+e)|\mathbf{X}] = 0$，且 e 和 u 不相关，则 OLS 估计结果仍然满足无偏性和一致性。尽管残差的方差 $Var(u+e) = \sigma_u^2 + \sigma_e^2 > \sigma_u^2$，从而使得参数估计量 $\boldsymbol{\beta}$ 的标准误变大，模型的有效性有所下降。因而，只要确保测度误差 e 与解释变量不相关，那么 OLS 估计就具有良好的性质。

（2）考虑核心解释变量存在测度误差的情况。当核心解释变量存在测度误差时，情况会比因变量存在测度误差要复杂严重得多。为了把这个问题讲清楚，我们以简单的一元线性回归模型为例：

$$y = \beta_0 + \beta_1 x^* + u \tag{1-34}$$

其中，x^* 代表真实的变量，而 $x = x^* + e$ 代表我们实际测度的变量，且满足 $E(e|x^*) = 0$ 和 $cov(x^*, e) = 0$。如果我们用 x 代替 x^*，那么实际估计的方程为：

$$y = \beta_0 + \beta_1 x + (u - \beta_1 e) \tag{1-35}$$

对于这个方程，如果令 $\varepsilon = u - \beta_1 e$，我们虽然可以确保 $E(\varepsilon) = 0$，但是我们无法确保 $Cov(x, \varepsilon) = 0$，也即无法确保 $E(\varepsilon|x) = 0$。因为：

$$Cov(x, \varepsilon) = Cov(x^* + e, u - \beta_1 e) = -\beta_1 \sigma_e^2 \tag{1-36}$$

在这种情况下，OLS 估计量将不再是无偏的，并且也不是一致的。事实上，$\hat{\beta}_1$ 的概率极限为：

$$plim(\hat{\beta}_1) = \beta_1 + \frac{Cov(x, u - \beta_1 e)}{Var(x)} = \beta_1 - \frac{\beta_1 \sigma_e^2}{\sigma_{x^*}^2 + \sigma_e^2} = \beta_1 \left(\frac{\sigma_{x^*}^2}{\sigma_{x^*}^2 + \sigma_e^2} \right) \tag{1-37}$$

这会造成 $\hat{\beta}_1$ 产生一个向下的偏误（attenuation bias），且这个偏误取决于测度的误差。解释变量测度的误差越大，$\hat{\beta}_1$ 向下的偏误也会越大。在多元线性回归估计中，情况也是如此。因而在论文选题时，我们最好能确保核心解释变量没有测度误差。此外，核心解释变量也不推荐使用综合评价类指标，因为这类指标往往存在较大的测度误差。

1.7　控制变量的选择与判定系数

在建模和计量实证分析的过程中，尽管很多期刊不要求报告控制变量的估计结果，但是对控制变量的选择仍然很重要。因为这不仅是关系到模型判定系数 R^2 高低的问题，更重要的是控制变量的选择，对核心解释变量显著性水平的影响及模型设定的意义有重要影响。

一般而言，模型设置的外生控制变量越多，模型估计的判定系数会越高，残差平方和会越小，从而变量估计参数的显著性水平也会越高。在没有内生性问题和共线性问题的前提下，我们应该尽可能地多设置控制变量。但是，我们调整控制变量的目标，不是为了提高判定系数，而是为了提升模型估计参数的显著性水平，帮助我们更好地识别变量之间的因果关系。

但是，有几类控制变量是不能加的。

（1）**因变量的组成部分不能作为控制变量**。例如，在研究技术进步对经济增长的影响时，如果我们用 GDP 代理因变量，就不能控制消费、投资、政府购买和净出口变量中的任意一个或几个，因为 GDP=C+I+G+NX 是国民收入恒等式。如果将消费和投资作为控制变量，那么实际估计出来的技术进步对经济增长影响的边际效应，就是在保持消费和投资不变的情况下，技术进步对政府购买和净出口的影响，这就改变了模型设置的初衷。此外，加入消费和投资控制变量，还可能会因为共线性问题而导致核心解释变量——技术进步的估计参数变得不显著。

（2）**中介机制变量不宜作为控制变量**。例如，在研究提升白酒税收对交通事故影响时，白酒税收之所以能减少交通事故，核心的机制就是通过提升税收来减少白酒消费进而减少酒驾和交通事故，此时就不宜将白酒消费作为控制变量。因为没有办法在控制白酒消费不变的情况下，研究白酒税收对交通事故的影响（这样白酒税就毫无意义）。强行控制白酒消费变量的结果，要么是导致白酒税收变量不显著，要么是使得整个模型脱离了原本的意义。

如果我们已经确定了具体使用哪些控制变量，那么如何判断是否存在省略变量偏误呢？这些变量要不要使用高次项呢？如二次项、三次项和四次项。如果将这些控制变量的高次项全部放到模型中进行检验，可能会导致模型自由度损失过高，从而影响模型估计结果的有效性。为了避免这个问题，拉姆齐（Ramsey，1969）提出回归设定误差检验（regression specification error Test, RESET）。RESET 的思想很简单，既然同时加入所有控制变量的高次项会导致模型估计的自由度损失过大，那么就可以使用因变量拟合值的二次项和三次项来替代，然后使用施加约束和不施加约束的 F 检验统计量进行判断。

```
. quietly reg price length mpg foreign
. estat ovtest        // （见图 1.9）。
```

```
Ramsey RESET test using powers of the fitted values of price
      Ho:  model has no omitted variables
            F(3, 67) =      4.17
            Prob > F =      0.0091
```

图 1.9 省略变量偏误的 Ramsey RESET 检验

命令estat ovtest命令等价于：

reg price length mpg foreign

gen SSR_r=e(rss)　　// e(rss)代表上一个回归的残差平方和

predict yhat

gen yhat2=yhat^2

gen yhat3=yhat^3

gen yhat4=yhat^4

reg price length mpg foreign yhat2 yhat3 yhat4

gen SSR_ur=e(rss)

display [(SSR_r- SSR_ur)/3]/(SSR_ur/67)　　　//计算F(3, 67)统计量

这里p值小于0.01，说明模型存在省略变量偏误。但遗憾的是，拉姆齐（Ramsey，1969）的RESET检验无法告诉我们到底缺失了什么变量？以及缺失变量的具体函数形式是什么？如何判断缺失变量及其具体函数形式，可能需要研究者根据自己的理论和经验做出判断。即便是使用机器学习的方法筛选控制变量（见第5章），也需要我们事先根据这些原则做初步的判断和最后的抉择。

1.8 残差和干扰项的重要性

初学计量经济学，很容易将关注点聚焦到计量经济学的模型上，忽略残差和干扰项的分析。对于初学者而言，我们特别需要注意区分残差û和干扰项u（有时也称误差项）。干扰项反映的是自变量之外其他不可观测变量对因变量产生的影响，其真实的方差-协方差分布也是不可观测的，通常要对其给出一定的假设。相反，残差是因变量实际观测值与样本回归函数计算的估计值之间的偏差，是可以观测的。所以，我们常常使用残差û的方差-协方差矩阵，来代理干扰项的方差-协方差矩阵进行计算。

理工科的模型是基于客观规律的，能够精确地模拟事物或者运动的轨迹，反映的是函数中因变量与自变量一一对应的关系，因而不需要干扰项。但是，经济学的绝大多数模型，不管作者把自己设计的模型夸得多么天花乱坠，在模拟和预测人或者事物发展的轨迹时，都会产生很大的偏差。归根结底，是因为经济社会活动的主体是人，而人具有很大的主观性和不可预测性。因而在设定经济学模型时，通过设定干扰项（误差项）来包含其他不可观测因素，就非常有必要。而且严格意义上，计量经济学模型不反映函数关系，因变量与自变量之间没有一一对应。只有当因变量取条件期望值时，才存在函数关系。因而，我们只能称其为条件期望函数。

设计再巧妙的计量经济学模型，都不太可能完全解释经济社会活动。甚至在绝

大多数的实际情况下，计量经济学模型能够解释的只是因变量变异（或方差）中的一小部分（不管计算的判定系数或者拟合优度有多高）。其余所有没被解释的因变量变异部分，都将蕴含在残差中。包括计量经济学常见的内生性、缺失重要变量、截面相关、空间依赖性、时间依赖性等问题，只要这些因素没有被模型处理或包含，最后都会体现在残差中。

因而，在一定程度上计量经济学中各类模型的区分，不是核心解释变量或者控制变量设定的差异，而是对残差的认识和处理不同，或者对干扰项（误差项）的假定不同。包括空间计量和传统计量的区分，也包括时间序列、横截面数据和面板数据的处理不同，都是因为残差的时间、截面、空间和时空依赖性。

1.9 无偏性、一致性与有效性

无偏性要求参数估计的条件期望值等于被估参数的真实值。一致性是指当样本量趋于无穷大时，估计量依概率收敛于被估参数的真实值。有效性是指当两个估计量在同样无偏的情况下，哪一个方差更小，且方差较小的估计量通常被认为是更有效的。在实际应用过程中，对于单样本统计推断而言，无偏性其实是很难满足的，哪怕是区间（0，1）上随机生成的样本，它的均值也不可能刚好就是0.5。随机抽样的均值可能接近0.5，但不太可能恰好就等于0.5（见第4章模拟部分）。直接去证明自己估计的参数就是被估参数的真实值意义不大，这个时候讨论被估参数的一致性和有效性可能更有意义。

以张三、李四、王二和麻子的射击比赛为例。假定学校的初选赛过程中，他们的射击平均分都是9分（真实水平），代表了学校射击的最高水平。现在我们要通过复选赛，从他们四个人中间选择两名选手（省里只给了2个参赛指标），代表学校去参加全省射击比赛。复选赛过程中，通过随机抽签的方式，张三和李四分到一组，王二和麻子分到一组，两组各决出一名选手。设定射击最高分为10分，每人各射5次。

首先，看第一组比赛情况，张三和李四的射击平均得分都是9分。其中，张三的5次射击得分依次为（10，9，8，8.5，9.5），李四的5次射击得分依次为（9，9.1，8.9，9，9）。把每次射击都看成是一次抽样，相对于每个人做了五次抽样。在张三和李四之间，我们应该怎么选呢？其实，中学的时候我们就学过标准差，虽然张三和李四的平均得分都是一样的，但是李四的标准差更低（方差也更低），说明李四的发挥更稳定，射击成绩有效性更高。选择李四代表学校去参加比赛，获奖的概率会更高，结果更加可靠。用计量经济学的视角来看，就是张三和李四的成绩都是一致的（大多数射击虽然都有偏，但随着射击次数的增加，射击的均值依概率收敛于其真实水平），但是李四成绩的方差更小，因而射击结果更有效，所以我们应该选择李四代表学校参赛。即在同时都满足一致无偏的情况下，选择那个最有效的估计量。

其次，看第二组比赛情况，王二和麻子的射击平均得分分别为9分和8.5分。其中，王二的5次射击得分依次为（10，9，8，8.5，9.5），麻子的5次射击依次得分为（8.5，8.4，8.6，8.5，8.5）。在王二和麻子之间，我们应该怎么选呢？虽然麻子射击成绩的方差更小，但是他的结果明显不满足一致性（期望均值无法依概率收敛到真实水平9分）。王二的成绩虽然是一致的，但是方差更大，射击成绩不满足有效性（不稳定）。在一致性和有效性之间，我们应该如何抉择呢？答案是选择一致性，而不是有效性。麻子的射击成绩虽然有效性更高（发挥稳定），但是靶都射偏了（不满足一致性），这种有偏的稳定性，在计量经济学中没有意义。

以OLS和GLS估计为例，当模型存在异方差和序列相关的时候，OLS估计结果仍然是一致的，但不是有效的。GLS估计结果，虽然理论上是一致的，而且也更有效，但前提是我们要找到真实的权重（问题的症结）。然而，真实的权重根本就不可观测，所以我们只能退而求其次，用推算估计的权重代替真实的权重，执行FGLS估计。如果我们估算的权重有偏，那么尽管FGLS估计结果比OLS更有效，它仍然可能不满足一致性。这个时候就像王二和麻子的比赛一样，可能选择更具一致性的OLS估计结果更合理。

固定效应OLS估计和随机效应FGLS估计也是同样的道理，在实际经济分析中，不可观测因素往往都会跟解释变量产生关联，最好的处理方式是将不可观测因素通过组内变换消除掉，然后再使用OLS的方法进行估计（即固定效应方法），尽管得到的参数估计结果不满足有效性，但至少满足一致性。反之，如果将不可观测因素纳入残差项，通过FGLS加权的方式处理（即随机效应方法），得到的参数估计结果虽然是有效的，但不满足一致性。这又回到了王二和麻子的比赛，我们只能选择王二。

综上所述，OLS和GLS相比，就相当于张三和李四的比赛，两者都满足一致性和无偏性，但是GLS估计结果更有效，所以选择GLS（即李四）；但是，因为GLS有很严格的假设前提，它要求我们找到真实的权重，而这往往是很难做到的。因而，实际经济分析中，通常要比较的是OLS和FGLS的结果，即王二和麻子的比赛，在一致性和有效性之间进行权衡，往往更倾向于选择一致性。

1.10　认识计量经济学的定位和不足

人类和动物的本质区别，马克思认为关键在于人类会生产和使用工具；黑格尔认为关键在于人类有自我意识，具有主观的能动性。其实，有很多动物也会生产和使用工具，也有不少灵长类动物具有一定的自我意识和主观能动性，只是相对于人类而言，形式比较初级而已。因而，从这种意义上说，人类只是高级动物而已。

但是，高级动物毕竟还是动物，仅仅从生产工具和自我意识这种静态特征比较，人类很难把自己和动物区分开来，成为一个特殊的"新物种"。但是，人类毕竟是区别于动物的"存在"，如果说从静态的特征比较找不到差异，我们就必须从动态的人类发展角度来看。

将使用工具和自我意识结合在一起看，人类社会发展的主观能动性动态结果就是创新。但是，这些都只是潜在的表象，为什么人类社会几千年的文明，多数发明和创新都集中在近两百年呢？究其原因，就在于制度和激励机制的探索是一个漫长的试错过程。工业革命的成功不是蒸汽机的成功，而是西方现代市场制度的成功，蒸汽机的发明只是制度和生产结合的"水到渠成"表象而已。

两千多年前的文化思想水平，并不弱于当代人的思想，说明古人的创新能力并不弱于现代人，但那个年代没有孕育"高科技"，不是因为他们不够聪明，而是因为没有合适的制度去激励他们创新。五千年的人类发展历史，其实也是五千年的制度演进历史，但绝对不是五千年的科技创新史。所以人类和动物的本质区别，固然是有使用工具和自我意识的特征，但更多的是制度创新和激励机制设计的本质差异。5000多年来，人类一直在不断努力地试错和纠错，但都只是遵循自然法则而已，从未有过制度和规则创新。

经济基础决定上层建筑，经济学当之无愧是工业革命以来人类社会最伟大的制度创新之一。没有经济制度创新，就没有科技创新。没有经济发展提升，就不会有世界和平，人类社会将永远陷入无限重复循环的马尔萨斯陷阱。但是，计量经济学并不是一个伟大的学科，它只是经济学的一个分支学科，是经济学分析的一种工具而已。我们努力学习计量经济学，是因为计量经济学能够帮助我们更好地掌握和完善经济学这个伟大的学科，同时也是因为计量经济学能够更好地帮助我们将经济学的理论应用于实践。

为什么这么说呢？因为计量经济学作为一种工具，其本身存在一些先天的不足和缺陷。

首先，离开经济学理论支撑，计量经济学什么都不是。计量经济学的分析，必须要以经济理论为基础。计量经济学可以透过现象看本质，但是最后怎么解释这个本质原因，还需要以经济理论为基础进行阐述，不能就计量而谈计量。计量经济学可以为新的经济学理论提供实证检验，来帮助经济学理论的改进和完善。可以对过去一些旧的理论提出挑战，也可以通过数据分析发现一些有趣的现象，并提出一些新的理论，但是仍然要以古典经济学理论为基础。

其次，计量经济学有长面板和短面板分析，有时间序列、横截面和时空调整分析，有一阶段、两阶段和三阶段分析，有静态和动态分析，有线性回归和非线性回归分析，有参数回归和非参数回归分析，有联立方程和结构方程分析等诸多方法，但是所有的这些分析方法，都不能体现其"字面上"的意义，都不是真正的长期、动态和阶段性分析。

假如想要研究光伏补贴政策试点的效果。第一阶段，假设补贴政策在江西和江苏试点，结果江西赛维LDK和江苏无锡尚德两家公司快速发展，带动整个光伏产业高速增长。如果我们以这个阶段的数据做回归估计，无论使用什么模型，得到的结果显然会是光伏补贴政策对于促进光伏产业发展有显著的促进作用，因而补贴政策可以在全国推广。

第二阶段，假设全国开始推广光伏补贴政策。于是赛维LDK和无锡尚德快速在全国各地扩张和"圈地"建厂。一方面导致产品供应大幅上涨和供过于求，产品市场价格下降，摊薄企业利润空间；另一方面导致原材料成本和技术工人工资快速上升，进一步挤压企业利润。此时再叠加遇上国外光伏反倾销政策，最后无锡尚德和赛维LDK先后破产重组。如果以前面两个阶段的数据进行估计，我们得到的计量结论很有可能是，光伏产业政策试点——推广失败，只能小范围搞试验，不能大范围推广，甚至有学者还会提出要取消补贴。

第三阶段，补贴政策没有退坡，在补贴政策的支持下，企业艰难生存并实现光伏面板生产技术的重大创新突破，导致光伏成本急剧下降，光伏产业利润重新回正。光伏产业又迎来了新的春天，成为新能源革命的主角。如果我们利用以前三阶段的数据估计，那得到的结果又要出现"反转"，光伏补贴政策对光伏产业发展的影响呈现出"N"型关系，即光伏补贴政策先促进光伏产业增长，然后因为竞争而下降，最后因为技术创新再上升。

但是，所有的这些分析都是"事后诸葛亮"。因为，我们在第一阶段不可能拿到第二阶段的数据，在第二阶段也不可能拿到第三阶段的数据，所以脱离经济学理论的计量经济学事前统计分析，不可能得到可靠有效的经济结论。现在新能源汽车产业正在经历光伏产业发展之路，但是用计量经济学无法预测，结果如何我们可以拭目以待。

再来看看股票市场计量检验分析。我们知道，很少有股票是一直上涨或者一直下跌的，所以关于计量经济学预测未来增长或者边际效应显著为正或为负的结论，应用于股票价格波动而言，显然不可行。按照"庄家"的思路，一只股票如果看涨，按照"庄家"投资的逻辑或"套路"，也要先把它"砸"下来，"骗"取散户的廉价筹码，然后才会把股价做上去，获利之后再叫散户接盘。"套路"就是"套路"，令人防不胜防。而"计量"只能是"计量"，计量理论的更新速度很难赶上庄家的"套路"创新速度，否则赚得盆满钵满的就是计量经济学家，也就没有"股神"巴菲特什么事了。

认识计量经济学的定位和不足，目的不是要把计量经济学贬得一无是处，而是要提醒广大读者和学界同仁科学合理运用计量经济学。说明问题的方法有很多，并不一定非要是计量经济学，也并不一定仅仅依靠计量经济学。但就目前而言，经济学分析最主流、最常见、最科学的方法，仍然还是计量经济学。中国经济学研究面临最大的挑战，不是实证研究太多，而是高质量的实证研究太少。

第2章　数据处理与图形绘制

第1章提到了Stata数据储存格式，一般都为dta格式。在此基础上，本章介绍如何将其他类型的数据转换为Stata的dta格式，以及如何用Stata对数据进行合并、转换、插值和图形绘制。此外，还会讨论如何用Stata做主成分、因子和熵权分析。

2.1　数据导入

对于各种各样的数据格式，其中最常见的是Excel的xlsx格式。Excel的数据表格广泛应用于我们平常的数据收集实践中，因此主要介绍如何将Excel格式的数据处理成dta格式。

首先，可以使用Stata等菜单"文件/导入/Excel电子表格"，通过对话框中的"浏览"找到所需要处理的Excel文件。然后勾选"将第一行作为变量名"选项，单击"确定"按钮，即可将所需处理的Excel文件导入Stata（见图2.1）。

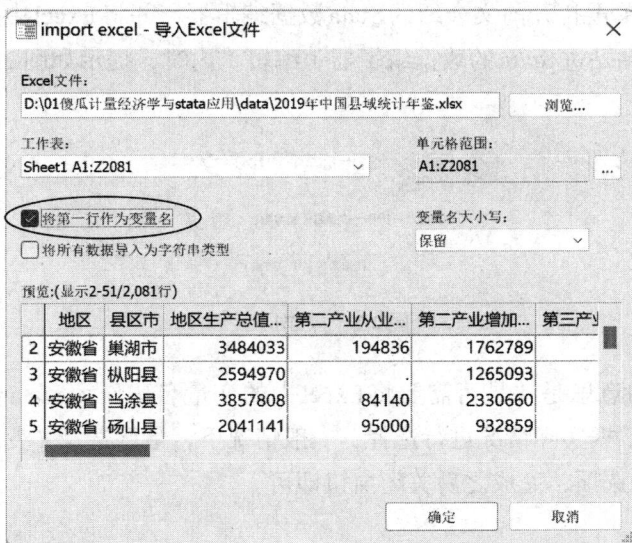

图2.1　导入数据

上述方式等价于下面的Stata命令：

. import excel "D:\01傻瓜计量经济学与Stata应用\data\2019年中国县域统计年鉴.xlsx", sheet("Sheet1") firstrow clear

不过，有时并不需要Excel表格中的所有数据，也可以选择最简单的"复制＋粘贴"方法，这也是最直接有效的方法之一。仍然以2019年中国县域统计年鉴的数据作为案例。

需要事先说明的是，2019年县域经济统计指标中包含等数据，实际上是2018年各县市社会经济主要指标数据[①]。为了简化分析，假设只考虑第二产业就业对国内生产总值的影响。只需要打开Excel表格（2019年中国县域统计年鉴.xlsx），复制前四列数据（见表2.1）。

表2.1 **2019年中国县域统计年鉴**

	A	B	C	D
1	地区	县区市	地区生产总值(万元)	第二产业从业人员(人)
2	安徽省	巢湖市	3484033	194836
3	安徽省	枞阳县	2594970	
4	安徽省	当涂县	3857808	84140
5	安徽省	砀山县	2041141	95000
6	安徽省	定远县	2017596	
7	安徽省	东至县	1678299	83430
8	安徽省	繁昌县	2831370	71527
9	安徽省	肥东县	6195449	
10	安徽省	肥西县	7030816	
11	安徽省	凤台县	2723062	
12	安徽省	凤阳县	2079658	148517
13	安徽省	阜南县	1799834	
14	安徽省	固镇县	2407440	59321
15	安徽省	广德县	2601391	161979
16	安徽省	含山县	1735774	72522
17	安徽省	和县	1982138	83976

然后，鼠标单击打开前文介绍的Stata数据编辑器，并将Excel中复制的数据粘贴进去。此时，在粘贴进Stata的数据编辑器（编辑）内时，提示如图2.2所示。

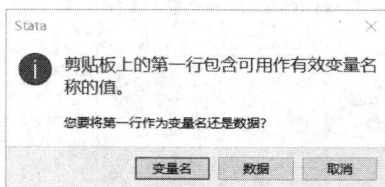

图2.2 操作提示

图2.2提示的意思是"是否需要将Excel中的变量名称作为Stata中的数据变量名称"？此时需要根据实际情况进行选择，一般情况下，最好选择"变量名（即将第一行作为变量名）"选项，完成之后关闭窗口即可。

---

① 当年的统计年鉴记录的一般是上一年的数据，本章2019年的统计年鉴记录的是2018年的数据。

在进行后续的操作之前，可以先使用summarize命令做描述性统计分析，查看数据的基本特征。

. summarize　　//表2.2仅展示部分结果

表2.2　　　　　　　　　　　　**命令summarize输出结果**

Variable	Obs	Mean	Std. dev.	Min	Max
地区	0				
县区市	0				
地区生产~元	2,076	2237134	3026096	30591	3.83e+07
第二产业~人	2,009	73169.73	88681.79	18	971240

从表2.2可以看出，在变量"地区"和"县区市"两行的Obs栏目显示均为零，均值（Mean）、标准差（Std. Dev.）、最小值（Min）、最大值（Max）均缺失。导致这一现象的原因在于数据粘贴的过程中，这两项的内容是被Stata默认处理成字符型。字符型变量没有参数值，因此为了分析方便需要将其转换为数值形式。

可以使用encode命令进行转换，在命令窗口输入以下命令：

. encode 地区, generate(province)

Stata18可以识别中文名称变量，该命令含义为将地区变量解码成数值型变量，并将其储存在新生成的province变量内[①]。

以此类推，可以将"县区市"变量也解码成数值型变量。

. encode 县区市, generate(county)

可以重新切换回数据编辑器内，找到province所属列，选择并用鼠标双击江西省，可以看到江西省此时已经被数值16所代替。也可以使用命令查看：

. generate code=province

. by province, sort: list province code, constant　　// constant代表重复变量只出现一次

由此可以用summarize命令单独查看属于江西省的经济数据概况。在命令窗口输入：

. sum 地区 县区市 地区生产总值万元 第二产业从业人员人 province county if province==16　　//Stata默认逻辑运算采用双等号，赋值运算采用单等号（见表2.3）。

表2.3　　　　　　　　　　　　**描述性统计分析**

Variable	Obs	Mean	Std. dev.	Min	Max
地区	0				
县区市	0				
地区生产~元	81	1815862	1856785	411552	1.48e+07
第二产业~人	81	79332.36	58351.05	12274	311986
province	81	16	0	16	16
county	81	846.8765	638.3605	5	2068

---

① 如果是Stata18.0以前的版本，为避免程序运行错误，建议在变量名称命名时最好使用英文单词或者字母。

从表2.3可以看出，江西省共有81条数据，代表2018年81个县区市的指标①。当然，还可以在命令后面加上detail后缀以获取更多信息，例如：

. summarize if province==16, detail   //结果省略

可以发现当加入detail后缀后，Stata反馈的数据更加丰富了，包括各项数据的分位数（percentiles）、均值（mean）、方差（variance）、偏度（skewness）和峰度（kurtosis）等。

类似的用法还有很多，这里介绍一个"万金油"命令——help，可以很好地帮助读者自学。当遇上不明白用法的指令时，就可以使用"help+命令"进行检索。以summarize命令为例，在命令窗口输入：

. help summarize   //（见图2.3）。

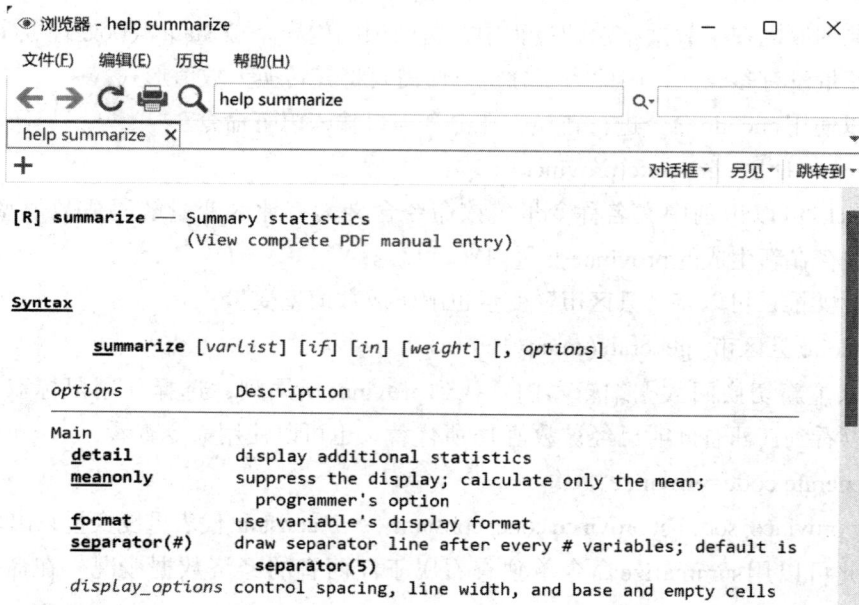

图2.3　命令help操作界面

图2.3中，在右侧弹出的窗口即为summarize命令的具体内容及用法，读者如果有兴趣可以进一步阅读了解。

接下来重新回到数据的处理上来。对于"地区生产总值万元""第二产业从业人员人"这两个数值型变量，变量名称有些冗长，为了方便起见，将其重新命名。可以使用rename命令，在命令窗口依次输入并运行下面两条命令：

---

① 江西省2018年有100个县区市，但是因为部分县区市数据缺失问题，表中只包含81个县区市的数据。

. rename 地区生产总值万元 gdp

. rename 第二产业从业人员人 employ 　　　//（见图2.4）。

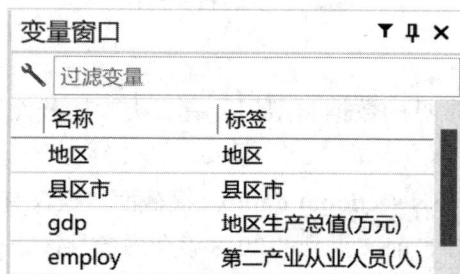

图2.4　变量窗口

图2.4中，通过变量窗口发现，新的英文字母变量名显然要比之前要简洁很多。处理完这些以后，再进行一次summarize命令观察数据概况。

. summarize gdp employ 　　　//结果省略

可以发现gdp的数据缺失4个，而employ数据缺失71个，Stata在运算过程中自动忽略掉数据缺失值[1]。例如，我们直接进行一次回归。

. regress gdp employ 　　　//（见表2.4）。

表2.4　　　　　　　　　　　　　命令regress输出回归估计结果

Source	SS	df	MS		Number of obs	=	2,009
					F(1, 2007)	=	4562.10
Model	1.2923e+16	1	1.2923e+16		Prob > F	=	0.0000
Residual	5.6852e+15	2,007	2.8327e+12		R-squared	=	0.6945
					Adj R-squared	=	0.6943
Total	1.8608e+16	2,008	9.2671e+12		Root MSE	=	1.7e+06

gdp	Coefficient	Std. err.	t	P>|t|	[95% conf. interval]	
employ	28.6066	.4235297	67.54	0.000	27.776	29.43721
_cons	121376.4	48686.31	2.49	0.013	25895.37	216857.4

从表2.4可以看出，obs数量为2009个，这说明Stata会自动按照变量gdp和employ拥有的共同观测值进行运算。

---

① 在数据处理过程中，要注意区分缺失值和零值，两者在计量运算过程中会有天壤之别。但这也是初学者常犯的错误，因为读者在用Excel收集数据时，有时候Excel会自动将缺失值填充为0，如果将这些"缺失0值"再导入Stata，就会产生估计偏误。

2.2　数据类型

　　在计量经济学中，常见的数据类型划分有三类：横截面数据、时间序列数据和面板数据。

　　（1）横截面数据（cross sectional data）。横截面数据仅有空间的维度，同一时间点包含不同的个体。例如，前文提到的2018年全国各县区市的数据。2018年安徽省部分县区市的地区生产总值和第二产业就业人员数据，如表2.5所示。

表2.5　　　　　　　安徽省部分县区市的地区生产总值和第二产业就业人员

地区	县区市	地区生产总值（万元）	第二产业从业人员（人）
安徽	巢湖市	3484033	194836
安徽	枞阳县	2594970	
安徽	当涂县	3857808	84140
安徽	砀山县	2041141	95000
安徽	定远县	2017596	
安徽	东至县	1678299	83430
安徽	繁昌县	2831370	71527
安徽	肥东县	6195449	
安徽	肥西县	7030816	
安徽	凤台县	2723062	
安徽	凤阳县	2079658	148517
安徽	阜南县	1799834	
安徽	固镇县	2407440	59321
安徽	广德县	2601391	161979
安徽	含山县	1735774	72522
安徽	和县	1982138	83976
安徽	怀宁县	2446680	128000
安徽	怀远县	3115304	168972

　　（2）时间序列数据（time series data）。时间序列数据仅有时间的维度，包含同一个体不同时间的指标值。例如，中国自改革开放以来的GDP变化和通货膨胀变化等，如表2.6所示。

表2.6　　　　　　　　　　　　　　　　**中国GDP和通货膨胀率季度数据**

	year	y	gdp	consump	c	t
1	1992-03	13.6	5262.8	772.4	27	1
2	1992-06	13.8	6484.3	745.4	29	2
3	1992-09	14.1	7192.6	816.2	30	3
4	1992-12	14.3	8254.8	1028.6	31	4
5	1993-03	15.3	6834.6	942.3	30	5
6	1993-06	14.3	8357	1005.7	28	6
7	1993-09	13.8	9385.8	1023.3	29	7
8	1993-12	13.9	11095.9	1415.5	31	8
9	1994-03	14.1	9375.1	1166.1	33	9
10	1994-06	13.7	11481	1238.67	32	10
11	1994-09	13.5	12868	1399	31	11
12	1994-12	13	14913.3	1992.3	30	12
13	1995-03	11.9	12111.7	1533.3	31.3	13
14	1995-06	11.4	14612.9	1639.7	28	14
15	1995-09	11	16164.1	1756	25.8	15
16	1995-12	11	18451.2	2389.5	23.7	16
17	1996-03	10.9	14628	1860.1	21.3	17
18	1996-06	10.1	17147.5	1966	19.5	18
19	1996-09	9.8	18605.8	2083.5	18.3	19
20	1996-12	9.9	21432.4	2848.6	20.1	20
21	1997-03	10.1	16689.1	2130.9	14.3	21
22	1997-06	10.1	19163.6	2164.7	13	22
23	1997-09	9.5	20500.9	2239.6	9.9	23
24	1997-12	9.2	23361.5	2881.7	8.9	24

（3）面板数据（**panel data**）。面板数据兼具了时间序列数据和横截面数据的双重属性，既有时间的维度，也有空间的维度。例如，全国所有地级以上城市从2011~2018年的数据，如表2.7所示。

表2.7　　　　　　　　　　　**2011~2018年部分城市面板数据**

城市	年份	edu	area
北京	2011	0.038915	9.70571
北京	2012	0.038459	9.70571
北京	2013	0.037848	9.70571
北京	2014	0.036321	9.70571
北京	2015	0.03366	9.70571
北京	2016	0.031548	9.70571

续表

城市	年份	edu	area
北京	2017	0.031641	9.7054
北京	2018	0.03125	9.7054
天津	2011	0.044902	9.37246
天津	2012	0.04408	9.37246
天津	2013	0.043416	9.38572
天津	2014	0.04314	9.38572
天津	2015	0.041582	9.38572
天津	2016	0.04023	9.38572
天津	2017	0.040952	9.38572
天津	2018	0.040665	9.37246
石家庄	2011	0.049814	9.6708
石家庄	2012	0.047578	9.6708
石家庄	2013	0.045813	9.6708
石家庄	2014	0.043146	9.48105
石家庄	2015	0.04646	9.477
石家庄	2016	0.047206	9.477
石家庄	2017	0.052415	9.55109
石家庄	2018	0.05499	9.6708
唐山	2011	0.045394	9.50837
唐山	2012	0.045039	9.50837
唐山	2013	0.043265	9.52821
唐山	2014	0.044251	9.50837
唐山	2015	0.044148	9.50837
唐山	2016	0.044737	9.50837
唐山	2017	0.047682	9.56086
唐山	2018	0.048813	9.56086

资料来源：根据《中国统计年鉴》整理。

表2.7中，需要特别注意的是，面板数据按照时间周期 T 和观测值数量 N 的大小，又可以进一步划分为两类：一类是长面板数据（long panel），即时间周期 T>N（观测值数量）；另一类是短面板数据（short panel），即时间周期 T<N（观测值数量）。两者有何异同，见第 7 章面板数据模型回归。

2.3　数据合并

在数据收集和分析过程中，经常需要将不同来源的数据进行合并。在空间计量经济分析中，需要将经济数据和地图信息进行匹配。以 Stata 自带的汽车型号与销售数据为例，经过调整之后，表2.8的数据是关于汽车重量和长度属性的数据，将其命名为 autosize.dta。

表2.8	汽车大小（autosize.dta）		
id	make	weight	length
1	Toyota Celica	2410	174
2	BMW 320i	2650	177
3	Cad. Seville	4290	204
4	Pont. Grand Prix	3210	201
5	Datsun 210	2020	165
6	Plym. Arrow	3260	170

表2.9的数据是关于汽车费用的数据，包含汽车价格和里程等，命名为 autoexpense.dta。

表2.9	汽车花销（autoexpense.dta）		
id	make	price	mpg
1	Toyota Celica	5899	18
2	BMW 320i	9735	25
3	Cad. Seville	15906	21
4	Pont. Grand Prix	5222	19
5	Datsun 210	4589	35

现在的任务是将两张表合并。最简单的方法是直接复制粘贴，但是使用这种方法的前提是数据结构简单，并且样本量不大，否则也不是那么容易实现。另外一个更好的方法，就是采用 merge 命令进行合并。尤其是在面板数据处理过程中，该命令非常实用，其语法结构为：

（1）按指定关键变量"一对一"合并，变量可以设置多个，也可以是字符型变量。

. merge 1:1 varlist using filename [, options]

（2）按指定关键变量"多对一"合并，变量可以设置多个，也可以是字符型变量。

. merge m:1 varlist using filename [, options]

（3）按指定关键变量"一对多"合并，变量可以设置多个，也可以是字符型变量。

. merge 1:m varlist using filename [, options]

（4）按指定关键变量"多对多"合并，变量可以设置多个，也可以是字符型变量。

. merge m:m varlist using filename [, options]

（5）按观测值序号"一对一"合并。

. merge 1:1 _n using filename [, options]

仔细观察前文的数据，可以发现汽车型号和id都是唯一的，属于1∶1的匹配关系：

. use autosize.dta, clear   //为避免路径输入麻烦，读者可以提前将autosize.dta和autoexpense.dta两个数据拷贝到Stata当前的工作路径中

. merge 1:1 make using autoexpense.dta   //变量make是汽车型号（见表2.10和图2.5）。

表2.10 合并后的结果

make	weight	length	id	price	mpg	_merge
BMW 320i	2650	177	2	9735	25	matched（3）
Cad. Seville	4290	204	3	15906	21	matched（3）
Datsun 210	2020	165	5	4589	35	matched（3）
Plym. Arrow	3260	170	6			master only（1）
Pont. Grand Prix	3210	201	4	5222	19	matched（3）
Toyota Celica	2410	174	1	5899	18	matched（3）

```
Result                          Number of obs

Not matched                              1
    from master                          1  (_merge==1)
    from using                           0  (_merge==2)

Matched                                  5  (_merge==3)
```

图2.5 合并过程

图2.5和表2.10中，是以autosize.dta作为主数据（master，已经用Stata工作界面打开的数据），以autoexpense.dta数据作为调用数据（using）。以字符型变量汽车型号（make）作为关键识别变量，对两个数据进行匹配。匹配结果表明：不匹配（not matched）的观测值（obs.）有一个，并且该数据来源于主数据［_merge==1或者master only (1)］；匹配成功的观测值有5个（_merge==3）；并且匹配之后会生成新的匹配标记变量"_merge"。如果后续还有其他数据需要再进行匹配，在了解了具体匹配信息之后，就需要把该变量删除。

. drop _merge   //匹配完之后要删除匹配标记变量"_merge"，否则后续不能继续匹配其他数据

以上方法，也可以使用id变量进行匹配，或者同时使用make和id，结果是一样的：

. use autosize.dta, clear

. merge 1:1 id using autoexpense.dta　　//结果省略

如果我们想要只保留匹配成功的数据，并且同时删除匹配记录，则可以输入下面的命令：

. merge 1:1 make id using autoexpense.dta, keep(match) nogen　　//选项nogen的全称为nogenerate，表示不要创造_merge变量，选项keep(match)表示只保留匹配成功的观测值（见图2.6和表2.11）。

```
Result                        Number of obs

Not matched                              0
Matched                                  5
```

图2.6　匹配结果

. list

表2.11   匹配后结果

	make	weight	length	id	price	mpg
1.	BMW 320i	2,650	177	2	9,735	25
2.	Cad. Seville	4,290	204	3	15,906	21
3.	Datsun 210	2,020	165	5	4,589	35
4.	Pont. Grand Prix	3,210	201	4	5,222	19
5.	Toyota Celica	2,410	174	1	5,899	18

如果想要进行m:1和1:m的数据匹配，应该如何处理呢？首先，虚构一个非平衡的面板数据如表2.12所示，命名为autoexpense2.dta（以下数据纯属虚构，无须讨论变量数据意义）。

表2.12   汽车花销（autoexpense2.dta）

id	make	year	price	mpg
1	Toyota Celica	2020	5899	18
1	Toyota Celica	2019	5799	36
2	BMW 320i	2020	9735	25
2	BMW 320i	2021	9200	50
3	Cad. Seville	2020	15906	21
3	Cad. Seville	2021	13000	40
4	Pont. Grand Prix	2019	5222	19
4	Pont. Grand Prix	2020	5000	40

续表

id	make	year	price	mpg
4	Pont. Grand Prix	2021	4700	60
5	Datsun 210	2019	4589	35
5	Datsun 210	2020	4200	60
5	Datsun 210	2021	3800	90

如果想要将 autoexpense2.dta 和 autosize.dta 数据进行匹配合并，有两种方法：一是以 autoexpense2.dta 为主数据，调用 autosize.dta 数据进行 m:1 匹配合并；二是以 autosize.dta 数据为主数据，调用 autoexpense2.dta 数据进行 1:m 匹配合并。首先，使用第一种方法：

. use autoexpense2.dta, clear   //读者需要提前将数据 autoexpense2.dta 放置在 Stata 当前的工作路径中

. merge m:1 make using autosize.dta   //（见图 2.7）。

```
Result                          Number of obs

Not matched                              1
    from master                          0  (_merge==1)
    from using                           1  (_merge==2)

Matched                                 12  (_merge==3)
```

图 2.7　m:1 匹配结果

其次，使用第二种方法，进行 1:m 匹配。即先打开 autosize.dta 数据，然后再匹配 autoexpense2.dta 数据：

. use autosize.dta, clear   //（见图 2.8）。

. merge 1:m make using autoexpense2.dta

```
Result                          Number of obs

Not matched                              1
    from master                          1  (_merge==1)
    from using                           0  (_merge==2)

Matched                                 12  (_merge==3)
```

图 2.8　1:m 匹配结果

上述两种方法的匹配结果是一样的，只是匹配指示性变量 _merge==1 和 _merge==2 的位置互相调换了一下。进一步查看匹配后的数据：

. sort id year

. drop _merge

. list id make year weight length price mpg, sepby(make)   //（见表 2.13）。

表2.13 匹配后结果

id	make	year	weight	length	price	mpg
1	Toyota Celica	2020	2,410	174	5899	18
2	BMW 320i	2019	2,650	177	5799	36
2	BMW 320i	2020	2,650	177	9735	25
2	BMW 320i	2021	2,650	177	9200	50
3	Cad. Seville	2020	4,290	204	15906	21
3	Cad. Seville	2021	4,290	204	13000	40
4	Pont. Grand Prix	2019	3,210	201	5222	19
4	Pont. Grand Prix	2020	3,210	201	5000	40
4	Pont. Grand Prix	2021	3,210	201	4700	60
5	Datsun 210	2019	2,020	165	4589	35
5	Datsun 210	2020	2,020	165	4200	60
5	Datsun 210	2021	2,020	165	3800	90
6	Plym. Arrow	.	3,260	170	.	.

表2.13中，匹配合并成功之后的数据，汽车重量（weight）和长度（length）保持不变，不随年份变化。调用数据autosize.dta中的观测值id==6（Plym. Arrow），因为主数据中无此数据，所以匹配没有成功，但是Stata仍然保留该数据。

2.4 数据转换

实际研究过程中，经常碰到的数据收集和存储形式有两类，一类是长数据（long form）；另一类是宽数据（wide form）。所谓的长宽数据存储格式，实际上是数据在表格中的摆放顺序不同而已，"长"是行数的体现，"宽"是列数的体现①。举例而言，以表2.14的个体收入面板数据为例：

表2.14 长数据存储格式

id	年份	性别	收入（元）
1	2019	1	82000
1	2020	1	93000
1	2021	1	105000
2	2019	0	70000

---

① 一定要注意"长-宽"数据存储格式和"长-短"面板数据类型的差异，千万不要搞混淆。"长-宽"数据主要是指数据存储的罗列格式或变量设置格式，而"长-短"面板数据是指数据的类型或属性差异。

续表

id	年份	性别	收入（元）
2	2020	0	80000
2	2021	0	90000
3	2019	1	81000
3	2020	1	85000
3	2021	1	93000

注：性别取值为1代表女性。

表2.14是常见的面板数据存储格式，也称为长数据格式。相同的数据，如果以宽数据格式存储，则如表2.15所示。

表2.15   **宽数据存储格式**

id	性别	收入（元）		
		2019年	2020年	2021年
1	1	82000	93000	105000
2	0	70000	80000	90000
3	1	81000	85000	93000

注：性别取值为1代表女性。

表2.14和表2.15存储的数据是一样的，通过比较可以发现长－宽数据的差异不言而喻。实际应用中，大多数Stata命令都要求长数据存储格式。

如果处理的数据非常简单且样本量很小，那么在长宽数据之间进行转换，手动操作就可以快速完成。但是，如果收集的数据样本量很大且变量很多，那么使用Stata命令进行操作会更快捷，如图2.9所示。

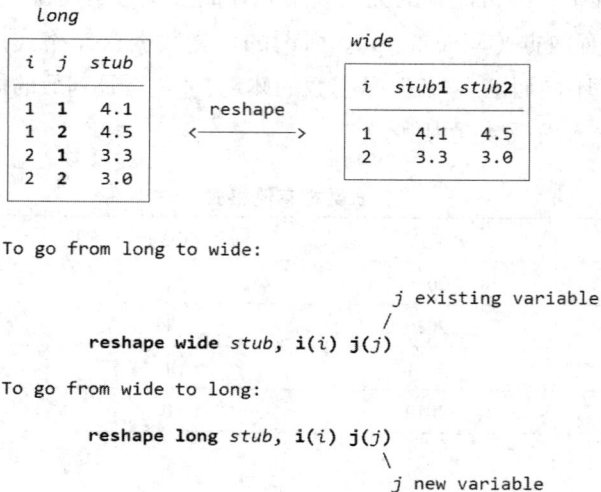

图2.9　长宽数据转换

图2.9展示的是Stata长宽数据转换逻辑与长宽数据格式转换的Stata命令reshape，其语法结构为：

. reshape long 变量1 变量2, i(id) j(year)　　　//宽数据转换为长数据，这里的j(year)中，year是新生成的变量，原数据不存在year这个变量

. reshape wide 变量1 变量2, i(id) j(year)　　　//长数据转换为宽数据，这里的year，是原数据中已经存在的时间变量

以数据reshape1.dta为例，这是一个关于1980~1982年个体信息特征的数据。在命令窗口输入：

. webuse reshape1, clear

. list　　　　//（见表2.16）。

表2.16　　　　　　　　　　　　**命令list输出结果**

id	sex	inc80	inc81	inc82	ue80	ue81	ue82
1	0	5000	5500	6000	0	1	0
2	1	2000	2200	3300	1	0	0
3	0	3000	2000	1000	0	0	1

从表2.16可以看出，这是一个关于个体收入的宽数据，其中1980~1982年的个体收入分别用变量inc80、inc81和inc82表示，ue*代表了个体的其他特征。如果我们要把这个数据转换为长数据格式，则输入下面的命令：

. reshape long inc ue, i(id) j(year)　　　//这里的j(year)中，year是新生成的变量，原数据不存在year这个变量（见图2.10）。

```
Data                                    Wide    ->    Long

Number of observations                    3     ->    9
Number of variables                       8     ->    5
j variable (3 values)                           ->    year
xij variables:
                          inc80 inc81 inc82     ->    inc
                          ue80 ue81 ue82        ->    ue
```

图2.10　宽数据–长数据转换

图2.10宽数据–长数据转换过程中，观测值数量从3个变成了9个，变量数从8个变成了5个，指标j变成了时间变量year（这里Stata会自动检测变量inc*和ue*，将数字部分转为新的时间变量的取值），宽数据变量inc80、inc81和inc82变成了长数据变量inc，宽数据变量ue80、ue81和ue82变成了长数据变量ue。

. list, sepby(id)　　　//选项sepby(id)表示输出结果按照id进行分隔（见表2.17）。

表2.17   命令 **list** 输出结果

id	year	sex	inc	ue
1	80	0	5000	0
1	81	0	5500	1
1	82	0	6000	0
2	80	1	2000	1
2	81	1	2200	0
2	82	1	3300	0
3	80	0	3000	0
3	81	0	2000	0
3	82	0	1000	1

如果再想要把数据转换回去,则可以输入下面的命令:

. reshape wide inc ue, i(id) j(year)   // year是数据中的时间变量

. list   //(见表2.18)。

表2.18   长数据－宽数据转换后结果

id	inc80	ue80	inc81	ue81	inc82	ue82	sex
1	5000	0	5500	1	6000	0	0
2	2000	1	2200	0	3300	0	1
3	3000	0	2000	0	1000	1	0

表2.18中,数据又恢复到了宽数据的存储格式。前面宽数据转换成长数据的过程中,最重要的一点是变量名称由"字母+时间数字"组成。如果实际研究过程中,收到的宽数据格式不是这种形式,应该怎么办? 以reshape3数据为例:

. webuse reshape3, clear

. list   //(见表2.19)。

表2.19   命令 **list** 输出结果

id	sex	inc80r	inc81r	inc82r	ue80	ue81	ue82
1	0	5000	5500	6000	0	1	0
2	1	2000	2200	3300	1	0	0
3	0	3000	2000	1000	0	0	1

表2.19中,收入变量的名称变成"字母+时间数字+字母"的形式,例如,由inc80变成inc80r。此时还能用上面的方法进行转换吗? 输入以下命令:

. reshape long inc ue, i(id) j(year)

. list, sepby(id)   //(见表2.20)。

表2.20 宽数据—长数据转换结果

id	year	sex	inc80r	inc81r	inc82r	ue	inc
1	80	0	5000	5500	6000	0	.
1	81	0	5000	5500	6000	1	.
1	82	0	5000	5500	6000	0	.
2	80	1	2000	2200	3300	1	.
2	81	1	2000	2200	3300	0	.
2	82	1	2000	2200	3300	0	.
3	80	0	3000	2000	1000	0	.
3	81	0	3000	2000	1000	0	.
3	82	0	3000	2000	1000	1	.

表2.20中，Stata仅仅检测到了ue变量符合格式，将宽数据变量ue80、ue81和ue82变成长数据变量ue，宽数据变量inc80r、inc81r和inc82r转变失败。主要原因是变量命名违背了Stata的默认格式，这种情况下有两种方法可以进行修正：一是改变变量的名称，使用rename命令，在do-file中输入以下程序：

. webuse reshape3, clear

preserve   //暂存数据，便于后面恢复到初始状态

rename inc80r inc80

rename inc81r inc81

rename inc82r inc82

reshape long inc ue, i(id) j(year)

list

restore

上述命令的意思，是在转换成功之后，再恢复到之前的宽数据初始状态。第二种方法是使用命令：

. reshape long inc@r ue, i(id) j(year)

. list

上述结果省略。上述命令使用了inc@r符号，@符号用于指明时间数字，以避免Stata出错。

2.5 数据插值

在实际研究过程中，经常会碰到有缺失的数据，甚至可以说这是常态。忽略这

些缺失的数据，固然也可以进行计量回归，但估计结果的有效性会打折扣。尤其是当样本量本身比较小，或者一些重要的个体存在缺失，或者如空间计量要求平衡的面板数据时，不得不寻求方法进行插值，以提高模型估计的有效性，或者只能把模型估计出来。

任何数据都可以进行插值，但是对于横截面数据而言，一般情况下插值是没有任何意义的，因为它的每一项指标都是单一的，没有变量自身前后的时间序列可以参考，只能参考周边地区的数据。但是实际研究过程中，不同个体之间往往存在较大的差异，以相邻个体作为参照进行插值，在经济社会发展研究中意义不大，甚至得不偿失。

所以，能够进行插值的数据类型，一般是时间序列数据和面板数据这两类带有时间维度的数据。常用的方法是线性插值和平均值插值方法。假如样本有y, x和t三个数据，t是时间变量，已知y_{t-1}和y_{t+1}，但是y_t的数据缺失了，同时假设x的数据没有缺失，那么y_t可以采取以下线性公式进行插值：

$$y_t = \frac{y_{t+1} - y_{t-1}}{x_{t+1} - x_{t-1}}(x_t - x_{t-1}) + y_{t-1}$$

上式中，如果插值的参考变量x换成时间变量t，则线性插值方法转变为平均值插值方法：

$$y_t = \frac{y_{t+1} - y_{t-1}}{2} \times 1 + y_{t-1} = \frac{y_{t+1} + y_{t-1}}{2}$$

（1）时间序列数据插值。 为了简化分析，可以构造一个样本观测值数量仅为20的时间序列数据。在do-file编辑器里输入以下命令：

. clear all   //清除所有的数据

set obs 20   //设定观测值数量为20

set seed 10000   //设定种子为10000，以保证实验结果的可复制性

gen id = _n   //设定id变量，令它等于_n，_n是系统自动生成的序号变量，从1开始

gen year = _n+2000   //生成时间变量year，从2001-2020年

gen x = runiform(5, 6)   //解释变量x服从(5, 6)上的随机均匀分布

gen e = rnormal()   //误差项e服从标准的随机正态分布

gen y=1+3*x+e   //因变量y是x的函数

tsset year

asdoc list, replace   //（见表2.21）。

表2.21　　　　　　　　　　　命令 asdoc list 输出结果

id	year	x	e	y
1	2001	5.548827	-.526102	17.12038
2	2002	5.025071	-1.164184	14.91103
3	2003	5.669212	.2623538	18.26999
4	2004	5.954046	-.2020874	18.66005
5	2005	5.583679	-.7129206	17.03812
6	2006	5.715964	.4465477	18.59444
7	2007	5.187078	-1.737302	14.82393
8	2008	5.070621	-.8328125	15.37905
9	2009	5.341472	1.96553	18.98994
10	2010	5.758129	-.4251686	17.84922
11	2011	5.725483	-1.265689	16.91076
12	2012	5.050008	.1338661	16.28389
13	2013	5.515998	1.059434	18.60743
14	2014	5.106616	-.6480973	15.67175
15	2015	5.96684	-1.027477	17.87304
16	2016	5.779792	.4388422	18.77822
17	2017	5.77311	-1.173746	17.14558
18	2018	5.242867	.2686214	16.99722
19	2019	5.562315	.7445669	18.43151
20	2020	5.02009	.6408467	16.70111

　　表2.21中的数据是完整的，为了演示插值方法，需要先删除部分数据。以变量y为例，不妨将所有y>18的值全部清除，同时分别把2001年和2020年这"一头一尾"两个点的数据也清除，然后进行插值，并比较y的插值与真实值之间的差异。在do-file窗口输入以下命令：

```
. gen y1=y
replace y1=. if y>18        //如果变量y取值大于18，则替换为缺失值符号"."
replace y1=. if year==2001
replace y1=. if year==2020
sum        //（见表2.22）。
```

表2.22　　　　　　　　　　　描述性统计分析结果

Variable	Obs	Mean	Std. dev.	Min	Max
id	20	10.5	5.91608	1	20
year	20	2010.5	5.91608	2001	2020
x	20	5.479861	.3213278	5.02009	5.96684
e	20	-.1877489	.9269596	-1.737302	1.96553
y	20	17.25183	1.31827	14.82393	18.98994
y1	11	16.44396	1.100757	14.82393	17.87304

　　从表2.22可以看出，相对于y而言，y1已经出现了9个缺失值。现在分别使用线性内推（interpolation）和线性外推（extrapolation）两种方法进行插值，并比较结果异同。在do-file窗口或者命令窗口输入：

```
ipolate y1 x, gen(y2)        //线性内推，如果把x换成t就是平均值插值
ipolate y1 x, gen(y3) epolate       //线性外推
list      //（见表2.23）。
```

表2.23   插值结果

id	year	x	e	y	y1	y2	y3
1.	1	2001	5.548827	-.526102	17.12038	.	17.033934	17.033934
2.	2	2002	5.025071	-1.164184	14.91103	14.91103	14.911028	14.911028
3.	3	2003	5.669212	.2623538	18.26999	.	16.961298	16.961298
4.	4	2004	5.954046	-.2020874	18.66005	.	17.825	17.825
5.	5	2005	5.583679	-.7129206	17.03812	17.03812	17.038116	17.038116
6.	6	2006	5.715964	.4465477	18.59444	.	16.91931	16.91931
7.	7	2007	5.187078	-1.737302	14.82393	14.82393	14.823933	14.823933
8.	8	2008	5.070621	-.8328125	15.37905	15.37905	15.379052	15.379052
9.	9	2009	5.341472	1.96553	18.98994	.	17.009053	17.009053
10.	10	2010	5.758129	-.4251686	17.84922	17.84922	17.849216	17.849216
11.	11	2011	5.725483	-1.265689	16.91076	16.91076	16.910761	16.910761
12.	12	2012	5.050008	.1338661	16.28389	16.28389	16.28389	16.28389
13.	13	2013	5.515998	1.059434	18.60743	.	17.029995	17.029995
14.	14	2014	5.106616	-.6480973	15.67175	15.67175	15.671752	15.671752
15.	15	2015	5.96684	-1.027477	17.87304	17.87304	17.873043	17.873043
16.	16	2016	5.779792	.4388422	18.77822	.	17.170675	17.170675
17.	17	2017	5.77311	-1.173746	17.14558	17.14558	17.145584	17.145584
18.	18	2018	5.242867	.2686214	16.99722	16.99722	16.997221	16.997221
19.	19	2019	5.562315	.7445669	18.43151	.	17.035553	17.035553
20.	20	2020	5.02009	.6408467	16.70111	.	.	14.636807

比较表2.24中y2和y3的不同，可以看出线性内推（interpolation）和线性外推（extrapolation）的差异即在于对顶点2020年数据的预测。进一步地，可以比较预测之后的模型估计效果，在do-file窗口输入下列命令。

```
quietly reg y x
outreg2 using xmm, word replace
quietly reg y1 x
outreg2 using xmm, word
quietly reg y2 x
outreg2 using xmm, word
quietly reg y3 x
outreg2 using xmm, word       //（见表2.24）。
```

表2.24   回归结果比较

Variables	y	y1	y2	y3
x	2.918***	2.630***	2.464***	2.675***
	（0.680）	（0.551）	（0.381）	（0.375）

续表

Variables	y	y1	y2	y3
Constant	1.261	2.218	3.166	1.964
	（3.731）	（2.986）	（2.100）	（2.060）
Observations	20	11	19	20
R-squared	0.506	0.717	0.711	0.738

注：（1）*、**、***分别表示在10%、5%、1%的水平下显著；（2）括号内为标准误。

表2.24中的结果等价于下面的命令（用户可以根据自己的喜欢在outreg2和esttab之间选择）：

eststo clear

eststo: quietly reg y x

eststo: quietly reg y1 x

eststo: quietly reg y2 x

eststo: quietly reg y3 x

esttab using xmm.rtf, replace se ar2 nogap   // se表示标准误，ar2表示调整的R^2，nogap表示表格不要空行

（2）面板数据插值。在面板数据和时间序列数据处理过程中，如果只是某个指标的观测值数据缺失，直接使用线性插值方法进行插值即可。但是如果某一年（或其他时间计量单位）的数据全部缺失，则需要事先使用tsfill命令把相应的年份补充，做成平衡面板数据，再进行插值①。

首先，虚构一个面板数据（下面的面板数据观测值太少，缺失值比例过高，导致后面插值后的估计结果出现偏差，实际应用过程中应避免此类情况）：

. clear all

local N = 6   //设定研究对象的个体数，local是指设定局部宏变量

local T = 5   //设定研究的年份

local NT = `N'*`T'

set obs `NT'

set seed 10000   //种子值，方便实验的可重复性

egen id =seq(), from(1) to(`N') block(`T')   //使用命令egen调用等差数列函数seq()，即变量id从1到N=6，但每个id重复T=5次，总共6×5=30个观测值

sort id

by id: gen year = _n + 2010   //生成时间变量year，从2011-2015年

by id: gen x = runiform(5, 6)   //解释变量x服从(5, 6)上的随机均匀分布

---

① 传统计量中Stata可以直接对非平衡的面板数据进行估计，空间计量需要严格平衡的面板数据。

```
by id: gen e = rnormal()        //误差项e服从标准的随机正态分布
by id: gen y=1+3*x+e            //因变量y是x的函数
xtset id year
sum        //（见表2.25）。
```

表2.25   描述性统计分析

Variable	Obs	Mean	Std. Dev.	Min	Max
id	30	3.5	1.737021	1	6
year	30	2013	1.43839	2011	2015
x	30	5.466643	.3067547	5.02009	5.976029
e	30	-.1274218	.8769646	-1.596457	1.556933
y	30	17.27251	1.079028	15.29555	19.7476

可以看出，表2.25是一个包含6个个体5年的面板数据，总共30个观测值，是一个严格平衡的面板数据。为了演示面板数据插值方法，不妨删除每个个体2013年的数据，同时将y>19的观测值替换为缺失值符号 "."：

```
drop if year==2013
replace y=. if y>19
list if _n<=15, sepby(id)        //如果结果没有出现表格，可以加选项table（见表2.26）。
```

表2.26   命令list输出部分结果

	id	year	x	e	y
1.	1	2011	5.548827	-.3745335	17.27195
2.	1	2012	5.025071	.2695563	16.34477
3.	1	2014	5.954046	.2260343	.
4.	1	2015	5.583679	-1.282792	16.46824
5.	2	2011	5.715964	-.4251686	17.72272
6.	2	2012	5.187078	-1.265689	15.29555
7.	2	2014	5.341472	1.059434	18.08385
8.	2	2015	5.758129	-.6480973	17.62629
9.	3	2011	5.725483	-1.027477	17.14897
10.	3	2012	5.050008	.4388422	16.58887
11.	3	2014	5.106616	.2686214	16.58847
12.	3	2015	5.96684	.7445669	.
13.	4	2011	5.779792	.6408467	18.98022
14.	4	2012	5.77311	-.6242615	17.69507
15.	4	2014	5.562315	-1.596457	16.09049

表2.26中的缺失数据，如果直接使用ipolate命令，则只能补齐y的部分缺失值，2013年的数据无法恢复。要把所有数据都补齐，就需要先把年份补齐，然后再插值：

. tsfill, full

. list   //（见表2.27）。

表2.27   补齐年份后的数据

	id	year	x	e	y
1.	1	2011	5.548827	-.3745335	17.27195
2.	1	2012	5.025071	.2695563	16.34477
3.	1	2013	.	.	.
4.	1	2014	5.954046	.2260343	.
5.	1	2015	5.583679	-1.282792	16.46824
6.	2	2011	5.715964	-.4251686	17.72272
7.	2	2012	5.187078	-1.265689	15.29555
8.	2	2013	.	.	.
9.	2	2014	5.341472	1.059434	18.08385
10.	2	2015	5.758129	-.6480973	17.62629
11.	3	2011	5.725483	-1.027477	17.14897
12.	3	2012	5.050008	.4388422	16.58887
13.	3	2013	.	.	.
14.	3	2014	5.106616	.2686214	16.58847
15.	3	2015	5.96684	.7445669	.
16.	4	2011	5.779792	.6408467	18.98022
17.	4	2012	5.77311	-.6242615	17.69507
18.	4	2013	.	.	.
19.	4	2014	5.562315	-1.596457	16.09049
20.	4	2015	5.02009	1.348242	17.40851
21.	5	2011	5.524837	-.976024	16.59849
22.	5	2012	5.976029	-1.283377	17.64471
23.	5	2013	.	.	.
24.	5	2014	5.730223	1.556933	.
25.	5	2015	5.163072	1.328328	17.81754
26.	6	2011	5.076426	.3147461	16.54402
27.	6	2012	5.268717	.147336	16.95349
28.	6	2013	.	.	.
29.	6	2014	5.441591	-1.338256	15.98652
30.	6	2015	5.703121	-.1345212	17.97484

表2.27中，时间变量year已经补齐了，但是数据是缺失的，下面用三种方法来补齐数据：

ipolate y x, gen(y1)   //线性内推插值

ipolate y x, gen(y2) epolate   //线性外推插值

ipolate y year, gen(y3)   //线性平均值插值，对y插值

ipolate x year, gen(x1)   //线性平均值插值，对x插值

list, table   //（见表2.28）。

表 2.28   插值后数据

	id	year	x	e	y	y1	y2	y3	x1
1.	1	2011	5.548827	-.3745335	17.27195	17.271948	17.271948	17.377729	5.561888
2.	1	2012	5.025071	.2695563	16.34477	16.344769	16.344769	16.753741	5.380002
3.	1	2013	.	.	.	.	.	16.720536	5.4513562
4.	1	2014	5.954046	.2260343	.	17.794319	17.794319	16.687331	5.5227103
5.	1	2015	5.583679	-1.282792	16.46824	16.468245	16.468245	17.459086	5.5324883
6.	2	2011	5.715964	-.4251686	17.72272	17.722723	17.722723	17.377729	5.561888
7.	2	2012	5.187078	-1.265689	15.29555	15.295546	15.295546	16.753741	5.380002
8.	2	2013	.	.	.	.	.	16.720536	5.4513562
9.	2	2014	5.341472	1.059434	18.08385	18.083849	18.083849	16.687331	5.5227103
10.	2	2015	5.758129	-.6480973	17.62629	17.626289	17.626289	17.459086	5.5324883
11.	3	2011	5.725483	-1.027477	17.14897	17.148972	17.148972	17.377729	5.561888
12.	3	2012	5.050008	.4388422	16.58887	16.588865	16.588865	16.753741	5.380002
13.	3	2013	.	.	.	.	.	16.720536	5.4513562
14.	3	2014	5.106616	.2686214	16.58847	16.58847	16.58847	16.687331	5.5227103
15.	3	2015	5.96684	.7445669	.	17.707245	17.707245	17.459086	5.5324883
16.	4	2011	5.779792	.6408467	18.98022	18.980223	18.980223	17.377729	5.561888
17.	4	2012	5.77311	-.6242615	17.69507	17.695068	17.695068	16.753741	5.380002
18.	4	2013	.	.	.	.	.	16.720536	5.4513562
19.	4	2014	5.562315	-1.596457	16.09049	16.090487	16.090487	16.687331	5.5227103
20.	4	2015	5.02009	1.348242	17.40851	17.40851	17.40851	17.459086	5.5324883
21.	5	2011	5.524837	-.976024	16.59849	16.598486	16.598486	17.377729	5.561888
22.	5	2012	5.976029	-1.283377	17.64471	17.644711	17.644711	16.753741	5.380002
23.	5	2013	.	.	.	.	.	16.720536	5.4513562
24.	5	2014	5.730223	1.556933	.	17.218272	17.218272	16.687331	5.5227103
25.	5	2015	5.163072	1.328328	17.81754	17.817543	17.817543	17.459086	5.5324883
26.	6	2011	5.076426	.3147461	16.54402	16.544024	16.544024	17.377729	5.561888
27.	6	2012	5.268717	.147336	16.95349	16.953487	16.953487	16.753741	5.380002
28.	6	2013	.	.	.	.	.	16.720536	5.4513562
29.	6	2014	5.441591	-1.338256	15.98652	15.986517	15.986517	16.687331	5.5227103
30.	6	2015	5.703121	-.1345212	17.97484	17.974842	17.974842	17.459086	5.5324883

　　表 2.28 中，因为没有顶点（2015 年）数据缺失，所以线性内推（y1）和外推插值（y2）结果是一样的，而且 2013 年的数据无法插值，因为变量 x 在 2013 年的数据也缺失。但是，线性平均值插值，是以年份为依托进行前后平均的，所以 y3 的插值数据是完整的。**但是线性平均值插值也有弊端：一是不同个体同一年份的插值是相同的；二是原变量中，没有缺失的值也被年份平均了，也就是插值后的变量和原来完全不同。为了克服这两个问题，可以使用 by id 前缀命令进行插值：**

. by id: ipolate y year, gen(y4) epolate   //线性外推法

最后可以比较不插值和插值的结果差异，在 do-file 中输入以下命令：

ssc install outreg2, replace   //在线安装外部命令 outreg2

quietly xtreg y x, fe r

outreg2 using xmm, word replace

quietly xtreg y1 x1, fer   // xtreg y x, fe 表示面板数据固定效应估计，具体解释详见本书面板数据分析章节

```
outreg2 using xmm, word
quietly xtreg y2 x1, fe r
outreg2 using xmm, word
quietly xtreg y3 x1, fe r
outreg2 using xmm, word
quietly xtreg y4 x1, fe r
outreg2 using xmm, word          //（见表2.29）。
```

表2.29   回归估计结果比较

Vaeiables	（1） y	（2） y1	（3） y2	（4） y3	（5） y4
x	1.140** （0.417）				
x1		3.471 （2.653）	3.471 （2.653）	3.435*** （1.33e-05）	3.235 （2.486）
Constant	10.88*** （2.272）	−1.938 （14.59）	−1.938 （14.59）	−1.858*** （7.28e-05）	−0.746 （13.65）
Observations	21	24	24	30	30
R-squared	0.167	0.100	0.100	0.433	0.099
Number of id	6	6	6	6	6

注：（1）*、**、***分别表示在10%、5%、1%的水平下显著；（2）括号内为标准误。

表2.29中，主要是因为样本观测值数量太少，缺失的样本比例太高，导致插值后的估计结果不显著，但是插值后的估计系数都更接近于真实值3（这里样本量太少，插值后各种可能的情况都会出现，不足为奇）。其中，y3对x1的估计系数显著，是因为y3不仅填补了缺失值，而且把变量y没有缺失的值也按年份进行平均了。**之所以插值后回归系数变得更加显著，主要是因为线性插值（尤其是平均值插值）会显著降低变量的标准误，从而提升估计系数的t值和显著性水平。**

如果想要每个个体严格按照自身的移动平均进行插值，从而不同个体同一年份的插值不一样（理论上就应该如此），也可以使用移动平均插值命令 **tssmooth ma**：

```
tssmooth ma var1 = x, w(2,0,2)      //使用x变量的前两期和后两期进行移动平均
by id：var1=(1/4)*[x(t-2) + x(t-1) + 0*x(t) + x(t+1) + x(t+2)]，也可以使用前后各1期，
但是当存在连续两期缺失值时，就会出现连续两期的重复值
replace x=var1 if x==.      //将x变量中的缺失值替换为var1中的移动平均值，
```

因为var1和x是截然不同的，这样做的目的是只替换x的缺失值，x的原值全部保留

tssmooth ma var2 = y, w(2,0,2)　　// by id : var2=(1/4)*[y(t-2) + y(t-1) + 0*y(t) + y(t+1) + y(t+2)]

replace y=var2 if y==.　　//将y变量中的缺失值替换为var2中的移动平均值

这样处理的好处是在原变量x，y的基础上进行插值，var1和var2只是两个过渡变量，后期可以删除。

2.6　图形绘制

为了直观地看出变量之间的关系，再次利用上一章中使用过的graph twoway命令，在命令窗口或者do-file窗口中输入：

. use "D:\傻瓜计量经济学与stata应用\stata数据集\2019countycross.dta", clear

. graph twoway (scatter gdp employ) (lfit gdp employ), legend(pos(6) row(1))　　//（见图2.11）。

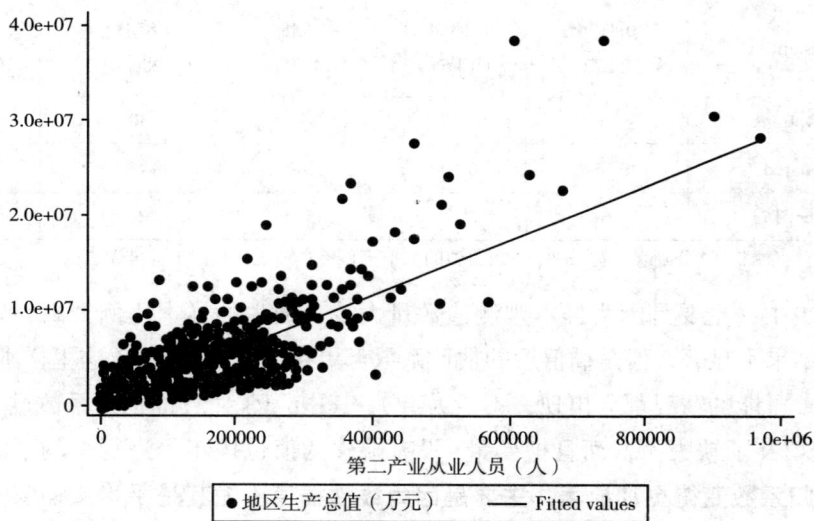

图2.11　线性拟合

图2.11中，如果因为散点太多，不容易判断因变量与解释变量之间的关系，也可以采用基于非参数估计的分仓散点图（Binned Scatterplots）：

. ssc install binscatter, replace　　//安装命令binscatter

. binscatter gdp employ, msymbols(Oh)　　// Oh表示圆圈（见图2.12）。

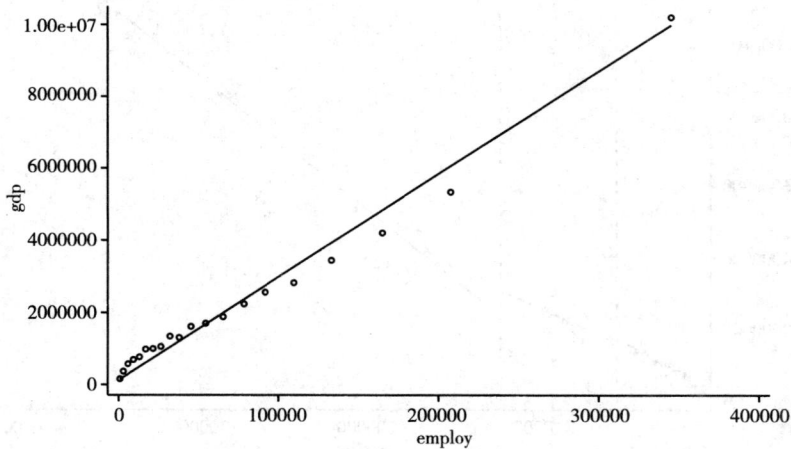

图2.12　分仓散点图

　　图2.12分仓散点图显示的是变量之间的非参数关系，默认是20个散点，即将所有的点平均分配到20个分位数中。如果读者想要多一些分位数，则可以使用选项nquantiles(#)进行设置：

　　. binscatter gdp employ, nquantiles(30)　　//结果省略

　　如果读者想要看因变量与解释变量之间是否存在非线性关系，可以使用命令：

　　. binscatter gdp employ, line(qfit)　　//结果省略

　　如果读者想检查因变量与解释变量之间是否存在断点关系，可以使用rd()选项：

. binscatter gdp employ, rd(50000)　　//（见图2.13）。

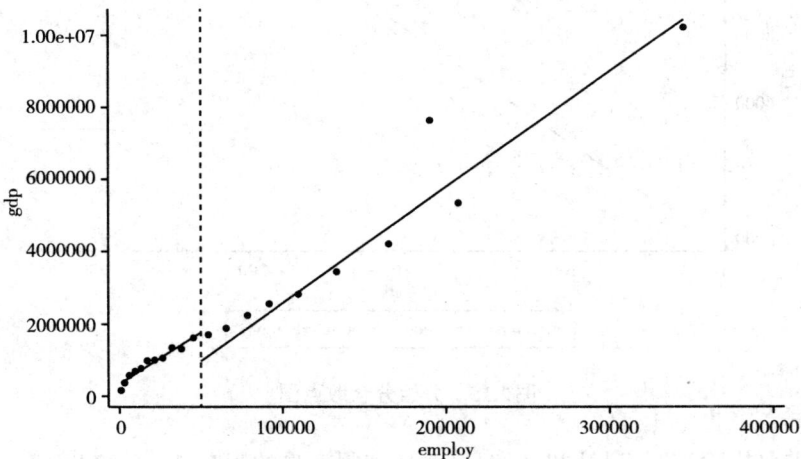

图2.13　断点分仓散点图

　　如果读者想设置多个断点，可以使用命令：

. binscatter gdp employ, rd(50000　　120000)　　//（见图2.14）。

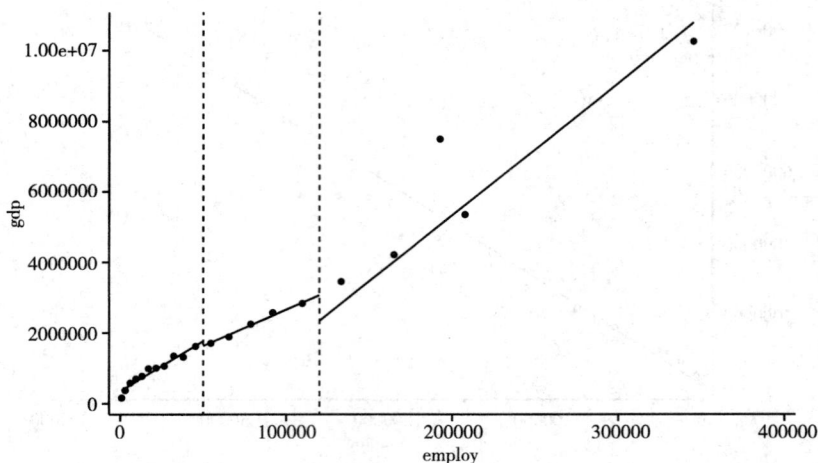

图2.14　多断点分仓散点图

注意，图2.13和图2.14中的断点，是随意设置的，并没有科学依据，只是为了展示该命令的使用方法。

此外，还可以利用binscatter命令观察不同组别之间的处理效应差异：

. use auto.dta, clear 　　//（见图2.15）。

. binscatter price length, by(foreign) msymbols(o T)

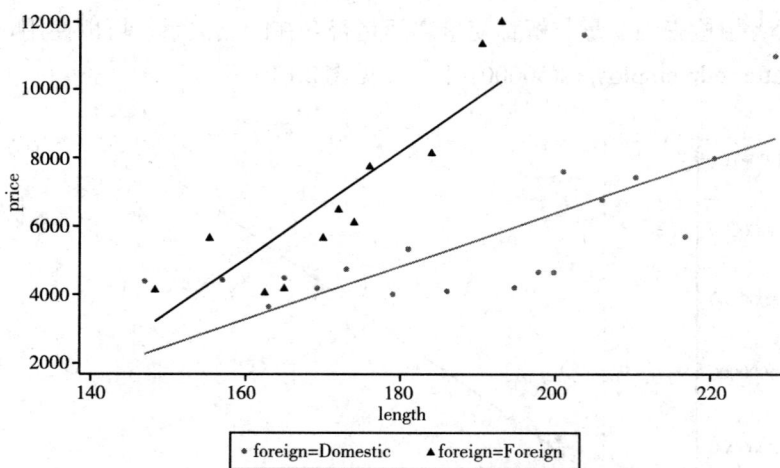

图2.15　分组分仓散点图

如果需要排除控制变量同时对解释变量和因变量的影响（residualize），可以采用FWL（frisch–waugh–lovell）的方法排除控制变量的影响。

第一步，将解释变量 x 对控制变量进行回归，得到残差 $\hat{u}_x$；

第二步，将因变量 y 对控制变量进行回归，得到残差 $\hat{u}_y$；

第三步，分别将残差 $\hat{u}_x$ 和 $\hat{u}_y$ 加上均值 $\bar{x}$ 和 $\bar{y}$，然后再绘制分仓散点图。

以上步骤可以使用选项controls()来实现：

. binscatter price length, controls(rep78 headroom)　　//（见图2.16）。

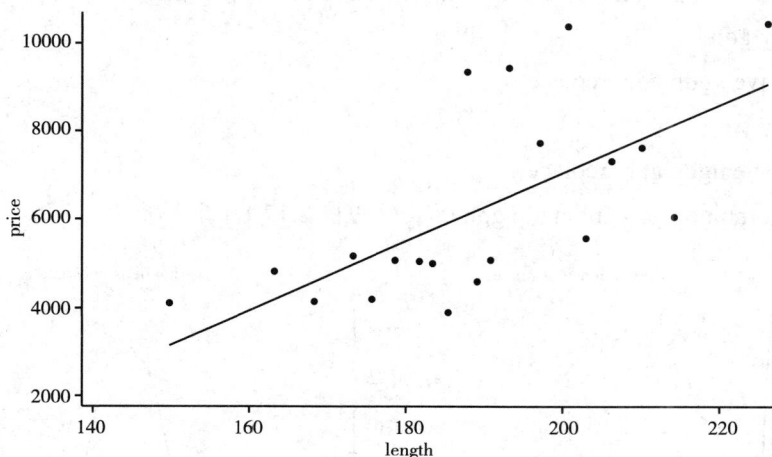

图2.16　排除控制变量影响的分仓散点图

不过，图形诊断只是帮助我们构建模型的参考依据之一。最终结果是否显著，还需要使用相应的估计命令进行分析。以数据2019countycross.dta为例：

. use "D:\傻瓜计量经济学与stata应用\stata数据集\2019countycross.dta", clear

. regress gdp employ　　//（见表2.30）。

表2.30 OLS回归估计结果

Source	SS	df	MS			
				Number of obs	=	2,009
				F(1, 2007)	=	4562.10
Model	1.2923e+16	1	1.2923e+16	Prob > F	=	0.0000
Residual	5.6852e+15	2,007	2.8327e+12	R-squared	=	0.6945
				Adj R-squared	=	0.6943
Total	1.8608e+16	2,008	9.2671e+12	Root MSE	=	1.7e+06

gdp	Coefficient	Std. err.	t	P>|t|	[95% conf. interval]	
employ	28.6066	.4235297	67.54	0.000	27.776	29.43721
_cons	121376.4	48686.31	2.49	0.013	25895.37	216857.4

表2.30中，通过p值可以看出不管是employ还是常数项_cons，其结果都比较显著。这是否意味着我们的回归做得很好呢？需要进一步检验OLS方法的基本假设——因变量服从正态分布。对于因变量是否服从正态分布，最直观的方法就是通过核密度图进行观察。可以使用kdensity命令，该命令的含义是根据所选变量画出其核密度图。在do–file窗口中输入以下命令：

. set seed 10101　　//设定种子seed，是为了确保读者使用随机函数生成的数据与教材一致

gen y=rnormal(2237134, 3026096)　　// rnormal()是Stata内置的随机正态分布函数，此命令生成均值、标准差与GDP相同的随机正态分布变量y

kdensity gdp

graph save kgdp.gph, replace

kdensity y

graph save ngdp.gph, replace

graph combine kgdp.gph ngdp.gph　　//（见图2.17）。

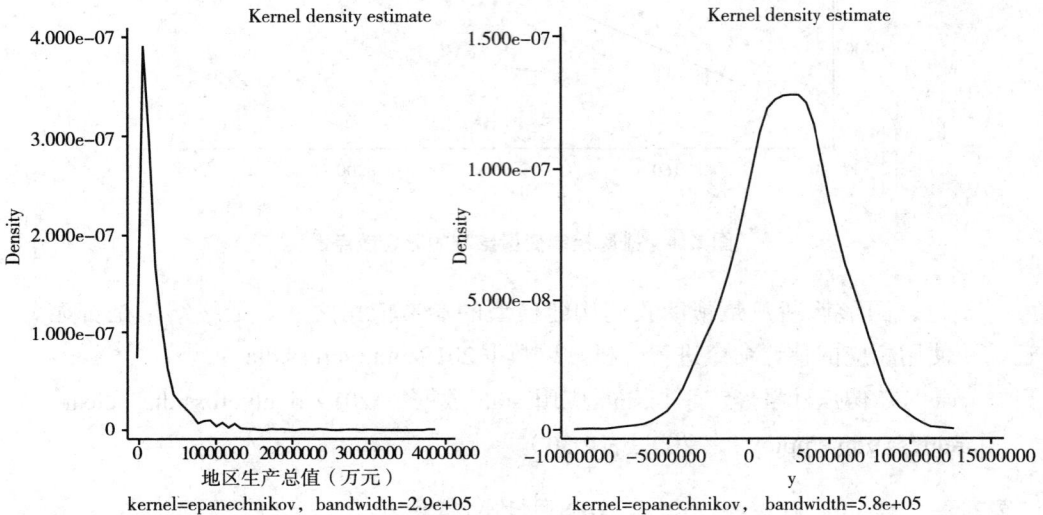

图2.17　核密度图比较

图2.17结果表明，因变量的分布与正态分布存在一定差距。该如何解决这一问题呢？可以取对数。一般而言，给变量取对数有以下几个优点：

（1）取对数后变量会更加符合正态分布特征。首先，使用generate命令给变量取对数：

. generate lgdp=log(gdp)　　//因为gdp有缺失值，所以取对数也会有缺失值

其次，将变量gdp取对数前后的核密度图放在一起进行比较。在do-file编辑器中键入以下命令：

. quietly kdensity gdp　　// quietly意思是悄悄地做，不用显示结果

graph save gdp.gph, replace　　// save是将图像储存在gdp.gph文件中，replace的含义为如果存在同名文件，则替换其内容

quietly kdensity lgdp

graph save lgdp.gph, replace

graph combine gdp.gph lgdp.gph　　　// combine的含义是将图像组合在一起（见图 2.18）。

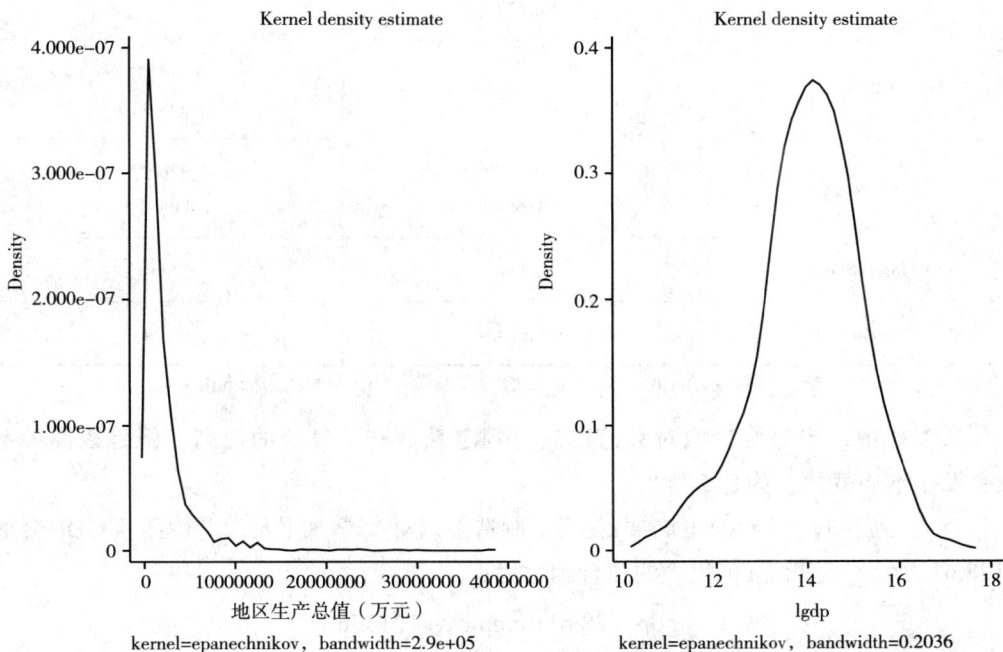

图2.18　变量取对数前后核密度图比较

图2.18中，Stata已经将两张图拼在了一起，通过左右对比可以发现当取完对数后，因变量分布得到了明显的改善，更加接近正态分布。

（2）取对数以后回归得到的结果会更加稳健。 为了比较取对数前后模型估计的结果，可以将两个回归模型的估计结果放在一起进行比较。打开do-file编辑器，键入以下命令。

. gen lemploy=log(employ)

quietly reg gdp employ

outreg2 using jufe, word replace　　　//将回归结果输出到名称为jufe的word文档中，选项replace表示如果有重名文件则替换其内容

quietly reg lgdp lemploy

outreg2 using jufe, word　　　//此处不能再加replace选项了，因为我们需要将两组数据放在一起比较，如果加了replace会将前一组数据替换掉（见表2.31）。

表2.31 取对数前后回归估计结果比较

Variables	（1） gdp	（2） lgdp
employ	28.61*** （0.424）	
lemploy		0.632*** （0.00894）
Constant	121376** （48686）	7.436*** （0.0941）
Observations	2009	2009
R-squared	0.694	0.714

注：（1）*、**、***分别表示在10%、5%、1%的水平下显著；（2）括号内为标准误。

表2.31中，当对变量取对数值以后，判定系数有了显著的提高，但是线性关系没有发生本质变化。为什么呢？

首先，回归模型（1）的结果表明，制造业就业每增加1人，平均而言GDP会增加28.61万元。模型（1）代表的拟合函数为：

$$\widehat{gdp} = 28.61 \times employ + 121376$$

模型（1）是一元线性函数，边际效应（边际产出）恒为28.61万元/人，但直线上每一点弹性都不一样。弹性为$28.61 \times employ/gdp$，均值为1。

其次，回归模型（2）的意思是，制造业就业每增加1个百分点，平均而言GDP会增加0.632个百分点。模型（2）代表的拟合函数为：

$$\log\left(\widehat{gdp}\right) = 0.632 \times \log\left(employ\right) + 7.436$$

$$\widehat{gdp} = e^{7.436} * employ^{0.632} = 1695.9528 * employ^{0.632}$$

模型（2）是指数函数，它的弹性恒等于0.632，但边际效应在每一点都不一样，并且边际效应（边际产出）递减。边际效应为0.632*gdp/employ，均值为39.78万元/人。

. twoway (scatter gdp employ, msize(*.25) mcolor(*.6)) (lfit gdp employ) (function y=1695.9528*x^0.632, range(employ) yvarlab("Exponential Function Fit")), legend(pos(6) row(1))   //（见图2.19）。

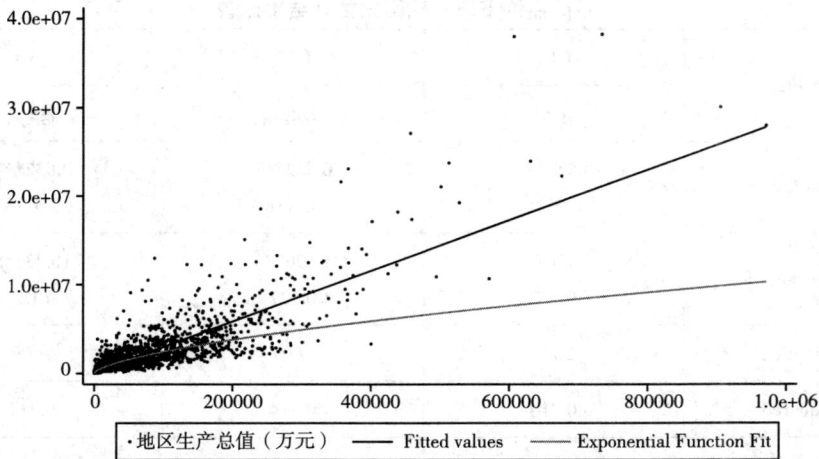

图2.19 线性拟合与对数拟合比较

图2.19表明，模型（1）和（2）的意思基本一致，但假设前提不一样。模型（1）是线性函数，假定投入产出的边际效应不变；而模型（2）是指数函数，假定投入产出的弹性不变。显然取对数后的指数函数预测误差更小，模型拟合更优。并且在本例中，从经济学的角度看，边际产出递减的假设可能也更正确。

（3）取对数可以避免由于量纲不一致带来的解释难题。 当因变量和自变量都取对数之后，线性估计得到的变量参数其实就是弹性。即自变量每变动1个百分点，因变量变动 β 个百分点。为了验证因变量取对数不受量纲影响，仍然以2019countycross.dta 数据为例，在Do-file编辑器中输入以下命令：

. use "D：\01 傻瓜计量经济学与stata应用\data\2019countycross.dta"，clear
gen lgdp=log（gdp）
gen lgdp2=log（gdp/7） //假设美元兑人民币是1：7，用美元计价地区GDP
gen lgdp3=log（gdp*20） //假设日元兑人民币是20：1，用日元计价地区GDP
gen lemploy=log（employ）
quietly reg lgdp lemploy，vce（robust）
outreg2 using jufe，word replace
quietly reg lgdp2 lemploy，vce（robust）
outreg2 using jufe，word
quietly reg lgdp3 lemploy，vce（robust）
outreg2 using jufe，word //（见表2.32）。

表 **2.32**　　　　　　　　　　不同量纲下取对数回归估计结果比较

Variables	（1）	（2）	（3）
	lgdp	lgdp2	lgdp3
lemploy	**0.632*****	**0.632*****	**0.632*****
	（0.0118）	（0.0118）	（0.0118）
Constant	7.436***	5.490***	10.43***
	（0.127）	（0.127）	（0.127）
Observations	2009	2009	2009
R-squared	0.714	0.714	0.714

表 2.32 的结果说明，无论是人民币、美元或日元计价地区 GDP，在取完对数之后，量纲对估计结果没有影响。实证结果均表明，就业每提升 1 个百分点，可以带来地区 GDP 提升 0.632 个百分点，且在 5% 的水平下显著。

但不是所有的变量都适合取对数，例如虚拟变量、百分数变量、区间（0，1）上分布的变量以及包含很多 0 值的因变量，这些变量如果取对数，则新变量将为负值或无穷大。**特别需要注意的是**，对于因变量有很多 0 值的因变量，学术界通常的做法是对因变量进行单调线性变换，例如，$\log(1+Y)$ 或者 $\arcsin(Y) = \log(\sqrt{1+Y^2}+Y)$。陈和罗斯（Chen and Roth，2024）研究表明，这种变换得到的估计系数不能解释为百分比，因为它会受到因变量的量纲影响。并且可以通过量纲的变化，随意改变估计结果的平均处理效应。由于 $\arcsin(Y)$ 变换适用于有负值的因变量，本节所使用的数据 laborsub.dta 中不存在负值，因而以 $\log(1+Y)$ 变换为例：

. use "D：\01 傻瓜计量经济学与 stata 应用\data\laborsub.dta"，clear
. sum　　　// （见表 2.33）。

表 **2.33**　　　　　　　　　　描述性统计分析

Variable	Obs	Mean	Std. dev.	Min	Max
lfp	250	.6	.4908807	0	1
whrs	250	799.84	915.6035	0	4950
kl6	250	.236	.5112234	0	3
k618	250	1.364	1.370774	0	8
wa	250	42.92	8.426483	30	60
we	250	12.352	2.164912	5	17

表 2.33 中，变量 lfp 代表受调查妇女在 1975 年是否参加过工作；变量 whrs 代表受调查妇女近几年的累计工作时长；变量 k16 代表受调查妇女 1~6 岁孩子数量；变量

k618代表受调查妇女6~18岁孩子数量；变量wa代表受调查妇女的年龄；变量we代表受调查妇女的受教育水平。

假设研究1~6岁学龄前小孩数量对家庭主妇工作时长whrs的影响。由于因变量whrs包含很多0值，直接取对数会造成很多缺失值，按照学术界通常的做法是对因变量先加1再取对数，但是这样做可能要非常谨慎：

gen lwhrs=log（whrs+1）

gen lwhrs2=log（whrs/8+1）//按工作日算，假设每天工作8小时

gen lwhrs3=log（whrs/40+1）//按工作周算，假设每周工作40小时

quietly reg lwhrs kl6 k618 wa we，vce（robust）

outreg2 using jufe，word replace

quietly reg lwhrs2 kl6 k618 wa we，vce（robust）

outreg2 using jufe，word

quietly reg lwhrs3 kl6 k618 wa we，vce（robust）

outreg2 using jufe，word　　　//（见表2.34）。

表2.34 log（1+Y）变换后回归估计比较

Variables	（1）	（2）	（3）
	lwhrs	lwhrs2	lwhrs3
kl6	**−1.769***	**−1.317***	**−0.952***
	（0.420）	（0.291）	（0.198）
Constant	4.422**	3.201**	2.208**
	（1.918）	（1.374）	（0.967）
控制变量	YES	YES	YES
Observations	250	250	250
R−squared	0.079	0.082	0.086

表2.34中，因变量在加1取对数之后，估计系数明显受到因变量量纲的影响，同一个模型得到的估计结果截然不同，无法解释成百分比变化（半弹性）。为什么因变量加1之后再取对数（加其他的任意常数也是一样），会导致估计结果发生这么大的变化？

假设用a来代表因变量的度量单位换算因子，那么当换算因子a趋于无穷大时，对数转换（$\log(1+ay)$）后的平均处理效应（回归系数β）会发生什么变化呢？

$$\beta_a = E\left[\log(1+a\cdot y(1))-\log(1+a\cdot y(0))\right]=E\left[\log\left(\frac{1+a\cdot y(1)}{1+a\cdot y(0)}\right)\right] \tag{2-1}$$

式（2-1）中，$y(1)$代表处理变量取值为1时，因变量的取值；$y(0)$代表处理变量取值为0时，因变量的取值。这里需要特别注意，$y(0)$可以等于0，也可以不等于0。以教育对工资影响为例，如果$y(0)=0$，表明没有接受教育的个体，工资收入为0（这个假设极度不合理）。当因变量有很多0值的时候一定要查找原因，必要时考虑使用审查或者截断回归（见第8章）。

当度量单位换算因子a趋于无穷大时，式（2-1）的取值有四种可能：

$$\lim_{a\to\infty}\log\left(\frac{1+a\cdot y(1)}{1+a\cdot y(0)}\right)=\begin{cases}\log\left(\dfrac{y(1)}{y(0)}\right) & \text{假如}y(1)>0,y(0)>0\\ 0 & \text{假如}y(1)=0,y(0)=0\\ \infty & \text{假如}y(1)>0,y(0)=0\\ -\infty & \text{假如}y(1)=0,y(0)>0\end{cases} \quad (2-2)$$

根据式（2-2）的结果，当因变量存在0值时（即$y(0)=0$），理论上而言，对数线性转换$\log(1+ay)$后，可以通过因变量度量单位a的大小调整，随意操控平均处理效应β_a。主要原因就是，当$y(0)>0$时，因变量用什么单位不要紧，$E\left[\log\left(1+a\cdot y(1)\right)-\log\left(1+a\cdot y(0)\right)\right]$中的a可以相互抵消。但是，当$y(0)=0$时，$\beta_a$的计算就只剩下$\log\left(1+a\cdot y(1)\right)$了，会受到a大小的影响。

综上所述，当因变量存在0值时，使用$\log(c+ay)$或者$\text{arcsinh}(Y)$转换后得到的系数，不能解释为百分比变化、弹性或者半弹性，也跟通常意义的平均处理效应有区别（因为取了对数）。

2.7　主成分分析

在研究测度创新效率、生产效率、成本效率等问题时，需要用到投入产出模型，可以采用第7章介绍的面板随机前沿模型进行测度。但是，有的时候需要测度的指标并不涉及效率问题，比如数字经济、协调水平、幸福水平的测度等，它只是将一系列高度相关变量进行线性组合，用来表征或描述相应的问题，这个时候就可以采用主成分分析和因子分析方法。

（1）主成分分析。主成分分析（principle components analysis）也称作主分量分析，是霍特林（Hotelling）于1933年首先提出的。主成分分析通过正交的方法将多个有一定相关性的指标进行线性组合，以最少的维度（underlying dimensions）解释原数据中尽可能多的信息，降维后的各变量间彼此线性无关。新生成的变量是原有变量的线性组合，例如，原来有 $X_1, X_2, \cdots, X_k$ 共 k 个解释变量，但它们彼此之间相关系数很高，我们可以通过主成分分析进行降维，生成 l 个新的变量 $Z_1, Z_2, \cdots, Z_l$，并且 l<k，并且新的变量之间彼此不相关（相关系数为零）。

主成分分析的步骤：①对变量进行标准化，将所有的变量都减去其平均值，并除以标准差；②求各个变量之间的方差–协方差矩阵；③求方差–协方差矩阵的特征值和相对应的特征向量；④将原始变量矩阵（n×k 维矩阵）投影到选取的特征向量（k×l 维矩阵），得到降维后的 n×l 维矩阵。理论上来说，方差越大（即特征值越大），信息量就越大。为了尽可能保证信息不丢失，所以要选择具有较大方差的投影面对原始特征进行投影，也就是选择具有较大特征值的特征向量。

Stata 对主成分分析的主要内容包括：主成分估计、主成分分析的恰当性〔包括负偏协方差矩阵和负偏相关系数矩阵、KMO（kaiser–meyer–olkin）抽样充分性、复相关系数、共同度等指标测度〕、主成分的旋转、预测、各种检验、碎石图、得分图、载荷图等。以数据 pca1.dta 为例，该数据包含我国 296 个城市 2018 年的 10 个主要宏观经济指标。

. use "D:\01 傻瓜计量经济学与 stata 应用\data\pca1.dta", clear　　　//（见表 2.35）。

. sum

表2.35　　　　　　　　　　　**描述性统计**

Variable	Obs	Mean	Std. dev.	Min	Max
citycode	296	385379.1	141348.9	110000	652200
city	0				
year	296	2018	0	2018	2018
pop	296	442.2973	329.1072	20	3404
employment	287	38.15179	80.18232	.3839	819.3019
area	296	19545.06	32359.38	1459	352192
gdp	296	3.02e+07	4.22e+07	1356700	3.27e+08
consumption	290	1.25e+07	1.66e+07	245555	1.27e+08
fiscal	292	2007693	6250493	10009	7.11e+07
research	292	119934.1	506300.1	43	5549817
edu	296	840743	1052935	49846	1.03e+07
finance	296	4.19e+07	8.43e+07	1250767	7.05e+08
wage	294	72148.8	15177.27	38899	149843

选取 10 个变量进行降维：

. pca pop employment area gdp consumption fiscal research edu finance wage　　　//（见表 2.36）。

表2.36   主成分分析结果

```
Principal components/correlation              Number of obs    =        280
                                              Number of comp.  =         10
                                              Trace            =         10
    Rotation: (unrotated = principal)         Rho              =     1.0000
```

Component	Eigenvalue	Difference	Proportion	Cumulative
Comp1	7.15315	6.13369	0.7153	0.7153
Comp2	1.01946	.032686	0.1019	0.8173
Comp3	.98677	.518279	0.0987	0.9159
Comp4	.468491	.289304	0.0468	0.9628
Comp5	.179187	.101036	0.0179	0.9807
Comp6	.0781516	.0259867	0.0078	0.9885
Comp7	.0521649	.0213026	0.0052	0.9937
Comp8	.0308623	.0101818	0.0031	0.9968
Comp9	.0206805	.00959128	0.0021	0.9989
Comp10	.0110892	.	0.0011	1.0000

表2.36主成分分析结果中，第一张表计算的是主成分的特征值（eigenvalue）和对原变量信息的映射承载比率（proportion），也是各变量的标准差承载比率。最后一列是方差承载累积得分（cumulative）。选取10个变量进行主成分分析，且每个变量都进行了标准化，因而方差总和就是10[①]。

表2.36中的特征值（代表主成分的方差）除以10个变量的方差总和10，就是映射承载比率。例如，第一个主成分的特征值为7.15315，它的映射承载比率就是0.7153。主成分的特征值大于1才有意义，Comp1和Comp2的特征值均大于1，且Cumulative为0.8173，说明前两个主成分承载了原10个变量共81.73%的信息。

表2.37中，Comp1承载pop、employment、area、gdp、consumption、fiscal、research、edu、finance和wage的信息比（协方差）分别为：0.215、0.364、–0.022、0.363、0.354、0.354、0.328、0.363、0.367、0.253，且它们的平方和为1。第一个主成分Comp1包含数据中的最大方差，第二个主成分Comp2正交于第一个主成分，以此类推，主成分之间彼此不相关（相互正交）。在实际应用过程中，经常使用第一个主成分来表示整个数据，因为它承载原变量的信息量是最大的。

表2.37   Comp1和Comp2主成分分析结果

Variable	Comp1	Comp2	Comp3	Comp4	Comp5	Comp6	Comp7	Comp8	Comp9	Comp10	Unexplained
pop	0.2154	-0.0213	0.7874	0.2233	0.4074	0.0538	0.0674	0.2544	-0.0338	0.2100	0
employment	0.3637	-0.0096	-0.0718	-0.1477	-0.0443	-0.4152	0.5941	-0.0361	0.5279	0.1827	0
area	-0.0216	0.9755	0.1077	-0.1737	-0.0723	0.0169	-0.0027	0.0190	0.0045	0.0165	0
gdp	0.3630	-0.0268	0.0742	0.0488	-0.3632	0.4360	-0.2006	-0.4602	0.0981	0.5254	0
consumption	0.3543	-0.0308	0.1647	0.1322	-0.5495	0.1237	-0.1555	0.4160	0.2440	-0.5050	0
fiscal	0.3544	-0.0098	-0.1667	-0.2487	0.1518	-0.4539	-0.6553	0.2487	-0.0140	0.2533	0
research	0.3281	-0.0274	-0.2701	-0.4556	0.3990	0.6015	0.1451	0.2399	0.0058	-0.1065	0
edu	0.3631	0.0262	0.1549	-0.0498	0.2643	-0.1522	-0.1182	-0.6469	-0.0579	-0.5587	0
finance	0.3669	-0.0019	-0.0577	-0.0102	-0.2606	-0.1576	0.3371	0.0836	-0.8032	0.0581	0
wage	0.2528	0.2113	-0.4501	0.7787	0.2701	0.0564	0.0042	0.0622	0.0479	0.0145	0

---

① 读者可以尝试一下，如果选用五个变量进行降维，那么原变量的方差总和就是5，只需要将主成分的特征值除以5，即可得到映射承载比率。

如果要检验主成分分析的效果，可以使用KMO（Kaiser–Meyer–Olkin）和SMC（squared multiple correlations）两个指标。其中，KMO抽样充分性测度，也是用于测量变量之间相关关系的强弱的重要指标，是通过比较两个变量的相关系数与偏相关系数得到的。KMO介于0~1，KMO越高代表变量的共性越强。根据（Kaiser，1974）的研究，如果KMO指标介于0.00~0.49，则不能接受（unacceptable）；如果KMO介于0.50~0.59，则非常差（miserable）；介于0.60~0.69，勉强接受（mediocre）；介于0.70~0.79，可以接受（middling）；介于0.80~0.89，比较好（meritorious）；介于0.90~1.00，则非常好（marvelous）。

. estat kmo　　//（见表2.38）。

表2.38　　　　　　　　　　　　　　**KMO检验结果**

Kaiser-Meyer-Olkin measure of sampling adequacy

Variable	kmo
pop	0.5822
employment	0.9154
area	0.2609
gdp	0.8293
consumption	0.8012
fiscal	0.8634
research	0.8949
edu	0.7890
finance	0.9263
wage	0.9105
Overall	0.8400

SMC代表一个变量与其他所有变量的复相关系数的平方，也就是复回归方程的可决系数。SMC比较高表明变量的线性关系和共性越强，主成分分析就越合适。

. estat smc　　//（见表2.39）。

表2.39　　　　　　　　　　　　　　**SMC检验结果**

Variable	smc
pop	0.8738
employment	0.9609
area	0.0739
gdp	0.9724
consumption	0.9705
fiscal	0.9473
research	0.8930
edu	0.9767
finance	0.9711
wage	0.5567

KMO和SMC检验结果均表明，主成分分析的结果是合适的。如果想要进一步查看主成分的各个部分的特征值，可以使用碎石图。

. screeplot, yline(1)　　//画碎石图，yline(1)表示在特征值=1处画一条横线（见图2.20）。

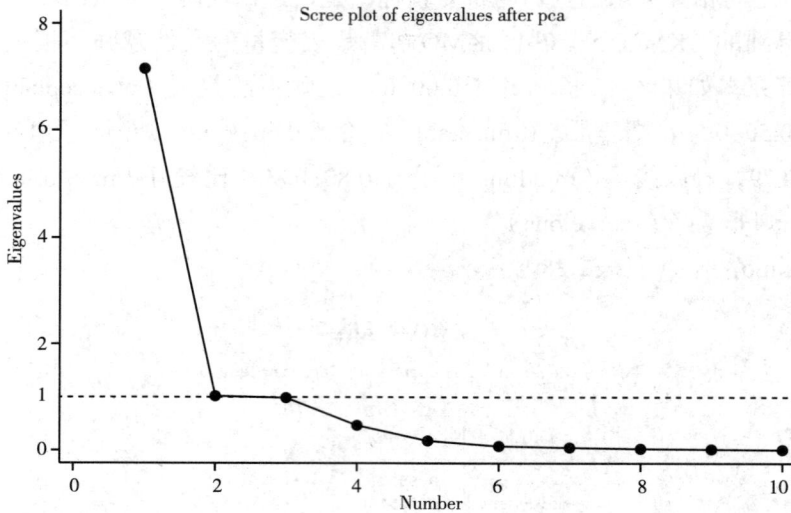

图2.20　碎石图

. predict f1 f2　　//预测前两个主成分得分（Scores for component 1 and 2）；如果要预测前n个主成分得分，则输入predict f1 f2 f3... fn

. scoreplot, mlabel(city) yline(0) xline(0)　　//（见图2.21）。

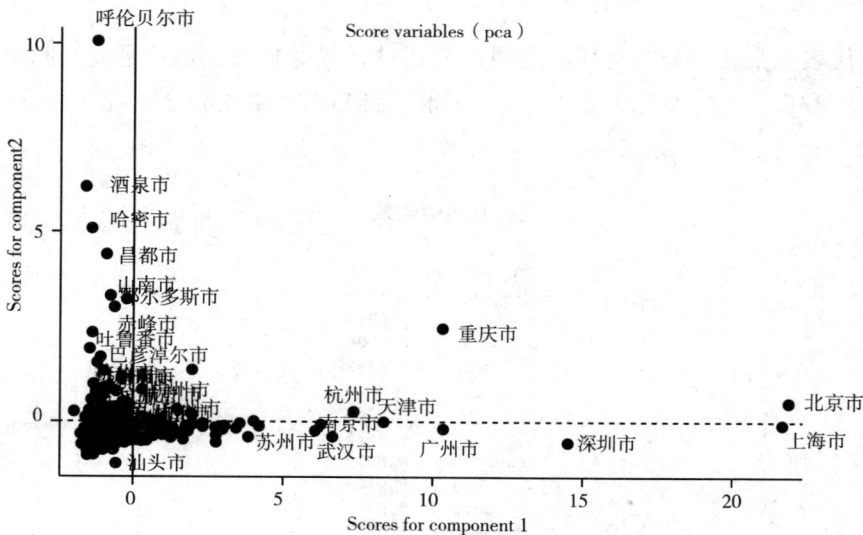

图2.21　得分图

图2.21中，得分图的横坐标是主成分Comp1，即城市发展水平；纵坐标是主成分Comp2，即城市大小（行政区划面积）。从图中散点的位置可以看出，北京、上

海、深圳、广州在横坐标（城市发展水平）上的得分比较高，说明这些地区经济发展水平比较高；呼伦贝尔、酒泉、哈密在纵坐标上的得分比较高，说明这些城市行政区划面积比较大。

如果想清晰地看到哪些变量影响哪些主成分，可以使用载荷图进行分析。

. loadingplot, yline(0) xline(0)　　　//载荷图，结果省略

如果想要降维后的主成分，可以 predict 命令。

. predict f1 f2　　　//生成降维后特征值大于1的主成分

综上所述，主成分分析可以对多个变量进行降维，并且确保降维之后的各个主成分之间彼此不相关。但实际应用中，主成分分析仍然面临一些困境：①**用第一个主成分有时也不是一个好主意。**使用主成分分析，通常可以得到两个或以上特征值大于1的主成分。如果目标是想利用主成分分析的方法获得一个综合变量，那么舍弃其中任何一个变量，都可能会损失很多信息。②**同一个变量可能将面临两次组内转换。**针对面板数据的主成分分析，标准化的过程会剔除变量的均值，相当于对变量进行组内变换。而面板数据固定效应模型本身就是需要对变量做组内变换，同一个变量做两次组内变换，在经济意义上不好解释。③**变量的意义可能发生了变化。**生成的主成分是均值为0（标准差为特征值的根）的变量，存在大量的负值，对于经济指标而言本身就可能面临解释的困境和尴尬。

为了避免以上问题，也可以考虑利用主成分分析获得各个变量的权重，然后再对各个变量直接进行加权平均，以得到相应的综合指标。仍然以 pca1.dta 数据为例，使用 asdoc pca 命令，将主成分结果输出为 word：

. asdoc pca pop employment area gdp consumption fiscal research edu finance wage, replace　　　//结果省略

清除 Stata 中的所有数据，将以上输出结果 word 中的 variable、comp1 和 comp2 三列数据复制粘贴到 Stata 数据编辑器中。

. list　　　//（见表2.40）。

表2.40　　　　　　　　　　　　特征值大于1的主成分

variable	comp1	comp2
pop	.215	-.021
employment	.364	-.01
area	-.022	.976
gdp	.363	-.027
consumption	.354	-.031
fiscal	.354	-.01
research	.328	-.027
edu	.363	.026
finance	.367	-.002
wage	.253	.211

主成分承载的信息，就是各变量在标准化之后与主成分的协方差。而特征值反映的是主成分映射各个变量的总方差。**只需要将主成分的协方差除以主成分的标准差（特征值的根）和原变量的标准差1，即可得到主成分所包含的各个变量的相关系数（或主成分分析权重）**。然后构建两个主成分的加权综合得分，并做归一化处理，即可得到特征值大于1的主成分所代表的各个变量的权重：

gen comp1e=comp1/sqrt(7.153)　　//将主成分的各个协方差除以特征值的根，得到主成分与各变量的相关系数

gen comp2e=comp2/sqrt(1.109)　　//同上

gen score=[comp1e*0.7153+comp2e*0.1019]/0.8173　　//构建综合得分指标

quietly sum score

gen weight=score/r(sum)　　//归一化处理，将每项综合得分除以总得分

list comp1e comp2e score weight　　//（见表2.41）。

表2.41　　　　　　　　　　　　　　　　主成分分析权重

	comp1e	comp2e	score	weight
1.	.0803886	-.0199413	.0678697	.062254
2.	.1360997	-.0094959	.1179304	.1081725
3.	-.0082258	.9267958	.1083526	.0993872
4.	.1357258	-.0256388	.1155905	.1060262
5.	.1323607	-.0294372	.1121718	.1028904
6.	.1323607	-.0094959	.114658	.1051709
7.	.1226393	-.0256388	.1041372	.0955206
8.	.1357258	.0246892	.1218653	.1117819
9.	.1372214	-.0018992	.1198593	.1099418
10.	.0945968	.2003626	.107772	.0988546

最后，根据主成分或因子分析计算的变量权重weight，就可以直接使用gen命令构建一个综合指标，代表以上10个变量。在主成分分析中，有的时候权重会出现负值，是完全正常且合理的，它们反映了原始变量与主成分之间的真实关系。负值权重并不意味着某个变量在主成分中是"负的"或以某种方式"减少"了主成分的值，而只是表示该变量与主成分之间存在一种反向关系。如果出于某种特定原因（如解释性需求或模型约束）确实需要非负权重，那么可能需要考虑使用其他方法或技术（如熵权法）对数据进行转换或建模。

（2）因子分析。主成分分析的基本原理，是通过降维的思想，在损失很少信息的情况下，将多个线性相关的变量转化为少数几个不相关的综合指标（components），并且每个主成分都是原变量的线性组合。一般有多少个原变量，就有多少个主成分。

因子分析是主成分分析的推广和发展，也是通过降维的方法减少变量，但是逻辑略有区别。因子分析从原变量之间的关系出发，寻找影响各个变量的公因子（只保留特征值大于1的公因子），每个公因子都是原变量的线性组合。

. use "D:\傻瓜计量经济学与Stata应用\Stata数据集\pca1.dta", clear

. factor pop employment area gdp consumption fiscal research edu finance wage, pcf

//选项pcf代表主成分因子（principal-component factor）。因子载荷矩阵中，某个变量的Uniqueness值如果大于0.6就不太正常，可能需要剔除（见表2.42和表2.43）。

表2.42　　　　　　　　　　　　　　　　　因子分析

```
Factor analysis/correlation              Number of obs     =      280
    Method: principal-component factors  Retained factors  =        2
    Rotation: (unrotated)                Number of params  =       19
```

Factor	Eigenvalue	Difference	Proportion	Cumulative
Factor1	7.15315	6.13369	0.7153	0.7153
Factor2	1.01946	0.03269	0.1019	0.8173
Factor3	0.98677	0.51828	0.0987	0.9159
Factor4	0.46849	0.28930	0.0468	0.9628
Factor5	0.17919	0.10104	0.0179	0.9807
Factor6	0.07815	0.02599	0.0078	0.9885
Factor7	0.05216	0.02130	0.0052	0.9937
Factor8	0.03086	0.01018	0.0031	0.9968
Factor9	0.02068	0.00959	0.0021	0.9989
Factor10	0.01109	.	0.0011	1.0000

```
LR test: independent vs. saturated:  chi2(45) = 4927.78 Prob>chi2 = 0.0000
```

表2.43　　　　　　　　　　　　　　　　　因子载荷

Variable	Factor1	Factor2	Uniqueness
pop	0.5760	-0.0215	0.6678
employment	0.9727	-0.0096	0.0537
area	-0.0578	0.9849	0.0266
gdp	0.9707	-0.0271	0.0569
consumption	0.9477	-0.0310	0.1009
fiscal	0.9478	-0.0099	0.1017
research	0.8776	-0.0276	0.2291
edu	0.9711	0.0265	0.0563
finance	0.9813	-0.0019	0.0370
wage	0.6760	0.2134	0.4975

表2.43中，因子载荷（factor loadings）代表因子所承载的不同变量的信息，也可以看成是不同变量对共同因子的不同反应。Uniqueness代表因子不能解释的方差，一般小于0.6较好。因子分析是否合适，还需进一步做KMO充分性检验和Bartlett球检验，看各个变量之间是否存在足够的相关性。

. ssc install factortest

. factortest pop employment area gdp consumption fiscal research edu finance wage

//（见图2.22）。

```
Determinant of the correlation matrix
Det                =      0.000


Bartlett test of sphericity

Chi-square         =            4909.919
Degrees of freedom =                  45
p-value            =               0.000
H0: variables are not intercorrelated


Kaiser-Meyer-Olkin Measure of Sampling Adequacy
KMO                =      0.840
```

图 2.22　Bartlett 球检验与 KMO 充分性检验

如图 2.22 所示，p 值显著，可以使用因子分析。KMO 值一般 0.6 以上比较合适，这里 KMO 值为 0.84 表示变量之间的相关程度很高。可以计算因子得分，并输出因子与原变量的线性权重：

. asdoc predict factor1 factor2, replace　　　//（见表 2.44）。

表 **2.44**　　　　　　　　　　　**因子分析权重**

Variable	Factor1	Factor2
pop	0.08052	-0.02110
employment	0.13599	-0.00946
area	-0.00807	0.96615
gdp	0.13571	-0.02659
consumption	0.13249	-0.03046
fiscal	0.13250	-0.00976
research	0.12269	-0.02711
edu	0.13575	0.02599
finance	0.13719	-0.00189
wage	0.09451	0.20928

如表 2.44 所示，可以直接使用因子 factor1 和 factor2 代表原变量。但是为了避免与前文主成分分析面临同样的问题，也可以使用两个因子分析得到的权重，构建一个综合经济指标。清除 Stata 中的所有数据，将以上输出结果 word 中的 factor1 和 factor2 复制粘贴到 Stata 中。

gen score=[factor1*0.7153+factor2*0.1019]/0.8173　　　//构建综合得分指标

quietly sum score

gen weight=score/r(sum)　　　//归一化处理，将每项综合得分除以总得分

list factor1 factor2 score weight　　　//（见表 2.45）。

表2.45　　　　　　　　　　　因子分析权重

	factor1	factor2	score	weight
1.	.081	-.021	.0682729	.0622006
2.	.136	-.009	.1179049	.1074184
3.	-.008	.966	.1134382	.1033489
4.	.136	-.027	.1156607	.1053737
5.	.132	-.03	.1117859	.1018435
6.	.133	-.01	.1151547	.1049127
7.	.123	-.027	.1042831	.0950081
8.	.136	.026	.1222687	.111394
9.	.137	-.002	.1196529	.1090108
10.	.095	.209	.1092018	.0994893

2.8　熵权法分析

熵权法（entropy weight method）是一种基于信息熵原理的客观赋权方法，广泛应用于综合评价和决策分析中。熵权法的起源可以追溯到热力学领域，用来描述系统混乱程度的一个物理量。后来这一概念被香农（Shannon，1948）引入到信息论中，用于量化信息的不确定性和随机性，通过衡量指标的变异性来确定各指标的权重，核心思想是利用信息熵来衡量指标的离散程度。**一般来说，若某个指标的信息熵越小，表明指标值的变异程度越大，提供的信息量越多，在综合评价中所能起到的作用也越大，其权重也就越大。相反，某个指标的信息熵越大，表明指标值的变异程度越小，提供的信息量也越少，在综合评价中所起到的作用也越小，其权重也就越小。**

一般而言，一件事物出现的概率（p）决定了不确定性大小，同时也决定了所含信息量的大小。大概率事件，往往信息量少。小概率事件，往往信息量多。例如，"一日三餐"是人们每天大概率都需要做的事件，包含的信息量较少。但是，如果哪一天某个人三天没吃饭（小概率事件），估计这里面可能就有大事发生（信息量较大）。因此，用事件发生概率（p）倒数的对数值（$\ln\dfrac{1}{p}$）来表示单次事件的信息量，用信息量的期望值来表示信息熵：

$$H_i = \sum_{i=1}^{N} p_i \cdot \ln\left(\frac{1}{p_i}\right) = -\sum_{i=1}^{N} p_i \cdot \ln p_i$$

在熵权法中，使用信息熵来衡量指标的变异程度，熵值越小代表指标变异程度越大，赋予权重越高；反之，熵值越大，代表指标变异程度越小，赋予权重越小。

例如，根据小学生的语文、英语、数学、体育、美术、音乐等各科成绩构建综合得分指标体系。一般而言，难度越大的课程往往分数标准差越大，如语文、数学和英语等主课，同学之间的成绩差异比较大，理论上应该赋予更高的权重。相反，体育、美术、音乐等副课的难度系数相对更低，同学之间的成绩差异也不明显，理论上应该赋予更低的权重。在大学课程里面也是一样的，难度系数大（学生成绩差异程度也会大）的课程，一般也会给予更高的学分，这种主观的权重负值方法与熵权法的客观逻辑，其实有相似之处。

为了使信息熵的值不受样本量的影响，并且能够反映出指标变异性相对于样本量的大小，引入样本量的对数 $\ln(N)$ 调整信息熵的大小，使其与样本量无关，从而使得不同样本量下计算得到的熵值具有可比性。

$$E_i = -\frac{1}{\ln(N)}\sum_{i=1}^{N}p_i \cdot \ln p_i$$

此外，使用 $\ln(N)$ 作为调整因子还与信息熵的物理意义有关。在信息论中，熵是对信息量的度量，而信息量通常与事件发生的可能性有关。当考虑所有可能的事件（即所有可能的样本组合）时，样本量的对数提供了一个衡量事件发生可能性的尺度。因此，将信息熵除以 $\ln(N)$ 可以确保得到的是一个关于事件发生可能性的相对度量，而不是一个绝对值。

在进行熵权法计算之前，需要对原始数据进行预处理，包括数据的标准化处理。标准化的目的是消除不同指标间的量纲影响，使其处于同一比较尺度下。常用的标准化方法有极差标准化和Z-score标准化（前文主成分分析采用的该方法），本节采用极差标准化方法。

第一步，极差标准化。设 $X = (x_{ij})$ 为一个 $N \times k$ 阶矩阵，其中 N 表示样本数，k 表示指标数。对于第 j 个指标，其标准化值 $Y = (y_{ij})$ 为：

$$y_{ij} = \begin{cases} \dfrac{x_{ij} - \min(X_j)}{\max(X_j) - \min(X_j)} & \text{if} \quad X_j \text{为正向指标} \\[2mm] \dfrac{\max(X_j) - x_{ij}}{\max(X_j) - \min(X_j)} & \text{if} \quad X_j \text{为负向指标} \end{cases}$$

Stata实现命令为：

```
. global positiveVar X1 X2 X3
. global negativeVar X4 X5 X6
. global allVar $positiveVar $negativeVar
*标准化正向指标
foreach v in $positiveVar {
```

```
    qui sum `v'
    gen z_`v' = (`v'-r(min))/(r(max)-r(min))
    replace z_`v' = 0.0001 if z_`v' == 0          //避免出现0值
}
*标准化负向指标
foreach v in $negativeVar {
    qui sum `v'
    gen z_`v' = (r(max)-`v')/(r(max)-r(min))
    replace z_`v' = 0.0001 if z_`v' == 0
}
```

第二步，计算指标比重。采用极差标准化各个变量之后，就可以计算每个变量第 j 个观测值的比重或发生概率 p_{ij}：

$$p_{ij} = \frac{y_{ij}}{\sum_i^N y_{ij}}, \qquad i = 1, 2, \cdots, N; \quad j = 1, 2, \cdots, k$$

Stata实现命令为：

```
foreach v in $allVar {
    egen sum_`v' = sum(z_`v')         //把每个指标进行加总
    gen p_`v' = z_`v' / sum_`v'
}
```

第三步，计算信息熵。根据前文公式计算每个变量的信息熵（一般而言，$0 \leqslant E_j \leqslant 1$）：

$$E_j = -\frac{1}{\ln(N)} \sum_{i=1}^N p_{ij} \cdot \ln p_{ij}$$

Stata实现命令为：

```
gen N=_N
foreach v in $allVar {
    egen sump_`v' = sum(p_`v'*ln(p_`v'))
    gen e_`v' = -1 / ln(N) * sump_`v'
}
```

第四步，计算指标权重。根据上一步计算的信息熵 $E_1, E_2, \cdots, E_k$，先计算各指标信息效用值，然后再计算指标权重。

信息效用值：$D_j = 1 - E_j$

$$指标权重：W_j = \frac{D_j}{\sum D_j}$$

Stata 实现命令为：

```
*计算信息效用值d
foreach v in $allVar {
    gen d_`v' = 1 - e_`v'
}
*计算各指标权重w
egen sumd = rowtotal(d_*)
foreach v in $allVar {
    gen w_`v' = d_`v' / sumd
}
```

第五步，计算综合得分。根据第一步得到的标准化后的指标 y_{ij}，以及第四步计算出的各个指标的权重 W_j，计算综合指标得分：

$$Score_{ij} = \sum_{j=1}^{k} W_j y_{ij}$$

Stata 实现命令为：

```
foreach v in $allVar {
    gen score_`v' = w_`v' * z_`v'
}
egen score = rowtotal(score*)        //计算综合指标得分
drop z_* p_* e_* d_* sum*        //删除过程变量
```

仍然以前文主成分分析使用的数据 pca1.dta 为例，由于该数据中所有指标均为正向指标，所以省去负向指标处理部分，具体命令如下：

```
. use "D:\01 傻瓜计量经济学与 stata 应用\data\pca1.dta", clear
*标准化
foreach v in $positiveVar {
qui sum `v'
gen z_`v' = (`v'-r(min))/(r(max)-r(min))
replace z_`v' = 0.0001 if z_`v' == 0        //避免出现0值
}
*计算指标比重p
foreach v in $positiveVar {
    egen sum_`v' = sum(z_`v')
```

```
    gen p_`v' = z_`v' / sum_`v'
}
*计算熵值
gen N=_N
foreach v in $positiveVar {
    egen sump_`v' = sum(p_`v'*ln(p_`v'))
    gen e_`v' = -1 / ln(N) * sump_`v'
}
*计算信息效用值
foreach v in $positiveVar {
    gen d_`v' = 1 - e_`v'
}
*计算权重
egen sumd = rowtotal(d_*)
foreach v in $positiveVar {
    gen w_`v' = d_`v' / sumd
}
*计算综合得分
foreach v in $positiveVar {
    gen score_`v' = w_`v' * z_`v'
}
egen score = rowtotal(score*)
```

对于面板数据而言，读者可以将整个面板数据视为一个整体，即把所有公司所有年份的数据合并成一个大数据集，然后在这个基础上计算熵值和权重。也可以采用多次法。按时间（或个体）分割数据，然后对每个分割后的数据集分别计算熵值和权重。

2.9　效应量分析

有时需要将回归估计的系数进行制图，因为图形更能直观展示估计结果，也更加便于对不同估计系数之间进行效应量（effect size）分析和显著性水平比较。本节主要介绍 coefplot 和 metan 两个外部制图命令，用户需要自己下载安装：

```
. ssc install coefplot, replace
```

以数据double11.dta数据为例，这是一个关于"双十一"网购行为调查的数据：

. use double11.dta, clear

. sum join peer gender exper city major grade poor income university   //（见表2.46）。

表2.46 描述性统计

Variable	Obs	Mean	Std. Dev.	Min	Max
join	2,400	.72875	.4446975	0	1
peer	2,400	.875	.3307878	0	1
gender	2,400	.615	.4866967	0	1
exper	2,400	.9670833	.1784557	0	1
city	2,400	.54375	.4981861	0	1
major	2,400	.8591667	.347922	0	1
grade	2,400	1.532917	1.344	0	5
poor	2,400	.2904167	.4540493	0	1
income	2,400	2.554167	.9970691	1	5
university	0				

表2.46中，变量join代表受访大学生是否参加了"双十一"活动；变量peer代表同寝室的室友是否都参加了"双十一"活动；变量gender exper city major grade poor income university分别代表性别、网购经验、城市户籍、专业、年级、贫困家庭、生活费和所在大学。研究同伴效应对消费者参加"双十一"活动决策的影响：

. reg join peer gender exper city major grade poor income, vce(cluster university) //（见表2.47）。

表2.47 简单OLS估计

Linear regression

Number of obs	=	2,400
$F_{(8, 115)}$	=	71.43
Prob > F	=	0.0000
R-squared	=	0.0916
Root MSE	=	.42454

(Std. Err. adjusted for 116 clusters in university)

join	Coef.	Robust Std. Err.	t	P>|t|	[95% Conf. Interval]	
peer	.2580097	.0275754	9.36	0.000	.2033882	.3126312
gender	.0624119	.0117729	5.30	0.000	.0390921	.0857318
exper	.4659341	.0503683	9.25	0.000	.3661643	.5657039
city	.0298213	.022866	1.30	0.195	-.0154719	.0751145
major	.0033977	.0235658	0.14	0.886	-.0432816	.0500769
grade	-.0152368	.0079579	-1.91	0.058	-.0309999	.0005263
poor	-.0280938	.0122052	-2.30	0.023	-.0522699	-.0039176
income	.0147026	.0052395	2.81	0.006	.0043242	.0250809
_cons	-.0111606	.0550426	-0.20	0.840	-.1201895	.0978683

表2.47中，选项vce（cluster university）表示计算聚类稳健标准误。根据阿贝蒂（Abadie，2023）的研究，当处理变量或核心解释变量因为某种维度的分组（如城市、

行业、企业、性别等）产生组间异质性时，可以选择用聚类稳健标准误[①]。如果想要将上面的估计结果以森林图的形式展现出来，可以使用命令：

. coefplot, drop(_cons) xline(0) nolabels   // drop(_cons)代表不要常数项系数（见图2.23）。

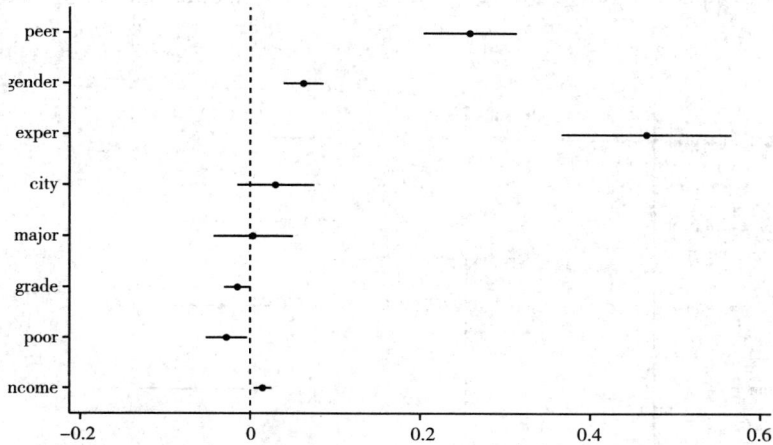

图2.23　效应量水平图

如果想要垂直的图，则可以输入命令：

. coefplot, drop(_cons) yline(0) vertical   // vertical表示输出垂直图形（见图2.24）。

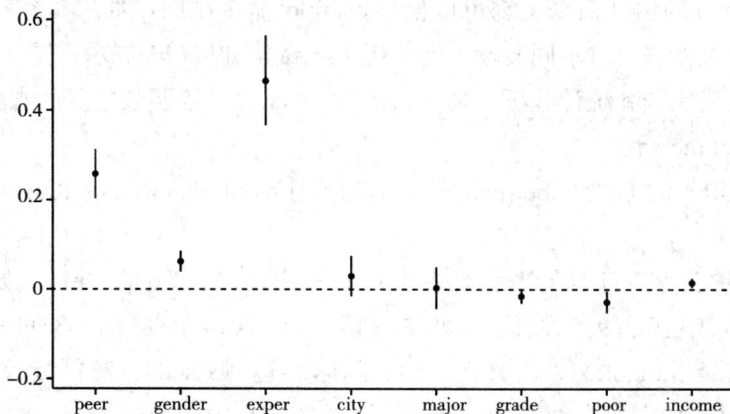

图2.24　效应量垂直图

如果想要知道大学生在不同生活费条件下，同寝室室友peer对其参与"双十一"购物决策的影响，则可以使用命令：

———————————

① Abadie, A., Athey, S., Imbens, G. W., Wooldridge, J. When Should You Adjust Standard Errors for Clustering? [J] .Quarterly Journal of Economics, 2023, 138(1):1–35.

. quietly reg join c.peer#i.income gender exper city major grade poor, vce(cluster university)　　// c.peer#i.income 表示 peer 与不同生活费的交互项

. coefplot, drop(gender exper city major grade poor _cons) baselevels xline(0) xlabel(-0.2(0.1)0.5)　　// baselevels 表示输出基期的效应，如果不加该选项，则只会输出 income=2~5 时 peer 对 join 影响的边际效应，而没有 income=1 时的边际效应（见图2.25）。

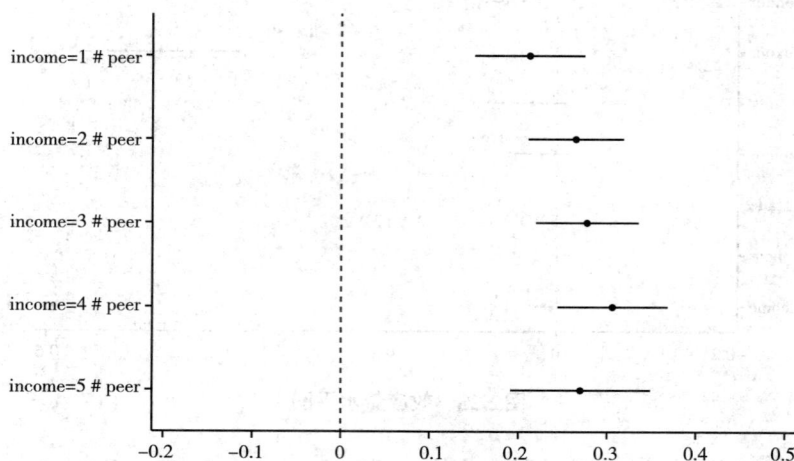

图2.25　不同条件下回归效应量比较

并不是所有的估计命令，都可以使用 coefplot 命令制图。如果碰到 coefplot 无法绘图的情况，或者需要对不同文献做元分析（meta analysis），展示不同文献中相同研究变量的效应量比较和统计分析，则可以使用 metan 命令绘制效应量的森林图：

. ssc install metan

. metan OR LCI UCI, label(namevar=Variable) fixed effect(Odds Ratio) nowt npts() nobox nooverall

其中，OR 代表回归结果系数（也可以是机会比率 odds ratio，如泊松估计中的系数）；LCI 代表95%置信区间左侧值，UCI 代表95%置信区间右侧值；选项 label(namevar=Variable) 代表分类变量名称；选项 fixed 代表固定效应；选项 effect(string) 用来指定效应的名称，如 Marginal Effect, Odds Ratio 等；选项 npts() 代表显示样本量大小；选项 nowt 表示去掉权重；选项 nobox 代表不显示权重灰色方框；选项 nooverall 代表不显示整体系数结果。

举例而言，假如从现有文献中收集了教育对收入影响的边际效应，具体取值如表2.48所示。

表2.48			教育对收入影响的边际效应比较		
id	Author	effectsize	lci	uci	obs
1	张三（2020）	2.78	1.643	3.702	1200
2	李四（2022）	2.10	1.318	2.818	1000
3	王二（2019）	2.13	0.132	4.136	1500
4	麻子（2018）	2.74	1.064	2.855	1800
5	王朝（2021）	1.84	1.144	2.544	2000
6	赵虎（2021）	1.45	0.149	2.755	3000

注：以上数据为作者虚构。

将数据effectsize1.dta导入到Stata中，并且输入下面的命令：

. metan effectsize lci uci, label(namevar=author) fixed effect(Marginal Effect) nobox npts(obs)　　//（见图2.26）。

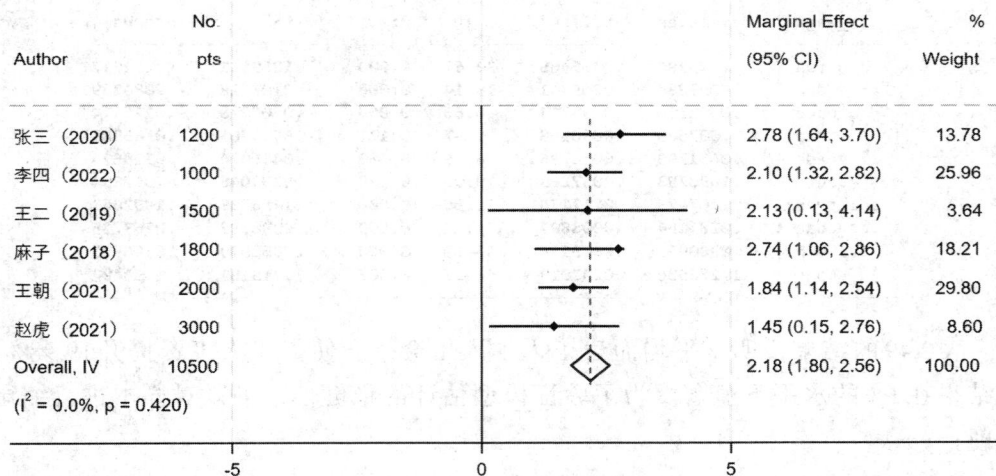

图 2.26　效应量森林图分析

图 2.26 中的垂直虚线部分表示教育对收入影响的加权平均边际效应：2.178= 2.78 ×0.1378+2.1×0.2596+2.13×0.0364+2.74×0.1821+1.84×0.298+1.45×0.086。

2.10　样本缩尾

计量经济模型归根结底是对因变量的条件均值回归 $E(y|x)$，如果样本观测值中的因变量存在极端值（outliers），会显著影响参数估计的大小，可能导致模型估计产生偏误。这个时候，需要通过对样本数据进行调整，以验证模型估计结果的稳健性。调整的方法有两种：（1）修剪（Trimming），即删除极端数据，但该方法会导致样本

观测值数量减少；（2）修整（Winsorizing），对数据中的极端值进行"就近替换"，样本观测值数量保持不变。

首先，对样本数据进行修剪。以数据nlswork为例，假设要研究"工人是否加入工会（union）"对"工资（ln_wage）"的影响。

. webuse nlswork

. reg ln_wage union age race msp grade south collgrad occ_code ttl_exp　　//（见表2.49）。

表2.49　　　　　　　　　　　　　工人加入工会对工资的影响

Source	SS	df	MS		Number of obs	=	19,140
					F(9, 19130)	=	1304.65
Model	1592.54178	9	176.949087		Prob > F	=	0.0000
Residual	2594.58608	19,130	.135629173		R-squared	=	0.3803
					Adj R-squared	=	0.3801
Total	4187.12786	19,139	.218774641		Root MSE	=	.36828

ln_wage	Coefficient	Std. err.	t	P>|t|	[95% conf. interval]	
union	.199785	.0065466	30.52	0.000	.1869531	.212617
age	-.0095884	.0005941	-16.14	0.000	-.0107528	-.0084239
race	-.0391196	.0058713	-6.66	0.000	-.0506278	-.0276114
msp	.007689	.0056168	1.37	0.171	-.0033205	.0186985
grade	.0491799	.0018736	26.25	0.000	.0455074	.0528524
south	-.1090793	.0057269	-19.05	0.000	-.1203046	-.097854
collgrad	.167475	.0111174	15.06	0.000	.1456839	.1892661
occ_code	-.0281154	.0008892	-31.62	0.000	-.0298582	-.0263725
ttl_exp	.0380977	.0008136	46.82	0.000	.0365029	.0396925
_cons	1.276586	.0293019	43.57	0.000	1.219151	1.33402

表2.49的结果说明，平均而言工人加入工会，会使得工人工资提升19.98%，该结果在1%的水平下显著。为了验证模型估计的稳健性，可以对样本进行缩尾处理。

. sum ln_wage, detail　　//（见表2.50）。

表2.50　　　　　　　　　　　　　工资的描述性统计分析

ln(wage/GNP deflator)

	Percentiles	Smallest		
1%	.4135621	0		
5%	.9927515	0		
10%	1.166102	.0044871	Obs	28,534
25%	1.361496	.0044871	Sum of wgt.	28,534
50%	1.640541		Mean	1.674907
		Largest	Std. dev.	.4780935
75%	1.964083	4.349226		
90%	2.27569	4.49981	Variance	.2285734
95%	2.456406	4.828314	Skewness	.3278257
99%	2.956471	5.263916	Kurtosis	4.666831

通过表2.50的分位数分布情况，可以知道变量ln_wage在1分位值为0.4135621，在99分位的值为2.956471。为了减少极端值的影响，可以将1分位和99分位以外的值全部删除：

. preserve   //为了避免原始数据被修改，暂存数据以备恢复

. replace ln_wage=. if ln_wage<.4135621

. replace ln_wage=. if ln_wage>2.956471

. reg ln_wage union age race msp grade south collgrad occ_code ttl_exp

. restore   //恢复数据（见表2.51）。

表2.51   缩尾处理后工人加入工会对工资的影响

Source	SS	df	MS		Number of obs	=	18,822
					F(9, 18812)	=	1361.19
Model	1364.77685	9	151.641872		Prob > F	=	0.0000
Residual	2095.72253	18,812	.111403494		R-squared	=	0.3944
					Adj R-squared	=	0.3941
Total	3460.49938	18,821	.183863736		Root MSE	=	.33377

ln_wage	Coefficient	Std. err.	t	P>|t|	[95% conf. interval]	
union	.1803916	.0059831	30.15	0.000	.1686642	.192119
age	-.009905	.0005423	-18.26	0.000	-.010968	-.0088421
race	-.0361162	.0053633	-6.73	0.000	-.0466289	-.0256036
msp	.0060138	.0051341	1.17	0.241	-.0040496	.0160772
grade	.047657	.0017157	27.78	0.000	.044294	.05102
south	-.1078429	.0052303	-20.62	0.000	-.1180949	-.097591
collgrad	.1511685	.0101905	14.83	0.000	.1311941	.1711428
occ_code	-.0260147	.0008138	-31.97	0.000	-.0276098	-.0244197
ttl_exp	.0361912	.0007434	48.69	0.000	.0347341	.0376482
_cons	1.310651	.0268122	48.88	0.000	1.258097	1.363206

表2.51中，通过对样本进行缩尾处理之后，结果表现出两个不同：（1）发现样本观测值数量从19140下降到了18822；（2）变量union的系数从0.1998下降到了0.1804，其他变量估计系数也都有不同程度变化。

样本缩尾处理也可以选择其他任意分位进行缩尾处理，例如选择5分位和95分位等。具体选择多少分位，读者需要根据自己的样本数量和数据结构特征或者参考相关文献做法进行权衡。

为了提升模型估计的有效性（不降低样本观测值数量），同时又减少极端值的影响，也可以对数据进行"就近替换"（Winsorizing）。

. preserve   //为了避免原始数据被修改，暂存数据以备恢复

. replace ln_wage=.4135621 if ln_wage<.4135621

. replace ln_wage=2.956471 if ln_wage>2.956471

. reg ln_wage union age race msp grade south collgrad occ_code ttl_exp

. restore   //恢复数据

以上命令步骤繁多，使用起来比较麻烦。为了简便起见，可以使用外部命令winsor来实现。以上结果等价于命令：

. ssc install winsor   //安装外部命令winsor

. winsor ln_wage, gen(ln_wage2) p(0.01)   //对变量ln_wage进行1%缩尾处理后，生成新的变量ln_wage2

. reg ln_wage2 union age race msp grade south collgrad occ_code ttl_exp   //使用新的因变量ln_wage2进行回归估计（见表2.52）。

表2.52   **样本Winsorizing后工人加入工会对工资的影响**

Source	SS	df	MS		
				Number of obs	=	19,140
				F(9, 19130)	=	1367.46
Model	1551.38056	9	172.375617	Prob > F	=	0.0000
Residual	2411.43149	19,130	.126054965	R-squared	=	0.3915
				Adj R-squared	=	0.3912
Total	3962.81205	19,139	.207054289	Root MSE	=	.35504

ln_wage2	Coefficient	Std. err.	t	P>|t|	[95% conf. interval]	
union	.1954146	.0063113	30.96	0.000	.1830438	.2077854
age	-.009679	.0005727	-16.90	0.000	-.0108016	-.0085564
race	-.0383514	.0056603	-6.78	0.000	-.049446	-.0272568
msp	.0072641	.005415	1.34	0.180	-.0033498	.0178779
grade	.0490001	.0018063	27.13	0.000	.0454595	.0525406
south	-.109836	.0055211	-19.89	0.000	-.1206579	-.0990142
collgrad	.1628767	.0107178	15.20	0.000	.1418688	.1838846
occ_code	-.0274667	.0008572	-32.04	0.000	-.0291469	-.0257865
ttl_exp	.0377077	.0007844	48.07	0.000	.0361702	.0392452
_cons	1.28166	.0282487	45.37	0.000	1.22629	1.33703

表2.52中的结果，不仅样本观测值数量没有下降，而且相对于表2.49中变量union的系数0.1998而言，表2.52中变量union的估计系数0.1954，没有明显的下降。笔者认为，后一种缩尾处理估计结果要优于前一种方法。

第3章 基本模型回归与诊断

第2章学习了如何对我们所收集到的数据进行一些基本的处理。本章将在此基础上，进行更深一步的探讨，即如何发现并处理回归模型中存在的共线性、异方差和序列相关问题。

3.1 共线性问题

3.1.1 共线性诊断

在多元回归中，若其中一个回归变量是其他回归变量的完全线性函数，则称回归变量间是完全多重共线性。举例而言，假如用 y 对 X_1、X_2 回归，如果 X_1 是 X_2 的完全线性函数，即 X_1 与 X_2 完全一致，那么加入 X_2 进行回归将毫无意义。但是在 Stata 中，软件会自动删除完全共线性的变量，因此无需担心完全共线性问题。更应该担心的是不完全多重共线性问题，这种问题会导致 Stata 的估计结果不显著，而且很难察觉。

不完全多重共线性意味着两个或多个变量之间适度相关但不完全相关，例如，回归变量的某种线性组合与其他回归变量高度相关等。若回归变量间存在不完全多重共线性，则至少无法精确估计其中一个回归变量的系数，而该变量如果是核心解释变量则需要进行关注。

在多元回归分析中，如果不考虑异方差问题（即同方差）。假定 u_i 的条件方差表示为 $\mathrm{var}(u_i \mid X_{1i}, X_{2i}, \cdots, X_{ki}) = \sigma^2$。大样本下 $\hat{\beta}_j$ 的抽样分布为 $N\left(\beta_j, \sigma_{\hat{\beta}_j}^2\right)$，其中分布的方差 $\sigma_{\hat{\beta}_j}^2$ 为：

$$\sigma_{\hat{\beta}_j}^2 = \frac{\hat{\sigma}^2}{\mathrm{SST}_j \times \left(1 - R_j^2\right)} = \frac{\hat{\sigma}^2}{\mathrm{SST}_j} \cdot \frac{1}{1 - R_j^2} \tag{3-1}$$

式（3-1）中，SST_j代表第j个解释变量的总波动性，即有$SST_j = \sum_{i=1}^{n}\left(x_{ji} - \overline{x}_j\right)^2$；$R_j^2$代表第$j$个解释变量对其他所有解释变量回归的判定系数。定义方差膨胀因子$VIF_j = 1/\left(1 - R_j^2\right)$，当方差膨胀因子超过10时，这意味着$R_j^2 > 0.9$，说明模型解释变量之间存在较为严重的共线性问题。因此，当$\mathbf{X_1}$和$\mathbf{X_2}$高度相关时（$R_j^2 \rightarrow 1$），且满足不完全多重共线性（$R_j^2 \neq 1$），就会导致$\sigma_{\beta_1}^2$偏大，从而使得OLS估计系数不显著[①]。

接下来具体介绍相关的Stata命令。依旧以系统自带的数据auto.dta为例。

. use auto.dta, clear

在正式开始之前，先介绍一个很方便的命令，asdoc命令[②]。首先想象一个场景，当想要完成一篇论文时，其内容自然是少不了诸如图形、各种数据运算结果等一系列的表格图像。

那么问题就来了，如何将一些数据表格输出到word文档中呢？相信很多人肯定会第一时间使用"复制＋粘贴"，但如果实际操作就会发现效果并不是很好（如表3.1所示）。

. sum

表3.1　　　　　　　　　　　　　描述性统计

Variable	Obs	Mean	Std. dev.	Min	Max
make	0				
price	74	6165.257	2949.496	3291	15906
mpg	74	21.2973	5.785503	12	41
rep78	69	3.405797	.9899323	1	5
headroom	74	2.993243	.8459948	1.5	5
trunk	74	13.75676	4.277404	5	23
weight	74	3019.459	777.1936	1760	4840
length	74	187.9324	22.26634	142	233
turn	74	39.64865	4.399354	31	51
displacement	74	197.2973	91.83722	79	425
gear_ratio	74	3.014865	.4562871	2.19	3.89
foreign	74	.2972973	.4601885	0	1

我们希望将summarize的描述性结果应用到论文中，由于第2章学习的outreg2只能用于回归结果的输出，所以只能用别的方法。

---

① 因为t统计量等于估计系数除以标准误，标准误越大，则t统计量越小，其他条件不变时越不显著。

② Stata的早期版本需要联网安装，在命令窗口输入ssc install asdoc即可，或者使用命令find it asdoc，然后根据提示找到asdoc命令的链接进行安装。

首先尝试使用复制+粘贴的方法，将表3.1的结果粘贴到word中，结果如表3.2所示。

表3.2   **"复制+粘贴"效果**

```
Variable |     Obs        Mean    Std. Dev.      Min        Max
---------+--------------------------------------------------------
   make |      0
  price |     74     6165.257    2949.496       3291       15906
    mpg |     74      21.2973    5.785503         12          41
  rep78 |     69     3.405797    .9899323          1           5
headroom |    74     2.993243    .8459948        1.5           5
---------+--------------------------------------------------------
  trunk |     74     13.75676    4.277404          5          23
 weight |     74     3019.459    777.1936       1760        4840
 length |     74     187.9324    22.26634        142         233
   turn |     74     39.64865    4.399354         31          51
displacement | 74    197.2973    91.83722         79         425
---------+--------------------------------------------------------
gear_ratio |  74     3.014865    .4562871       2.19        3.89
foreign |     74     .2972973    .4601885          0           1
```

表3.2是粘贴到word当中的结果，虽然看起来还算整齐，但是不是以表格的形式展现，重新编辑起来可能会增加不少麻烦。

接下来使用asdoc命令来试一下。

. asdoc summarize

Click to Open File: Myfile.doc

可以看出Stata返回了一个myfile文件，这是Stata默认的储存文件。需要注意的是，由于在输入命令时没有添加replace选项，所以该文件内可能还保存有以前的一些未清理的历史数据。

解决的方案有两种，一种是添加replace，操作指令为：

. asdoc summarize, replace

另一种是重新命名一个文件，具体的操作指令为：

. asdoc summarize, save(jxufe.doc) replace   // jxufe是自己命名的内容，可以自行替换（见表3.3）。

表3.3   **Descriptive Statistics**

Variable	Obs	Mean	Std. Dev.	Min	Max
price	74	6165.257	2949.496	3291	15906
mpg	74	21.297	5.786	12	41
rep78	69	3.406	0.990	1	5
headroom	74	2.993	0.846	1.5	5
trunk	74	13.757	4.277	5	23

续表

Variable	Obs	Mean	Std. Dev.	Min	Max
weight	74	3019.459	777.19	1760	4840
length	74	187.932	22.266	142	233
turn	74	39.649	4.399	31	51
displacement	74	197.297	91.837	79	425
gear ratio	74	3.015	0.456	2.19	3.89
foreign	74	0.297	0.46	0	1

从表3.3可以看出，比起之前复制+粘贴的方式，使用asdoc所生成的数据表格要简洁工整得多，这无疑大大减少了写论文时所要面对的表格整理问题。

当然，asdoc的强大之处还不止这一点，作为一项功能强大的命令，它与很多Stata命令都可以进行组合。例如，接下来要学习的corr命令，该命令的功能是展示各个变量之间的相关系数或协方差矩阵。

在设定模型之前，可以用corr命令查看被解释变量与解释变量之间的相关系数或者协方差矩阵，以帮助我们做一些初步的预判。

. gen weight2=weight^2

. asdoc corr price weight weight2 mpg headroom length trunk, replace　　　//（见表3.4）。

表3.4　　　　　　　　　　　　　　　　相关系数矩阵

Variables	（1）	（2）	（3）	（4）	（5）	（6）	（7）
（1）price	1.000						
（2）weight	0.539	1.000					
（3）weight2	0.576	0.991	1.000				
（4）mpg	−0.469	−0.807	−0.782	1.000			
（5）headroom	0.115	0.483	0.473	−0.414	1.000		
（6）length	0.432	0.946	0.928	−0.796	0.516	1.000	
（7）trunk	0.314	0.672	0.676	−0.582	0.662	0.727	1.000

通过表3.4可以看出，被解释变量price和其他解释变量之间的相关系数均大于0.1，说明它们之间彼此存在较大的关联，都应该纳入到估计模型中进一步检验，在do-file中输入以下命令：

. quietly regress price weight mpg headroom length trunk

outreg2 using jxufe, word replace

quietly regress price weight weight2 mpg headroom length trunk

outreg2 using jxufe, word　　　//（见表3.5）。

表3.5 <center>回归估计结果比较</center>

Variables	（1）price	（2）price
weight	4.421*** （1.166）	−5.675* （3.329）
weight2		0.00147*** （0.000456）
mpg	−85.76 （83.61）	−144.3* （80.51）
headroom	−710.2 （444.9）	−533.8 （420.8）
length	−108.1** （42.56）	−72.95* （41.39）
trunk	111.1 （109.9）	25.28 （106.5）
Constant	15552** （6027）	27100*** （6700）
Observations	74	74
R-squared	0.381	0.464

注：（1）*、**、***分别表示在10%、5%、1%的水平下显著；（2）括号内为标准误。

通过表3.5的对比可以看出，在加入二次项后，一次项系数变成了负数，而新加入的二次项系数则为正。接下来进行共线性的相关检验。在这里引入一个回归估计的后验命令，estat vif命令，即方差膨胀因子检验[①]。

首先，从历史窗口中找到曾经使用过的回归指令，注意是加上二次项的那一条命令。

. regress price weight weight2 mpg headroom length trunk　　　//（见表3.6）。

表3.6 <center>OLS估计</center>

```
      Source |       SS           df       MS      Number of obs   =        74
-------------+----------------------------------   F(6, 67)        =      9.66
       Model |  294486352          6   49081058.7   Prob > F        =    0.0000
    Residual |  340579044         67   5083269.31   R-squared       =    0.4637
-------------+----------------------------------   Adj R-squared   =    0.4157
       Total |  635065396         73   8699525.97   Root MSE        =    2254.6

       price |      Coef.   Std. Err.      t    P>|t|     [95% Conf. Interval]
-------------+----------------------------------------------------------------
      weight |  -5.674936   3.329267    -1.70   0.093    -12.32018     .97031
     weight2 |   .0014653   .0004564     3.21   0.002     .0005543    .0023764
         mpg |  -144.2922   80.50583    -1.79   0.078    -304.9825   16.39812
    headroom |  -533.8373   420.8205    -1.27   0.209    -1373.799   306.1239
      length |  -72.94866    41.3931    -1.76   0.083    -155.5696   9.672304
       trunk |   25.28358   106.5272     0.24   0.813    -187.3455   237.9127
       _cons |   27100.35   6700.271     4.04   0.000     13726.55   40474.15
```

[①]　之所以叫后验估计命令，是因为它需要在Stata进行了回归以后才能使用。

接下来使用方差膨胀因子进行共线性检验。在命令窗口键入：

. estat vif   // (见表3.7)。

表3.7   方差膨胀因子VIF检验

Variable	VIF	1/VIF
weight	96.15	0.010401
weight2	69.61	0.014367
length	12.20	0.081972
mpg	3.12	0.320984
trunk	2.98	0.335381
headroom	1.82	0.549403
Mean VIF	30.98	

表3.7中，VIF是方差膨胀因子。变量weight、weight2和length的VIF大于10，说明这三个变量与其他解释变量的相关系数大于0.9。平均方差因子Mean VIF也大于10，说明模型可能存在较为严重的共线性问题。需要注意的是，VIF和判定系数一样，只是参考指标，如果多元回归模型中的参数估计很显著，则可以忽略该指标测算，也不需要进行任何特别的处理。除非关键处理变量的估计系数不显著，才需要对共线性问题进行处理。

3.1.2　共线性处理

为了处理共线性问题，需要对变量进行一定的转换。这里引入一个新的命令egen，这个命令与之前学习的gen命令有些相似，两者之间的唯一区别在于：egen是调用Stata的内置函数从而生成新的变量，它的变量生成过程必须调用相应的Stata内置函数。gen命令既可以结合Stata内置函数，也可以是基于用户设置的运算表达式生成新的变量。命令egen它能生成一些gen命令无法生成的变量，gen也能生成egen无法生成的变量，而且两者的意义也有很大区别，例如：

. gen y=sum(x)   //求列累计和

. egen z=sum(x)   //求列总和，注意比较y和z的不同

. egen avg=mean(A)   //得到变量A的均值

. egen med=median(A)   //得到变量A的中位数

. egen std=sd(A)   //得到变量A的标准差

. egen max=max(A)   //得到变量A的最大值

. egen min=min(A)   //得到变量A的最小值

处理共线性问题，除了之前学习的将各变量取对数以外，还可以对变量进行标准化处理。需要理解的一点是，对某一变量进行标准化处理与取对数类似，作为单调变换的两种方式，它们皆不改变该变量的属性，因此对于研究结果不会造成负面影响。

首先对price, length和weight变量进行标准化处理，在命令窗口键入：

. egen weightstd = std(weight)

. egen pricestd=std(price)

. egen lengthstd=std(length)

. gen weightstd2=weightstd^2 　　//注意这里是gen命令，不是egen

需要注意的是，不能直接对weight2进行标准化处理，原因与取对数一样，如果直接对二次项取对数，那么它的实际对数值就是两倍的一次项对数值，即log(weight^2)=2×log(weight)，放在同一个模型中只会引起更大的共线性问题。

将新生成的pricestd, lengthstd, weightstd与weightstd2代回原模型进行回归，并与之前的模型进行对比：

. quietly regress price weight weight2 length mpg headroom trunk

outreg2 using jxufe, word replace

quietly regress price weight weight2 lengthstd mpg headroom trunk

outreg2 using jxufe, word

quietly regress pricestd weight weight2 length mpg headroom trunk

outreg2 using jxufe, word

quietly regress pricestd weightstd weightstd2 lengthstd mpg headroom trunk

outreg2 using jxufe, word 　　//（见表3.8）。

表3.8　　　　　　　　　　　标准化前后OLS估计结果比较

Variables	（1） price	（2） price	（3） pricestd	（4） pricestd
weight	−5.675* （3.329）	−5.675* （3.329）	−0.00192* （0.00113）	
weight2	0.00147*** （0.000456）	0.00147*** （0.000456）	4.97e−07*** （1.55e−07）	
length	**−72.95*** **（41.39）**		**−0.0247*** **（0.0140）**	
mpg	−144.3* （80.51）	−144.3* （80.51）	−0.0489* （0.0273）	−0.0489* （0.0273）
headroom	−533.8 （420.8）	−533.8 （420.8）	−0.181 （0.143）	−0.181 （0.143）
trunk	25.28 （106.5）	25.28 （106.5）	0.00857 （0.0361）	0.00857 （0.0361）
lengthstd		**−1624*** **（921.7）**		**−0.551*** **（0.312）**

续表

Variables	（1） price	（2） price	（3） pricestd	（4） pricestd
weightstd				0.836*** （0.306）
weightstd2				0.300*** （0.0935）
Constant	27100*** （6700）	13391* （7160）	7.098*** （2.272）	1.170 （0.752）
因变量均值	6165.257	6165.257	0	0
因变量标准差	2949.496	2949.496	1	1
Observations	74	74	74	74
R-squared	0.464	0.464	0.464	0.464

注：（1）*、**、***分别表示在10%、5%、1%的水平下显著；（2）括号内为标准误。

表3.8中，可以发现在标准化处理以后，解释变量的系数虽然发生了很大的变化，但实际意义是一样的。以解释变量length为例：

表3.8中第（1）列解释变量length的估计系数为−72.95，意思是汽车长度每增加1英寸，汽车价格平均会降低72.95美元。

表3.8中第（2）列标准化后的解释变量lengthstd的估计系数为−1624，意思是汽车长度每增加1个标准差（长度length的标准差为22.27英寸），汽车的价格会降低1624美元（1624 ≈ 22.27 × 72.95）。相当于长度每提升1英寸，汽车价格平均下降72.95美元，实证结论与第（1）列基准模型一致。

表3.8中第（3）列解释变量length的估计系数为−0.0247，意思是汽车长度每增加1英寸，汽车的价格会降低0.0247326个标准差，也即汽车价格会降低72.95美元（72.95 ≈ 0.0247326 × 2949.496），实证结论与第（1）列基准模型一致。

表3.8中第（4）列中标准化后的解释变量lengthstd的估计系数为−0.551，意思是汽车长度每增加1个标准差（长度length的标准差为22.27英寸），会导致汽车的价格降低0.551个标准差（汽车价格的标准差为2949.496美元）。相当于汽车的长度每增加1英寸，汽车的价格平均降低72.95美元（72.95 ≈ 0.551 × （2949.496/22.27）），实证结论与第（1）列基准模型一致。

由此可见，标准化之后变量之间的关系没有发生变化。接下来再检验共线性问题〔检验最后一个模型，即表3.8中的第（4）列结果〕。

. estat vif   //（见表3.9）。

表 **3.9** 标准化后方差膨胀因子检测

Variable	VIF	1/VIF
lengthstd	12.20	0.081972
weightstd	11.67	0.085655
mpg	3.12	0.320984
trunk	2.98	0.335381
headroom	1.82	0.549403
weightstd2	1.20	0.830330
Mean VIF	5.50	

表3.9中，相比于之前的回归模型，在对变量price、weight和length进行标准化处理以后，变量weight、weight2和length之间的共线性问题得到了很大的改善，方差膨胀因子从30.98下降到5.50。说明模型不存在明显的共线性问题。

为什么标准化可以降低变量的共线性问题？因为共线性是一种趋势关联，变量之间的相关性，很大一部分原因是来自变量的均值趋势相关（covariation），比如汽车长度和重量的均值变化，存在很大的关联。但是，对长度均值的偏离与对重量均值的偏离之间，往往关联度不高，因而标准化能显著降低变量之间的共线性问题。

在实际研究中，到底是应该对变量取对数还是标准化？不同的学者有不同的选择，但本质没有区别。取对数和标准化都属于单调变换，不改变原函数属性以及变量之间的关系。按照学术界目前的情况来看，国内学者对变量取对数的相对较多，国外学者对变量进行标准化的相对较多。

3.2 异方差问题

3.2.1 异方差概念

根据高斯－马尔可夫定理（Gauss–Markov theorem），如果模型存在异方差问题，OLS估计仍然是无偏的，但不是有效的。而且关于参数估计的t检验和F检验也会失效，所以必须要引起重视。首先，看一下同方差的分布情况。如果在回归中，对于任意i=1，2，…，n，给定 $\mathbf{X}_i$ 时 u_i 的条件分布方差为常数且独立于 $\mathbf{X}_i$ 时，则称误差项 u_i 是同方差的（homoskedastic），即 $\mathrm{Var}(u_i \mid \mathbf{X}_i) = \sigma^2$。以受教育年限对工资影响为例，同方差分布如图3.1所示。

其次，如果误差项的方差是随着 $\mathbf{X}_i$ 的取值变化而变化的，即 $\mathrm{Var}(u_i \mid \mathbf{X}_i) = \sigma_i^2$，则称误差项为异方差（heteroskedastic）分布，如图3.2所示。

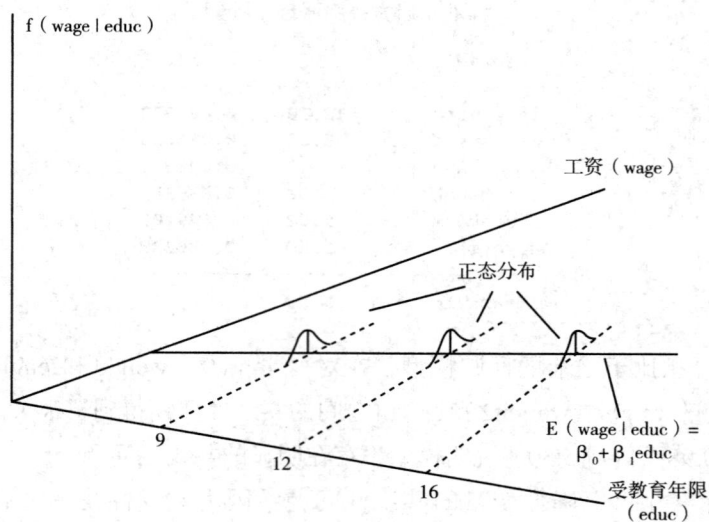

图3.1　同方差分布

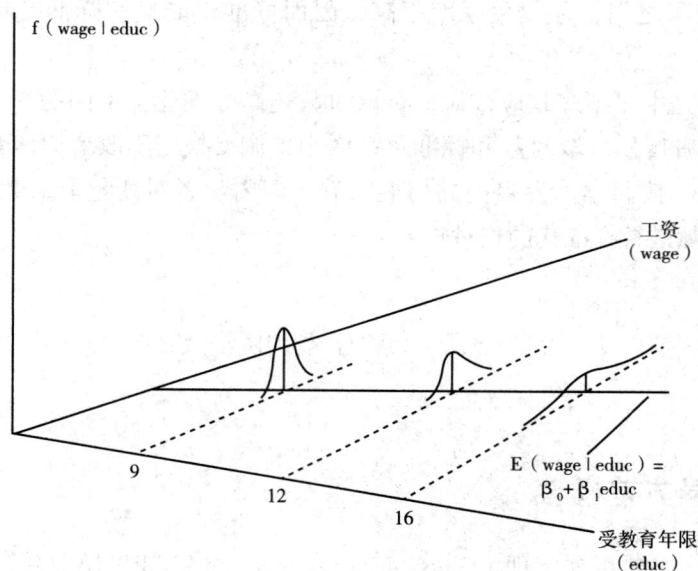

图3.2　异方差分布

图3.2说明了异方差的分布情况（即受教育年限educ不同取值，工资的条件分布f(wage|educ)有差异）。从图3.2可以看出，当受教育年限增加时，工资虽然也逐步提升，但工资的条件分布f(wage|educ)逐步扩散，代表工资条件分布的方差越来越大。

3.2.2　异方差诊断

异方差诊断的方法有很多种，但其核心都是诊断残差的平方项是否与解释变量之间存在关联，即条件 $E\left(\mathbf{u}^2 \mid \mathbf{x}_1, \mathbf{x}_2, \cdots, \mathbf{x}_k\right) = E\left(\mathbf{u}^2\right) = \sigma^2$ 是否满足。一般而言，异方差诊断可以分为三步：第一步，先对原方程进行回归估计：

$$\mathbf{y} = \beta_0 + \beta_1 \mathbf{x}_1 + \beta_2 \mathbf{x}_2 + \cdots + \beta_k \mathbf{x}_k + \mathbf{u} \tag{3-2}$$

第二步，如果是Breush-Pagan异方差检验，则取原方程的估计残差 $\hat{\mathbf{u}} = \mathbf{y} - \hat{\mathbf{y}}$，然后将残差的平方项 $\hat{\mathbf{u}}^2$ 对所有的解释变量进行回归估计：

$$\hat{\mathbf{u}}^2 = \delta_0 + \delta_1 \mathbf{x}_1 + \delta_2 \mathbf{x}_2 + \cdots + \delta_k \mathbf{x}_k + \mathbf{v} \tag{3-3}$$

如果是White异方差检验，则取原方程的估计残差 $\hat{\mathbf{u}}$ 和拟合值 $\hat{\mathbf{y}}$，然后将残差的平方项 $\hat{\mathbf{u}}^2$ 对拟合值及其平方项进行回归估计：

$$\hat{\mathbf{u}}^2 = \delta_0 + \delta_1 \hat{\mathbf{y}} + \delta_2 \hat{\mathbf{y}}^2 + \mathbf{v} \tag{3-4}$$

第三步，利用第二步回归估计得到的F统计量或者LM统计量（即 $n \cdot R_{\hat{u}^2}^2$，服从chi2分布）进行诊断，其中 $R_{\hat{u}^2}^2$ 代表第二步回归中的判定系数，且判定系数越大，越说明存在异方差，可以根据F分布和chi2分布相应的临界值进行诊断。

因为临界值不方便记忆，实际研究过程中，对异方差的诊断不需要读者真的按照这三步展开。Stata提供了相应的检验命令，本节介绍三种常用的异方差诊断方法：画残差图、White异方差检验和Breush-Pagan检验。

（1）画残差图。即通过上面已经使用过的rvfplot命令，观察残差分布是否均匀。该命令主要是展示模型拟合值与残差之间的关系。

. use auto.dta, clear

. quietly reg price length mpg trunk

. rvfplot   //（见图3.3）。

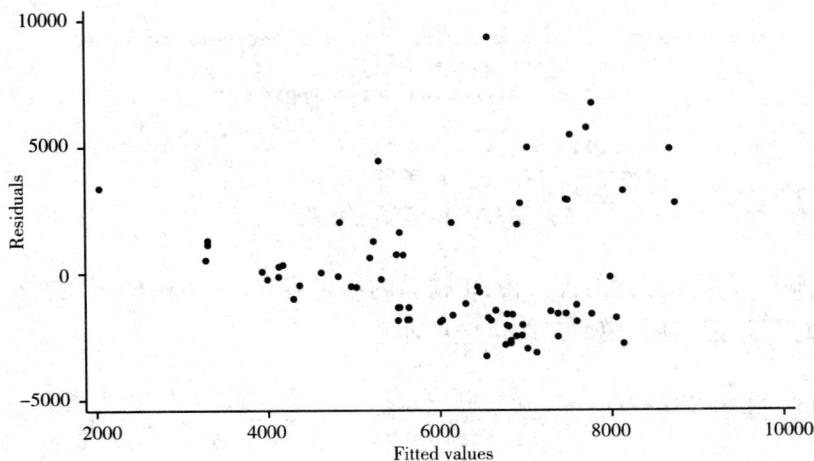

图3.3 残差分布

由图3.3可以看出，模型拟合后的残差分布并不均匀，这代表着模型可能存在异方差问题。

（2）怀特检验。怀特检验也是后验命令，需要在进行回归以后才能使用，其零假设是同方差。

. estat imtest, white　　　//（见图3.4）。

```
White's test for Ho: homoskedasticity
        against Ha: unrestricted heteroskedasticity

    chi2(9)      =      17.43
    Prob > chi2  =     0.0424

Cameron & Trivedi's decomposition of IM-test
```

Source	chi2	df	p
Heteroskedasticity	17.43	9	0.0424
Skewness	9.49	3	0.0235
Kurtosis	1.25	1	0.2634
Total	28.17	13	0.0086

图3.4　怀特异方差检验

图3.4怀特检验的结果显示p值为0.0424，证明在5%的水平下显著，拒绝同方差的零假设，说明该模型存在异方差问题。

（3）BP检验（breush–pagan，BP）。BP检验的零假设也是同方差（有时也称constant variance），关于BP检验的具体命令有多种，这里主要介绍一种在实际中利用得比较多的：

. estat hettest, iid　　　//（见图3.5）。

```
Breusch-Pagan / Cook-Weisberg test for heteroskedasticity
        Ho: Constant variance
        Variables: fitted values of price

    chi2(1)      =       5.91
    Prob > chi2  =     0.0150
```
图3.5　BP异方差检验

BP检验的零假设是同方差，由BP检验的结果可知，p=0.0150说明在5%的水平下显著拒绝零假设，即该模型存在异方差问题。

3.2.3　异方差处理

关于如何处理异方差问题，前面也学到过，即对各变量进行取对数的处理方式。

伍德里奇（Wooldridge，2016）认为，取对数有时可以很好地消除异方差问题[①]。首先尝试使用该方法进行处理，仍然以auto.dta数据为例，先对变量取对数，然后再进行OLS估计。在do-file中输入以下命令：

. gen lprice=log(price)

gen llength=log(length)

gen lmpg=log(mpg)

gen ltrunk=log(trunk)

reg lprice llength lmpg ltrunk　　//（见表3.10）。

表3.10 　　　　　　　　　　　　　对数线性OLS估计

Source	SS	df	MS		
				Number of obs =	74
				F(3, 70) =	10.08
Model	3.38539278	3	1.12846426	Prob > F =	0.0000
Residual	7.8381403	70	.111973433	R-squared =	0.3016
				Adj R-squared =	0.2717
Total	11.2235331	73	.153747029	Root MSE =	.33462

lprice	Coef.	Std. Err.	t	P>|t|	[95% Conf. Interval]	
llength	-.0367361	.6206301	-0.06	0.953	-1.274544	1.201072
lmpg	-.8101892	.2646167	-3.06	0.003	-1.337951	-.2824278
ltrunk	.0390529	.156363	0.25	0.804	-.2728032	.350909
_cons	11.18288	3.745646	2.99	0.004	3.712421	18.65333

表3.10给出了变量取对数之后的OLS估计结果，再检验是否存在异方差：

. estat hettest, iid　　//（见图3.6）。

```
Breusch-Pagan / Cook-Weisberg test for heteroskedasticity
        Ho: Constant variance
        Variables: fitted values of lprice

        chi2(1)      =      2.23
        Prob > chi2  =    0.1353
```

图3.6 取对数之后的BP异方差检验

图3.6breush-pagan异方差检验结果表明，变量在经过取对数之后，原模型中的异方差问题已经被消除了。p值等于0.1353，说明可以接受同方差的零假设。接下来，再进行White异方差检验：

. estat imtest, white　　//（见图3.7）。

如图3.7所示，同样的，White异方差检验的结果也表明，可以在15%的水平上接受原假设，即模型存在同方差。

---

① Jeffrey M., Wooldridge. Introductory Econometrics: A Modern Approach (6th edition)［M］. Cengage Learning, 2016.

```
White's test for Ho: homoskedasticity
            against Ha: unrestricted heteroskedasticity

            chi2(9)       =        13.26
            Prob > chi2   =       0.1511

Cameron & Trivedi's decomposition of IM-test
```

Source	chi2	df	p
Heteroskedasticity	13.26	9	0.1511
Skewness	6.46	3	0.0914
Kurtosis	0.04	1	0.8433
Total	19.76	13	0.1014

图3.7　取对数之后的怀特异方差检验

当然，并不是所有的变量都可以取对数，而且取对数也并不是总能消除异方差问题。主要是通过加入vce(robust)选项来得到**异方差稳健标准误**，从而使得模型即便存在异方差问题，也能进行有效的统计推断。为了弄清楚什么是异方差稳健标准误，以一元线性回归为例（详细推导见本书第1章）：

$$\hat{\beta}_1 = \beta_1 + \frac{\sum_{i=1}^{n}(x_i - \bar{x})\hat{u}_i}{SST_x} \tag{3-5}$$

由此，对于一元线性回归而言，参数 $\hat{\beta}_1$ 的方差为：

$$Var(\hat{\beta}_1) = E\left[(\hat{\beta}_1 - \beta_1)^2\right] = E\left[\frac{\sum_{i=1}^{n}(x_i - \bar{x})\hat{u}_i}{SST_x}\right]^2 \tag{3-6}$$

假如条件 $E(u^2 | x_1, x_2, \cdots, x_k) = E(u^2) = \sigma^2$ 能够满足，则 $Var(\hat{\beta}_1) = \hat{\sigma}^2 / SST_x$，即 OLS估计是最有效的。但是，如果 $E(u^2 | x_1, x_2, \cdots, x_k) = E(u^2) = \sigma^2$ 不能满足，那么

$$Var(\hat{\beta}_1) = E\left[\frac{\sum_{i=1}^{n}(x_i - \bar{x})\hat{u}_i}{SST_x}\right]^2 \neq \hat{\sigma}^2 / SST_x，OLS估计参数的方差就不是最有效的。一般$$

而言，对于多元线性回归模型而言：

$$y = \beta_0 + \beta_1 x_1 + \beta_2 x_2 + \cdots + \beta_k x_k + u$$

怀特（White，1980）、埃里克（Eicker，1967）和休伯（Huber，1967）证明，在满足随机性和零条件均值的假设下，$Var(\hat{\beta}_j)$ 的异方差稳健估计量为（即robust

选项）：

$$\widehat{Var\left(\hat{\beta}_j\right)} = \frac{\sum_{i=1}^{n}\hat{r}_{ij}^2\hat{u}_i^2/(n-k-1)}{\left[SST_j\left(1-R_j^2\right)\right]^2/n} = \frac{\sum_{i=1}^{n}\hat{r}_{ij}^2\hat{u}_i^2}{SSR_j^2} \cdot \frac{n}{n-k-1}$$

其中，$\hat{r}_{ij} = x_{ij} - \hat{x}_{ij}$ 代表将 x_j 对其他解释变量做回归后所得到的第 i 个残差，$SSR_j = \sum_{i=1}^{n}\hat{r}_{ij}^2 = \sum_{i=1}^{n}\left(x_{ij} - \hat{x}_{ij}\right)_{ij}^2$ 代表这个回归的残差平方和；$\hat{u}_i$ 代表原多元线性回归方程的第 i 个残差。$n-k-1$ 代表原多元线性回归方程中 $\hat{u}_i$ 的自由度。以 auto.dta 数据为例：

. reg price length mpg trunk, vce(robust)　　//（见表 3.11）。

表 3.11　　　　　　　　　　　　　　　异方差稳健标准误估计

```
Linear regression                          Number of obs   =        74
                                           F(3, 70)        =      8.29
                                           Prob > F        =    0.0001
                                           R-squared       =    0.2291
                                           Root MSE        =    2644.7
```

price	Coef.	Robust Std. Err.	t	P>|t|	[95% Conf. Interval]	
length	21.40414	25.67982	0.83	0.407	-29.81265	72.62093
mpg	-173.708	94.53648	-1.84	0.070	-362.2551	14.83908
trunk	-.8546923	86.06806	-0.01	0.992	-172.512	170.8026
_cons	5853.993	5905.051	0.99	0.325	-5923.26	17631.25

通过表 3.11 的对比可以看出，在加了 robust 选项以后，虽然各变量的回归系数没有发生任何改变，但是各个变量的标准误都发生了一定的变化。以变量 length 为例，稳健标准误的计算过程为：

第一步，先用原方程进行回归（不能加入 robust 选项），并且预测残差 $\hat{u}_i$ 以及生成残差平方项 $\hat{u}_i^2$。

. quietly reg price length mpg trunk

. predict uhat, residual

. gen uhat2=uhat^2

第二步，使用变量 length 对其他所有解释变量进行回归，并且预测残差 $\hat{r}_{ij}$ 以及生成残差平方项 $\hat{r}_{ij}^2$。

. quietly reg length mpg trunk

. predict rhat, residual

. gen rhat2=rhat^2

第三步，调用 egen 函数，计算 $\sum_{i=1}^{n}\hat{r}_{ij}^2\hat{u}_i^2$。

. egen ru2=sum(rhat2*uhat2)　　// sum 为求和函数，egen sum( ) 代表求列总和，这里不能使用gen命令

第四步，根据 White–Eicker–Huber 公式，计算稳健标准误。

. display sqrt([ru2/(e(rss)^2)]*(74/70))　　// e(rss) 代表第二步回归估计中的残差平方和结果显示为 25.67982。

特别需要注意的是，选项 vce(robust) 的作用不是要减少异方差问题，而是在即使异方差存在的情况下，依然能够估计异方差稳健标准误，从而进行有效的统计推断。如果读者非要彻底消除异方差问题，那就只能使用GLS估计，见3.4节。

3.3　自相关问题

3.3.1　自相关概述及检验方法

自相关问题（autocorrelation）是时间序列和面板数据处理过程中常见的问题。考虑模型：

$$Y_{it} = \beta_0 + \beta_1 X_{1,it} + \beta_2 X_{2,it} + \cdots + \beta_k X_{k,it} + u_{it} \quad (i = 1, 2, \cdots, n, t = 1, 2, \cdots, T)$$

在其他假设成立的条件下，当t取不同值时，如果随机扰动项的相关系数不为0，即 $\mathrm{Cov}(u_{it}, u_{it'}) = E(u_{it}u_{it'}) \neq 0, (t' \neq t)$，则说明随机扰动项之间会相互影响，这种情形称为自相关或序列相关。

值得注意的是，和异方差问题一样，模型即使存在自相关问题，OLS估计量依然是一致无偏的，因为证明这些性质时，并未用到无自相关假定。但由于 $\mathrm{Var}(\varepsilon \mid X) \neq \sigma^2 I$，因而方差不再是最小的，通常的t检验、F检验也失效了。OLS估计量虽然无偏，但不是最有效的（因为没有考虑自相关问题），因而不再是最优线性无偏估计量（BLUE）。

以数据集 icecream.dta 为例，该数据集主要包含了冰淇淋售价、消费量，以及收入等相关变量。

. use "D:\傻瓜计量经济学与stata应用\stata数据集\icecream.dta"

. tsset time

. gen temp100=temp/100　　//因为气温的度量单位和冰淇淋消费的度量单位不一致，所以这里用气温除以100，让两个变量的观测值均值尽量接近，否则均值相差太多，放在同一个坐标体系中，看不出两者之间的线性关系。读者可以自己尝试绘制气温的原值与冰淇淋消费线性趋势图进行比较

. graph twoway connect consumption temp100 time, msymbol(circle) msymbol (square) legend(pos(6) row(1))　　// connect表示画连线图；msymbol用于制定标记的类型，circle表示圆形（见图3.8）。

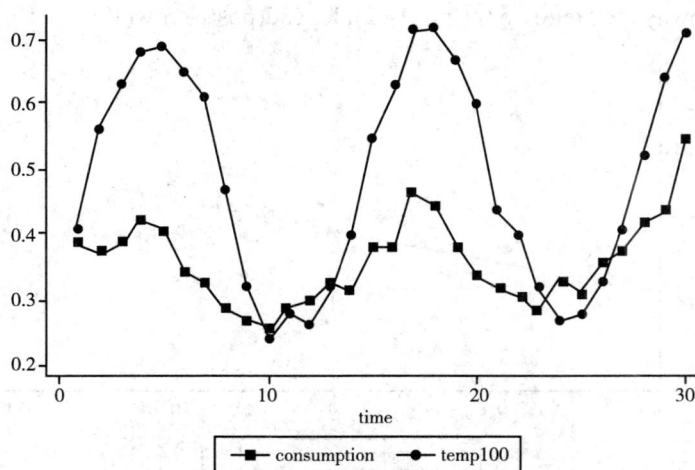

图3.8　冰淇淋消费与气温线性趋势

通过图3.8可以明显看出冰淇淋消费与气温的关系，两者之间几乎如影随形。具体影响几何？可以直接使用回归命令进行估计：

. reg consumption temp price income 　　//绘图的时候我们需要使用气温除以100，但是OLS估计的时候不需要多此一举。因为绘图是为了满足人的肉眼辨别需求（所以不要相信自己的眼睛），而线性回归可以检验两者之间的影响（前提是模型设定正确），（见表3.12）。

表3.12　　　　　　　　　　　　**气温对冰淇淋消费的影响**

Source	SS	df	MS			
				Number of obs	=	30
				F(3, 26)	=	22.17
Model	.090250523	3	.030083508	Prob > F	=	0.0000
Residual	.035272835	26	.001356647	R-squared	=	0.7190
				Adj R-squared	=	0.6866
Total	.125523358	29	.004328392	Root MSE	=	.03683

consumption	Coef.	Std. Err.	t	P>|t|	[95% Conf. Interval]	
temp	.0034584	.0004455	7.76	0.000	.0025426	.0043743
price	-1.044413	.834357	-1.25	0.222	-2.759458	.6706322
income	.0033078	.0011714	2.82	0.009	.0008999	.0057156
_cons	.1973149	.2702161	0.73	0.472	-.3581223	.752752

从表3.12可以看出，气温temp变量对冰淇淋消费consumption的影响显著为正。接下来对模型的残差进行预测并生成残差的一期滞后项，做这一步的原因是为了后续的自相关性检验。

键入以下命令：

. predict e1, res

. gen e2=L.e1

(1 missing value generated)

. graph twoway (scatter e1 e2) (lfit e1 e2), legend(pos(6) row(1))　　 // （见图3.9）。

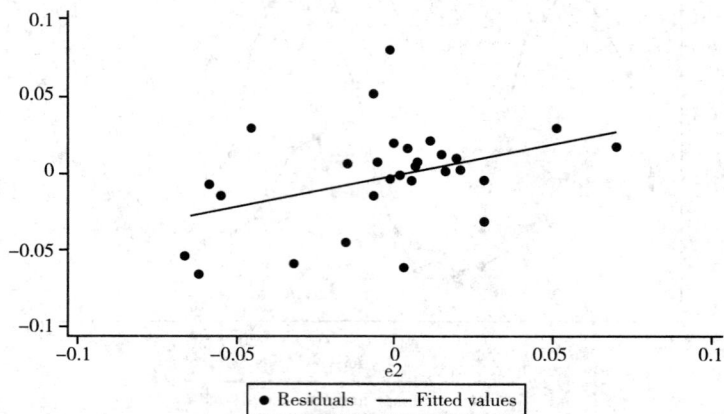

图3.9　残差与自身滞后期的散点分布与线性拟合

通过图3.9可以看出，残差与其滞后一期的残差可能具有一定的正向关系（拟合线倾斜向上），因此有理由怀疑模型的残差具有一定的自相关性。

在这里引入 AC 系数与 PAC 系数相关命令。其中，AC 为序列的自相关系数，例如，k 阶自相关是指 $x(t)$ 与 $x(t-1)$、$x(t-2)$…$x(t-k+1)$、$x(t-k)$ 期序列的相关系数；PAC 为序列的偏相关系数，即 $x(t)$ 直接与 $x(t-k)$ 的偏相关系数，剔除了中间 $k-1$ 个序列干扰。该命令可以画出残差的"自相关图"，显示各阶样本自相关系数（AC）以及偏自相关系数（PAC），该方法可以直观地观察出样本是否存在自相关。

其实，观察自相关图与偏相关图最主要的目的还是确定序列的 ARMA（p，q）模型的具体形式（具体第13章展开讨论）。

. ac e1　　 // （见图3.10）。

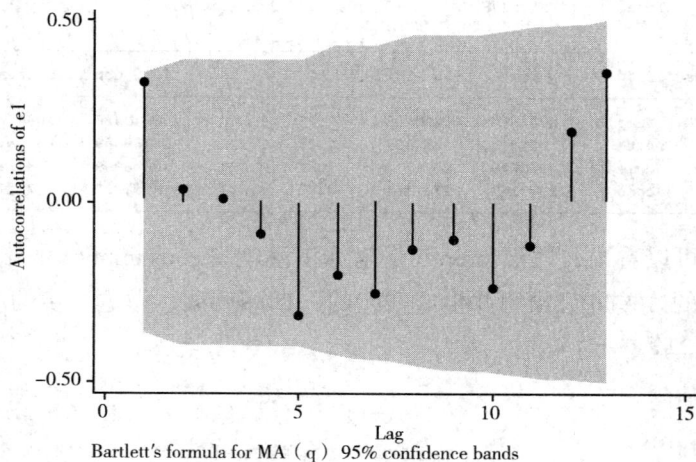

图3.10　残差自相关诊断

. pac e1 // （ 见图 3.11 ）。

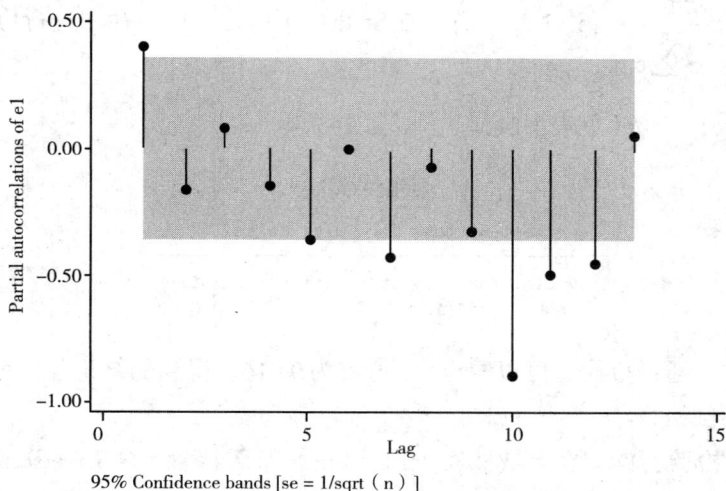

95% Confidence bands [se = 1/sqrt（n）]

图 3.11 残差偏自相关诊断

图 3.10 和图 3.11 展示的是 AC 以及 PAC 的结果，横坐标为残差 e1 的滞后期（ 从 1~15 ），图中阴影部分为 95% 置信区间。从图中可以看出，残差 e1 的滞后 1 期自相关和偏自相关都算显著（接近或超出阴影部分），因而自相关性主要是一阶自相关和偏自相关。

由于 AC 和 PAC 检验只是简单地看图分析，并不直观，因此除了上述检验方式以外，再介绍几种检验方式。

（ 1 ）**BG 检验**。BG 检验的零假设为"无自相关"，是利用拉格朗日乘数（ lagrange multiplier，LM ）原理提出的检验自相关的方法，也称为 LM 检验。在命令窗口键入以下命令：

. estat bgodfrey // （ 见表 3.13 ）。

表 3.13 　　　　　　　　　　　　　　自相关 **BG 检验**

Breusch-Godfrey LM test for autocorrelation

lags(*p*)	chi2	df	Prob > chi2
1	4.237	1	0.0396

H0: no serial correlation

从表 3.13 可以看出，BG 检验的 p 值仅为 0.0396，因此在 5% 的水平下显著拒绝零假设，即认为模型存在自相关性。

（ 2 ）**Q 检验**。Portmanteau Q 检验也是检验自相关的常用方法之一，Stata 中默认的 Q 检验为"Ljung–Box Q 统计量"，其计算方法为：

$$Q_{LB} \equiv n(n+2)\sum_{j=1}^{p}\frac{\hat{p}}{n-j}\xrightarrow{d}\chi^{2}(p)$$

其中，$\hat{p} \equiv \dfrac{\sum\limits_{t=j+1}^{n} e_t e_{t-j}}{\sum\limits_{t=1}^{n} e_t^2}$ $(j=1,2,\cdots,p)$。在Stata中可以键入以下命令进行检验：

. wntestq e1　　　//（见表3.14）。

表3.14 自相关Q检验

```
Portmanteau test for white noise

Portmanteau (Q) statistic  =      26.1974
Prob > chi2(13)            =       0.0160
```

表3.14中，通过Q检验可以看出，p值仅为0.016，得到的结论与前面的BG检验一致，即存在自相关。

（3）DW检验。 DW检验是杜宾（J.Durbin）和沃特森（G.S.Watson）于1951年提出的一种适用于小样本的检验方法。DW检验只能用于检验随机误差项具有一阶自回归形式的序列相关问题。DW检验提出较早，由于其只能检验一阶自相关，要求解释变量满足严格外生的条件下才成立。DW检验计算方法为：

$$DW \equiv d \equiv \frac{\sum\limits_{t=2}^{n}(e_t - e_{t-1})^2}{\sum\limits_{t=1}^{n} e_t^2} = \frac{\sum\limits_{t=2}^{n} e_t^2 - 2\sum\limits_{t=2}^{n} e_t e_{t-1} + \sum\limits_{t=2}^{n} e_{t-1}^2}{\sum\limits_{t=1}^{n} e_t^2} \approx 2 - 2\frac{\sum\limits_{t=2}^{n} e_t e_{t-1}}{\sum\limits_{t=1}^{n} e_t^2} \equiv 2(1-\hat{\rho})$$

其中，$\hat{\rho}$ 为残差的一阶自相关系数。因此，大致而言，当 $d=2$ 时，$\hat{\rho} \approx 0$，说明无一阶自相关；当 $d=0$ 时，$\hat{\rho} \approx 1$，说明存在一阶正自相关；当 $d=4$ 时，$\hat{\rho} \approx -1$，说明存在一阶负自相关。具体命令如下：

. estat dwatson

Durbin–Watson d–statistic(4, 30) = 1.021169

DW检验与前面的两种检验法的使用方式不太一致，一般而言离2越远则越有可能存在自相关性。

综合上述检验，基本可以认定模型的残差存在自相关性。当模型存在自相关问题时，可以用什么方法进行处理呢？

3.3.2　自相关处理方法

证明OLS估计的一致无偏性时，只用到了假设E(u|x)=0。所以，当模型存在自相关时，OLS方法的估计量依旧是无偏且一致的。但是，由于模型存在自相关性，OLS方法的参数估计的方差会变大，因而OLS估计不再是最优的，相关的t统计量和F检验也不再有效。**因而当产生序列相关问题时，需要修正的主要是估计的标准误，而**

不是OLS估计参数。

　　针对自相关性的处理一共有以下几种方式，需要注意的是这些方式并不是万能的，需要大家根据实际酌情考虑使用。

　　（1）Newey–West稳健标准误估计法。 Newey–West估计方法，是纽维和韦斯特（Newey and West，1987）提出的一种一般性的修正方法，使得当序列存在异方差和自相关性时，仍然能够得到对其标准误的一致性估计。Newey–West调整通过计算协方差矩阵时加入自相关调整项，能够有效规避序列自相关对协方差矩阵估计带来的影响。

　　在命令窗口键入以下命令：

　　. newey consumption temp price income, lag(3)　　　//滞后期数3，是根据$n^{(1/4)}$向上取整得到，n为数据的观测值（见表3.15）。

表3.15　　　　　　　　　　　NEWEY序列相关–异方差稳健估计

```
Regression with Newey-West standard errors        Number of obs    =        30
maximum lag: 3                                     F(  3,     26) =      27.63
                                                   Prob > F        =     0.0000
```

consumption	Newey-West Coef.	Std. Err.	t	P>|t|	[95% Conf. Interval]	
temp	.0034584	.0004002	8.64	0.000	.0026357	.0042811
price	-1.044413	.9772494	-1.07	0.295	-3.053178	.9643518
income	.0033078	.0013278	2.49	0.019	.0005783	.0060372
_cons	.1973149	.3378109	0.58	0.564	-.4970655	.8916952

　　通过表3.15的对比可以看出，相对于OLS的reg命令而言，当采用了Newey–West估计法后，各项系数的估计值没有发生变化，唯一变动的是各项标准误（略小于之前），这也印证了在前文中提到的，存在自相关性时OLS方法的估计值依旧是一致无偏的，但不是有效的。而这里介绍的Newey–West法则，是为了修正标准误并提高估计的有效性。

　　也可以将滞后期数提高至6期并观察标准误的变化。在命令窗口键入以下命令：

　　. newey consumption temp price income, lag(6)　　　//（见表3.16）。

表3.16　　　　　　　滞后6期NEWEY序列相关–异方差稳健估计

```
Regression with Newey-West standard errors        Number of obs    =        30
maximum lag: 6                                     F(  3,     26) =      52.97
                                                   Prob > F        =     0.0000
```

consumption	Newey-West Coef.	Std. Err.	t	P>|t|	[95% Conf. Interval]	
temp	.0034584	.0003504	9.87	0.000	.0027382	.0041787
price	-1.044413	.9821798	-1.06	0.297	-3.063313	.9744864
income	.0033078	.00132	2.51	0.019	.0005945	.006021
_cons	.1973149	.3299533	0.60	0.555	-.4809139	.8755437

表3.16中，当滞后期数提高至6后，模型的标准误并没有太大的变化，说明滞后3期的估计结果已经比较稳健。

（2）修改模型设定。 关于模型存在自相关性问题，虽然其原因可能是多方面的，但也很可能是模型的设定不正确，因此考虑对模型进行修改，即添加temp变量的滞后值再进行OLS回归（有限分布滞后模型）。键入以下命令：

. reg consumption temp L.temp price income   //L.temp是temp的一期滞后（见表3.17）。

表3.17   **修改模型设定后的OLS估计**

Source	SS	df	MS			
				Number of obs	=	29
				F(4, 24)	=	28.98
Model	.103387183	4	.025846796	Prob > F	=	0.0000
Residual	.021406049	24	.000891919	R-squared	=	0.8285
				Adj R-squared	=	0.7999
Total	.124793232	28	.004456901	Root MSE	=	.02987

consumption	Coef.	Std. Err.	t	P>|t|	[95% Conf. Interval]	
temp						
--.	.0053321	.0006704	7.95	0.000	.0039484	.0067158
L1.	-.0022039	.0007307	-3.02	0.006	-.0037119	-.0006959
price	-.8383021	.6880205	-1.22	0.235	-2.258307	.5817025
income	.0028673	.0010533	2.72	0.012	.0006934	.0050413
_cons	.1894822	.2323169	0.82	0.423	-.2899963	.6689607

从表3.17可以看出，无论是temp还是其滞后项L.temp的系数都十分显著。这意味着冰淇淋的消费量不仅与当期的温度相关，而且还与其后一期的温度相关，前者为正相关，后者为负相关。这可能是因为商家购入的冰淇淋并没有在当期消费完，因而会导致下期的开支减少。

同样的，再利用上面介绍的相关检验方法进行检验。

. estat bgodfrey   //（见表3.18）。

表3.18   **自相关BG检验**

Breusch-Godfrey LM test for autocorrelation

lags(p)	chi2	df	Prob > chi2
1	0.120	1	0.7292

H0: no serial correlation

. estat dwatson

Durbin–Watson d–statistic(5, 29) = 1.582166

从表3.18可以发现，BG检验与DW检验都证明模型的自相关性问题得到了显著改善，但需要注意的是，修改模型设定需要依靠研究者自身的能力判断或相关的理论依据，并没有统一的方式。

3.4 可行的广义最小二乘估计（FGLS）

广义最小二乘法（**generalized least squares, GLS**）要求知道误差项分布的方差－协方差矩阵$\sum_\mathbf{u}$，可以对数据进行代数转换，使得转换后的残差服从独立同分布（i.i.d），然后再进行简单的线性回归。但是不可能知道真实的$\sum_\mathbf{u}$，因此，可行的广义最小二乘法（feasible generalized least squares, FGLS）就意味着需要事先假定残差的非独立同分布形式，然后利用残差的方差－协方差矩阵$\sum_{\hat{\mathbf{u}}}$估计$\sum_\mathbf{u}$，再对数据进行加权处理，则可以得到更有效的估计量。

由此，FGLS方法可以得到回归系数更为有效的**点估计值**$\hat{\boldsymbol{\beta}}$和**参数标准误**$\boldsymbol{\sigma}_{\hat{\boldsymbol{\beta}}}$。与之相比，robust选项得到的稳健估计标准误（robust standard errors），是对非独立同分布产生的系数方差进行修正，而不改变参数的点估计值。

考虑FGLS估计：

$$\mathbf{y} = \mathbf{X}\boldsymbol{\beta} + \mathbf{u} \qquad\qquad (3-7)$$

$$\mathrm{E}\left(\mathbf{u}\mathbf{u}' \mid \mathbf{X}\right) = \sum\nolimits_\mathbf{u}$$

其中，$\sum_\mathbf{u}$是$\mathbf{N} \times \mathbf{N}$阶正定对称矩阵，代表残差的方差－协方差矩阵。这意味着存在一个三角矩阵$\mathbf{P}$，使得逆矩阵$\sum_\mathbf{u}^{-1} = \mathbf{P}\mathbf{P}'$，即$\mathbf{P}'\sum_\mathbf{u}\mathbf{P} = \mathbf{I_N}$，使用$\mathbf{P}'$左乘上面的回归方程可得：

$$\mathbf{P}'\mathbf{y} = \mathbf{P}'\mathbf{X}\boldsymbol{\beta} + \mathbf{P}'\mathbf{u}$$

$$\mathbf{y_*} = \mathbf{X_*}\boldsymbol{\beta} + \mathbf{u_*}$$

则新误差项$\mathbf{u_*}$的方差－协方差矩阵为：

$$\sum\nolimits_{\mathbf{u_*}} = \mathbf{u_*}\mathbf{u_*'} = \mathbf{P}'\sum\nolimits_\mathbf{u}\mathbf{P} = \mathbf{I_N}$$

由此可见，经过线性转换之后，模型的新误差项的方差为同方差。那么参数β还是原来的OLS估计量吗？可以使用转换后的模型，再做OLS估计，根据OLS的原理：

$$\hat{\boldsymbol{\beta}}_{\mathrm{GLS}} = (\mathbf{X_*'}\mathbf{X_*})^{-1}\mathbf{X_*'}\mathbf{y_*}$$

$$= (\mathbf{X}'\mathbf{P}\mathbf{P}'\mathbf{X})^{-1}\left(\mathbf{X}'\mathbf{P}\mathbf{P}'\mathbf{y}\right)$$

$$= (\mathbf{X}'\sum\nolimits_\mathbf{u}^{-1}\mathbf{X})^{-1}(\mathbf{X}'\sum\nolimits_\mathbf{u}^{-1}\mathbf{y})$$

或：
$$\hat{\boldsymbol{\beta}}_{\mathrm{GLS}} = (\mathbf{X_*'}\mathbf{X_*})^{-1}\mathbf{X_*'}\mathbf{y_*}$$

$$= (\mathbf{X_*'}\mathbf{X_*})^{-1}\mathbf{X_*'}\left(\mathbf{X_*}\boldsymbol{\beta} + \mathbf{u_*}\right)$$

$$= \boldsymbol{\beta} + (\mathbf{X_*'}\mathbf{X_*})^{-1}\mathbf{X_*'}\mathbf{u_*}$$

由此可见，GLS估计的参数 $\hat{\boldsymbol{\beta}}_{GLS}$ 也是一致无偏的，因为 $E(\hat{\boldsymbol{\beta}}_{GLS}) = \boldsymbol{\beta}$。GLS估计的系数方差为：

$$\mathrm{Var}\left[\hat{\boldsymbol{\beta}}_{GLS} \mid \mathbf{X}\right] = E\left[(\mathbf{X}'_*\mathbf{X}_*)^{-1}\mathbf{X}'_*\mathbf{u}_*\mathbf{u}'_*\mathbf{X}_*(\mathbf{X}'_*\mathbf{X}_*)^{-1}\right]$$

$$= (\mathbf{X}'_*\mathbf{X}_*)^{-1}\mathbf{X}'_*\mathbf{I}_N\mathbf{X}_*(\mathbf{X}'_*\mathbf{X}_*)^{-1}$$

$$= (\mathbf{X}'_*\mathbf{X}_*)^{-1}\mathbf{I}_N$$

$$= (\mathbf{X}'_*\mathbf{I}_N^{-1}\mathbf{X}_*)^{-1} = (\mathbf{X}'_*(\mathbf{P}'\textstyle\sum_u \mathbf{P})^{-1}\mathbf{X}_*)^{-1}$$

$$= (\mathbf{X}'\mathbf{P}(\mathbf{P}'\textstyle\sum_u \mathbf{P})^{-1}\mathbf{P}'\mathbf{X})^{-1} = (\mathbf{X}'\mathbf{P}\mathbf{P}^{-1}\textstyle\sum_u^{-1}\mathbf{P}'^{-1}\mathbf{P}'\mathbf{X})^{-1}$$

$$= (\mathbf{X}'\textstyle\sum_u^{-1}\mathbf{X})^{-1}$$

理论上来说，广义最小二乘估计参数的方差也是最小的，满足有效性。但是由于不可能知道真实的 $\sum_u$ 分布，因此必须使用一个对 $\sum_u$ 的一致估计来计算，即可行的广义最小二乘估计（FGLS），而这种方法依赖于权重的选择，并不能确保参数估计的有效性。接下来将讨论比较典型的非独立同分布情形——异方差和序列相关，并且设定相应的FGLS估计算子。

3.4.1 异方差与FGLS估计

针对异方差进行的FGLS，有时也称为加权最小二乘估计（weighted least squares estimators，WLS）。例如，对于回归方程：

$$y_i = \beta_1 + \beta_2 x_{i,2} + \cdots + \beta_k x_{i,k} + u_i \tag{3-8}$$

可以设定：

$$\frac{y_i}{z_i} = \beta_1 \frac{1}{z_i} + \beta_2 \frac{x_{i,2}}{z_i} + \cdots + \beta_k \frac{x_{i,k}}{z_i} + \frac{u_i}{z_i}$$

其中，$z_i = \hat{u}_i^2$，并且可以写成：

$$y_i^* = \beta_1 i^* + \beta_2 x_{i,2}^* + \cdots + \beta_k x_{i,k}^* + u_i^*$$

其中，$i^* = \dfrac{1}{z_i}$，系数的经济意义仍然没有改变 $\dfrac{\partial y_i}{\partial x_{i,2}} = \dfrac{\partial y_i^*}{\partial x_{i,2}^*} = \beta_2$。但是，必须注意，转变后的方程中没有常数项。如果用手工做的话，会引起混淆，幸好Stata提供了直接计算加权最小二乘法的命令，只需定义 $\dfrac{1}{z_i}$ 作为分析权重（analytical weight，AW），然后进行回归分析。

```
. regress y x1 x2 x3
. predict e1, residual      //预测残差
. generate e2=e1^2          //定义e2为残差e的平方，这里也是选定e作为权重变量
```

. regress y x1 x2 x3 [aw=1/e2] //这里把1/e2作为权重, Stata将每个变量乘以1/e2, 然后进行回归; 此处不要加robust选项

注意: 分析权重 (analytical weight) 必须是观测值 "方差" 的倒数, 而不是 "标准差" 的倒数, 并且原数据是分别乘以分析权重, 而不是除以分析权重。

以auto.dta数据为例。如果不对数据做任何处理, 直接使用水平值进行回归估计, 则异方差检验结果为:

. use auto.dta, clear

. quietly regress price weight mpg headroom length trunk

. estat hettest, iid //(见图3.12)。

```
Breusch-Pagan / Cook-Weisberg test for heteroskedasticity
         Ho: Constant variance
         Variables: fitted values of price

    chi2(1)      =      16.29
    Prob > chi2  =     0.0001
```

图3.12 BP异方差检验

如图3.12所示, 为了处理上述模型中的异方差问题, 可以使用残差平方的倒数作为权重, 进行加权最小二乘估计:

. predict e1, res

. gen e2=e1^2

. quietly regress price weight mpg headroom length trunk [aw=1/e2] //这里不要加robust选项

. estat hettest, iid //(见图3.13)。

```
Breusch-Pagan / Cook-Weisberg test for heteroskedasticity
         Ho: Constant variance
         Variables: fitted values of price

    chi2(1)      =       2.56
    Prob > chi2  =      0.1098
```

图3.13 BP异方差检验

BP检验结果表明, 以残差平方为权重的加权最小二乘法估计之后, 模型残差已经没有异方差问题了。

3.4.2 群组之间的异方差性与FGLS估计

不同的群组之间往往会出现异方差性 (heteroskedasticity between groups of observations), 例如来自两个不同省份的观测值之间, 往往存在异方差性。也许会假定, 群组**之内**是同方差的, 但是群组**之间**是异方差的。

群组之间的异方差性检测使用robvar命令：

. regress y x1 x2 x3 　　 //首先进行简单回归

. predict double eps, residual 　　 //将回归残差的值赋给变量eps，双精度

. robvar eps, by(x4) 　　 //检验残差eps，看其是否同方差，按照分组变量x4进行分类，比如x4可能代表地区，即1湖北、2江西、3湖南、4河南等，也可以是行业

robvar输出的返回有三个检验指标W0，W50和W10，分别由莱文（Levene，1960），布朗和福赛斯（Brown and Forsythe，1992）提供。Pr>F的概率越低，则拒绝群组之间同方差假设，即存在异方差。

仍然使用与前面一致的方法，寻找一个权重——使用每个群组的方差的**倒数**作为权重，首先计算各群组的标准差，然后再利用其平方的**倒数**值作为权重：

. regress y x1 x2 x3 　　 //首先进行简单回归

. predict double eps, residual 　　 //将回归残差的值赋给变量eps，双精度

. by state, sort: egen sd_eps=sd(eps) 　　 // sd(eps)表示取eps的标准差值，sd_eps=sd(eps)表示将eps的标准差赋给变量sd_eps，详细可以参考help egen

. generate double gw_wt=1/sd_eps^2 　　 //生成一个变量gw_wt为标准差sd_eps平方的倒数

. tabstat sd_eps gw_wt, by(state) 　　 //列表对比sd_eps和gw_wt的值，按state分类

. regress y x1 x2 x3 [aw=gw_wt] 　　 //这里把gw_wt作为权重，Stata将每个变量乘以gw_wt，然后进行回归

需要注意的是，这里和前面一样，加权最小二乘估计会修正回归系数的方差，也会改变回归系数的点估计值。

当对样本进行分组时，有时不同的组会有不同的样本点，例如，考察某省各学校学生的考试分数与学校教育质量的关系，对于不同的学校而言，其学校的人数不一样，有些学校可能有10000人，有些学校可能只有100人，在这种情况下，各组之间的方差就会不一样（heteroskedasticity in grouped data），需要进行加权处理。一般而言，应该对人数多的学校赋予一个更高的权重；对人数少的学校赋予一个更低的权重。当然，最好的情况就是直接使用各个学校的人数作为权重，因为这是已知的变量。

. regress y x1 x2 x3 　　 //简单回归，用于对比分析

. regress y x1 x2 x3 [aw=x4] 　　 //x4代表人数权重，或其他的可能的权重

以上方法，之所以没有使用案例数据展开分析的原因是，现代计量经济学一般采用聚类稳健vce（cluster var）的方式来处理，而不是去做加权最小二乘估计。既然OLS估计参数具有优良的性质，只是因为异方差导致了有效性下降和统计推断问题，那么就只需要对参数估计的方差和标准误进行修正即可，没有必要使用WLS方法进行估计。

3.4.3 序列相关与FGLS估计

前文已经知道了序列相关的定义，假如能准确知道干扰项的序列相关系数 ρ：

$$\mathbf{y}_t = \beta_0 + \beta_1 \mathbf{x}_t + \mathbf{u}_t \qquad\qquad （3-9）$$
$$\mathbf{u}_t = \rho \mathbf{u}_{t-1} + \mathbf{e}_t$$

其中，$\mathbf{e}_t$ 是一个白噪声序列。可以通过对方程式（3-9）进行变换，来消除序列相关。例如，当 $t \geqslant 2$ 时，可以将线性回归方程滞后一期：

$$\mathbf{y}_{t-1} = \beta_0 + \beta_1 \mathbf{x}_t + \mathbf{u}_{t-1}$$

将滞后期方程的左右两边同时乘以干扰项的自相关系数 ρ，然后再用原方程式（3-9）减去转换后的方程可得：

$$\mathbf{y}_t - \rho \mathbf{y}_{t-1} = (1-\rho)\beta_0 + \beta_1 \left(\mathbf{x}_t - \rho \mathbf{x}_{t-1} \right) + \mathbf{e}_t \qquad\qquad （3-10）$$

其中，$\mathbf{e}_t = \mathbf{u}_t - \rho \mathbf{u}_{t-1}$。进一步，令 $\tilde{\mathbf{y}}_t = \mathbf{y}_t - \rho \mathbf{y}_{t-1}$，$\tilde{\mathbf{x}}_t = \mathbf{x}_t - \rho \mathbf{x}_{t-1}$，则式（3-10）可以转换为：

$$\tilde{\mathbf{y}}_t = (1-\rho)\beta_0 + \beta_1 \tilde{\mathbf{x}}_t + \mathbf{e}_t, \qquad t \geqslant 2 \qquad\qquad （3-11）$$

转换后的方程被称为广义差分方程，因为干扰项 $\mathbf{e}_t$ 是序列无关的，这个方程满足所有高斯-马尔可夫假定，因而OLS估计量是接近BLUE的。之所以说接近BLUE，是因为它还不是完全的BLUE，因为它没有利用第1期的数据。为了得到一个完美的OLS估计量，需要把第1期数据加进去。考虑到第1期数据为：

$$\mathbf{y}_1 = \beta_0 + \beta_1 \mathbf{x}_1 + \mathbf{u}_1$$

其中，$\mathbf{u}_1$ 虽然与 $\mathbf{e}_t$ 不相关，但是 $\mathbf{u}_1$ 的方差为 $\dfrac{\sigma_e^2}{1-\rho^2} > \sigma_e^2$，因而要对第1期值方程两边同时都乘以 $\left(1-\rho^2\right)^{1/2}$：

$$\left(1-\rho^2\right)^{1/2} \mathbf{y}_1 = \left(1-\rho^2\right)^{1/2} \beta_0 + \beta_1 \left(1-\rho^2\right)^{1/2} \mathbf{x}_1 + \left(1-\rho^2\right)^{1/2} \mathbf{u}_1$$

第1期观测值经过处理之后，就可以纳入原样本，然后使用式（3-11）进行OLS回归估计，即可得到真正的BLUE估计量，该方法称为序列相关的广义最小二乘估计（GLS）。使用该方法的前提是：能准确知道干扰项的自相关系数 ρ，但知道干扰项 $\mathbf{u}_t$ 是不可观测的，因而只能使用残差项 $\hat{\mathbf{u}}_t$ 去估计 $\hat{\rho}$，然后才能使用广义最小二乘法，这个被称为序列相关可行的广义最小二乘法（FGLS）。

序列相关FGLS有普莱斯-温斯登估计（Prais-Winsten，PW估计）和科克伦-奥克特估计（Cochrane-Orcutt，CO估计）两种方法，这两种方法的区别在于差分过后的时间序列回归是否考虑第一期的变量值，其中Prais-Winsten估计将第1期值放入差分后的变量中进行估计，而Cochrane–Orcutt方法则舍弃了第1期值。以冰淇淋消费icecream数据为例：

. use icecream.dta, clear

. prais consumption temp price income, corc   //选项corc表示CO估计（见表3.19）。

表3.19   **Cochrane–Orcutt一阶自相关估计**

```
Cochrane-Orcutt AR(1) regression -- iterated estimates
```

Source	SS	df	MS		
				Number of obs =	29
				F(3, 25) =	15.40
Model	.047040596	3	.015680199	Prob > F =	0.0000
Residual	.025451894	25	.001018076	R-squared =	0.6489
				Adj R-squared =	0.6068
Total	.072492491	28	.002589018	Root MSE =	.03191

consumption	Coef.	Std. Err.	t	P>|t|	[95% Conf. Interval]	
temp	.0035584	.0005547	6.42	0.000	.002416	.0047008
price	-.8923963	.8108501	-1.10	0.282	-2.562373	.7775807
income	.0032027	.0015461	2.07	0.049	.0000186	.0063869
_cons	.1571479	.2896292	0.54	0.592	-.4393546	.7536504
rho	.4009256					

```
Durbin-Watson statistic (original)    1.021169
Durbin-Watson statistic (transformed) 1.548837
```

对比OLS估计方法，可以发现使用CO估计法所得的系数与OLS方法虽不太一致但比较接近，而此时该模型的DW值已经改进到了1.54（最优值为2），证明一阶自相关性得到一定程度的改善。但是，CO估计法没有考虑第1期观测值，接下来使用PW估计法：

. prais consumption temp price income, nolog   //（见表3.20）。

表3.20   **Prais–Winsten一阶自相关估计**

```
Prais-Winsten AR(1) regression -- iterated estimates
```

Source	SS	df	MS		
				Number of obs =	30
				F(3, 26) =	14.35
Model	.04494596	3	.014981987	Prob > F =	0.0000
Residual	.027154354	26	.001044398	R-squared =	0.6234
				Adj R-squared =	0.5799
Total	.072100315	29	.002486218	Root MSE =	.03232

consumption	Coef.	Std. Err.	t	P>|t|	[95% Conf. Interval]	
temp	.0029541	.0007109	4.16	0.000	.0014929	.0044152
price	-1.048854	.759751	-1.38	0.179	-2.610545	.5128361
income	-.0008022	.0020458	-0.39	0.698	-.0050074	.0034029
_cons	.5870049	.2952699	1.99	0.057	-.0199311	1.193941
rho	.8002264					

```
Durbin-Watson statistic (original)    1.021169
Durbin-Watson statistic (transformed) 1.846795
```

　　从表3.20可以看出，Prais-Winsten估计的观测值数量为30个，而前面Cochrane-Orcutt差分估计的观测值（number of obs）只有29个（因为差分损失掉一个），这是两种方法之间的主要差别。

　　实际情况中，到底是该用基于OLS的Newey估计，还是基于FGLS的CO估计和PW估计，并没有明确的判断法则，只能依靠研究者的经验。

第4章 模　　拟

第3章学习了如何处理模型中存在的共线性、自相关与异方差问题。本章主要是讲述如何利用Stata的伪随机数生成器进行数据模拟，将重点介绍蒙特卡罗模拟，该方法广泛应用于标准差计算、模型比较、参数估计和安慰剂检验等方面。

4.1　函　　数

4.1.1　什么是伪随机数

Stata内置随机函数有很多，如均匀分布、正态分布、卡方分布和t分布等。这一系列的函数在Stata软件内都被归于一类，即以R字母为首的系列随机函数，用于生成伪随机数。所谓伪随机数，是指用确定性的算法计算出来的，服从某一类分布函数特征的随机数序列。伪随机数并不是真正的随机序列，而是按照固定的顺序生成的"随机"序列，同时具有真随机序列的统计特征，如均匀性和独立性等。如果两个不同的人，使用同一个伪随机函数（如均匀分布），第一次生成一个变量或标量，得到的结果是相同的。第二次两个人得到的结果也会相同，但和第一次的结果不相同。如此重复直到第n次，两个人的结果均会相同，但前后每次均不相同，这说明伪随机数的序列是既定的。

但是，如果两个人使用伪随机函数的次序不一样，则得到的结果也不一样。因而，为了保证实验结果的可重复性，实验者在计算伪随机数时，一般会使用初值种子（seed），即随机实验的起始顺序。只要种子值一样，并且使用的是相同的伪随机函数和参数设定，那么生成的伪随机数就是相同的。

Stata的内置函数有很多，具体可以使用命令help function进行查看，如图4.1所示。

[FN] Functions by category
(View complete PDF manual entry)

Description

Quick references are available for the following types of functions:

Type of function	See help
Date and time	datetime functions
Mathematical	mathematical functions
Matrix	matrix functions
Programming	programming functions
Random-number	random-number functions
Selecting time spans	time-series functions
Statistical	statistical functions
String	string functions
Trigonometric	trigonometric functions

图4.1 Stata函数功能

图4.1是键入命令后Stata返回的一个函数索引页面。本章主要使用的是其中第五项，即伪随机数函数（random-number functions）。和之前提到的一致，伪随机数函数细分的种类数量繁多，这里以均匀分布函数为例，如图4.2所示。

[FN] Random-number functions
(View complete PDF manual entry)

Functions

    runiform()
      Description: uniformly distributed random variates over the interval
                  (0,1)

                  runiform() can be seeded with the **set seed** command; see
                  [R] set seed.
      Range: **c(epsdouble)** to 1-**c(epsdouble)**

    runiform(a,b**)**
      Description: uniformly distributed random variates over the interval
                  (a,b)
      Domain a: **c(mindouble)** to **c(maxdouble)**
      Domain b: **c(mindouble)** to **c(maxdouble)**
      Range: a+**c(epsdouble)** to b-**c(epsdouble)**

    runiformint(a,b**)**
      Description: uniformly distributed random integer variates on the
                  interval [a,b]

                  If a or b is nonintegral, **runiformint(**a,b**)** returns
                  runiformint(floor(a**), floor(**b**))**.
      Domain a: -2^53 to 2^53 (may be nonintegral)
      Domain b: -2^53 to 2^53 (may be nonintegral)
      Range: -2^53 to 2^53

图4.2 随机均匀分布函数

单击索引界面右侧随机数函数所示的蓝色字体，图4.2即为Stata反馈的内容。需要注意的是，这里伪随机函数生成的虽然是随机数，但却是按确定的顺序生成的。只要加入种子值（seed），那么每次生成的"随机数"都是一样的。

接下来通过一些小的例子对该命令进行学习，首先是尝试生成一个随机的数。在命令窗口键入命令：

. scalar u=runiform(4, 5)   //这里虽然没有加seed，但是按既定顺序的第一个，所以每个人生成的随机数都是一样的。但是不同的顺序生成的随机数是不一样的，读者多试几次，则每次结果都不一样

该命令的含义是随机生成一个位于4~5的标量，括号内的数字范围可以根据实际需要进行调整，默认为0~1。如果想查看Stata所生成的标量，可以使用display命令。

. display u

4.3488717

虽然通过这种方式生成的数被称为随机数，但它的生成也有着其既定的约束，按照确定的顺序产生。如果想要每次生成的随机数都相同，可以通过设定初始的种子值，来锁定需要的随机数。例如：

. set seed 1000   // seed的值不能超过2^{31}值，一般控制在10位数以内

. scalar u1=runiform()

. display u1

0.1427065

. set seed 1000

. scalar u2=runiform()

. display u2

0.1427065

通过以上的例子可以看出，通过对初始种子值的设定，两次随机生成的数完全相同。伪随机函数的特点是，让每次的实验结果都具有可重复性，也方便用于教学。

4.1.2　伪随机向量特征

学习了伪随机数以后，接下来再学习伪随机向量。首先需要设置观测值数量，当然也可以将其理解成向量的维数。具体命令如下：

. set obs 1000   //这一步是设置观测值数量

. set seed 10101   //通过设定种子保证实验结果的可重复性

. generate x=runiform()   //这一步是使用generate命令生成伪随机向量

当然，同上面一样，我们希望查看已经生成的x向量，这里可以使用在之前所学到的summarize命令。

. summarize　　//也可以简写为sum（见表4.1）。

表4.1　　　　　　　　　　　　　　　　　描述性统计

Variable	Obs	Mean	Std. Dev.	Min	Max
x	1,000	.5031233	.2922443	.0005628	.9996441

表4.1中，由于使用的是runiform()函数的默认值，服从(0, 1)上的均匀分布，均值为0.5。

前文已经介绍过，伪随机数虽然不是真正的随机数，但也是用随机函数生成的，并且具有真随机数均匀性和独立性的分布特征。均匀性通过前面的summarize命令得到了确认，因为变量x的均值0.5031233接近于真实均匀分布函数均值0.5。

那么独立性如何判断呢？可以利用Stata对其相关性进行检测。首先，作为一个伪随机序列数据，需要对刚才所生成的变量进行编号排序，类似于将其视为一组根据时间排序的数据。

以下为具体的操作命令以及Stata反馈的结果：

. generate t=_n　　//这一步是设置一个序列数，即从1编号到最后一位1000

. tsset t　　//这一步是设定时间序列

当然，也可以再利用summarize命令查看已经生成的t变量。

. sum　　//（见表4.2）。

表4.2　　　　　　　　　　　　　　　　　描述性统计

Variable	Obs	Mean	Std. Dev.	Min	Max
x	1,000	.5031233	.2922443	.0005628	.9996441
t	1,000	500.5	288.8194	1	1000

通过表4.2的结果可以看出，新生成的t变量确实是按照从1到1000进行编排的。注意这里的1000并不是恒定的，这个数值是之前使用命令set obs 1000人为设定的。

接下来，介绍一个检验其自相关性的命令：corrgram，使用该命令将会展示时间序列数据滞后1~40期的变量间的相关性水平（受篇幅所限，以下仅输出前20期）：

. corrgram x　　//（见表4.3）。

表4.3   **时间序列自相关性检验**

LAG	AC	PAC	Q	Prob>Q	-1 0 1 [Autocorrelation]	-1 0 1 [Partial autocor]
1	0.0107	0.0107	.11541	0.7341		
2	-0.0004	-0.0005	.11555	0.9439		
3	-0.0210	-0.0210	.55847	0.9059		
4	0.0255	0.0259	1.2104	0.8764		
5	-0.0217	-0.0224	1.6866	0.8906		
6	0.0268	0.0270	2.4119	0.8782		
7	0.0292	0.0300	3.2751	0.8584		
8	-0.0094	-0.0116	3.3639	0.9095		
9	-0.0033	-0.0009	3.375	0.9476		
10	-0.0041	-0.0047	3.3923	0.9706		
11	0.0401	0.0401	5.0251	0.9299		
12	0.0265	0.0273	5.7382	0.9287		
13	-0.0106	-0.0138	5.8521	0.9514		
14	0.0203	0.0221	6.2695	0.9592		
15	0.0151	0.0150	6.5001	0.9701		
16	0.0458	0.0464	8.6324	0.9278		
17	0.0188	0.0188	8.9932	0.9405		
18	-0.0672	-0.0745	13.607	0.7543		
19	-0.0066	-0.0033	13.651	0.8037		
20	-0.0195	-0.0194	14.039	0.8285		

　　表4.3中，第一列为自相关检验滞后的期数，即从滞后1期到滞后40期（因篇幅有限后续内容未展示）；第二列AC（Autocorrelation）为自相关系数，该项数据越小则说明自相关系数越低；第三列PAC（Partial autocor）代表偏自相关，与AC的用法一致；第四列为Q检验所得出统计量；第五列则是我们所熟悉的p值。

　　通过观察可以看出，表4.3中各项p值都不是很显著，AC与PAC系数很小，由此可以得出通过随机数生成器所生成的伪随机数据基本不具有自相关性，即具有独立性的分布特征。当然，在实际应用中基本上不需要用到滞后40期的内容，通常来说，一般只要滞后几期的内容即可。

　　具体可以通过corrgram的后缀命令lags（）进行处理。例如，只展示滞后前三期的自相关检验内容（见表4.4）。

. corrgram x, lag(3)

表4.4   **滞后三期自相关性检验**

LAG	AC	PAC	Q	Prob>Q	-1 0 1 [Autocorrelation]	-1 0 1 [Partial Autocor]
1	0.0107	0.0107	.11541	0.7341		
2	-0.0004	-0.0005	.11555	0.9439		
3	-0.0210	-0.0210	.55847	0.9059		

　　有时也可能想知道滞后两期与滞后三期之间是否存在"两两之间"的相关性。在这里引入一个新的命令：pwcorr（pairwise correlation coefficients），该命令可以展示各期变量之间的相关性。

. pwcorr x L.x L2.x L3.x L4.x　　　　//其中x代表变量本身，L.x代表滞后一期，L2.x

代表滞后两期，以此类推（见表4.5）。

表4.5 配对自相关性检验

	x	L.x	L2.x	L3.x	L4.x
x	1.0000				
L.x	0.0107	1.0000			
L2.x	-0.0004	0.0109	1.0000		
L3.x	-0.0210	0.0000	0.0108	1.0000	
L4.x	0.0255	-0.0208	-0.0001	0.0107	1.0000

从表4.5的结果可以看出，各项之间的自相关系数均很小，基本可以认定不存在自相关性，即满足独立性。同样的，也可以借用kdensity和histogram命令来查看生成变量的核密度图和直方图：

```
clear
set obs 2000        //设置观测值数量为2000
set seed 10101
gen xu=runiform(-2, 2)      //生成（-2，2）上的均匀分布
gen xn=rnormal()        //生成变量xn服从标准正态分布
gen xc=rchi2(2000)        //生成一个服从自由度为2000的卡方分布变量
```

Chi2分布、t分布和F分布是统计学中的三大基础分布，在计量经济学中，这三大分布都有着广泛的应用。其中，Chi2(n)分布又称卡方分布（chi-square distribution, χ^2-distribution）。如果回归得到的n个残差$\hat{u}_1, \hat{u}_2, \cdots, \hat{u}_n$均服从标准正态分布，且相互独立。则残差平方和$\sum_{i=1}^{n} \hat{u}_i^2$服从自由度为n的卡方分布。Chi2(n)分布的均值为n、方差为2n，且自由度越大，越接近正态分布。当n趋近于无穷大时，Chi2(n)分布接近均值为n、标准差为$\sqrt{2n}$正态分布。由此，可以推知OLS估计参数$\hat{\beta}_i$的方差和

$$n \cdot \text{Var}(\hat{\beta}) = \sum_{i=1}^{n} (\hat{\beta}_i - \beta)^2$$ 也服从自由度为n的卡方分布（准确而言是自由度为n–k–1的卡方分布）。

可以用Stata绘制不同自由度条件下的Chi2(n)分布：

```
gen xc2= rchi2(2)
gen xc5= rchi2(5)
gen xc10=rchi2(10)
gen xc20=rchi2(20)
graph twoway (kdensity xc2, lp(dash)) (kdensity xc5, lp(dash_dot)) (kdensity xc10,
lp(longdash)) (kdensity xc20, lp(solid)), legend(pos(6) row(1))        //（见图4.3）。
```

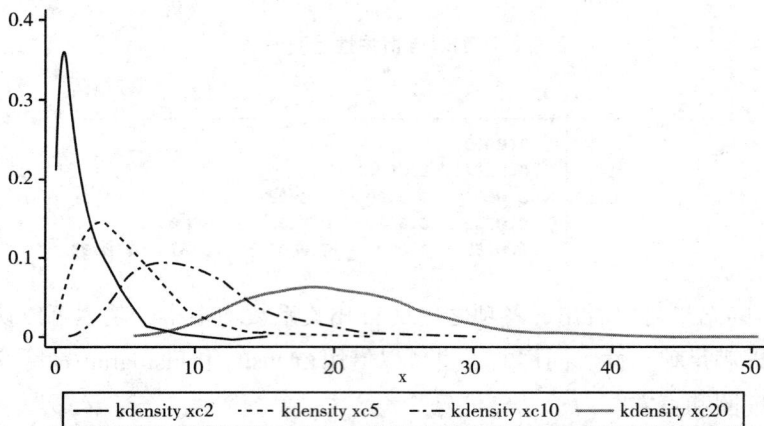

图4.3　各种自由度的Chi2分布

由图4.3可知，当Chi2分布的自由度n越大时，它的分布图形越接近正态分布。

. gen xt=rt(2000)　　//生成一个服从自由度为2000的t分布变量

t分布又称学生t–分布（Student's t–distribution）[①]。根据定义，如果变量X服从标准正态分布，变量Y服从自由度为n的Chi2分布，那么变量 $Z = \dfrac{X}{\sqrt{Y/n}}$ 服从自由度为n的t分布。由此联想到OLS估计值，假设参数估计值 $\hat{\beta}$ 服从标准正态分布，而 $\sum\limits_{i=1}^{n}\left(\hat{\beta}_i - \beta\right)^2$ 服从自由度为n（准确而言是自由度为n–k–1）的卡方分布，所以：

$$\frac{\hat{\beta} - 0}{se(\hat{\beta})} = \frac{\hat{\beta}}{\sqrt{\dfrac{\sum\limits_{i=1}^{n}(\hat{\beta}_i - \beta)^2}{n}}} \sim t(n)$$

其实，任何一个连续随机变量的标准化（先减去均值再除以其标准差），都会近

---

① "Student"是威廉·西利·戈塞特（William Sealy Gosset）的笔名，因为他在爱尔兰都柏林的吉尼斯酿造公司（Guinness Brewing Company）工作，这是一家老牌的啤酒酿造公司。戈塞特1899年毕业于牛津大学，获得了数学和化学两个学士学位，随后受雇于这家公司并从事酿酒工艺研究与管理工作。麦芽浆准备发酵的时候，需要仔细地测量所用酵母的量。而酵母是一种生物，人们在将酵母加入麦芽浆前，要在装有液体的罐子里培养和繁殖酵母。工人需要测量罐子里的酵母含量，以便决定使用多少液体，这一测量的准确度很重要，因为麦芽浆的酵母放少了会导致发酵不充分，而放多了又会导致啤酒发苦。显然，这既是一个化学配方问题，也是一个概率统计问题。戈塞特对此展开研究，并取得了一系列的成果。但是，出于对啤酒酿造配方的保密，该公司不允许啤酒酿造师公开发表与酿酒研究有关的任何论文，以避免泄露公司机密和酿酒配方。在朋友卡尔·皮尔逊（Karl Pearson）的帮助和劝说下（他也是《生物统计》编辑之一），戈塞特于1904年以笔名"Student"的名义在《生物统计》上发表了第一篇学术论文，并于1908年的论文中，戈塞特研究提出了根据小样本（small sample）来估计呈正态分布且方差未知的总体的均值，即t检验的相关理论。之后t检验及其相关理论经由罗纳德·费雪（Ronald Aylmer Fisher）发扬光大，为了感谢戈塞特的功劳，费雪将此分布命名为学生t分布（Student's t）。

似服从 t(n) 分布。服从自由度为 n 的 t 分布的变量的方差为 $n/(n-2)$，且要求自由度 $n > 2$。因为当 $n \leqslant 2$ 时，分布没有散开，方差将不存在。当 n 很大时，t 分布的方差和标准差都接近为 1，从而接近标准的正态分布。也可以用 Stata 绘制不同自由度条件下的 t(n) 分布：

gen xt5= rt(5)

gen xt10=rt(10)

gen xt20=rt(20)

graph twoway (kdensity xt, lp(solid)) (kdensity xt5, lp(dash_dot)) (kdensity xt10, lp(longdash)) (kdensity xt20, lp(dash)), legend(pos(6) row(1))   // xt 是自由度为 2000 的 t 分布（见图 4.4）。

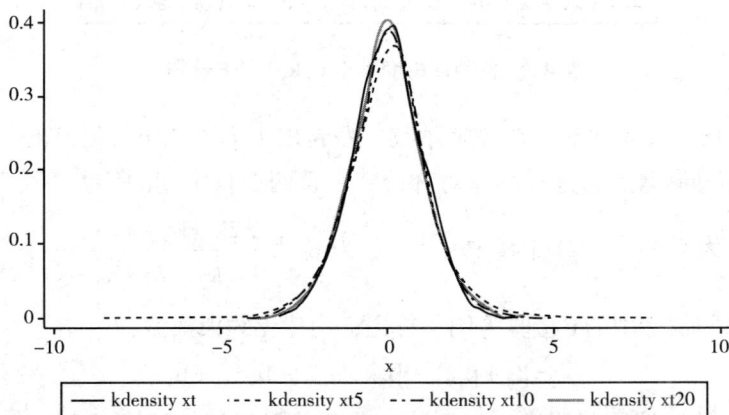

图 4.4　各种自由度的 t 分布

由图 4.4 可知，t 分布是三大分布中最接近正态分布的。且随着自由度的不断变大，它会越来越接近均值为 0 和标准差为 1 的标准正态分布 N(0,1)。

在计量经济学中，F 分布主要用于模型的联合显著性水平检验。令 $X_1 \sim \chi^2_{k_1}$ 和 $X_2 \sim \chi^2_{k_2}$，并且假定 X_1 和 X_2 独立，则随机变量：

$$xf = \frac{X_1/k_1}{X_2/k_2} \sim F(k_1, k_2)$$

即随机变量 xf 服从自由度为 (k_1, k_2) 的 F 分布，其中 k_1 被称为分子自由度，k_2 被称为分母自由度。根据前文生成的变量，可以构建四种不同自由度的 F 分布：

gen xf2_10= (xc2/2)/(xc10/10)

gen xf5_10= (xc5/5)/(xc10/10)

gen xf5_2000=(xc5/5)/(xc/2000)

graph twoway (kdensity xf2_10, lp(dash)) (kdensity xf5_10, lp(longdash)) (kdensity xf5_2000, lp(solid)), legend(pos(6) row(1))　　//（见图4.5）。

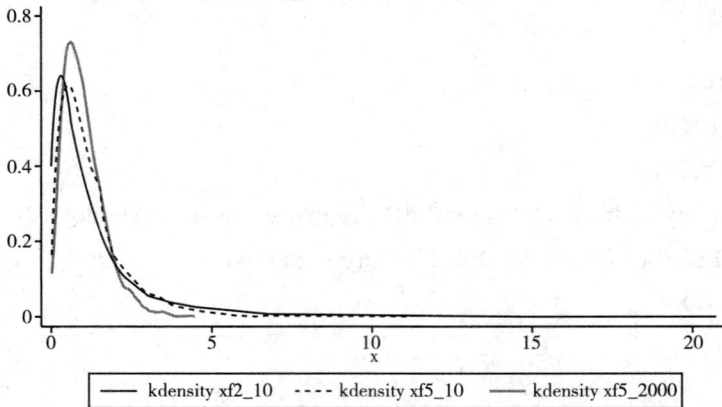

图4.5　各种自由度为（k_1, k_2）的F分布

F分布是1924年英国统计学家罗纳德·费希尔（R. A. Fisher）提出的，并以其姓氏的第一个字母命名。它是一种非对称分布，且两个自由度的位置不可互换。此外，F分布的均值为$k_2/(k_2-2)$，其中$k_2>2$；方差为$\dfrac{2k_2^2(k_1+k_2-2)}{k_1(k_2-2)^2(k_2-4)}$，其中$k_2>4$。

以多元线性回归估计中的F检验为例。首先，构建无约束模型：

$$y_i = \beta_0 + \beta_1 x_{1i} + \beta_2 x_{2i} + \cdots + \beta_k x_{ki} + u_i$$

根据经典的线性回归假定，模型估计的残差$\hat{u}_i$是服从正态分布的。则无约束模型的残差平方和$\sum \hat{u}_i^2 = \mathbf{SSR_{ur}}$**服从自由度为n–k–1的卡方分布**。其次，构建约束模型（$\beta_1=0, \beta_2=0, \cdots, \beta_k=0$），即因变量直接对常数项进行回归估计：

$$y_i = \gamma_0 + \varepsilon_i$$

在约束模型中，$\sum \hat{\varepsilon}_i^2 = \mathbf{SSR_r}$**也是服从自由度为n–1的卡方分布**。此外，常数项γ_0其实就是因变量的均值$\bar{y}$，所以$SSR_r = \sum \hat{\varepsilon}_i^2 = \sum(y_i - \bar{y})_i^2 = SST$。所以$SSR_r - SSR_{ur}$是服从自由度为k的卡方分布。根据F分布的定义：

$$F(k, n-k-1) = \frac{(SSR_r - SSR_{ur})/k}{SSR_{ur}/(n-k-1)} = \frac{R^2/k}{(1-R^2)/(n-k-1)}$$

最后，比较正态分布、t分布、chi2分布和F分布的特征。在do–file编辑器内键入以下命令。

. graph twoway (kdensity xn) (histogram xn), legend(pos(6) row(1))

graph save xn.gph, replace

```
graph twoway (kdensity xt) (histogram xt), legend(pos(6) row(1))
graph save xt.gph, replace
graph twoway (kdensity xc) (histogram xc), legend(pos(6) row(1))
graph save xc.gph, replace
graph twoway (kdensity xf5_2000) (histogram xf5_2000), legend(pos(6) row(1))
graph save xf5_2000.gph, replace
graph combine xn.gph xt.gph xc.gph xf5_2000.gph        //（见图4.6）。
```

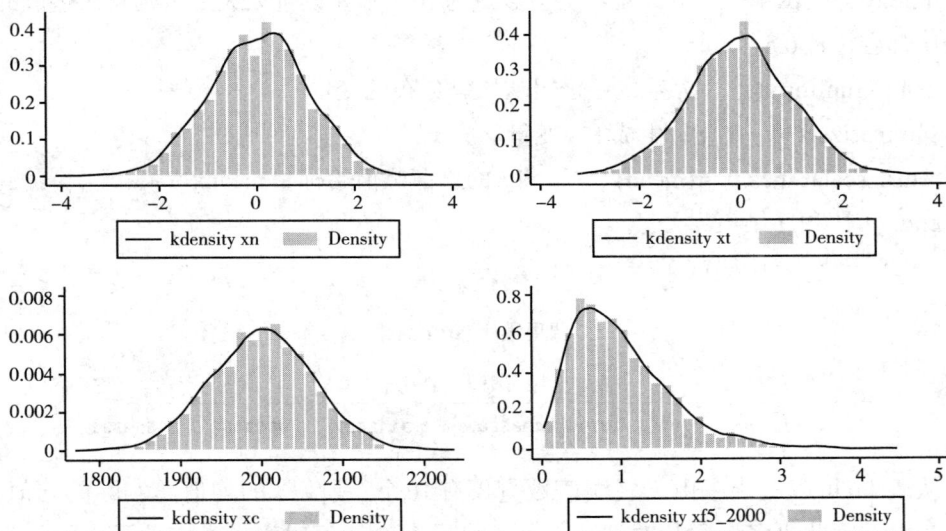

图4.6　伪随机向量核密度和直方图

通过图4.6可以看出，生成的各项随机变量都大致符合其生成函数的分布，而且自由度为2000的t分布，其概率密度图几乎跟标准的正态分布没有差异。这也再次印证了前文提到的，随机数生成器所生成的伪随机数服从真实随机数分布特征的结论。

4.2　模　拟

4.2.1　大数定律与中心极限定理

大数定律是指样本均值在总体数量或抽样次数趋于无穷时，依概率收敛于样本均值的数学期望（可不同分布）或者总体的均值（同分布），这也是样本估计无偏性的表现；中心极限定理说明在同分布的情况下，样本的均值在抽样次数趋于无穷时的极限分布特征近似于正态分布。接下来将应用 simulate 命令来验证大数定律和中心极限定理。

首先，制作一个简单的小程序，在 do-file 编辑器中键入以下内容（注意，这里千万不能设定种子，否则每次随机实验得到的结果都是一样的）。

```
. clear
program jxufe, rclass      //给程序命名，rclass 是 Stata 储存结果的地方
drop _all      //剔除以前存在的历史变量，以免造成干扰
quietly set obs 10      //设置观测值数量为 10，不要设置太大，否则每次生成的向量均值都会接近 0.5
gen x=runiform()      //生成一个服从均匀分布的变量 x
summarize x      //查看生成的 x 变量
return scalar meanx=r(mean)      //将 x 的均值赋值给标量 meanx
end      //程序结束
. jxufe      //（见表 4.6）。
```

表 4.6   调用程序 jxufe 结果

Variable	Obs	Mean	Std. Dev.	Min	Max
x	10	.4986807	.3148807	.0849487	.9659331

从表 4.6 可以看出，由于观测值数量仅有 10 个，所以 x 的均值离实际的均值 0.5 偏差较大，因此再多调用几次试试（由于编写 jxufe 程序时没有设定种子，所以读者使用 jxufe 命令得到的结果可能略有差异），见表 4.7。

表 4.7   多次调用程序 jxufe 结果

Variable	Obs	Mean	Std. Dev.	Min	Max
x	10	.4986807	.3148807	.0849487	.9659331
Variable	Obs	Mean	Std. Dev.	Min	Max
x	10	.3671803	.2376164	.0092289	.7400684
Variable	Obs	Mean	Std. Dev.	Min	Max
x	10	.5634707	.2951551	.0070209	.9643317

表 4.7 中，调用三次 jxufe 命令，得到的 x 的均值大多都在实际均值 0.5 附近，但不可否认的是离实际的均值还是有一定的差距。但根据大数定律和中心极限定理，当调用该命令的次数足够多时，总体的样本均值会接近其真实分布的均值（大数定律），并且均值分布特征一定会趋于正态分布（中心极限定理），在此基础上，不妨进一步验证试试。

为了验证大数定律和中心极限定理，需要用到 simulate 蒙特卡罗模拟命令

（Monte Carlo-type simulations），该命令的语法结构为：

. simulate [exp_list] , reps(#) [options] : command

该命令的语法结构用文字不好解释，不妨用案例的形式来展现，键入以下命令：

. simulate xbar=r(meanx), seed(330013) reps(10000) nodots: jxufe

其中，xbar是自行命名的变量其值由r(meanx)赋予，此处设置种子值seed(330013)是为了确保读者得到的结果与教材保持一致，reps是重复模拟的次数，nodots的含义是省略计算过程，jxufe是调用我们编制的程序。

. sum xbar   //（见表4.8）。

表4.8   蒙特卡罗模拟结果

Variable	Obs	Mean	Std. Dev.	Min	Max
xbar	10,000	.4990688	.0901723	.1709142	.7943842

通过表4.8结果可以看出，当使用jxufe程序模拟了一万次以后，xbar的均值无限趋近于总体的真实值0.5。由此，使用简单随机实验模拟并检验了大数定律（总体的样本均值会接近其真实分布的均值）。然后再用kdensity命令查看变量xbar的分布特征：

. kdensity xbar   //（见图4.7）。

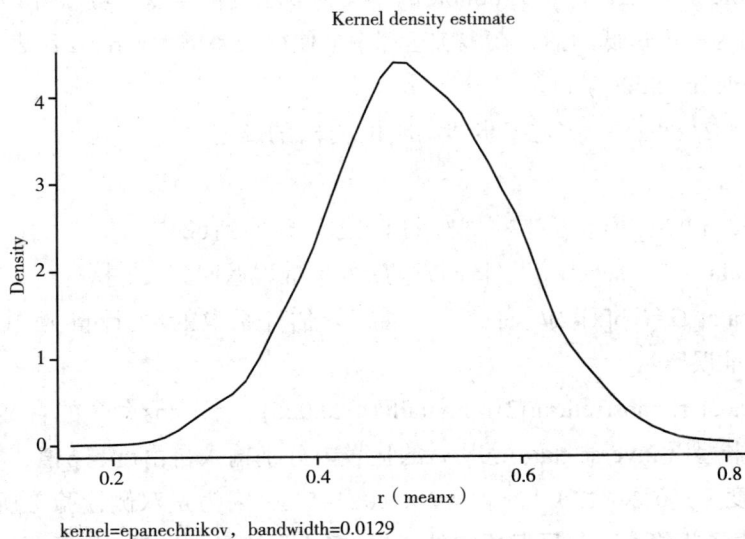

kernel=epanechnikov，bandwidth=0.0129

图4.7　蒙特卡罗实验均值分布核密度

图4.7表明变量xbar（也就是每次实验的均值）的核密度服从正态分布，即中心极限定理。

4.2.2　大样本OLS渐进结果

在这里要重新回到OLS理论的假设上，OLS模型要求因变量与扰动项都应服从正态分布，但在实际的操作中往往会遇到因变量与扰动项皆不满足这一假设的情况，而面对这种情况，利用Stata得到的回归结果还是一致无偏的吗？本节将利用随机模拟的数据证明，即便因变量和干扰项不满足正态分布假设，OLS估计也是一致无偏的，参数估计值将无限趋近于总体的真实值，并且参数的分布呈渐近正态分布[①]。

考虑这样一个模型，$y = \beta_1 + \beta_2 x + u$，其中 u 服从于 Chi2 分布 $x^2(1)-1$，x 服从 Chi2 分布 $x^2(1)$。从模型设定上看，扰动项显然不满足OLS方法所要求的正态分布假设。因变量是解释变量与扰动项的线性组合，也不服从OLS的正态分布假设。完成以上设计后，再将 β_1 的真实值设定为1，β_2 设定为2。接下来，进行模拟验证。打开do-file编辑器，键入以下内容。

```
. clear
program jxufe2, rclass
drop _all
set obs 150
gen double x=rchi2(1)      // double的含义为双精度浮点型，可以将其理解成提高
x的精度。因为精度过低的话，在多次运算中会使得误差增大。rchi2代表卡方分布
gen double u=rchi2(1)-1
gen y=1 + 2*x + u      //这一步即完成 β1 和 β2 的设定
regress y x
return scalar b2=_b[x]      //将回归的x的系数返回到b2中
return scalar se2=_se[x]        //将回归的x的标准误返回到se2中
return scalar t2=(_b[x]-2)/_se[x]      //定义x估计系数的t统计量为 "（估计系数-真实值）/标准误"
return scalar r2=abs(return(t2))>invttail(148,0.025)      // abs命令的含义为绝对值，
```
invttail 为反t检验（inverse ttail），其后的括号内分别输入自由度与p值，其返回的结果为该自由度（150-2=148）与p值（$2 \times 0.025=5\%$，因为是双侧检验）所对应的**反t检验，即代表了拒绝率。当回归所得的t统计量大于该自由度与p值下所返回的反t统计量时，r2的结果返回1，表示估计结果偏离了原真实值；否则返回0，表示估计结果接近原真实值。也就是说，当 β_2 显著区别于2时r2返回1值，而接近（不显著区别**

[①]　所谓无偏性，不是说我们用任何一个特定样本估计的参数值等于总体的真实参数值，而是如果我们能够从总体中抽取无限多个样本时，将所有随机样本的参数估计值进行平均，得到的参数均值会等于真实参数值。所谓一致性，是指单个样本观测值数量趋近于无穷大时，估计的参数值会无限接近于总体真实值。

于）2时r2返回0值。之所以自由度为148是因为我们利用了两个变量一个是自变量 x 一个是常数项变量，所以自由度要减去2

return scalar p2=2*ttail(148,abs(return(t2)))　　// ttail 是 t 检验，括号内分别输入自由度与 t 统计量，其返回的结果为该自由度以及该 t 统计量下所对应的 p 值，代表了接受率（r2和p2的结果刚好相反）。也就是说，p2代表接受 $\beta_2 = 2$ 这一假设的概率，该值越大越好

end　　//程序结束

. jxufe2　　//调用程序（见表4.9）。

表4.9　　　　　　　　　　　　　　　　单次模拟估计结果

```
number of observations (_N) was 0, now 150
```

Source	SS	df	MS		Number of obs	=	150
					F(1, 148)	=	1088.22
Model	1747.88605	1	1747.88605		Prob > F	=	0.0000
Residual	237.715093	148	1.60618306		R-squared	=	0.8803
					Adj R-squared	=	0.8795
Total	1985.60115	149	13.3261822		Root MSE	=	1.2674

y	Coef.	Std. Err.	t	P>|t|	[95% Conf. Interval]	
x	1.8856	.0571598	32.99	0.000	1.772645	1.998555
_cons	1.18692	.1288002	9.22	0.000	.9323953	1.441445

表4.9为程序正常运行的结果，可以看出，返回的 x 的系数的确接近模型设定的真实值2，常数项也确实接近于真实值1，但由于自变量与扰动项不服从于正态分布，所以该结果实际上是有偏的，而接下来将利用模拟命令来检验该模型在大样本下的情况。

键入命令：

. simulate b2f=r(b2) se2f=r(se2) t2f=r(t2) r2f=r(r2) p2f=r(p2), reps(1000) nodots: jxufe2

可以看到，执行完命令后 Stata 返回一系列的数据，生成了 b2f、se2f、t2f、r2f 和 p2f 变量，接下来利用 summarize 命令来对这些数据进行查看。

. sum　　//（见表4.10）。

表4.10　　　　　　　　　　　　蒙特卡罗模拟1000次估计结果

Variable	Obs	Mean	Std. Dev.	Min	Max
b2f	1,000	2.002513	.085259	1.747707	2.410052
se2f	1,000	.0831869	.017386	.0424525	.1476453
t2f	1,000	.0324167	1.015613	-2.516136	4.195535
r2f	1,000	.047	.2117447	0	1
p2f	1,000	.5044332	.2842451	.0000467	.999315

表4.10中，在大样本下 x 的系数 β_2 的均值无限趋近于2，拒绝零假设的显著性水

平（r2f）为0.047，p2f的值为接受 $\beta_1=1$ 和 $\beta_2=2$ 这一假设的可能性，均值为0.5，说明接受零假设。

综合来讲，通过以上各项检验，基本可以得出，通过大样本属性可以解决模型中存在的非正态分布的问题，使得最终的回归结果具有一致无偏性。以上方法不仅适用于OLS估计，其他模型也一样可以应用。

4.3　应　用

4.3.1　大样本能解决内生性问题吗

前文验证的OLS一致性，也称为大样本的渐近无偏性，这是模型估计的最起码要求。对于回归模型中存在的内生性问题，大样本估计能满足一致性吗？用一个案例来进行说明。

考虑模型 $\mathbf{wage}=\beta_0+\beta_1\cdot\mathbf{edu}+\beta_2\cdot\mathbf{ability}+\mathbf{u}$，其中，**wage** 代表工资，干扰项u服从N(0,1)分布。且能力（ability）跟教育（edu）存在关联：$\text{ability}=\delta_0+\delta_1\cdot\text{edu}+v$，其中 v 也服从N(0,1)分布。这样能力（ability）既跟工资（wage）相关，也跟解释变量受教育程度（edu）相关。如果能很好地测度能力变量，并同时确保没有类似能力的其他因素进入到残差项（从而残差项服从i.i.d.），那么得到的OLS结果就是无偏的。

但是，如果用户在设计回归模型时，没有考虑能力对工资（wage）的影响（遗漏了关键ability变量，或者类似的潜在不可观测因素），直接将工资（wage）对受教育程度（edu）进行回归：$\mathbf{wage}=\beta_0+\beta_1\cdot\mathbf{edu}+\varepsilon$。那么得到回归模型实际上是：

$$\mathbf{wage}=\beta_0+\beta_1\cdot\mathbf{edu}+\beta_2\left(\delta_0+\delta_1\cdot\mathbf{edu}+v\right)+\varepsilon=\left(\beta_0+\beta_2\delta_0\right)+\left(\beta_1+\beta_2\delta_1\right)\cdot\mathbf{edu}+\left(\beta_2v+\varepsilon\right)$$

导致 $E(\hat{\varepsilon}\,|\,\mathbf{edu})=E(\beta_2v+\varepsilon\,|\,\mathbf{edu})\neq E(\varepsilon)$，从而引发内生性问题。估计出来的 $\hat{\beta}_1=\beta_1+\beta_2\delta_1$，跟实际的 β_1 相比，偏误为 $\beta_2\delta_1$。

为了模拟上述推导过程，将模型中的 β_0 设定为10，β_1 设定为2，β_2 设定为3；δ_0 设定为2，δ_1 设定为0.5。这样 β_1 的真实值为2，但是偏误 $\beta_2\delta_1=3\times0.5=1.5$，所以估计值 $\hat{\beta}_1$ 大概为3.5左右。接下来便进行模拟，检验大样本是否能够解决内生性问题。

与之前一致，调用do-file编辑器进行程序编辑，键入以下内容（以下程序即便把单次实验的观测值提升到15000个甚至更高，也不会改变模拟结果）：

. clear

program jxufe3, rclass

drop _all

set obs 150

gen double edu=runiformint(1, 12)   // runiformint(1, 12)表示随机取1-12上的整数值，即受教育程度为1-12年

gen double u=rnormal()

gen double v=rnormal()

gen double ability=2+ 0.5*edu

gen wage=10 + 2*edu+3*ability + u

regress wage edu

return scalar b2=_b[edu]   //将x的估计系数赋值给标量b2

return scalar se2=_se[edu]   //将x估计系数的标准误赋值给标量se2

return scalar t2=(_b[edu]-2)/_se[edu]   //定义x估计系数的t统计量为"（估计系数-真实值）/标准误"

return scalar r2=abs(return(t2))>invttail(148,0.025)   //注意这里的r2不是判定系数，而是拒绝率，后面的逻辑运算成立，则取值为1，表明系数背离了真实值

return scalar p2=2*ttail(148,abs(return(t2)))   //定义p值，这里不是拒绝率，而是代表接受率

end

然后执行该程序：

. jxufe3   //（见表4.11）。

表 4.11　　　　　　　　　　　　　单次模拟估计结果

```
number of observations (_N) was 0, now 150
```

Source	SS	df	MS			
				Number of obs	=	150
				F(1, 148)	=	22718.17
Model	24805.8127	1	24805.8127	Prob > F	=	0.0000
Residual	161.600169	148	1.09189303	R-squared	=	0.9935
				Adj R-squared	=	0.9935
Total	24967.4128	149	167.566529	Root MSE	=	1.0449

wage	Coef.	Std. Err.	t	P>|t|	[95% Conf. Interval]	
edu	3.511438	.0232969	150.73	0.000	3.465401	3.557476
_cons	15.95485	.1759804	90.66	0.000	15.6071	16.30261

由于模型存在内生性问题，表4.11中edu的系数为3.5左右，严重偏离了真实系数2。那么大样本回归能不能纠正内生性问题所引起的估计系数偏误呢？利用蒙特卡罗模拟命令对其检验。

. simulate b2f=r(b2) se2f=r(se2) t2f=r(t2) r2f=r(r2) p2f=r(p2), reps(1000) nodots: jxufe3

. sum　　//（见表4.12）。

表4.12　　　　　　　　　　蒙特卡罗模拟估计结果

Variable	Obs	Mean	Std. Dev.	Min	Max
b2f	1,000	3.499258	.0239623	3.417138	3.577473
se2f	1,000	.0237181	.001635	.018885	.0296621
t2f	1,000	63.51029	4.475531	49.70047	81.17946
r2f	1,000	1	0	1	1
p2f	1,000	0	0	0	0

从表4.12可以看出，通过大样本模拟（随机模拟1000次），自变量edu的系数b2f的均值依旧趋于3.5，拒绝率r2f达到了1(即100%)，接受率p2f为0，这意味着大样本不能解决模型存在的内生性问题。关于内生性问题如何解决这一课题，留待后续章节再进行讲解。

4.3.2　基于蒙特卡罗模拟的反事实检验

利用模拟命令还可以做安慰剂检验，即针对我们的回归模型，不使用实际的数据值而是使用模拟生成的随机值，如果在这样的情况下也能得到一个相同的显著的回归系数的话，那么很有可能我们的模型回归是由于其他未知因素导致的偶然结果，而如果得到的系数与使用真实数据所得到的系数显著不同，那么便可以拒绝零假设，即我们的模型结果是真实的，不存在安慰剂效应。

例如，想要研究大学生在"双十一"购物节中，室友对自己是否参与购物决策的影响。可以通过问卷调查收集相关的数据，并且导入到Stata中，具体已经收集好了，在命令窗口输入以下命令：

. use double11.dta, clear

. sum join peer gender exper fashion univ　　//（见表4.13）。

表4.13　　　　　　　　　　描述性统计

Variable	Obs	Mean	Std. Dev.	Min	Max
join	2,400	.72875	.4446975	0	1
peer	2,400	.875	.3307878	0	1
gender	2,400	.615	.4866967	0	1
exper	2,400	.9670833	.1784557	0	1
fashion	2,400	.2516667	.4340611	0	1
univ	2,400	39.10292	14.96735	1	86

表4.13中，虚拟变量join表示大学生是否参加了"双十一"活动；虚拟变量peer表示同伴效应，即受访大学生的室友是否参加了"双十一"活动；虚拟变量gender代

表受访大学生的性别，等于1为女性；虚拟变量exper代表受访大学生是否具有网购经验；虚拟变量fashion代表受访大学生是否认可"双十一"是一种时尚购物活动或潮流；变量univ代表受访大学生所在的大学。

由于这里变量都是虚拟变量，需要用到线性概率模型，具体的理论解释见第8章。为了研究同伴效应对大学生决策的影响，可以在命令窗口输入以下命令：

. probit join peer gender exper fashion univ, cluster(univ)　　　// cluster代表聚类稳健标准误（见表4.14）。

表4.14 二元选择**Probit**模型估计结果

```
Probit regression                          Number of obs    =      2,400
                                           Wald chi2(5)     =    1005.36
                                           Prob > chi2      =     0.0000
Log pseudolikelihood = -1199.3713          Pseudo R2        =     0.1450

                              (Std. Err. adjusted for 86 clusters in univ)
```

join	Coef.	Robust Std. Err.	z	P>|z|	[95% Conf. Interval]	
peer	.6448384	.0947245	6.81	0.000	.4591817	.8304951
gender	.2863378	.0459349	6.23	0.000	.196307	.3763685
exper	1.37971	.1302015	10.60	0.000	1.12452	1.634901
fashion	1.202337	.0903049	13.31	0.000	1.025343	1.379332
univ	-.0017952	.002567	-0.70	0.484	-.0068264	.0032361
_cons	-1.578507	.2485525	-6.35	0.000	-2.065661	-1.091354

如表4.14所示，由于probit线性概率估计的系数不是边际效应（见第8章），还需要使用命令margins计算解释变量对因变量影响的边际效应。

. margins, dydx(_all) post　　　//（见表4.15）。

表4.15 **Probit**模型平均边际效应

```
Average marginal effects                   Number of obs    =      2,400
Model VCE       : Robust

Expression      : Pr(join), predict()
dy/dx w.r.t.    : peer gender exper fashion univ
```

	dy/dx	Delta-method Std. Err.	z	P>|z|	[95% Conf. Interval]	
peer	.181942	.0274067	6.64	0.000	.1282259	.2356582
gender	.0807906	.0134157	6.02	0.000	.0544963	.1070848
exper	.3892871	.0383174	10.16	0.000	.3141864	.4643878
fashion	.3392411	.0224388	15.12	0.000	.2952618	.3832204
univ	-.0005065	.0007214	-0.70	0.483	-.0019203	.0009073

表4.15中，同伴效应peer对受访大学生决策影响的边际效应为0.182。也就是说，平均而言，大学生的室友参加，会使得大学生参加"双十一"活动的概率提高18.2%。

但是这个结果也会存在一些疑问，比如调查数据是不是存在数据巧合问题？刚好那些参加"双十一"活动的大学生，他们的室友都参加了"双十一"活动。或者因为大学生室友参加"双十一"活动的比例高达0.875，这中间有没有可能是一种巧合，或者存在其他因素同时影响了大学和室友的决策行为，导致这种巧合发生。为了进一步验证，可以对数据进行模拟，生成一个均值和标准差都与同伴效应peer相同的随机变量x。与真实的变量peer不同，x是模拟变量且随机分布在每个受访大学生身上。

在do-file中输入以下命令：

. gen x = runiform()

quietly replace x=1 if x>0.125

quietly replace x=0 if x<=0.125

sum x peer　　　//（见表4.16）。

表4.16 描述性统计

Variable	Obs	Mean	Std. Dev.	Min	Max
x	2,400	.8879167	.3155347	0	1
peer	2,400	.875	.3307878	0	1

从表4.16可以看出，伪政策变量x的均值、标准差和同伴效应变量peer非常接近，而且两者均是虚拟变量。说明可以使用模拟生成的x变量，去替代真实的peer变量进行回归估计，看看得到的边际效应是不是和真实边际效应相近？如果是真的相近，那么调查数据可能存在问题，研究的结果和逻辑也有问题。反之，如果不相近，则说明前面的研究结果是有效的。

当然，仅仅模拟一次，也是不能说明任何问题，考虑到我们的真实值有2400个观测值，因此随机模拟2400次，将每一次probit估计的结果和边际效应存在变量beta_x中，这样可以得到2400个边际效应，并将其核密度图画出来，看看其均值附近正负两个标准差（95%区间）是否覆盖了前面估计的真实边际效应。如果覆盖了，则说明前面估计的边际效应可能是一种巧合；如果没有覆盖，则说明前面估计的边际效应至少在95%的水平下是可信的。

在正式模拟之前，需要生成一个变量beta_x，并且令其值为0：

. gen beta_x=0　　　//生成新的beta_x变量，并全部赋值为0

. sum beta_x　　　//（见表4.17）。

表4.17 描述性统计

Variable	Obs	Mean	Std. Dev.	Min	Max
beta_x	2,400	0	0	0	0

从表4.17可以看出，新生成的变量beta_x共有2400个观测值。接下来，使用一个循环程序进行模拟，并将估计的边际效应赋值到beta_x中。在do–file编辑器中输入：

```
forvalues i=1/2400 {
drop x
gen x = runiform()
quietly replace x=1 if x>0.125
quietly replace x=0 if x<=0.125
quietly probit join x gender exper fashion univ, cluster(univ)        // probit模型估计
quietly margins, dydx(_all) post        //计算平均边际效应
quietly replace beta_x = _b[x] in `i'        //将x的系数，也就是平均边际效应，存放
```
在beta_x中第 i 行
```
}
kdensity beta_x, xline(0.182, lwidth(vthin) lp(shortdash)) xlabel(-0.2(0.05)0.2)
```
//xlabel()用于界定 x 轴的范围从 –0.2~0.2，间隔为0.05（见图4.8）。

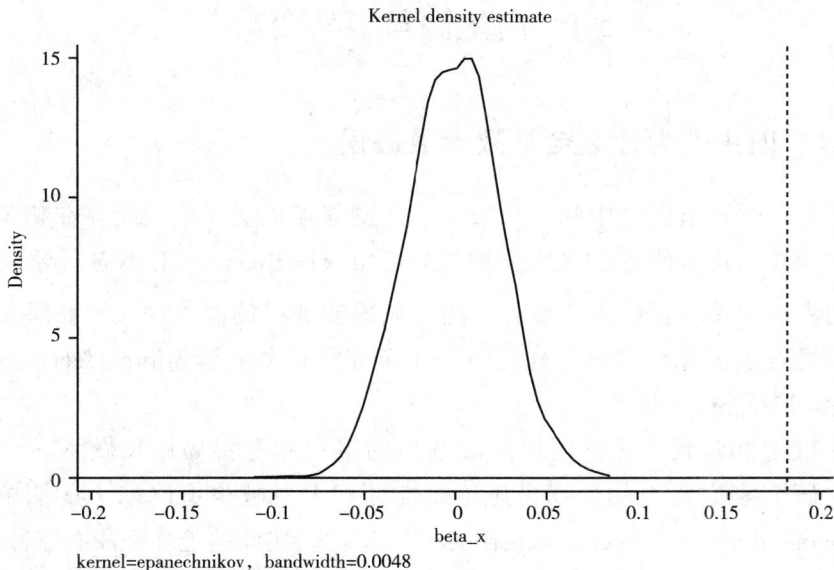

Kernel density estimate

kernel=epanechnikov，bandwidth=0.0048

图4.8　蒙特卡罗模拟反事实估计结果

从图4.8可以看出，蒙特卡罗随机模拟估计的边际效应，在均值附近正负两个标准差内没有覆盖真实的边际效应（0.182）。因而可以认为，至少前面估计的真实边际效应在95%的水平下是可信的。

第5章　线性工具变量回归

第4章分析表明，大样本不能解决模型中存在的内生性问题，而工具变量法可以很好地解决这个问题，该方法起源于赖特（Wright）在20世纪20年代的一项研究。在一个黄油需求的价格弹性模型中，他将路径分析引入统计学，巧妙地运用外生供给冲击（天气通过影响植物生长进而影响黄油价格）作为黄油价格变化的工具变量，从而识别了黄油需求的价格弹性，开启了关于因果分析的"篇章"。本章将对工具变量法的发展和应用展开分析。

5.1　内生性与工具变量

5.1.1　内生性为什么会导致参数偏误

内生性一般是指模型中的一个或多个变量与随机扰动项之间存在相关性，即 $\text{cov}(x_i, u_i) \neq 0$，从而使得OLS的关键假定 $E(u|x) = E(u) = 0$ 不成立。导致这种相关性的因素有很多，比如缺失变量、测度偏误和选择偏误等。为了加深大家对于内生性问题这一概念的理解，先通过一个**不完全依从实验（imperfect compliance experiment）**来进行说明。

在20世纪80年代，美国明尼阿波利斯的市长和警察局局长做了一个开创性的实验，研究家庭暴力的处罚措施（柔性处理）对减少家庭暴力的影响MDVE（minneapolis domestic violence experiment）实验[①]。实验的处理手段有三种：逮捕、警告和隔离，其中逮捕属于惩罚措施较为严厉的手段，警告和隔离属于柔性处理手段。该实验的目的是考察家庭暴力案发生后，在经过警察柔性处理之后的半年内，同一家庭是否还会再次发生家庭暴力案。实验过程中，警察在接到家庭暴力的报案之后，出发前会随机领一张处罚措施卡，不同的颜色代表不同的处罚手段，所有参

---

①　Lawrence W., Sherman and Richard A. Berk.The Specific Deterrent Effects of Arrest for Domestic Assault[J]. American Sociological Review, 1984,49(2): 261–272.

与实验的警察都是自愿的。

假设处理变量 $D_i = 1$ 表示柔性处理。如果警察严格按照卡片的颜色进行处罚，那么实验的结果就是可靠的（因为卡片是随机发放的），可以直接用结果变量（Y_i 代表半年内是否再次发生家庭暴力）对处罚措施 D_i 进行回归估计，得到无偏的处理效应。但是，警察毕竟是人，他会受到家庭暴力案情轻重的影响，对受害人产生同情。在家庭暴力案中，如果警察出警之后，发现受害人受伤严重（或者施暴者比较激动，甚至挑衅警察），尽管抽到的是柔性处理（警告或隔离），他也有可能采取逮捕的方式处理。也有可能，警察出警之后，发现家庭暴力案并不是很严重（只是发生口角），警察虽然抽到了逮捕处理方式，他也有可能会采取柔性处理。在不完全依从实验中，因为参与实验的警察有一定的自由裁量权，导致结果变量和解释变量之间产生了自我选择的偏误。如果直接将结果变量对解释变量 D_i 进行回归，就可能会**低估柔性处理**对减少家庭暴力的影响。为什么呢？

在这个案例中，如果将每次出警看成是一次独立的事件，可以将每次出警的警察划分为四类：

（1）总是接受者（always takers）。无论抽到什么颜色的卡，警察都会选择对施暴者进行柔性处理（隔离或警告），即代表永远接受处理的个体。这类警察可能是"和事佬"，本着"大事化小、小事化了"的宽大处理原则。

（2）总是拒绝者（never takers）。无论他抽到什么颜色的卡，警察都会选择对施暴者进行逮捕，即代表永远不接受处理的个体。这类警察可能是"狂暴者"，他们疾恶如仇，也有可能是特别讨厌家庭施暴者。

（3）依从者（compliers）。如果随机抽到柔性处理的卡片，警察就采取柔性处理的措施。如果随机抽到逮捕的卡片，警察就采取逮捕的措施。

（4）叛逆者（defiers）。随机抽到逮捕处理的方式，偏要采取柔性的方式处理。随机抽到柔性处理的方式，偏要采取逮捕的方式处理。这类警察个体一般很少出现。

显然，MDVE实验的本意是要分析第三类依从者的表现对结果变量的影响。但是，如果直接使用结果变量对处理变量进行回归估计，则可能会包含其他三类警察的处理方式（尽管第四类叛逆者很少出现），从而低估柔性处理对减少家庭暴力的影响。因为有的警察本来随机抽到的是柔性处理，但是赶到现场之后，发现施暴者态度非常嚣张，就可能临时改变主意，采取了拘捕的方式处理（即总是拒绝者，MDVE实验中总是拒绝者大约占比20%），从而可能激化家庭矛盾。因为家庭施暴者被拘捕了，他可能会更加觉得没面子，半年内可能会再次施暴，家庭暴力犯罪率会上升。但是，他本来是应该被柔性处理，并且半年内可能不会再犯案的（经验表明，柔性处理的那些嫌疑人，再次犯罪的可能性会更低）。就因为总是拒绝者的这种自我选择和偏见，导致柔性处理措施没有得到很好的贯彻。从而直接使用结果变量对处理变量进行估计时，就会低估柔性处理对减少家庭暴力影响的处理效应。

特别需要注意的是，以上分析过程中，本来也应该考虑总是接受者的影响，但因为在MDVE实验中，随机抽到逮捕命令的，98.9%的警察都会执行逮捕命令，选择柔性处理的只有1.1%，说明总是接受者的比例是1.1%，对处理效应影响较小。所以不单独做分析，但是在计算局部平均处理效应时，也会自动将这种效应纳入进来。

对于这种不完全依从实验而言，由自我选择（自作聪明）所产生的内生性问题，可以使用工具变量法来解决。具体而言，可以使用随机抽卡 Z_i 做为工具变量。当 $Z_i = 1$ 时，代表抽到的是柔性处理卡片；当 $Z_i = 0$ 时，代表抽到的是逮捕处理卡片。当工具变量是二值虚拟变量，并且内生解释变量（处理变量）也是二值虚拟变量时。工具变量局部平均处理效应估计可以采用两步法进行估计。

第一步，利用工具变量估计处理变量：

$$D_i = \mathbf{X}_i \boldsymbol{\delta} + \varphi Z_i + w_i$$

其中，$\mathbf{X}_i$ 代表控制变量，Z_i 代表工具变量（随机抽卡），w_i 代表干扰项。这一步相当于是利用工具变量做模糊"断点"（详见第10章模糊断点），当工具变量取值为1时，处理变量以一定的概率取值为1。警察出警前，随机抽到的是柔性处理（$Z_i = 1$），但出警后不一定会选择柔性处理（D_i 不一定取值为1）。这里估计系数 φ 就代表了接受处理的概率。

第二步，不同于两阶段最小二乘估计（见下一节），可以利用简约式（reduced form），直接将工具变量与结果变量进行回归估计：

$$Y_i = \mathbf{X}_i \boldsymbol{\gamma} + \rho Z_i + \varepsilon_i$$

其中，Y_i 是结果变量（在警察出警之后，同一家庭半年内是否再次发生家庭暴力）。那么该简约式的估计系数 ρ 实际考察的是"断点"两侧家庭暴力再次发生的比率有多大的差异。可以证明，工具变量估计的局部平均处理效应（local average treatment effect）：

$$\hat{\beta}_{\text{LATE}} = \frac{E[Y_i | Z_i = 1] - E[Y_i | Z_i = 0]}{E[D_i | Z_i = 1] - E[D_i | Z_i = 0]} = \frac{\rho}{\varphi}$$

读者可以采用两步法验证，工具变量的局部平均处理效应和工具变量2SLS估计结果近似相等。造成模型产生内生性问题的原因有很多：

（1）遗漏变量。 遗漏变量是指存在同时影响Y和X的因素没有被我们考虑到。如果是不随时间变化的固定因素，则面板数据固定效应OLS可以得到无偏估计。但如果是随时间变化的缺失变量，则固定效应OLS估计结果也会产生偏误。

（2）测度偏误。 如果缺失变量能够准确找到一个代理变量来测度，那么OLS估计结果仍然是无偏的。但是如果代理变量不能很好地代表缺失变量，例如用IQ代理能力进行回归（能力很难仅凭IQ测度），则OLS估计结果仍然是有偏的。

（3）选择偏误。 如果接受处理的个体选择不是随机的，就会产生样本选择偏差。例如，评价医生手术成功率的案例中，医生会选择患者，患者也会选择医生。简单使用OLS进行回归，会高估医生的手术技能和成功率。

当然，本章所列举的只是引起模型产生内生性问题的部分原因。还有很多其他的因素，也会导致模型估计产生内生性问题。

5.1.2　两阶段最小二乘法（2SLS）

工具变量法是计量经济学中常用的一种方法。OLS成立的前提假设中，最重要的一个条件便是解释变量与扰动项不相关，而当解释变量（处理变量）与扰动项存在相关性时，采用工具变量法能使得模型估计的结果具有一致性。

在计量经济学中，把与扰动项相关的解释变量称为内生变量（处理变量）；而把与扰动项无关的变量称为外生变量。工具变量必须是外生变量，且工具变量必须至少满足以下三个条件：**（1）外生性**：工具变量必须独立于模型的任何一个变量，比如随机生成、抽签决定、历史原因造就、自然因素导致或者干脆由"老天爷"决定。**（2）单调性**：工具变量与内生解释变量（处理变量）相关且满足单调性，可以正相关也可以负相关（但一般为正相关）。并且这种单调性是单向的，只能是工具变量影响内生解释变量，不能反过来。**（3）排他性**：工具变量Z影响因变量y的唯一途径，就是通过内生解释变量X（或内生处理变量）来间接影响y，而不能越过解释变量直接影响y。

假设考虑这样一个模型，即因变量是y，解释变量是X，但是存在某种因素使得解释变量X与扰动项u相关：

$$\mathbf{y} = \mathbf{X}\boldsymbol{\beta} + \mathbf{u}, \qquad \mathrm{cov}(\mathbf{X}, \mathbf{u}) \neq 0 \tag{5-1}$$

为了处理内生性问题，假设现在找到了一个外生变量Z，它同时满足外生性、单调性和排他性。如图5.1所示：

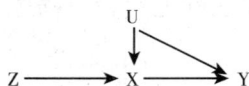

图5.1　工具变量

如果是简单工具变量估计（非两阶段最小二乘估计，简单IV估计只有一个工具变量），根据工具变量的矩条件 $\mathrm{E}(\mathbf{Z}'\mathbf{u}) = 0$，将 $\mathbf{u}$ 替换为 $\mathbf{y} - \mathbf{X}\boldsymbol{\beta}$，可得：

$$\mathrm{E}[\mathbf{Z}'\mathbf{y}] - \mathrm{E}[\mathbf{Z}'\mathbf{X}]\boldsymbol{\beta} = \mathbf{0}$$

根据OLS估计原理，可以得到简单IV估计量为：

$$\hat{\boldsymbol{\beta}}_{\mathrm{IV}} = (\mathbf{Z}'\mathbf{X})^{-1}\mathbf{Z}'\mathbf{y}$$

如果是两阶段最小二乘估计（two-stage least squares，2SLS）。假定**第k个变量** x_k 与u相关，其他的解释变量与u都不相关。并且存在 l（$l \geq 1$）个工具变量 $z_1, z_2, \cdots, z_l$ 都与 x_k 相关，但与u不相关。则**第一阶段**估计：

$$x_k = \delta_1 x_1 + \delta_2 x_2 + \cdots + \delta_{k-1} x_{k-1} + \theta_1 z_1 + \cdots + \theta_l z_l + w$$

从而有：

$$\hat{x}_k = \hat{\delta}_1 x_1 + \hat{\delta}_2 x_2 + \cdots + \hat{\delta}_{k-1} x_{k-1} + \hat{\theta}_1 z_1 + \cdots + \hat{\theta}_l z_l$$

令 $\mathbf{Z} = (x_1, \cdots, x_{k-1}, z_1, \cdots, z_l)$，$\gamma = (\delta_1, \cdots, \delta_{k-1}, \theta_1, \cdots, \theta_l)'$，则有

$$x_k = \mathbf{Z}\gamma + w$$

根据OLS估计原理：

$$\hat{\gamma} = (\mathbf{Z}'\mathbf{Z})^{-1} \mathbf{Z}' x_k$$

所以：

$$\hat{x}_k = \mathbf{Z}\hat{\gamma} = \mathbf{Z}(\mathbf{Z}'\mathbf{Z})^{-1} \mathbf{Z}' x_k$$

由此，可以得到第一阶段回归定义的工具变量为：

$$\hat{\mathbf{X}} = \mathbf{Z}(\mathbf{Z}'\mathbf{Z})^{-1} \mathbf{Z}' \mathbf{X} \tag{5-2}$$

第二阶段。用 $\mathbf{P_Z}$ 表示投影矩阵 $\mathbf{Z}(\mathbf{Z}'\mathbf{Z})^{-1} \mathbf{Z}'$，则 $\hat{\mathbf{X}} = \mathbf{P_Z}\mathbf{X}$，将 $\hat{\mathbf{X}}'$ 同时左乘式（5-1）两边可得：

$$\hat{\mathbf{X}}'y = \hat{\mathbf{X}}'\mathbf{X}\boldsymbol{\beta} + \hat{\mathbf{X}}'u$$

由于 $\mathbf{E}(\hat{\mathbf{X}}'u) = 0$，所以有：

$$\hat{\mathbf{X}}'y = \hat{\mathbf{X}}'\mathbf{X}\boldsymbol{\beta}$$

根据最小二乘法原理：

$$\hat{\boldsymbol{\beta}}_{2SLS} = (\hat{\mathbf{X}}'\mathbf{X})^{-1} \hat{\mathbf{X}}'y = \{\mathbf{X}'\mathbf{Z}(\mathbf{Z}'\mathbf{Z})^{-1}\mathbf{Z}'\mathbf{X}\}^{-1} \{\mathbf{X}'\mathbf{Z}(\mathbf{Z}'\mathbf{Z})^{-1}\mathbf{Z}'y\} = (\mathbf{X}'\mathbf{P_Z}\mathbf{X})^{-1} \mathbf{X}'\mathbf{P_Z}y$$

如果令 $\mathbf{W} = (\mathbf{Z}'\mathbf{Z})^{-1}$，那么 $\mathbf{W}$ 实际上代表的就是权重，所以最小二乘估计量可以转写为：

$$\hat{\boldsymbol{\beta}}_{2SLS} = (\mathbf{X}'\mathbf{Z}\mathbf{W}\mathbf{Z}'\mathbf{X})^{-1} \mathbf{X}'\mathbf{Z}\mathbf{W}\mathbf{Z}'y$$

估计参数 $\hat{\boldsymbol{\beta}}_{2SLS}$ 的方差为：

$$\mathbf{Var}\left[\hat{\boldsymbol{\beta}}_{2SLS}\right] = \hat{\sigma}^2 \{\mathbf{X}'\mathbf{Z}\mathbf{W}\mathbf{Z}'\mathbf{X}\}^{-1}$$

其中：

$$\hat{\sigma}^2 = \frac{\hat{u}'\hat{u}}{N}, \qquad \hat{\mathbf{u}} = y - \mathbf{X}\hat{\boldsymbol{\beta}}_{2SLS}$$

如果只有1个内生解释变量，并且当 $l = 1$ 时，2SLS即为恰好识别工具变量估计。

那么 $\mathbf{X'Z}$ 就是 $k\times k$ 阶矩阵，从而有 $\mathbf{X'Z}=\mathbf{Z'X}$，从而 $\hat{\boldsymbol{\beta}}_{2SLS}$ 可以展开为：

$$\hat{\boldsymbol{\beta}}_{2SLS}=(\mathbf{Z'X})^{-1}\left[\mathbf{W}^{-1}(\mathbf{X'Z})^{-1}\mathbf{X'ZW}\right]\mathbf{Z'y}=(\mathbf{Z'X})^{-1}\mathbf{Z'y}=\hat{\boldsymbol{\beta}}_{IV}$$

即两阶段最小二乘估计量 $\hat{\boldsymbol{\beta}}_{2SLS}$ 等价于简单IV估计量 $\hat{\boldsymbol{\beta}}_{IV}$。但是，当 $l>1$ 时，2SLS即为过度识别工具变量估计，$\mathbf{X'Z}$ 则是 $k\times(k-1+1)$ 阶矩阵，从而有 $\mathbf{X'Z}\neq\mathbf{Z'X}$，那么 $\hat{\boldsymbol{\beta}}_{2SLS}\neq\hat{\boldsymbol{\beta}}_{IV}$。可以证明，在一定假设下，2SLS是最有效的IV估计量。

实际上，根据上式可以直接用 $\mathbf{X}$，$\mathbf{Z}$，$\mathbf{y}$ 的数据来"一次"计算 $\hat{\boldsymbol{\beta}}_{2SLS}$。那么为什么要使用"两阶段"最小二乘法这个名称呢？这主要是为了教学方便，在实际应用中，绝对不能像前面那样真的分两步手动计算。假如真的分两步计算，首先在第一阶段产生一个预测值 $\hat{\mathbf{X}}$，然后再用 $\hat{\mathbf{X}}$ 在第二阶段进行回归，则得到的残差是不正确的：

$$\hat{\mathbf{u}}=\mathbf{y}-\hat{\mathbf{X}}\hat{\boldsymbol{\beta}}_{2SLS}$$

正确的残差应该是：

$$\hat{\mathbf{u}}=\mathbf{y}-\mathbf{X}\hat{\boldsymbol{\beta}}_{2SLS}$$

以赖特（Wright，1934）的研究为例，假设要识别黄油需求的价格弹性。以需求增长率作为因变量，黄油价格变化作为解释变量。那么直接使用需求增长率对黄油价格变化进行回归，能准确识别黄油需求的价格弹性吗？不能！因为需求增长率与黄油价格变化之间存在双向因果关系。为了解决这个问题，赖特（1934）采用了天气作为外生工具变量。因为对于黄油需求增长率而言，天气不会直接影响需求，只能通过影响植物生长来影响供给，从而引起黄油价格的变化，间接影响需求增长率。遗憾的是，我们没有收集到相关的数据。接下来以美国的一个员工医疗支出数据mus06data.dta为例[①]：

. use mus06data.dta, clear

. sum ldrugexp hi_empunion female marry linc totchr black age educyr 　　//（见表5.1）。

表5.1　　　　　　　　　　　　　　描述性统计

Variable	Obs	Mean	Std. Dev.	Min	Max
ldrugexp	10,391	6.479668	1.363395	0	10.18017
hi_empunion	10,391	.3796555	.4853245	0	1
female	10,391	.5797325	.4936256	0	1
marry	10,391	.5638533	.4959299	0	1
linc	10,089	2.743275	.9131433	-6.907755	5.744476
totchr	10,391	1.860745	1.290131	0	9
black	10,391	.0997017	.2996162	0	1
age	10,391	75.04639	6.69368	65	91
educyr	10,391	11.75383	3.272046	0	17

① 科林卡梅伦，普拉温·K.特里维迪.用STATA学微观计量经济学［M］.肖光恩，等译.重庆：重庆大学出版社，2009.

表5.1中，变量ldrugexp代表员工医疗支出的对数值；变量hi_empunion代表工会/企业是否为其购买了保险，取值为1代表购买了保险，取值为0代表没有购买保险；变量female代表性别，取值为1代表女性，反之为男性；变量marry代表婚姻状态，取值为1代表已婚；变量linc代表收入的对数值；变量totchr代表员工所患慢性病数量；变量black代表员工是否为黑人；变量age代表年龄；变量educyr代表受教育年限。需要特别注意的是，这里的变量linc的观测值数量比其他变量少了302个观测值。

如果要研究的问题是：工会/企业为员工购买医疗保险是否有助于降低员工的医疗支出？目的在于分析这里面是否存在道德风险问题，即工人是否会因为购买了医疗保险而更多地增加医疗支出[①]。根据前文的分析，可以建立员工医疗支出与购买保险之间的线性关系，并且进行OLS回归估计：

. reg ldrugexp hi_empunion female marry linc totchr black age educyr   // （见表5.2）。

表5.2   OLS估计结果

Source	SS	df	MS		
				Number of obs =	10,089
				F(8, 10080) =	269.20
Model	3294.60731	8	411.825914	Prob > F =	0.0000
Residual	15420.5089	10,080	1.52981239	R-squared =	0.1760
				Adj R-squared =	0.1754
Total	18715.1162	10,088	1.85518599	Root MSE =	1.2369

ldrugexp	Coef.	Std. Err.	t	P>|t|	[95% Conf. Interval]
hi_empunion	.0768582	.0264811	2.90	0.004	.0249501 .1287664
female	.0569425	.0265101	2.15	0.032	.0049774 .1089077
marry	-.0062228	.0276554	-0.23	0.822	-.0604329 .0479872
linc	.0111095	.0145203	0.77	0.444	-.0173532 .0395721
totchr	.4405803	.009611	45.84	0.000	.4217408 .4594198
black	-.1118358	.0422776	-2.65	0.008	-.1947083 -.0289633
age	-.0029657	.0019383	-1.53	0.126	-.0067652 .0008338
educyr	.0043889	.0040864	1.07	0.283	-.0036213 .0123991
_cons	5.75395	.1679323	34.26	0.000	5.424769 6.083131

表5.2的结果说明，企业或者工会为员工购买医疗保险，会导致员工医疗支出显著增加。但是，这样的结果并不是可信的，因为模型存在内生性问题（双向因果关系），导致估计系数产生偏差：工会/企业为员工购买了医疗保险，员工因为道德风险可能会增加医疗支出；员工的医疗支出越高，工会或企业越有激励为员工购买医疗保险。

那么怎么处理内生性问题呢？根据前文介绍的两阶段工具变量法，可以寻找一个工具变量，比如企业规模（firmsz）。员工所在的企业规模不会直接影响员工的医疗支出，但是规模越大的企业其工会组织越强，越倾向于为员工购买医疗保险，进而间接影响医疗支出（这个理由很牵强，但是这里仅仅是为了展示工具变量法的使用过程）。

① 所谓道德风险，是指在信息不对称条件下，不确定或不完全合同使得负有责任的经济行为主体不承担其行动的全部后果，在最大化自身效用的同时，做出不利于他人行动的现象。1963年美国数理经济学家阿罗将此概念引入到经济学中来，指出道德风险是个体行为由于受到保险的保障而发生变化的倾向。是一种客观存在的，相对于逆向选择的事后机会主义行为，是交易的一方由于难以观测或监督另一方的行动而导致的风险。

根据两阶段最小二乘法的原理，第一阶段先使用变量hi_empunion对企业规模firmsz进行估计：

. reg hi_empunion firmsz female marry linc totchr black age educyr   //（见表5.3）。

表5.3 第一阶段估计

Source	SS	df	MS		
				Number of obs =	10,089
				F(8, 10080) =	117.19
Model	202.707131	8	25.3383914	Prob > F =	0.0000
Residual	2179.53571	10,080	.216223781	R-squared =	0.0851
				Adj R-squared =	0.0844
Total	2382.24284	10,088	.236146197	Root MSE =	.465

hi_empunion	Coef.	Std. Err.	t	P>|t|	[95% Conf. Interval]	
firmsz	.0065308	.002135	3.06	0.002	.0023458	.0107158
female	-.0407022	.0099587	-4.09	0.000	-.0602231	-.0211812
marry	.1215636	.0103264	11.77	0.000	.1013219	.1418054
linc	.0677769	.0054176	12.51	0.000	.0571573	.0783965
totchr	.0146647	.0036104	4.06	0.000	.0075875	.0217419
black	.0296728	.0158919	1.87	0.062	-.0014785	.0608241
age	-.0067653	.0007257	-9.32	0.000	-.0081882	-.0053424
educyr	.0177314	.0015261	11.62	0.000	.0147398	.0207229
_cons	.4188377	.0630167	6.65	0.000	.2953123	.542363

然后，对模型进行样本内预测，即计算变量hi_empunion的拟合值：

. predict hi_empunion_hat

第二阶段，使用医疗支出ldrugexp对工会为员工购买医疗保险的拟合值变量hi_empunion_hat进行回归估计：

. reg ldrugexp hi_empunion_hat female marry linc totchr black age educyr   //（见表5.4）。

表5.4 第二阶段估计

Source	SS	df	MS		
				Number of obs =	10,089
				F(8, 10080) =	269.92
Model	3301.82008	8	412.72751	Prob > F =	0.0000
Residual	15413.2961	10,080	1.52909684	R-squared =	0.1764
				Adj R-squared =	0.1758
Total	18715.1162	10,088	1.85518599	Root MSE =	1.2366

ldrugexp	Coef.	Std. Err.	t	P>|t|	[95% Conf. Interval]	
hi_empunion_hat	-3.151908	.8693541	-3.63	0.000	-4.856015	-1.4478
female	-.0737394	.0440386	-1.67	0.094	-.1600639	.012585
marry	.3867458	.1093133	3.54	0.000	.17247	.6010215
linc	.230925	.0609136	3.79	0.000	.1115222	.3503278
totchr	.4876726	.0159045	30.66	0.000	.4564965	.5188486
black	-.0169	.0493898	-0.34	0.732	-.1137139	.079914
age	-.0250299	.0062463	-4.01	0.000	-.0372739	-.0127859
educyr	.0616145	.0159337	3.87	0.000	.0303814	.0928477
_cons	7.123279	.4049672	17.59	0.000	6.329463	7.917096

表5.4中，道德风险问题不存在了，企业和工会为员工购买医疗保险确实可以显著降低员工的医疗支出。

上述估计中，是分阶段做的工具变量两阶段最小二乘法，其结果和使用下面的工具变量回归命令（ivregress）在标准误和显著性水平方面有很大区别。命令ivregress的语法结构为：

. ivregress estimator depvar [varlist1] (varlist2 = varlist_iv) [if] [in] [weight] [, options]

其中，估计子estimator是必选项，它包含两阶段最小二乘法2sls（two-stage least squares）、有限信息极大似然估计liml（limited-information maximum likelihood）和广义矩估计gmm（generalized method of moments）三种方法；depvar是因变量；varlist1是外生控制变量；varlist2是内生变量；varlist_iv是工具变量。以数据mus06data.dta为例：

. ivregress 2sls ldrugexp (hi_empunion=firmsz) female marry linc totchr black age educyr   //（见表5.5）。

表5.5 　　　　　　　　　　**工具变量两阶段最小二乘法（2SLS）估计**

```
Instrumental variables (2SLS) regression          Number of obs   =      10,089
                                                  Wald chi2(8)    =      872.89
                                                  Prob > chi2     =      0.0000
                                                  R-squared       =           .
                                                  Root MSE        =      1.9449
```

ldrugexp	Coef.	Std. Err.	z	P>|z|	[95% Conf. Interval]	
hi_empunion	-3.151908	1.367342	-2.31	0.021	-5.831848	-.4719674
female	-.0737394	.069265	-1.06	0.287	-.2094963	.0620175
marry	.3867458	.1719306	2.25	0.024	.049768	.7237235
linc	.230925	.0958064	2.41	0.016	.0431479	.4187021
totchr	.4876726	.025015	19.50	0.000	.438644	.5367011
black	-.0169	.0776816	-0.22	0.828	-.169153	.1353531
age	-.0250299	.0098243	-2.55	0.011	-.0442852	-.0057746
educyr	.0616145	.0250609	2.46	0.014	.0124961	.110733
_cons	7.123279	.6369425	11.18	0.000	5.874895	8.371664

工具变量分两阶段估计与两阶段最小二乘估计相比较，估计系数是一样的。但如前所述，标准误之间有很大差异，从而导致显著性水平也有所差异。这主要是前文介绍的，两阶段最小二乘法名义上是两阶段（这只是一种形象的说法），但是不能真的分两阶段来做，否则得到的残差就是错误的，计算的参数标准误也不准确。不过，也要认识到，在教材里面分两阶段去实现，虽然结果有偏差，但可以帮助我们更好地理解两阶段最小二乘法。

此外，也可以采用工具变量局部平均处理效应的两步法计算（这种方法一般适用于处理变量和工具变量都是虚拟变量的情况，此处仅用于展示方法）。第一步，先使用结果变量ldrugexp对工具变量firmsz进行回归，并控制其他变量：

. reg ldrugexp firmsz female marry linc totchr black age educyr 　　　//（见表5.6）。

表5.6　　　　　　　　　　　　　**工具变量局部平均处理效应第一步**

Source	SS	df	MS		
				Number of obs =	10,089
				F(8, 10080) =	269.92
Model	3301.82008	8	412.72751	Prob > F =	0.0000
Residual	15413.2961	10,080	1.52909684	R-squared =	0.1764
				Adj R-squared =	0.1758
Total	18715.1162	10,088	1.85518599	Root MSE =	1.2366

ldrugexp	Coef.	Std. Err.	t	P>|t|	[95% Conf. Interval]	
firmsz	-.0205844	.0056776	-3.63	0.000	-.0317136	-.0094553
female	.05455	.026483	2.06	0.039	.002638	.106462
marry	.0035885	.0274608	0.13	0.896	-.0502402	.0574171
linc	.0172985	.014407	1.20	0.230	-.010942	.0455391
totchr	.4414507	.0096012	45.98	0.000	.4226304	.460271
black	-.1104259	.0422612	-2.61	0.009	-.1932663	-.0275856
age	-.0037063	.0019303	-1.92	0.055	-.0074901	.0000775
educyr	.0057269	.0040584	1.41	0.158	-.0022284	.0136823
_cons	5.803142	.1675797	34.63	0.000	5.474652	6.131631

第二步，使用内生变量对工具变量进行回归估计：

. reg hi_empunion firmsz female marry linc totchr black age educyr 　　　//（见表5.7）。

表5.7　　　　　　　　　　　　　**工具变量局部平均处理效应第二步**

Source	SS	df	MS		
				Number of obs =	10,089
				F(8, 10080) =	117.19
Model	202.707131	8	25.3383914	Prob > F =	0.0000
Residual	2179.53571	10,080	.216223781	R-squared =	0.0851
				Adj R-squared =	0.0844
Total	2382.24284	10,088	.236146197	Root MSE =	.465

hi_empunion	Coef.	Std. Err.	t	P>|t|	[95% Conf. Interval]	
firmsz	.0065308	.002135	3.06	0.002	.0023458	.0107158
female	-.0407022	.0099587	-4.09	0.000	-.0602231	-.0211812
marry	.1215636	.0103264	11.77	0.000	.1013219	.1418054
linc	.0677769	.0054176	12.51	0.000	.0571573	.0783965
totchr	.0146647	.0036104	4.06	0.000	.0075875	.0217419
black	.0296728	.0158919	1.87	0.062	-.0014785	.0608241
age	-.0067653	.0007259	-9.32	0.000	-.0081882	-.0053424
educyr	.0177314	.0015261	11.62	0.000	.0147398	.0207229
_cons	.4188377	.0630167	6.65	0.000	.2953123	.542363

根据工具变量局部处理效应的计算公式：

$$\hat{\beta}_{LATE} = \frac{E[Y_i|Z_i=1] - E[Y_i|Z_i=0]}{E[D_i|Z_i=1] - E[D_i|Z_i=0]} = \frac{\rho}{\varphi} = \frac{-0.0205844}{0.0065308} = -3.1519$$

　　事实上，使用工具变量法的前提是存在有效的工具变量。如果工具变量不满足**外生性，则分子 ρ 会比较大；如果工具变量是一个弱工具变量，则分母 φ 会很小。最后，估计出来的 $\hat{\beta}_{LATE}$ 就会很大。这还不是最严重的，如果工具变量不满足排他性，则估计出来的 $\hat{\beta}_{LATE}$ 就是错误的。**

　　如何能够寻找到一个合适的工具变量呢？一般可以分为三步。（1）列出与内生

解释变量x相关的尽可能多的变量。（2）从这些变量中剔除与扰动项相关的变量。（3）最后是有关工具变量的相关检验命令。

. estat endogenous [varlist] [, lags(#) forceweights forcenonrobust]   //解释变量内生性检验，如果所有统计量都显著，则说明解释变量是内生的，应该使用工具变量估计方法。选项lags(#)用于指定滞后阶数，计算异方差自相关（HAC）内生性检验得分，默认是滞后1阶；当回归估计中使用了加权方法时，则需要使用forceweights选项。选项forcenonrobust要求在2SLS估计之后执行Durbin和Wu-Hausman检验，且该选项只有在2SLS估计之后才能使用

. estat firststage, all forcenonrobust   //检验弱工具变量。选项all要求报告所有第一阶段拟合优度统计数据。默认情况下，如果模型包含一个内生回归量，则报告第一阶段R^2、调整后R^2、偏R^2和F统计量，而如果模型包含多个内生回归量，则报告Shea的偏R^2和调整后的偏R^2

. estat overid [, lags(#) forceweights forcenonrobust]   //过度识别约束检验。如果所有统计量显著，则说明工具变量无效。如果使用2SLS估计量，则报告桑格（Sargan，1958）和巴斯曼（Basmann，1960）卡方检验统计量，以及伍德里奇（Wooldridge，1995）稳健得分检验统计量；如果使用LIML估计量，则报告安德森和鲁宾（Anderson and Rubin，1950）的卡方检验和Basmann的F检验统计量；如果使用GMM估计量，则报告汉森（Hansen，1982）J统计量卡方检验

5.1.3　Bartik工具变量法

Bartik工具变量法也称为**Bartik份额移动工具变量（Shift–Share IV，SSIV），或者加总水平的IV**。最早由巴蒂克（Bartik，1991）提出，奥托尔（Autor，2013）、阿西莫格鲁（Acemoglu，2021）、格雷厄姆和马克里迪斯（Graham and Makridis，2023）从不同角度进行了改进和应用。考虑Bartik模型的经典设定，即劳动供给弹性的识别：

$$w_i = \beta \cdot labor_i + \mathbf{X}_i' \boldsymbol{\gamma} + \varepsilon_i$$

其中，$i = 1, 2, 3, \cdots, L$，代表L个地区，w_i代表第i个地区的工资增长率；$labor_i$代表第i个地区的劳动就业增长率（处理变量）；β代表我们感兴趣的劳动供给弹性；$\mathbf{X}_i'$代表包含常数在内的外生地区控制变量；ε_i是干扰项，代表其他不可观测变量。

显然，该模型存在内生性问题，因为存在反向因果关系，地区工资增长率w_i会影响地区劳动就业增长率$labor_i$。要解决模型存在的内生性问题，就必须寻找一个工具变量，"斩断"地区工资增长率w_i对地区劳动就业增长率$labor_i$的反向影响。为了构造这样一个工具变量，可以将地区劳动就业增长率$labor_i$分解为第一个恒等式：

$$labor_i \equiv \sum_{j=1}^{k} z_{ij} \cdot labor_{ij}$$

其中，z_{ij}代表第i个地区第j个行业的劳动就业份额（也称为冲击暴露份额），$labor_{ij}$代表第i个地区第j个行业的劳动就业增长率。对$labor_{ij}$进一步分解可得第二个恒等式：

$$labor_{ij} \equiv labor_j + u_{ij}$$

其中，$labor_j$代表第j个行业的全国平均劳动就业增长率；u_{ij}反映了地区行业劳动就业增长率对全国行业增长率的偏差，代表行业以外的不可观测冲击。由于地区行业劳动就业增长率会反向影响全国行业增长率，直接使用全国行业平均劳动就业增长率作为$labor_{ij}$的工具变量并不合适。

劳动市场均衡是由供求关系决定的，对于劳动的供给弹性而言，可以使用需求冲击（需求曲线的移动）来做工具变量。因为劳动就业供给端的冲击，会直接影响因变量（工资增长率）。因而，只需要构建一个能够反映行业劳动需求冲击的工具变量，就可以"斩断"地区工资增长率w_i对地区劳动就业增长率$labor_i$的反向影响。例如，可以使用第j个行业的进口产品关税税率做行业需求冲击的代理变量，从而构建一个基于需求端的外生工具变量：

$$BartikIV_i \equiv \sum_{j=1}^{k} z_{ij} \cdot g_j$$

即用第i个地区第j个行业的就业市场份额z_{ij}乘以该行业的进口产品关税税率，再累计求和。进口产品关税税率的大小，主要是通过对国内产品形成替代，从行业劳动需求端影响劳动市场均衡，间接影响劳动工资率。并且，由于每个地区的行业份额或结构都不一样，全国行业关税税率变化对不同地区的影响存在差异。

由此构建的Bartik工具变量与内生变量$labor_i$之间存在直接关联，满足相关性假设；同时，Bartik工具变量是需求端的冲击，只能通过地区劳动就业增长率间接影响地区工资增长率，满足排他性假设。但为了确保工具变量估计结果是一致的，还需施加外生性假设：

$$E\left(\varepsilon_i \mid z_{i1}, z_{i2}, \cdots, z_{ik}; \mathbf{X}_i\right) = 0$$

如果是面板数据，为了避免暴露份额z_{ij}的内生性问题，则使用第一期（或更早期）各地区各行业的份额乘以样本期内历年的行业关税税率构建工具变量。

使用Bartik工具变量时，有三点需要注意：（1）对于以上劳动的供给弹性识别模型而言，关税税率本身就是一个外生变量，也可以直接使用2SLS进行估计，但该变量的相关性比较弱，因为关税税率是全国层面的指标，而解释变量是地区层面的指

标，估计结果可能会出现比较大的偏差（见本书弱工具变量检验部分）。（2）原则上只要确保条件 $E(\varepsilon_i | z_{i1}, z_{i2}, \cdots, z_{ik}; \mathbf{X}_i) = 0$ 成立（暴露份额外生），使用任何一个跟内生解释变量相关的外生变量加权组合都可以作为Bartik工具变量。（3）Bartik工具变量法一般要求模型误差项在不同地区之间不存在相关性，这个假定比较强，因为具有相同产业结构的地区之间，往往存在较大的相关性。艾达（Adão，2019）研究发现，忽略这种相关性，可能会低估Bartik工具变量估计系数的标准差，从而高估其显著性水平。

5.2　工具变量检验

5.2.1　弱工具变量检验

工具变量法本质上是一种矩估计，其成立需要满足秩条件与阶条件。所谓的秩条件，即工具变量必须与解释变量相关。所谓阶条件，是指工具变量的个数至少和内生解释变量个数一样（ $l \geq k$ ），即模型是可识别的。但是，阶条件和秩条件只是工具变量估计有效的必要条件，而非充分条件。如果工具变量与内生变量的相关性较弱，那么通过工具变量分离出来的内生变量预测值所包含的有效信息就会很少，2SLS估计的结果也会产生较大的偏差，这种结果类似于OLS估计中的样本量很小。可以证明，工具变量估计的参数依概率收敛（也称概率极限Probability Limits）于：

$$\text{plim}\hat{\boldsymbol{\beta}}_{\text{IV}} = \boldsymbol{\beta} + \frac{\text{Corr}(\mathbf{Z}, u)}{\text{Corr}(\mathbf{Z}, \mathbf{X})} \cdot \frac{\sigma_u}{\sigma_X}$$

其中，$\text{Corr}(Z, X)$ 代表工具变量与解释变量之间的相关系数。由工具变量估计量 $\hat{\beta}_{\text{IV}}$ 的概率极限可知，在其他条件不变的情况下，当 $\text{Corr}(Z, X)$ 很小时，也即工具变量是一个弱工具变量的时候，工具变量估计的偏误可能会很大。

为了进一步说明弱工具变量检验方法，本节仍然采用数据mus06data.dta。对于前文的案例而言，以企业是否具有多处经营点（multlc）作为hi_empunion的工具变量进行分析：

. use mus06data.dta, clear

. ivregress 2sls ldrugexp (hi_empunion= multlc) age educyr female marry poverty totchr linc blhisp 　　//（见表5.8）。

表5.8 　　　　　　　　　　　　　工具变量两阶段最小二乘估计

```
Instrumental variables (2SLS) regression          Number of obs    =      10,089
                                                  Wald chi2(9)     =     1723.61
                                                  Prob > chi2      =      0.0000
                                                  R-squared        =           .
                                                  Root MSE         =      1.3885
```

ldrugexp	Coef.	Std. Err.	z	P>|z|	[95% Conf. Interval]	
hi_empunion	-1.289461	.3801302	-3.39	0.001	-2.034502	-.5444192
age	-.0132001	.0034512	-3.82	0.000	-.0199644	-.0064359
educyr	.0247063	.0079478	3.11	0.002	.009129	.0402837
female	-.0030441	.0339195	-0.09	0.928	-.0695251	.063437
marry	.1417596	.0524519	2.70	0.007	.0389557	.2445635
poverty	-.0786028	.0490415	-1.60	0.109	-.1747224	.0175167
totchr	.4605215	.0121404	37.93	0.000	.4367267	.4843163
linc	.0830759	.0282118	2.94	0.003	.0277818	.13837
blhisp	-.1761564	.0397129	-4.44	0.000	-.2539923	-.0983205
_cons	6.552188	.272853	24.01	0.000	6.017406	7.08697

```
Instrumented:  hi_empunion
Instruments:   age educyr female marry poverty totchr linc blhisp multlc
```

表5.8中，变量hi_empunion的系数发生了十分显著的变化，而这种现象本身就能在一定程度上说明模型存在内生性问题（想查看看第一阶段回归可以添加first选项）。使用完工具变量估计之后，检验模型的内生性问题：

. estat endogenous　　　//（见图5.2）。

```
Tests of endogeneity
Ho: variables are exogenous

Durbin (score) chi2(1)          =     16.3322  (p = 0.0001)
Wu-Hausman F(1,10078)           =     16.3408  (p = 0.0001)
```

图5.2　Durbin–Wu–Hausman内生性检验

Durbin–Wu–Hausman内生性检验的零假设为解释变量不存在内生性问题，即解释变量是严格外生的。但是，内生性检验p值为0.0001，因此在1%的水平下显著拒绝零假设，即模型存在内生性问题。所以，使用工具变量估计是合适的。

如果使用前文的方法，依次选择企业的规模（firmsz）、企业是否具有多处经营点（multlc）、保险占员工收入的比重（ssiratio）作为工具变量，可以发现使用ssiratio与multlc作为工具变量时的系数比较接近。而使用firmsz作为工具变量时，其系数变化很大（可能存在偏差），需要重点关注。

. ivregress 2sls ldrugexp (hi_empunion= firmsz) age educyr female marry poverty totchr linc blhisp

outreg2 using xmm, word replace

ivregress 2sls ldrugexp (hi_empunion= ssiratio) age educyr female marry poverty totchr linc blhisp outreg2 using xmm, word

ivregress 2sls ldrugexp (hi_empunion= multlc) age educyr female marry poverty totchr linc blhisp

outreg2 using xmm, word   //（见表5.9）。

表5.9   **工具变量估计结果比较**

Variables	因变量：ldrugexp		
	工具变量 firmsz	工具变量 ssiratio	工具变量 multlc
hi_empunion	**−3.044** （1.328）	**−1.196*** （0.276）	**−1.289*** （0.380）
Constant	7.437*** （0.721）	6.505*** （0.237）	6.552*** （0.273）
控制变量	YES	YES	YES
Observations	10089	10089	10089

注：（1）*、**、***分别表示在10%、5%、1%的水平下显著；（2）括号内为标准误。

为了识别弱工具变量，首先查看firmsz、ssiratio与multlc三个工具变量与内生变量之间的相关性，键入以下命令：

. corr hi_empunion firmsz ssiratio multlc   //（见表5.10）。

表5.10   **工具变量与解释变量相关系数**

```
             hi_emp~n  firmsz  ssiratio  multlc

hi_empunion   1.0000
     firmsz   0.0372   1.0000
   ssiratio  -0.1963  -0.0405   1.0000
     multlc   0.1191   0.1874  -0.1744   1.0000
```

从表5.10可以看出，firmsz与hi_empunion的相关性要比另外两个工具变量要低不少，这意味着firmsz很可能是一个弱工具变量。

其次，为了验证变量firmsz是否弱工具变量，需要先使用两阶段最小二乘法进行回归估计，同时使用稳健标准误：

. quietly ivregress 2sls ldrugexp (hi_empunion= firmsz) age educyr female marry poverty totchr linc blhisp, r

接下来，使用弱工具变量检验命令来检验。由于添加了robust选项，所以在这里需要添加forcenonrobust all表示展示每个内生变量的统计量。

. estat firststage, forcenonrobust all   //（见表5.11）。

表 5.11   **弱工具变量检验**

```
First-stage regression summary statistics
```

Variable	R-sq.	Adjusted R-sq.	Partial R-sq.	Robust F(1,10079)	Prob > F
hi_empunion	0.0861	0.0853	0.0009	12.8899	0.0003

```
Shea's partial R-squared
```

Variable	Shea's Partial R-sq.	Shea's Adj. Partial R-sq.
hi_empunion	0.0009	0.0002

```
Minimum eigenvalue statistic = 9.51727
```

Critical Values	# of endogenous regressors:		1
Ho: Instruments are weak	# of excluded instruments:		1

	5%	10%	20%	30%
2SLS relative bias		(not available)		

	10%	15%	20%	25%
2SLS Size of nominal 5% Wald test	16.38	8.96	6.66	5.53
LIML Size of nominal 5% Wald test	16.38	8.96	6.66	5.53

表 5.11 的结果一共三个部分。第一部分展示了第一阶段回归的各项统计量，其 F 统计量与 p 值都很显著，证明模型在第一阶段回归总体上看比较显著；第二部分展示了偏 R^2 系数，但对于该项指标的判别标准目前尚无共识；第三部分是检验工具变量的系数是否为零，临界值表明当 Wald 统计量大于 16.38 时可拒绝弱工具变量的零假设。该检验的临界值来自斯托克和约吉（Stock and Yogo，2005），具体使用时观察统计量与各显著性水平下的指标对比。在上述案例中该统计量（最小特征值统计量）为 9.51727，显著小于 16.38，即可在 10% 水平下显著接受弱工具变量假设。同理，检验其他工具变量：

. quietly ivregress 2sls ldrugexp (hi_empunion= ssiratio) age educyr female marry poverty totchr linc blhisp, r

. estat firststage, forcenonrobust all   //受篇幅所限，仅输出最后一张表（见表 5.12）。

表 5.12   **弱工具变量检验**

```
Minimum eigenvalue statistic = 115.234
```

Critical Values	# of endogenous regressors:		1
Ho: Instruments are weak	# of excluded instruments:		1

	5%	10%	20%	30%
2SLS relative bias		(not available)		

	10%	15%	20%	25%
2SLS Size of nominal 5% Wald test	16.38	8.96	6.66	5.53
LIML Size of nominal 5% Wald test	16.38	8.96	6.66	5.53

观察表 5.12 中的结果，第三部分统计量为 115.234，因此在 10% 的显著性水平下，拒绝该工具变量为弱工具变量的假设，即 ssiratio 是一个强工具变量。关于工具变量

multlc的相关检验，读者可以自行尝试。

5.2.2 过度识别约束检验

所谓模型可识别（identified），意味着有足够的工具变量来估计唯一的参数值。假如 $\hat{\boldsymbol{\beta}}_{2SLS}$ 是可识别的，则必须满足 $\mathbf{Z'Z}$ 是 1×1 阶的非奇异矩阵（可逆）条件，并且 $\mathbf{Z'X}$ 必须k阶满秩。一般而言，只要各个工具变量之间是独立的，$\mathbf{Z'Z}$ 是 1×1 阶的非奇异条件是很容易满足的；问题的关键是 $\mathbf{Z'X}$ 是否k阶满秩？这个被称为**秩条件**（**rank condition**），$l \geq k$ 被称为是**阶条件**（**order condition**）。

如果阶条件没有满足，则方程就是不可识别的（underidentified）；如果 $\mathbf{Z'X}$ 的阶为k（即 $l = k$），则方程是恰好识别的（exactly identified）；如果 $l > k$，则方程是过度识别的（overidentified）。过度识别的工具变量，一般使用2SLS方法进行估计。尽管过度识别约束看起来是一个麻烦，但是实践表明在大样本中过度识别约束比恰好识别更有效。

可以使用桑格（Sargan，1958）和巴斯曼（Basmann，1960）的过度识别约束检验来检验工具变量是否与扰动项不相关。这个检验的原理是：将2SLS回归的残差再对所有的外生解释变量与工具变量进行回归，得到判定系数 R_u^2。则 nR_u^2 服从 $\chi^2(r)$ 分布，其中，r为超过内生变量的工具变量个数，比如对于一个内生变量，四个工具变量的2SLS中，r=3。如果 nR_u^2 超过 $\chi^2(r)$ 分布5%的临界值（双侧检验），即p值小于10%，就认为没有通过过度识别约束检验。

前面的分析中，三次使用两阶段最小二乘法回归都只采用了恰好识别的情形，即工具变量个数等于内生变量个数。接下来考虑过度识别的情形。

. ivregress 2sls ldrugexp (hi_empunion= firmsz multlc ssiratio) age educyr female marry poverty totchr linc blhisp, r　　//（见表5.13）。

表5.13　　　　　　　　　　过度识别工具变量2SLS估计

```
Instrumental variables (2SLS) regression      Number of obs   =      10,089
                                              Wald chi2(9)    =     1803.90
                                              Prob > chi2     =      0.0000
                                              R-squared       =           .
                                              Root MSE        =      1.3867
```

ldrugexp	Coef.	Robust Std. Err.	z	P>|z|	[95% Conf. Interval]	
hi_empunion	-1.281094	.2531332	-5.06	0.000	-1.777226	-.7849616
age	-.0131412	.0028532	-4.61	0.000	-.0187333	-.0075491
educyr	.0245643	.0062555	3.93	0.000	.0123038	.0368248
female	-.0026852	.0319804	-0.08	0.933	-.0653656	.0599952
marry	.1408349	.0418734	3.36	0.001	.0587645	.2229053
poverty	-.0781712	.0469346	-1.67	0.096	-.1701613	.0138189
totchr	.4603986	.0112014	41.10	0.000	.4384444	.4823529
linc	.0826092	.0232052	3.56	0.000	.0371279	.1280905
blhisp	-.1759908	.0394972	-4.46	0.000	-.253404	-.0985777
_cons	6.547966	.2374736	27.57	0.000	6.082526	7.013405

如表5.13所示，将三个工具变量加入进去进行估计，先进行弱工具变量检验（注意：这里是弱工具变量检验，不是过度识别约束检验）。

. estat firststage, forcenonrobust all   //（见表5.14）。

表5.14   **联合弱工具变量检验**

First-stage regression summary statistics

Variable	R-sq.	Adjusted R-sq.	Partial R-sq.	Robust F(3,10077)	Prob > F
hi_empunion	0.0999	0.0989	0.0160	35.8982	0.0000

Shea's partial R-squared

Variable	Shea's partial R-sq.	Shea's adj. partial R-sq.
hi_empunion	0.0160	0.0150

Minimum eigenvalue statistic = 54.53

Critical Values H0: Instruments are weak	# of endogenous regressors: 1 # of excluded instruments: 3			
	5%	10%	20%	30%
2SLS relative bias	13.91	9.08	6.46	5.39
	10%	15%	20%	25%
2SLS size of nominal 5% Wald test	22.30	12.83	9.54	7.80
LIML size of nominal 5% Wald test	6.46	4.36	3.69	3.32

从表5.14可以看出，选择的三个工具变量的检验结果通过了弱工具变量的检验，即这三个工具变量的线性组合为强工具变量。

接下来进行过度识别检验。

. estat overid   //（见图5.3）。

Test of overidentifying restrictions:

Score chi2(2)   = 2.53689 (p = 0.2813)

图5.3 过度识别约束检验

Chi2(2)分布中自由度2代表3个工具变量减1个内生变量。过度识别约束检验的零假设是：所有的工具变量与u不相关。这就是说，如果检验的p值（p-value）大于10%，则说明接受原假设，即工具变量与扰动项不相关。因此，检验的结果是p值越大越好。该检验的结果p值为0.2813，表明应该接受零假设，即联合工具变量是有效的，模型通过了过度识别约束检验。

5.2.3　高维变量的 LASSO 机器学习模型

Lasso 方法由蒂施莱尼（Tibshirani，1996）首次提出，全称是 least absolute shrinkage and selection operator，称为最小绝对值收缩和筛选算子。Lasso 是机器学习模型中的常青树，在实证应用中非常普遍。它通过构造一个惩罚函数得到一个较为精炼的模型，即在 RSS 最小化的计算中加入一个范数 l_p 作为惩罚约束（也称为"正则项"，regularization），将不重要变量的系数收缩到 0（即最小化回归系数绝对值之和，故称绝对值收缩），从而实现特征选择，并且达到减少工具变量和控制变量，得到最优估计模型的目的。

当可供选择的工具变量或控制变量比较多时，研究者对工具变量和控制变量的不同主观选择，可能会带来不同的估计结果。这种情况很常见，尤其是在控制个体和时间效应估计时，将导致模型的控制变量和工具变量过多。为了得到更加有效和客观的估计结果，可以使用 LASSO 方法进行工具变量和控制变量的筛选。

关于 Lasso 回归，可以使用阿伦斯、汉森和沙费尔（Ahrens，Hansen and Schaffer，2018）编制的 pdslasso 和 ivlasso 命令，它可以帮助我们选择合适的控制变量（pdslasso）和工具变量（ivlasso）。该命令是外部命令，需要用户提前安装好相关的软件包及 rlasso 和 ranktest 等工具包。该工具包用于提供 Lasso 和平方根 Lasso 估计（Belloni et al.，2011；2014）。

. ssc install pdslasso, replace　　// Stata 会自动安装 pdslasso 和 ivlasso 命令

. ssc install ftools

. search rlasso　　//找到包含 rlasso 和 ranktest 的工具包并安装

Lasso 估计的基本原理是使用 Lasso 进行变量筛选。第一步，以 y 为因变量对所有控制变量进行回归估计。第二步，扔掉 Lasso 的回归系数，再对筛选出来的变量进行 OLS 回归。但这样估计会造成变量缺失偏误，为了修正该偏误，贝洛尼（Belloni，2014）提出了后双选 Lasso 估计（post double lasso）。该方法是将被解释变量与处理变量分别对所有控制变量进行 Lasso 回归，然后对这两个 Lasso 回归（即所谓"Double Lasso"）所得的非零控制变量取并集（union）之后，再代入原方程进行 OLS 回归，以避免遗漏变量偏差。Lasso 估计实现了一个稀疏解，也就是说，大多数系数被设置为零。Lasso 方法也可以用于工具变量的选择。其语法结构为：

. pdslasso depvar regressors (hd_controls) [weight] [if exp] [in range] [, partial(varlist) pnotpen(varlist) aset(varlist) post(method) robust cluster(var) fe noftools rlasso[(name)] sqrt noisily loptions(options) olsoptions(options) noconstant]

. ivlasso depvar regressors [(hd_controls)] (endog=instruments) [if exp] [in range] [, partial(varlist) pnotpen(varlist) aset(varlist) post(method) robust cluster(var) fe noftools rlasso[(name)] sqrt noisily loptions(options) ivoptions(options) first idstats sscset ssgamma(real) ssgridmin(real) ssgridmax(real) ssgridpoints(integer 100) ssgridmat(name) noconstant]

其中，选项depvar代表被解释变量；选项regressors代表模型的核心解释变量（在工具变量估计中，不需要指定regressors）；选项（hd_controls）代表需要使用lasso方法优化压缩的控制变量；选项（endog=instruments）用以指定内生变量和工具变量。

选项partial代表不需要Lasso估计进行筛选的变量，即默认保留；选项pnotpen代表Lasso估计中不被惩罚的变量；选项aset代表post–lasso估计中始终被保留的变量；选项post用于指定Lasso方法，可选 pds，Lasso 或 plasso；选项robust代表异方差稳健标准误；选项cluster代表聚类标准误；选项fe代表固定效应模型；选项sqrt代表平方根 Lasso；选项noisily列示每一步中间估计结果；选项loptions（options）代表rlasso估计的可选项；选项olsoptions（options）代表OLS估计的可选项；选项noconstant代表不要常数项。

以阿西莫格鲁等（Acemoglu et al.，2001）关于殖民起源的数据为例，假如要研究制度——对征用风险的平均保护（avexpr，average protection against expropriation risk）对1995年购买力平价的人均GDP（logpgp95，log PPP GDP pc in 1995, World Bank）的影响：

. clear

. use https: // statalasso.github.io/dta/AJR.dta

. reg logpgp95 avexpr lat_abst edes1975 avelf temp* humid* steplow-oilres   //结果省略。steplow-oilres代表变量列表中从steplow到oires之间的所有变量

. ivregress 2sls logpgp95 lat_abst edes1975 avelf temp* humid* steplow-oilres (avexpr = logem4 euro1900-cons00a), first   //结果省略

上述命令的OLS和工具变量估计结果中，解释变量只有1个，控制变量多达24个，工具变量有6个，而观测值数量只有64个。显然，控制变量和工具变量都太多了。为了提升模型估计的有效性，可以使用Lasso方法进行优化：

. pdslasso logpgp95 avexpr (lat_abst edes1975 avelf temp* humid* steplow-oilres), partial(lat_abst)   //选项partial（lat_abst）代表保留纬度变量lat_abst   //（见表5.15）。

表5.15   **OLS的Lasso估计**

```
Structural equation:
```

OLS using CHS lasso-orthogonalized vars

logpgp95	Coefficient	Std. err.	z	P>|z|	[95% conf. interval]	
avexpr	.404884	.0548067	7.39	0.000	.2974648	.5123032

OLS using CHS post-lasso-orthogonalized vars

logpgp95	Coefficient	Std. err.	z	P>|z|	[95% conf. interval]	
avexpr	.293103	.0509508	5.75	0.000	.1932412	.3929648

OLS with PDS-selected variables and full regressor set

logpgp95	Coefficient	Std. err.	z	P>|z|	[95% conf. interval]	
avexpr	.3596855	.0530236	6.78	0.000	.2557612	.4636099
edes1975	.0084385	.0031334	2.69	0.007	.0022973	.0145798
avelf	-.9903407	.2365126	-4.19	0.000	-1.453897	-.5267845
humid3	.010625	.0043199	2.46	0.014	.0021583	.0190918
lat_abst	.1868175	.6963272	0.27	0.788	-1.177959	1.551594
_cons	5.403213	.3926628	13.76	0.000	4.633608	6.172818

```
Standard errors and test statistics valid for the following variables only:
    avexpr
```

    表5.15中，模型最终从24个控制变量中，选出了edes1975、avelf和humid3三个控制变量，而纬度变量lat_abst则是用户设定保留的变量。

    如果是工具变量估计，则可以使用下面的命令对控制变量和工具变量同时进行Lasso估计：

    . ivlasso logpgp95 (lat_abst edes1975 avelf temp* humid* steplow-oilres) (avexpr=logem4 euro1900-cons00a), partial(logem4 lat_abst) idstats first   //结果省略（见表5.16）。

表5.16   **工具变量的Lasso一阶段估计**

```
First-stage estimation(s):
```

avexpr	Coefficient	Std. err.	z	P>|z|	[95% conf. interval]	
edes1975	.0156071	.0074681	2.09	0.037	.00097	.0302442
humid3	.016044	.0096802	1.66	0.097	-.0029289	.0350168
logem4	-.3705068	.1450972	-2.55	0.011	-.654892	-.0861216

```
Weak identification F stats (i.i.d.):
    Optimal Lasso IV(s):        20.33
    Optimal Post-Lasso IV(s):   20.33
    Full IV set:                 6.08
```

    表5.16中，在使用工具变量的Lasso估计之后，模型在第一阶段从6个工具变量中选择了1个工具变量，即logem4变量，该变量同时也是用户保留的。如果用户不加partial（logem4 lat_abst）选项，则stata会选择euro1900作为工具变量。另外，从

控制变量中，选择了 edes1975 和 humid3 作为外生工具变量。我们知道，在 ivregress
命令中，stata 默认的是 24 个控制变量均作为外生工具变量（见表 5.17）。

表 5.17 工具变量的 Lasso 二阶段估计

```
Structural equation:

IV using CHS lasso-orthogonalized vars
```

logpgp95	Coefficient	Std. err.	z	P>|z|	[95% conf. interval]	
avexpr	.7335102	.1666875	4.40	0.000	.4068087	1.060212

```
IV using CHS post-lasso-orthogonalized vars
```

logpgp95	Coefficient	Std. err.	z	P>|z|	[95% conf. interval]	
avexpr	.5317677	.1522796	3.49	0.000	.2333051	.8302302

```
IV with PDS-selected variables and full regressor set
```

logpgp95	Coefficient	Std. err.	z	P>|z|	[95% conf. interval]	
avexpr	.8735301	.2929925	2.98	0.003	.2992753	1.447785
edes1975	.0013051	.0083678	0.16	0.876	-.0150955	.0177057
humid3	.0031166	.0087269	0.36	0.721	-.0139878	.020221
lat_abst	-.5020038	1.254352	-0.40	0.689	-2.960489	1.956482
_cons	2.253524	1.528477	1.47	0.140	-.7422353	5.249283

```
Standard errors and test statistics valid for the following variables only:
    avexpr
```

表 5.17 中，工具变量的二阶段估计结果，Lasso 估计选用了 2 个控制变量，另外
一个 lat_abst 是用户指定的控制变量。

此外，Lasso 估计也可以用于面板数据和重复截面数据估计，以安古瑞斯特和克
鲁格（Angrist and Kruger，1991）的论文数据为例，来估计关于义务教育入学率对
教育和收入的影响。美国小学入学政策规定在 1 月 1 日以前，不满 6 周岁的小孩不允
许在小学念书。这导致了一个现象，第四季度出生的小孩的入学平均年龄是 6.07 岁；
而第一季度出生的小孩的入学平均年龄是 6.45 岁。如果两者都在同等的年纪辍学的
话，第四季度出生的小孩要比第一季度出生的小孩普遍多上半年学。统计也显示，
在第四季度出生的小孩的平均受教育年限要比第一季度出生的要长。

. use https: // statalasso.github.io/dta/AK91.dta

. xtset pob

假设我们要研究教育（edu）对收入（lnwage）的影响，并且使用出生时期的季
度（qob）、出生年份（yob）、出生地（pob）以及它们的交互项作为工具变量。该数
据包含了 329509 个观测值，但是工具变量（i.qob i.yob#i.qob i.pob#i.qob）高达 248
个，控制变量 i.yob 也有 9 个。如果我们使用传统的工具变量法肯定是不行的，可以
使用 Lasso 估计：

. ivlasso lnwage (i.yob) (edu=i.qob i.yob#i.qob i.pob#i.qob), fe first　　//（见表 5.18）。

表 5.18　　　　　　　　　　　面板数据固定效应工具变量的 Lasso 估计

First-stage estimation(s):

educ	Coefficient	Std. err.	z	P>|z|	[95% conf. interval]	
yob						
31	-.051472	.0202819	-2.54	0.011	-.0912238	-.0117203
35	.1430339	.022451	6.37	0.000	.0990308	.187037
36	.225641	.0197499	11.42	0.000	.1869318	.2643501
37	.2862683	.0194498	14.72	0.000	.2481474	.3243891
38	.3683481	.0191761	19.21	0.000	.3307637	.4059325
39	.4072331	.0190538	21.37	0.000	.3698883	.4445779
qob						
4	.0981761	.0131472	7.47	0.000	.072408	.1239441
yob#qob						
35 3	.1396727	.0399746	3.49	0.000	.061324	.2180214
pob#qob						
47 4	.3428766	.082501	4.16	0.000	.1811775	.5045756

IV using CHS lasso-orthogonalized vars

lnwage	Coefficient	Std. err.	z	P>|z|	[95% conf. interval]	
educ	.0842178	.0228767	3.68	0.000	.0393802	.1290554

IV using CHS post-lasso-orthogonalized vars

lnwage	Coefficient	Std. err.	z	P>|z|	[95% conf. interval]	
educ	.0923972	.0209108	4.42	0.000	.0514128	.1333816

IV with PDS-selected variables and full regressor set

lnwage	Coefficient	Std. err.	z	P>|z|	[95% conf. interval]	
educ	.0924014	.0209117	4.42	0.000	.0514152	.1333875
yob						
31	.0057453	.0042076	1.37	0.172	-.0025013	.013992
35	-.0224887	.005458	-4.12	0.000	-.0331861	-.0117913
36	-.0231154	.0061514	-3.76	0.000	-.0351719	-.0110589
37	-.0298542	.007144	-4.18	0.000	-.0438562	-.0158521
38	-.0326828	.008599	-3.80	0.000	-.0495366	-.0158291
39	-.0444169	.0093319	-4.76	0.000	-.0627071	-.0261268

Standard errors and test statistics valid for the following variables only:
  educ

表 5.18 中，Lasso 估计最终选用的控制变量为 6 个，而工具变量只有 3 个，避免了模型因为工具变量过多而产生的过度拟合问题。

5.3　广义矩估计 GMM

计量经济学模型中，基于有限样本信息的估计方法一般分为三大类：最小二乘估计、极大似然估计和矩估计。在同方差球形扰动项假设前提下，2SLS 是最有效率的估计方法。但是当扰动项存在异方差或者自相关时，GMM才最有效的估计方法。GMM之于2SLS就相当于GLS之于OLS。

　　如果仅仅是内生问题，或者零均值条件得不到满足，则可以使用2SLS估计，但是当扰动项的零条件均值和独立同分布（**independent identically distribution，i. i. d.**）都得不到满足时，简单IV和2SLS估计就是一致但不是有效的。此时，如果使用GMM估计，就可以产生一致且有效的估计，简单IV与2SLS估计都是GMM估计的特例。假定干扰项的方差－协方差矩阵为：

$$\mathbf{\Omega} = \mathbf{E}\left[\mathbf{uu'},\mathbf{X}\right]$$

　　其中，$\mathbf{\Omega}$ 是 $N \times N$ 阶矩阵，有四种情况可能出现：（1）同方差；（2）条件异方差；（3）分组异方差；（4）异方差与自相关结合。后三种情况我们分别在"条件方差稳健估计""聚类稳健估计""Newey–West稳健估计"中讨论。

5.3.1　广义矩估计基本原理

　　工具变量选择的一个最基本的条件就是矩条件（moment condition），要求工具变量与误差项不相关：$\mathrm{E}(\mathbf{Z}\mathbf{u}) = 0$。1个工具变量就会有1个矩条件：

$$g_i(\beta) = \mathbf{Z}_i'\mathbf{u}_i = \mathbf{Z}_i'\left(y_i - \mathbf{X}_i\beta\right) \tag{5-3}$$

　　其中，$g_i(\beta)$ 是一个 $\mathbf{l \times 1}$ 阶向量，$\mathbf{Z}_i'$ 为 $\mathbf{Z'}$（$1 \times N$ 阶矩阵）的第 i 列（1×1 阶向量），u_i 为误差项 u 的第 i 个元素值，y_i 为 y 的第 i 个观测值，$\mathbf{X}_i$ 为 $\mathbf{X}$（$N \times k$ 阶矩阵）的第 i 行元素。对于样本而言，$\mathbf{l}$ 个样本矩条件即为：

$$g(\beta) = \frac{1}{N}\sum_{i=1}^{N}g_i(\beta) = \frac{1}{N}\sum_{i=1}^{N}\mathbf{Z}_i'\left(y_i - \mathbf{X}_i\beta\right) = \frac{1}{N}\left(\mathbf{Z'y} - \mathbf{Z'X}\beta\right) \tag{5-4}$$

　　$g(\beta)$ 为 $\mathbf{l \times 1}$ 阶向量，我们的直觉是，必须选择 β 的估计量使得 $g\left(\hat{\beta}_{\mathrm{GMM}}\right) = 0$，从而产生 $\mathbf{l}$ 个方程或矩条件。

　　当 $\mathbf{l = k}$ 时，方程是恰好识别的，k 个方程解 k 个待估系数，从而可以解出唯一的 $\hat{\beta}_{\mathrm{GMM}}$。

　　当 $\mathbf{l > k}$ 时，方程是过度识别的，$\mathbf{l}$ 个方程解 k 个待估系数，方程组没有唯一解。因此，选择 $\hat{\beta}_{\mathrm{GMM}}$ 使得 $g\left(\hat{\beta}_{\mathrm{GMM}}\right)$ 尽可能地接近零。一个可行的方法是，定义向量 $\mathbf{\mu} = \mathbf{Z'y}$，$\hat{\mathbf{X}} = \mathbf{G} = \mathbf{Z'X}$，则有：

$$\mathbf{v} = \mathbf{Z'y} - \mathbf{Z'X}\beta = \mathbf{\mu} - \mathbf{G}\beta$$

　　从而有：

$$\mathbf{\mu} = \mathbf{G}\beta + \mathbf{v}$$

注意到，方程 $\mathbf{\mu} = \mathbf{G}\mathbf{\beta} + \mathbf{v}$ 中的因变量 $\mathbf{\mu}$、$\mathbf{G}\mathbf{\beta}$ 及误差项 $\mathbf{v}$ 均是 1×1 阶向量，且 $\mathbf{G} = \mathbf{Z}'\mathbf{X}$ 与误差项 $\mathbf{v}$ 不相关，因而可以直接使用 OLS 估计：

$$\hat{\mathbf{\beta}} = (\mathbf{G}'\mathbf{G})^{-1}\mathbf{G}'\mathbf{\mu}$$

但是，这个估计没有考虑到误差项的异方差问题。当扰动项不是独立同分布（i.i.d）的时候，这种方法并不能产生更有效的估计量。由于这个原因，GMM 估计量选择 $\hat{\mathbf{\beta}}_{\text{GMM}}$ 来最小化目标函数：

$$\mathbf{J}\left(\hat{\mathbf{\beta}}_{\text{GMM}}\right) = \frac{1}{N}\bar{\mathbf{g}}\left(\hat{\mathbf{\beta}}_{\text{GMM}}\right)' \cdot \mathbf{W} \cdot \bar{\mathbf{g}}\left(\hat{\mathbf{\beta}}_{\text{GMM}}\right) \tag{5-5}$$

其中，$\mathbf{W}$ 是一个 $l \times l$ 阶的加权矩阵，当残差是 non–i.i.d 的时候，用来解释 $\mathbf{g}\left(\hat{\mathbf{\beta}}_{\text{GMM}}\right)$ 中的相关性。将式（5–4）代入到式（5–5）可得：

$$\textbf{Min} \qquad \mathbf{J}\left(\hat{\mathbf{\beta}}_{\text{GMM}}\right) = \frac{1}{N}\left(\mathbf{Z}'\mathbf{y} - \mathbf{Z}'\mathbf{X}\hat{\mathbf{\beta}}_{\text{GMM}}\right)' \cdot \mathbf{W} \cdot \left(\mathbf{Z}'\mathbf{y} - \mathbf{Z}'\mathbf{X}\hat{\mathbf{\beta}}_{\text{GMM}}\right)$$

$$\Rightarrow \frac{\partial \mathbf{J}\left(\hat{\mathbf{\beta}}\right)}{\partial \hat{\mathbf{\beta}}} = \frac{2}{N}\mathbf{X}'\mathbf{Z}\mathbf{W}\left(\mathbf{Z}'\mathbf{y} - \mathbf{Z}'\mathbf{X}\hat{\mathbf{\beta}}_{\text{GMM}}\right) = 0 \tag{5-6}$$

$$\Rightarrow \mathbf{X}'\mathbf{Z}\mathbf{W}\mathbf{Z}'\mathbf{y} = \mathbf{X}'\mathbf{Z}\mathbf{W}\mathbf{Z}'\mathbf{X}\hat{\mathbf{\beta}}_{\text{GMM}}$$

$$\Rightarrow \hat{\mathbf{\beta}}_{\text{GMM}} = (\mathbf{X}'\mathbf{Z}\mathbf{W}\mathbf{Z}'\mathbf{X})^{-1}\mathbf{X}'\mathbf{Z}\mathbf{W}\mathbf{Z}'\mathbf{y}$$

从式（5–6）可以看出，$\mathbf{W}$ 成**比例**的变化不会改变参数估计的结果，例如，当 $\mathbf{W} = \sigma^2\mathbf{I}_{\text{N}}$ 时，不会改变模型的结果，可以直接约掉。如果模型是恰好识别的，那么 $\mathbf{X}'\mathbf{Z}$ 就是 $\mathbf{k} \times \mathbf{k}$ 阶矩阵，从而有 $\mathbf{X}'\mathbf{Z} = \mathbf{Z}'\mathbf{X}$，从而 $\hat{\mathbf{\beta}}_{\text{GMM}}$ 也可以展开为：

$$\hat{\mathbf{\beta}}_{\text{GMM}} = (\mathbf{Z}'\mathbf{X})^{-1}\left[\mathbf{W}^{-1}(\mathbf{X}'\mathbf{Z})^{-1}\mathbf{X}'\mathbf{Z}\mathbf{W}\right]\mathbf{Z}'\mathbf{y} = (\mathbf{Z}'\mathbf{X})^{-1}\mathbf{Z}'\mathbf{y} = \hat{\mathbf{\beta}}_{\text{IV}}$$

也就是说在同方差的条件下，简单 IV 估计与 GMM 估计一样，即简单 IV 估计是 GMM 估计在同方差条件下的特例。

但是对于 $\mathbf{W}$ 不同的选择会导致不同的结果。汉森（1982）证明含有下面的加权矩阵是最优的 $\mathbf{W} = \mathbf{S}^{-1}$，其中 $\mathbf{S}$ 等于：

$$\mathbf{S} = \text{E}\left[\mathbf{Z}'\mathbf{u}\mathbf{u}'\mathbf{Z}\right] = \text{E}\left[\mathbf{Z}'\mathbf{\Omega}\mathbf{Z}\right] \tag{5-7}$$

把式（5–7）代入式（5–3）中可得：

$$\hat{\mathbf{\beta}}_{\text{EGMM}} = (\mathbf{X}'\mathbf{Z}\mathbf{S}^{-1}\mathbf{Z}'\mathbf{X})^{-1}\mathbf{X}'\mathbf{Z}\mathbf{S}^{-1}\mathbf{Z}'\mathbf{y} \tag{5-8}$$

之所以叫"广义"矩方法，主要是因为没有对矩阵 $\mathbf{\Omega}$（扰动项的方差–协方差矩阵）做任何假定，但是有效广义矩估计量（EGMM）是不可行的，因为 $\mathbf{S}$ 是未知的。从而必须对 $\mathbf{\Omega}$ 做一些假定，以便估计。

假定计算出了 $\mathbf{S}$ 的一致估计量 $\hat{\mathbf{S}}$。一般而言，计算这个估计量需要 2SLS 的残差。然后用这个估计来定义可行的有效两阶段 GMM 估计（**feasible efficient two–step**

GMM estimator, FEGMM ）：

$$\hat{\boldsymbol{\beta}}_{FEGMM} = \left(\mathbf{X'Z\hat{S}^{-1}Z'X}\right)^{-1}\mathbf{X'Z\hat{S}^{-1}Z'y}$$

假定 2SLS 残差为 $\hat{u}_i$，工具变量矩阵 $\mathbf{Z}$ 的第 i 行为 $\mathbf{Z}_i$，则 $\mathbf{S}$ 的一致估计量为：

$$\hat{\mathbf{S}} = \frac{1}{N}\sum_{i=1}^{N}\hat{u}_i^2\mathbf{Z}_i'\mathbf{Z}_i$$

事实上，任何一致估计产生的残差 $\hat{u}_i$ 都可以用于计算上式。但在实际应用中，往往都是使用 2SLS 估计的残差 $\hat{u}_i$，参看戴维森和麦金农（Davidson and MacKinnon, 1993）。

必须注意的是，对于过度识别模型，GMM 估计比 2SLS 估计更有效，因为 GMM 估计使用的信息更多（1 个方程），而不像 2SLS 方法，把工具变量压缩成 k 个之后再估计。

. ivreg2 y x1 x2 x3 (x4=z1 z2 z3 z4), gmm2s robust　　// ivreg2 为广义矩估计命令，gmm2s robust 表示使用上面讨论的方法估计参数，给出稳健标准误；如果不加入 gmm2s 选项，则默认为 2SLS 估计

注：在 Stata 中，命令 ivreg2 不仅比 ivregress gmm 估计更有效，而且 ivreg2 可以用于横截面、时间序列和面板数据的工具变量估计。

. use mus06data.dta, clear

. ivreg2 ldrugexp (hi_empunion= firmsz multlc ssiratio) age educyr female marry poverty totchr linc blhisp, gmm2s r　　//（见表 5.19）。

表 5.19　　　　　　　　　　　工具变量 GMM 估计

```
Estimates efficient for arbitrary heteroskedasticity
Statistics robust to heteroskedasticity

                                        Number of obs =      10089
                                        F(  9, 10079) =     200.18
                                        Prob > F      =     0.0000
Total (centered) SS   = 18715.11622     Centered R2   =    -0.0282
Total (uncentered) SS = 442534.2012     Uncentered R2 =     0.9565
Residual SS           = 19242.52621     Root MSE      =      1.381
```

ldrugexp	Coef.	Robust Std. Err.	z	P>|z|	[95% Conf. Interval]	
hi_empunion	-1.254026	.2524164	-4.97	0.000	-1.748753	-.7592987
age	-.0128812	.0028481	-4.52	0.000	-.0184633	-.0072991
educyr	.0244158	.0062532	3.90	0.000	.0121599	.0366718
female	.0000523	.031922	0.00	0.999	-.0625136	.0626181
marry	.1398677	.0418685	3.34	0.001	.057807	.2219284
poverty	-.0730441	.0468222	-1.56	0.119	-.164814	.0187258
totchr	.4600087	.0111974	41.08	0.000	.4380622	.4819552
linc	.0811785	.0231868	3.50	0.000	.0357331	.1266238
blhisp	-.1722313	.0394263	-4.37	0.000	-.2495055	-.0949572
_cons	6.5224	.2368589	27.54	0.000	6.058165	6.986634

续表

```
Underidentification test (Kleibergen-Paap rk LM statistic):        133.043
                                          Chi-sq(3) P-val =          0.0000
```
```
Weak identification test (Cragg-Donald Wald F statistic):           54.530
                        (Kleibergen-Paap rk Wald F statistic):      35.898
Stock-Yogo weak ID test critical values:  5% maximal IV relative bias   13.91
                                         10% maximal IV relative bias    9.08
                                         20% maximal IV relative bias    6.46
                                         30% maximal IV relative bias    5.39
                                         10% maximal IV size            22.30
                                         15% maximal IV size            12.83
                                         20% maximal IV size             9.54
                                         25% maximal IV size             7.80
Source: Stock-Yogo (2005).  Reproduced by permission.
NB: Critical values are for Cragg-Donald F statistic and i.i.d. errors.
```
```
Hansen J statistic (overidentification test of all instruments):    2.537
                                          Chi-sq(2) P-val =          0.2813
```
```
Instrumented:        hi_empunion
Included instruments: age educyr female marry poverty totchr linc blhisp
Excluded instruments: firmsz multlc ssiratio
```

表5.19中，不可识别检验（underidentification test）是一种LM检验，它的零假设是：IV和内生变量不相关。拒绝null假设，表示矩阵列秩满，即模型是可识别的；弱识别检验Cragg–Donald Wald F statistic和Kleibergen–Paap rk Wald F statistic均超过了5%的临界值13.91，说明工具变量通过了弱识别检验，是有效的；Hansen J过度识别约束检验的p值为0.2813，说明接受零假设，即工具变量过度识别约束也是有效的。有关GMM的ivregress gmm命令：

. ivregress gmm y W Q (X = Z1 Z2)   //两步gmm，加入first选项会输出第一阶段回归结果

. ivregress gmm y W Q (X = Z1 Z2), igmm   //迭代gmm

. estat overid //过度识别检验

. ivregress gmm y W Q (X = Z1 Z2), vce (hac nwest[#])   // [#]为滞后阶数，默认为T-2阶，该命令在存在自相关情况下使用，表示使用异方差自相关稳健的标准误进行估计（详细使用方法和参数解释参见help ivregress）。

下面基于mus06data.dta数据，检验ivreg2和ivregress gmm两种广义矩估计方法的异同：

qui ivregress gmm ldrugexp (hi_empunion= firmsz multlc ssiratio) age educyr female marry poverty totchr linc blhisp, r   // qui表示quietly

outreg2 using xmm, word replace

qui ivreg2 ldrugexp (hi_empunion= firmsz multlc ssiratio) age educyr female marry poverty totchr linc blhisp, gmm2s r

outreg2 using xmm, word   //（见表5.20）。

表5.20   不同GMM估计结果比较

Variables	（1） ivregress	（2） ivreg2
hi_empunion	−1.254*** （0.251）	−1.254*** （0.252）
age	−0.0129*** （0.00284）	−0.0129*** （0.00285）
educyr	0.0244*** （0.00623）	0.0244*** （0.00625）
female	5.23e−05 （0.0318）	5.23e−05 （0.0319）
marry	0.140*** （0.0417）	0.140*** （0.0419）
poverty	−0.0730 （0.0467）	−0.0730 （0.0468）
totchr	0.460*** （0.0111）	0.460*** （0.0112）
linc	0.0812*** （0.0230）	0.0812*** （0.0232）
blhisp	−0.172*** （0.0393）	−0.172*** （0.0394）
Constant	6.522*** （0.236）	6.522*** （0.237）
Observations	10089	10089
R−squared		−0.028

注：（1）*、**、***分别表示在10%、5%、1%的水平下显著；（2）括号内为标准误。

表5.20中，通过对比可以发现，命令 ivreg2 和 ivregress gmm 的估计系数是一样的，最主要的区别在于模型对异方差的处理不一样，从而估计系数的标准误有所差别，并且 ivreg2 命令更有效。

5.3.2　GMM 的聚类稳健估计

当扰动项出现组内相关时，ivreg2 能够计算方差的聚类稳健估计。当出现分组扰动项相关的时候，假定可以分为 M 组，则 S 的一致估计量为：

$$\hat{\mathbf{S}} = \sum_{j=1}^{M} \hat{\mathbf{u}}_j \hat{\mathbf{u}}_j$$

$$\hat{\mathbf{u}}_j = \left(\mathbf{y}_j - \mathbf{x}_j \hat{\beta} \right) \mathbf{X'Z(Z'Z)}^{-1} \mathbf{z}_j$$

其中，x_j 是 X 的第 j 行，z_j 是 Z 的第 j 行。注意条件 M > 1 必须成立，否则不能估计。使用下面的命令实现：

. ivreg2 y x1 x2 x3 (x4=z1 z2 z3 z4), gmm2s cluster()　　// gmm2s cluster()表示聚类稳健估计

仍然以前面的数据为例，按照个体年龄进行聚类稳健估计（受篇幅所限，以下结果省略。但是需要提醒的是，聚类稳健不仅会改变模型估计系数的标准误，也会改变估计系数，具体留待读者自行验证）：

. use "D:\傻瓜计量经济学与stata应用\stata数据集\mus06data.dta"

. ivreg2 ldrugexp (hi_empunion= firmsz multlc ssiratio) age educyr female marry poverty totchr linc blhisp, gmm2s cluster(age)　　//结果省略。cluster（age）表示对年龄进行聚类分析，也可以按照其他变量进行聚类稳健分析

5.3.3　GMM的HAC稳健估计

当扰动项同时出现条件异方差与自相关（HAC）时，能够计算方差的HAC估计。假如方程是过度识别的，可以使用gmm2s的HAC估计来计算更有效的参数估计。当设定gmm2s robust bw()选项时，ivreg2可以使用Bartlett–kernel加权计算Newey–West稳健标准误，可以同时处理异方差和自相关问题。必须注意的是，这里的带宽bw()选项是针对异方差和自相关估计的标准误修正，必须取整数值，不同于RDD中的带宽选择。

此外，bw()选项必须是具有时间属性的数据才能使用，如时间序列和面板数据。为了消除模型中存在的共生性（simultaneity）问题，有时需要使用内生变量的二阶、三阶滞后来做工具变量，在Stata中可以使用如下命令：

. ivreg2 y x1 x2 (x3=l(2/3).x3), gmm2s robust bw(3)　　// l(2/3).x3 表示 L2.x3 和 L3.x3，即 x3 的二阶滞后和三阶滞后，这里用二阶、三阶滞后来做工具变量。括号前面的 l 是"L"的小写，不是阿拉伯数字"1"

. ivreg2 y x1 x2 (x3=l2.x3 l3.x3), gmm2s robust bw(3)　　//与上一条命令等价，"l2"是"L2"的小写，表示2阶滞后

由于上面的数据涉及时间序列，前面的数据mus06data.dta是横截面数据，此处不再使用，因而调用面板数据abdata.dta作为案例进行分析：

. use http://fmwww.bc.edu/ec-p/data/macro/abdata.dta, clear　　//如果网络下载不了，本书配套的数据集中有该数据

. xtset id year　　//设定面板数据，具体第7章详细介绍

. sum id year ind emp wage cap indoutpt n w k ys yr1980-yr1984　　//结果省略

其中，变量id代表企业ID；变量year代表年份；变量ind代表行业；变量emp代

表企业就业；变量wage代表实际工资；变量cap代表总资本存量；变量indoutpt代表行业产出；变量n代表就业对数值；变量w代表工资对数值；变量k代表总资本存量对数值；变量ys代表行业产出对数值，变量yr1980~yr1984代表年份虚拟变量。

下面的命令为两阶段有效GMM工具变量估计，可以处理异方差和自相关同时存在的情况：

. ivreg2 n (w k ys = l(1/5).(w k ys)), gmm2s robust bw(3)　　// l(1/5).(w k ys) 表示用变量w, k, ys的一阶至五阶滞后做工具变量（见表5.21）。

表5.21　　　　　　　　两阶段有效GMM异方差与自相关稳健标准误估计

```
Estimates efficient for arbitrary heteroskedasticity and autocorrelation
Statistics robust to heteroskedasticity and autocorrelation
  kernel=Bartlett; bandwidth=3
  time variable (t): year
  group variable (i): id

                                             Number of obs  =      331
                                             F(  3,   327)  =   299.02
                                             Prob > F       =   0.0000
Total (centered) SS    =  577.2352099        Centered R2    =   0.8472
Total (uncentered) SS  =  809.2951627        Uncentered R2  =   0.8910
Residual SS            =  88.22014894        Root MSE       =    .5163
```

| | Robust | | | | | |
n	Coef.	Std. Err.	z	P>|z|	[95% Conf. Interval]	
w	-.5544513	.200058	-2.77	0.006	-.9465577	-.1623449
k	.7945948	.0272972	29.11	0.000	.7410933	.8480964
ys	-3.567869	1.090995	-3.27	0.001	-5.706179	-1.429559
_cons	19.38052	5.229393	3.71	0.000	9.131102	29.62995

```
Underidentification test (Kleibergen-Paap rk LM statistic):        64.150
                                          Chi-sq(13) P-val =        0.0000

Weak identification test (Cragg-Donald Wald F statistic):          24.403
                       (Kleibergen-Paap rk Wald F statistic):      16.713
Stock-Yogo weak ID test critical values:  5% maximal IV relative bias  18.73
                                         10% maximal IV relative bias  10.33
                                         20% maximal IV relative bias   5.94
                                         30% maximal IV relative bias   4.37
Source: Stock-Yogo (2005).  Reproduced by permission.
NB: Critical values are for Cragg-Donald F statistic and i.i.d. errors.

Hansen J statistic (overidentification test of all instruments):   19.774
                                          Chi-sq(12) P-val =        0.0715

Instrumented:       w k ys
Excluded instruments: L.w L2.w L3.w L4.w L5.w L.k L2.k L3.k L4.k L5.k L.ys
                      L2.ys L3.ys L4.ys L5.ys
```

表5.21使用的是解释变量的滞后期作为工具变量，也可以使用解释变量的一阶差分和二阶差分作为工具变量进行有效GMM估计：

. ivreg2 n (w k ys = d.w d.k d.ys d2.w d2.k d2.ys), gmm2s cluster(id)　　//前缀"d."表示变量的一阶差分，"d2."表示变量的二阶差分（见表5.22）。

表5.22　　　　　　　　　　　**两阶段有效GMM异方差聚类稳健标准误估计**

```
Estimates efficient for arbitrary heteroskedasticity and clustering on id
Statistics robust to heteroskedasticity and clustering on id

Number of clusters (id) =          140          Number of obs =        751
                                                 F(  3,   139) =      61.06
                                                 Prob > F      =     0.0000
Total (centered) SS     =  1350.891752          Centered R2   =     0.8255
Total (uncentered) SS   =  2122.555626          Uncentered R2 =     0.8890
Residual SS             =   235.6866628          Root MSE      =      .5602
```

n	Coef.	Robust Std. Err.	z	P>|z|	[95% Conf. Interval]	
w	-.3349211	.2904668	-1.15	0.249	-.9042255	.2343834
k	.7156264	.0863561	8.29	0.000	.5463715	.8848813
ys	-.0538032	.4875811	-0.11	0.912	-1.009445	.9018382
_cons	2.69377	3.041579	0.89	0.376	-3.267615	8.655155

```
Underidentification test (Kleibergen-Paap rk LM statistic):          29.787
                                             Chi-sq(4) P-val =        0.0000
───────────────────────────────────────────────────────────────────────────
Weak identification test (Cragg-Donald Wald F statistic):            1.635
                        (Kleibergen-Paap rk Wald F statistic):       10.726
Stock-Yogo weak ID test critical values:  5% maximal IV relative bias  12.20
                                          10% maximal IV relative bias   7.77
                                          20% maximal IV relative bias   5.35
                                          30% maximal IV relative bias   4.40
Source: Stock-Yogo (2005).  Reproduced by permission.
NB: Critical values are for Cragg-Donald F statistic and i.i.d. errors.
───────────────────────────────────────────────────────────────────────────
Hansen J statistic (overidentification test of all instruments):      7.540
                                             Chi-sq(3) P-val =        0.0565
───────────────────────────────────────────────────────────────────────────
Instrumented:        w k ys
Excluded instruments: D.w D.k D.ys D2.w D2.k D2.ys
```

　　表5.22的结果中，通过对比可以发现，相对于滞后期做工具变量而言，差分值做工具变量的检验结果略差一些。

5.3.4　GMM工具变量外生性检验

　　前面分析中，分别使用了解释变量的滞后期和差分值作为工具变量，这是实际研究过程中常用的方法。但是滞后期和差分变量以及工具变量的外生性如何进行检测呢？可以使用正交选项orthog()进行检测。使用正交选项orthog()实现的C统计量，也称为"GMM距离"或"Sargan中的差异"统计量。它是定义为具有较小工具集（在无效假设和备选假设下均有效）的方程与具有完整工具集的方程的Sargan–Hansen统计量的差值，在数值上等于Hausman检验统计量。在零假设下，指定的内生性变量实际上可以被视为外生的，也就是说零假设为工具变量是有效的。

　　当然，正交选项也不限于滞后期和差分值，任何怀疑其为内生的工具变量外生性也可以进行检测。例如：

　　（1）如果怀疑外生变量x1和x2中，x2变量可能与残差相关，也就是可能也是内生变量的话，可以使用下面的命令：

. ivreg2 y x1 x2 (x3=z1 z2 z3 z4), gmm2s robust orthog(z1 z2 z3 z4)　　// orthog(z1 z2 z3 z4)表示对工具变量做外生性检验，计算Hansen J统计量与C-统计量

（2）如果怀疑使用的工具变量z1 z2 z3 z4中有两个变量z3 z4与扰动项相关，即不是外生的，也可以做正交性检验：

. ivreg2 y x1 x2 (x3=z1 z2 z3 z4), gmm2s robust orthog(z3 z4)　　//结果省略

还可以对滞后1–3期的解释变量w进行正交性检验：

. ivreg2 n (w k ys = l(1/5).(w k ys)), bw(3) gmm2s kernel(qs) orthog(l(1/3).w) robust //（见表5.23）。

表5.23　　　　　　　　　　　**两阶段有效GMM估计（正交性检验）**

```
Estimates efficient for arbitrary heteroskedasticity and autocorrelation
Statistics robust to heteroskedasticity and autocorrelation
  kernel=Quadratic Spectral; bandwidth=3
  time variable (t):  year
  group variable (i): id

                                            Number of obs =      331
                                            F(  3,   327) =   268.08
                                            Prob > F      =   0.0000
Total (centered) SS    =  577.2352099       Centered R2   =   0.8470
Total (uncentered) SS  =  809.2951627       Uncentered R2 =   0.8909
Residual SS            =  88.32433595       Root MSE      =    .5166


                        Robust
    n  |    Coef.    Std. Err.     z     P>|z|     [95% Conf. Interval]

    w  |  -.5577172   .2097958   -2.66   0.008   -.9689094    -.146525
    k  |   .7957149   .0289845   27.45   0.000    .7389064    .8525234
   ys  |  -3.478115   1.081171   -3.22   0.001   -5.597172   -1.359058
 _cons |   18.98425   5.178973    3.67   0.000    8.833645    29.13485

Underidentification test (Kleibergen-Paap rk LM statistic):         64.150
                                          Chi-sq(13) P-val =        0.0000

Weak identification test (Cragg-Donald Wald F statistic):           24.403
                        (Kleibergen-Paap rk Wald F statistic):      16.713
Stock-Yogo weak ID test critical values:  5% maximal IV relative bias   18.73
                                         10% maximal IV relative bias   10.33
                                         20% maximal IV relative bias    5.94
                                         30% maximal IV relative bias    4.37
Source: Stock-Yogo (2005).  Reproduced by permission.
NB: Critical values are for Cragg-Donald F statistic and i.i.d. errors.

Hansen J statistic (overidentification test of all instruments):    18.690
                                          Chi-sq(12) P-val =        0.0963
-orthog- option:
Hansen J statistic (eqn. excluding suspect orthog. conditions):     17.302
                                          Chi-sq(9) P-val =         0.0442
C statistic (exogeneity/orthogonality of suspect instruments):       1.388
                                          Chi-sq(3) P-val =         0.7084
Instruments tested:   L.w L2.w L3.w

Instrumented:         w k ys
Excluded instruments: L.w L2.w L3.w L4.w L5.w L.k L2.k L3.k L4.k L5.k L.ys
                      L2.ys L3.ys L4.ys L5.ys
```

5.4　似无关估计

似无关估计（seemingly unrelated regression，SUR），是对两个或多个表面上看起来没有关系的方程进行联合估计。举例而言，不同的人对于旅行方式会有不同的选择，有的人会选择坐飞机去旅行，有的人会选择坐火车去旅行，有的人会选择自驾游，有的人会选择骑自行车去旅行。

如果想要研究什么类型的人会选择什么样的出行方式？或者什么因素会影响人们的出行选择？可以这样来处理：

收集所有坐飞机、坐火车、自驾车、骑自行车旅行的游客信息，分别做四个方程进行估计：

第一个回归方程的因变量是*游客是否选择**坐飞机***，解释变量是*游客的个体特征信息*，包括性别、收入、年龄、身体健康、职业、教育等。

第二个回归方程的因变量是*游客是否选择**坐火车***，解释变量是*游客的个体特征信息*，包括性别、收入、年龄、身体健康、职业、教育等。

第三个回归方程的因变量是*游客是否选择**自驾车***，解释变量是*游客的个体特征信息*，包括性别、收入、年龄、身体健康、职业、教育等。

第四个回归方程的因变量是*游客是否选择**骑自行车***，解释变量是*游客的个体特征信息*，包括性别、收入、年龄、身体健康、职业、教育等。

这样进行研究分析，可以得到一定的结论，发现一定的规律。但是这样分开做回归估计，隐含了一个假设，就是游客在选择坐飞机、坐火车、自驾车、骑自行车旅行时，各个选择之间是独立不相关的。然而，实际上我们知道这些选择之间并不是独立不相关的。游客在选择是否坐飞机出行时，往往会参考了火车票价和出行时间，也会考虑自驾车的乐趣和骑自行车的乐趣。因而，上述看似四个不相关的选择之间，其实存在很强的关联，所以分开做回归可能会导致模型估计出现一定的偏差。这种情况下，可以选择似无关估计模型进行处理。

5.4.1　系统估计

到目前为止，我们所学的都是关于单一方程的回归估计，但有时也难免会遇上多方程的情形。如果多个方程间存在某种联系，那么将这些方程联合在一起进行回归或许能提高估计的效率，而这样的估计方法也称为"系统估计"。

与此同时也需要知道，当这一方程组中某一方程的误差较大时，使用系统估计会使得整个方程组的估计误差加大，因此在考虑使用单一方程估计和多方程估计时，实际上也在权衡"一致性"与"有效性"。

多方程系统主要分为两类,一类为联立方程组,即不同方程之间的变量存在内在的联系,例如:一个方程的解释变量也是另一个方程的被解释变量;另一类为似无关估计,即各方程解释变量间没有相关性,但各方程的扰动项之间存在相关性。例如:

(1)金融学中的资本资产定价模型对一个给定的证券设定如下模型:

$$r_{it} - r_{ft} = \alpha_i + \beta_i(r_{mt} - r_{ft}) + \varepsilon_{it} \qquad (5-9)$$

其中,r_{it} 表示证券 i 在 t 时期的回报率;r_{ft} 表示无风险证券的回报率;r_{mt} 为市场回报率;β_i 为证券 i 的 β 系数。不同证券的干扰 ε_{it} 肯定相关。证券 i 的回报率超出无风险回报率的数量,为证券 j 的超额回报率提供了某些信息。同时估计这些方程比完全不顾这种联系可能更有帮助。

(2)在一个生产模型中,成本最小化的一阶条件,即对要素的需求为:

$$\begin{cases} x_1 = f_1(Y, \mathbf{p}) + \varepsilon_1 \\ x_2 = f_2(Y, \mathbf{p}) + \varepsilon_2 \\ \quad\vdots \\ x_N = f_N(Y, \mathbf{p}) + \varepsilon_N \end{cases} \qquad (5-10)$$

其中,Y 表示给定产出,$\mathbf{p}$ 表示要素价格向量。则上述干扰同样应该是相关的。此外,相同的生产技术参数也将进入所有这些方程,所以这组方程具有交叉约束。分别估计这些方程将浪费掉所有方程中出现的参数集信息。

5.4.2 似无关回归模型

似无关回归模型(seemingly unrelated regression,SUR),其一般形式可以表述为:

$$\begin{cases} \mathbf{y}_1 = \mathbf{X}_1\beta_1 + \varepsilon_1 \\ \mathbf{y}_2 = \mathbf{X}_2\beta_2 + \varepsilon_2 \\ \quad\vdots \\ \mathbf{y}_N = \mathbf{X}_N\beta_N + \varepsilon_N \end{cases} \qquad (5-11)$$

其中,$\mathbf{X}_1, \mathbf{X}_2, \cdots, \mathbf{X}_N$ 代表 N 个方程的解释变量,它们可以相同,也可以不相同。

令 $\varepsilon = \begin{pmatrix} \varepsilon'_1 \\ \varepsilon'_2 \\ \vdots \\ \varepsilon'_N \end{pmatrix}$ 代表方程组(5-11)的扰动项矩阵,并且:

$$E[\varepsilon|\mathbf{X}_1, \mathbf{X}_2, \cdots, \mathbf{X}_N] = 0$$

$$E[\varepsilon\varepsilon'|\mathbf{X}_1, \mathbf{X}_2, \cdots, \mathbf{X}_N] = \mathbf{\Omega} \qquad (5-12)$$

假定有T个观测值，每个方程涉及 K_i 个回归元（ K_i 可以相同），共有 $K = \sum_{i=1}^{N} K_i$ 个回归元，则必须满足 $T > K_i$ ，模型才是可估计的。此外，假定不同个体的同期的干扰相关，但是不同期的扰动项彼此无关：

$$E\left[\varepsilon_{it}\varepsilon_{js} \mid \mathbf{X}_1, \mathbf{X}_2, \cdots, \mathbf{X}_N\right] = \sigma_{ij} \qquad t = s$$

$$E\left[\varepsilon_{it}\varepsilon_{js} \mid \mathbf{X}_1, \mathbf{X}_2, \cdots, \mathbf{X}_N\right] = 0 \qquad t \neq s \qquad （5-13）$$

从而有：

$$E\left[\varepsilon_i\varepsilon_j' \mid \mathbf{X}_1, \mathbf{X}_2, \cdots, \mathbf{X}_N\right] = \sigma_{ij}\mathbf{I}_T \qquad （5-14）$$

$$E\left[\varepsilon\varepsilon' \mid \mathbf{X}_1, \mathbf{X}_2, \cdots, \mathbf{X}_N\right] = \mathbf{\Omega} = \begin{pmatrix} \sigma_{11}\mathbf{I} & \sigma_{12}\mathbf{I} & \cdots & \sigma_{1N}\mathbf{I} \\ \sigma_{21}\mathbf{I} & \sigma_{22}\mathbf{I} & \cdots & \sigma_{2N}\mathbf{I} \\ \vdots & \vdots & & \vdots \\ \sigma_{N1}\mathbf{I} & \sigma_{N2}\mathbf{I} & \cdots & \sigma_{NN}\mathbf{I} \end{pmatrix} \qquad （5-15）$$

似无关回归模型的这种特殊形式，也被称为**多方程回归模型**（multivariate regression model）。

SUR模型式（5-12），也可以写成下面的形式：

$$\begin{bmatrix} \mathbf{y}_1 \\ \mathbf{y}_2 \\ \vdots \\ \mathbf{y}_N \end{bmatrix} = \begin{pmatrix} \mathbf{X}_1 & 0 & \cdots & 0 \\ 0 & \mathbf{X}_2 & \cdots & 0 \\ \vdots & \vdots & & \vdots \\ 0 & 0 & \cdots & \mathbf{X}_N \end{pmatrix} \begin{bmatrix} \mathbf{\beta}_1 \\ \mathbf{\beta}_2 \\ \vdots \\ \mathbf{\beta}_N \end{bmatrix} + \begin{bmatrix} \mathbf{\varepsilon}_1 \\ \mathbf{\varepsilon}_2 \\ \vdots \\ \mathbf{\varepsilon}_N \end{bmatrix} = \mathbf{X\beta} + \mathbf{\varepsilon} \qquad （5-16）$$

因此，SUR模型的有效估计量，实际上是GLS估计（Zellner，1962；Telser，1964）。令：

$$\mathbf{\Sigma} = \begin{pmatrix} \sigma_{11} & \sigma_{12} & \cdots & \sigma_{1N} \\ \sigma_{21} & \sigma_{22} & \cdots & \sigma_{2N} \\ \vdots & \vdots & & \vdots \\ \sigma_{N1} & \sigma_{N2} & \cdots & \sigma_{NN} \end{pmatrix} \qquad （5-17）$$

则有 $\mathbf{\Omega} = \sum \otimes \mathbf{I}$ ， $\otimes$ 表示克罗内克积（Kronecker products）[①]，并且：

$$\mathbf{\Omega}^{-1} = \sum{}^{-1} \otimes \mathbf{I} \qquad （5-18）$$

假定 $\sum^{-1}$ 的第 ij 个元素为 σ^{ij} ，则GLS估计量为：

$$\hat{\mathbf{\beta}}_{GLS} = \left[\mathbf{X}'\mathbf{\Omega}^{-1}\mathbf{X}\right]^{-1}\mathbf{X}'\mathbf{\Omega}^{-1}\mathbf{y} = \left[\mathbf{X}'(\sum{}^{-1} \otimes \mathbf{I})\mathbf{X}\right]^{-1}\mathbf{X}'(\sum{}^{-1} \otimes \mathbf{I})\mathbf{y} \qquad （5-19）$$

将克罗内克积（Kronecker products）展开可得：

---

① Matlab 中实现两个矩阵 Kronecker 相乘的函数为 kron(A, B)。

$$\hat{\beta}_{GLS} = \begin{pmatrix} \sigma^{11}\mathbf{X}_1'\mathbf{X}_1' & \sigma^{12}\mathbf{X}_1'\mathbf{X}_2 & \dots & \sigma^{1N}\mathbf{X}_1'\mathbf{X}_N \\ \sigma^{21}\mathbf{X}_1'\mathbf{X}_1' & \sigma^{22}\mathbf{X}_2'\mathbf{X}_2 & \dots & \sigma^{2N}\mathbf{X}_2'\mathbf{X}_N \\ \vdots & \vdots & & \vdots \\ \sigma^{N1}\mathbf{X}_N'\mathbf{X}_1 & \sigma^{N2}\mathbf{X}_N'\mathbf{X}_2 & \dots & \sigma^{NN}\mathbf{X}_N'\mathbf{X}_N \end{pmatrix}^{-1} \begin{pmatrix} \sum_{j=1}^{N}\sigma^{1j}\mathbf{X}_1'\mathbf{y}_j \\ \sum_{j=1}^{N}\sigma^{2j}\mathbf{X}_2'\mathbf{y}_j \\ \vdots \\ \sum_{j=1}^{N}\sigma^{Nj}\mathbf{X}_N'\mathbf{y}_j \end{pmatrix} \qquad (5\text{--}20)$$

GLS估计的逆矩阵就是上式中的逆矩阵，关于GLS估计的结论，都可以延伸到这里的模型中。

这些方程由于只通过它们的干扰产生联系，看起来好像没有什么关系，因此叫"似无关回归"。

5.4.3　似无关回归与OLS的关系

上面的估计量 $\hat{\beta}_{GLS}$ 显然不同于OLS回归。那么与OLS估计相比，GLS估计到底能够提高多少效率呢？泽尔纳（Zellner，1962）以及德维迪和斯里瓦斯塔瓦（Dwivedi and Srivastava，1978）做了详细分析：

如果方程确实无关，即对 $i \neq j$ 有 $\sigma_{ij} = 0$，并且方程具有相同的解释变量，这里不仅是变量名称相同而且各变量的取值也相同（即 $\mathbf{X}_i = \mathbf{X}_j$），那么方程组的GLS估计就是逐个方程的OLS，也就是说似无关GLS估计至少和OLS估计一样有效。

一般而言，有如下命题成立：（1）干扰的相关性越强，GLS所带来的效率提高就越大。（2）$\mathbf{X}$ 矩阵变量之间的相关性越小，使用GLS估计带来的效率提高就越大（Binkley，1982；Binkley and Nelson，1988）。

为了证明上述命题，考虑相同回归元情形（identical regressors），这里不仅是解释变量名称相同而且各变量的取值范围也相同，从而有 $\mathbf{X}_i'\mathbf{X}_j = \mathbf{X}'\mathbf{X}$，则根据式（5–19）有：

$$\begin{aligned} \hat{\boldsymbol{\beta}}_{GLS} &= [\mathbf{X}'(\textstyle\sum^{-1}\otimes\mathbf{I})\mathbf{X}]^{-1}\mathbf{X}'(\textstyle\sum^{-1}\otimes\mathbf{I})\mathbf{y} \\ &= \left[\textstyle\sum^{-1}\otimes\mathbf{X}'\mathbf{X}\right]^{-1}\left(\textstyle\sum^{-1}\otimes\mathbf{X}'\mathbf{y}\right) \\ &= \left[\textstyle\sum\otimes(\mathbf{X}'\mathbf{X})^{-1}\right]\left(\textstyle\sum^{-1}\otimes\mathbf{X}'\mathbf{X}\mathbf{b}\right) \\ &= \left[\textstyle\sum\otimes(\mathbf{X}'\mathbf{X})^{-1}\right]\left[\mathbf{X}'\mathbf{X}(\textstyle\sum^{-1}\otimes\mathbf{b})\right] \end{aligned} \qquad (5\text{--}21)$$

也即：

$$\hat{\boldsymbol{\beta}}_{GLS} = \begin{pmatrix} \sigma_{11}(\mathbf{X'X})^{-1} & \sigma_{12}(\mathbf{X'X})^{-1} & \cdots & \sigma_{1N}(\mathbf{X'X})^{-1} \\ \sigma_{21}(\mathbf{X'X})^{-1} & \sigma_{22}(\mathbf{X'X})^{-1} & \cdots & \sigma_{2N}(\mathbf{X'X})^{-1} \\ \vdots & \vdots & & \vdots \\ \sigma_{N1}(\mathbf{X'X})^{-1} & \sigma_{N2}(\mathbf{X'X})^{-1} & \cdots & \sigma_{NN}(\mathbf{X'X})^{-1} \end{pmatrix} \begin{pmatrix} (\mathbf{X'X})\sum_{j=1}^{N}\sigma^{11}\mathbf{b}_1 \\ (\mathbf{X'X})\sum_{j=1}^{N}\sigma^{21}\mathbf{b}_1 \\ \vdots \\ (\mathbf{X'X})\sum_{j=1}^{N}\sigma^{N1}\mathbf{b}_1 \end{pmatrix}$$

现在考察 $\hat{\boldsymbol{\beta}}_{GLS}$ 的第一个向量元素（第一行乘右边的列向量），展开以后矩阵 $\mathbf{X'X}$ 相互抵消，得到：

$$\begin{aligned} \hat{\beta}_1 &= \sum_{j=1}^{N}\sigma_{1j}\sum_{l=1}^{N}\sigma^{jl}\mathbf{b}_1 \\ &= \mathbf{b}_1\left(\sum_{j=1}^{N}\sigma_{1j}\sigma^{jl}\right) + \mathbf{b}_2\left(\sum_{j=1}^{N}\sigma_{1j}\sigma^{j2}\right) + \cdots + \mathbf{b}_N\left(\sum_{j=1}^{N}\sigma_{1j}\sigma^{jN}\right) \end{aligned} \tag{5-22}$$

式（5-22）中括号里的项便是 $\sum\sum^{-1}=\mathbf{I}$ 的第一行元素，由于对 $i\neq j$ 有 $\sigma_{ij}=0$ 所以最终结论是 $\hat{\beta}_1=\mathbf{b}_1$。对于其他子向量，同样可得 $\hat{\beta}_i=\mathbf{b}_i$。即在SUR模型中，若所有方程都有相同的回归元，且扰动项不存在关联时，SUR的GLS有效估计量就是单个方程的OLS估计量，此时GLS等同于OLS。并且，此时 $\hat{\beta}$ 的渐进协方差矩阵由式（5-22）中的

$$\begin{pmatrix} \sigma_{11}(\mathbf{X'X})^{-1} & \sigma_{12}(\mathbf{X'X})^{-1} & \cdots & \sigma_{1N}(\mathbf{X'X})^{-1} \\ \sigma_{21}(\mathbf{X'X})^{-1} & \sigma_{22}(\mathbf{X'X})^{-1} & \cdots & \sigma_{2N}(\mathbf{X'X})^{-1} \\ \vdots & \vdots & & \vdots \\ \sigma_{N1}(\mathbf{X'X})^{-1} & \sigma_{N2}(\mathbf{X'X})^{-1} & \cdots & \sigma_{NN}(\mathbf{X'X})^{-1} \end{pmatrix}$$

给出：

$$\text{Est.Asy.Cov}\left[\hat{\boldsymbol{\beta}}_i, \hat{\boldsymbol{\beta}}_j\right] = \hat{\sigma}_{ij}(\mathbf{X'X})^{-1}$$

其中：

$$\hat{\sum}_{ij} = \hat{\sigma}_{ij} = \frac{1}{T}\mathbf{e}_i'\mathbf{e}_j$$

可行的广义最小二乘回归（FGLS）使用：

$$\hat{\sigma}_{ij} = s_{ij} = \frac{\mathbf{e}_i'\mathbf{e}_j}{T}$$

5.4.4 似无关估计案例

似无关估计的 Stata 官方命令为 sureg，其语法结构为：

. sureg (depvar1 varlist1) (depvar2 varlist2)……(depvarN varlistN), isure corr　　//
isure 表示迭代至收敛，corr 表示各方程之间残差的相关性，各方程之间解释变量可以相同，也可以不相同

下面以一个医疗支出数据为例[①]，在命令窗口依次输入以下命令：

. use mus05surdata.dta, clear

. summarize ldrugexp ltotothr age age2 educyr actlim totchr medicaid private　　//（见表 5.24）。

表 5.24　　　　　　　　　　　　　　　　描述性统计

Variable	Obs	Mean	Std. Dev.	Min	Max
ldrugexp	3,285	6.936533	1.300312	1.386294	10.33773
ltotothr	3,350	7.537196	1.61298	1.098612	11.71892
age	3,384	74.38475	6.388984	65	90
age2	3,384	5573.898	961.357	4225	8100
educyr	3,384	11.29108	3.7758	0	17
actlim	3,384	.3454492	.4755848	0	1
totchr	3,384	1.954492	1.326529	0	8
medicaid	3,384	.161643	.3681774	0	1
private	3,384	.5156619	.4998285	0	1

表 5.24 中，变量 ldrugexp 代表员工的处方药支出，变量 ltotothr 代表员工的所有医疗支出，不仅包含处方药，还包含其他医疗服务。显然，处方药支出和所有医疗支出之间存在一定的关系，分开来单独做回归估计是不合适的。

. sureg (ldrugexp age age2 actlim totchr medicaid private) (ltotothr age age2 educyr actlim totchr private), corr　　//（见表 5.25）。

表 5.25　　　　　　　　　　　　　　　　似无关估计

Seemingly unrelated regression

Equation	Obs	Parms	RMSE	"R-sq"	chi2	P
ldrugexp	3,251	6	1.133657	0.2284	962.07	0.0000
ltotothr	3,251	6	1.491159	0.1491	567.91	0.0000

[①] 卡梅伦，特里维迪. 用 STATA 学微观计量经济学［M］. 肖光恩，等译. 重庆：重庆大学出版社，2009.

续表

	Coef.	Std. Err.	z	P>|z|	[95% Conf. Interval]	
ldrugexp						
age	.2630418	.0795316	3.31	0.001	.1071627	.4189209
age2	-.0017428	.0005287	-3.30	0.001	-.002779	-.0007066
actlim	.3546589	.046617	7.61	0.000	.2632912	.4460266
totchr	.4005159	.0161432	24.81	0.000	.3688757	.432156
medicaid	.1067772	.0592275	1.80	0.071	-.0093065	.2228608
private	.0810116	.0435596	1.86	0.063	-.0043636	.1663867
_cons	-3.891259	2.975898	-1.31	0.191	-9.723911	1.941394
ltotothr						
age	.2927827	.1046145	2.80	0.005	.087742	.4978234
age2	-.0019247	.0006955	-2.77	0.006	-.0032878	-.0005617
educyr	.0652702	.00732	8.92	0.000	.0509233	.0796172
actlim	.7386912	.0608764	12.13	0.000	.6193756	.8580068
totchr	.2873668	.0211713	13.57	0.000	.2458719	.3288618
private	.2689068	.055683	4.83	0.000	.1597701	.3780434
_cons	-5.198327	3.914053	-1.33	0.184	-12.86973	2.473077

Correlation matrix of residuals:

	ldrugexp	ltotothr
ldrugexp	1.0000	
ltotothr	0.1741	1.0000

Breusch-Pagan test of independence: chi2(1) =   98.590, Pr = 0.0000

表5.25中，两个方程略有差异，第一个方程的因变量是员工的处方药支出 ldrugexp，解释变量包含了年龄（age）、年龄平方项（age2）、行动障碍（actlim）、慢性病数量（totchr）、医疗救助（medicaid）、私人保险（private）；第二个方程和第一个方程相比，少了医疗救助变量（medicaid），多了受教育年限变量（educyr）。

上述输出结果中，包含三个部分。第一个部分输出的表格是两个方程的整体估计结果，包括样本数量（obs）、控制变量数（parms）、均方误（RMSE），判断系数（R-sq）、卡方统计量（chi2）和p值（P）。第二部分是两个似无关回归方程变量的估计系数、标准误、z统计量、p值和置信区间。第三部分是选项corr产生的结果。反映了两个方程之间的相关程度和BP检验结果，该结果说明两个方程之间的关联系数为0.1741，而且BP检验的p值为0.0000，说明两个因变量存在显著的相关关系。[1]

如果有兴趣的话，也可以比较SUR和单独分开来的OLS回归估计结果的差异：

qui reg ldrugexp age age2 actlim totchr medicaid private

outreg2 using xmm, word replace

qui reg ltotothr age age2 actlim totchr medicaid private

outreg2 using xmm, word

sureg (ldrugexp age age2 actlim totchr medicaid private) (ltotothr age age2 actlim totchr medicaid private)

---

① BP检验一般是用于异方差检验，但是这里的corr检验使用了BP检验，用于检验各似不相关方程残差的方差-协方差矩阵，其默认假设为对角矩阵。如果拒绝零假设，则说明各方程之间存在相关性。

outreg2 using xmm, word   //（见表5.26）。

表5.26 OLS估计与似无关估计比较

Variables	（1）ldrugexp	（2）ltotothr	（3）ldrugexp	（4）ltotothr
age	0.276*** （0.0798）	0.331*** （0.104）	0.263*** （0.0795）	0.303*** （0.106）
age2	−0.00183*** （0.000531）	−0.00220*** （0.000690）	−0.00174*** （0.000529）	−0.00201*** （0.000704）
actlim	0.357*** （0.0468）	0.680*** （0.0613）	0.353*** （0.0466）	0.677*** （0.0621）
totchr	0.404*** （0.0162）	0.292*** （0.0210）	0.400*** （0.0161）	0.284*** （0.0215）
medicaid	0.0893 （0.0601）	−0.0809 （0.0791）	0.116* （0.0601）	−0.0844 （0.0800）
private	0.0775* （0.0438）	0.379*** （0.0569）	0.0836* （0.0436）	0.391*** （0.0581）
Constant	−4.402 （2.987）	−5.869 （3.883）	−3.899 （2.976）	−4.770 （3.962）
Observations	3285	3350	3251	3251
R−squared	0.227	0.134	0.228	0.128

注：（1）*、**、***分别表示在10%、5%、1%的水平下显著；（2）括号内为标准误。

根据前面的分析，也可以用SUR模型来计算两步法工具变量估计结果：

. use mus06data.dta, clear

. sureg (ldrugexp firmsz female marry linc totchr black age educyr) (hi_empunion firmsz female marry linc totchr black age educyr), corr   //结果省略

根据前面工具变量局部处理效应的计算公式：

$$\hat{\beta}_{LATE} = \frac{E[Y_i \mid Z_i = 1] - E[Y_i \mid Z_i = 0]}{E[D_i \mid Z_i = 1] - E[D_i \mid Z_i = 0]} = \frac{\rho}{\varphi} = \frac{-0.0205844}{0.0065308} = -3.1519$$

第6章　分位数回归

第5章学习了如何使用线性工具变量解决模型存在的内生性问题以及如何对多方程进行似无关回归。回顾之前所学的诸多回归模型，研究的重点都是自变量x对于因变量y的条件期望 E(y|x) 的影响，但条件期望其实只是x对于y整个条件分布y|x集中趋势的一种刻画，它很难反映整个条件分布的全貌，尤其是当条件分布y|x不是对称分布时。而如果能估计出条件分布y|x的若干个重要的条件分位数，就能对条件分布y|x有更加全面的认识。针对这一内容，本章学习柯尔克和巴西特（Koenker and Bassett，1978）提出的分位数回归（quantile regression）方法，包括条件分位数回归和无条件分位数回归。

6.1　认识分位数

分位数回归与OLS相比，有很多优点。例如，它包含中值（median）回归，或者说绝对离差回归，比均值回归更加稳健，属于非线性估计。此外，**分位数回归无需假定回归扰动项的参数分布，所以它实际上也是半参数的。**

用 e_i 表示模型预测的误差，则OLS回归的目的是最小化 $\sum_i e_i^2$，中值回归的目的是最小化 $\sum_i |e_i|$，分位数回归的目的是最小化非对称的误差 $(1-q)|e_i|$（过度预测 overprediction）与 $q|e_i|$（预测不足 underprediction）的和。

以收入分配为例，它不仅是一个财税问题，也是一个人口结构问题。当90%的人口都在农村的时候，即便有10%的人口在城市并且相对较为富裕，但从整个社会结构来看，城乡收入分配差距或者基尼系数也不会很大，因为绝大多数人都处于贫困之中，原因是农村人口占有的权重比较大。此时如果用OLS去估计模型，把农村人口和城市人口比重看成一样的，那么就会产生估计偏差。反之，用分位数的方法进行估计，得到的结果会更加准确。

当农村人口和城市人口都是50%的时候，这个时候使用OLS和分位数估计结果是没有差异的。但是即便在城乡收入差距不变的情况下，城镇化率从10%提升到

50%，基尼系数也会扩大（习明明等，2012）。如果城镇化率再由50%提升到90%，这个时候即便城乡收入差距仍然保持不变甚至略有扩大，整个人口的基尼系数也会下降。这是由人口结构决定的，因为如果90%的人都生活在城市，都相对富裕，只有10%的人口在农村且相对贫困，那么整个社会呈现的结果仍然是相对公平的。同样的，此时如果使用OLS的方法估计，也会产生一定的偏差。因为OLS将10%的农村人口和90%的城市人口看成对等的，赋予的权重是一样的。但显然，此时应该给城市人口更多的权重，采用分位数估计的方法更加合理。

6.1.1 条件分位（conditional quantiles）

假定模型的主要目的是获得给定 $\mathbf{x}$ 时 $\mathbf{y}$ 的条件预测，用 $\hat{\mathbf{y}}(\mathbf{x})$ 表示预测函数，$\mathbf{e}(\mathbf{x}) = \mathbf{y} - \hat{\mathbf{y}}(\mathbf{x})$ 表示预测误差，则令：

$$L(\mathbf{e}(\mathbf{x})) = L(\mathbf{y} - \hat{\mathbf{y}}(\mathbf{x}))$$

其中 $L(\cdot)$ 代表损失函数，则最优的损失最小的预测子计算依赖于损失函数的形式。如果 $L(\mathbf{e}) = \mathbf{e}'\mathbf{e} = \sum \mathbf{e}_i^2$，则OLS的条件均值函数 $E(\mathbf{y}|\mathbf{x}) = \mathbf{x}'\boldsymbol{\beta}$ 是最优的预测子（Predictor）；假如损失函数 $L(\mathbf{e}) = \sum|\mathbf{e}_i|$，则最优的预测子是条件中值函数 $med(\mathbf{y}|\mathbf{x})$，假如条件中值函数（conditional median function）是线性的，从而 $med(\mathbf{y}|\mathbf{x}) = \mathbf{x}'\boldsymbol{\beta}$，则最优的预测子是 $\hat{\mathbf{y}} = \mathbf{x}'\hat{\boldsymbol{\beta}}$，其中 $\hat{\boldsymbol{\beta}}$ 是最小化绝对离差（Absolute-Deviation）$\sum_i|\mathbf{y}_i - \mathbf{x}_i'\boldsymbol{\beta}|$ 的估计子。

以上分析中，无论是平方误差还是绝对误差损失函数，都是对称的。条件分位函数则不一样，通过引进一个分位指标 $q \in [0,1]$，当 $q = 0.5$ 时就是对称的，当取其他值时则不是对称的。此时，最优的预测子用 $Q_q(\mathbf{y}|\mathbf{x})$ 表示，称为第q个条件分位，上面讲到的中值回归就是条件分位 $q = 0.5$ 时的特例。标准的条件分位回归分析假定条件分位函数是x的线性函数。

综上所述，相对于OLS估计而言，分位数回归至少有以下四个优点：（1）分位数回归不要求因变量是正态分布的，当因变量正态分布假定不满足时，分位数估计的结果也是有效的。（2）分位数回归提供了关于数据的更加丰富的特征。（3）不像OLS回归，分位数回归不要求估计子（estimators）的条件均值满足存在性和一致性。（4）最重要的是，分位数回归具有**单调变换不变性**。也就是说，对于变量 $\mathbf{y}$ 的单调变换 $h(\mathbf{y})$，有 $Q_q(h(\mathbf{y})) = h(Q_q(\mathbf{y}))$，假如分位数回归模型用 lny 的形式表现，则可以使用反函数来获得 $\mathbf{y}$ 的形式，而OLS则没有这个性质，因为条件均值函数不满足 $E(h(\mathbf{y})) = h(E(\mathbf{y}))$。

6.1.2　条件分位回归与标准误的计算

第q个分位回归估计子（qth QR estimator）$\hat{\beta}_q$最小化目标函数（objective function）：

$$Q(\beta_q) = \sum_{i:y_i \geq x_i'\beta}^{N} q|y_i - x_i'\beta_q| + \sum_{i:y_i \leq x_i'\beta}^{N} (1-q)|y_i - x_i'\beta_q| \quad （6-1）$$

这里使用$\hat{\beta}_q$而不是$\hat{\beta}$，原因是不同的q的选择会得到不同的β。**假如$q > 0.5$，则更多的权重被赋予$y_i \geq x_i'\beta$的点，而$y_i \leq x_i'\beta$的点的权重会更少；但是反过来，如果$q < 0.5$，则$y_i \geq x_i'\beta$的点只会赋予较少的权重，而更多的权重则会赋予$y_i \leq x_i'\beta$的点。**此外，值得注意的是，目标函数（6-1）是不可导的，所以传统的求最优的方法就不能用了，但可以使用线性规划的方法，来对目标函数进行迭代运算。

在一般条件下，QR估计子是服从渐进正态分布的，卡梅伦和特里维迪（Cameron and Trivedi，2005）给出了：

$$\hat{\beta}_q \overset{a}{\sim} N\left(\beta_q, A^{-1}BA^{-1}\right) \quad （6-2）$$

其中，$A = \sum_i q(1-q)x_ix_i'$，$B = \sum_i f_{u_q}(0|x_i)x_ix_i'$，$f_{u_q}(0|x_i)$是在扰动项$u_q$的条件密度函数，是$u_q = y - x'\beta_q = 0$时所估计的条件密度函数。

6.2　条件分位数回归

6.2.1　条件分位数回归的Stata命令

关于分位数回归估计的Stata命令，系统内含的有qreg、iqreg、bsqreg和sqreg等，读者也可以下载安装外部命令——分位数异方差稳健估计qreg2：

. ssc install qreg2

. qreg2 depvar [indepvars] [if] [in] [weight], quantile(#) cluster(clustvar) notest mss(varlist) silverman wlsiter(#) epsilon(#)

选项quantile(#)用于指定分位数，默认为0.5；选项cluster(clustvar)表示聚类稳健标准误；选项mss(varlist)表示对括号里的变量进行Machado–Santos Silva（2000）异方差检验；选项notest表示不要做检验；选项silverman表示使用Silverman的经验法则作为带宽的比例因子，默认带宽的缩放因子是分位数回归残差的中位数绝对偏差；选项wlsiter(#)表示在进行线性规划迭代之前，尝试加权最小二乘迭代，默认是wlsiter(1)；选项epsilon(#)表示控制残差设置为零的数量（该选项很少使用）。

　　至于Stata系统自带的分位数估计命令qreg、iqreg、bsqreg和sqreg，具体介绍及使用方法如下：

　　（1）基准分位数回归。命令qreg拟合分位数（包括中位数）回归模型，也称为最小绝对值模型（LAV或MAD）和最小L1范数模型。由qreg拟合的分位数回归模型将条件分布的分位数表示为自变量的线性函数。

　　. qreg y x1 x2 x3, q(#)　　//不添加选项默认为中位数回归，添加选项则为#分位

　　（2）跨分位范围回归。命令iqreg为跨分位回归，该命令能估计不同分位之间的差异，并且通过Bootstrap自举法（再抽样法）得到估计量的估计方差–协方差矩阵。

　　. iqreg y x1 x2 x3, q(.75 .25) reps(#)　　//估计的系数等于.75分位的系数减去.25分位数的回归系数，反映的是从25分位到75分位范围变化时解释变量对因变量影响的边际效应

　　（3）联立分位数回归。命令sqreg同时估计多个分位数回归，它为每个分位数生成与qreg相同的系数。但是方差的计算考虑了不同分位之间的联系，从而使得不同分位数系数的置信区间具有可比性。

　　. sqreg y x1 x2 x3, q(.# .# .#) reps(#)　　//同时计算.#.#.#三个分位数的回归，例如：.25 .50 .75

　　. test [q# = q# = q#]: x1　　//检验三个分位数的x1项系数是否相等

　　（4）Bootstrap分位数回归。通过从原始样本中抽取多个样本，并对每个样本进行模型估计，可以计算出每个参数的标准误和置信区间。这些重复抽样的结果可以用来构建自助法样本的分布，从而得到更准确的方差–协方差矩阵。

　　. set seed #　　//设置初始种子值，这一步是为了使每次得到的结果相同

　　. bsqreg y x1 x2 x3, reps(#) q(#)　　// reps(#)表示自助法重复#次，bs为Bootstrapped的缩写，即利用原样本再抽样计算获得其标准误并通过多次重复计算取平均得到一个相对稳健标准误

　　（5）分位数参数图形。将不同分位数回归的系数及其置信区间进行画图比较。

　　. set seed #

　　. bsqreg y x1 x2 x3, reps(#) q(.5)　　//这一步是为了得到Bootstrap自助的标准误而先做的中位数回归

　　. grqreg, cons ci ols olsci　　// grqreg可使用help grqreg查询后单击下载，选项cons表示对常数项进行比较，ci表示包括估计系数的95%置信区间，ols表示提供ols估计系数作为参照，olsci表示提供ols估计系数的95%置信区间

　　（6）因变量分位数特征诊断。判断是否需要使用分位数回归，主要是针对因变量的分布特征，对解释变量不做具体要求。命令qplot生成一个或多个变量的有序值的标绘图，这些标绘位置本质上是均匀分布在[0,1]上的相同数量的值的分位数。命令qplot不是系统命令，读者需要使用findit qplot命令手动下载安装。

. findit qplot

. qplot y , recast(line) scale(1.5)　　// recast表示切换变量的储存格式，由于qplot默认为散点图格式，此处使用该命令可切换为连续的线段

关于该命令的更多用法，读者可使用help qplot命令自行查询。

6.2.2　条件分位数回归的Stata案例

本章案例使用mus03data.dta数据集[①]。首先，依旧是使用asdoc sum命令对数据集概况进行查看，以下为命令运行结果。

. use "D:\傻瓜计量经济学与stata应用\stata数据集\mus03data.dta"

. asdoc sum, replace　　//读者可以用describe命令查看变量的解释（见表6.1）。

表6.1　　　　　　　　　　　　　　　描述性统计

Variable	Obs	Mean	Std. Dev.	Min	Max
dupersid	3064	62416226	34330029	20004018	98347025
year03	3064	1	0	1	1
age	3064	74.172	6.373	65	90
famsze	3064	1.908	0.988	1	13
educyr	3064	11.775	3.436	0	17
totexp	3064	7030.889	11852.752	0	125610
private	3064	0.581	0.493	0	1
retire	3064	0.595	0.491	0	1
female	3064	0.58	0.494	0	1
white	3064	0.974	0.159	0	1
hisp	3064	0.085	0.279	0	1
marry	3064	0.556	0.497	0	1
northe	3064	0.152	0.359	0	1
mwest	3064	0.231	0.422	0	1
south	3064	0.396	0.489	0	1
phylim	3064	0.426	0.495	0	1
actlim	3064	0.284	0.451	0	1
msa	3064	0.742	0.438	0	1
income	3064	22.475	22.535	−1	312.46
injury	3064	0.196	0.397	0	1
priolist	3064	0.803	0.398	0	1

---

① 科林卡梅伦，普拉温·K.特里维迪.用STATA学微观计量经济学［M］.肖光恩，等译. 重庆：重庆大学出版社，2009.

续表

Variable	Obs	Mean	Std. Dev.	Min	Max
totchr	3064	1.754	1.307	0	7
omc	3064	0.446	0.497	0	1
hmo	3064	0.116	0.32	0	1
mnc	3064	0.019	0.137	0	1
ratio	3064	0.012	0.096	0	1
posexp	3064	0.964	0.185	0	1
suppins	3064	0.581	0.493	0	1
hvgg	3064	0.605	0.489	0	1
hfp	3064	0.208	0.422	0	2
ltotexp	2955	8.06	1.368	1.099	11.741
hins	1506	1	0	1	1
hdem	1737	1	0	1	1

　　表6.1中，通过观察上述数据可以发现该数据集主要包括医疗费用以及与其相关的各项要素的数据。与之前的OLS回归类似，需要验证对于该问题采取分位数回归是否合适，这便需要使用到qplot命令。假定要研究的问题是对数医疗支出（ltotexp）的影响因素，那么首先要确定的就是该变量是否具有分位数的特征。

　　. qplot ltotexp, recast(line) scale(1.4) yline(6.365 9.773, lwidth(vthin) lp(dash)) xline(0.1 0.9,lwidth(vthin) lp(dash))　　　// recast表示切换变量的储存格式，由于qplot默认为散点图格式，此处使用该命令可切换为连续的线段。scale命令用于调整曲线的粗细（见图6.1）。

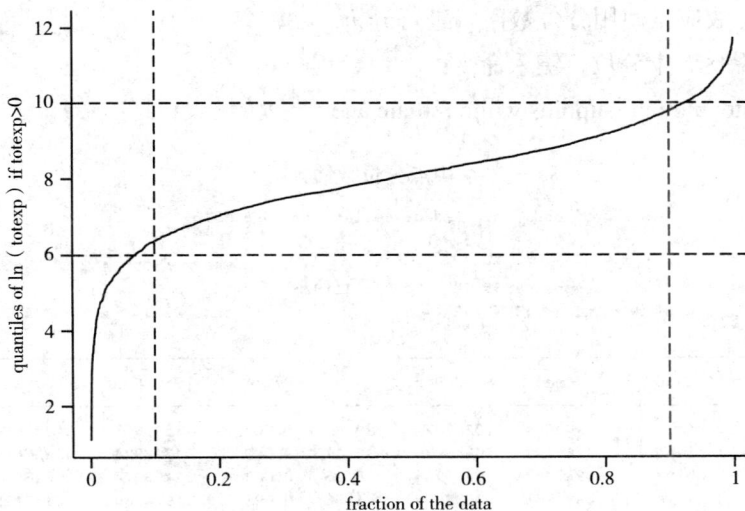

图6.1　分位数

图6.1展示的是[0,1]上因变量对数医疗支出（ltotexp）的分布特征。从图6.1可以看出，该变量呈现出两头小和中间多的"橄榄型"结构，即大约80%的值位于6~10。在讲解该图之前，先复习经济学收入不平等测度的概念—洛伦兹曲线（见图6.2）。

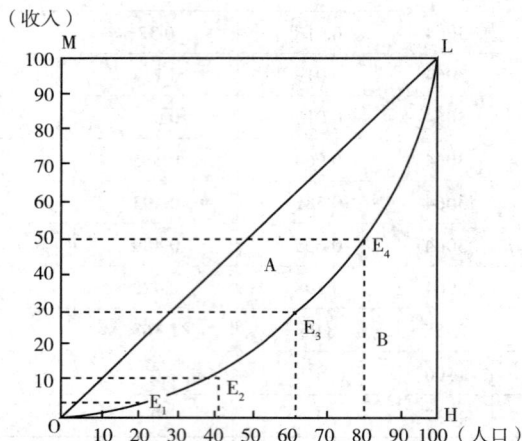

图6.2　洛伦兹曲线

图6.2的洛伦兹曲线的绘制方法为：将一总体内的所有人口按收入从低到高排列，计算人口百分比与其对应的收入百分比的点并连线得到洛伦兹曲线。当收入分配绝对平均时为图中OL对角直线，当收入分配绝对不公平时为图中的OHL折线。当介于OL对角线和OHL折线之间时，收入分配越不公平，曲线越往下凸。反映收入不平等的基尼系数大约等于图形面积：A/(A+B)。

与之类似，当某一变量为均匀分布时，其分布图应为一条向右上倾斜的直线。显然，变量ltotexp并不满足均匀分布，其十分位、九十分位附近与中间部分相比存在显著差异，故应当使用分位数回归进行分析。

首先，观察五十分位，键入命令：

. qreg ltotexp totchr suppins white female age　　　//（见表6.2）。

表6.2　　　　　　　　　　　　　　中点分位数估计

```
Iteration 16: sum of abs. weighted deviations =  1398.4916

Median regression                          Number of obs =    2,955
  Raw sum of deviations 1555.48 (about 8.111928)
  Min sum of deviations 1398.492           Pseudo R2     =    0.1009
```

ltotexp	Coef.	Std. Err.	t	P>|t|	[95% Conf. Interval]	
totchr	.3942664	.0202472	19.47	0.000	.3545663	.4339664
suppins	.2769771	.0535936	5.17	0.000	.1718924	.3820617
white	.4987457	.1630984	3.06	0.002	.1789474	.818544
female	-.0880967	.0532006	-1.66	0.098	-.1924109	.0162175
age	.0148666	.0041479	3.58	0.000	.0067335	.0229996
_cons	5.648891	.341166	16.56	0.000	4.979943	6.317838

表6.2中，分位数估计在迭代16次之后获得了结果。原因是分位数估计的目标函数不可导，所以分位数估计只有数值解，没有解析解，只能通过迭代计算的方法获得结果。但是OLS估计则不一样，可以通过求导的方法获得解析解，不需要进行迭代计算。

也可以使用外部命令qreg2进行分位数估计：

. qreg2 ltotexp totchr suppins white female age   //（见表6.3）。

表6.3 中点分位数异方差稳健标准误估计

```
Median regression
R-squared = .1954566
Number of obs = 2955
Objective function = .47326279
```

Heteroskedasticity robust standard errors

ltotexp	Coef.	Std. Err.	t	P>|t|	[95% Conf. Interval]	
totchr	.3942664	.0202004	19.52	0.000	.354658	.4338748
suppins	.2769771	.0541489	5.12	0.000	.1708037	.3831505
white	.4987457	.194073	2.57	0.010	.1182135	.8792779
female	-.0880967	.0532428	-1.65	0.098	-.1924936	.0163002
age	.0148666	.0040878	3.64	0.000	.0068513	.0228819
_cons	5.648891	.3637387	15.53	0.000	4.935683	6.362098

```
Machado-Santos Silva test for heteroskedasticity
    Ho: Constant variance
    Variables: Fitted values of ltotexp and its squares

    chi2(2)    =  56.274
    Prob > chi2 =   0.000
```

比较表6.2和表6.3的结果可以发现，qreg分位数中值估计系数和qreg2分位数中值估计系数相同，但是两者的标准误存在差异。原因是qreg2命令处理了异方差，得到的是异方差稳健标准误。并且qreg2命令还提供了MSS异方差检验，检验结果也说明原方程存在异方差，说明采用qreg2命令处理异方差是合适的。以上通过对比可以发现，qreg2命令比qreg命令更有效率。

接下来使用qreg命令，为了使不同分位数估计结果更加直接地呈现在我们面前，可以用do-file编辑器将其汇总在一张表格中。在这里提供两种编程方案供参考。

（1）使用est sto(estimates store)/esttab（该命令需要通过help esttab查询下载后才可使用）命令：

. quietly reg ltotexp totchr suppins white female age

est sto ols   //将估计结果储存为ols

quietly qreg ltotexp totchr suppins white female age, q(.1)

est sto q10

```
quietly qreg ltotexp totchr suppins white female age, q(.5)
est sto q50
quietly qreg ltotexp totchr suppins white female age, q(.9)
est sto q90
esttab ols q10 q50 q90 using xmm.rtf, replace        ///
b(%6.3f) se(%6.3f) ar2(3)       /// 精确小数点后3位
mtitles(ols  q10  q50  q90)      ///
star(* 0.1 ** 0.05 *** 0.01)       ///
compress nogap      //不要有空行（见表6.4）。
```

表6.4 不同分位数估计结果比较

Variables	（1） ols	（2） q10	（3） q50	（4） q90
totchr	0.445*** （0.018）	0.539*** （0.031）	0.394*** （0.020）	0.358*** （0.035）
suppins	0.257*** （0.046）	0.396*** （0.081）	0.277*** （0.054）	−0.014 （0.091）
white	0.318** （0.141）	0.073 （0.246）	0.499*** （0.163）	0.305 （0.278）
female	−0.077* （0.046）	−0.013 （0.080）	−0.088* （0.053）	−0.158* （0.091）
age	0.013*** （0.004）	0.019*** （0.006）	0.015*** （0.004）	0.006 （0.007）
_cons	5.898*** （0.296）	3.867*** （0.514）	5.649*** （0.341）	8.323*** （0.582）
N	2955	2955	2955	2955
adj. R^2	0.196			

注：（1）*、**、***分别表示在10%、5%、1%的水平下显著；（2）括号内为标准误。

（2）使用outreg2命令：

```
. quietly reg ltotexp totchr suppins white female age
outreg2 using jxufe, word replace
quietly qreg ltotexp totchr suppins white female age, q(.1)
outreg2 using jxufe, word
```

quietly qreg ltotexp totchr suppins white female age, q(.5)

outreg2 using jxufe, word

quietly qreg ltotexp totchr suppins white female age, q(.9)

outreg2 using jxufe, word   //（见表6.5）。

表6.5   不同分位数估计结果比较（**outreg2**命令）

Variables	（1） ltotexp	（2） ltotexp	（3） ltotexp	（4） ltotexp
totchr	0.445*** （0.0175）	0.539*** （0.0305）	0.394*** （0.0202）	0.358*** （0.0346）
suppins	0.257*** （0.0465）	0.396*** （0.0808）	0.277*** （0.0536）	−0.0143 （0.0915）
white	0.318** （0.141）	0.0734 （0.246）	0.499*** （0.163）	0.305 （0.278）
female	−0.0765* （0.0461）	−0.0127 （0.0802）	−0.0881* （0.0532）	−0.158* （0.0908）
age	0.0127*** （0.00360）	0.0193*** （0.00625）	0.0149*** （0.00415）	0.00592 （0.00708）
Constant	5.898*** （0.296）	3.867*** （0.514）	5.649*** （0.341）	8.323*** （0.582）
Observations	2955	2955	2955	2955
R−squared	0.197			

注：（1）*、**、***分别表示在10%、5%、1%的水平下显著；（2）括号内为标准误。

虽然表6.4和表6.5两种方法都能得到同样的结果，但是笔者认为使用outreg2命令稍微更便捷一些，更方便于论文的引用，大家可以根据自己的需求选择方法。

回到回归的结果上来，通过对比可以发现确实如之前所观察到的那般，存在多个变量其不同分位的系数显著不同，如totchr，suppins等。但是对不同回归方程中解释变量的边际效应进行比较，存在有效性不足的问题。所以需要使用联立分位数方程，即sqreg对其进行回归分析并检验。

. sqreg ltotexp totchr suppins white female age, q(.1 .5 .9) reps(400)   //（见表6.6）。

从表6.6的结果可以看出，变量totchr和suppins的估计系数，在10分位、50分位和90分位上存在区别，但是这种区别是否在统计上显著成立？需要进一步检验：

. test [q10=q50=q90]: totchr   //（见图6.3）。

表 6.6   **联立分位数估计**

```
Simultaneous quantile regression                    Number of obs =      2,955
  bootstrap(400) SEs                                .10 Pseudo R2 =     0.1640
                                                    .50 Pseudo R2 =     0.1009
                                                    .90 Pseudo R2 =     0.0687
```

ltotexp	Coef.	Bootstrap Std. Err.	t	P>|t|	[95% Conf. Interval]	
q10						
totchr	.5391863	.0262847	20.51	0.000	.4876482	.5907244
suppins	.3957205	.0718104	5.51	0.000	.2549169	.5365241
white	.0734392	.1894149	0.39	0.698	-.2979596	.4448381
female	-.0127282	.0756921	-0.17	0.866	-.1611429	.1356864
age	.0192688	.0046024	4.19	0.000	.0102446	.0282931
_cons	3.867043	.3685651	10.49	0.000	3.144372	4.589714
q50						
totchr	.3942664	.0205559	19.18	0.000	.353961	.4345718
suppins	.2769771	.0536561	5.16	0.000	.1717699	.3821843
white	.4987457	.2067623	2.41	0.016	.0933325	.9041588
female	-.0880967	.0536872	-1.64	0.101	-.1933648	.0171714
age	.0148666	.0042906	3.46	0.001	.0064537	.0232795
_cons	5.648891	.3794906	14.89	0.000	4.904797	6.392984
q90						
totchr	.3579524	.0309748	11.56	0.000	.2972179	.4186868
suppins	-.0142829	.0843006	-0.17	0.865	-.1795769	.1510112
white	.3052239	.2164289	1.41	0.159	-.1191431	.729591
female	-.1576335	.0960063	-1.64	0.101	-.3458797	.0306127
age	.0059236	.0068283	0.87	0.386	-.0074651	.0193123
_cons	8.32264	.5225238	15.93	0.000	7.298092	9.347189

```
( 1)  [q10]totchr - [q50]totchr = 0
( 2)  [q10]totchr - [q90]totchr = 0

       F(  2,  2949) =   17.48
            Prob > F =    0.0000
```

图 6.3   不同条件分位数解释变量系数差异检验

如图6.3所示，通过p值可以在1%的水平下显著拒绝零假设，说明totchr变量在三种分位下的系数显著不同。

同样的，也可以检验suppins变量的系数，键入命令：

. test [q10=q50=q90]: suppins   //（见图6.4）。

```
( 1)  [q10]suppins - [q50]suppins = 0
( 2)  [q10]suppins - [q90]suppins = 0

       F(  2,  2949) =    8.01
            Prob > F =    0.0003
```

图 6.4   不同条件分位数解释变量系数差异检验

如图6.4所示，通过观察p值亦可以得出与totchr变量相同的结论，即suppins变量在不同分位下的系数显著不同。

联立方程分位数估计命令sqreg，只能离散地观察不同分位数条件下，解释变量对因变量影响的边际效应。如果我们想要进一步观察**连续**分位数变化条件下，解释变量对因变量影响的边际效应，可以使用分位数回归系数制图命令grqreg，但是这个命令不是系统命令，需要提前安装：

. ssc install grqreg

命令grqreg可以绘制连续分位数回归变量系数（graph the coefficients of a quantile regression），但是必须在使用命令qreg, bsqreg或 sqreg之后才能使用。例如，可以在do–file中输入以下命令：

. set seed 1000

. bsqreg ltotexp totchr suppins white female age, q(.5) reps(400)

. grqreg, cons ci ols olsci seed(10101)　　　//其中，选项cons表示绘制截距项，默认没有截距项；选项ci表示绘制分位数回归的置信区间；选项ols表示绘制OLS估计系数；选项olsci表示绘制OLS估计的置信区间（见图6.5）。

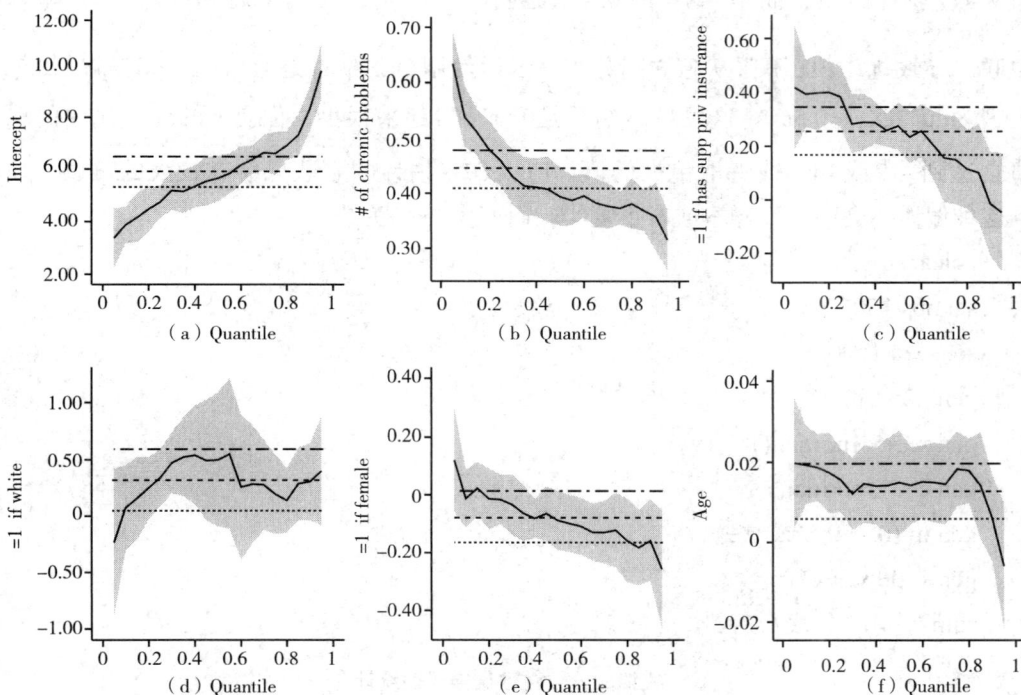

图6.5　连续条件分位数回归系数

图6.5中，每幅小图中的水平虚线部分，中间那条水平的虚线代表OLS估计系数，因为OLS系数是固定的，所以图形为水平状。上下两条水平线中间表示OLS估计的95%水平置信区间。

图6.5中，不规则曲线和阴影部分，则分别代表了连续分位数回归和分位数估计

的置信区间。由图6.5可知，分位数估计的结果和半参数估计非常接近，这一点前文也提到过，分位数估计因为不考虑扰动项分布，也是半参数估计。

这里非常重要的一点，就是分位数估计的参数曲线如果在OLS估计的水平置信区间以内波动，那么使用分位数回归估计意义不大。但是，如果分位数估计的参数曲线，大部分都突破了OLS估计的置信区间，则说明使用OLS估计方法是不妥的。

图6.5中，第一排第2、3幅图中，变量totchr和suppins的分位数估计参数曲线，明显两端都突破了OLS估计的置信区间，所以这里使用分位数估计是恰当的。

为了让大家更加直观地理解分位数回归与普通OLS回归的区别，可以使用do-file编辑器生成一组存在分位数特征的数据，并使用OLS回归与分位数回归检验其估计系数是否准确。

虚构一个模型如下：$y = 1 + X_2 + X_3 + u$，其中X_2服从自由度为1的卡方分布，X_3服从$N（0，5）$。$u = (0.1 + 0.5 X_2)\varepsilon$，其中$\varepsilon$服从$N（0，5）$。在这种情况下，变量$X_2$的边际效应不再是1，而是$\dfrac{dy}{dx_2} = 1 + 0.5\varepsilon$。通过这个设定，变量$X_2$就和扰动项$u$产生了关联，导致扰动项$u$不服从独立同分布，因而使用OLS估计是有偏的，偏误就是0.5ε（因为$du / dX_2 = 0.5\varepsilon$）。这里虽然偏差是$0.5\varepsilon$，看起来很小，但是$\varepsilon$的在本例中的取值会达到$-12$或14，或者取更大的值。所以OLS估计的系数也会有较大的偏误，而且这种偏误不会因为大样本或者重复实验而产生一致性。

```
. clear
  set obs 150
  set seed 10000
  gen x2=rchi2(1)
  gen x3=5*rnormal()
  gen e=5*rnormal()
  gen u=(0.1+0.5*x2)*e
  gen y=1+x2+x3+u
  sum        //（见表6.7）。
```

表6.7 　　　　　　　　　　　　　　　　**模拟的分位数数据描述性统计**

Variable	Obs	Mean	Std. dev.	Min	Max
x2	150	1.007834	1.239169	.0000952	6.708256
x3	150	.4319996	5.305559	-14.79573	12.66223
e	150	.5845058	4.82934	-12.73906	14.87718
u	150	.1001697	4.733304	-35.90062	14.83096
y	150	2.540003	7.562432	-28.55525	24.61499

表6.7模拟的数据中，因变量y是否具有分位数的特征呢？可以使用分位数图形进行诊断：

. qplot y, recast(line) scale(1.4) yline(-7.59 11.43, lwidth(vthin) lp(dash)) xline(0.1 0.9, lwidth(vthin) lp(dash))   //（见图6.6）。

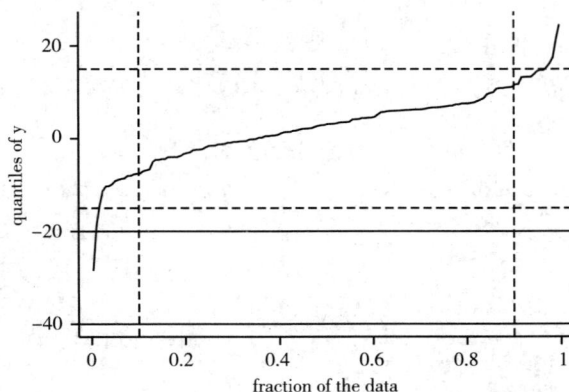

图6.6 分位数

通过分析图6.6可以得知，因变量y具有典型的分位数特征。接下来分别对其进行OLS回归和分位数回归。首先，看OLS估计结果：

. reg y x2 x3, r   //（见表6.8）。

表6.8   **OLS估计**

	Linear regression						
				Number of obs	=	150	
				F(2, 147)	=	171.20	
				Prob > F	=	0.0000	
				R-squared	=	0.6185	
				Root MSE	=	4.7025	

y	Coef.	Robust Std. Err.	t	P>|t|	[95% Conf. Interval]	
x2	.5913905	.9811762	0.60	0.548	-1.347643	2.530424
x3	1.110134	.0619766	17.91	0.000	.9876538	1.232614
_cons	1.464402	.7033523	2.08	0.039	.0744142	2.854391

从表6.8可以看出，变量x2因为内生性问题，OLS估计的结果有近40%左右的偏差（真实值为1，估计值为0.59）。正如前文所指出的，在面临内生性问题时，OLS估计是有偏的。那么分位数回归效果如何呢？

. qreg y x2 x3   //（见表6.9）。

表6.9   **中点分位数估计**

Median regression					Number of obs =		150
Raw sum of deviations 433.5905 (about 2.9329975)							
Min sum of deviations 180.9478					Pseudo R2 =		0.5827

y	Coef.	Std. Err.	t	P>|t|	[95% Conf. Interval]	
x2	1.371541	.2845459	4.82	0.000	.8092115	1.93387
x3	1.034933	.0664587	15.57	0.000	.9035952	1.166271
_cons	1.120542	.4541455	2.47	0.015	.2230446	2.018039

如表 6.9 所示，对比 OLS 和分位数估计结果可以发现，OLS 估计结果是有偏的，但是分位数估计可以通过不同条件分位数准确估计出条件边际效应 $\dfrac{dy}{dx_2} = 1 + 0.5\varepsilon$ 。虽然谈不上有多准确，但是至少信息量要多一些。

. sqreg y x2 x3, q(.25 .5 .75)   //（见表 6.10）。

表 6.10   联立分位数估计

```
Simultaneous quantile regression            Number of obs =        150
  bootstrap(20) SEs                          .25 Pseudo R2 =     0.5881
                                             .50 Pseudo R2 =     0.5827
                                             .75 Pseudo R2 =     0.5863
```

y	Coef.	Bootstrap Std. Err.	t	P>|t|	[95% Conf. Interval]	
q25						
x2	-.9300091	.5152636	-1.80	0.073	-1.94829	.088272
x3	.9941064	.0245775	40.45	0.000	.9455355	1.042677
_cons	.9445434	.1650479	5.72	0.000	.6183703	1.270717
q50						
x2	1.371541	.4653574	2.95	0.004	.4518859	2.291196
x3	1.034933	.0402945	25.68	0.000	.9553017	1.114565
_cons	1.120542	.2044563	5.48	0.000	.7164886	1.524595
q75						
x2	2.926525	.710115	4.12	0.000	1.523172	4.329878
x3	1.022898	.0362592	28.21	0.000	.9512413	1.094555
_cons	1.351134	.21356	6.33	0.000	.9290901	1.773179

显然，内生性问题在分位数估计中一样存在，估计结果也产生了较大的偏差。那么如何处理分位数估计的内生性问题呢？一个有效的方法是使用工具变量。

6.2.3 条件分位数回归工具变量法

对于分位数回归，如果因变量与自变量之间存在内生性问题，同样需要使用工具变量法进行处理。仍然以 mus03data.dta 数据为例，假设要研究购买私人医疗保险（suppins）对个人医疗支出（ltotexp）的影响。显然，这里的因变量也会影响自变量，存在双向因果关系导致的内生性问题。那么对于分位数回归估计，如何使用工具变量呢？这里介绍系统外部命令结构分位数函数估计 ivqreg2（Structural Quantile Function Estimation）：

. ssc install ivqreg2

. ivqreg2 depvar indepvars [if] [in], quantile(#[#[# ...]]) instruments(varlist) gmmoptions

其中，选项 quantile(#[#[# ...]]) 用于指定分位数；选项 instruments(varlist) 用于设置工具变量；选项 ls 表示输出位置和规模参数；选项 gmmoptions 包括 onestep，twostep 等 GMM 设定。但是，分位数工具变量估计，没有 2SLS 选项，因为分位数估计是最小化绝对离差和，而不是最小平方和。

假定变量受教育年限（educyr）是一个合适的工具变量，因为受教育年限不会直接影响个体的医疗支出，但是受教育程度肯定会影响个体购买保险（suppins）的决策行为，进而间接影响医疗支出。因而，可以使用分位数工具变量估计方法如下：

. use mus03data.dta, clear

. ivqreg2 ltotexp suppins totchr white female age, quantile(.25 .75) instruments(educyr totchr white female age)　　//这里educyr和其他外生控制变量都必须作为工具变量（见表6.11）。

表6.11　　　　　　　　　　条件分位数回归工具变量估计

MM-QR regression results

```
Number of obs = 2955
GMM criterion Q(b) = 4.755e-32
.25 Structural quantile function
```

ltotexp	Coef.	Std. Err.	z	P>|z|	[95% Conf. Interval]	
suppins	2.159537	.5062145	4.27	0.000	1.167375	3.151699
totchr	.4413275	.0210624	20.95	0.000	.4000459	.4826091
white	.0559595	.1740264	0.32	0.748	-.285126	.397045
female	.0433071	.0584592	0.74	0.459	-.0712708	.1578849
age	.0260856	.004652	5.61	0.000	.0169679	.0352033
_cons	2.884055	.6442274	4.48	0.000	1.621392	4.146718

```
.75 Structural quantile function
```

ltotexp	Coef.	Std. Err.	z	P>|z|	[95% Conf. Interval]	
suppins	1.086205	.2722697	3.99	0.000	.5525665	1.619844
totchr	.3806695	.0231565	16.44	0.000	.3352835	.4260555
white	.2188074	.1787759	1.22	0.221	-.1315869	.5692018
female	-.0583884	.0625958	-0.93	0.351	-.181074	.0642971
age	.0204732	.0054468	3.76	0.000	.0097977	.0311487
_cons	5.811085	.523828	11.09	0.000	4.784401	6.837769

```
Instruments used: educyr totchr white female age
```

表6.11中，在25分位和75分位处，在使用工具变量之后，保险对医疗支出的影响仍然显著为正，说明个体购买私人保险之后，医疗支出确实有显著的增加，可能存在一定的道德风险问题（但是，这里工具变量估计的系数比基准模型放大了好多倍，说明工具变量可能存在问题）。

6.3　面板条件分位数回归

6.3.1　面板分位数估计基础命令

实际研究过程中，面板数据是经常碰到的数据类型，如果要对面板数据进行分位数估计，应该如何控制个体效应和时间效应呢？

首先，需要下载安装面板数据分位数估计（quantile regression for panel data）命令qregpd：

. ssc install qregpd, replace

其语法结构为：

qregpd depvar indepvars [if] [in] [weight] , [quantile(#) instruments(varlist) identifier(varlist) fix(varlist) optimize(string)]

其中，最重要的几个选项分别是：quantile(#)代表分位数设定；identifier (varlist)代表个体固定效应，括号里的变量设定为个体变量；fix(varlist)代表时间固定效应，括号里的变量为时间变量；instruments(varlist)代表工具变量选项；optimize (string)代表最优估计方法，默认为Nelder–Mead优化方法，可以选择的有适应性马尔科夫链蒙特卡罗方法（adaptive MCMC）优化和网格搜寻优化方法（Grid–search）。但是，**适应性马尔科夫链蒙特卡罗方法不是系统自带的功能，需要提前安装才能使用：**

. ssc install amcmc, replace

. clear

. webuse nlswork

. xtset idcode year   //面板数据设定（见表6.12）。

. sum

表6.12   描述性统计

Variable	Obs	Mean	Std. Dev.	Min	Max
idcode	28,534	2601.284	1487.359	1	5159
year	28,534	77.95865	6.383879	68	88
birth_yr	28,534	48.08509	3.012837	41	54
age	28,510	29.04511	6.700584	14	46
race	28,534	1.303392	.4822773	1	3
msp	28,518	.6029175	.4893019	0	1
nev_mar	28,518	.2296795	.4206341	0	1
grade	28,532	12.53259	2.323905	0	18
collgrad	28,534	.1680451	.3739129	0	1
not_smsa	28,526	.2824441	.4501961	0	1
c_city	28,526	.357218	.4791882	0	1
south	28,526	.4095562	.4917605	0	1
ind_code	28,193	7.692973	2.994025	1	12
occ_code	28,413	4.777672	3.065435	1	13
union	19,238	.2344319	.4236542	0	1
wks_ue	22,830	2.548095	7.294463	0	76
ttl_exp	28,534	6.215316	4.652117	0	28.88461
tenure	28,101	3.123836	3.751409	0	25.91667
hours	28,467	36.55956	9.869623	1	168
wks_work	27,831	53.98933	29.03232	0	104
ln_wage	28,534	1.674907	.4780935	0	5.263916

表6.12中，通过描述性统计分析可以发现，该数据包含了5159个工人（idcode）从1968~1988年的数据（year代表采访或调查的年份），总共有28534个数据。但是，因为部分变量数据存在缺失，所以不同变量的观测值数量不统一。

其中，变量ln_wage表示工人工资的对数值；变量age代表当前的年龄；变量race代表种族；变量msp代表婚姻状态，取值为1代表当前已婚；变量grade代表完成的受教育年限；变量collgrad代表是否为大学毕业；变量not_smsa代表不是SMSA地区（标准大都市统计区域）；变量tenure代表工作任期年限；变量union代表是否加入工会。

如果想要了解工作任期年限对工人工资的影响，可以使用面板分位数估计。但是，在使用该命令之前，还需要安装一个Mata函数工具包moremata，该命令包提供了几十个非常好用的Mata扩展函数，很多外部命令都会调用这组函数。

. ssc install moremata, replace　　　// Stata的模块，提供了几十种函数形式，包括分位数等，很多命令经常需要调用这些函数

. qregpd ln_wage tenure union, id(idcode) fix(year) q(.5)　　//（见表6.13）。

表6.13　　　　　　　　　　　　　　　基准面板分位数估计

```
Quantile Regression for Panel Data (QRPD)
       Number of obs:         19010
       Number of groups:       4134
       Min obs per group:         1
       Max obs per group:        12
```

ln_wage	Coef.	Std. Err.	z	P>|z|	[95% Conf. Interval]	
tenure	.0208254	.0018517	11.25	0.000	.0171962	.0244547
union	.0943866	.0125604	7.51	0.000	.0697687	.1190044

No excluded instruments - standard QRPD estimation.

表6.13结果表明，在1%的水平下显著，工作任期每增长一年，可以带来工资增长约2%；加入工会，可以提高工人工资约9%。为了进一步检验模型估计的稳健性，可以采用适应性蒙特卡罗–马尔科夫链模拟方法（adaptive MCMC）进行算法优化：

. set seed 10101

. qregpd ln_wage tenure union, q(.5) id(idcode) fix(year) optimize(mcmc) noisy draws(1000) burn(100) arate(.5)　　// noisy 表示输出结果的反馈；draws表示用MCMC抽样计算的次数；burn(100)表示放弃的计算次数；arate()表示算法的接受率，取值必须在0~1之间，默认为0.234。由于MCMC是蒙特卡罗-马尔科夫链模拟的方法计算平均值，所以每次运行命令得到的结果都不一样（见表6.14）。

表6.14中，"No excluded instrument"表示没有使用工具变量，是标准的适应性蒙特卡罗–马尔科夫链面板分位数回归估计。即模拟计算1000次，放弃其中100次，取剩下900次估计系数的均值作为处理效应，并且根据900次模拟回归系数计算标准误。

表 6.14　　　　　　　　　　　MCMC 面板分位数估计

```
Quantile Regression for Panel Data (QRPD)
        Number of obs:          19010
        Number of groups:        4134
        Min obs per group:          1
        Max obs per group:         12
```

ln_wage	Coef.	Std. Err.	z	P>|z|	[95% Conf. Interval]	
tenure	.0209338	.0010567	19.81	0.000	.0188628	.0230049
union	.0935784	.0055355	16.91	0.000	.0827291	.1044278

```
No excluded instruments - standard QRPD estimation.


MCMC diagonstics:
        Mean acceptance rate:      0.353
        Total draws:               1000
        Burn-in draws:              100
        Draws retained:             900
        Value of objective function:
                Mean:           -0.7563
                Min:            -4.7157
                Max:            -0.0002
```

6.3.2　面板分位数工具变量估计

但是，这样的估计结果也会有内生性问题，因为工人工资越高，他就越有激励留下来工作，从而工作任期就可能越长，也就是所谓的高薪留人。为了处理内生性问题，可以使用工具变量方法来估计。选定的工具变量包括 ttl_exp（员工全部的工作经验）、wks_work（上一年工作的星期数）和 union（是否加入工会）。这里，工具变量的合理性暂且不讨论。在命令窗口输入：

. set seed 10101

. qregpd ln_wage tenure union, id(idcode) fix(year) optimize(mcmc) noisy draws(1000) burn(100) arate(.5) instruments(ttl_exp wks_work union)　　// union 因为在解释变量中，所以必须包含进来也作为工具变量处理（见表 6.15）。

表 6.15　　　　　　　　　MCMC 面板分位数工具变量估计

```
Quantile Regression for Panel Data (QRPD)
        Number of obs:          19010
        Number of groups:        4134
        Min obs per group:          1
        Max obs per group:         12
```

ln_wage	Coef.	Std. Err.	z	P>|z|	[95% Conf. Interval]	
tenure	.0399515	.0001973	202.44	0.000	.0395647	.0403383
union	.0815884	.0053412	15.28	0.000	.0711199	.092057

```
Excluded instruments: ttl_exp wks_work


MCMC diagonstics:
        Mean acceptance rate:      0.231
        Total draws:               1000
        Burn-in draws:              100
        Draws retained:             900
        Value of objective function:
                Mean:         -121.7653
                Min:          -128.7717
                Max:          -119.4780
MCMC notes:
        *Point estimates correspond to mean of draws.
        *Standard errors are derived from variance of draws.
```

表6.15说明，在处理内生性问题之后，工作任期年限对工人工资的影响仍然在1%的水平下显著，并且边际效应由2%提升到了3%，说明内生性问题导致低估了工作任期年限对工资的影响。

此外，还可以使用网格搜寻的优化算法进行工具变量估计（该方法没有采用适应性马尔科夫链蒙特卡罗方法，所以没有相关的MCMC诊断结果）：

. qregpd ln_wage tenure union, id(idcode) fix(year) instruments(ttl_exp union wks_work) optimize(grid)　　//（见表6.16）。

表6.16　　　　　　　　　网格搜寻法面板分位数工具变量估计

```
Quantile Regression for Panel Data (QRPD)
     Number of obs:          19010
     Number of groups:        4134
     Min obs per group:          1
     Max obs per group:         12
```

ln_wage	Coef.	Std. Err.	z	P>|z|	[95% Conf. Interval]	
tenure	.0391102	.0055735	7.02	0.000	.0281864	.050034
union	.1507279	.0125727	11.99	0.000	.126086	.1753699

```
Excluded instruments: ttl_exp wks_work
Value of objective function: -1.97775e+02
```

6.4　无条件分位数回归

前面介绍的方法，均属于条件分位数回归（conditonal quantile regression，CQR），以教育对收入影响的条件分位数回归为例，该方法重点考察的是：某一特定受教育水平下，具有相同特征（年龄、性别、身高等控制变量）的不同个体，在不同能力水平下（扰动项不同），在某一条件分位数上，教育对收入影响的边际效应或处理效应的平均值（AME或者ATE）。

因为每个人的能力不一样，因而个体的收入也存在很大区别，而且呈现出分位数的特征，例如10%的人群拥有整个社会90%的收入和财富。在这种情况下，使用传统的OLS估计教育对收入的影响，得到的估计系数是不一致的。采用条件分位数回归（CQR）估计，虽然可以得到一致估计，但只是在不同分位数（不同能力特征下）条件下，解释变量教育的微小变化对相应分位个体收入影响的边际效应，它不能代表整体人群教育变化对收入影响的局部平均处理效应（LATE），因而也不能代表整体人群教育变化对某一分位个体收入影响的边际效应。

条件分位数回归处理的是某一分位条件下，解释变量对被解释变量的影响；而无条件分位数回归（**unconditional quantile regression，UQR**）处理的是总体解释变量变化，对被解释变量无条件 τ 分位影响的局部平均处理效应。如果想要了解的问题，不是在某个分位数上的变化特征，而是整个人群的教育水平发生变化时，对收入影响的局部平均边际效应，以及收入在某一分位的边际效应（称为无条件 τ 分位数）。这个时候，就要用到再中心化影响函数进行分解。

6.4.1 再中心化影响函数

再中心化影响函数（recentered influence functions，RIF）是一种常用的统计工具，可以用于检验分布统计的稳健性，或者函数中数据的小扰动（Cowell and Flachaire，2007）。也可以用于估计复杂统计中渐近方差的简化分析（Deville，1999）。菲尔波、福廷和勒米厄（Firpo, Fortin and Lemieux，2009）认为，再中心化影响函数（RIF）可以分析解释变量 X 的分布变化对 Y 的无条件 τ 分位数的影响，他们的方法主要聚焦于无条件分位数回归（unconditional quantile regression，UQR），该方法可以获得解释变量对因变量的任何无条件分位数的偏效应，如10分位、25分位、50分位等。

为了解释清楚什么是再中心化影响函数（RIF），仍然以条件分位数回归（CQR）为切入点。在条件分位数回归中，计算的是条件分位数偏效应（conditional quantile partial effects，CQPE）[①]：

$$CQPE(X, \tau) = \frac{\partial q_{\tau}(Y|X)}{\partial X} \qquad (6-3)$$

如式（6–3）所示，条件分位数偏效应（CQPE）反映的是某一给定 τ 分位上，解释变量 X 的变化对 Y 的**条件分位数** $q_{\tau}(Y|X)$ 的边际影响。但是，有时更想知道解释变量 X 的变化对 Y 的**无条件分位数** $q_{\tau}(Y)$ 的边际影响，即无条件分位数偏效应（unconditional quantile rartial effects，UQPE）：

$$UQPE(\tau) = E_X\left(\frac{\partial q_{\tau}(Y)}{\partial X}\right) \qquad (6-4)$$

比较式（6–3）和式（6–4）的差异，可以发现无条件分位数偏效应（UQPE）强调的是解释变量 X 的平均变化对因变量 Y 的无条件 τ 分位数影响的局部平均边际效应。

有人可能会提出疑问，如果直接对式（6–3）的条件分位数偏效应求期望，是不是可以得到无条件分位数偏效应（UQPE）呢？答案是不行，两者并不是简单的平均关系。

为了计算无条件分位数偏效应（UQPE），菲尔波、福廷和勒米厄（Firpo, Fortin and Lemieux，2009）借用稳健估计中的影响函数（influence function），建立了无条件分位数偏效应估计的再中心化影响函数（recentered influence functions，RIF）：

---

① 朱平芳，张征宇.无条件分位数回归：文献综述与应用实例[J].统计研究，2012（3）：88–96.

$$q_\tau(Y) = \int RIF(q_\tau, y, F_Y) dF_Y(y)$$

其中：

$$RIF(q_\tau, y, F_Y) = q_\tau + \frac{\tau - 1(y \leqslant q_\tau)}{f_Y(q_\tau)}$$

式中，$1(y \leqslant q_\tau)$是指示函数（示性函数），括号中的表达式为真时取值为1；否则取值为0。q_τ是Y的无条件τ分位数，满足$F_Y(q_\tau) = \tau$，而$f_Y(q_\tau)$代表其密度函数。

再中心化影响函数（RIF）的灵活性和简单性，使我们能够使用线性回归或分解方法将RIF分析扩展到其他类型分布统计数据。在Stata应用中，可以下载再中心化影响函数应用包rif，它包含了一系列Stata处理RIF的命令，可以帮助我们使用标准的线性回归分析、非线性回归分析或Oaxaca–Decomposition分解方法。在命令窗口输入以下命令安装该应用包：

. ssc install rif

安装完之后，使用help rif命令查看该应用包的功能和命令。可以发现，它包含rifhdreg和uqreg等多个无条件分位数处理命令，功能非常强大。

6.4.2　多维固定效应RIF分位数估计

多维固定效应RIF估计rifhdreg（recentered influence function regression with high–dimensional fixed effects）是固定效应模型再中心化的一种改进，使用该命令的前提是要安装reghdfe命令（ssc install reghdfe）。如果要使用bootstrap稳健标准误，则可以使用命令bsrifhdreg。**这两个命令既可以处理横截面数据，也可以处理面板数据。**此外，多维固定效应RIF估计命令还可以用来估计不平等处理效应，对于无条件分位数回归的系数，可以使用qregplot命令绘制。

. rifhdreg depvar [indepvars] [if] [in] [weight], rif(RIF_options) [retain(newvar) replace abs(varlist) iseed(str) over(varname) rwlogit(varlist) rwprobit(varlist) rwmlogit(varlist) rwmprobit(varlist) [ate|att|atu] scale(real) svy regress_options reghdfe_options]

. bsrifhdreg depvar [indepvars] [if] [in] , rif(RIF_options) [retain(newvar) replace abs(varlist) iseed(str) over(varname) rwlogit(varlist) rwprobit(varlist) wmlogit(varlist) rwmprobit(varlist) [ate|att|atu] scale(real) bootstrap_options regress_options reghdfe_options]

其中，选项rif(RIF_options)用于指定RIF结果，包括样本均值mean、无条件分位数q(#)、跨分位数范围iqr(# #)、不平等基尼系数gini等（具体参见help rifvar）；选项abs(varlist)代表吸收固定效应（既可以用于横截面，也可以用于面板数据）；选项iseed(str)用于指定种子；选项over(varname)用于指定RIF变量，一般用在处理效应模型估计中，即设置政策变量，然后使用rwlogit(varlist)、wprobit(varlist)、 rwmlogit(varlist)、rwmprobit(varlist) 等模型进行估计，计算出逆米尔斯比率，再进行第二阶段估计；选项 ate|att|atu 分别代表平均处理效应（ATE）、处理组平均处理效应（ATT）和控制组平均处理效应（ATU）（详细解释参见第九章第一节）。

以数据 oaxaca.dta 为例，该数据是关于员工工资调查的数据，包含员工年龄、工作经验等多个变量。为了节省篇幅，本节简单选取几个变量进行解释：

. use http: // fmwww.bc.edu/RePEc/bocode/o/oaxaca.dta

. ssc install reghdfe, replace

. reghdfe, compile   //编译reghdfe命令到stata

. sum lnwage educ exper tenure age isco   //（见表6.17）。

表6.17   描述性统计

Variable	Obs	Mean	Std. Dev.	Min	Max
lnwage	1,434	3.357604	.5310458	.507681	5.259097
educ	1,647	11.40134	2.374952	5	17.5
exper	1,434	13.15324	9.967714	0	49.16667
tenure	1,434	7.860937	8.120458	0	44.83333
age	1,647	39.25379	11.03187	18	62
isco	1,434	4.014644	2.05824	1	9

表6.17中，变量lnwage代表员工每小时工资的对数值，变量educ代表员工受教育年限；变量exper代表员工工作经验；变量tenure代表工作年限；变量age代表员工年龄，从18~62岁；变量isco代表员工所从事的职业。

首先，使用无条件分位数回归估计教育对工资无条件均值影响的边际效应，命令如下：

. rifhdreg lnwage educ exper tenure, rif(mean)   //（见表6.18）。

表6.18   无条件分位数－均值估计

Source	SS	df	MS		
				Number of obs =	1,434
				F(3, 1430) =	138.21
Model	90.8351162	3	30.2783721	Prob > F =	0.0000
Residual	313.284687	1,430	.219080201	R-squared =	0.2248
				Adj R-squared =	0.2231
Total	404.119804	1,433	.282009633	Root MSE =	.46806

lnwage	Coef.	Std. Err.	t	P>|t|	[95% Conf. Interval]
educ	.0869863	.0051629	16.85	0.000	.0768587	.0971139
exper	.0112688	.0015419	7.31	0.000	.0082443	.0142934
tenure	.0083675	.001876	4.46	0.000	.0046875	.0120476
_cons	2.140049	.0649699	32.94	0.000	2.012603	2.267496

Distributional Statistic: mean
Sample Mean   RIF mean : 3.3576

表6.18中，RIF mean:3.3576代表样本的对数工资平均值，与前面的sum lnwage中的均值是一致的。

其次，利用命令rifhdreg计算教育对收入无条件50分位值影响的边际效应：

. rifhdreg lnwage educ exper tenure, rif(q(50)) robust　　//（见表6.19）。

表6.19　　　　　　　　　　　无条件分位数–50分位估计

```
Linear regression                          Number of obs   =     1,434
                                           F(3, 1430)      =    135.04
                                           Prob > F        =    0.0000
                                           R-squared       =    0.1726
                                           Root MSE        =    .43886
```

lnwage	Coef.	Robust Std. Err.	t	P>|t|	[95% Conf. Interval]	
educ	.0668236	.0043436	15.38	0.000	.0583031	.0753442
exper	.0083829	.0014485	5.79	0.000	.0055414	.0112245
tenure	.0083115	.0017995	4.62	0.000	.0047815	.0118415
_cons	2.459633	.0533212	46.13	0.000	2.355037	2.564229

```
Distributional Statistic: q(50)
Sample Mean    RIF q(50) : 3.4062
```

表6.19中，RIF q(50)：3.4062代表因变量对数工资的无条件50分位值。对比可以发现，教育对收入的无条件50分位和无条件均值影响的边际效应，存在很大区别，说明均值和中值存在较大差异。

此外，还可以加入年龄分组和员工所从事职业的吸收固定效应：

. rifhdreg lnwage educ exper tenure, rif(q(50)) vce(robust) abs(age isco)　　//（见表6.20）。

表6.20　　　　　　　　　　无条件分位数–50分位固定效应估计

```
HDFE Linear regression                     Number of obs   =     1,434
Absorbing 2 HDFE groups                    F(  3,   1378)  =     20.12
                                           Prob > F        =    0.0000
                                           R-squared       =    0.3108
                                           Adj R-squared   =    0.2833
                                           Within R-sq.    =    0.0392
                                           Root MSE        =    0.4080
```

lnwage	Coef.	Robust Std. Err.	t	P>|t|	[95% Conf. Interval]	
educ	.0364035	.0053979	6.74	0.000	.0258146	.0469925
exper	.0027374	.0017467	1.57	0.117	-.0006891	.006164
tenure	.0066512	.0018535	3.59	0.000	.0030152	.0102873
_cons	2.897897	.0718748	40.32	0.000	2.756901	3.038893

```
Absorbed degrees of freedom:
```

Absorbed FE	Categories	- Redundant	= Num. Coefs
age	45	0	45
isco	9	1	8

```
Distributional Statistic: q(50)
Sample Mean    RIF q(50) : 3.4062
```

表 6.20 中有两点需要注意:(1)与上一个结果相比,因为都是无条件 50 分位估计,所以 RIF q(50):3.4062 相同;(2)加入固定效应之后,解释变量对因变量影响的边际效应也有了较大的变化。至于哪种结果更合理,尚不能下定论,但笔者更倾向于后者的固定效应估计结果。

6.4.3　无条件分位数回归处理效应

所谓处理效应(treatment effect),有时也称为政策项目效应。通常样本中同时包含有处理组和控制组,其中处理组也称为实验组,是政策或项目的实施对象;控制组也称为参照组,控制组的没有接受政策或项目,但是控制组的个体特征必须和处理组相似。

估计处理效应的模型有很多,像 DID、RDD 等都可以估计处理效应,为了讲清楚什么是无条件分位数回归处理效应,本节先介绍基于 Heckman 两步法的处理效应命令 teffects,其语法结构为:

. teffects subcommand ... [, options]

其中,subcommand 代表相应的处理效应估计方法,包括了 aipw、ipw、ipwra、nnmatch、overlap、psmatch 和 ra 等命令,具体如表 6.21 所示。

表 6.21 无条件分位数处理效应子命令

subcommand	Description
aipw	增广的逆概率加权(augmented inverse–probability weighting)
ipw	逆概率加权(inverse–probability weighting)
ipwra	逆概率加权回归调整(inverse–probability–weighted regression adjustment)
nnmatch	近邻匹配(nearest–neighbor matching)
overlap	迭代(overlap plots)
psmatch	倾向得分匹配(psmatch)
ra	回归调整(regression adjustment)

Heckman 两步法的大致逻辑如下:

第一步,使用 Linear、Logit、Probit、Hetprobit 等模型估计选择方程,其中选择方程的被解释变量是第二步回归中的核心解释变量 D,该解释变量为虚拟变量且不存在缺失值;选择方程的解释变量包括由第二阶段回归中所有解释变量组成的控制变量集以及一个或多个外生变量组成的工具变量集 Z。用以估计存在选择偏差变量发生的可能性,并计算逆概率(inverse–probability),作用是为每一个样本计算出一个用于修正样本选择偏差的值[1]。

---

[1]　Inverse of Propensity Weighting 方法,对于干预变量为 1 的样本使用倾向指数的倒数进行加权,而对于为 0 的样本使用(1–倾向指数)的倒数进行加权,两类样本的加权平均值之差就是平均因果效应的大小。

第二步，利用选择性样本观测值，将第一阶段估计的逆概率与其他变量一起放入第二阶段的回归模型中。自选择问题已经通过第一阶段的选择模型得以修正，并在第二阶段由逆概率反映出来。

以数据cattaneo2.dta为例，该数据是关于母亲怀孕期间吸烟对新生婴儿体重影响的调查数据。

. webuse cattaneo2, clear

. sum bweight mbsmoke prenatal1 mmarried mage fbaby   //（见表6.22）。

表6.22   描述性统计

Variable	Obs	Mean	Std. Dev.	Min	Max
bweight	4,642	3361.68	578.8196	340	5500
mbsmoke	4,642	.1861267	.3892508	0	1
prenatal1	4,642	.8013787	.3990052	0	1
mmarried	4,642	.6996984	.4584385	0	1
mage	4,642	26.50452	5.619026	13	45
fbaby	4,642	.4379578	.4961893	0	1

表6.22中，变量bweight代表新生婴儿体重，单位为克；变量mbsmoke代表母亲是否吸烟，如果吸烟则取值为1，否则为0；变量prenatal1代表第一次产前检查是否在前3个月完成（反映妈妈是否重视新生儿健康），完成了取值为1，否则为0；变量mmarried代表母亲是否已婚，已婚生育取值为1，未婚生育取值为0；变量mage代表母亲的年龄；变量fbaby代表是否为第一胎。假设我们关心的问题是母亲是否吸烟对新生儿体重的影响。处理组是母亲吸烟，控制组是母亲不吸烟。首先，检验一下处理组和控制组的新生婴儿体重是否存在显著差异，这是使用处理效应模型（包括DID）的重要前提。

. ttest bweight, by(mbsmoke)   //（见表6.23）。

表6.23   处理组与控制组特征差异检验

Two-sample t test with equal variances

Group	Obs	Mean	Std. Err.	Std. Dev.	[95% Conf. Interval]	
nonsmoke	3,778	3412.912	9.284683	570.6871	3394.708	3431.115
smoker	864	3137.66	19.08197	560.8931	3100.207	3175.112
combined	4,642	3361.68	8.495534	578.8196	3345.025	3378.335
diff		275.2519	21.4528		233.1942	317.3096

diff = mean(nonsmoke) - mean(smoker)   t = 12.8306
Ho: diff = 0   degrees of freedom =   4640

Ha: diff < 0   Ha: diff != 0   Ha: diff > 0
Pr(T < t) = 1.0000   Pr(|T| > |t|) = 0.0000   Pr(T > t) = 0.0000

表6.23中，零假设为吸烟组和不吸烟组无差异，备选假设有三个：（1）母亲不吸烟组出生婴儿体重小于母亲吸烟组（Ha: diff < 0），p值为1，说明没通过检验；（2）母亲不吸烟组出生婴儿体重显著区别于母亲吸烟组（Ha: diff != 0），p值为0，说明通过了检验，即两者存在显著差异；（3）母亲不吸烟组出生婴儿体重显著大于母亲吸烟组（Ha: diff !>0），p值为0，说明通过了检验。

接下来，使用处理效应模型进行估计。以逆概率加权回归调整处理效应命令ipwra为例，实证检验母亲吸烟对新生婴儿体重的影响：

. teffects ipwra (bweight prenatal1 mmarried mage fbaby) (mbsmoke prenatal1 mmarried mage fbaby, logit), ate   // teffects ipwra代表处理效应的逆概率加权回归调整，方程（bweight prenatal1 mmarried mage fbaby）是第二步回归，隐含了用第一步回归中的虚拟变量mbsmoke作为处理变量；第一步回归中，方程（mbsmoke prenatal1 mmarried mage fbaby, logit）中的因变量mbsmoke，也是第二步回归的处理变量，一般为虚拟变量。logit表示使用logit模型进行逆概率加权得分估计，也可以选用linear、probit、hetprobit、poisson等。选项ate代表输出平均处理效应（见表6.24）。

表6.24 逆概率加权处理效应

```
Treatment-effects estimation              Number of obs   =     4,642
Estimator       : IPW regression adjustment
Outcome model   : linear
Treatment model: logit
```

bweight	Coef.	Robust Std. Err.	z	P>|z|	[95% Conf. Interval]
ATE					
mbsmoke (smoker vs nonsmoker)	-238.7679	24.38353	-9.79	0.000	-286.5587 -190.977
POmean					
mbsmoke nonsmoker	3402.851	9.538741	356.74	0.000	3384.155 3421.546

表6.24中，ATE为-238.7679，说明平均而言母亲吸烟会导致新生婴儿体重下降238.7679克。P0mean结果中，母亲不吸烟组新生婴儿体重均值为3402.851克，这是经过处理效应模型逆概率加权回归调整后的均值，调整后的母亲吸烟组新生婴儿平均体重则为3402.851-238.7679 = 3164.0831（克）。

以上问题，如果使用基于RIF的无条件分位数回归处理效应，也可以得到与逆概率加权回归调整处理效应teffects估计相近的结果：

. rifhdreg bweight mbsmoke prenatal1 mmarried mage fbaby, over(mbsmoke) rif(mean) rwlogit(prenatal1 mmarried mage fbaby) ate   // rwlogit()表示使用括号中的变量对over()中的因变量mbsmoke进行logit回归估计；rif(mean)表示平均值，也可以用rif(q(50))计算50分位值，或者设定其他分位值（见表6.25）。

表6.25　　　　　　　　基于RIF的无条件分位数回归处理效应

```
Linear regression                    Number of obs   =     4,642
                                     F(5, 4636)      =     55.03
                                     Prob > F        =    0.0000
                                     R-squared       =    0.0574
                                     Root MSE        =    566.65
```

bweight	Coef.	Robust Std. Err.	t	P>|t|	[95% Conf. Interval]	
mbsmoke	-235.3433	24.09688	-9.77	0.000	-282.5847	-188.1019
prenatal1	47.81167	24.71405	1.93	0.053	-.639616	96.26296
mmarried	149.226	24.90262	5.99	0.000	100.4051	198.047
mage	-1.142769	2.690419	-0.42	0.671	-6.41727	4.131732
fbaby	-12.47613	26.5462	-0.47	0.638	-64.51931	39.56705
_cons	3295.673	71.82283	45.89	0.000	3154.866	3436.48

```
Distributional Statistic: mean
Sample Mean   RIF mean : 3284.8
```

其中，"RIF mean：3284.8"代表经过再中心化影响函数调整的样本均值。通过对比可以发现，再中心化影响函数无条件分位数处理效应估计结果和逆概率加权回归调整处理效应估计结果很接近。

6.4.4　基于RIF的无条件分位数估计子

无条件分位数回归估计子（unconditional quantile regression estimator）uqreg是基于再中心化影响函数（RIF）的无条件分位数回归，它的语法结构为：

. uqreg depvar [indepvars] [if] [in] [weight], q( ) method(str) [bw(#) kernel(kernel) noisily]

其中，选项q( )用于指定无条件分位数；选项method(str)用于指定估计方法，包括regress、logit、probit、cloglog、hetprobit等。这里需要注意的是，理论上logit和probit要求被解释变量取值必须是0或1（详见本书第八章），但这里只是使用了该估计方法的原理，并不是真的二值回归，因而对因变量取值没有要求，可以是二值，也可以不是二值。**而且使用uqreg命令计算的参数，就是解释变量的边际效应，不需要使用margins和mfx等命令再去另外计算**；选项bw(#)用于设定带宽；选项kernel(kernel)用于指定核函数，默认是kernel(gaussian)；选项noisily表示输出计算过程。以前文中数据oaxaca.dta为例：

. use http: // fmwww.bc.edu/RePEc/bocode/o/oaxaca.dta

（1）无条件分位数OLS估计。

uqreg lnwage educ exper tenure, q(10) method(regress)

outreg2 using xmm, word replace

uqreg lnwage educ exper tenure, q(50) method(regress)

outreg2 using xmm, word

uqreg lnwage educ exper tenure, q(90) method(regress)

outreg2 using xmm, word　　　 //（见表6.26）。

表6.26   无条件分位数估计结果比较

Variables	10分位 RIF（lnwage）	50分位 RIF（lnwage）	90分位 RIF（lnwage）
educ	0.0891*** （0.00993）	0.0668*** （0.00484）	0.0822*** （0.00758）
exper	0.0168*** （0.00297）	0.00838*** （0.00145）	−6.18e−06 （0.00226）
tenure	0.00263 （0.00361）	0.00831*** （0.00176）	0.0122*** （0.00275）
Observations	1434	1434	1434

注：（1）*、**、***分别表示在10%、5%、1%的水平下显著；（2）括号内为标准误。

（2）无条件分位数多维固定效应估计。

uqreg lnwage educ exper tenure, q(10) method(reghdfe) abs(age)

outreg2 using xmm, word replace

uqreg lnwage educ exper tenure, q(50) method(reghdfe) abs(age)

outreg2 using xmm, word

uqreg lnwage educ exper tenure, q(90) method(reghdfe) abs(age)

outreg2 using xmm, word   // （见表6.27）。

表6.27   无条件分位数多维固定效应估计

Variables	10分位 RIF（lnwage）	50分位 RIF（lnwage）	90分位 RIF（lnwage）
educ	0.0583*** （0.00975）	0.0576*** （0.00494）	0.0761*** （0.00790）
exper	0.0151*** （0.00351）	0.00191 （0.00178）	−0.00882*** （0.00285）
tenure	0.00669* （0.00369）	0.00612*** （0.00187）	0.00655** （0.00299）
Observations	1434	1434	1434

注：（1）*、**、***分别表示在10%、5%、1%的水平下显著；（2）括号内为标准误。

（3）无条件分位数Logit回归。

uqreg lnwage educ exper tenure, q(10) method(logit)

outreg2 using xmm, word replace

uqreg lnwage educ exper tenure, q(50) method(logit)

outreg2 using xmm, word

uqreg lnwage educ exper tenure, q(90) method(logit)

outreg2 using xmm, word   //（见表6.28）。

表6.28 无条件分位数logit回归

Variables	10分位 RIF（lnwage）	50分位 RIF（lnwage）	90分位 RIF（lnwage）
educ	0.114*** （0.0146）	0.0712*** （0.00494）	0.0614*** （0.00625）
exper	0.0177*** （0.00353）	0.00837*** （0.00140）	0.000812 （0.00220）
tenure	0.00544 （0.00437）	0.00890*** （0.00177）	0.00963*** （0.00241）
Observations	1434	1434	1434

注：（1）*、**、***分别表示在10%、5%、1%的水平下显著；（2）括号内为标准误。

为了节省篇幅，其他无条件分位数估计方法如Probit、Cloglog和Hetprobit等模型估计留待读者自行验证。此外，上述结果中，不同的计算方法存在很大差异，很难解释教育变化对不同分位收入水平的影响。

6.4.5 面板固定效应无条件分位数回归

伯尔根（Borgen，2016）在菲尔波、福廷和勒米厄（Firpo, Fortin and Lemieux，2009）的研究基础上，提出了面板无条件分位数估计 xtrifreg 命令，可以在高维固定效应存在的情况下有效地估计 UQR。该命令不是系统命令，需要用户提前下载安装，可以使用命令findit搜寻安装包。

. findit xtrifreg

面板固定效应无条件分位数回归xtrifreg语法结构为：

. xtrifreg depvar indepvars [if] [in] [weight], fe i(varname) q(#) ker(string) width(#) bootstrap reps(#) [options]

其中，选项 fe 表示固定效应（该命令只能处理固定效应）；选项 i(varname) 用于指定固定效应变量；选项 q(#) 用于指定分位数，默认是 q(50)；选项 ker(string) 用于指定核函数，包括 gaussian、epanechnikov、epan2、biweight、cosine、parzen、rectangle 和 triangle，默认是 ker(gaussian)；选项 width(#) 用于设定核函数的带宽，默认是 width(0.0)；选项 bootstrap 和 reps(#) 用来设定 bootstrap 标准误和迭代次数，默认是 reps(50)。

以面板数据nlswork为例，该数据是关于工人是否加入工会对工资影响的调查数据。该数据包含了很多个员工特征的变量，但是为了分析方便，这里仅考虑因变量对数工资、核心解释变量是否加入工会，以及控制变量年龄、婚姻状态等少数几个变量（具体展开见第7章面板数据分析）：

. webuse nlswork

. xtset idcode year   //设定面板数据，见第7章

. sum idcode year ln_wage union age msp   //（见表6.29）。

表**6.29**   描述性统计

Variable	Obs	Mean	Std. Dev.	Min	Max
idcode	28,534	2601.284	1487.359	1	5159
year	28,534	77.95865	6.383879	68	88
ln_wage	28,534	1.674907	.4780935	0	5.263916
union	19,238	.2344319	.4236542	0	1
age	28,510	29.04511	6.700584	14	46
msp	28,518	.6029175	.4893019	0	1

表6.29中，变量idcode代表员工身份；变量year代表追踪调查年份；变量ln_wage代表工人对数工资；变量union代表工人是否加入工会；变量age代表工人年龄；变量msp代表工人是否处于已婚状态。

接下来使用面板固定效应无条件分位数回归检验工人是否加入工会对工资的无条件90分位数影响：

. xtrifreg ln_wage union age msp, fe i(idcode) q(90)   //处于员工工资收入90分位的人群，也是企业的高收入人群，一般是高管和高技术人才（见表6.30）。

表**6.30**   面板固定效应无条件分位数回归

```
Fixed-effects (within) regression          Number of obs     =    19218
Group variable: idcode                     Number of groups  =     4150

R-sq:  within  = 0.0484                     Obs per group: min =        1
       between = 0.0303                                    avg =      4.6
       overall = 0.0345                                    max =       12

                                           F(3,4149)         =    76.78
corr(u_i, Xb)  = -0.0182                    Prob > F          =   0.0000

                          (Std. Err. adjusted for 4,150 clusters in idcode)
```

rif_90	Coef.	Robust Std. Err.	t	P>|t|	[95% Conf. Interval]
union	.007533	.0214134	0.35	0.725	-.0344487 .0495147
age	.0255086	.0016892	15.10	0.000	.0221969 .0288203
msp	-.0074346	.0215583	-0.34	0.730	-.0497004 .0348311
_cons	1.55261	.0536012	28.97	0.000	1.447522 1.657697
sigma_u	.6009662				
sigma_e	.58055874				
rho	.51726698	(fraction of variance due to u_i)			

```
F test that all u_i=0: F(4149, 4149) = .                   Prob > F =     .
```

表6.30中，员工是否加入工会对员工收入无条件90分位分布的人的收入（高收入群体）没有影响。这也符合预期，每个企业的高收入群体收入基本和企业所有员

工加入工会的比例没有太大关系。

此外，上述结果中残差的F检验（F test that all u_i=0: F(4149, 4149) = . ）和p值（Prob > F =.）没有计算出来，此时可以使用bootstrap的方法，就可以计算出相应的检验结果（具体解释详见第11章再抽样方法和第12章非参数估计）。

那么，处于企业中等收入水平的员工呢？比如无条件50分位处的员工，他们能够代表企业的普通员工，工会设定的目标应该也是为了保护普通员工。理论上，高管和高技术人才应该不需要工会的保护。为了印证以上推测，可以使用bootstrap的方法进一步检验：

. xtrifreg ln_wage union, fe i(idcode) q(50) bootstrap reps(200)　　//选项 bootstrap reps(200)代表用bootstrap再抽样法迭代计算200次（见表6.31）。

表6.31　　　　　　　　　面板固定效应无条件分位数–50分位回归

```
Fixed-effects (within) regression              Number of obs     =      19218
Group variable: idcode                         Number of groups  =       4150

R-sq:  within  = 0.0453                         Obs per group: min =          1
       between = 0.0425                                        avg =        4.6
       overall = 0.0408                                        max =         12

                                               F(3,15065)        =     238.30
corr(u_i, Xb)  = 0.0284                         Prob > F          =     0.0000
```

rif_50	Observed Coef.	Bootstrap Std. Err.	t	P>|t|	Normal-based [95% Conf. Interval]	
union	.1205137	.0117873	10.22	0.000	.0974092	.1436181
age	.0143316	.0007894	18.16	0.000	.0127843	.0158789
msp	-.0062197	.0114836	-0.54	0.588	-.0287289	.0162895
_cons	1.256587	.0251035	50.06	0.000	1.207381	1.305793
sigma_u	.47731465					
sigma_e	.37911536					
rho	.61317328	(fraction of variance due to u_i)				

```
F test that all u_i=0: F(4149, 15065) = 6.49          Prob > F = 0.0000
```

从表6.31可以看出，工会对无条件50分位的员工收入影响显著，平均而言工人加入工会，会使得50分位处的员工提高收入约12%。

此外，通过使用bootstrap再抽样方法，残差的F检验和p值也非常显著，模型的结果较好地印证了我们的推测。

6.4.6　广义分位数回归

无条件分位数回归可以很好地估计解释变量的总体边际变化，对被解释变量无条件分位数影响的边际效应。但是，实际研究过程中，除了政策变量或处理变量之外，还需要控制很多其他的协变量，而这些变量的变化也会影响到无条件分位数估计的边际效应。那么，有没有办法让这些控制变量保持不变，仅计算处理变量或政策变量边际变化时，对被解释变量无条件分位数影响的边际效应呢？答案是可以采用广义分位数回归。

广义分位数回归（generalized quantile regression，GQR）命令genqreg可用于拟合鲍威尔（Powell，2016）提出的广义分位数回归估计量。广义分位数估计子解决了传统分位数估计子提出的一个基本问题：包含额外的协变量（控制变量）会改变对处理变量的估计系数的解释。如鲍威尔（Powell，2016)所述，genqreg实现的广义分位数估计子（estimator）解决了这个问题，即使存在额外的控制变量，也会产生无条件分位数处理效应。

广义分位数回归genqreg不是系统命令，需要用户自己下载安装：

. ssc install genqreg

它的语法结构为：

. genqreg depvar indepvars [if] [in] [weight] , [quantile(#) instruments(varlist) proneness(varlist) technique(string) optimize(string)]

其中，选项quantile(#)用于指定无条件分位数；选项instruments(varlist)用于指定外生变量，如果不设置该选项，则默认所有控制变量都是外生的；选项proneness(varlist)代表倾向得分控制变量，用于指定控制变量计算倾向得分，平衡处理组和控制组；选项technique(string)用于指定估计方法，包括Logit和Probit回归，如technique（"logit"）或者technique（"probit"），默认为technique（"linear"），即线性回归；选项optimize(string)用于指定优化算法，包括Nelder-Mead（默认）、MCMC（蒙特卡罗-马尔科夫链）和Grid-search（网格搜寻）；选项draws(#)告诉算法要执行多少次（即MCMC再抽样）；选项burn(#)告诉算法在消耗时间内（burn-in）要drop多少个draws；arate(#)是算法的接受率，必须在0和1之间，默认值为0.234。**使用genqreg命令计算的参数，就是解释变量的边际效应，不需要使用margins和mfx等命令再去另外计算。**

. use http: // fmwww.bc.edu/RePEc/bocode/o/oaxaca.dta

. genqreg lnwage educ exper tenure, q(85) optimize(mcmc) noisy draws(3000) burn(1000) arate(.5)　　// draw(#)的设定值必须大于burn(#)的设定值　　//（见表6.32）。

表6.32的结果中，有两句话需要注意，第一句是："No excluded instruments and no proneness variables. Estimation is equivalent to standard quantile regression"。这句话的意思是，因为没有设定proneness倾向变量和instruments工具变量，所以上面的结果等价于标准的分位数回归。

第二句是："Results are presented to conform with Stata convention, but are summary statistics of draws, not coefficient estimates"。即以上结果是按Stata传统线性估计结果的方式展现的，但它们不是传统意义的估计系数，而是draws估计的统计量，即draws估计结果的平均值。

表6.32   **MCMC广义分位数回归**

```
mcmc-estimated Generalized Quantile Regression
      Observations:           1434
      Mean acceptance rate:   0.436
      Total draws:            3000
      Burn-in draws:          1000
      Draws retained:         2000
```

lnwage	Coef.	Std. Err.	t	P>|t|	[95% Conf. Interval]	
educ	.0811572	.0146507	5.54	0.000	.0524251	.1098894
exper	.0061871	.0018367	3.37	0.001	.0025851	.0097892
tenure	.0108139	.0009053	11.94	0.000	.0090384	.0125894
_cons	2.625417	.1899879	13.82	0.000	2.252822	2.998012

```
No excluded instruments and no proneness variables.
--> Estimation is equivalent to standard quantile regression.
Value of objective function:
          Mean:           -1.66
          Min:            -7.40
          Max:            -0.08
```

*Results are presented to conform with Stata convention, but are summary statistics of draws, not coefficient estimates.

接下来，考虑将婚姻（married）和性别（female）等作为倾向变量，提高模型估计的准确度，考察教育对工资影响的边际效应，类似于倾向得分匹配估计PSM（详见第9章）：

. genqreg lnwage educ, q(85) proneness(exper tenure married female) noisy optimize(mcmc) draws(3000) burn(1000) arate(.5) technique("linear")　　//如果使用logit和probit，将耗费巨量的时间（见表6.33）。

表6.33   **MCMC广义分位数倾向得分匹配回归**

```
mcmc-estimated Generalized Quantile Regression
      Observations:           1434
      Mean acceptance rate:   0.437
      Total draws:            3000
      Burn-in draws:          1000
      Draws retained:         2000
```

lnwage	Coef.	Std. Err.	t	P>|t|	[95% Conf. Interval]	
educ	.0790018	.0155248	5.09	0.000	.0485553	.1094483
_cons	2.839359	.1790743	15.86	0.000	2.488167	3.190551

```
Proneness variables: exper tenure married female
Value of objective function:
          Mean:           -0.51
          Min:            -5.18
          Max:            -0.00
```

*Results are presented to conform with Stata convention, but are summary statistics of draws, not coefficient estimates.

在使用倾向变量之后，上面那句"No excluded instruments and no proneness variables. Estimation is equivalent to standard quantile regression"消失了，说明该结果和标准分位数回归存在差异。

第7章 面板数据模型回归

面板数据（panel data）又称纵向数据（longitudinal data），是横截面数据与时间序列的综合，既有横截面的维度（n位个体），又有时间维度（T个时期）。面板数据的横截面维度也可以有多个，例如地区、行业、产品等，这样的数据称为多维面板数据。面板数据是在做经济分析中经常用到的一种数据类型，同时也是在经济分析中应用频率最高的一种。尤其是对于宏观经济研究而言，面板数据的应用具有缓解遗漏变量问题、提供更多个体信息、提高参数显著水平等优势，因而有必要对于面板数据模型进行更深一步的学习。

7.1 认识面板数据

7.1.1 面板数据和Stata命令

通常的面板数据一般T较小而n较大，对于这种T<n的面板数据称为短面板；反之T>n，则称为长面板数据。短面板由于时间维度较小，每个个体的信息较少，所以无法探讨干扰项 ε_{it} 是否存在自相关，故一般假设其为独立同分布。但对于长面板而言，由于个体信息较多，需要考虑干扰项 ε_{it} 存在自相关问题（见7.6节）。

此外，在面板模型中，如果解释变量包含被解释变量（因变量）的滞后值，则称为"动态面板"；反之则称为"静态面板"。

如果在面板数据中，每个时期样本内的个体完全一致，则称为"平衡面板数据"；反之则称为"非平衡面板数据"。

对于面板数据而言，它主要有以下几点优势：

（1）缓解遗漏变量问题。遗漏变量导致内生性问题，是在模型估计中普遍存在的问题。工具变量可以解决误差项 ε_{it} 中包含的缺失变量导致的内生性问题，这种缺失变量往往也是不可观测的，但不一定是个体固定的。而固定效应模型可以解决因为不可观测个体效应 u_i（不随时间变化）缺失导致内生性问题，当个体效应 u_i 与 $\mathbf{X}_{it}$ 产生关联时，固定效应模型仍然可以得到一致无偏估计量。

（**2**）**提供个体动态信息**。因为面板数据具有多个维度，相比单纯的截面数据或时间序列数据而言，并且能提供多方面的数据信息，它能提供更多的个体信息。在面板数据模型中，随机效应模型有效性显著高于混合OLS和固定效应OLS估计。

（**3**）**提高参数显著水平**。对于相同个体的数据而言，由于面板数据具有时间和截面多个维度，通常其样本容量更大（解释变量的总体波动性更大），可以显著降低参数估计的标准误，从而提高参数估计的显著性水平。

不同于截面数据和时间序列数据，面板数据基于更多的维度与更大的样本量为我们提供了更加丰富的模型与估计方法。在面板数据模型中，允许斜率系数随不同的个体和时间而发生变化。如果截距项只随个体变化，则为个体固定效应：

$$y_{it} = \mathbf{X}_{it}\boldsymbol{\beta} + \mathbf{Z}_i\boldsymbol{\delta} + u_i + \varepsilon_{it} \tag{7-1}$$

其中，$\mathbf{X}_{it}$ 是 $1\times k$ 阶向量矩阵，$\boldsymbol{\beta}$ 是 $\mathbf{X}$ 的 $k\times 1$ 阶系数向量，$\mathbf{Z}_i$ 是 $1\times p$ 阶**仅随**个体变化的、**可观测的**时间不变变量（time-invariant variables），如性别、肤色和民族等时间不变变量，$\boldsymbol{\delta}$ 是 $\mathbf{Z}$ 的 $p\times 1$ 阶系数向量。u_i 是**不可观测的**个体水平效应（individual-level effect）。ε_{it} 是随时间和个体而变化的特质误差项（idiosyncratic error）。

其中，u_i 与 "$\mathbf{X}_{it}$ 和 $\mathbf{Z}_i$"（回归变量）可以相关也可以不相关。

（1）假如 u_i 与回归变量 "$\mathbf{X}_{it}$ 和 $\mathbf{Z}_i$" 不相关，式（7-1）表示**随机效应模型**（random-effects, RE）。所谓随机效应是指，u_i 与模型中的所有其他因素都不相关，则实际上可以将其视为一个额外的**随机扰动项**，$u_i + \varepsilon_{it}$ 可以看成一个综合误差项，所以随机效应模型有时候也叫**综合误差模型**（error-components model）；

（2）但是如果 u_i 与回归变量 "$\mathbf{X}_{it}$ 和 $\mathbf{Z}_i$" 相关，则式（7-1）为**固定效应模型**（fixed-effects，FE）。所谓固定效应是指，当 u_i 与模型中的部分回归变量相关时，一个估计策略是将其作为**回归参数**（或固定效应）来进行处理。但是简单地将每个个体都包含一个参数是不可行的，因为这意味着在大样本中将会产生无限的参数，因此，解决的方法是通过组内转换（within transformation）从模型估计中消去 u_i，并估计其他系数。

如果是随机效应模型，可以通过回归估计得到参数 $\boldsymbol{\beta}$ 和 $\boldsymbol{\delta}$；但是如果是固定效应模型，在消去不可观测个体效应 u_i 的同时也会消去可观测的个体变量 $\mathbf{Z}_i$，从而得不到需要的系数 $\boldsymbol{\delta}$。此外，使用固定效应估计的一个额外成本是，所有的推断都是以 u_i 与回归变量 "$\mathbf{X}_{it}$ 和 $\mathbf{Z}_i$" 相关为条件的，模型估计的有效性会下降，而随机效应模型则不会产生这样的问题。

面板数据命令和截面数据命令有较大的不同，需要事先使用命令xtset对数据进行面板设定。比如在数据处理方面，以mus08psidextract.dta数据为例：

. use mus08psidextract.dta, clear

. xtset id t   //其中id表示个体身份变量，t表示时间变量
. xtsum id t exp wks occ   //（见表7.1）。

表7.1   面板描述性统计分析

Variable		Mean	Std. Dev.	Min	Max	Observations	
id	overall	298	171.7821	1	595	N =	4165
	between		171.906	1	595	n =	595
	within		0	298	298	T =	7
t	overall	4	2.00024	1	7	N =	4165
	between		0	4	4	n =	595
	within		2.00024	1	7	T =	7
exp	overall	19.85378	10.96637	1	51	N =	4165
	between		10.79018	4	48	n =	595
	within		2.00024	16.85378	22.85378	T =	7
wks	overall	46.81152	5.129098	5	52	N =	4165
	between		3.284016	31.57143	51.57143	n =	595
	within		3.941881	12.2401	63.66867	T =	7
occ	overall	.5111645	.4999354	0	1	N =	4165
	between		.469327	0	1	n =	595
	within		.1731615	-.3459784	1.368307	T =	7

对比此前的sum命令而言，表7.1中面板数据描述性统计分析xtsum得到的结果更加具体，既有组间（between）的比较，也有组内（within）的比较。例如，变量id的组内标准差为0，是因为同一个员工，组内的id都是相同的，没有差异；变量t的组间标准差为0，是因为这个数据是一个严格平衡的面板数据，所有个体时间变量都是从1~7取值；变量exp和occ的组间标准差大于组内标准差，是因为每个员工（组间）的工作经验与职业都不同，但同一个员工（组内）不同年份工作经验和职业变化差异不大；变量wks的组内标准差大于组间标准差，是因为同一个员工每一年工作的周数差异很大（最小值为5，最大值为52），并且这个差异大于不同员工同一年之间的差异。

7.1.2 面板数据平稳性检验

不同于截面数据，面板数据因为包含时间的维度，所以除了异方差问题，还需要考虑时间趋势性问题（主要针对长面板数据，短面板数据一般很少考虑平稳性问题）。如果面板数据中的各个变量存在单位根，那么具有相同趋势的变量之间进行回归估计，其系数会很显著，判定系数也会很高，但是两个变量之间可能不一定有真实的因果关系。例如，张三和李四是同一年出生的（两人互不认识），如果拿张三的体重对李四的体重进行回归估计，得到的系数极有可能会很显著，判定系数也可能会很高。但是这个回归是没有意义的，两者之间不存在因果关系，是一种伪回归（spurious regression）或巧合。为了避免这样的情况出现，更加准确地识别变量之间的因果关系，通常都需要对带有时间属性的数据进行平稳性检验。最常用的平稳性检验方法就是单位根检验，用以判断数据是否平稳。

　　单位根检验一般是先从水平（level）序列（即没有差分的原始数据）开始检验起，如果存在单位根，则对该序列进行一阶差分后继续检验；若仍存在单位根，则进行二阶甚至高阶差分后检验，直至序列平稳为止。所谓平稳性，其实就是将非平稳数据的均值和时间趋势去除掉，使之变成一个 0 均值、同方差的白噪声序列。对于水平、一阶、二阶……N 阶平稳序列，分别记 I(0) 为零阶单整，I(1) 为一阶单整……依次类推，I(N) 为 N 阶单整。

　　接下来，以宾州世界表中的跨国面板数据为例，以 OECD 国家、G7 国家及全部国家样本（总共 151 个国家）的对数实际汇率（lnrxrate）为分析对象，分别进行相关的面板单位根检验：

. webuse pennxrate

. xtset id year 　　//结果省略

. xtsum 　　//结果省略

　　（1）LLC 检验（Levin–Lin–Chu test）。Levin–Lin–Chu（2002）检验假设所有面板具有相同的自回归参数，即对于所有 i，都有 rho_i = rho。LLC 检验的零假设（H_0）是数据存在单位根，备选假设（Ha: alternative hypothesis）就是 rho < 1。LLC 检验要求面板要高度平衡（strongly balanced）。莱文、林和楚（Levin, Lin and Chu）建议在中等规模的小组中使用他们的程序，大约有 10~250 个个体（10<N<250），每个个体有 25~250 个观察结果（25<T<250）。

　　该检验使用 AIC 选择滞后数量进行回归，使用基于 Bartlett 内核的 HAC 方差估计，使用 Newey 和 West 的方法选择滞后数量。

. xtunitroot llc lnrxrate if oecd, demean lags(aic 10) kernel(bartlett nwest) 　　//（见表 7.2）。

表 7.2　　　　　　　　　　**面板单位根 LLC 检验（OECD 样本）**

```
Levin-Lin-Chu unit-root test for lnrxrate

Ho: Panels contain unit roots          Number of panels  =      27
Ha: Panels are stationary              Number of periods =      34

AR parameter: Common                   Asymptotics: N/T -> 0
Panel means:  Included
Time trend:   Not included             Cross-sectional means removed

ADF regressions: 1.33 lags average (chosen by AIC)
LR variance:     Bartlett kernel, 3.63 lags average
                 (chosen by Newey-West)
```

	Statistic	p-value
Unadjusted t	-13.0033	
Adjusted t*	-2.4486	0.0072

　　（2）HT 检验（Harris–Tzavalis test）。HT 检验与 LLC 检验相似，它假设所有面板具有相同的自回归参数，因此备选假设（Ha: alternative hypothesis）简单为 rho< 1。

与LLC检验不同，HT检验假设时间周期的数量T是固定的。像LLC检验一样，HT检验也要求面板要高度平衡。巴尔塔基（Baltagi，2008）提到T被固定是微面板研究中的典型案例，假设你有一个关于公司层面的面板数据集，如果你想增加数据集的样本大小，你会通过收集更多公司的数据，而不是拓展时间跨度。HT检验可以从数据中去除横断面：

. xtunitroot ht lnrxrate, demean   //（见表7.3）。

表7.3   **面板单位根HT检验（所有国家）**

```
Harris-Tzavalis unit-root test for lnrxrate

Ho: Panels contain unit roots          Number of panels  =    151
Ha: Panels are stationary              Number of periods =     34

AR parameter: Common                   Asymptotics: N -> Infinity
Panel means:  Included                              T Fixed
Time trend:   Not included             Cross-sectional means removed
```

	Statistic	z	p-value
rho	0.8184	-13.1239	0.0000

（3）Breitung检验（Breitung test）。LLC和HT检验基于回归t统计数据，随后对回归t统计数据进行调整，以反映在零假设下，由于包含特定小组的平均数或趋势，t统计数据具有非零平均数。但是，布赖通（Breitung，2000）检验采用了不同的方法，在计算回归之前对数据进行转换，以便使用标准t统计量。Breitung检验也要求面板高度平衡。Breitung检验的零假设是所有序列都包含一个单位根，备选假设（Ha: alternative hypothesis）是rho<1，所以这些序列都是平稳。布赖通基于蒙特卡罗模拟研究表明，如果处理中等规模数据集（N=20，T=30），他的检验方法实质上比其他面板单位根检验更强大。例如，对G7国家对数实际汇率（lnrxrate）进行三阶滞后的Breitung单位根稳健性检验：

. xtunitroot breitung lnrxrate if g7, lags(3) robust   //对G7国家数据进行检验（见表7.4）。

表7.4   **面板单位根Breitung检验**

```
Breitung unit-root test for lnrxrate

Ho: Panels contain unit roots          Number of panels  =     6
Ha: Panels are stationary              Number of periods =    34

AR parameter: Common                   Asymptotics: T,N -> Infinity
Panel means:  Included                              sequentially
Time trend:   Not included             Prewhitening: 3 lags
```

	Statistic	p-value
lambda*	-1.2258	0.1101

* Lambda robust to cross-sectional correlation

（4）IPS检验（**im-pesaran-shin test**）。LLC、HT和Breitung检验的一个主要限制是假设所有面板具有相同的rho值。im-pesaran-shin（IPS）（2003）检验放松了一个共同的rho假设，取而代之的是允许每个面板有自己的rho_i。零假设是所有面板都有一个单位根，备选假设（Ha: alternative hypothesis）使平稳面板的比例是非零。IPS检验不需要强平衡的数据，但是在每个单独的时间序列中没有间隔，这些统计数据假设时间周期T是固定的。当数据中没有空白时，xtunitroot ips将报告t-bar统计值的确切临界值，该统计值基于面板数量N，也是固定的。为了保持z_t-波浪条的渐近正态分布，如果数据集是强平衡的，且模型的确定性部分仅包括面板特定的平均值，T必须至少为5，如果还包括时间趋势，T至少为6。如果数据不是强平衡的，那么T必须至少为9才能保持渐近分布。如果不满足T的这些限制，则不报告z_t波浪条的p值。例如，使用AIC选择滞后次数进行回归分析：

. xtunitroot ips lnrxrate, lags(aic 5)　　//对全样本共151个国家进行检验（见表7.5）。

表7.5　　　　　　　　　　　　　　　　**面板单位根IPS检验**

```
Im-Pesaran-Shin unit-root test for lnrxrate

Ho: All panels contain unit roots        Number of panels  =    151
Ha: Some panels are stationary           Number of periods =     34

AR parameter: Panel-specific             Asymptotics: T,N -> Infinity
Panel means:  Included                                 sequentially
Time trend:   Not included

ADF regressions: 1.11 lags average (chosen by AIC)

                   Statistic       p-value

W-t-bar            -15.2812        0.0000
```

（5）**Fisher-ADF检验**（**Fisher-type tests**）。Fisher-ADF检验方法从元分析（meta-analysis）的角度检验面板数据单位根。也就是说，这些检验分别对每个面板进行单位根检验，然后将这些检验中的p值组合起来生成一个整体检验。xtunitroot fisher支持使用dfuller选项的ADF检验和使用pperron选项的Phillips-Perron检验。可以指定dfuller或pperron允许的任何选项（除了return选项无效）。此外，xtunitroot fisher不需要强平衡的数据，而且各个序列可以有间隙。

. xtunitroot fisher lnrxrate, dfuller lags(3) drift　　//（见表7.6）。

（6）**Hadri LM平稳性检验**（**Hadri Lagrange multiplier stationarity test**）。到目前为止讨论的所有检验都有一个零假设，即数据包含一个单位根。正如哈德里（Hadri, 2000）所指出的，经典假设检验需要强有力的证据来拒绝零假设。因此我们可能也想进行一个零假设和备选假设（Ha: alternative hypothesis）颠倒的检验，以帮助确认或否认基于零假设是非平稳性检验的结论。Hadri LM平稳性检验要求面板是强平衡。Hadri LM检验的零假设是，所有面板都是平稳的。备选假设（Ha: alternative hypothesis）是至少有些面板包含一个单位根。哈德里（Hadri，2000）表示，他的检验方法适用于T大且N大的面板数据集，如经常用于跨国比较的宾州世界表（Penn World Tables）等。例如，进行Hadri LM平稳性检验，使用基于5个滞后的Parzen核的HAC方差估计：

. xtunitroot hadri lnrxrate, kernel(parzen 5)   //（见表7.7）。

表7.6   **面板单位根Fisher–ADF检验**

```
Fisher-type unit-root test for lnrxrate
Based on augmented Dickey-Fuller tests

Ho: All panels contain unit roots          Number of panels  =    151
Ha: At least one panel is stationary        Number of periods =     34

AR parameter: Panel-specific                Asymptotics: T -> Infinity
Panel means:  Included
Time trend:   Not included
Drift term:   Included                       ADF regressions: 3 lags

                              Statistic       p-value

Inverse chi-squared(302)  P     916.1451      0.0000
Inverse normal            Z     -18.8512      0.0000
Inverse logit t(759)      L*    -19.5571      0.0000
Modified inv. chi-squared Pm     24.9892      0.0000

P statistic requires number of panels to be finite.
Other statistics are suitable for finite or infinite number of panels.
```

表7.7   **面板单位根Hadri LM检验**

```
Hadri LM test for lnrxrate

Ho: All panels are stationary              Number of panels  =    151
Ha: Some panels contain unit roots          Number of periods =     34

Time trend:           Not included         Asymptotics: T, N -> Infinity
Heteroskedasticity:   Robust                            sequentially
LR variance:          Parzen kernel, 5 lags

                  Statistic      p-value

z                  32.5181       0.0000
```

以上检验中，除了Breitung检验和Hadri LM平稳性检验，其他检验都表明对数实际汇率变量不存在单位根。

在实际研究过程中，如果单位根检验不通过，面板数据存在单位根，应该怎么办？ 有两种方法处理：一是对变量进行差分处理，即生成一个新的变量，取原变量的差分值，再进行单位根检验，如果这个时候平稳的，就称为一阶单整（如果原始数据平稳，称为零阶单整）。如果还是不平稳，则需要进行再差分（二阶差分），如果二阶差分之后，变成平稳序列，就称之为二阶单整，以此类推。这种差分方法固然可以处理非平稳序列数据，但是有的时候差分之后，变量就失去了它本来的经济学意义，或者不太好解释。此时，可以考虑第二种方法，即考虑被解释变量和解释变量是否存在协整关系？例如，被解释变量虽然存在单位根，但是一阶单整；解释变量也存在单位根，并且也是一阶单整。被解释变量与解释变量单整的阶数相同（可以同时为一阶，也可以同时为二阶，或者更高阶），那么可以检验被解释变量与解释变量之间是否存在协整关系。如果存在协整关系，那么不需要做平稳性处理，得到的回归结果依然是准确的（前提是要确保两者之间存在因果关系，不要出现伪回归的情况，协整关系检验并不能识别伪回归。有的时候因果关系更多的是依靠我们的理论解释和经验判定，并不是依赖计量检验。计量检验只是一种辅助手段，或者帮助我们更精准地分析因果关系的大小，来进一步验证我们的理论推导）。

协整检验的Stata系统自带的命令为xtcointtest。命令xtcointtest可以对面板数据集执行考、佩德罗尼和韦斯特仑（Kao，1999；Pedroni，1999，2004；Westerlund，2005）的协整检验。协整回归模型中可以包括面板特定的方法（固定效应）和面板特定的时间趋势。所有检验都有一个共同的零假设，即无协整关系。备选假设（Ha）是变量在所有面板中是协整的。其中，Westerlund检验的备选假设虽然也和面板存在协整关系，但分为两类：一类备选假设是变量在一些面板中是协整的；另一类备选假设是变量在所有面板中是协整的。

以xtcoint数据为例，该数据是关于研发投入（R&D）与全要素生产率的季度面板数据，如果想要分析研发投入对全要素生产率的影响，需要对数据进行协整检验：

. webuse xtcoint

. xtset id time

. describe　　//结果省略

. sum　　//（见表7.8）。

表7.8　　　　　　　　　　　　　　描述性统计

Variable	Obs	Mean	Std. Dev.	Min	Max
id	15,000	50.5	28.86703	1	100
time	15,000	128.5	43.30175	54	203
rddomestic	15,000	74.09569	43.99242	-3.273872	170.2226
rdforeign	15,000	44.6047	27.0383	-4.653028	116.5821
productivity	15,000	9.030543	5.980432	-7.10538	26.32578

首先，对因变量全要素生产率（productivity）、解释变量国内研发投入（rddomestic）、解释变量国外研发投入（rdforeign）进行Wooldridge面板数据一阶自相关检验：

. xtserial productivity rddomestic rdforeign, output　　　//如果不加output选项，就不会输出回归结果，只会输出面板自相关检验，可能更好理解（见表7.9）。

表7.9   **Wooldridge面板数据一阶自相关检验**

```
Linear regression                           Number of obs   =      14,900
                                            F(2, 99)        =      374.56
                                            Prob > F        =      0.0000
                                            R-squared       =      0.0212
                                            Root MSE        =      1.0896

                                 (Std. Err. adjusted for 100 clusters in id)

              |                Robust
D.            |
productivity  |    Coef.    Std. Err.      t     P>|t|    [95% Conf. Interval]
--------------+--------------------------------------------------------------
rddomestic    |
         D1.  |  .0905858    .006683    13.55   0.000    .0773253    .1038463
              |
rdforeign     |
         D1.  |  .0536021   .0084631     6.33   0.000    .0368095    .0703948

Wooldridge test for autocorrelation in panel data
H0: no first-order autocorrelation
    F(  1,      99) =    240.175
             Prob > F =      0.0000
```

表7.9中，零假设为不存在一阶自相关，p值为0.000代表拒绝零假设，说明该面板数据存在显著的一阶自相关问题，这也印证了前文的单位根问题。那么，变量之间是否存在协整关系呢？可以做Kao协整检验：

. xtcointtest kao productivity rddomestic rdforeign   //（见表7.10）。

表7.10   **Kao协整检验**

```
Kao test for cointegration

Ho: No cointegration                Number of panels    =      100
Ha: All panels are cointegrated     Number of periods   =      148

Cointegrating vector: Same
Panel means:              Included        Kernel:         Bartlett
Time trend:               Not included    Lags:           3.60 (Newey-West)
AR parameter:             Same            Augmented lags: 1

                                        Statistic       p-value
-----------------------------------------------------------------
Modified Dickey-Fuller t                -23.6733        0.0000
Dickey-Fuller t                         -15.1293        0.0000
Augmented Dickey-Fuller t                -3.6909        0.0001
Unadjusted modified Dickey-Fuller t     -46.7561        0.0000
Unadjusted Dickey-Fuller t              -20.2521        0.0000
```

表7.10中，Kao检验结果表明，模型存在显著的协整关系，故可以直接进行面板数据估计。至于具体如何进行静态、动态面板估计，参考下一节的分析。

其次，为了进一步确认被解释变量与解释变量之间的协整关系，使用Pedroni检验：

. xtcointtest pedroni productivity rddomestic rdforeign   //（见表7.11）。

最后，再对被解释变量与解释变量做Westerlund协整检验，但是分为两种方法，一种方法是检验被解释变量与解释变量之间是否存在部分协整关系：

. xtcointtest westerlund productivity rddomestic rdforeign　　//（见表7.12）。

表7.11　　　　　　　　　　　　**Pedroni 协整检验**

```
Pedroni test for cointegration
─────────────────────────────────────────────────────────────
Ho: No cointegration                    Number of panels    =   100
Ha: All panels are cointegrated         Number of periods   =   149

Cointegrating vector: Panel specific
Panel means:          Included          Kernel:             Bartlett
Time trend:           Not included      Lags:               4.00 (Newey-West)
AR parameter:         Panel specific    Augmented lags:     1
                                        ─────────────────────────────────
                                        Statistic      p-value
                      ─────────────────────────────────────────
   Modified Phillips-Perron t           -26.1145       0.0000
   Phillips-Perron t                    -21.2436       0.0000
   Augmented Dickey-Fuller t            -25.3701       0.0000
                      ─────────────────────────────────────────
```

表7.12　　　　　　　　　　　**Westerlund 部分协整关系检验**

```
Westerlund test for cointegration
─────────────────────────────────────────────────────────────
Ho: No cointegration                    Number of panels    =   100
Ha: Some panels are cointegrated        Number of periods   =   150

Cointegrating vector: Panel specific
Panel means:          Included
Time trend:           Not included
AR parameter:         Panel specific
                                        ─────────────────────────────────
                                        Statistic      p-value
                      ─────────────────────────────────────────
   Variance ratio                       -8.0237        0.0000
                      ─────────────────────────────────────────
```

另一种Westerlund协整检验方法是，检验被解释变量与解释变量之间是否存在全局协整关系：

. xtcointtest westerlund productivity rddomestic rdforeign, allpanels　　//（见表7.13）。

表7.13　　　　　　　　　　　**Westerlund 全局协整关系检验**

```
Westerlund test for cointegration
─────────────────────────────────────────────────────────────
Ho: No cointegration                    Number of panels    =   100
Ha: All panels are cointegrated         Number of periods   =   150

Cointegrating vector: Panel specific
Panel means:          Included
Time trend:           Not included
AR parameter:         Same
                                        ─────────────────────────────────
                                        Statistic      p-value
                      ─────────────────────────────────────────
   Variance ratio                       -5.9709        0.0000
                      ─────────────────────────────────────────
```

上述结果表明，被解释变量与解释变量之间存在局部和全局的协整关系。此外，韦斯特仑（Westerlund，2007）还对协整检验做了一些其他补充和修正，具体命令为

xtwest，需要使用ssc install xtwest进行安装，其语法结构为：

. xtwest depvar varlist [if exp] [in range] , lags(# [#]) leads(# [#]) lrwindow(#) [constant trend bootstrap(#) westerlund noisily mg]

受篇幅所限，请读者使用命令help xtwest进一步了解该命令的使用方法和解释。

7.2 静态面板数据模型

7.2.1 固定效应模型

固定效应模型（fixed effects models）可以进行一步细分为个体固定效应模型、时间个体双维固定效应模型。需要注意的是，固定效应模型的前提假设是个体效应u_i与解释变量$\mathbf{X}_i$、$\mathbf{Z}_i$相关，但是与扰动项ε_{it}不相关。而在这样的情况下，混合OLS和随机效应GLS估计所提供的结果都是有偏的，解决的办法是将模型进行组内变换消去u_i。

（1）个体固定效应模型（individual fixed effects model）。固定效应模型允许每个个体都有不同的常数项，但是斜率系数在不同的个体之间相同。一个处理面板数据模型的方法是，使用面板水平（panel–level，即个体水平）的组内平均值去掉固定效应（即组内变换）：定义面板水平均值$\bar{y}_i = \left(\dfrac{1}{T}\right)\sum\limits_{t=1}^{T} y_{it}$，$\bar{\mathbf{X}}_i = \left(\dfrac{1}{T}\right)\sum\limits_{t=1}^{T} \mathbf{X}_{it}$，$\bar{\varepsilon}_i = \left(\dfrac{1}{T}\right)\sum\limits_{t=1}^{T} \varepsilon_{it}$。$\mathbf{Z}_i$和$u_i$的面板水平均值等于自身，$\mathbf{Z}_i$是可观测的个体时间不变变量，如性别、肤色和民族等（在随机效应模型中需要纳入方程做解释变量），u_i是影响个体的不可观测的固定因素，如文化、习俗和制度等。则式（7–1）的面板水平均值为：

$$\bar{y}_i = \bar{\mathbf{X}}_i\boldsymbol{\beta} + \mathbf{Z}_i\boldsymbol{\delta} + u_i + \bar{\varepsilon}_i \qquad (7\text{--}2)$$

将式（7–1）减去式（7–2）可得：

$$y_{it} - \bar{y}_i = \left(\mathbf{X}_{it} - \bar{\mathbf{X}}_i\right)\boldsymbol{\beta} + \left(\varepsilon_{it} - \bar{\varepsilon}_i\right) \qquad (7\text{--}3)$$

定义$\tilde{y}_{it} = y_{it} - \bar{y}_i$；$\tilde{\mathbf{X}}_{it} = \mathbf{X}_{it} - \bar{\mathbf{X}}_i$；$\tilde{\varepsilon}_{it} = \varepsilon_{it} - \bar{\varepsilon}_i$。则式（7–3）可转化为：

$$\tilde{y}_{it} = \tilde{\mathbf{X}}_{it}\boldsymbol{\beta} + \tilde{\varepsilon}_{it} \qquad (7\text{--}4)$$

式（7–4）意味着经过组内变换（within–transformed）后数据的OLS会产生$\boldsymbol{\beta}$的一致估计$\hat{\boldsymbol{\beta}}_{FE} = \left(\tilde{\mathbf{X}}'\tilde{\mathbf{X}}\right)^{-1}\tilde{\mathbf{X}}'y$。式（7–4）表明消去$u_i$的同时也会消去$\mathbf{Z}_i$。$\hat{\boldsymbol{\beta}}_{FE}$的大样本估计值的方差，实际上就是标准OLS估计方差，根据数据转换过程中用掉的（used up）自由度进行调整后得到的值：

$$\text{Var}_{\hat{\beta}_{\text{FE}}} = s^2 \left(\sum_{i=1}^{N} \sum_{t=1}^{T} \tilde{\mathbf{X}}_{it} \tilde{\mathbf{X}}'_{it} \right)^{-1}$$

其中，$s^2 = \dfrac{1}{nT-n-k-1} \sum\limits_{i=1}^{N} \sum\limits_{t=1}^{T} \hat{\tilde{\varepsilon}}_{it}^2$，$\hat{\tilde{\varepsilon}}_{it}$ 是 $\tilde{y}_{it}$ 对 $\tilde{\mathbf{X}}_{it}$ 的 OLS 回归的残差。计算 s^2 的自由度调整 $nT-n-k-1$ 中的 n 实际上就是转换数据时（消去 u_i）所损失的 n 个自由度（即一期数据）。模型只有在因变量对其均值的偏离与解释变量对其均值的偏离显著相关时，才具有解释力，因此个体固定效应模型也叫**组内估计量（within estimator）**。

由于式（7-5）不存在 u_i，所以只要 $\tilde{\varepsilon}_{it}$ 与 $\tilde{\mathbf{X}}_{it}$ 不相关，便可以使用 OLS 估计方法得到 β 的一致估计量，称为固定效应 OLS 估计量 β_{FE}。

另外，相对于混合 OLS 估计而言，因为 $\tilde{\mathbf{X}}_{it}$ 进行了去均值（demeaning）的组内转换，所以它的总波动会小于未去均值变量 $\mathbf{X}_{it}$ 的总波动。由于 OLS 估计的参数方差是解释变量总波动的倒数，因而固定效应 OLS 估计的方差会大于混合 OLS 和随机效应 GLS 估计。

对于固定效应而言，由于在混合 OLS 估计中，引入（n-1）个虚拟变量来代表不同的个体也可以得到与上述离差模型一样的结果，所以 FE 有时也被称为"最小二乘虚拟变量法"（least squares dummy variable，LSDV）。这就是说，xtreg, fe 估计结果等价于 reg i.id 的估计结果。

. xtreg y x1 x2 x3, fe vce(robust)　　// fe 表示个体固定效应，对于固定效应模型而言，使用 vce(robust) 选项，就等价于聚类稳健标准误 vce(cluster id)；

. reg y x1 x2 x3 i.id　　// id 表示个体的代码的虚拟变量

采用数据集 mus08psidextract.dta 为例[1]，这是一个关于工资收入及其相关变量的数据集，本例中重点研究工作经验对于工资收入的影响。在命令窗口键入以下命令：

. use mus08psidextract.dta, clear

. asdoc sum, replace　　//（见表 7.14）。

表 7.14 描述性统计

Variable	Obs	Mean	Std. Dev.	Min	Max
exp	4165	19.854	10.966	1	51
wks	4165	46.812	5.129	5	52
occ	4165	0.511	0.5	0	1
ind	4165	0.395	0.489	0	1
south	4165	0.29	0.454	0	1
smsa	4165	0.654	0.476	0	1
ms	4165	0.814	0.389	0	1

---

[1]　科林·卡梅伦.用 Stata 学微观计量经济学［M］.重庆：重庆大学出版社，2015.

续表

Variable	Obs	Mean	Std. Dev.	Min	Max
fem	4165	0.113	0.316	0	1
union	4165	0.364	0.481	0	1
ed	4165	12.845	2.788	4	17
blk	4165	0.072	0.259	0	1
lwage	4165	6.676	0.462	4.605	8.537
id	4165	298	171.782	1	595
t	4165	4	2	1	7
tdum1	4165	0.143	0.35	0	1
tdum2	4165	0.143	0.35	0	1
tdum3	4165	0.143	0.35	0	1
tdum4	4165	0.143	0.35	0	1
tdum5	4165	0.143	0.35	0	1
tdum6	4165	0.143	0.35	0	1
tdum7	4165	0.143	0.35	0	1
exp2	4165	514.40	496.996	1	2601

表 7.14 中，变量 exp 代表全职工作年限；变量 wks 代表工作周数；变量 occ 代表职业，取值为 1 代表蓝领工作，取值为 0 代表白领；变量 ind 代表行业，取值为 1 代表制造业；变量 south 代表工人居住地区，取值为 1 代表南方；变量 smsa 代表标准大都市统计区域，取值为 1 代表来自该区域；变量 ms 代表婚姻状态，取值为 1 代表已婚；变量 fem 代表性别，取值为 1 代表女性；变量 union 代表是否加入工会；变量 ed 代表受教育年限；变量 blk 代表是否为黑人；变量 lwage 代表对数工资水平。

前面已经强调过，在使用面板数据命令之前，必须事先对数据进行面板设置：

. xtset id t   //其中 id 表示个体身份变量，t 表示时间变量

除了使用 sum 命令以外，针对面板数据还可以使用以下命令查看。

. xtdes   //显示面板数据结构，是否为平衡面板，也可以输入 xtdescribe（见表 7.15）。

表 7.15   面板结构

```
     id: 1, 2, ..., 595                        n =        595
      t: 1, 2, ..., 7                          T =          7
         Delta(t) = 1 unit
         Span(t)  = 7 periods
         (id*t uniquely identifies each observation)

  Distribution of T_i:   min      5%     25%     50%     75%     95%     max
                           7       7       7       7       7       7       7

     Freq.  Percent   Cum. |  Pattern
     _____
      595    100.00  100.00 |  1111111
     _____
      595    100.00         |  XXXXXXX
```

通过表7.15可以看出，这是一个平衡面板，且一共有7期观测值。上述结果中得出了与sum命令一致的结论，需要注意的是该数据集中个体数目为595，远大于时间期数t，因此该面板为短面板。

. xtsum　　　//显示组内、组间与整体的统计指标，结果省略

. xttab fem　　　//显示性别变量fem的组内、组间与整体的分布频率（见表7.16）。

表7.16 变量结构

fem	Overall Freq.	Overall Percent	Between Freq.	Between Percent	Within Percent
0	3696	88.74	528	88.74	100.00
1	469	11.26	67	11.26	100.00
Total	4165	100.00	595	100.00	100.00

(n = 595)

. xtline x1　　　//对每个个体的x1变量分别显示其时间序列图，如果需要将所有个体的时间序列图叠放在一起可添加overlay选项（本例中由于个体数目过多故仅介绍该命令，结果省略）。

以上对面板数据做了简单的描述性统计分析和变量介绍，接下来检验并比较面板固定效应估计与最小二乘虚拟变量法（LSDV）估计结果，在do-file窗口键入以下命令：

. reg lwage exp wks occ ind south smsa ms union i.id　　　//注意这里不能使用robust选项

outreg2 using mmxi, word replace

xtreg lwage exp wks occ ind south smsa ms union, fe　　　//注意这里不要包含性别fem、教育ed、黑人blk等时间不变的可观测固定因素，因为固定效应模型的组内转换会自动省略该变量，后文会介绍如何通过面板数据多维固定效应模型将其吸收进来（absorb）。

outreg2 using mmxi, word　　　//（见表7.17）。

表7.17 OLS及面板固定效应估计比较

Variables	（1）lwage	（2）lwage
exp	0.0966***	0.0966***
	（0.00119）	（0.00119）
wks	0.00114*	0.00114*
	（0.000603）	（0.000603）
occ	−0.0249*	−0.0249*
	（0.0139）	（0.0139）

续表

Variables	（1） lwage	（2） lwage
ind	0.0208 （0.0156）	0.0208 （0.0156）
south	−0.00320 （0.0346）	−0.00320 （0.0346）
smsa	−0.0437** （0.0196）	−0.0437** （0.0196）
ms	−0.0303 （0.0191）	−0.0303 （0.0191）
union	0.0342** （0.0150）	0.0342** （0.0150）
Constant	5.367*** （0.0747）	4.752*** （0.0444）
Observations	4165	4165
R−squared	0.906	0.653
Number of id		595

注：（1）*、**、***分别表示在10%、5%、1%的水平下显著；（2）括号内为标准误。

表7.17估计结果中，除了常数项和判定系数不一样外，两个模型其他解释变量的估计系数和标准误完全一致。

（2）双维固定效应模型（two-way fixed effects model）。双维固定效应模型主要是应对个体固定效应模型所不能应对的不随个体而变但随时间而变的遗漏变量问题。双维固定效应其实就是将个体固定效应与时间固定效应相结合，也就是说该方法能同时控制随个体变化以及随时间变化的遗漏变量。

$$y_{it} = \mathbf{X}_{it}\boldsymbol{\beta} + \mathbf{Z}_i\boldsymbol{\delta} + u_i + \lambda_t + \varepsilon_{it} \qquad （7-5）$$

在式（7-5）中，将λ_t视为第t期特有的截距项，即λ_t为第t期解释变量对被解释变量y的效应。因此$\lambda_1 \cdots \lambda_t$被称为时间固定效应。若采用LSDV法，引入$T-1$个时间虚拟变量，则上式改写为：

$$y_{it} = \mathbf{X}'_{it}\boldsymbol{\beta} + \mathbf{Z}'_i\boldsymbol{\delta} + \gamma_2 D2_t + \cdots + \gamma_t DT_t + u_i + \varepsilon_{it} \qquad （7-6）$$

其中，若$t=2$，则时间虚拟变量$D2_t =1$；若$t \neq 2$，则$D2_t = 0$，以此类推。需要注意的是，在有些情况下为了节省参数（或者长面板数据分析，具体见7.6节），引入一个时间趋势项。

$$y_{it} = \mathbf{X}'_{it}\boldsymbol{\beta} + \mathbf{Z}'_i\boldsymbol{\delta} + \gamma \cdot t + u_i + \varepsilon_{it} \qquad （7-7）$$

显然，式（7-7）中，假定每期的时间效应相等，即每期增加γ，这是一个比较强的假定。如果该假定不满足，则考虑使用式（7-6）进行估计（对于短面板数据，如果样本量足够大，一般不鼓励使用（7-7）式。

由于Stata中没有直接进行双维固定效应的命令，因此需要自己设定时间虚拟变量：

. xtreg y x1 x2 x3 i.year, fe robust　　//i.year表示时间虚拟变量

. xtreg y x1 x2 x3 t, fe robust　　//t为时间趋势项，适用于长面板数据

仍然以前面的mus08psidextract.dta数据集为例，但是这里仅演示双维固定效应模型估计（有时也称双向固定效应），时间趋势固定效应留待7.6节长面板数据分析中讨论。在命令窗口键入以下命令：

. xtreg lwage exp wks occ ind south smsa ms union i.t, fe robust　　// i.t表示时间固定效应，固定效应中robust就是聚类稳健标准误，等价于vce(cluster id)（见表7.18）。

表7.18 　　　　　　　　　　　面板数据双固定效应估计

lwage	Coef.	Robust Std. Err.	t	P>|t|	[95% Conf. Interval]	
exp	.0955598	.0017941	53.26	0.000	.0920361	.0990834
wks	.0009486	.0008768	1.08	0.280	-.0007733	.0026706
occ	-.0221314	.0191956	-1.15	0.249	-.059831	.0155681
ind	.0223581	.0221489	1.01	0.313	-.0211415	.0658577
south	.0022894	.0908858	0.03	0.980	-.1762071	.1807859
smsa	-.0431816	.0297952	-1.45	0.148	-.1016984	.0153351
ms	-.0289905	.0265898	-1.09	0.276	-.0812119	.0232309
union	.0306745	.0254026	1.21	0.228	-.0192154	.0805644
t						
2	-.0059282	.005028	-1.18	0.239	-.0158031	.0039467
3	.028565	.0083598	3.42	0.001	.0121466	.0449834
4	.0317848	.0077154	4.12	0.000	.016632	.0469377
5	.0271739	.0063581	4.27	0.000	.0146868	.039661
6	.0092722	.006488	1.43	0.153	-.00347	.0220144
7	0	(omitted)				
_cons	4.76422	.071254	66.86	0.000	4.624279	4.90416
sigma_u	1.0446191					
sigma_e	.15252602					
rho	.97912577	(fraction of variance due to u_i)				

除了使用指示性前缀"i."以外，也可以使用时间虚拟变量来控制时间固定效应：

. xtreg lwage exp wks occ ind south smsa ms union tdum2- tdum7, fe　　//该命令等价于xtreg lwage exp wks occ ind south smsa ms union i.t, fe。结果省略

相对于指示性前缀"i."而言，使用时间虚拟变量的好处是，不仅可以指定具体的时间年份，而且可以对时间固定效应进行检测：

. test tdum2 tdum3 tdum4 tdum5 tdum6 tdum7　　//（见表7.19）。

表7.19　　　　　　　　　　　　　时间固定效应检验

```
( 1)  tdum2 = 0
( 2)  tdum3 = 0
( 3)  tdum4 = 0
( 4)  tdum5 = 0
( 5)  tdum6 = 0
( 6)  o.tdum7 = 0
      Constraint 6 dropped

      F( 5, 3557) =    7.51
         Prob > F =    0.0000
```

表7.19中，零假设是没有时间固定效应，F检验结果的p值为0，说明拒绝零假设，即存在显著的时间固定效应。

为了进一步处理异方差，还可以通过选项cluster()控制聚类稳健标准误，在do-file窗口输入以下命令：

.xtreg lwage exp wks occ ind south smsa ms union i.t, fe

outreg2 using mmxi, word replace

xtreg lwage exp wks occ ind south smsa ms union tdum2- tdum7, fe

outreg2 using mmxi, word

xtreg lwage exp wks occ ind south smsa ms union i.t, fe cluster(id)

outreg2 using mmxi, word

xtreg lwage exp wks occ ind south smsa ms union tdum2- tdum7, fe cluster(id)

outreg2 using mmxi, word　　// （见表7.20）。

表7.20　　　　　　　　　　　　　不同估计模型比较

Variables	（1）	（2）	（3）	（4）
	lwage	lwage	lwage	lwage
exp	0.0956***	0.0956***	0.0956***	0.0956***
	（0.00148）	（0.00148）	（0.00179）	（0.00179）
wks	0.000949	0.000949	0.000949	0.000949
	（0.000602）	（0.000602）	（0.000877）	（0.000877）
occ	−0.0221	−0.0221	−0.0221	−0.0221
	（0.0138）	（0.0138）	（0.0192）	（0.0192）
ind	0.0224	0.0224	0.0224	0.0224
	（0.0155）	（0.0155）	（0.0221）	（0.0221）
south	0.00229	0.00229	0.00229	0.00229
	（0.0344）	（0.0344）	（0.0909）	（0.0909）
smsa	−0.0432**	−0.0432**	−0.0432	−0.0432
	（0.0195）	（0.0195）	（0.0298）	（0.0298）

续表

Variables	（1）	（2）	（3）	（4）
	lwage	lwage	lwage	lwage
ms	−0.0290	−0.0290	−0.0290	−0.0290
	（0.0191）	（0.0191）	（0.0266）	（0.0266）
union	0.0307**	0.0307**	0.0307	0.0307
	（0.0150）	（0.0150）	（0.0254）	（0.0254）
Constant	4.764***	4.764***	4.764***	4.764***
	（0.0473）	（0.0473）	（0.0713）	（0.0713）
Observations	4165	4165	4165	4165
R−squared	0.656	0.656	0.656	0.656
Number of id	595	595	595	595

注：为了节省篇幅，上述估计结果省略了时间变量；**、***分别代表5%、1%的水平下显著；括号内为标准误。

表7.20中，第（1）和（2）列的估计结果是一致的；第（3）和（4）列的估计结果也是一致的。通过比较，读者很容易弄清楚以上四个模型之间的关系，此处不再赘述。

7.2.2 随机效应模型

随机效应模型（random effects models）要求 u_i 与回归变量"$\mathbf{X}_{it}$ 和 $\mathbf{Z}_i$"不相关，所以模型有时候也叫综合误差模型：

$$y_{it} = \mathbf{X}_{it}\boldsymbol{\beta} + \mathbf{Z}_i\boldsymbol{\delta} + (u_i + \varepsilon_{it}) \qquad (7-8)$$

随机效应模型能够利用个体效应 u_i 与回归变量不相关的假定建立一个更为有效的估计量。固定效应通过组内转换消除了 u_i，同时也牺牲了n个自由度，导致参数估计标准误变大。相反，随机效应则通过综合误差项充分利用了 u_i 的信息进行GLS估计，所以模型估计的有效性更高。具体而言：

假定 u_i 和 ε_{it} 各自都是零均值独立同分布的。假设第i个观察个体在面板数据中有T期观测值，则第t期综合误差项为：

$$\eta_{it} = u_i + \varepsilon_{it} \qquad (7-9)$$

第t期的条件方差：

$$E\left[\eta_{it}^2 \mid \mathbf{X}_i\right] = \sigma_u^2 + \sigma_\varepsilon^2$$

不同期的条件协方差为：

$$\begin{aligned} E\left[\eta_{it}\eta_{is} \mid \mathbf{X}_i\right] &= E\left[(u_i + \varepsilon_{it})(u_i + \varepsilon_{is}) \mid \mathbf{X}_i\right] \\ &= E\left[(u_i^2 + 2u_i\varepsilon_{it} + \varepsilon_{it}\varepsilon_{is} \mid \mathbf{X}_i\right] = \sigma_u^2 \qquad t \neq s \end{aligned}$$

上式结果表明，虽然 u_i 和 ε_{it} 各自都是零均值独立同分布的，但是它们两个的综合误差项 η_{it} 却不是独立同分布的，存在自相关问题。根据第3章的内容，可以使用GLS方法进行处理。具体而言，第i个观察个体的所有T期观测值 η_{it} 的方差-协方差矩阵为：

$$\sum = \sigma_\varepsilon^2 \begin{pmatrix} 1 & \cdots & 0 \\ \vdots & & \vdots \\ 0 & \cdots & 1 \end{pmatrix} + \sigma_u^2 \begin{pmatrix} 1 & \cdots & 1 \\ \vdots & & \vdots \\ 1 & \cdots & 1 \end{pmatrix} = \sigma_\varepsilon^2 \mathbf{I_T} + \sigma_u^2 l_T l_T'$$

其中：

$$l_T = \begin{pmatrix} 1 \\ \vdots \\ 1 \end{pmatrix}, \quad \mathbf{I_T} = \begin{pmatrix} 1 & \cdots & 0 \\ \vdots & & \vdots \\ 0 & \cdots & 1 \end{pmatrix}$$

由于个体观测值i与j不相关，所以整个面板数据的方差-协方差矩阵是一个以 $\sum$ 为分块的对角矩阵：

$$\mathbf{\Omega} = \mathbf{I_n} \otimes \sum$$

其中，算子 $\otimes$ 表示矩阵的Kronecker乘积，即对任意的两个矩阵 $\mathbf{A_{K \times L}}$，$\mathbf{B_{M \times N}}$，有 $\mathbf{A} \otimes \mathbf{B} = \mathbf{C_{KM \times LN}}$：

$$\mathbf{C_{KM \times LN}} = \mathbf{A} \otimes \mathbf{B} = \begin{pmatrix} a_{11}\mathbf{B} & a_{12}\mathbf{B} & \cdots & a_{1m}\mathbf{B} \\ a_{21}\mathbf{B} & a_{22}\mathbf{B} & \cdots & a_{2m}\mathbf{B} \\ \vdots & \vdots & & \vdots \\ a_{n1}\mathbf{B} & a_{n2}\mathbf{B} & \cdots & a_{nm}\mathbf{B} \end{pmatrix}$$

Matlab 中实现两个矩阵 Kronecker 相乘的函数为 kron(A, B)。

根据第3章的GLS估计原理，可以使用综合误差项的方差-协方差矩阵进行加权估计，得到随机效应GLS的参数估计为：

$$\hat{\beta}_{RE} = (\mathbf{X}_i'\mathbf{\Omega}^{-1}\mathbf{X}_i)^{-1}\left(\mathbf{X}_i'\mathbf{\Omega}^{-1}\mathbf{y}\right)$$

$$= \left(\sum_i \mathbf{X}_i'\sum_i^{-1}\mathbf{X}_i\right)^{-1}\left(\sum_i \mathbf{X}_i'\sum_i^{-1}\mathbf{y}_i\right)$$

$$\text{Var}_{\hat{\beta}_{RE}} = \left(\sum_{i=1}^N \mathbf{X}_i'\sum_i^{-1}\mathbf{X}_i\right)^{-1} < s^2\left(\sum_{i=1}^N\sum_{i=1}^N \tilde{\mathbf{X}}_{it}\tilde{\mathbf{X}}_{it}'\right)^{-1} = \text{Var}_{\hat{\beta}_{FE}}$$

由于不可能知道真实的误差项分布，因而只能采用可行的广义最小二乘随机效应（FGLS RE）估计或者极大似然估计。

仍然以前文的mus08psidextract.dta数据为例，比较随机效应模型的GLS和极大似然MLE估计结果，在do-file中输入以下命令：

. xtreg lwage exp wks occ ind south smsa ms union fem ed blk, re

outreg2 using mmxi, word replace

xtreg lwage exp wks occ ind south smsa ms union fem ed blk, mle

outreg2 using mmxi, word

xtreg lwage exp wks occ ind south smsa ms union, re

outreg2 using mmxi, word

xtreg lwage exp wks occ ind south smsa ms union, mle

outreg2 using mmxi, word 　　//（见表7.21）。

表7.21　　　　　　　　　　　　　随机效应GLS和MLE估计比较

Variables	（1）	（2）	（3）	（4）
	lwage	lwage	lwage	lwage
exp	0.0486***	0.0869***	0.0502***	0.0878***
	（0.00106）	（0.00129）	（0.00111）	（0.00127）
wks	0.00164**	0.00122**	0.00177**	0.00123**
	（0.000784）	（0.000607）	（0.000796）	（0.000606）
occ	−0.0565***	−0.0291**	−0.134***	−0.0432***
	（0.0169）	（0.0139）	（0.0166）	（0.0138）
ind	0.00725	0.0159	−0.0165	0.0109
	（0.0176）	（0.0154）	（0.0181）	（0.0154）
south	−0.0135	0.00509	−0.0805***	−0.0166
	（0.0272）	（0.0319）	（0.0290）	（0.0323）
smsa	−0.0224	−0.0497***	−0.00999	−0.0423**
	（0.0204）	（0.0191）	（0.0212）	（0.0192）
ms	−0.0735***	−0.0416**	−0.00996	−0.0360*
	（0.0234）	（0.0191）	（0.0223）	（0.0190）
union	0.0682***	0.0404***	0.0419**	0.0348**
	（0.0174）	（0.0149）	（0.0179）	（0.0149）
fem	−0.333***	−0.170		
	（0.0528）	（0.117）		
ed	0.102***	0.138***		
	（0.00591）	（0.0131）		
blk	−0.216***	−0.267*		
	（0.0598）	（0.142）		
Constant	4.457***	3.222***	5.696***	4.942***
	（0.0987）	（0.182）	（0.0530）	（0.0599）
Observations	4165	4165	4165	4165
Number of id	595	595	595	595

注：*、**、***分别代表10%、5%、1%的水平下显著；括号内为标准误。

表7.21中，有两个特征很明显：（1）原来在固定效应模型估计中不能估计的时

间不变因素 fem、ed 和 blk 变量,在随机效应模型中均可以估计;(2)随机效应的极大似然估计结果更加接近前文中的固定效应模型,而不是 GLS 估计结果。

对于随机效应模型而言,还可以采用组间估计量。如果每个个体的时间序列数据不准确或者噪声较大就可以对每个个体取时间平均值,然后利用平均值进行回归。

$$\bar{y}_i = \bar{X}_i \beta + Z_i \delta + u_i + \bar{\varepsilon}_i \qquad (7-10)$$

对式(7-10)使用 OLS 估计即可得到组间估计量。需注意的是,若 u_i 与解释变量相关,即在固定效应模型下,不可使用该法。此外,即使在随机效应模型下,由于面板数据被压缩为截面数据损失了较多信息,一般而言该法也不常用。具体 Stata 命令为:

. xtreg lwage exp wks occ ind south smsa ms union fem ed blk, be   // be 表示组间估计量(见表 7.22)。

表7.22   **面板数据组间估计**

```
Between regression (regression on group means)   Number of obs    =     4,165
Group variable: id                               Number of groups =       595

R-sq:                                            Obs per group:
     within  = 0.0379                                      min =         7
     between = 0.5215                                      avg =       7.0
     overall = 0.3893                                      max =         7

                                                 F(11,583)        =     57.76
sd(u_i + avg(e_i.))=  .2752707                   Prob > F         =    0.0000
```

lwage	Coef.	Std. Err.	t	P>|t|	[95% Conf. Interval]	
exp	.0068181	.0011207	6.08	0.000	.004617	.0090191
wks	.0101379	.0036858	2.75	0.006	.0028988	.0173771
occ	-.1757451	.0345877	-5.08	0.000	-.2436768	-.1078135
ind	.0635796	.0261274	2.43	0.015	.0122642	.1148949
south	-.0549649	.0265833	-2.07	0.039	-.1071756	-.0027541
smsa	.1704994	.0263512	6.47	0.000	.1187446	.2222543
ms	.1348008	.0486854	2.77	0.006	.0391806	.230421
union	.1185015	.0298744	3.97	0.000	.0598269	.1771762
fem	-.3000472	.0559355	-5.36	0.000	-.4099068	-.1901875
ed	.0517282	.0056866	9.10	0.000	.0405595	.0628969
blk	-.1572054	.0460838	-3.41	0.001	-.2477158	-.066695
_cons	5.263354	.2073718	25.38	0.000	4.856067	5.670641

表7.22中,由于组间估计仅仅考虑了每组的平均值,4165 个观测值压缩成 595 个组,显然极大降低了模型估计的有效性,因此该方法不常用。

7.2.3 混合面板回归

对于面板数据而言,一种极端的估计方法是将其视为截面数据并应用截面数据的相关处理手段,即混合回归模型(pooled regression)。其回归方程可以写为:

$$y_{it} = \alpha + \mathbf{X}_{it}\boldsymbol{\beta} + \mathbf{Z}_i\boldsymbol{\delta} + \varepsilon_{it}$$

由于面板数据的特点，尽管可以假设不同个体间的扰动项相互独立，但是同一个体在不同时期的扰动项常常是存在自相关的。因而，对于混合回归而言，最好使用聚类稳健的标准误。

此外，混合回归的前提假设是不存在个体效应，对于这一假设也需要进行检验。混合回归的命令与横截面OLS相同，本章不再赘述：

. reg lwage exp wks occ ind south smsa ms union fem ed blk, vce(cluster id)

7.2.4 豪斯曼检验

随机效应模型可以看成是固定效应模型的一个特例，因为个体效应 u_i 与解释变量和残差项不相关的情况几乎不存在。即便如此，关于固定效应和随机效应哪种模型更适合？仍然可以通过豪斯曼检验做初步的判断。不过目前为止，这个检验的有效性并没有统一的说法，很难仅凭豪斯曼检验判断固定效应还是随机效应，通常情况下研究者选择个体固定效应、双向固定效应甚至多维固定效应模型比较多。

.xtreg y x1 x2, fe

.est store fe　　//保存回归结果，并命名为fe

.xtreg y x1 x2, re

.est store re　　//保存回归结果，并命名为re

.hausman fe re　　//比较两者结果，一般都必须是固定效应的估计系数b在前面，随机效应估计系数B在后面

豪斯曼检验计算统计量是 $H=(b-B)'var(b-B)^{-1}(b-B)=(b-B)'[var(b)-var(B)]^{-1}(b-B)$，它要求第一个估计b是一致的（固定效应满足一致性），第二个估计B可能是不一致的，但是一定是有效的（随机效应恰好满足）。豪斯曼统计量反映的是固定效应和随机效应估计系数之间的差异平方与系数方差之间差异的比值，服从chi2分布。如果这个值很大并且显著为正，则说明固定效应与随机效应模型之间存在很大的差异，在一致性与有效性之间应该选择一致性，即固定效应模型；反之，如果豪斯曼统计量很小，p值不显著，则说明固定效应和随机效应之间没有显著差异，则随机效应模型估计也是一致的，应该选择随机效应模型，因为随机效应模型的方差更小，有效性更高。

因为固定效应模型估计的参数b的方差var(b)总是大于随机效应模型估计的参数B的方差（随机效应更有效），所以 var(b)-var(B) 一般都是大于零的。但是这也不是绝对的，如果豪斯曼检验统计量var(b-B)=var(b)-var(B)出现负值，则有两种可能的原因：

（1）豪斯曼检验出现负数是因为var(b-B)=var(b)-var(B)不是一个正定矩阵，在有限样本的情况下，这两个协方差矩阵的差不能保证是正定的。在这种情况下，无法拒绝随机效应模型，这是由协方差矩阵的相似性引发的。如果想进一步检验到底选择随机效应，还是固定效应，可以用巴尔塔基（Baltagi，2005）的式子解决这个问题，这个协方差矩阵永远是非负定的。

（2）如果豪斯曼检验值为负，说明的模型设定有问题，导致豪斯曼检验的基本假设得不到满足，遗漏变量的问题，或者某些变量是非平稳等，则采用Hausman fe re, sigmaless 或 Hausman fe re, sigmamore 进一步检验。

关于结果为负数没有统一定论，大部分情况都是选择固定效应模型。以上的检验结果最好是**拒绝零假设，即使用固定效应模型**。

仍然以前文的mus08psidextract.dta数据为例，用豪斯曼检验比较固定效应模型和随机效应模型，在do-file中输入以下命令：

xtreg lwage exp wks occ ind south smsa ms union, fe

est store fe

xtreg lwage exp wks occ ind south smsa ms union, re

est store re

hausman fe re　　　// （见表7.23）。

表7.23　　　　　　　　　　　　　　　　豪斯曼检验

	(b) fe	(B) re	(b-B) Difference	sqrt(diag(V_b-V_B)) S.E.
exp	.096577	.0501706	.0464063	.000424
wks	.0011422	.0017657	-.0006235	.
occ	-.024864	-.1343238	.1094598	.
ind	.0207565	-.0164787	.0372353	.
south	-.0031979	-.0805131	.0773152	.0188531
smsa	-.043727	-.0099901	-.0337369	.
ms	-.0302596	-.0099641	-.0202955	.
union	.0341582	.0418783	-.00772	.

```
                b = consistent under Ho and Ha; obtained from xtreg
    B = inconsistent under Ha, efficient under Ho; obtained from xtreg

  Test:  Ho:  difference in coefficients not systematic

            chi2(8) = (b-B)'[(V_b-V_B)^(-1)](b-B)
                    =      9819.26
          Prob>chi2 =      0.0000
          (V_b-V_B is not positive definite)
```

表7.23中，豪斯曼检验结果拒绝零假设，说明固定效应模型和随机效应模型估计结果存在显著的差异。在一致性和有效性之间权衡，应该采用固定效应模型。**实际研究过程中很少采用随机效应模型，主要是因为固定效应模型是一致的，并且可以通过实验设计或者模型设定来提升模型估计的有效性。而随机效应模型虽然是有**

效的，但是在一致性方面，却很难通过模型设定和实验设计来提升。

7.2.5　面板随机系数模型

斯瓦米（Swamy，1970）的随机系数面板线性回归模型（random coefficient model），它不要求面板数据中所有的个体都具有相同的估计系数，因而也称为变系数模型，该方法一般用于长面板数据（因为短面板会造成过多的自由度损失，极大降低模型估计的有效性）。它的语法结构为：

. xtrc depvar indepvars [if] [in] [, options]

以invest2数据集为例，这是一个关于企业市场销售和存货对企业投资影响的面板数据集，涉及5家公司20期的数据，样本量为100。

. webuse invest2

. xtset company time

. xtrc invest market stock　　　//（见表7.24）。

表7.24　　　　　　　　　　　　　面板随机系数模型估计

```
Random-coefficients regression              Number of obs     =        100
Group variable: company                     Number of groups  =          5

                                            Obs per group:
                                                          min =         20
                                                          avg =       20.0
                                                          max =         20

                                            Wald chi2(2)      =      17.55
                                            Prob > chi2       =     0.0002
```

invest	Coef.	Std. Err.	z	P>|z|	[95% Conf. Interval]	
market	.0807646	.0250829	3.22	0.001	.0316031	.1299261
stock	.2839885	.0677899	4.19	0.000	.1511229	.4168542
_cons	-23.58361	34.55547	-0.68	0.495	-91.31108	44.14386

```
Test of parameter constancy:    chi2(12) =    603.99        Prob > chi2 = 0.0000
```

表7.24随机系数模型，给出的是市场销售和存货对企业投资影响的平均边际效应。尤其需要注意的是，上述结果最后一行，是检验个体边际效应是否一致的检验，p值为0.0000，表明拒绝零假设，即每个企业都具有不同的边际效应。进一步，如果想要查看具体每个企业市场和存货对投资影响的边际效应，需要加beta选项：

. xtrc invest market stock, beta　　　//加入beta后，不仅会估计平均边际效应，还会估计每个个体的边际效应，但是为了节省篇幅，下面的结果只输出个体边际效应部分，平均效应和上面不加beta的结果是一样的（见表7.25）。

表7.25 面板随机系数模型估计

Group-specific coefficients

	Coefficient	Std. err.	z	P>|z|	[95% conf. interval]	
Group 1						
market	.1027848	.0108566	9.47	0.000	.0815062	.1240634
stock	.3678493	.0331352	11.10	0.000	.3029055	.4327931
_cons	-71.62927	37.46663	-1.91	0.056	-145.0625	1.803978
Group 2						
market	.084236	.0155761	5.41	0.000	.0537074	.1147647
stock	.3092167	.0301806	10.25	0.000	.2500638	.3683695
_cons	-9.819343	14.07496	-0.70	0.485	-37.40575	17.76707
Group 3						
market	.0279384	.013477	2.07	0.038	.0015241	.0543528
stock	.1508282	.0286904	5.26	0.000	.0945961	.2070603
_cons	-12.03268	29.58083	-0.41	0.684	-70.01004	45.94467
Group 4						
market	.0411089	.0118179	3.48	0.001	.0179461	.0642717
stock	.1407172	.0340279	4.14	0.000	.0740237	.2074108
_cons	3.269523	9.510794	0.34	0.731	-15.37129	21.91034
Group 5						
market	.147755	.0181902	8.12	0.000	.1121028	.1834072
stock	.4513312	.0569299	7.93	0.000	.3397506	.5629118
_cons	-27.70628	42.12524	-0.66	0.511	-110.2702	54.85766

表7.25中，因为每个个体都估计了所有变量的系数，导致模型的自由度产生了很大的损失（100个观测值，估计了15个系数，自由度损失高达15%），当样本量很小的情况下，模型估计的有效性也大大降低了。

为此，可以尝试使用混合OLS进行估计。比如上面的结果中，存货stock的系数变化其实不大，market的估计系数在不同企业之间变化很大。假设我们关心的问题刚好是market对invest的影响，因而可以考虑假设stock的系数在不同个体之间是一致的，从而减少模型估计的自由度损失，提高估计效率：

. reg invest stock market i.company#c.market i.company, vce(cluster company)
// i.company表示公司虚拟变量，为了估计公司个体效应；c.是连续变量的指示符号，i.company#c.market表示公司虚拟变量与市场连续变量的交互项。该命令等价于xtreg invest stock market i.company#c.market, fe vce(cluster company)   //（见表7.26）。

表7.26中，market的系数是平均估计效应，company#c.market是公司具体的效应，变量market的系数+变量company#c.market的系数，就是每个公司market对invest影响的个体边际效应。上面只估计了2~5号公司的个体边际效应，所以变量market的边际效应既是平均边际效应，也是1号公司market对invest影响的个体边际效应。

表7.26　　　　　　　　　　　　混合OLS估计

```
Linear regression                              Number of obs    =         100
                                               F(0, 4)          =           .
                                               Prob > F         =           .
                                               R-squared        =      0.9448
                                               Root MSE         =      66.376

                                    (Std. Err. adjusted for 5 clusters in company)

                              Robust
       invest      Coef.    Std. Err.      t     P>|t|      [95% Conf. Interval]

       market    .1289915   .0133004     9.70    0.001     .0920636    .1659195
        stock    .3392763   .0440601     7.70    0.002     .2169458    .4616068

company#c.market
            2   -.0561584   .0037346   -15.04    0.000    -.0665273   -.0457895
            3   -.1158725   .0101455   -11.42    0.000    -.1440408   -.0877042
            4   -.1273591   .0041515   -30.68    0.000    -.1388855   -.1158326
            5    .0341736   .0098657     3.46    0.026     .0067821    .0615651

      company
            2    165.5073   27.78288     5.96    0.004     88.36963    242.6449
            3    112.0648   40.57819     2.76    0.051     -.59831     224.7279
            4    183.7486   26.70716     6.88    0.002     109.5977    257.8996
            5    153.0012   35.51083     4.31    0.013     54.40733    251.5951

        _cons    -171.008   29.07196    -5.88    0.004    -251.7247   -90.29128
```

上述结果因为只考虑了market随个体变化的系数变化，没有考虑stock随个体变化的系数变化，因而减少了模型估计的自由度损失数量，在一定程度上提高了模型估计的有效性。两种方法各有优劣，不能简单地评论哪种方法更优。

7.3　面板工具变量法

7.3.1　面板工具变量模型简介

虽然面板数据固定效应模型在一定程度上可以解决因不可观测个体效应与解释变量相关而导致的内生性问题。但因为缺失其他不可观测变量（非个体效应），或者其他因果关联，而导致的内生性问题，使得 $E(\mathbf{X}_{it}\varepsilon_{it}) \neq 0$ ，则仍需使用工具变量法。面板数据的工具变量法使用逻辑与第5章中介绍的线性工具变量法是一样的，不同的是前文使用的是截面数据，本章使用的是面板数据。面板数据的工具变量法Stata命令有以下几种：

. xtivreg y [varlist1] (varlist2 = varlist_iv), fe vce(cluster id)　　// varlist1 表示外生解释变量，varlist2 为内生解释变量，varlist_iv 为工具变量，fe 表示使用固定效应的组内估计法

对于固定效应模型，还可以对式（7-1）两边做一阶差分消去个体效应 u_i ，当然 $\mathbf{Z}_i'\delta$ 也被同时消去了。此时，原式变为：

$$y_{it} - y_{it-1} = (\mathbf{X}_{it} - \mathbf{X}_{it-1})'\boldsymbol{\beta} + (\varepsilon_{it} - \varepsilon_{it-1}) \qquad （7-11）$$

对于差分方程（7-11）使用OLS估计即可得到一阶差分估计量 $\hat{\boldsymbol{\beta}}_{FD}$。由于 u_i 已被消去，故只需扰动项的一阶差分与解释变量的一阶差分不相关即可得到 $\boldsymbol{\beta}$ 的一致估计量。该条件比保持FE的一致性条件（严格外生性）更弱，这是其优点所在。当T=2时，一阶差分估计和固定效应估计是相同的。但是，当T>2时，如果误差项服从独立同分布，则固定效应比一阶差分估计更有效率。但如果严格外生性条件不满足，可以采用一阶差分法，但一阶差分也会改变原变量的意义。

面板工具变量的Stata估计命令包含了随机效应、组间效应、固定效应和一阶差分估计：

. xtivreg depvar [varlist_1] (varlist_2 = varlist_iv) [if] [in] [, re RE_options]　　//随机效应RE-GLS估计

. xtivreg depvar [varlist_1] (varlist_2 = varlist_iv) [if] [in] , be [BE_options]　　//组间效应BE-OLS模型

. xtivreg depvar [varlist_1] (varlist_2 = varlist_iv) [if] [in] , fe FE_options　　//固定效应FE-OLS模型

. xtivreg depvar [varlist_1] (varlist_2 = varlist_iv) [if] [in] , fd FD_options　　//一阶差分FD-OLS模型

需注意xtivreg的稳健估计必须使用vce(robust)或者vce(cluster id)格式的稳健标准误选项，而不能直接使用robust或者cluster(id)的格式。同时，该命令也可以使用vce(bootstrap)来得到稳健的自助标准误。

7.3.2　面板工具变量模型估计案例

仍然以数据nlswork为例，这是一个关于工人工资调查的面板数据，在命令窗口键入以下命令：

. sum　　//（见表7.27）。

表7.27中，变量idcode代表个体的身份；变量year代表个体受访年份；变量birth_yr代表出生年份；变量age代表当前年龄；变量race代表种族，1代表白人，2代表黑人，3代表其他肤色；变量msp代表婚姻状态，1代表已婚；变量nev_mar表示从来没有结婚；变量grade代表当前完成教育等级；变量collgrad表示大学毕业生虚拟变量；变量not_smsa表示非标准化大都市统计区域；变量c_city表示中心城市；变量south表示来自南方地区；变量ind_code表示就业的行业代码；变量occ_code表示职业代码分类；变量union代表是否加入工会；变量wks_ue表示上一年失业的周数；变量ttl_exp代表总的工作经验；变量tenure代表工作年限；变量hours代表每月工作小时数；变量wks_work表示上一年工作周数；变量ln_wage代表实际工资对数（ln

（ wage/GNP deflator ））。

表 **7.27** 描述性统计

Variable	Obs	Mean	Std. Dev.	Min	Max
idcode	28,534	2601.284	1487.359	1	5159
year	28,534	77.95865	6.383879	68	88
birth_yr	28,534	48.08509	3.012837	41	54
age	28,510	29.04511	6.700584	14	46
race	28,534	1.303392	.4822773	1	3
msp	28,518	.6029175	.4893019	0	1
nev_mar	28,518	.2296795	.4206341	0	1
grade	28,532	12.53259	2.323905	0	18
collgrad	28,534	.1680451	.3739129	0	1
not_smsa	28,526	.2824441	.4501961	0	1
c_city	28,526	.357218	.4791882	0	1
south	28,526	.4095562	.4917605	0	1
ind_code	28,193	7.692973	2.994025	1	12
occ_code	28,413	4.777672	3.065435	1	13
union	19,238	.2344319	.4236542	0	1
wks_ue	22,830	2.548095	7.294463	0	76
ttl_exp	28,534	6.215316	4.652117	0	28.88461
tenure	28,101	3.123836	3.751409	0	25.91667
hours	28,467	36.55956	9.869623	1	168
wks_work	27,831	53.98933	29.03232	0	104
ln_wage	28,534	1.674907	.4780935	0	5.263916

使用 xtset 命令设定个体和时间变量：

. xtset idcode year

接下来，使用固定效应模型分析员工工作年限（tenure）对员工工资的影响：

. xtreg ln_w tenure age c.age#c.age not_smsa, fe // c.age#c.age 表示变量 age 的平方项，"c." 是连续变量指示性符号（见表 7.28）。

表 **7.28** 面板固定效应估计

ln_wage	Coef.	Std. Err.	t	P>|t|	[95% Conf. Interval]	
tenure	.021548	.0007977	27.01	0.000	.0199845	.0231116
age	.0520544	.0027778	18.74	0.000	.0466098	.057499
c.age#c.age	-.0006655	.000046	-14.45	0.000	-.0007557	-.0005752
not_smsa	-.0973285	.0096803	-10.05	0.000	-.1163025	-.0783545
_cons	.7161601	.0406237	17.63	0.000	.6365351	.7957852
sigma_u	.37859152					
sigma_e	.29613894					
rho	.62040279	(fraction of variance due to u_i)				

F test that all u_i=0: F(4698, 23390) = 7.28   Prob > F = 0.0000

表7.28中，员工的工作年限会显著影响员工的工资，并且员工工作年限每增加一年，可以使得员工的工资提高约2.1548%，该结果在1%的水平下显著。

但是，考虑到员工工资也会影响员工的工作年限，故该模型存在一定的内生性问题。因而，可以使用变量是否加入工会（union）和变量是否为南方地区（south）作为工具变量。因为加入工会不会直接影响工人工资，但是可以通过维护员工权益，使得员工工作年限延长，进而间接影响工资，这符合工具变量要求。同样地，员工是否为南方地区人是一个严格的外生变量，他不会受到员工工资的影响，也不会直接影响员工工资。但是地理因素会影响员工的工作年限，进而间接影响员工工资，也符合工具变量要求。在命令窗口输入以下命令：

. xtivreg ln_w age c.age#c.age not_smsa (tenure = union south), fe vce(cluster idcode) //如果需要一阶段结果，可以加first选项（见表7.29）。

表7.29　　　　　　　　　　　面板工具变量固定效应估计

ln_wage	Coef.	Robust Std. Err.	z	P>|z|	[95% Conf. Interval]	
tenure	.2403531	.0492759	4.88	0.000	.1437741	.336932
age	.0118437	.0158209	0.75	0.454	-.0191647	.0428521
c.age#c.age	-.0012145	.0003094	-3.93	0.000	-.0018209	-.0006081
not_smsa	-.0167178	.0455589	-0.37	0.714	-.1060116	.072576
_cons	1.678287	.2619863	6.41	0.000	1.164804	2.191771
sigma_u	.70661941					
sigma_e	.63029359					
rho	.55690561	(fraction of variance due to u_i)				

Instrumented:　tenure
Instruments:　age c.age#c.age not_smsa union south

表7.29中，在使用工具变量法估计之后，可以发现员工工作年限对工资影响的边际效应有很大的提高。在使用工具变量估计之后，平均而言员工工作年限每增加一年，可以提高工资约24%，并且该结果在1%的水平下显著。但是，该系数偏离固定效应OLS估计系数太大，更可能是工具变量无效。

在使用工具变量估计的过程中，除了可以控制个体固定效应之外，还可以控制时间固定效应。

. xtivreg ln_w age c.age#c.age not_smsa (tenure = union south) i.year, fe vce(cluster idcode)　　//也可以加入first选项查看一阶段回归结果（见表7.30）。

此外，可以使用bootstrap再抽样法（自助法）获得稳健标准误：

. xtivreg ln_w age c.age#c.age not_smsa (tenure = union south), fe vce(bootstrap, reps(100))　　//选项vce(bootstrap)表示自助法稳健标准误（见表7.31），为了节省篇幅，这里没有控制时间个体效应i.year，请读者自行检验

表7.30　　　　　　　　　　　面板工具变量双固定效应估计

ln_wage	Coef.	Robust Std. Err.	z	P>|z|	[95% Conf. Interval]	
tenure	.2333486	.045336	5.15	0.000	.1444917	.3222056
age	.1051822	.0393179	2.68	0.007	.0281204	.1822439
c.age#c.age	-.0011853	.0003782	-3.13	0.002	-.0019265	-.0004441
not_smsa	-.0203005	.0436418	-0.47	0.642	-.1058369	.0652358
year						
71	-.1219364	.0440777	-2.77	0.006	-.2083271	-.0355456
72	-.1915825	.0717484	-2.67	0.008	-.3322067	-.0509582
73	-.3019223	.1046713	-2.88	0.004	-.5070743	-.0967703
77	-.6882673	.2375343	-2.90	0.004	-1.153826	-.2227085
78	-.7702725	.2737877	-2.81	0.005	-1.306887	-.2336585
80	-.8964703	.3314705	-2.70	0.007	-1.54614	-.2468001
82	-1.139292	.4026362	-2.83	0.005	-1.928444	-.3501397
83	-1.278059	.44136	-2.90	0.004	-2.143108	-.4130092
85	-1.38662	.5033423	-2.75	0.006	-2.373153	-.4000872
87	-1.543941	.5691426	-2.71	0.007	-2.65944	-.4284421
88	-1.770816	.6276123	-2.82	0.005	-3.000913	-.5407185
_cons	-.2656295	.7318379	-0.36	0.717	-1.700006	1.168746
sigma_u	.69659406					
sigma_e	.61260559					
rho	.56388959	(fraction of variance due to u_i)				

表7.31　　　　　　　　　　　面板工具变量固定效应（**bootstrap**）

ln_wage	Observed Coef.	Bootstrap Std. Err.	z	P>|z|	Normal-based [95% Conf. Interval]	
tenure	.2403531	.0464367	5.18	0.000	.1493388	.3313674
age	.0118437	.0163517	0.72	0.469	-.020205	.0438924
c.age#c.age	-.0012145	.0003185	-3.81	0.000	-.0018386	-.0005903
not_smsa	-.0167178	.0447006	-0.37	0.708	-.1043293	.0708937
_cons	1.678287	.2674849	6.27	0.000	1.154026	2.202548
sigma_u	.70661941					
sigma_e	.63029359					
rho	.55690561	(fraction of variance due to u_i)				

F test that all u_i=0:　　　F(4133,14869) =　　　1.44　　　Prob > F　　= 0.0000

　　此外，还可以使用广义两阶段最小二乘（G2SLS）随机效应工具变量法进行估计，并且加入出生年份（birth_yr）作为工具变量：

xtivreg ln_w age c.age#c.age not_smsa 2.race (tenure = union birth_yr south), re vce(cluster idcode)　　//变量race表示肤色，1代表白人，2代表黑人，3代表其他肤色。使用2.race，表示黑人虚拟变量，取值为1代表黑人，取值为0代表其他肤色（包含白人）。同样的道理，1.race表示白人虚拟变量（见表7.32）。

表7.32 广义 2SLS 随机效应工具变量估计

```
G2SLS random-effects IV regression        Number of obs     =     19,007
Group variable: idcode                    Number of groups  =      4,134

R-sq:                                     Obs per group:
     within  = 0.0664                               min =          1
     between = 0.2098                               avg =        4.6
     overall = 0.1463                               max =         12


                                          Wald chi2(5)      =     643.00
corr(u_i, X)         = 0 (assumed)        Prob > chi2       =     0.0000

                    (Std. Err. adjusted for 4,711 clusters in idcode)
```

ln_wage	Coef.	Robust Std. Err.	z	P>|z|	[95% Conf. Interval]	
tenure	.1391798	.0104381	13.33	0.000	.1187216	.159638
age	.0279649	.0080686	3.47	0.001	.0121507	.043779
c.age#c.age	-.0008357	.0001415	-5.91	0.000	-.001113	-.0005584
not_smsa	-.2235103	.0146421	-15.26	0.000	-.2522084	-.1948123
race black	-.2078613	.0165504	-12.56	0.000	-.2402995	-.1754231
_cons	1.337684	.1173549	11.40	0.000	1.107673	1.567695
sigma_u	.36582493					
sigma_e	.63031479					
rho	.25197078	(fraction of variance due to u_i)				

　　表7.32中，随机效应工具变量广义两阶段最小二乘估计结果表明，员工工作年限每增加一年，员工工资可以增长约13.9%，且结果在1%的水平下显著。并且，黑人的工资相对于其他肤色而言，平均要低20.79%。

　　也可以使用一阶差分工具变量估计（First-differenced IV regression）：

　　. xtivreg ln_w age not_smsa (tenure = union birth_yr south), fd　　//该命令不能使用i.或者c.等指示性前缀，由于篇幅所限，这里仅展示回归估计主要结果（见表7.33）。

表7.33 一阶差分工具变量估计

D.ln_wage	Coef.	Std. Err.	z	P>|z|	[95% Conf. Interval]	
tenure D1.	.1365949	.0778382	1.75	0.079	-.0159652	.289155
age D1.	-.0048762	.0135226	-0.36	0.718	-.03138	.0216277
not_smsa D1.	-.0633273	.0382332	-1.66	0.098	-.138263	.0116083
_cons	-.0694077	.0598777	-1.16	0.246	-.1867658	.0479503

7.4 面板交互固定效应与多维固定效应模型

7.4.1 交互固定效应模型简介

前文介绍的双维固定效应模型，可以很好地解决面板数据中的时间固定效应和个体固定效应问题，即能够解释随个体变化但不随时间变化的个体效应，以及随时间变化但不随个体变化的时间效应。但是，实践研究过程中，还会碰到一些其他不可观测因素或冲击，它不仅随个体变化，还会随时间变化。时间上的冲击可能是多维的，同一种冲击对于不同国家的影响可能并不相同。在评价教育对收入影响的过程中，个体偏好、能力、体能、态度等不可观测固定因素会随着时间和个体不同而发生变化。在分析股价波动影响中，不同股票经常共同涨跌，可以假设所有股票受到一个共同的市场因子所驱动，而不同股票对市场因子（外生冲击）的反应（因子载荷）是不同的。同一个股票在不同时期对市场因子的反应是相同的，但不同时期的不同市场因子（外生冲击）是不一样的，从而导致因子与因子载荷的交互就会随着个体和时间变化。

双维固定效应模型无法解决这些既随时间变化又随个体变化的不可观测变量带来的内生性问题。白聚山（2009）在线性面板模型中引入了个体和时间的交互效应，来反映共同因素或冲击对不同个体影响的差异，即交互固定效应模型（linear models with interactive fixed effects）。交互固定效应可以通过设置个体效应与时间效应的交互项，巧妙地解决冲击的异质性问题，通过控制这些随时间和个体变化的不可观测因素（遗漏变量问题），来减少模型估计的内生性问题，提高模型估计的一致性。此外，交互固定效应模型的另外一个"妙用"，就是解决多期DID估计中的政策异质性问题（见第9章）。

白聚山（2009）在线性面板模型中引入了个体和时间的交互效应，来反映共同因素对不同个体影响的差异，具体模型设定为[①]：

$$Y_{it} = X_{it}\beta + \gamma_i' F_t + \varepsilon_{it} \tag{7-12}$$

其中，F_t 代表只随时间变化的共同因子（factors），即个体面临的共同冲击；γ_i' 代表不同个体对于不同因子（冲击）的不同反应，即因子载荷（factor loadings）。并且满足条件：各因子之间不相关，各载荷之间也不相关（具体见第2章主成分分析和因子分析）。

---

① Bai J. Panel data models with interactive fixed effects[J]. Econometrica, 2009, 77（4）: 1229–1279. 白聚山，美国哥伦比亚大学经济系教授，世界计量经济学会院士，著名华人经济学家。1982年于南开大学数学系获理学学士学位、1985年获理学硕士学位，1988年于美国宾夕法尼亚州立大学获经济学硕士学位，1992年于加州大学伯克利分校（UC Berkeley）获经济学博士学位。1992~1998年任教于麻省理工学院（MIT），1998年进入波士顿大学，1999年成为终身教授。

对于一个N×T的面板数据，斯科克等（Coakey et al., 2002）提出的交互固定效应两步法基本原理是：第一步，先用OLS进行估计，可以得到N个个体残差，每个个体残差有T期值，然后将这N个个体残差进行主成分分析和因子分解，得到T个因子（T期的冲击）和N个因子载荷；第二步，再将这N个因子载荷和T个共同因子的乘积 $\gamma_i' F_t$ 放入原方程进行OLS回归，得到参数 $\hat{\beta}$。佩西纳（Pesaran, 2004）指出，采用斯科克（2002）的两阶段估计法得到的估计量是不一致的。白聚山（2009）提出的主成分迭代法，将斯科克（2002）的两步法不断迭代直到收敛，最终可得一致估计量。

如果 $\gamma_i' = (u_i, 1)$，$F_t = \begin{pmatrix} 1 \\ \lambda_t \end{pmatrix}$，则交互固定效应模型就是前文介绍的双维固定效应模型。

$$Y_{it} = X_{it}\beta + u_i + \lambda_t + \varepsilon_{it}$$

由此可见，双向固定效应模型是交互固定效应模型的一个特例，交互固定效应模型是双向固定效应模型的一般式或拓展。

特别需要注意的是，这里的交互固定效应是时间因子变量及个体因子载荷的交互项，不是时间和个体固定效应的交互i.id#i.year，后者会导致模型过度参数化，从而无法估计出结果。

7.4.2　交互固定效应估计方法

面板交互固定效应模型的估计命令为regife，但是该命令不是系统命令，需要用户提前下载安装，并且使用该命令也需要同时安装reghdfe（面板多维固定效应模型，控制多重固定效应并允许多重聚类）和hdfe命令（hdfe是reghdfe模块的底层过程，它可以用作任何希望包含多个高维固定效应的回归命令的构建块。它不是为最终用户设计的包，而是为开发人员设计的包）。

. ssc install regife, replace

. ssc install reghdfe, replace

. ssc install hdfe, replace

. ssc install ftools　　//安装工具包ftools（Mata commands for factor variables），这是执行命令regife和命令reghdfe中处理因子变量的必要工具

. regife depvar [indepvars] [if] [in] [weight], ife(idvar timevar, ndmis) [options]

其中，选项ife(idvar timevar, ndmis)中，idvar用于指定个体变量，timevar用于指定时间变量，ndmis用于指定交互固定效应的时间维数，一般使用1维。

以数据nlswork为例，研究工作年限（tenure）对员工收入（ln_w）的影响：

. webuse nlswork, clear

. xtset idcode year

. keep if id <= 100　　　//原样本数据太多，删除大部分样本，减少估计时间

. sum ln_w tenure idcode year　　　//（见表7.34）。

表7.34　　　　　　　　　　　**调整后样本描述性统计**

Variable	Obs	Mean	Std. Dev.	Min	Max
ln_wage	578	1.866431	.4486195	.4329216	3.579129
tenure	570	2.868421	3.302931	0	19
idcode	578	43.83045	29.72145	1	100
year	578	77.19204	6.598367	68	88

表7.34中，经过调整之后，样本量从28534缩减到了578个观测值。虽然idcode最大值是100，但是只有90个id（中间有跳跃）。此外年份虽然是从1968~1988年，但是删减后的样本也只包含了15个年份。可以使用codebook命令查看：

. codebook idcode year　　　//结果省略，读者可以查看该结果中的unique values

接下来，使用命令regife进行一维交互固定效应估计：

. regife ln_w tenure, ife(ifeid=idcode ifet=year, 1)　　　//一维交互固定效应（见表7.35）。

表7.35　　　　　　　　　　　**一维交互固定效应估计**

```
REGIFE                                  Number of obs   =       570
Panel structure: idcode, year           F(  2,    463) =    364.32
Factor dimension: 1                      Prob > F       =    0.0000
Converged: true                          Root MSE       =    0.2590
                                         Iterations     =      1759
```

ln_wage	Coef.	Std. Err.	t	P>|t|	[95% Conf. Interval]	
_cons	1.526799	.0566564	26.95	0.000	1.415463	1.638134
tenure	.0233294	.0060261	3.87	0.000	.0114874	.0351714

表7.35中，F检验用到的观测值数量只有465个，总的观测值数量有570个，那么实际损失的样本观测值数量就是105个（90个id+15个年份），即用于交互固定效应计算发生的样本自由度损失。读者可以使用codebook命令查看：

. codebook ifeid1 ifet1　　　//结果省略

此外，也可以使用bootstrap方法计算标准误：

. regife ln_w tenure, ife(id year, 1) vce(bootstrap)　　　//结果省略，迭代计算时间很长，样本大时慎用

命令regife的残差不能使用predict命令计算，如果想要将残差保存起来，以便用于后续的相关检验，可以使用命令：

. regife ln_w tenure, ife (id year, 1) residuals(newvar)　　　//保存残差，结果省略

此外，在控制交互固定效应的同时，还可以同时吸收个体和时间双固定效应，但这样做损失的自由度将更大：

. regife ln_w tenure, a(fe_id = id fe_year = year) ife(ife_id = id ife_year = year, 1)
//（见表7.36）。

表7.36　　　　　　　　　　一维交互固定效应＋个体时间双固定效应估计

```
REGIFE                                          Number of obs   =        561
Panel structure: id, year                       F(   1,   369)  =       4.08
Factor dimension: 1                             Prob > F        =     0.0441
Converged: true                                 Root MSE        =     0.2194
                                                Iterations      =        254
```

ln_wage	Coefficient	Std. err.	t	P>|t|	[95% conf. interval]	
tenure	.0118403	.0058611	2.02	0.044	.0003149	.0233657
_cons	1.836539	.0193747	94.79	0.000	1.79844	1.874637

　　通过比较表7.36和表7.35的回归结果可以发现，考虑的固定效应越多，系数的值越来越小，显著性越来越弱，说明因变量受到时间、个体（或地区）以及两者交互效应的影响较大。

　　此外，还可以分别对个体效应、时间固定效应、交互固定效应做进一步分析。在do-file中输入以下命令：

　　. scatter fe_id id　　　　//个体固定效应随个体变化散点图

　　graph save fei, replace

　　scatter fe_year year　　　//时间固定效应随时间变化散点图

　　graph save fet, replace

　　scatter ife_id1 id　　　　//个体交互固定效应随个体变化散点图

　　graph save ifei, replace

　　scatter ife_year1 year　　　//时间交互固定效应随时间变化散点图

　　graph save ifet, replace

　　graph combine fei.gph fet.gph ifei.gph ifet.gph　　　//（见图7.1）。

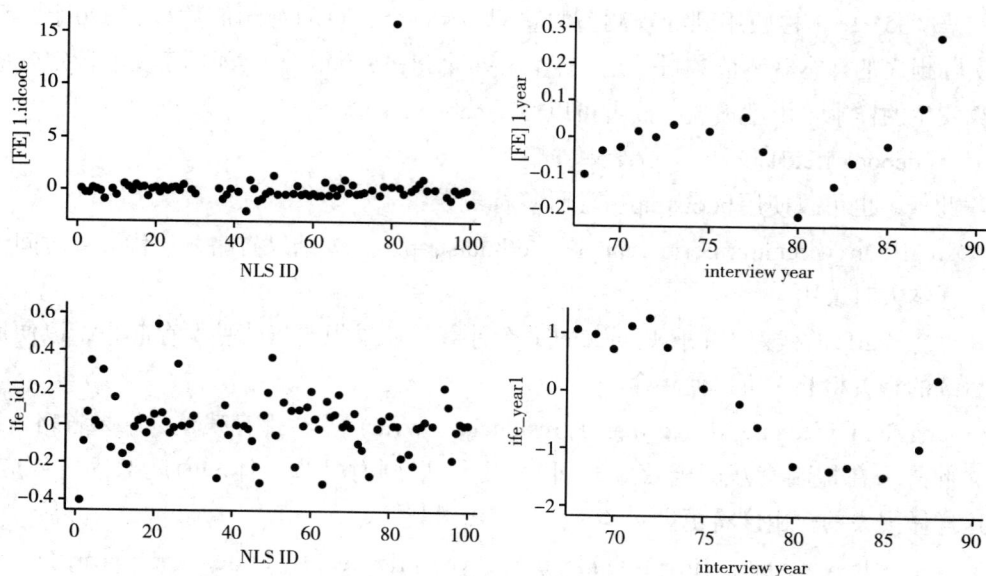

图7.1　固定效应散点

图7.1表明，个体ID的固定效应和交互固定效应是随ID而变化的，所以散点数量和ID数量相同；但是，时间固定效应和交互固定效应仅随时间变化，不随个体ID变化，因而时间固定效应和交互固定效应的散点数量和时间期数（年份）相同。

7.4.3　面板多维固定效应估计

双向固定效应和交互固定效应可以处理地区（个体）、时间两个维度固定效应问题分析。但是，有时需要分析个体（地区）、行业（职业）、年份三个维度的问题，这三个方面都可能存在一些共同因素（固定效应），会影响到想要分析的因变量如GDP、员工工资等。面板多维固定效应模型reghdfe命令（Linear Regression Absorbing Multiple Levels of Fixed Effects）的语法结构为：

. reghdfe depvar [indepvars] [if] [in] [weight] , absorb(absvars) [options]

其中，depvar为因变量；indepvars为解释变量；absorb(absvars)吸收固定效应，可以包含多维固定效应absorb (var1,var2,var3,...)，也可以保存对某变量的固定效应absorb (var1,var2,FE3=var3)，变量 FE3 将保存对 var3 的固定效应估计结果。也可以保存所有的固定效应估计结果absorb (FE1=var1, FE2=var2, FE3=var3)。还可以包含不同固定效应间的交互影响，即absorb(var1#var2)。此外，该命令还允许定类变量(categorical variable) 与连续性变量 (continuous variable) 进行交互，如absorb(i.var1#c.var2)，不过这种交互方法在实际中很少应用。

以前文介绍的nlswork数据为例，这里涉及员工id、职业occ和时间year三个维度：

. webuse nlswork

同时考虑到员工id、职业occ和时间year三个维度共同因素的影响，可以使用面板多维固定效应模型进行估计：

. reghdfe ln_w tenure age ttl_exp not_smsa south, absorb(FE1=idcode FE2=year FE3=occ)　　// absorb()代表吸收固定效应；该命令等价于xtreg ln_w tenure age ttl_exp not_smsa south i.year i.occ, fe　　//（见表7.37）。

表7.37中，特别需要注意的是，使用命令reghdfe估计多维固定效应时，会自动删除那些只有一个观测值的个体（singleton observations are dropped），因为保留这些观测值会导致估计效率下降，并且夸大模型估计的显著性水平，从而导致不正确的统计推断。

表7.37中最后一行"？=number of redundant parameters may be higher"是提示用户，该固定效应变量可能会导致有更多的冗余参数，可能表明occ_code的固定效应是多余的，没有必要使用该固定效应，直接作为控制变量即可。读者如果尝试把出生年份birth_yr和种族race作为固定效应加进去，可以发现Stata会因为这些变量的固定效应冗余而自动直接删除。

如果想要查看估计出的固定效应，可以使用命令：

. sum FE1 FE2 FE3　　//结果省略

. codebook FE1 FE2 FE3   //结果省略

表7.37   **多维固定效应估计**

```
HDFE Linear regression                        Number of obs   =     27,427
Absorbing 3 HDFE groups                       F(   5, 23255) =     243.90
                                              Prob > F        =     0.0000
                                              R-squared       =     0.6957
                                              Adj R-squared   =     0.6411
                                              Within R-sq.    =     0.0498
                                              Root MSE        =     0.2851
```

ln_wage	Coefficient	Std. err.	t	P>|t|	[95% conf. interval]	
tenure	.0096777	.000902	10.73	0.000	.0079098	.0114457
age	.0072158	.009709	0.74	0.457	-.0118146	.0262461
ttl_exp	.0304072	.0014669	20.73	0.000	.027532	.0332824
not_smsa	-.0937477	.0093765	-10.00	0.000	-.1121263	-.0753691
south	-.0597921	.0107538	-5.56	0.000	-.0808703	-.0387139
_cons	1.298791	.2827473	4.59	0.000	.7445875	1.852994

Absorbed degrees of freedom:

Absorbed FE	Categories	- Redundant	= Num. Coefs	
idcode	4141	0	4141	
year	15	1	14	
occ_code	13	1	12	?

? = number of redundant parameters may be higher

同时，还可以进一步加入交互固定效应，如职业和年份的交互项固定效应，因为随着一个人工作时间的延长，职业的变换，两者叠加也可能会影响员工工资变化。

. reghdfe ln_w tenure age ttl_exp not_smsa south, absorb(idcode year occ i.occ#i.year)   //加入职业和年份的交互固定效应（见表7.38）。

表7.38   **面板多维固定效应估计**

```
HDFE Linear regression                        Number of obs   =     27,418
Absorbing 4 HDFE groups                       F(   5, 23096) =     245.39
                                              Prob > F        =     0.0000
                                              R-squared       =     0.7029
                                              Adj R-squared   =     0.6473
                                              Within R-sq.    =     0.0504
                                              Root MSE        =     0.2826
```

ln_wage	Coef.	Std. Err.	t	P>|t|	[95% Conf. Interval]	
tenure	.0106606	.0008987	11.86	0.000	.008899	.0124221
age	.0061164	.0096598	0.63	0.527	-.0128174	.0250501
ttl_exp	.0297845	.0014803	20.12	0.000	.0268831	.032686
not_smsa	-.0952577	.009335	-10.20	0.000	-.113555	-.0769604
south	-.0572765	.0106953	-5.36	0.000	-.0782399	-.036313
_cons	1.330937	.281308	4.73	0.000	.7795549	1.88232

Absorbed degrees of freedom:

Absorbed FE	Categories	- Redundant	= Num. Coefs	
idcode	4140	0	4140	
year	15	1	14	
occ_code	12	1	11	?
occ_code#year	167	15	152	?

? = number of redundant parameters may be higher

7.4.4 面板多维固定效应工具变量估计

如果工资（ln_w）也会影响员工工作年限（tenure），则模型可能会存在内生性问题。解决内生性问题的有效途径之一，就是使用工具变量法。考虑到模型使用了多维固定效应，可以使用面板工具变量多维固定效应ivreghdfe估计。但是，在使用该命令的同时，必须安装ftools、reghdfe、ivreg2和ranktest四个工具包，前面两个工具包此前我们已经介绍并安装完成，现在还需要安装后面两个工具包。在命令窗口依次输入以下命令，并按提示进行安装：

. findit ivreghdfe　　//找到链接，手动单击安装

. findit ivreg2

. ssc install ranktest　　//安装ranktest工具包，用于做相关的检验

仍然以数据nlswork.dta为例，研究员工工作年限（tenure）对员工工资的影响。在命令窗口依次输入以下命令：

. webuse nlswork, clear

. ivreghdfe ln_w age ttl_exp not_smsa south (tenure = wks_ue), absorb(idcode year occ)　　//工具变量wks_ue是上一年失业的周数；该命令等价于xtivreg ln_w age ttl_exp not_smsa south (tenure = wks_ue) i.year i.occ, fe　　//（见表7.39）。

表7.39　　　　　　　　　　　面板多维固定效应工具变量估计

```
IV (2SLS) estimation


Estimates efficient for homoskedasticity only
Statistics consistent for homoskedasticity only

                                               Number of obs =      21626
                                               F(  5, 17692) =     140.62
                                               Prob > F      =     0.0000
Total (centered) SS    =  1564.675217          Centered R2   =    -0.0278
Total (uncentered) SS  =  1564.675217          Uncentered R2 =    -0.0278
Residual SS            =  1608.133768          Root MSE      =      .3015
```

ln_wage	Coef.	Std. Err.	t	P>|t|	[95% Conf. Interval]	
tenure	.0537735	.0152341	3.53	0.000	.0239132	.0836339
age	.0031746	.0115771	0.27	0.784	-.0195177	.0258669
ttl_exp	-.0065148	.0124163	-0.52	0.600	-.030852	.0178223
not_smsa	-.0918573	.0109625	-8.38	0.000	-.1133448	-.0703699
south	-.0455781	.0140142	-3.25	0.001	-.0730473	-.0181089

```
Underidentification test (Anderson canon. corr. LM statistic):      130.875
                                           Chi-sq(1) P-val =        0.0000


Weak identification test (Cragg-Donald Wald F statistic):           107.720
Stock-Yogo weak ID test critical values: 10% maximal IV size         16.38
                                         15% maximal IV size          8.96
                                         20% maximal IV size          6.66
                                         25% maximal IV size          5.53
Source: Stock-Yogo (2005).  Reproduced by permission.
```

续表

```
Sargan statistic (overidentification test of all instruments):     0.000
                                           (equation exactly identified)

Instrumented:         tenure
Included instruments: age ttl_exp not_smsa south
Excluded instruments: wks_ue
Partialled-out:       _cons
                      nb: total SS, model F and R2s are after partialling-out;
                          any small-sample adjustments include partialled-out
                          variables in regressor count K

Absorbed degrees of freedom:

Absorbed FE    Categories  -  Redundant  = Num. Coefs

     idcode         3903            0           3903
       year           15            1             14
   occ_code           13            1             12        ?

? = number of redundant parameters may be higher
```

表7.39中，在使用工具变量估计之后，员工工作年限（tenure）对工资的影响仍然显著为正。另外，特别注意的就是，表7.47里的中心R2（Centered R2）和非中心R2（Uncentered R2）都是负值。这是因为Stata实际在计算 R2 时使用了下面的公式[①]：

$$R2 = 1 - \frac{\|e\|^2}{\|y - \bar{y}\|^2}$$

因为中心化的R2不包含常数项，那么误差项的平方和可能高于样本偏差，从而导致结果产生小于0的R2。

7.5 动态面板估计

7.5.1 动态面板模型简介

当面板数据模型的解释变量中含有"滞后因变量"时，滞后因变量将与误差项相关。此前在做静态回归估计的时候，无论是面板数据还是截面数据，都假设解释变量与误差项不相关。但是，我们知道误差项是因变量中没有被解释变量所解释的部分，也就是说误差项实际是被解释变量的一部分。动态面板模型将被解释变量的滞后期作为解释变量，就必然会导致解释变量和误差项产生关联，从而产生内生性问题。正如尼克尔（Nickell，1981）所证明的，这种相关性会导致估计产生大样本偏误，这种偏误不会因为样本数量增加而减少（第4章模拟部分也进行了证明）。在最

---

① 双竖线 ‖ ‖ 代表向量的绝对值，单竖线 | | 代表标量的绝对值。

简单的一阶自回归 AR(1) 模型：

$$y_{it} = \beta_1 + \rho y_{it-1} + u_i + \varepsilon_{it}$$

如果直接使用固定效应模型进行估计，按照固定效应模型的原理需要事先进行组内转换：

$$y_{it} - \overline{y}_i = \rho \left(y_{it-1} - \overline{L.y_i} \right) + \left(\varepsilon_{it} - \overline{\varepsilon}_i \right)$$

根据定义，$\left(y_{it-1} - \overline{L.y_i} \right)$ 与 $\varepsilon_{it} - \overline{\varepsilon}_i$ 相关。尼克尔（Nickell，1981）研究表明，使用固定效应模型估计包含被解释变量滞后期的面板数据模型，当 $N \to \infty$ 时，$\hat{\rho}$ 的不一致性为 $\dfrac{1}{T}$ 阶，即 $(\hat{\rho} - \rho) \to \dfrac{-(1+\rho)}{T-1}$。显然，当 T 很小时，这个值会比较大；但是，当 T 很大时，只要不是无穷大，它的值也不会趋近于 0。例如，当 $\rho = 0.9$ 时，如果 T=60，偏误 $\hat{\rho} - \rho = -0.05$，5% 的偏误仍然是不可接受的；而且只要 $|\rho| < 1$，$\hat{\rho}$ 就会产生负的偏误 $(\hat{\rho} < \rho)$，y 的持久性 $\hat{\rho}$ 就会被低估。当 $|\rho| = 1$ 时，y 就是一个非平稳的单位根过程，服从带漂移的随机游走过程，偏误会更大。包含更多的解释变量也不会减少这种偏误。假如因变量的滞后项再与其他回归变量相关，问题会更加严重。假如误差项自相关，也会使问题更加严重。

安德森和萧（Anderson and Hisao，1982）认为，解决这些问题的一个有效办法是采取一阶差分的形式。考虑模型：

$$y_{it} = \beta_1 + \rho y_{it-1} + \mathbf{X}_{it}\boldsymbol{\beta}_2 + u_i + \varepsilon_{it}$$

使用一阶差分可以去掉常数项及个体效应：

$$\Delta y_{it} = \rho \Delta y_{it-1} + \Delta \mathbf{X}_{it}\boldsymbol{\beta}_2 + \Delta \varepsilon_{it}$$

假设 $\mathbf{X}_{it}$ 与 ε_{it} 不相关，那么 $\Delta\mathbf{X}_{it}$ 与 $\Delta\varepsilon_{it}$ 也不相关。但是，差分滞后因变量 Δy_{it-1} 与差分扰动项 $\Delta\varepsilon_{it}$（也是一阶移动平均 MA(1) 过程）之间仍然存在**相关性**：前者含有 y_{it-1}，后者含有 ε_{it-1}。但是由于固定效应被消掉了，可以使用工具变量来消除内生性问题。可以使用滞后因变量的 3 阶滞后值 y_{it-3} 或 3 阶以上滞后值来作为工具变量，也可以用它们的差分值来作为工具变量。

7.5.2　差分 GMM 估计

如前所述，差分 GMM 估计可以消除个体固定效应。根据安德森和萧（Anderson and Hisao, 1982）的研究，一阶差分 GMM 估计量的基本思想是：首先采用一阶差分（得到差分方程）去除原水平方程的个体效应；但由于是动态面板，所以原水平方程的解释变量中有被解释变量的滞后一期 y_{it-1}，因而差分后方程的解释变量（$\Delta y_{it-1} = y_{it-1} - y_{it-2}$）与差分方程的扰动项（$\Delta \varepsilon_{it} = \varepsilon_{it} - \varepsilon_{it-1}$）相关，仍然存在内生性问题，解决办法是y的三阶及三阶以上滞后项作为 Δy_{it-1} 的工具变量。同时，Δy_{it-2} 也可以作为 Δy_{it-1} 的工具变量，其适用于大N小T特征的短面板数据，且要求扰动项不存在序列自相关。差分GMM估计主要使用命令xtabond，其语法结构为：

. xtabond y x1 x2, lag(2) maxldep(3) pre(x3, lag(1,2)) endogenous(x4) inst(x5,x6) twostep vce(robust)　　//选项lag(2)表示解释变量中包含被解释变量的2阶滞后量，maxldep表示最多使用被解释变量的3个滞后值作为工具变量，pre(x3, lag(1, 2))表示变量x3及其1阶和2阶滞后值为前定解释变量[①]；endogenous(x4)表示指定x4变量为内生解释变量。选项twostep表示使用GMM两阶段估计，默认为一步GMM估计，选项inst( )为指定额外的工具变量x5、x6

可以把其他工具变量设置在inst(varlist)中。前定变量或者弱外生解释变量与前期残差相关，但是与下期残差不相关，这些变量一般设置在前定变量选项pre(varlist)中。假如解释变量可能是一个同期的内生性解释变量，则一般将其设置在endogenous(varlist)。

此外，对于一些T较大的长面板数据，如果将其直接设置为工具变量，可能会导致过度识别的问题。maxldep(#)选项限定了因变量的最大滞后期数做为工具变量，maxlags(#)为先决变量和内生变量设置工具变量的最高滞后期数，从而限定工具变量数量，以避免过度识别约束无效。

在使用动态面板数据命令xtabond估计之后，可以使用estat abond和estat sargan进行残差自相关和过度识别约束检验。

具体而言，以网络数据abdata为例，研究工资对就业的影响。

. webuse abdata　　//该数据的详细介绍见第5章内容
. xtset id year

　　　　　　　　panel variable: id (unbalanced)
　　　　　　　　time variable: year, 1976 to 1984
　　　　　　　　delta: 1 unit

其中，变量id表示企业id；变量year代表年份；变量n代表就业对数值；变量w代表工资对数值；变量k代表总资本存量对数值；变量ys代表行业产出对数值；变量yr1980–yr1984代表年份虚拟变量。接下来，使用动态面板差分GMM模型进行估计，在命令窗口键入以下命令：

---

① 所谓前定变量，即解释变量x及其所有的滞后期都与当期的残差不相关，即 $E(X_i, t-s \cdot \varepsilon_{i,t}) = 0$，对任意的正整数 $s \geqslant 0$ 都成立。前定变量包括外生变量、滞后外生变量、滞后内生变量。

. xtabond n l(0/1).w l(0/2).(k ys) yr1980-yr1984, lags(2)　　//包含被解释变量滞后 2
期的动态面板数据模型，l(0/1).w 表示变量 w 的当期和滞后 1 期（见表 7.40）。

表7.40   Arellano–Bond 动态面板估计

```
Arellano-Bond dynamic panel-data estimation    Number of obs      =        611
Group variable: id                             Number of groups   =        140
Time variable: year

                                               Obs per group:
                                                            min =          4
                                                            avg =   4.364286
                                                            max =          6

Number of instruments =        41              Wald chi2(15)      =    1624.40
                                               Prob > chi2        =     0.0000
One-step results
```

n	Coef.	Std. Err.	z	P>|z|	[95% Conf.	Interval]
n						
L1.	.7080866	.1456767	4.86	0.000	.4225654	.9936077
L2.	-.0886343	.0448856	-1.97	0.048	-.1766084	-.0006602
w						
--.	-.605526	.0661685	-9.15	0.000	-.7352138	-.4758382
L1.	.4096717	.1082166	3.79	0.000	.197571	.6217723
k						
--.	.3556407	.037385	9.51	0.000	.2823674	.428914
L1.	-.0599314	.0566394	-1.06	0.290	-.1709425	.0510797
L2.	-.0211709	.0418278	-0.51	0.613	-.1031519	.0608101
ys						
--.	.6264699	.1349141	4.64	0.000	.3620432	.8908967
L1.	-.7231751	.1846245	-3.92	0.000	-1.085033	-.3613177
L2.	.1179079	.1441364	0.82	0.413	-.1645943	.4004101
yr1980	.0113066	.0140743	0.80	0.422	-.0162786	.0388917
yr1981	-.0212183	.0206732	-1.03	0.305	-.0617371	.0193005
yr1982	-.034952	.0221406	-1.58	0.114	-.0783467	.0084427
yr1983	-.0287094	.0251748	-1.14	0.254	-.078051	.0206323
yr1984	-.014862	.0284833	-0.52	0.602	-.0706883	.0409642
_cons	1.03792	.6221795	1.67	0.095	-.1815295	2.257369

```
Instruments for differenced equation
      GMM-type: L(2/.).n
      Standard: D.w LD.w D.k LD.k L2D.k D.ys LD.ys L2D.ys D.yr1980
                D.yr1981 D.yr1982 D.yr1983 D.yr1984
Instruments for level equation
      Standard: _cons
```

表 7.40 中，因变量就业的滞后 1 期和 2 期都很显著，核心解释变量工资的当期值
和滞后 1 期也很显著。如果需要稳健标准误，则可以使用命令：

. xtabond n l(0/1).w l(0/2).(k ys) yr1980-yr1984, lags(2) vce(robust)　　//稳健标准
误，结果省略

上一个检验，是系统默认的一步估计，也可以采用两步估计法：

. xtabond n l(0/1).w l(0/2).(k ys) yr1980-yr1984, lags(2) twostep　　//两阶段 GMM，
默认一步 GMM 估计（见表 7.41）。

表7.41   **Arellano-Bond动态面板两阶段GMM估计**

```
Arellano-Bond dynamic panel-data estimation      Number of obs      =        611
Group variable: id                               Number of groups   =        140
Time variable: year

                                                 Obs per group:
                                                             min =          4
                                                             avg =   4.364286
                                                             max =          6

Number of instruments =       41                 Wald chi2(15)      =    2282.22
                                                 Prob > chi2        =     0.0000
Two-step results
```

n	Coef.	Std. Err.	z	P>|z|	[95% Conf. Interval]	
n						
L1.	.6559667	.090028	7.29	0.000	.479515	.8324184
L2.	-.0729992	.0270121	-2.70	0.007	-.1259419	-.0200566
w						
--.	-.5132088	.0537642	-9.55	0.000	-.6185847	-.4078329
L1.	.3289685	.0961446	3.42	0.001	.1405285	.5174085
k						
--.	.2694384	.0438193	6.15	0.000	.1835541	.3553226
L1.	.0216493	.050406	0.43	0.668	-.0771447	.1204432
L2.	-.0409021	.0258317	-1.58	0.113	-.0915314	.0097271
ys						
--.	.5917429	.1152412	5.13	0.000	.3658743	.8176115
L1.	-.572021	.1396141	-4.10	0.000	-.8456596	-.2983825
L2.	.1172642	.1136713	1.03	0.302	-.1055273	.3400558
yr1980	.0092621	.0107871	0.86	0.391	-.0118802	.0304044
yr1981	-.0347086	.0198697	-1.75	0.081	-.0736524	.0042352
yr1982	-.0432807	.0210895	-2.05	0.040	-.0846155	-.001946
yr1983	-.0277604	.0214655	-1.29	0.196	-.069832	.0143112
yr1984	-.0335613	.0224111	-1.50	0.134	-.0774862	.0103636
_cons	.4939961	.4692208	1.05	0.292	-.4256597	1.413652

```
Warning: gmm two-step standard errors are biased; robust standard
         errors are recommended.
Instruments for differenced equation
        GMM-type: L(2/.).n
        Standard: D.w LD.w D.k LD.k L2D.k D.ys LD.ys L2D.ys D.yr1980
                  D.yr1981 D.yr1982 D.yr1983 D.yr1984
Instruments for level equation
        Standard: _cons
```

表7.41中，提示两阶段标准误是有偏的，建议使用稳健标准误。所以，最好加入vce(robust)选项：

. xtabond n l(0/1).w l(0/2).(k ys) yr1980-yr1984, lags(2) twostep vce(robust)   //结果省略

在完成以上回归估计之后，可以进一步检查原模型是否存在自相关。

. estat abond   //（见表7.42）。

表7.42   **Arellano–Bond动态面板估计自相关检验**

```
Arellano-Bond test for zero autocorrelation in first-differenced errors

  ┌───────┬───────────────────────┐
  │ Order │    z       Prob > z    │
  ├───────┼───────────────────────┤
  │   1   │ -2.1783     0.0294     │
  │   2   │ -.30351     0.7615     │
  └───────┴───────────────────────┘

  H0: no autocorrelation
```

表7.42结果说明，原动态面板模型中，因变量存在一阶自相关，但是不存在二阶自相关。这个是正常的结果，因为原方程中含有因变量的滞后期，所以残差会存在一阶自相关，但是经过差分GMM估计之后不存在二阶自相关，说明模型估计是有效的。

另外，由于动态面板模型使用了较多的工具变量，容易产生过度识别问题。还可以对模型进行Sargan过度识别约束检验：

. estat sargan   //注意，Sargan检验要求命令xtabond不能使用vce(robust)选项

（见表7.43）。

表7.43   **Arellano–Bond动态面板估计Sargan检验**

```
Sargan test of overidentifying restrictions
     H0: overidentifying restrictions are valid

     chi2(25)    =   29.34445
     Prob > chi2 =     0.2498
```

上述检验结果中，p值为0.2498，表明接受零假设，即工具变量过度识别约束有效，表明估计结果是可信的。

7.5.3   系统GMM估计

布伦德尔和邦德（Blundell and Bond，1998）将差分GMM估计和水平GMM估计结合在一起，将差分方程和水平方程作为一个方程系统进行估计，称为系统GMM估计（也称为Arellano–Bover/Blundell–Bond system estimator）。**其核心思想是在差分GMM估计的基础上，对水平方程也引入差分工具变量，即引入因变量的滞后差分项作为工具变量**。该方法适用于短面板数据，并且要求误差项不能存在自相关。该方法相对于差分GMM估计而言，可以提高估计效率。其语法结构为：

. xtdpdsys depvar [indepvars], lag(p) maxldep(q) pre(varlist) endogenous(varlist) inst(varlist) twostep vce(robust)

具体解释如前所述，举例而言：

. webuse abdata

. xtdpdsys n l(0/1).w l(0/2).(k ys) yr1980-yr1984, lags(2)   //（见表7.44）。

表7.44   系统动态面板一步估计

n	Coef.	Std. Err.	z	P>|z|	[95% Conf. Interval]	
n						
L1.	.9159204	.0853873	10.73	0.000	.7485644	1.083276
L2.	-.065795	.0369882	-1.78	0.075	-.1382905	.0067006
w						
--.	-.6467303	.0684371	-9.45	0.000	-.7808646	-.512596
L1.	.5298655	.0918694	5.77	0.000	.3498048	.7099262
k						
--.	.3360997	.0338606	9.93	0.000	.2697342	.4024652
L1.	-.1415277	.0444765	-3.18	0.001	-.2287001	-.0543553
L2.	-.0615284	.0366908	-1.68	0.094	-.133441	.0103843
ys						
--.	.6678713	.1461438	4.57	0.000	.3814348	.9543079
L1.	-.8346481	.1766848	-4.72	0.000	-1.180944	-.4883521
L2.	.1311835	.1492504	0.88	0.379	-.161342	.4237089

```
Instruments for differenced equation
    GMM-type: L(2/.).n
    Standard: D.w LD.w D.k LD.k L2D.k D.ys LD.ys L2D.ys D.yr1980
              D.yr1981 D.yr1982 D.yr1983 D.yr1984
Instruments for level equation
    GMM-type: LD.n
    Standard: _cons
```

表7.44 中的Instruments for level equation，即使用了因变量的滞后差分项作为水平方程的工具变量。读者可以发现工具变量数量从前面差分GMM的41个，增加了48个。如果使用两步系统GMM估计，则可以输入命令：

. xtdpdsys n l(0/1).w l(0/2).(k ys) yr1980-yr1984, lags(2) twostep vce(robust)   //（见表7.45）。

表7.45   系统动态面板两步估计

n	Coef.	WC-Robust Std. Err.	z	P>|z|	[95% Conf. Interval]	
n						
L1.	.9767449	.1418081	6.89	0.000	.6988061	1.254684
L2.	-.0836652	.0419231	-2.00	0.046	-.165833	-.0014975
w						
--.	-.5631217	.151118	-3.73	0.000	-.8593075	-.2669358
L1.	.5673231	.2123546	2.67	0.008	.1511158	.9835304
k						
--.	.2849277	.0668521	4.26	0.000	.1539001	.4159554
L1.	-.0876075	.0871276	-1.01	0.315	-.2583744	.0831595
L2.	-.0961451	.0433443	-2.22	0.027	-.1810984	-.0111919
ys						
--.	.6138593	.1781104	3.45	0.001	.2647694	.9629491
L1.	-.765499	.2470081	-3.10	0.002	-1.249626	-.2813719
L2.	.1140538	.1725595	0.66	0.509	-.2241566	.4522641
yr1980	.009473	.0168233	0.56	0.573	-.0235001	.0424461
yr1981	-.0248051	.0296342	-0.84	0.403	-.0828871	.0332768
yr1982	-.0303709	.0327228	-0.93	0.353	-.0945064	.0337646
yr1983	-.0097145	.0363711	-0.27	0.789	-.0810005	.0615715
yr1984	-.0214451	.0348021	-0.62	0.538	-.089656	.0467658
_cons	.3246957	.6640236	0.49	0.625	-.9767666	1.626158

7.5.4 差分与系统GMM估计

Arellano–Bond GMM估计（Arellano and Bond, 1991），又称为差分与系统GMM估计（"Difference" and "System" Generalized Method-of-Moments），可以看成是Anderson–Hsiao Ⅳ估计的一个扩展。阿雷拉诺和邦德（Arellano and Bond）认为Anderson–Hsiao Ⅳ估计虽然一致，但是却没有考虑到潜在的正交条件（orthogonality conditions），考虑方程：

$$y_{it} = \mathbf{X}_{it}\boldsymbol{\beta}_1 + \mathbf{W}_{it}\boldsymbol{\beta}_2 + v_{it}$$

$$v_{it} = u_i + \varepsilon_{it} \tag{7-13}$$

其中，$\mathbf{X}_{it}$包含那些严格外生的变量，$\mathbf{W}_{it}$包含滞后因变量和内生解释变量，这些变量都可能与不可观察的固定效应u_i相关。一阶差分可以消掉固定效应及可能的省略变量偏误。Arellano–Bond估计将模型设定为一个方程系统，每一期都有一个方程。并且Arellano–Bond估计允许每一期的方程估计的工具变量可以不同（例如，期数越大，可使用的滞后工具变量越多）。工具变量既包括内生变量的滞后值的差分，也包括外生变量滞后值的差分。这种估计会产生很多工具变量，当T很大时，我们最好通过xtabond2的选项来限制工具变量的使用，以免使用太多的工具变量。xtabond2命令为非官方命令，需要使用ssc install xtabond2进行下载。其命令格式为：

. xtabond2 y l.y l2.y x1 x2 x3, gmm(varlist) iv(varlist) collapse noleveleq small twostep robust   // y为被解释变量，l.y为y的一阶滞后，l2.y是y的二阶滞后，此处是用滞后值作为解释变量；gmm为gmm式工具变量，主要是内生变量的滞后期；iv为iv式工具变量，即严格外生的工具变量；collapse选项设定只为每个变量和滞后距离创造一个工具变量，不会在变量的每个时期都创造一个工具变量，从而达到减少工具变量，提高模型估计效率的目标；noleveleq是不顾及水平方程，即差分GMM，默认是系统GMM；small选项表示用t统计量和F统计量，而不是用z统计量和Wald统计量估计模型估计的显著性水平。twostep选项表示两阶段估计量；robust表示稳健估计标准误。如果前面选了twostep选项，就必须同时选择robust选项

此外，该命令还有一些其他选项。例如：passthru split，该选项仅用于system GMM和没有规定equation()，主要目的是把工具变量分成2组来做difference-in-Sargan/Hansen testing；选项mz的作用，主要是工具变量中Missing值就换成0；选项orthogonal是用向后orthogonal deviations方法来创造工具变量，主要是与difference GMM一起用，它比传统的AR(1) difference GMM更加稳定无偏，尤其是数据非平衡以及有缺失值的时候使用，但系统默认为一阶差分估计。选项pca components代表主成分部分；选项artests(#)输出自相关检验的最大阶数；选项arlevels用于标明自相关检验level equations；选项h(#)仅仅控制了被认为是外生的工具的权重，对于H的

任何非退化（non–degenerate）选择，一步估计将是一致的，两步估计是渐近有效的（Baum, Schaffer and Stillman 2003）。

. xtabond2 n L.n w L.w k yr*, gmm(L.(w n k)) iv(yr*) noleveleq robust small　　//（见表7.46）。

表7.46　　　　　　　　　　　　　　　动态面板一步差分GMM估计

```
Dynamic panel-data estimation, one-step difference GMM

Group variable: id                      Number of obs      =       751
Time variable : year                    Number of groups   =       140
Number of instruments = 91              Obs per group: min =         5
F(0, 140)     =          .                             avg =      5.36
Prob > F      =          .                             max =         7
```

n	Coef.	Robust Std. Err.	t	P>|t|	[95% Conf. Interval]	
n						
L1.	.6401177	.0817115	7.83	0.000	.4785698	.8016657
w						
--.	-.7068922	.1206449	-5.86	0.000	-.9454136	-.4683708
L1.	.4634389	.1093765	4.24	0.000	.2471957	.6796821
k	.3493887	.0921376	3.79	0.000	.1672277	.5315496
yr1977	-.00583	.0195496	-0.30	0.766	-.0444807	.0328206
yr1978	.0002847	.0074032	0.04	0.969	-.0143518	.0149212
yr1980	-.0306334	.0100266	-3.06	0.003	-.0504566	-.0108101
yr1981	-.0641489	.0172686	-3.71	0.000	-.0982899	-.0300079
yr1982	-.0363187	.0236144	-1.54	0.126	-.0830056	.0103683
yr1983	-.0017635	.0289513	-0.06	0.952	-.0590017	.0554748
yr1984	.025481	.0367748	0.69	0.490	-.0472247	.0981867

```
Instruments for first differences equation
  Standard
    D.(yr1976 yr1977 yr1978 yr1979 yr1980 yr1981 yr1982 yr1983 yr1984)
  GMM-type (missing=0, separate instruments for each period unless collapsed)
    L(1/8).(L.w L.n L.k)

Arellano-Bond test for AR(1) in first differences: z =  -5.17  Pr > z =  0.000
Arellano-Bond test for AR(2) in first differences: z =  -0.26  Pr > z =  0.797

Sargan test of overid. restrictions: chi2(80)   = 144.39  Prob > chi2 =  0.000
  (Not robust, but not weakened by many instruments.)
Hansen test of overid. restrictions: chi2(80)   =  93.06  Prob > chi2 =  0.151
  (Robust, but weakened by many instruments.)

Difference-in-Hansen tests of exogeneity of instrument subsets:
  iv(yr1976 yr1977 yr1978 yr1979 yr1980 yr1981 yr1982 yr1983 yr1984)
    Hansen test excluding group:     chi2(73)   =  84.71  Prob > chi2 =  0.164
    Difference (null H = exogenous): chi2(7)    =   8.35  Prob > chi2 =  0.303
```

表7.46中，AR(1)的检验拒绝零假设，说明残差存在1阶自相关，这是正常的，因为解释变量中有因变量的滞后项，这也是动态计量使用的基础。AR(2)的检验p值为0.797，说明接受零假设，即残差不存在二阶自相关。一般而言，自相关检验AR(1)和AR(2)的目标，是检验残差的差分是否存在一阶与二阶自相关，以保证GMM的一致估计。通常情况下，残差的差分会存在一阶自相关，因为是动态面板数

据，但若不存在二阶自相关或更高阶的自相关，则接受零假设"扰动项无自相关"。正常情况下，AR(1)经常会拒绝，AR(2)则不显著，p值大于0.1较合适。如果AR(2)检验p值小于0.1的话，那么就该用3阶以及更高阶作为工具变量，然后检验AR(3)是否显著。在这种情况下，只需要在原方程后面再加上artests(3)就可以进行检测。

Hansen过度识别约束检验的p值为0.151，说明接受零假设，即工具变量过度识别约束是有效的。但是，这里需要特别注意，Hansen检验的p值在（0.1,0.25）区间之外都需要小心，小于0.1表明拒绝工具变量有效的假设；而大于0.25则表明选的工具变量可能太多，导致Hansen检验变弱了。这种情况下，需要限制工具变量数量，可以用collapse选项，也可以用1ag1imits()选项。习惯做法是,选择不同数量的工具变量以显示估计系数的稳健性。可以再换一个数据集（mus08psidextract.dta）验证，检验工资的影响因素。

. use mus08psidextract.dta, clear

. xtabond2 lwage l(1/2).lwage l(0/1).wks ms union occ south smsa ind, nolevel twostep robust gmm(lwage, lag(2 4)) gmm(wks ms union, lag(2 3)) iv(occ south smsa ind)　　//（见表7.47）。

表7.47 动态面板两步差分GMM估计

```
Dynamic panel-data estimation, two-step difference GMM
```

Group variable: **id**				Number of obs	=	2380
Time variable : **t**				Number of groups	=	595
Number of instruments = 39				Obs per group: min =		4
Wald chi2(0) =	.			avg =		4.00
Prob > chi2 =	.			max =		4

lwage	Coef.	Corrected Std. Err.	z	P>|z|	[95% Conf. Interval]	
lwage						
L1.	.611753	.0373491	16.38	0.000	.5385501	.6849559
L2.	.2409058	.0319939	7.53	0.000	.1781989	.3036127
wks						
--.	-.0159751	.0082523	-1.94	0.053	-.0321493	.000199
L1.	.0039944	.0027425	1.46	0.145	-.0013807	.0093695
ms	.1859324	.144458	1.29	0.198	-.0972	.4690649
union	-.1531329	.1677842	-0.91	0.361	-.4819839	.1757181
occ	-.0357509	.0347705	-1.03	0.304	-.1038999	.032398
south	-.0250368	.2150806	-0.12	0.907	-.446587	.3965134
smsa	-.0848223	.0525243	-1.61	0.106	-.187768	.0181235
ind	.0227008	.0424207	0.54	0.593	-.0604422	.1058437

```
Instruments for first differences equation
  Standard
    D.(occ south smsa ind)
  GMM-type (missing=0, separate instruments for each period unless collapsed)
    L(2/3).(wks ms union)
    L(2/4).lwage

Arellano-Bond test for AR(1) in first differences: z =  -4.52  Pr > z =  0.000
Arellano-Bond test for AR(2) in first differences: z =  -1.60  Pr > z =  0.109
```

续表

```
Sargan test of overid. restrictions: chi2(29)    = 59.55 Prob > chi2 = 0.001
   (Not robust, but not weakened by many instruments.)
Hansen test of overid. restrictions: chi2(29)    = 39.88 Prob > chi2 = 0.086
   (Robust, but weakened by many instruments.)

Difference-in-Hansen tests of exogeneity of instrument subsets:
  gmm(lwage, lag(2 4))
    Hansen test excluding group:      chi2(18)   = 23.59 Prob > chi2 = 0.169
    Difference (null H = exogenous): chi2(11)   = 16.29 Prob > chi2 = 0.131
  gmm(wks ms union, lag(2 3))
    Hansen test excluding group:      chi2(5)    =  6.43 Prob > chi2 = 0.266
    Difference (null H = exogenous): chi2(24)   = 33.44 Prob > chi2 = 0.095
  iv(occ south smsa ind)
    Hansen test excluding group:      chi2(25)   = 28.00 Prob > chi2 = 0.308
    Difference (null H = exogenous): chi2(4)    = 11.87 Prob > chi2 = 0.018
```

表 7.47 中 AR（2）的统计量 p 值为 0.109，在 10% 的显著性水平上扰动项的差分不存在二阶自相关，即满足差分 GMM 的假设前提，扰动项不存在自相关。而对于过度识别的 Hansen 统计量的 p 值（0.086），在 5% 的显著性水平上无法拒绝所有工具变量均有效的零假设。

7.6 长面板数据模型

7.6.1 长面板数据概述

本章前面几节的内容，尤其是固定效应和随机效应的分析，主要适用于短面板数据分析，即横截面个体很多，但是时间跨度很短的数据。一般而言，N>T 视为短面板，例如我国 285 个内地城市 2000~2021 年的数据。但是，在实际研究过程中，有时也会碰到面板个体较少，但是时间跨度较长的长面板数据。一般而言，T>N 视为长面板数据，例如我国 31 个省份 1978~2021 年的数据，可以看成是长面板数据。

长面板数据和短面板数据有很大的不同，短面板因为数据时间跨度短，残差自相关、异方差和面板个体之间的相关问题不严重，只需要对标准误进行适当校正即可。但是，长面板数据因为时间跨度比较长，残差自相关、异方差和截面相关问题会比较严重，是需要重点处理的问题。我们不需要在固定效应、随机效应和混合回归模型之间进行选择，长面板直接假定数据模型就是固定效应。至于怎么处理固定效应，对于个体固定效应，因为 N 比较小，所以用虚拟变量控制即可。对于时间固定效应，因为 T 比较大，不能使用时间虚拟变量（i.year），否则样本自由度损失会很大，所以通常直接使用时间趋势项（year）来控制。因而，从某种程度上讲，长面板数据相关模型就是一类特殊的双向固定效应模型。

7.6.2 自相关、异方差和截面相关检验

（**1**）**自相关检验（autocorrelation）**。以美国各州的烟草数据mus08cigar.dta为例，该数据集包含美国10个州（N=10）1963~1992年的数据（T=30），因为N<T，所以这显然是一个长面板数据。

. use mus08cigar.dta, clear

. xtset state year

. sum //（见表7.48）。

表7.48 描述性统计

Variable	Obs	Mean	Std. Dev.	Min	Max
state	300	5.5	2.87708	1	10
year	300	77.5	8.669903	63	92
lnp	300	4.518424	.1406979	4.176332	4.96916
lnpmin	300	4.4308	.1379243	4.0428	4.831303
lnc	300	4.792591	.2071792	4.212128	5.690022
lny	300	8.731014	.6942426	7.300023	10.0385

表7.48中，截面变量state代表州，时间变量year代表年份，变量lnc代表人均香烟销售的对数，这是将要研究的被解释变量或因变量；变量lnp代表烟草实际价格的对数，这是将要研究的核心解释变量；其他控制变量lnpmin代表相邻各州最低实际价格的对数，变量lny代表人均可支配收入的对数。

为了检验该长面板数据是否存在自相关，可以使用伍德里奇（Wooldridge，2002）面板数据自相关检验命令xtserial。该命令用于检测线性面板模型的自相关问题，其语法结构为：

. xtserial depvar [varlist] [if exp] [in range] [, output]

其中，第一个变量depvar代表因变量，其余varlist为自变量。选项output代表输出一阶差分线性面板回归估计结果，默认是不输出（一般最好是输出，便于分析结果）。

伍德里奇（Wooldridge，2002）自相关检验事实上是自己先做了一阶差分线性面板回归之后，再进行自相关的检验。某种程度上而言，xtserial命令也是一个自带面板自相关检验的回归估计命令：

. search xtserial //手动搜索xtserial，找到合适的安装包下载安装

. xtserial lnc lnp lnpmin lny year, output // year代表时间趋势项（见表7.49）。

表7.49中，p值为0.0000，表明拒绝零假设，说明线性面板模型存在自相关，即使用差分变量进行回归是合理的。

表7.49   **Wooldridge 自相关检验**

```
Linear regression                           Number of obs    =       290
                                            F(4, 9)          =     26.12
                                            Prob > F         =    0.0001
                                            R-squared        =    0.2113
                                            Root MSE         =    .04264
```

                                    (Std. Err. adjusted for 10 clusters in state)

D.lnc	Coef.	Robust Std. Err.	t	P>|t|	[95% Conf. Interval]	
lnp						
D1.	-.254777	.0568221	-4.48	0.002	-.3833176	-.1262365
lnpmin						
D1.	.0718392	.0582399	1.23	0.249	-.0599086	.2035871
lny						
D1.	.3874159	.0582962	6.65	0.000	.2555408	.519291
year						
D1.	-.0371067	.0040258	-9.22	0.000	-.0462137	-.0279998

```
Wooldridge test for autocorrelation in panel data
H0: no first-order autocorrelation
   F(  1,      9) =       89.304
           Prob > F =        0.0000
```

（2）**异方差检验（heteroskedasticity）**。面板数据的异方差检验，可以使用命令 xttest3 来做。该命令是计算一个修正的 Wald 统计量，用来检验线性面板固定效应模型的残差是否存在异方差。不同于前文的自相关检验 xtserial 命令，命令 xttest3 只能在使用 xtreg, fe 或 xtgls 命令之后，才能使用。

此外，xttest3 也不是系统命令，需要用户提前下载安装。仍然以前文的烟草数据为例：

. ssc install xttest3

. use mus08cigar.dta, clear

. xtset state year

. qui xtreg lnc lnp lnpmin lny year, fe

. xttest3   // （见表7.50）。

表7.50   **面板异方差检验**

```
Modified Wald test for groupwise heteroskedasticity
in fixed effect regression model

H0: sigma(i)^2 = sigma^2 for all i

chi2 (10)  =       378.90
Prob>chi2  =       0.0000
```

固定效应模型隐含的假设是同方差的，表7.50的结果中的p值为0，说明拒绝零假设，即模型存在异方差问题。

（3）截面相关检验（cross-sectional correlation）。 截面个体相关性检验，可以使用命令xttest2来做。该命令计算固定效应估计的Breusch-Pagan统计量，用于检验样本个体之间是否存在截面相关问题。

命令xttest2只能在使用xtreg, fe、ivreg2或xtgls命令之后，才能使用。此外，xttest2也不是系统命令，需要用户提前下载安装。仍然以前文的烟草数据为例：

```
. ssc install xttest2
. use mus08cigar.dta, clear
. xtset state year
. quietly xtreg lnc lnp lnpmin lny year, fe
. xttest2          //（见表7.51）。
```

表7.51 截面相关检验

```
Correlation matrix of residuals:

          __e1      __e2      __e3      __e4      __e5      __e6      __e7      __e8      __e9     __e10
__e1    1.0000
__e2   -0.0937    1.0000
__e3    0.9592   -0.0621    1.0000
__e4   -0.4242    0.3875   -0.4670    1.0000
__e5   -0.5426    0.3441   -0.5872    0.5519    1.0000
__e6    0.0245    0.5696   -0.0405    0.5177    0.5805    1.0000
__e7   -0.7434    0.4153   -0.7509    0.5701    0.8446    0.4893    1.0000
__e8    0.5650    0.5380    0.5281    0.1007   -0.2150    0.4899   -0.3263    1.0000
__e9    0.8337    0.2859    0.8507   -0.2972   -0.3914    0.1548   -0.5800    0.7129    1.0000
__e10   0.7510    0.3314    0.7628    0.0002   -0.1575    0.2508   -0.4293    0.6318    0.8345    1.0000

Breusch-Pagan LM test of independence: chi2(45) =    376.963, Pr = 0.0000
Based on 30 complete observations over panel units
```

表7.51检验了样本中美国10个州的残差截面相关，检验结果的p值为0，说明拒绝零假设，即残差存在截面相关问题。

7.6.3 Driscoll-Kraay估计

对于长面板数据的固定效应模型，霍克勒（Hoechle，2007）编写的命令xtscc对混合OLS/WLS、固定效应（内部）或GLS随机效应回归估计的系数产生德里斯科尔和克雷（Driscoll and Kraay，1998）的"异方差-序列相关-截面相关"标准误差。当时间维度变大时，Driscoll-Kraay标准误对非常一般的横截面（"空间"）和时间依赖形式具有鲁棒性（robustness）。这种估计标准误差的非参数技术对面板数量的极限行为没有任何限制。因此，有限样本中截面尺寸的大小并不构成可行性的约束——即使面板的数量比T大得多。然而，请注意，估计量是基于大T渐近的。因此，在将该估计器应用于包含大量组和少量观测值的面板数据集时，应该谨慎一些。Driscoll–Kraay的协方差估计的实现分别适用于平衡和不平衡面板。此外，它还能够处理丢失的值。

命令xtscc不是系统命令，需要用户提前下载安装：

. ssc install xtscc

它的语法结构为：

. xtscc depvar [indepvars] [if] [in] [weight] [, options]

命令xtscc的选项包括混合效应pooled、固定效应fe和随机效应re，默认为pooled混合效应；选项lag(#)表示设定最大滞后自相关阶数。以Driscoll–Kraay固定效应估计为例：

. xtscc lnc lnp lnpmin lny year, fe lag(4)　　　//（见表7.52）。

表7.52　　　　　　　　　　**长面板 Driscoll–Kraay 固定效应估计**

```
Regression with Driscoll-Kraay standard errors    Number of obs    =       300
Method: Fixed-effects regression                  Number of groups =        10
Group variable (i): state                         F(  4,   29)     =    249.85
maximum lag: 4                                     Prob > F         =    0.0000
                                                  within R-squared =    0.5551
```

lnc	Coef.	Drisc/Kraay Std. Err.	t	P>|t|	[95% Conf. Interval]	
lnp	-1.027181	.1516687	-6.77	0.000	-1.337378	-.7169838
lnpmin	.5100582	.1931493	2.64	0.013	.1150234	.905093
lny	.4975365	.1913206	2.60	0.014	.1062419	.8888311
year	-.0429824	.0140646	-3.06	0.005	-.0717477	-.0142171
_cons	6.161004	.8789215	7.01	0.000	4.363408	7.958601

此外，还可以使用Driscoll–Kraay混合效应估计，并且比较普通OLS和NEWEY估计的结果差异，在do-file中输入以下命令：

. xtset state year

quietly reg lnc lnp lnpmin lny year

est store ols

quietly reg lnc lnp lnpmin lny year, robust cluster(state)

est store olsrobust

quietly newey lnc lnp lnpmin lny year, lag(4) force

est store newey

quietly xtscc lnc lnp lnpmin lny year, lag(4)

est store dris_kraay

est table *, b se t　　　//（见表7.53）。

表7.53 多模型估计结果比较

Variable	ols	olsrobust	newey	dris_kraay
lnp	-.58346035	-.58346035	-.58346035	-.58346035
	.12895638	.39100072	.25864933	.27923774
	-4.52	-1.49	-2.26	-2.09
lnpmin	-.02715454	-.02715454	-.02715454	-.02715454
	.12804698	.30470234	.23058135	.25846999
	-0.21	-0.09	-0.12	-0.11
lny	.36543048	.36543048	.36543048	.36543048
	.04855445	.13893086	.09894163	.16698787
	7.53	2.63	3.69	2.19
year	-.03317792	-.03317792	-.03317792	-.03317792
	.00393064	.01151737	.00821684	.01233568
	-8.44	-2.88	-4.04	-2.69
_cons	6.9299384	6.9299384	6.9299384	6.9299384
	.35304476	.83790645	.54243365	.52721929
	19.63	8.27	12.78	13.14

legend: b/se/t

表7.53中，通过比较可以发现：（1）相对于标准的OLS估计而言，OLS聚类稳健估计、NEWEY估计和Driscoll–Kraay估计都修正了标准误，以减少模型面临的自相关、异方差和截面相关问题。（2）聚类稳健估计的修正后的标准误最大，说明一定程度上它比NEWEY估计和Driscoll–Kraay估计更有效。其实，多数情况下，控制好聚类稳健标准误即可。

7.6.4 面板PCSE估计

面板校正标准误估计（linear regression with panel–corrected standard errors, PCSE）的Stata估计命令为xtpcse，该命令的参数是通过OLS或Praise–Winsten回归估计，当计算标准误、方差–协方差时，xtpcse假定扰动项在默认情况下是异方差的，并且在面板的不同个体之间同期截面相关（注意这里的个体截面相关，不是地理因素导致的，要不就适用于空间计量经济学）。命令xtpcse的语法结构为：

. xtpcse depvar [indepvars] [if] [in] [weight] [, options]

其中，选项correlation(ar1)表示使用一阶自相关结构；选项correlation(psar1)代表面板设定的一阶自相关；选项rhotype(calc)代表计算自相关参数，一般很少使用；选项np1表示根据面板id进行加权处理的一阶自相关；选项hetonly表示只有异方差，没有截面相关。

. use mus08cigar.dta, clear

. xtpcse lnc lnp lnpmin lny i.state year, correlation(psar1) rhotype(tscorr)   //（见表7.54）。

表7.54   面板校正标准误估计

Prais-Winsten regression, correlated panels corrected standard errors (PCSEs)

Group variable: state   Number of obs   =   300
Time variable: year   Number of groups   =   10
Panels: correlated (balanced)   Obs per group:
Autocorrelation: panel-specific AR(1)   min =   30
                                                             avg =   30
                                                             max =   30

Estimated covariances   =   55   R-squared   =   0.9894
Estimated autocorrelations =   10   Wald chi2(13)   =   952.69
Estimated coefficients   =   14   Prob > chi2   =   0.0000

lnc	Coef.	Panel-corrected Std. Err.	z	P>|z|	[95% Conf. Interval]	
lnp	-.328936	.0568901	-5.78	0.000	-.4404386	-.2174335
lnpmin	.0778156	.071888	1.08	0.279	-.0630823	.2187134
lny	.6583251	.14478	4.55	0.000	.3745616	.9420886
state						
2	-.0877113	.042609	-2.06	0.040	-.1712234	-.0041992
3	.0948871	.0221697	4.28	0.000	.0514352	.138339
4	-.2422219	.0740033	-3.27	0.001	-.3872656	-.0971781
5	-.2294911	.0891969	-2.57	0.010	-.4043138	-.0546684
6	.1645522	.0486367	3.38	0.001	.069226	.2598785
7	.0209057	.1358358	0.15	0.878	-.2453277	.287139
8	.0200211	.045682	0.44	0.661	-.0695139	.1095561
9	.0126332	.0215673	0.59	0.558	-.0296379	.0549043
10	-.1368191	.0315481	-4.34	0.000	-.1986521	-.074986
year	-.0558334	.0112213	-4.98	0.000	-.0778267	-.0338402
_cons	4.548306	.5710278	7.97	0.000	3.429112	5.6675

rhos =   .73848   .6410468   .7508068   .7028188   .7053419 6868586

7.6.5　面板FGLS估计

面板FGLS估计的Stata命令为xtgls（Fit panel–data models by using GLS），该方法采用可行广义最小二乘拟合面板数据线性模型，该命令可以在面板内存在AR(1)自相关和跨面板的个体相关及异方差问题情况下进行估计。其语法结构为：

xtgls depvar [indepvars] [if] [in] [weight] [, options]

其中，选项panels(iid)代表使用独立同分布的残差结构；选项panels(correlated)代表残差存在异方差，并且也存在截面相关；选项panels (heteroskedastic)代表残差只有异方差，没有截面相关；选项corr(independent)代表不存在残差自相关；选项corr(ar1)代表残差存在一阶自相关；选项corr(psar1)代表使用面板特定的一阶自相关；选项rhotype(calc)代表计算一阶自相关系数；选项igls代表使用迭代gls方法进行估计，而不是两步gls估计；选项force表示即使面板个体的时间不对称，也要强行计算估计结果。

仍然以烟草数据为例，我们考虑一个自相关、异方差、截面相关同时存在的情况：

. use mus08cigar.dta, clear

. xtgls lnc lnp lnpmin lny i.state year, corr(psar1) panels(correlated)　　 //（见表7.55）。

表7.55 面板**FGLS**估计

```
Cross-sectional time-series FGLS regression

Coefficients:  generalized least squares
Panels:        heteroskedastic with cross-sectional correlation
Correlation:   panel-specific AR(1)

Estimated covariances       =         55      Number of obs      =        300
Estimated autocorrelations  =         10      Number of groups   =         10
Estimated coefficients      =         14      Time periods       =         30
                                              Wald chi2(13)      =    1246.78
                                              Prob > chi2        =     0.0000
```

lnc	Coef.	Std. Err.	z	P>|z|	[95% Conf. Interval]	
lnp	-.3541126	.024395	-14.52	0.000	-.4019259	-.3062994
lnpmin	.0185409	.030352	0.61	0.541	-.040948	.0780297
lny	.5459469	.0712941	7.66	0.000	.406213	.6856808
state						
2	-.1229944	.0660784	-1.86	0.063	-.2525056	.0065169
3	-.3649205	.2134793	-1.71	0.087	-.7833323	.0534913
4	-.2405925	.0717201	-3.35	0.001	-.3811613	-.1000236
5	-.2086117	.0793916	-2.63	0.009	-.3642163	-.0530071
6	.1417767	.0643671	2.20	0.028	.0156194	.2679339
7	-.0337763	.1435772	-0.24	0.814	-.3151824	.2476297
8	-.0008845	.0647305	-0.01	0.989	-.1277539	.1259849
9	-.0350394	.0544958	-0.64	0.520	-.1418491	.0717703
10	-.1888756	.0569821	-3.31	0.001	-.3005584	-.0771928
year	-.0487174	.0055724	-8.74	0.000	-.059639	-.0377957
_cons	5.377111	.2890047	18.61	0.000	4.810673	5.94355

最后，比较ols、xtscc、xtpcse、xtgls的结果差异。在do-file窗口中，输入以下命令：

.qui reg lnc lnp lnpmin lny i.state year, cluster(state)

est store ols

qui xtpcse lnc lnp lnpmin lny i.state year,corr(psar1)

est store xtpcse

qui xtgls lnc lnp lnpmin lny i.state year,corr(psar1) panels(correlated)

est store xtgls

qui xtscc lnc lnp lnpmin lny i.state year

```
est store xtscc
esttab ols xtpcse xtgls xtscc using xmm.rtf, replace        ///
b(%6.3f) se(%6.3f) ar2(3)        ///精确小数点后3位
mtitle(ols xtpcse xtgls xtscc)        ///
star(* 0.1 ** 0.05 *** 0.01) compress nogap        ///
keep(lnp lnpmin lny year)        //因为前面加了i.state变量,为避免表格过长,
```
keep()选项表示只输出变量lnp lnpmin lny year的系数(见表7.56)。

表7.56 多模型估计结果比较

Variables	（1） ols	（2） xtpcse	（3） xtgls	（4） xtscc
lnp	−1.027** （0.441）	−0.296*** （0.054）	−0.354*** （0.024）	−1.027*** （0.149）
lnpmin	0.510* （0.263）	0.051 （0.067）	0.019 （0.030）	0.510** （0.188）
lny	0.498 （0.414）	0.533*** （0.135）	0.546*** （0.071）	0.498** （0.193）
year	−0.043 （0.031）	−0.049*** （0.010）	−0.049*** （0.006）	−0.043*** （0.014）
N	300	300	300	300
adj. R²	0.708			

注：（1）*、**、***分别表示在10%、5%、1%的水平下显著；（2）括号内为标准误。

从表7.56中的结果可以发现,xtscc估计只是修正了模型估计的标准误,没有改变估计系数。但是xtpcse和xtgls估计不仅修正了标准误,还修正了模型估计的回归系数。

7.6.6 偏差校正LSDV动态面板估计

对于长面板的动态面板数据估计,可以使用偏差校正LSDV(最小二乘虚拟变量)估计xtlsdvc(bias corrected LSDV dynamic panel data estimator,LSDVC)。它的基本思想是,首先,使用LSDV方法估计动态面板模型把系数$\hat{\boldsymbol{\beta}}_{LSDV}$估计出来;其次,计算LSDV估计的偏差$\widehat{\mathbf{Bias}}$;最后,将LSDV估计的系数减去偏差,即可得到LSDVC一致估计:

$$\hat{\boldsymbol{\beta}}_{LSDVC} = \hat{\boldsymbol{\beta}}_{LSDV} - \widehat{\mathbf{Bias}}$$

偏差校正LSDV估计（LSDVC）的估计命令xtlsdvc不是系统命令，需要用户下载安装：

. ssc install xtlsdvc

该命令的语法结构为：

.xtlsdvc depvar [varlist] [if exp], initial(estimator) [level(#) bias(#) lsdv first vcov(#)]

其中，选项initial(estimator)用来指定偏差校正的初始值，比如initial(ah)代表Anderson–Hsiao估计量作为初始值，initial(ab)代表Arellano–Bond差分GMM估计量作为初始值，initial(bb)代表Blundell–Bond系统GMM估计量作为初始值；选项level(#)代表置信水平；选项bias(#)用来指定偏差校正的精度，bias(1)的精度为$O(1/T)$，bias(2)的精度为$O(1/NT)$，bias(3)的精度为$O(1/NT^2)$；选项lsdv表示输出lsdv回归估计结果；选项first输出lsdv第一阶段的估计结果；选项vcov(#)用来指定方差–协方差矩阵bootstrap自助法重复抽样的次数，一般设定为50次。

. xtlsdvc lnc lnp lnpmin lny year, initial(ab) vcov(50) bias(3)　　//注意，这里控制的是时间趋势项year，而不是i.year（见表7.57）。

表7.57 偏差校正**LSDV**动态面板估计

```
LSDVC dynamic regression
(bootstrapped SE)
```

lnc	Coef.	Std. Err.	z	P>|z|	[95% Conf. Interval]	
lnc						
L1.	1.058233	.0974683	10.86	0.000	.8671985	1.249267
lnp	-.0299203	.0454735	-0.66	0.511	-.1190468	.0592061
lnpmin	.0056437	.0514797	0.11	0.913	-.0952547	.1065421
lny	.0611414	.1037445	0.59	0.556	-.1421941	.264477
year	-.0051682	.0084404	-0.61	0.540	-.021711	.0113747

7.7　面板中介效应模型

7.7.1　中介效应模型概述

计量经济学的主要分析对象，其实是因果识别处理问题，即透过现象看本质。但有的时候，识别了原因和结果之后，还想进一步知道原因到底是直接影响结果，还是同时通过其他途径间接影响结果。此时，可以运用中介效应进行分析，该方法有用于检验自变量 **X** 通过途径 **M** 直接或间接影响因变量 **Y** 的作用程度。该方法的计算过程大体如图7.2所示。

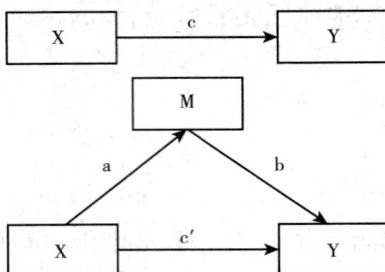

图7.2　中介效应原理

第一步，将因变量 **Y** 对自变量 **X** 进行回归，回归估计系数假设为 c。则 c 代表 **X** 对 **Y** 影响的**总效应**，该系数必须在统计上显著，才意味着可能存在中介效应。

$$Y = cX + e1$$

第二步，将中介变量 **M** 对自变量 **X** 进行回归，假定估计系数为 a。则 a 必须在统计上显著，以证明解释变量和中介变量存在关系。

$$M = aX + e2$$

第三步，将因变量 **Y** 对中介变量 **M** 进行回归，同时控制自变量 **X**，估计系数 b 必须统计显著。控制 **X** 的原因是 **Y** 和 **M** 的相关性可能是由 **X** 同时影响 **Y**、**M** 导致的。同时我们可以得到系数 c'。

$$Y = c'X + bM + e3$$

最后，在前三步都满足的情况下，若系数 c' 显著为 0，则认定 **M** 是完全中介作用；若系数 c' 不显著为 0，则认定 **M** 是部分中介作用。变量 **X** 对 **Y** 的影响，间接效应为 b×a，直接效应为 c'，总效应为 c。

7.7.2　面板数据固定效应中介模型估计

本节主要介绍中介效应 segmediation 命令，该命令不是系统命令，需要大家自己到网上搜索下载软件包，然后解压缩到用户安装外部命令文件夹下（PLUS: C:\Users\jjys9\ado\plus\），每个用户的设定都不一样，具体可以使用 sysdir 命令查看。中介效应命令 segmediation 的语法结构为：

. sgmediation depvar [if exp] [in range], mv:(mediatorvar) iv(indvar) [cv(covarlist) quietly]

其中，depvar 代表因变量；mv: (mediatorvar) 用于指定中介变量；iv(indvar) 用于指定自变量；cv(covarlist) 用于指定控制变量。以美国烟草销售数据为例：

. use mus08cigar.dta, clear

. xtset state year

. tab state, gen(state)　　　//生成 state 的虚拟变量，便于后文分析中控制个体效应；

如果是短面板数据，则可以用此命令生成时间虚拟变量（见表7.58）。

表7.58　　　　　　　　　　　　生成虚拟变量

U.S. state	Freq.	Percent	Cum.
1	30	10.00	10.00
2	30	10.00	20.00
3	30	10.00	30.00
4	30	10.00	40.00
5	30	10.00	50.00
6	30	10.00	60.00
7	30	10.00	70.00
8	30	10.00	80.00
9	30	10.00	90.00
10	30	10.00	100.00
Total	300	100.00	

本章固定效应部分已经介绍过，面板数据的固定效应回归估计等价于OLS+个体虚拟变量的"最小二乘虚拟变量法"。

```
quietly reg lnc lnp lnpmin lny year i.state
est store ols
quietly xtreg lnc lnp lnpmin lny year, fe
est store fe
esttab ols fe using xmm.rtf, replace        ///
b(%6.3f) se(%6.3f) ar2(3)        ///精确小数点后3位
mtitle(OLS FE)        ///
star(* 0.1 ** 0.05 *** 0.01) compress nogap        ///
k(lnp lnpmin lny year)        //（见表7.59）。
```

表7.59　　　　　　　　　　　　估计结果比较

Variables	(1)	(2)
	OLS	FE
lnp	−1.027***	−1.027***
	（0.104）	（0.104）
lnpmin	0.510***	0.510***
	（0.102）	（0.102）
lny	0.498***	0.498***
	（0.153）	（0.153）
year	−0.043***	−0.043***
	（0.012）	（0.012）
N	300	300
adj. R^2	0.708	0.535

通过表7.59结果可以发现，面板固定效应和OLS最小二乘虚拟变量估计结果完全等价。因而在中介效应分析时，只要控制好固定效应，使用sgmediation一样可以得到与分步回归估计相同的面板固定效应中介分析结果。例如，可以在命令窗口输入：

. sgmediation lnc , mv(lnp) iv(lny) cv(state2-state10 year)　　// state2-state10表示美国10个州的虚拟变量，控制个体固定效应，year控制时间趋势（见表7.60至表7.63）。

表7.60　　　　　　　　　　　　　　中介效应估计第一步

Model with dv regressed on iv (path c)

Source	SS	df	MS		
				Number of obs =	300
				F(11, 288) =	41.96
Model	7.90293267	11	.718448424	Prob > F =	0.0000
Residual	4.93111444	288	.017121925	R-squared =	0.6158
				Adj R-squared =	0.6011
Total	12.8340471	299	.042923234	Root MSE =	.13085

lnc	Coef.	Std. Err.	t	P>|t|	[95% Conf. Interval]	
lny	1.199943	.1282891	9.35	0.000	.9474397	1.452446
state2	-.1631158	.0407407	-4.00	0.000	-.2433032	-.0829285
state3	.0961286	.0338906	2.84	0.005	.029424	.1628332
state4	-.4592685	.0643539	-7.14	0.000	-.5859322	-.3326049
state5	-.537762	.074901	-7.18	0.000	-.6851848	-.3903392
state6	.0335508	.0469269	0.71	0.475	-.0588124	.1259141
state7	-.2219204	.0712345	-3.12	0.002	-.3621266	-.0817143
state8	-.1286141	.0458118	-2.81	0.005	-.2187824	-.0384458
state9	-.0374587	.0371296	-1.01	0.314	-.1105384	.035621
state10	-.1752722	.0372162	-4.71	0.000	-.2485224	-.102022
year	-.1008721	.0099097	-10.18	0.000	-.1203768	-.0813673
_cons	2.29283	.3329978	6.89	0.000	1.637412	2.948248

表7.61　　　　　　　　　　　　　　中介效应估计第二步

Model with mediator regressed on iv (path a)

Source	SS	df	MS		
				Number of obs =	300
				F(11, 288) =	39.29
Model	3.55186808	11	.322897098	Prob > F =	0.0000
Residual	2.36710608	288	.008219118	R-squared =	0.6001
				Adj R-squared =	0.5848
Total	5.91897416	299	.0197959	Root MSE =	.09066

lnp	Coef.	Std. Err.	t	P>|t|	[95% Conf. Interval]	
lny	-1.357101	.0888845	-15.27	0.000	-1.532046	-1.182155
state2	.192604	.028227	6.82	0.000	.1370466	.2481614
state3	-.0402423	.0234809	-1.71	0.088	-.0864583	.0059737
state4	.5644837	.0445873	12.66	0.000	.4767253	.652242
state5	.8011343	.0518948	15.44	0.000	.698993	.9032755
state6	.336288	.0325131	10.34	0.000	.2722945	.4002814
state7	.5850365	.0493545	11.85	0.000	.4878953	.6821777
state8	.4017042	.0317405	12.66	0.000	.3392315	.464177
state9	.11463	.025725	4.46	0.000	.0639971	.1652629
state10	.0928924	.0257851	3.60	0.000	.0421414	.1436435
year	.1102001	.0068659	16.05	0.000	.0966863	.1237138
_cons	7.521931	.230716	32.60	0.000	7.067828	7.976034

表7.62 中介效应估计第三步

Model with dv regressed on mediator and iv (paths b and c')

Source	SS	df	MS		
				Number of obs =	300
				F(12, 287) =	54.70
Model	8.92985105	12	.744154254	Prob > F =	0.0000
Residual	3.90419607	287	.013603471	R-squared =	0.6958
				Adj R-squared =	0.6831
Total	12.8340471	299	.042923234	Root MSE =	.11663

lnc	Coef.	Std. Err.	t	P>|t|	[95% Conf. Interval]	
lnp	-.6586567	.0758082	-8.69	0.000	-.8078672	-.5094462
lny	.3060794	.1538187	1.99	0.048	.0033236	.6088353
state2	-.0362559	.0391397	-0.93	0.355	-.1132932	.0407813
state3	.0696228	.030362	2.29	0.023	.0098623	.1293833
state4	-.0874676	.0715652	-1.22	0.223	-.2283269	.0533917
state5	-.0100896	.0902538	-0.11	0.911	-.1877329	.1675537
state6	.2550491	.0489849	5.21	0.000	.1586339	.3514644
state7	.1634178	.0774504	2.11	0.036	.0109749	.3158607
state8	.1359711	.0509391	2.67	0.008	.0357094	.2362328
state9	.0380431	.0342173	1.11	0.267	-.0293056	.1053918
state10	-.114088	.0339119	-3.36	0.001	-.1808355	-.0473405
year	-.028288	.0121578	-2.33	0.021	-.0522179	-.0043582
_cons	7.247201	.6428499	11.27	0.000	5.981902	8.512499

表7.63 中介效应估计 Sobel-Goodman 检验

Sobel-Goodman Mediation Tests

	Coef	Std Err	Z	P>|Z|
Sobel	.89386338	.11837058	7.551	4.308e-14
Goodman-1 (Aroian)	.89386338	.11856221	7.539	4.730e-14
Goodman-2	.89386338	.11817865	7.564	3.908e-14

		Coef	Std Err	Z	P>|Z|
a coefficient	=	-1.3571	.088884	-15.2681	0
b coefficient	=	-.658657	.075808	-8.68847	0
Indirect effect	=	.893863	.118371	7.5514	4.3e-14
Direct effect	=	.306079	.153819	1.98987	.046605
Total effect	=	1.19994	.128289	9.35343	0

Proportion of total effect that is mediated: .74492165
Ratio of indirect to direct effect: 2.920364
Ratio of total to direct effect: 3.920364

表7.60~表7.63的sgmediation中介效应结果中，主要有三张回归估计表格和一个Sobel-Goodman中介效应检验。其中，前三张表格分别对应着中介效应分析的前三步；第四个检验对应了前文中介效应判定的第四步。

第一步回归估计结果，实际上跟面板数据固定效应模型分步回归估计的结果是一致的：

. xtreg lnc lny year, fe   //（见表7.64）。

表7.64　　　　　　　　　　**面板固定效应估计（分步回归第一步）**

```
Fixed-effects (within) regression          Number of obs    =      300
Group variable: state                      Number of groups =       10

R-sq:                                       Obs per group:
     within  = 0.3889                             min =        30
     between = 0.2182                             avg =      30.0
     overall = 0.2181                             max =        30

                                            F(2,288)         =    91.63
corr(u_i, Xb)  = -0.7440                    Prob > F         =   0.0000
```

lnc	Coef.	Std. Err.	t	P>|t|	[95% Conf. Interval]	
lny	1.199943	.1282891	9.35	0.000	.9474397	1.452446
year	-.1008721	.0099097	-10.18	0.000	-.1203768	-.0813673
_cons	2.133457	.3615382	5.90	0.000	1.421865	2.845049
sigma_u	.20575179					
sigma_e	.13085077					
rho	.71202225	(fraction of variance due to u_i)				

```
F test that all u_i=0: F(9, 288) = 28.88                Prob > F = 0.0000
```

中介效应sgmediation估计结果中，第二步回归估计结果，等价于下面的面板固定效应估计（分步回归第二步）：

. xtreg lnp lny year, fe　　　//（见表7.65）。

表7.65　　　　　　　　　　**面板固定效应估计（分步回归第二步）**

```
Fixed-effects (within) regression          Number of obs    =      300
Group variable: state                      Number of groups =       10

R-sq:                                       Obs per group:
     within  = 0.5297                             min =        30
     between = 0.0575                             avg =      30.0
     overall = 0.0231                             max =        30

                                            F(2,288)         =   162.20
corr(u_i, Xb)  = -0.9161                    Prob > F         =   0.0000
```

lnp	Coef.	Std. Err.	t	P>|t|	[95% Conf. Interval]	
lny	-1.357101	.0888845	-15.27	0.000	-1.532046	-1.182155
year	.1102001	.0068659	16.05	0.000	.0966863	.1237138
_cons	7.826784	.2504901	31.25	0.000	7.333761	8.319808
sigma_u	.28053764					
sigma_e	.09065935					
rho	.90544095	(fraction of variance due to u_i)				

```
F test that all u_i=0: F(9, 288) = 37.28                Prob > F = 0.0000
```

同理，中介效应sgmediation估计结果中，第三步回归估计结果，等价于下面的面板固定效应估计（分步回归第三步）：

. xtreg lnc lnp lny year, fe　　　//（见表7.66）。

表7.66　　　　　　　面板固定效应估计（分步回归第三步）

```
Fixed-effects (within) regression          Number of obs      =        300
Group variable: state                      Number of groups   =         10

R-sq:                                      Obs per group:
     within  = 0.5162                                   min =         30
     between = 0.2357                                   avg =       30.0
     overall = 0.4119                                   max =         30

                                           F(3,287)           =     102.05
corr(u_i, Xb)  = 0.0100                    Prob > F           =     0.0000


     lnc  |     Coef.    Std. Err.      t     P>|t|    [95% Conf. Interval]

     lnp  |  -.6586567   .0758082    -8.69   0.000    -.8078672   -.5094462
     lny  |   .3060794   .1538187     1.99   0.048     .0033236    .6088353
    year  |  -.028288    .0121578    -2.33   0.021    -.0522179   -.0043582
    _cons |  7.288621    .6752001    10.79   0.000     5.959649    8.617593

 sigma_u  |  .11617263
 sigma_e  |  .11663392
     rho  |  .49801861   (fraction of variance due to u_i)

F test that all u_i=0: F(9, 287) = 29.35                 Prob > F = 0.0000
```

　　分步回归与 sgmediation 中介效应估计结果完全相同，但它没有第四步 Sobel–Goodman 中介效应检验和效应分解。读者可以手动计算直接效应和间接效应，其中直接效应就是第三步估计的 lny 的系数 0.3060794，间接效应就是 $-1.357101 \times (-0.6586567) = 0.89386367$，而总效应为 $0.89386367 + 0.3060794 = 1.1999431$，也是第一个方程的估计系数。

7.7.3　基于结构方程的中介模型估计

　　中介效应 sgmediation 估计和中介效应分步估计没有区别，本质上还是基于单方程的独立估计和判断。接下来介绍迈赫梅托格鲁（Mehmetoglu，2018）提供的 Stata 命令 medsem，该命令是基于结构方程模型的中介效应分析。赵等（Zhao et al.，2010）和亚科布齐等（Iacobucci et al.，2007）认为，基于 SEM 方法的中介效应分析是最佳框架。

　　此外，在结构方程中，同样可以通过加入个体虚拟变量的方式，来处理面板数据的个体固定效应。对于长面板数据而言，可以通过使用虚拟变量，控制个体固定效应。但是，对于短面板数据而言，由于个体数量太多，使用虚拟变量将导致自由度损失太大，只能通过生成时间虚拟变量，来控制时间固定效应。

　　相对于分步回归估计而言，结构方程模型可以考虑各方程之间的相关性，并且对标准误进行了修正（相对于前文的中介效应 sgmediation 估计和面板固定效应估计，在变量一致的情况下，sem 估计只修正了标准误，回归系数没有改变，依然还是最小二乘法）。相对而言，结构 sem 模型估计的有效性更高。其语法结构为：

sem paths [if] [in] [weight] [, options]

其中,path表示影响的路径。例如,变量1、变量2和变量3对因变量的影响,可以写成(depv <- var1 var2 var3)或者(var1 var2 var3 -> depv)。

. sem (lnp <- lny year state2-state10) (lnc <- lnp lny year state2-state10)　　//这里只用了中介效应三步估计中的后两步,其实把第一步加进去也是一样的(见表7.67)。

表7.67 　　　　　　　　　　　　　　　　结构方程中介效应估计

```
Structural equation model                    Number of obs    =        300
Estimation method  = ml
Log likelihood     = -500.22642
```

	OIM Coef.	Std. Err.	z	P>|z|	[95% Conf. Interval]	
Structural						
lnp						
lny	-1.357101	.0870887	-15.58	0.000	-1.527791	-1.18641
year	.1102001	.0067272	16.38	0.000	.097015	.1233851
state2	.192604	.0276567	6.96	0.000	.1383978	.2468102
state3	-.0402423	.0230065	-1.75	0.080	-.0853342	.0048497
state4	.5644837	.0436865	12.92	0.000	.4788598	.6501076
state5	.8011343	.0508463	15.76	0.000	.7014773	.9007912
state6	.336288	.0318562	10.56	0.000	.273851	.398725
state7	.5850365	.0483573	12.10	0.000	.4902579	.6798151
state8	.4017042	.0310992	12.92	0.000	.340751	.4626575
state9	.11463	.0252053	4.55	0.000	.0652286	.1640315
state10	.0928924	.0252641	3.68	0.000	.0433757	.1424091
_cons	7.521931	.2260546	33.27	0.000	7.078872	7.96499
lnc						
lnp	-.6586567	.0741475	-8.88	0.000	-.803983	-.5133303
lny	.3060794	.1504491	2.03	0.042	.0112047	.6009542
year	-.028288	.0118915	-2.38	0.017	-.051595	-.0049811
state2	-.0362559	.0382823	-0.95	0.344	-.1112878	.0387759
state3	.0696228	.0296969	2.34	0.019	.0114179	.1278276
state4	-.0874676	.0699975	-1.25	0.211	-.2246602	.049725
state5	-.0100896	.0882766	-0.11	0.909	-.1831086	.1629294
state6	.2550491	.0479118	5.32	0.000	.1611437	.3489546
state7	.1634178	.0757538	2.16	0.031	.0149432	.3118924
state8	.1359711	.0498232	2.73	0.006	.0383193	.2336228
state9	.0380431	.0334677	1.14	0.256	-.0275524	.1036386
state10	-.114088	.033169	-3.44	0.001	-.179098	-.049078
_cons	7.247201	.6287673	11.53	0.000	6.014839	8.479562
var(e.lnp)	.0078904	.0006442			.0067235	.0092597
var(e.lnc)	.013014	.0010626			.0110895	.0152725

```
LR test of model vs. saturated: chi2(0)   =      0.00, Prob > chi2 =     .
```

在使用结构方程模型(SEM)估计完中介效应之后,可以使用medsem命令进一步检验中介效应。不过该命令不是系统命令,需要提前下载安装:

. ssc install medsem, replace

命令medsem是专门用于sem命令之后计算中介效应的，它有两种方法计算中介效应，一是经过亚科布齐等（Iacobucci et al.，2007）改进的巴伦和肯尼（Baron and Kenny，1986）结构方程模型方法；二是赵等（Zhao et al.，2010）提出的中介效应估计方法。它的语法结构为：

. medsem, indep(varname) med(varname) dep(varname) [mcreps(number) stand zlc rit rid]

其中，indep(varname)代表解释变量 (X)；med(varname)代表中介变量 (M)；dep(varname)代表被解释变量(Y)；选项mcreps(number)指定蒙特卡罗复制的数量，默认是样本的数量大小；选项stand指定输出标准化的系数，当省略这一项时，默认输出非标准化系数；选项zlc用于指定赵等（2010）的中介效应估计方法，当省略这一选项时，默认是亚科布齐等（Iacobucci et al.，2007）改进的BK方法。选项rit用于指定输出中介效应与总效应之比；rid用于指定输出中介效应与直接效应之比。

. medsem, indep(lny) med(lnp) dep(lnc) 　　//（见表7.68）。

表7.68　　　　　　　　　　　　结构方程中介效应检验

```
Significance testing of indirect effect (unstandardised)
```

Estimates	Delta	Sobel	Monte Carlo
Indirect effect	0.894	0.894	0.889
Std. Err.	0.116	0.116	0.116
z-value	7.717	7.717	7.648
p-value	0.000	0.000	0.000
Conf. Interval	0.667 , 1.121	0.667 , 1.121	0.678 , 1.114

```
Baron and Kenny approach to testing mediation
STEP 1 - lnp:lny (X -> M) with B=-1.357 and p=0.000
STEP 2 - lnc:lnp (M -> Y) with B=-0.659 and p=0.000
STEP 3 - lnc:lny (X -> Y) with B=0.306 and p=0.042
         As STEP 1, STEP 2 and STEP 3 as well as the Sobel's test above
         are significant the mediation is partial!

Note: to read more about this package help medsem
```

进一步地，还可以通过加入其他选项来做更多的分析：

. quietly sem (lnp <- lny year state2-state10) (lnc <- lnp lny year state2-state10)

. medsem, indep(lny) med(lnp) dep(lnc) mcreps(5000) stand zlc rit rid 　　//（见表7.69）。

表7.69　　　　　　　　结构方程中介效应检验（ZLC检验）

```
Significance testing of indirect effect (standardised)
```

Estimates	Delta	Sobel	Monte Carlo
Indirect effect	2.995	2.995	2.999
Std. Err.	0.368	0.364	0.365
z-value	8.143	8.232	8.226
p-value	0.000	0.000	0.000
Conf. Interval	2.274 , 3.716	2.282 , 3.708	2.304 , 3.733

```
Baron and Kenny approach to testing mediation
STEP 1 - lnp:lny (X -> M) with B=-6.696 and p=0.000
STEP 2 - lnc:lnp (M -> Y) with B=-0.447 and p=0.000
STEP 3 - lnc:lny (X -> Y) with B=1.026 and p=0.041
         As STEP 1, STEP 2 and STEP 3 as well as the Sobel's test above
         are significant the mediation is partial!


Zhao, Lynch & Chen's approach to testing mediation
STEP 1 - lnc:lny (X -> Y) with B=1.026 and p=0.041
         As the Monte Carlo test above is significant, STEP 1 is
         significant and their coefficients point in same direction,
         you have complementary mediation (partial mediation)!


RIT  =   (Indirect effect / Total effect)
         (2.995 / 4.021) = 0.745
         Meaning that about 74 % of the effect of lny
         on lnc is mediated by lnp!
```

7.8　面板随机前沿模型

7.8.1　随机前沿模型概述

经济学研究过程中，经常会涉及生产函数和成本函数的效率问题。例如，技术创新的效率，可以使用索洛余值进行估算，也可以依托国民经济投入–产出生产函数，使用随机前沿的方法进行测算。

其中，索洛余值的估计方法比较粗糙，它把模型中生产要素以外的所有影响经济增长的因素（扰动项），都归结为技术创新的效率。

事实上，对于任何一个国家、地区或者企业而言，生产函数只是该国家、地区或企业所能达到的最大生产可能性前沿（边界）。但是，实际生产过程中，因为受到各种外部因素的影响，生产函数的前沿可能很难达到。因而，以企业生产为例，可以假设企业 i 的产量为：

$$y_i = f(\mathbf{X}_i, \beta) \cdot \delta_i$$

其中，y_i 代表产出，$\mathbf{X}_i$ 代表要素投入，β 代表生产要素对产出影响的边际效应，也是待估参数。$0 \leqslant \delta_i \leqslant 1$ 代表企业的效率水平，如果 $\delta_i = 1$，则说明企业 i 正好处于效率前沿，δ_i 取值越高，代表企业的效率水平越高。此外，进一步假定企业的生产函数还会受到外生因素的随机冲击：

$$y_i = f(X_i, \beta) \cdot \delta_i \cdot e^{v_i}$$

其中，e^{v_i} 代表企业面临的随机冲击。因而，企业的产出能否达到生产前沿（边界），不仅受到企业自身的效率水平 δ_i 影响，还会受到外生随机冲击因素 e^{v_i} 影响，因而上述方程也被称为随机前沿模型（stochastic frontier analysis, SFA）。

随机前沿模型最早由艾格纳、卢维尔和施密特（Aigner, Lovell and Schmidt, 1977）提出，在实证研究中被广泛应用。假设生产函数是柯布-道格拉斯形式的：

$$y_{it} = e^{\beta_0} \cdot X_{it}{}^{\beta} \cdot \delta_{it} \cdot e^{v_{it}}$$

上式两边同时取对数可得：

$$\ln y_{it} = \beta_0 + \beta \ln X_{it} + \ln \delta_{it} + v_{it}$$

由于 $0 \leqslant \delta_i \leqslant 1$，所以 $\ln \delta_{it}$ 小于0，令 $u_{it} = -\ln \delta_{it} \geqslant 0$，则上式可以转化为：

$$\ln y_{it} = \beta_0 + \beta \ln X_{it} + v_{it} - u_{it}$$

其中，$u_{it} \geqslant 0$ 代表"无效率"项，反映了企业离生产前沿（边界）的距离。如果企业是完全有效的，则 $\delta_{it} = 1$，$u_{it} = -\ln \delta_{it} = 0$，效率损失为0；如果企业的效率为 $\delta_{it} = 0.9$，则 $u_{it} = -\ln(0.9) = -(-0.105) = 0.105$，效率损失为 0.105[①]。

与传统的面板数据模型不一样，这里的混合扰动项 $\varepsilon_{it} = v_{it} - u_{it}$，既包含了随机扰动项 v_{it}，也包含了"无效率"项 u_{it}，因而普通最小二乘法估计不合适，使用极大似然估计方法更有效率。

此外，对"无效率"项 u_{it} 一般做出如下几种假设：（1）假设"无效率"项 u_{it} 是半正态分布；（2）假设"无效率"项 u_{it} 是截断（truncated）正态分布；（3）假设"无效率"项 u_{it} 服从指数分布。其中，半正态分布是最常用的假定。

7.8.2　面板随机前沿模型估计

命令 xtfrontier 可以拟合随机前沿模型中的时间不变模型和时变衰减模型，其中时间不变模型的残差被假设具有截断正态分布。时变衰减模型的残差被假设为一个截断正态随机变量乘以一个时间函数。

---

① 数列极限中，当 x 趋近于1时，$\ln(x)$ 也趋近于 $1-x$。因而，如果 x 是效率水平，那么 $u = -\ln(x)$ 就是效率损失。

面板随机前沿命令xtfrontier要求所有的因变量和解释变量先取对数，然后才能进行回归估计。

（1）时间不变模型（Time-invariant model，也称定常模型）。

. xtfrontier depvar [indepvars] [if] [in] [weight] , ti [ti_options]

（2）时变衰减模型（Time-varying decay model）。

. xtfrontier depvar [indepvars] [if] [in] [weight] , tvd [tvd_options]

其中，选项ti，代表时间不变模型；选项tvd代表时变衰减模型；选项cost代表估计的是成本函数，默认为生产函数的随机前沿估计。

以企业生产数据xtfrontier1为例，其中lnwidgets表示企业产出，lnmachines表示生产过程中的机器资本投入，lnworkers表示劳动力投入。

. webuse xtfrontier1, clear

. xtfrontier lnwidgets lnmachines lnworkers, ti   // ti代表时间不变无效率模型，使用此模型计算的个体或地区技术效率不会随时间发生变化（见表7.70）。

表7.70　　　　　　　　　面板随机前沿分析（时间不变模型）

```
Time-invariant inefficiency model            Number of obs    =      948
Group variable: id                           Number of groups =       91

                                             Obs per group:
                                                        min =        6
                                                        avg =     10.4
                                                        max =       14

                                             Wald chi2(2)     =   661.76
Log likelihood  = -1472.6069                 Prob > chi2      =   0.0000
```

lnwidgets	Coef.	Std. Err.	z	P>|z|	[95% Conf. Interval]	
lnmachines	.2904551	.0164219	17.69	0.000	.2582688	.3226415
lnworkers	.2943333	.0154352	19.07	0.000	.2640808	.3245858
_cons	3.030983	.1441022	21.03	0.000	2.748548	3.313418
/mu	1.125667	.6479217	1.74	0.082	-.144236	2.39557
/lnsigma2	1.421979	.2672745	5.32	0.000	.898131	1.945828
/lgtgamma	1.138685	.3562642	3.20	0.001	.4404204	1.83695
sigma2	4.145318	1.107938			2.455011	6.999424
gamma	.7574382	.0654548			.6083592	.8625876
sigma_u2	3.139822	1.107235			.9696821	5.309962
sigma_v2	1.005496	.0484143			.9106055	1.100386

表7.70的估计结果为时间不变无效率模型，虽然是面板数据，但是假设每个企业的效率水平和外生冲击不随时间变化，因而估计出来的企业技术效率，也不随时间变化。

. predict efficiency1, te   //计算个体或地区技术效率

. list id t lnwidgets lnworkers lnmachines efficiency1 if id<=3 & t<=3   //（见表7.71）。

表7.71 技术效率比较

id	t	lnwidgets	lnworkers	lnmachi~s	effici~1
1	1	-.4727314	-.6569362	-7.046745	.2735752
1	2	1.500208	.3588581	-.2507132	.2735752
1	3	.5904304	1.229783	-6.298574	.2735752
2	1	-.3934693	-2.002454	1.49465	.0537262
2	2	-.7016688	.9422852	-.2676216	.0537262
2	3	.6014578	.3021627	-.1852721	.0537262
3	1	3.834845	1.95841	-.8582727	.8113303
3	2	2.442199	-2.386297	-1.830385	.8113303
3	3	2.724492	-2.281548	-2.524782	.8113303

表7.71结果说明，时间不变模型计算的各个企业不同年份的技术效率是不变的（时间不变的名称由此而来），但是不同企业是不一样的。

如果想要计算各个企业不同年份的技术效率，则可以使用随机前沿的时变衰减模型：

. xtfrontier lnwidgets lnmachines lnworkers, tvd　　 // tvd代表时间变化衰退无效率模型，使用此模型计算的个体或地区技术效率会随时间发生变化（见表7.72）。

表7.72 面板随机前沿分析（时变衰减模型）

```
Time-varying decay inefficiency model          Number of obs     =      948
Group variable: id                             Number of groups  =       91

Time variable: t
                                               Obs per group:
                                                            min =        6
                                                            avg =     10.4
                                                            max =       14

                                               Wald chi2(2)      =   661.93
Log likelihood  = -1472.5289                   Prob > chi2       =   0.0000
```

lnwidgets	Coef.	Std. Err.	z	P>|z|	[95% Conf. Interval]	
lnmachines	.2907555	.0164376	17.69	0.000	.2585384	.3229725
lnworkers	.2942412	.0154373	19.06	0.000	.2639846	.3244978
_cons	3.028939	.1436046	21.09	0.000	2.74748	3.310399
/mu	1.110831	.6452809	1.72	0.085	-.1538967	2.375558
/eta	.0016764	.00425	0.39	0.693	-.0066535	.0100064
/lnsigma2	1.410723	.2679485	5.26	0.000	.885554	1.935893
/lgtgamma	1.123982	.3584243	3.14	0.002	.4214828	1.82648
sigma2	4.098919	1.098299			2.424327	6.930228
gamma	.7547265	.0663495			.603838	.8613419
sigma_u2	3.093563	1.097606			.9422943	5.244832
sigma_v2	1.005356	.0484079			.9104785	1.100234

. predict efficiency2, te　　 //计算个体或地区技术效率

. xtsum efficiency1 efficiency2 　　 //（见表7.73）。

表7.73　　　　　　　　　　　　　技术效率描述性统计

Variable		Mean	Std. Dev.	Min	Max	Observations	
effici~1	overall	.2820985	.2590402	.008457	.8113303	N =	948
	between		.2556921	.008457	.8113303	n =	91
	within		0	.2820985	.2820985	T-bar =	10.4176
effici~2	overall	.282679	.2594477	.0080778	.8139758	N =	948
	between		.2560913	.0084424	.8126535	n =	91
	within		.0013153	.2788234	.2865344	T-bar =	10.4176

表7.73中，时间不变无效率模型估计情况下的efficiency1的组内无差异（within的Std.Dev值为0，说明组内无差异）。但时变衰减模型计算的技术效率，组内是有差异的。

此外，随机前沿模型估计也可使用sfpanel命令，但是该命令的计算结果没有xtfrontier命令稳定，而且是系统外部命令，需要提前下载安装。

. ssc install sfpanel, replace

. ssc install sfcross, replace　　// sfcross是截面数据的随机前沿估计命令，sfpanel面板随机前沿估计需要调用该程序，所以也需要提前安装

. webuse xtfrontier1, clear

. qui sfpanel lnwidgets lnworkers lnmachines, m(tfe) usigma(lnworkers) robust
//Greene（2005）真实固定效应模型，具体介绍参见help sfpanel

. predict jlms1, jlms　　//计算技术效率

. list efficiency1 efficiency2 jlms1 if id==1　　//（见表7.74）。

表7.74　　　　　　　　　　　　　不同测算技术效率比较

	effici~1	efficie~2	jlms1
1.	.2735752	.27178386	.75563608
2.	.2735752	.27235701	.74888403
3.	.2735752	.27293048	.79347638
4.	.2735752	.27350425	.75719142
5.	.2735752	.27407834	.77540846
6.	.2735752	.27465274	.83842134
7.	.2735752	.27522744	.77180887
8.	.2735752	.27580245	.68054969
9.	.2735752	.27637777	.36784037
10.	.2735752	.27695338	.61678566
11.	.2735752	.2775293	.79465382

对比三种不同的技术效率，可以发现它们之间存在较大的差异，各自侧重点也不一样，读者应该根据自己的需要来选择具体方法。

第8章　离散与受限因变量模型

在学习研究中，有时我们所收集到的数据不一定都像以往那样为连续变量。当所研究的问题中解释变量为离散变量时，这并不影响我们的回归结果。但如果所研究问题的被解释变量为离散变量时，例如，二值选择变量：考研或者不考研；多值选择变量：坐车、坐船、坐飞机和坐火车等。对于这一类模型，由于被解释变量是离散的，通常不适合使用OLS进行回归。此外，在实际研究过程中，有可能还会遇到因变量受到某种限制的情况，取得的样本数据来自总体的一个子集，但有可能不能完全反映总体，比如截断回归（truncated regression），这时需要建立的计量经济模型称为受限因变量模型。

8.1　二值Logit和Probit模型

考察一个线性概率模型（linear probability model）如式（8-1）所示。

$$r_i = \mathbf{X}_i \boldsymbol{\beta} + u_i \tag{8-1}$$

其中，r是一个布尔响应变量（boolean response variable，即取值0或1的变量），$\mathbf{X}$代表解释变量矩阵。与传统的线性模型相比，这个模型存在两个特殊情况：（1）如果使用以前所介绍的regress命令进行OLS回归，可以进行简单的计算，但是利用这个回归得到的模型预测值就不一定受到0或1的限制了。预测值可能为负，也可能大于1，此时就不能再将其视为概率了。（2）尽管可以使用某些方法将其预测值限制在 [0,1] 上，但是线性概率模型还有另外一个问题，即误差项 u 无法满足同方差（homoskedasticity）的假定。根据式（8-1），其误差项为：

$$u_i = r_i - \mathbf{X}_i \boldsymbol{\beta} \tag{8-2}$$

由于r是一个布尔响应变量，取值为0或1，对于一系列给定的 x 的取值，u 的取值也只有两个：$1 - \mathbf{X}\boldsymbol{\beta}$ 或 $-\mathbf{X}\boldsymbol{\beta}$，从而误差项服从二项分布（binominal distribution）。根据二项分布的属性，误差项的条件方差为：

$$\mathrm{Var}[\mathbf{u} \mid \mathbf{X}] = -\mathbf{X}\boldsymbol{\beta}(1 - \mathbf{X}\boldsymbol{\beta}) \tag{8-3}$$

对于任意的 x 取值而言，没有什么约束能够保证这个等式的取值为正，这样误差项的方差就可能为负，这是令人无法接受的。因此，不能简单地对二值响应模型使用regress命令进行回归，必须采取其他的策略。但是在考察其他的策略之前，先介绍二值响应模型的另外一种形式：潜在变量方法（the latent-variable approach）。

8.1.1　潜在变量模型

潜在变量方法可以将一个因变量取值为连续的模型转化为一个二值响应模型，如果因变量的取值不是二元的，而是连续的，如下所示：

$$\mathbf{y} = \mathbf{X\beta} + \mathbf{u} \qquad (8\text{-}4)$$

仍然可以采用二元结果模型，只需做一个简单的变换，假定：

$$y_i = \begin{cases} 1 & y_i > 0 \\ 0 & y_i \leq 0 \end{cases}$$

则有 y 取值为1的概率为：

$$\begin{aligned} \Pr(y_i = 1) &= \Pr(\mathbf{X_i\beta} + \mathbf{u}_i > 0) \\ &= \Pr(-\mathbf{u}_i < \mathbf{X_i\beta}) \\ &= \Psi(\mathbf{X_i\beta}) \end{aligned}$$

其中，$\Psi(\mathbf{X_i\beta})$ 表示 $-\mathbf{u}_i$ 的累积分布函数（cumulative distribution function）。可以使用极大似然估计（maximum likelihood，ML）的方法来获得二值响应模型的参数，对于每个观测值而言，$\mathbf{y}$ 对 $\mathbf{X}$ 的条件概率为：

$$\Pr(y_i \mid \mathbf{X_i}) = \{\Psi(\mathbf{X_i\beta})\}^{y_i}\{1 - \Psi(\mathbf{X_i\beta})\}^{1-y_i} \qquad (8\text{-}5)$$

其对数似然（log likelihood）形式（即等式两边同时取对数）可以写为：

$$\ell_i(\mathbf{\beta}) = y_i \log\{\Psi(\mathbf{X_i\beta})\} + (1 - y_i)\log\{1 - \Psi(\mathbf{X_i\beta})\} \qquad (8\text{-}6)$$

则样本的对数似然函数为 $L(\mathbf{\beta}) = \sum_{i=1}^{N} \ell_i(\mathbf{\beta})$，对它求最大化即可得到参数值。**注意，无论是二元选择模型，还是多元选择模型，目标都是要预测个体做出某种选择的最大概率，因而是最大化对数似然函数求解，而不是最小化。**

对于布尔响应变量模型，或者说二值结果模型（binary outcome models），常用的是Logit模型和Probit模型。前文提到 $\Psi(\mathbf{X_i\beta})$ 表示 $-\mathbf{u}_i$ 的累积分布函数，假如 $\mathbf{u}$ 服从正态分布，则可以使用Probit模型；假如 $\mathbf{u}$ 服从logistic分布，则使用Logit模型。

对于Logit模型而言，$\Psi(\mathbf{x}'\mathbf{\beta})$ 的累积分布函数服从logistic分布：

$$\Pr(y_i = 1 \mid \mathbf{X_i}) = \frac{\exp(\mathbf{X_i\beta})}{1 + \exp(\mathbf{X_i\beta})}$$

在潜在变量模型中（latent-variable model），必须假定误差项有一个已知的方差 σ_u^2，与OLS线性回归问题不同的是，这里没有足够的信息来估计方差的大小。由于在潜在变量模型等式两边同时除以 σ 不会改变估计问题，因此在除以 σ 之后模型的标准差 $\sigma=1$，而标准正态分布的标准差刚好为1，因而可以使用Probit模型；如果使用Logit模型，则令 $\sigma=\dfrac{\pi}{\sqrt{3}}$，因为logistic分布的方差为 $\dfrac{\pi^2}{3}$。

如果二值响应变量 y 的取值不是太极端（例如取值为 $y_i=1$ 的观测值只占样本非常小的一个比例或相反），Logit和Probit模型得到的结果非常接近（这里指边际效应，参数值还是相差约为 $\sigma=\dfrac{\pi}{\sqrt{3}}$）。表8.1为三种常用的二元结果模型：

表8.1   二元结果模型

模型	概率：$p=\Pr(y=1\mid \mathbf{X})$	边际效应 $\dfrac{\partial p}{\partial x_j}$
Logit	$\Psi(\mathbf{X\boldsymbol\beta})=\dfrac{e^{\mathbf{X\boldsymbol\beta}}}{1+e^{\mathbf{X\boldsymbol\beta}}}$	$\Psi(\mathbf{X\boldsymbol\beta})\{1-\psi(\mathbf{X\boldsymbol\beta})\}\beta_j$
Probit	$\Phi(\mathbf{X\boldsymbol\beta})=\displaystyle\int_{-\infty}^{e^{\mathbf{X\boldsymbol\beta}}}\varphi(z)dz$	$\varphi(\mathbf{X\boldsymbol\beta})\beta_j$
Complementary log–log	$C(\mathbf{X\boldsymbol\beta})=1-\exp\{1-\exp(\mathbf{X\boldsymbol\beta})\}$	$\exp\{-\exp(\mathbf{X\boldsymbol\beta})\}\exp(\mathbf{X\boldsymbol\beta})\beta_j$

表8.1中，第二列为累积分布函数，Probit模型的累积分布函数中 $\varphi(\mathbf{X\boldsymbol\beta})$ 表示标准正态概率密度函数，Logit模型的概率累积分布函数c.d.f.为logistic分布，并且Logit，Probit和Clog-log模型（也称互补双对数模型）的概率分布都是关于0点对称的。

8.1.2 边际效应与预测

如何解释受限因变量模型的边际效应是一个非常麻烦的问题，可以根据链式法则来计算边际效应：

$$\frac{\partial \Pr(y=1\mid \mathbf{X})}{\partial x_j}=\frac{\partial \Pr(y=1\mid \mathbf{X})}{\partial \mathbf{X\boldsymbol\beta}}\cdot\frac{\partial \mathbf{X\boldsymbol\beta}}{\partial x_j}=\Psi'(\mathbf{X\boldsymbol\beta})\cdot\beta_j=\psi(\mathbf{X\boldsymbol\beta})\cdot\beta_j$$

其中，$\psi(\mathbf{X\boldsymbol\beta})$ 表示 $\Psi(\mathbf{X}\boldsymbol\beta)$ 的概率密度函数。在一个二值结果模型中，x_j 的改变不会导致 $\Pr(\mathbf{u}=1\mid \mathbf{X})$ 发生 β_j 的改变，因为 $\psi(\mathbf{X\boldsymbol\beta})$ 是 x 的非线性函数。此外，使用 $\psi(\mathbf{X\boldsymbol\beta})$ 分布函数的目的，就是要限制 **y** 的预测值的范围在 [0,1] 以内。根据分布函数的属性，当 x_j 的绝对值取值很大时，边际效应接近于0。

Stata中的Probit和Logit命令报告的都是极大似然估计（maximum likelihood estimates）系数。截至目前，还没有什么好的方法能说明其中一个模型的估计好于另外一个模型。对于相同的模型或数据，Probit和Logit估计的系数会有显著的不同，因为Probit得到的系数是对 $\frac{\beta_{logit}}{\sigma_u}$ 的估计，由于Probit回归使用的是标准正态分布，其标准差为1；Logit回归使用的是logistic分布，其方差为 $\frac{\pi^2}{3}$，标准差为 $\sigma = \frac{\pi}{\sqrt{3}} = 1.814$，所以Logit回归报告的系数大约是Probit模型报告系数的1.814倍（具体多少要取决于因变量的分布情况）。但是，使用二元结果模型时，更多的是想得到它们的边际效应。对于这两个模型而言，都可以使用margins命令计算：

. logit depvar [indepvars] [if] [in] [weight] [, options]

. probit depvar [indepvars] [if] [in] [weight] [, options]

. cloglog depvar [indepvars] [if] [in] [weight] [, options]

使用上面的回归命令之后，再使用下面的命令来计算边际效应（边际效应计算详细介绍请见第11章非线性回归方法）：

. margins, dydx(*)

Logit和Probit模型得到系数会有一定的差别，这主要是由概率分布不同所引起的。但同时也正如前文所言，其估计的边际效应不会有显著的差异。

8.1.3　工具变量法

在使用受限因变量模型的过程中，有时也会遇到变量出现内生性问题，其处理方式与第五章讨论的内生性问题类似，可以使用命令ivprobit，其命令格式如下：

. ivprobit depvar [varlist1] (varlist2 = varlist_iv) [if] [in] [weight] [, mle_options]　　//默认为极大似然估计

. ivprobit depvar [varlist1] (varlist2 = varlist_iv) [if] [in] [weight], twostep [tse_options]　　//两阶段估计

使用工具变量法之后，所得的估计系数仍然不是变量的边际效应，需要使用margins命令计算：

. margins, dydx(*) predict(pr)　　//注意一定要加predict(pr)选项

8.1.4　二值Logit和Probit模型的Stata案例

本节内容使用的数据集为double11.dta，该数据集是关于大学生"双十一"网络购物从众行为的数据。同样地，在调用数据以后，使用sum命令对数据概况进行查看。键入命令：

. use "D:\01傻瓜计量经济学与stata应用\data\double11.dta", clear

. asdoc sum join peer ivfriends gender exper major poor income grade, replace　　　//

（见表8.2）。

表8.2　　　　　　　　　　　　　　　　描述性统计分析

Variable	Obs	Mean	Std. Dev.	Min	Max
join	2,400	.72875	.4446975	0	1
peer	2,400	.875	.3307878	0	1
ivfriends	2,400	.8570833	.3500608	0	1
gender	2,400	.615	.4866967	0	1
exper	2,400	.9670833	.1784557	0	1
major	2,400	.8591667	.347922	0	1
poor	2,400	.2904167	.4540493	0	1
income	2,400	2.554167	.9970691	1	5
grade	2,400	1.532917	1.344	0	5

表8.2中的变量，主要研究同伴效应"室友是否参加"（peer）对大学生是否参加"双十一"决策的影响，同时为了简化只取部分变量作为控制变量进行分析。首先使用logit命令进行分析，键入以下命令：

. logit join peer gender exper major poor income grade　　　//（见表8.3）。

表8.3　　　　　　　　　　　　　　　　**Logit**模型回归估计

Logistic regression

				Number of obs	=	2,400
				LR chi2(7)	=	200.48
				Prob > chi2	=	0.0000
Log likelihood = -1302.5531 | | | | Pseudo R2 | = | 0.0715 |

join	Coef.	Std. Err.	z	P>|z|	[95% Conf. Interval]	
peer	1.204725	.1345674	8.95	0.000	.9409781	1.468473
gender	.346141	.0982144	3.52	0.000	.1536443	.5386377
exper	2.145981	.2740048	7.83	0.000	1.608942	2.683021
major	.0360691	.1390995	0.26	0.795	-.236561	.3086992
poor	-.2000651	.111104	-1.80	0.072	-.4178249	.0176947
income	.108581	.0569199	1.91	0.056	-.0029799	.2201419
grade	-.0882719	.0384761	-2.29	0.022	-.1636837	-.0128601
_cons	-2.412106	.3313536	-7.28	0.000	-3.061547	-1.762665

表8.3的结果表明，室友是否参加"双十一"（peer）对受访大学生是否参加"双十一"的影响显著为正。但需要注意的是，正如之前提到的，此处的系数并不等同通常理解的边际效应，它实际上是边际效应与该概率密度函数的乘积。如果要想得到具体每一个解释变量的边际效应，可以使用margins命令。

. margins, dydx(*)　　　//*号表示求所有解释变量的边际效应（见表8.4）。

如表8.4所示，此时所得到的系数才是真正的边际效应。变量peer的系数为0.216，说明相对于室友没有参加"双十一"活动的受访大学生而言，那些室友参加了"双十一"活动的受访大学生，选择参加"双十一"的概率要高出21.6%。接下来再进行Probit回归分析：

. probit join peer gender exper major poor income grade　　　//（见表8.5）。

表8.4　　　　　　　　　　　　　　　　**Logit 模型边际效应计算**

```
Average marginal effects                    Number of obs   =    2,400
Model VCE     : OIM

Expression    : Pr(join), predict()
dy/dx w.r.t.  : peer gender exper major poor income grade
```

	dy/dx	Delta-method Std. Err.	z	P>|z|	[95% Conf. Interval]	
peer	.2164203	.0227457	9.51	0.000	.1718395	.261001
gender	.0621817	.0175168	3.55	0.000	.0278494	.0965141
exper	.3855101	.0469658	8.21	0.000	.2934588	.4775615
major	.0064795	.0249872	0.26	0.795	-.0424945	.0554536
poor	-.0359403	.0199212	-1.80	0.071	-.0749852	.0031047
income	.0195058	.0102056	1.91	0.056	-.0004967	.0395083
grade	-.0158574	.0068911	-2.30	0.021	-.0293638	-.0023511

表8.5　　　　　　　　　　　　　　　　**Pogit 模型回归估计**

```
Probit regression                           Number of obs   =    2,400
                                            LR chi2(7)      =     201.06
                                            Prob > chi2     =     0.0000
Log likelihood = -1302.2646                 Pseudo R2       =     0.0717
```

join	Coef.	Std. Err.	z	P>|z|	[95% Conf. Interval]	
peer	.7330709	.0824968	8.89	0.000	.5713801	.8947617
gender	.207621	.0579095	3.59	0.000	.0941205	.3211215
exper	1.305754	.1609317	8.11	0.000	.9903336	1.621174
major	.0218699	.0823276	0.27	0.791	-.1394892	.1832289
poor	-.1187832	.0656429	-1.81	0.070	-.2474408	.0098745
income	.064342	.0328959	1.96	0.050	-.0001328	.1288168
grade	-.052114	.0228505	-2.28	0.023	-.0969002	-.0073278
_cons	-1.464144	.1946217	-7.52	0.000	-1.845596	-1.082693

表8.5中的Probit估计结果，同伴效应peer的系数为0.7330709。前文Logit估计结果中，同伴效应peer的估计系数为1.204725。在前文分析中，曾指出Logit模型和Probit模型估计的系数之间，存在一个 $\sigma = \dfrac{\pi}{\sqrt{3}} = 1.814$ 左右的差异。关于这一点，可以利用Stata计算它们之间的比值：

. display 1.204725/0.7330709

Stata返回的计算结果为1.6433949，虽然不等于1.814，但也与之相近（具体取值与因变量的0和1取值分布相关）。其他变量留待读者自行验证。同样，可以使用margins命令计算Probit模型估计的边际效应：

. margins, dydx(*)　　　//结果省略

无论是使用Probit还是Logit模型进行估计，一样可能会存在内生性问题。以double11.dta数据为例，可以使用变量寝室关系是否和谐（ivfriends）作为工具变量进行估计：

. ivprobit join gender exper major poor income grade (peer=ivfriends)　　　//（见表8.6）。

表8.6   **Probit模型工具变量估计**

```
Probit model with endogenous regressors          Number of obs    =     2,400
                                                  Wald chi2(7)     =    280.80
Log likelihood = -1718.4448                       Prob > chi2      =    0.0000
```

	Coef.	Std. Err.	z	P>|z|	[95% Conf. Interval]	
peer	1.791365	.1537078	11.65	0.000	1.490103	2.092626
gender	.1439926	.0572007	2.52	0.012	.0318813	.2561039
exper	1.199727	.1574714	7.62	0.000	.8910892	1.508366
major	-.0217557	.0803409	-0.27	0.787	-.1792209	.1357096
poor	-.1213719	.0636256	-1.91	0.056	-.2460757	.0033319
income	.0055838	.0329958	0.17	0.866	-.0590868	.0702545
grade	-.087994	.0225804	-3.90	0.000	-.1322507	-.0437373
_cons	-2.048014	.1976363	-10.36	0.000	-2.435374	-1.660654
corr(e.peer,e.join)	-.3911294	.0512412			-.4866817	-.2863288
sd(e.peer)	.2905425	.0041936			.2824383	.2988792

```
Instrumented:   peer
Instruments:    gender exper major poor income grade ivfriends

Wald test of exogeneity (corr = 0): chi2(1) = 46.64          Prob > chi2 = 0.0000
```

通过观察表8.6中的结果，可以发现在添加工具变量之后，模型的显著性水平不仅没有下降，反而有所上升，这间接说明了原模型可能存在内生性问题。可以使用margins命令计算工具变量估计的边际效应：

. margins, dydx(*) predict(pr)   // Stata17和Stata18工具变量估计之后，margins命令计算的是结构函数概率的平均值Average structural function probabilities，反映的是整个样本的平均边际效应；Stata16及以前的版本计算的是取正结果的概率probability of positive outcome，反映的是有多少比例的观测值会出现正的结果，两者差异较大（见表8.7）。

表8.7   **Probit模型工具变量估计的边际效应计算**

```
Average marginal effects                              Number of obs = 2,400
Model VCE: OIM

Expression: Average structural function probabilities, predict(pr)
dy/dx wrt:  peer gender exper major poor income grade
```

	dy/dx	Delta-method std. err.	z	P>|z|	[95% conf. interval]	
peer	.5838645	.0591508	9.87	0.000	.467931	.699798
gender	.0469319	.0184119	2.55	0.011	.0108453	.0830185
exper	.3910305	.0487687	8.02	0.000	.2954457	.4866153
major	-.0070909	.0261986	-0.27	0.787	-.0584393	.0442575
poor	-.0395591	.0207027	-1.91	0.056	-.0801357	.0010175
income	.0018199	.0107435	0.17	0.865	-.019237	.0228769
grade	-.0286801	.0074553	-3.85	0.000	-.0432923	-.014068

表8.7中，使用工具变量估计的边际效应与前面Probit模型估计的边际效应差距很大，但是如果使用Stata16及以前版本margins命令计算的正结果概率，则边际效应接近。此外，也可以尝试使用两阶段工具变量法估计：

. ivprobit join gender exper major poor income grade (peer=ivfriends), twostep first   //

（见表8.8和表8.9）。

表8.8 **Probit模型工具变量两阶段估计的一阶段估计结果**

first-stage regression

Source	SS	df	MS		Number of obs	=	2,400
					F(7, 2392)	=	101.04
Model	59.9041424	7	8.55773463		Prob > F	=	0.0000
Residual	202.595858	2,392	.084697265		R-squared	=	0.2282
					Adj R-squared	=	0.2259
Total	262.5	2,399	.109420592		Root MSE	=	.29103

peer	Coef.	Std. Err.	t	P>|t|	[95% Conf. Interval]	
ivfriends	.3849064	.0170759	22.54	0.000	.3514213	.4183916
gender	.0413315	.0123046	3.36	0.001	.0172027	.0654604
exper	-.0065358	.0336036	-0.19	0.846	-.072431	.0593593
major	.0089993	.0175981	0.51	0.609	-.0255098	.0435085
poor	.0044637	.0140414	0.32	0.751	-.0230709	.0319983
income	.042428	.0068305	6.21	0.000	.0290338	.0558223
grade	.0350986	.0048106	7.30	0.000	.0256652	.044532
_cons	.3548051	.0404693	8.77	0.000	.2754465	.4341637

表8.9 **Probit模型工具变量两阶段估计的二阶段估计结果**

Two-step probit with endogenous regressors

			Number of obs	=	2,400
			Wald chi2(7)	=	184.80
			Prob > chi2	=	0.0000

	Coef.	Std. Err.	z	P>|z|	[95% Conf. Interval]	
peer	1.946425	.2079444	9.36	0.000	1.538862	2.353989
gender	.1564566	.0615867	2.54	0.011	.035749	.2771643
exper	1.303576	.1684799	7.74	0.000	.9733613	1.63379
major	-.0236388	.0873535	-0.27	0.787	-.1948485	.1475708
poor	-.1318779	.0691638	-1.91	0.057	-.2674364	.0036806
income	.0060671	.0358203	0.17	0.865	-.0641394	.0762737
grade	-.0956108	.0250645	-3.81	0.000	-.1447363	-.0464853
_cons	-2.22529	.2365591	-9.41	0.000	-2.688937	-1.761642

Instrumented: peer
Instruments: gender exper major poor income grade ivfriends

Wald test of exogeneity: chi2(1) = 45.97   Prob > chi2 = 0.0000

必须清楚的是，使用ivprobit两阶段twostep选项，不能使用margins命令计算边际效应。但是，可以手动计算：

predict xb, xb   //预测模型中的自变量（xb）的值

scalar beta_peer = _b[peer]   //获取上一次回归估计中变量peer的系数

gen me_peer = normalden(xb) * beta_peer   //计算peer的边际效应，即当其他变量保持不变时，"peer"变量每增加一个单位，因变量的预期变化。这里使用的是正态分布的概率密度函数（normalden）来计算

8.1.5　面板二值选择模型

当面板数据的被解释变量为虚拟变量时，应使用面板二值选择模型回归方法。

与连续因变量面板数据类似，面板二值选择模型也存在混合回归、固定效应、随机效应、加总平均等区分，只需在前文所述非线性回归前添加前缀"xt"即可，例如：

. xtlogit y x1 x2 x3, re

. xtlogit y x1 x2 x3, fe

. xtlogit y x1 x2 x3, pa   //加总平均

非线性面板的回归模型也有多种，不同类型的被解释变量有不同的回归模型。当被解释变量为虚拟变量时对应面板二值模型，该模型可以应用混合、固定效应和随机效应进行回归。当被解释变量为计数变量时对应面板泊松回归模型，同样地，面板泊松回归模型也可应用上述三种方式进行回归。当被解释变量为受限变量时，则需具体分析，采用合适的回归模型。非线性面板数据模型的Stata命令见表8.10。

表8.10   非线性离散变量模型

	Binary	Tobit	Counts
Pooled	Logit	tobit	poisson
	Probit		nbreg（负二项）
PA（population-averaged）	xtlogit,pa		xtpoisson,pa
	xtprobit,pa		xtnbreg,pa
RE（random effects）	xtlogit,re	xttobit	xtpoisson,re
	xtprobit,re		xtnbreg,re
FE（fixed effects）	xtlogit,fe		xtpoisson,fe
			xtnbreg,fe
Random slopes	xtmelogit		xtmepoisson

表8.10中，所有回归模型得到的参数标准误皆为系统默认的标准误，也可以使用选项vce(cluster var)获得聚类稳健标准误。

本节内容使用一个关于女性职工的追踪调查数据集union.dta，该数据集是关于女性职工加入工会的影响因素的数据集。

. webuse union

. sum   //（见表8.11）。

表8.11   描述性统计分析

Variable	Obs	Mean	Std. dev.	Min	Max
idcode	26,200	2611.582	1484.994	1	5159
year	26,200	79.47137	5.965499	70	88
age	26,200	30.43221	6.489056	16	46
grade	26,200	12.76145	2.411715	0	18
not_smsa	26,200	.2837023	.4508027	0	1
south	26,200	.4130153	.4923849	0	1
union	26,200	.2217939	.4154611	0	1
black	26,200	.274542	.4462917	0	1

表8.11中数据集只有8个变量，总计26200个观测值。其中，变量union代表是否加入工会；变量black代表是否为黑人；变量south代表是否为南方地区；变量not_smsa代表是否来自标准大都市统计区域，如果取值为1代表不是来自该地区；变量grade代表受教育年限；变量age代表年龄。

因为是面板数据，需要先进行面板设定再做回归：

. xtset idcode year

. xtprobit union age grade i.not_smsa south##c.year, re　　//其中south##c.year包含了south, year和south*year三个变量，用以控制地区、年份以及它们的交互效应；xtprobit无fe选项，如果要做固定效应可以使用xtlogit命令（见表8.12）。

表8.12　　　　　　　　　　　　　　　　随机效应 **Probit** 模型估计

```
Random-effects probit regression              Number of obs     =   26,200
Group variable: idcode                        Number of groups  =    4,434

Random effects u_i ~ Gaussian                 Obs per group:
                                                            min =        1
                                                            avg =      5.9
                                                            max =       12

Integration method: mvaghermite               Integration pts.  =       12

                                              Wald chi2(6)      =   220.91
Log likelihood = -10552.225                   Prob > chi2       =   0.0000
```

union	Coefficient	Std. err.	z	P>|z|	[95% conf. interval]	
age	.0082967	.0084599	0.98	0.327	-.0082843	.0248778
grade	.0482731	.0099469	4.85	0.000	.0287776	.0677686
1.not_smsa	-.139657	.0460548	-3.03	0.002	-.2299227	-.0493913
1.south	-1.584394	.358473	-4.42	0.000	-2.286989	-.8818002
year	-.0039854	.0088399	-0.45	0.652	-.0213113	.0133406
south#c.year						
1	.0134017	.0044622	3.00	0.003	.0046559	.0221475
_cons	-1.668202	.4751819	-3.51	0.000	-2.599542	-.7368628
/lnsig2u	.6103616	.0458783			.5204418	.7002814
sigma_u	1.35687	.0311255			1.297217	1.419267
rho	.6480233	.0104643			.6272511	.6682502

```
LR test of rho=0: chibar2(01) = 5984.32              Prob >= chibar2 = 0.000
```

表8.12中，最后一行的LR检验，rho参数衡量的是组内相关性，也就是面板数据同一个观测值在不同时间点之间的相关性。当rho=0时，意味着不存在组内相关性，即每个观测值都是独立的。如果rho显著不为零，则表明存在组内相关性。本例中，p值小于0.001，即拒绝组内不相关假设，说明随机效应模型相对更优。实际应用中，具体选择固定效应还是随机效应，需要做豪斯曼检验。表8.12中，Stata返回的参数也不是边际效应，需要使用margins命令进行计算。

. margins, dydx(*)　　//平均边际效应（计算结果如表8.13所示）。

表8.13 随机效应 **Probit** 模型边际效应计算

```
Average marginal effects                        Number of obs = 26,200
Model VCE: OIM

Expression: Pr(union=1), predict(pr)
dy/dx wrt:  age grade 1.not_smsa 1.south year
```

		Delta-method				
	dy/dx	std. err.	z	P>|z|	[95% conf. interval]	
age	.0014041	.0014324	0.98	0.327	-.0014033	.0042115
grade	.0081695	.0016796	4.86	0.000	.0048776	.0114614
1.not_smsa	-.0233099	.0075834	-3.07	0.002	-.0381731	-.0084468
1.south	-.0856766	.0072877	-11.76	0.000	-.0999603	-.071393
year	.0001129	.0014716	0.08	0.939	-.0027714	.0029972

```
Note: dy/dx for factor levels is the discrete change from the base level.
```

同理，也可以使用面板Logit固定效应模型估计：

. xtlogit union age grade i.not_smsa south##c.year, fe

使用固定效应Probit模型估计见表8.14和表8.15。

表8.14 固定效应 **Probit** 模型估计

```
Conditional fixed-effects logistic regression   Number of obs   = 12,035
Group variable: idcode                          Number of groups = 1,690

                                                Obs per group:
                                                          min =      2
                                                          avg =    7.1
                                                          max =     12

                                                LR chi2(6)      =  78.60
Log likelihood = -4510.888                      Prob > chi2     = 0.0000
```

union	Coefficient	Std. err.	z	P>|z|	[95% conf. interval]	
age	.0710973	.0960536	0.74	0.459	-.1171643	.2593589
grade	.0816111	.0419074	1.95	0.051	-.0005259	.163748
1.not_smsa	.0224809	.1131786	0.20	0.843	-.199345	.2443069
1.south	-2.856488	.6765694	-4.22	0.000	-4.182539	-1.530436
year	-.0636853	.0967747	-0.66	0.510	-.2533602	.1259896
south#c.year						
1	.0264136	.0083216	3.17	0.002	.0101036	.0427235

. margins, dydx(*)

表8.15 固定效应 **Probit** 模型边际效应计算

```
Average marginal effects                        Number of obs = 12,035
Model VCE: OIM

Expression: Pr(union|fixed effect is 0), predict(pu0)
dy/dx wrt:  age grade 1.not_smsa 1.south year
```

		Delta-method				
	dy/dx	std. err.	z	P>|z|	[95% conf. interval]	
age	.0070528	.0154156	0.46	0.647	-.0231612	.0372668
grade	.0080958	.0291707	0.28	0.781	-.0490777	.0652693
1.not_smsa	.0022398	.013706	0.16	0.870	-.0246234	.0291029
1.south	-.0670795	.2484636	-0.27	0.787	-.5540592	.4199001
year	-.005654	.0101152	-0.56	0.576	-.0254795	.0141715

8.2 多元结果模型

本节讨论两种多元结果模型(multi–outcome model,又称多元选择模型),因变量的取值都为1,2,…,m。其中,一种是有序的多元选择模型,从小到大代表了不同等级层次的含义,例如高中生成绩的班级排名、身体状况(坏、一般、好)等;另一种是无序的多元选择模型,例如分别使用1~4代表游客外出乘坐飞机、火车、汽车、轮船四种不同旅行方式的选择。

8.2.1 有序的 Logit 和 Probit 模型

我们有时候会处理一些数据,因变量是序数数据而不是基数数据,在回归的时候不能将序数数据直接当成基数数据直接处理。这时应该使用ologit和oprobit命令(这两个模型只是残差分布假设不同)。

在潜在变量的二元选择模型中,只有一个临界点(threshold)0,当 y 大于等于0时取值为1,当 y 小于0时取值为0。在有序的 Logit 和 Probit 模型中,有可能会产生多个临界点。例如在常用的李克特量表(Likert scale)[①]中,会产生四个临界点,当 $y^* \leq k_1$ 时,取 $y = 1$;当 $k_1 < y^* \leq k_2$ 时,取 $y = 2$;以此类推,当 $y^* > k_4$ 时,取 $y = 5$,其中 k 代表临界点。对于第 j 个观测值,可以定义:

$$Pr(y_i = j) = Pr(k_{j-1} < \mathbf{X_i}\boldsymbol{\beta} + u_i \leq k_j)$$
$$= Pr(k_{j-1} - \mathbf{X_i}\boldsymbol{\beta} < u_i \leq k_j - \mathbf{X_i}\boldsymbol{\beta})$$
$$= F\left(k_j - \mathbf{X_i}\boldsymbol{\beta}\right) - F\left(k_{j-1} - \mathbf{X_i}\boldsymbol{\beta}\right)$$

如果是ologit模型,则第 i 个观测值取值为 j 的概率:

$$Pr(y_i = j) = \frac{1}{1 + \exp\left(\mathbf{X_i}\boldsymbol{\beta} - k_j\right)} - \frac{1}{1 + \exp\left(\mathbf{X_i}\boldsymbol{\beta} - k_{j-1}\right)}$$

如果是oprobit模型,则第 i 个观测值取值为 j 的概率:

$$Pr(y_i = j) = \Phi\left(k_j - \mathbf{X_i}\boldsymbol{\beta}\right) - \Phi\left(k_{j-1} - \mathbf{X_i}\boldsymbol{\beta}\right)$$

其中,$\Phi(\cdot)$ 代表标准正态累积分布函数。

---

① 李克特量表(Likert scale)是属评分加总式量表最常用的一种,属同一构念的这些项目是用加总方式来计分,单独或个别项目是无意义的。它是由美国社会心理学家李克特于1932年在原有的总加量表基础上改进而成的。该量表由一组陈述组成,每一陈述有"非常同意""同意""不一定""不同意""非常不同意"五种回答,分别记为1,2,3,4,5,每个被调查者的态度总分就是他对各道题的回答所得分数的加总,这一总分可说明他的态度强弱或他在这一量表上的不同状态。

也就是说，第 i 个观测值等于 j 的概率，在于 $\mathbf{X_i\beta} + u_i$ 是否落在两个临界点 k_{j-1} 和 k_j 之间，这是二元选择模型的一个推广。其边际效应为：

$$\frac{\partial \Pr(y_i = j)}{\partial x_r} = \frac{\partial \Pr(y = j)}{\partial \mathbf{X\beta}} \cdot \frac{\partial \mathbf{X\beta}}{\partial x_r} = \left\{ F'\left(k_j - \mathbf{X_i\beta}\right) - F'\left(k_{j-1} - \mathbf{X_i\beta}\right) \right\} \cdot \beta_r$$

对于有序的 Logit 和 Probit 模型，其预测和边际效应仍然可以使用 margins 命令计算。命令使用形式：

. ologit depvar [indepvars] [if] [in] [weight] [, options]

. oprobit depvar [indepvars] [if] [in] [weight] [, options]

. margins, dydx(*)   //计算平均边际效应（AME）。

对于多元结果模型，使用 stata 数据集 nhanes2f.dta，这是一个关于美国居民健康调查的数据。这个数据包含的变量很多，为了简化起见，只考虑 health、female、black、age、height、weight、houssiz 等变量：

. webuse nhanes2f

. sum sampl health female black age height weight houssiz   //（见表 8.16）。

表 8.16   描述性统计分析

Variable	Obs	Mean	Std. dev.	Min	Max
sampl	10,337	33615.23	18412.79	1400	64709
health	10,335	3.413836	1.206196	1	5
female	10,337	.525104	.4993935	0	1
black	10,337	.1050595	.3066449	0	1
age	10,337	47.5637	17.21678	20	74
height	10,337	167.6512	9.660012	135.5	200
weight	10,337	71.90088	15.35515	30.84	175.88
houssiz	10,337	2.944858	1.695827	1	14

表 8.16 中，变量 sampl 代表个体的 ID，变量 health 是要研究的因变量，代表受访对象的健康状态，从 1~5 逐渐递增，取值越高代表健康状况越好。变量 female 代表是否女性；变量 black 代表是否黑人；变量 age 代表年龄；变量 height 代表身高；变量 weight 代表体重；变量 houssiz 代表受访对象所在家庭成员数量。首先使用 ordered logit 做基础模型估计，键入以下命令：

. ologit health female black age c.age#c.age height weight houssiz   // c.age#c.age 代表年龄的平方项（见表 8.17）。

表 8.17 中，在有序的多元结果模型中，解释变量的估计系数显著为正，说明因变量更有可能取更高的值。例如表 8.17 中，female 的系数为 0.1742827，说明整体而言女性的身体状态要优于男性，但究竟多大程度优于男性，还要看具体的分类。cut 代表不同的分割点，因为因变量为 5 个类别，所以估计出 4 个截距（cut）：

当 health 的估计值 $\hat{y} \leqslant 0.0676$ 时，health = 1 代表身体状况很差（poor）；

表8.17 有序的**Logit**回归估计

```
Ordered logistic regression                    Number of obs   =     10,335
                                               LR chi2(7)      =    1819.70
                                               Prob > chi2     =     0.0000
Log likelihood = -14854.546                    Pseudo R2       =     0.0577
```

health	Coef.	Std. Err.	z	P>|z|	[95% Conf. Interval]	
female	.1742827	.0510953	3.41	0.001	.0741377	.2744277
black	-.8469589	.0588629	-14.39	0.000	-.962328	-.7315899
age	-.0177843	.0079144	-2.25	0.025	-.0332962	-.0022725
c.age#c.age	-.000222	.0000855	-2.59	0.009	-.0003896	-.0000543
height	.0302388	.0028926	10.45	0.000	.0245693	.0359083
weight	-.0096063	.0013564	-7.08	0.000	-.0122648	-.0069479
houssiz	-.0249661	.0116064	-2.15	0.031	-.0477142	-.0022179
/cut1	.0675701	.5095803			-.9311889	1.066329
/cut2	1.559571	.5093323			.5612978	2.557844
/cut3	2.998063	.5101159			1.998254	3.997872
/cut4	4.262892	.5108733			3.261599	5.264186

当 $0.0676 < \hat{y} \leqslant 1.5596$ 时，health = 2 代表身体状况还行（fair）；

当 $1.5596 < \hat{y} \leqslant 2.9981$ 时，health = 3 代表身体状况一般（average）；

当 $2.9981 < \hat{y} \leqslant 4.2629$ 时，health = 4 代表身体状况良好（good）；

当 $\hat{y} > 4.2629$ 时，即在 cut4 以上，health = 5 代表身体状况很好（excellent）。

有序多元回归的解释比较麻烦，可以利用回归结果来预测概率。为了计算每个观测值进入某种身体状态（1~5）的概率，在使用完 ologit 命令之后，可以使用 predict 命令计算因变量的预测值：

. predict y_hat, xb

以第一个观测值为例（sampl=1400），他的身体状态预测值为2.971902。那么如果是其他人，刚好得分跟他一样，那这个人身体状况分别为1~5的概率依次为（读者可以使用display命令计算）：

$$P(\text{health} = 1) = \frac{1}{1 + \exp(2.971902 - 0.0675701)} = 0.05193984$$

$$P(\text{health} = 2) = \frac{1}{1 + \exp(2.971902 - 1.559571)} - \frac{1}{1 + \exp(2.971902 - 0.0675701)}$$
$$= 0.14392682$$

$$P(\text{health} = 3) = \frac{1}{1 + \exp(2.971902 - 2.998063)} - \frac{1}{1 + \exp(2.971902 - 1.559571)}$$
$$= 0.31067322$$

$$P(\text{health} = 4) = \frac{1}{1 + \exp(2.971902 - 4.262892)} - \frac{1}{1 + \exp(2.971902 - 2.998063)}$$
$$= 0.27777483$$

$$P(\text{health} = 5) = 1 - \frac{1}{1 + \exp(2.971902 - 4.262892)} = 0.21568529$$

也可以直接使用predict命令计算每个个体处于不同身体状态的概率，然后与手动计算的概率对比：

. predict one two three four five, pr

. list health y_hat one two three four five if sampl==1400　　//（见表8.18）。

表8.18　　　　　　　　　　第一个个体的实际身体状态与预测身体状态对比

health	y_hat	one	two	three	four	five
good	2.971902	.0519398	.1439267	.3106732	.277775	.2156853

表8.18中，第一个个体（sampl=1400）的身体健康实际状态是good（health=4），模型预测的身体状态是2.971902，但这不是绝对的。根据模型估计结果，具有与第一个个体相同特征的个体，他的身体状态为1（poor）的概率是0.0519398；为2（fair）的概率是0.1439267；为3（average）的概率是0.3106732；为4（good）的概率是0.277775；为5（excellent）的概率是0.2156853。预测结果跟前文手动计算的结果是一致的。

如果要手动计算每个观测值取值为j的概率，则可以使用命令：

. gen one1=1/(1+exp(y_hat-.0675701))

gen two1=1/(1+exp(y_hat-1.559571))-1/(1+exp(y_hat-.0675701))

gen three1=1/(1+exp(y_hat- 2.998063))-1/(1+exp(y_hat-1.559571))

gen four1=1/(1+exp(y_hat-4.262892))-1/(1+exp(y_hat-2.998063))

gen five1=1-1/(1+exp(y_hat-4.262892))

读者可以对比手动计算的one1、two1、three1、four1、five1，以及使用predict命令计算的one、two、three、four、five，两者结果是一致的。

ologit命令与logit命令原理相似，上述结果中的参数也不是边际效应，需要使用margins命令计算边际效应。

. margins, dydx(*)　　//为了节省篇幅，只输出部分变量计算结果（见表8.19）。

从表8.18可以看出，Stata返回了不同健康状况（health）状态下，各变量对健康影响的所有边际效应。本例中health一共有5种情况，上述结果说明，健康状态1~3之间（中等偏下情况），女性的健康状况要逊于男性；但是，在健康状况比较好的人群中，女性的健康状态要显著优于男性。相反，健康状态中等偏下的人群中，黑人身体状态要好于其他肤色人群，但是在身体较好的人群中，黑人的健康状态不如其他肤色人群。使用mfx命令只能看到女性整体更差，而黑人整体更好。读者可以用相同的方法，理解其他变量的边际效应。

表8.19 有序的Logit模型边际效应计算

	dy/dx	Delta-method std. err.	z	P>|z|	[95% conf. interval]	
female						
_predict						
1	-.0110388	.0032565	-3.39	0.001	-.0174213	-.0046563
2	-.017251	.0050624	-3.41	0.001	-.027173	-.007329
3	-.009633	.0028312	-3.40	0.001	-.0151819	-.004084
4	.0099368	.0029252	3.40	0.001	.0042035	.01567
5	.027986	.0081975	3.41	0.001	.0119192	.0440528
black						
_predict						
1	.053645	.0040609	13.21	0.000	.0456859	.0616041
2	.0838344	.0058473	14.34	0.000	.0723739	.095295
3	.0468132	.0035969	13.01	0.000	.0397634	.053863
4	-.0482896	.0035112	-13.75	0.000	-.0551715	-.0414078
5	-.136003	.0094633	-14.37	0.000	-.1545507	-.1174553
age						
_predict						
1	.0027247	.0001689	16.14	0.000	.0023938	.0030557
2	.0040203	.0001563	25.72	0.000	.003714	.0043266
3	.0016858	.0001778	9.48	0.000	.0013373	.0020342
4	-.0026183	.0001777	-14.74	0.000	-.0029666	-.0022701
5	-.0058125	.0002093	-27.77	0.000	-.0062228	-.0054022

上述模型也可以使用oprobit命令估计：

. oprobit health female black age c.age#c.age height weight houssiz   //（见表8.20）。

表8.20 有序的Probit模型估计

```
Ordered probit regression                    Number of obs  =   10,335
                                             LR chi2(7)     =  1828.79
                                             Prob > chi2    =   0.0000
Log likelihood = -14850.001                  Pseudo R2      =   0.0580
```

health	Coefficient	Std. err.	z	P>|z|	[95% conf. interval]	
female	.1015973	.0299432	3.39	0.001	.0429098	.1602848
black	-.4940699	.0342235	-14.44	0.000	-.5611466	-.4269931
age	-.0155816	.0046445	-3.35	0.001	-.0246846	-.0064785
c.age#c.age	-.0000789	.0000499	-1.58	0.114	-.0001768	.000019
height	.0170262	.0016925	10.06	0.000	.013709	.0203434
weight	-.0053367	.0007904	-6.75	0.000	-.006886	-.0037875
houssiz	-.0142932	.0067824	-2.11	0.035	-.0275865	-.001
/cut1	-.1454329	.2994127			-.732271	.4414052
/cut2	.6751947	.2992278			.0887191	1.26167
/cut3	1.540053	.2994204			.9531997	2.126906
/cut4	2.296933	.2997194			1.709493	2.884372

同理，如果要手动计算第i个观测值取值为j的概率，可以依次输入命令（或在Do–file编辑器中运行）：

. predict y_hat2, xb

gen prob1 = normal(-.1454329 -y_hat2)

gen prob2 = normal(.6751947-y_hat2) - normal(-.1454329-y_hat2)

gen prob3 = normal(1.540053-y_hat2) - normal(.6751947-y_hat2)

gen prob4 = normal(2.296933-y_hat2) - normal(1.540053-y_hat2)

gen prob5 = 1 - normal(2.296933-y_hat2)

读者也可以使用predict命令预测概率并进行对比：

. predict p1 p2 p3 p4 p5, pr

同样地，读者可以发现手动计算的prob1、prob2、prob3、prob4、prob5，以及使用predict命令计算的p1、p2、p3、p4、p5，两者之间没有明显差异。如果需要计算边际效应，则可以使用命令：

. margins, dydx(female)　　//仅计算变量female的边际效应，结果省略

8.2.2　无序的Logit和Probit模型

相对于有序的多元结果模型而言，无序的多元结果模型就显得更为复杂。不妨假定因变量的取值有m种可能：（$1,2,\cdots,m$）。假设样本容量为N，第i（$i=1,2,\cdots,N$）个个体做出选择j（$j=1,2,\cdots,m$）的概率为：

$$p_{ij} = \Pr(y_i = j) = F_j(\mathbf{X}_i, \theta) \quad j=1,2,\cdots,m \quad i=1,2,\cdots,N$$

不同的分布函数$F(\cdot)$意味着不同的多元结果模型（multinomial model）。但是，必须注意的是，只有$m-1$个概率$F_j(\mathbf{X}_i, \theta)$能够自由地设定，因为m个概率之和必须为1。假如设定了前$m-1$个分布函数，则第i个个体取值为m的概率为

$$F_m(\mathbf{X}_i, \theta) = 1 - \sum_{j=1}^{m-1} F_j(\mathbf{X}_i, \theta)$$。

同有序的多元结果模型一样，无序的多元结果模型的变量系数也不能代表边际效应：

$$\frac{\partial \Pr(y_i = j)}{\partial \mathbf{X}_r} = \frac{\partial \Pr(y_i = j)}{\partial \mathbf{X}\theta} \cdot \frac{\partial \mathbf{X}\theta}{\partial \mathbf{X}_r} = \frac{\partial F_j(\mathbf{X}_i, \theta)}{\partial \mathbf{X}\theta} \cdot \theta_r$$

对于无序的多元结果模型，仍然可以使用极大似然估计（maximum likelihood, ML）的方法来估计。仿照二元结果模型中概率密度函数的构建，对于每个观测值而言，$\mathbf{y}$对$\mathbf{X}$的条件概率为：

$$f(y_i) = \Pr(y_i \mid \mathbf{X}) = \{F_1(\mathbf{X}_i, \theta)\}^{y_{i1}} \{F_2(\mathbf{X}_i, \theta)\}^{y_{i2}} \cdots \{F_m(\mathbf{X}_i, \theta)\}^{y_{im}} = \prod_{j=1}^{m} \{F_j(\mathbf{X}_i, \theta)\}^{y_{ij}}$$

由于只需设定$m-1$个概率函数，所以最后一个$F_m(\mathbf{X}_i, \theta) = 1 - \sum_{j=1}^{m-1} F_j(\mathbf{X}_i, \theta)$。上式中，只有当$y_i = 1$时，$y_{i1}$的取值为1，否则为0；当$y_i = 2$时，$y_{i2}$的取值为1，否则为0；以此类推，当$y_i = m$时，$y_{im}$的取值为1，否则为0。由此可知，$y_{i1}, y_{i2}, \cdots, y_{im}$中必

定只有一项非零。例如，当 $y_i = 5$ 时 $y_{i5} = 1$，其余为 0，所以 $f(y_i) = F_5(\mathbf{X}_i, \boldsymbol{\theta})$。

由于样本容量为 N，所以这 N 个独立观测值的似然函数（likelihood function）就是 N 个概率函数的乘积：

$$L(\boldsymbol{\theta}) = \prod_{i=1}^{N} \prod_{j=1}^{m} \left\{ F_j(\mathbf{X}_i, \boldsymbol{\theta}) \right\}^{y_{ij}}$$

从而极大似然估计参数 $\hat{\boldsymbol{\theta}}$ 就是最大化对数似然函数的最优解：

$$\text{Max } \ln L(\boldsymbol{\theta}) = \sum_{i=1}^{N} \sum_{j=1}^{m} y_{ij} \ln F_j(\mathbf{X}_i, \boldsymbol{\theta})$$

其中，$y_{ij} = \mathbf{1}(i = j)$ 为示性函数，代表对于第 i 个决策者而言，在 m 个备选方案中，只能选择其中一个，即只能存在一个 $y_{ij} = 1$。$\hat{\boldsymbol{\theta}} \xrightarrow{a} N\left(\boldsymbol{\theta}, \left[-E\left\{ \frac{\partial^2 \ln L(\boldsymbol{\theta})}{\partial \boldsymbol{\theta} \partial \boldsymbol{\theta}'} \right\} \right]^{-1} \right)$，可以在 Stata 中使用似然检验命令 lrtest 来实现。该对数似然函数最大化一阶条件比较复杂，利用牛顿迭代法可以迅速得到方程的解即模型的参数估计向量，具体推导过程不做展开分析。

此外，从上式可以看出，多元结果模型唯一可能的设定偏误就是概率分布函数 $F_j(x_i, \boldsymbol{\theta})$，由于概率分布函数有很多类型，所以多元结果模型也相应地有很多种，在选择模型时应具体视样本数据而定。

举例而言，假定一个人要外出旅游，从南昌出发目的地是北京，那么他有三种方式可以选择：（1）乘飞机；（2）坐火车；（3）自驾车。这就是一个典型无序多元结果模型，影响这位旅客做出选择的因素有两类：（1）选择特定的（alternative specific）因素，如飞机票的价格与乘飞机的时间、火车票的价格与乘火车的时间、自驾车的开销与自驾车的时间等；（2）事件特定的（case specific）个体特征因素，也就是旅行者或决策者的特征变量，如旅客的年龄、收入水平等。

主要的无序（unordered）多元结果模型有：mlogit 和 mprobit。其中，如果所有的解释变量都是事件特定的（case specific）个体特征因素，则可以使用多元 Logit 模型（multinomial logit, MNL）。MNL 模型设定第 i（1=1, 2, …, N）个个体做出选择 j（j=1, 2, …, m）的概率为：

$$p_{ij} = \frac{\exp(\mathbf{X}_i \boldsymbol{\beta}_j)}{\sum_{j=1}^{m} \exp(\mathbf{X}_i \boldsymbol{\beta}_j)}$$

MNL 模型要求解释变量 $\mathbf{X}$ 必须是事件特定的（case specific）因素，如旅客的收入、年龄等。由于不包含选择特定的解释变量，$\mathbf{X}_i$ 的下标不包含 j，因为解释变量不会因为选择而发生变化。但是，参数向量 $\boldsymbol{\beta}_j$ 对不同的选择方案是不一样的（即估计多个不同的方程），所以参数向量 $\boldsymbol{\beta}_j$ 下标包含 j。具体而言，Stata 的处理命令为：

. mlogit depvar [indepvars] [if] [in] [weight] [, options]

注意，这个命令默认是包含截距项。此外，mlogit命令使用baseoutcome(#)选项设定参照选择非常重要。Stata在处理无序多元选择模型时，是用二元选择模型的方式来处理的，即事先选定某个选择作为参照对象，然后考虑另一种选择被选的概率（假定第1种选择为参照对象）：

$$\Pr\left(y_i = j \mid y_i = j \text{ or } y_i = 1\right) = \frac{\Pr\left(y_i = 1\right)}{\Pr\left(y_i = 1\right) + \Pr\left(y_i = j\right)} = \frac{\exp\left(\mathbf{X_i\beta_1}\right)}{\exp\left(\mathbf{X_i\beta_1}\right) + \exp\left(\mathbf{X_i\beta_j}\right)}$$

这表示第i个个体选择j方式的条件概率。为了研究方便，通常进行标准化处理，假设基准选择的参数$\boldsymbol{\beta_1} = \mathbf{0}$（假定第1种选择为参照对象），那么mlogit选择模型转换为：

$$\Pr\left(y_i = j \mid y_i = j \text{ or } y_i = 1\right) = \frac{1}{1 + \exp\left(\mathbf{X_i\beta_j}\right)}$$

从上式可以看出，这里得到的β_j是一个选择j与选择1之间的二元Logit回归参数。如果得到的$\boldsymbol{\beta_j}$为正，其意义是相对于第1个选择而言，解释变量（例如：收入）的增加会导致第i个个体选择j的概率增加。**从而，baseoutcome(#)的设定不同，同一个解释变量得到的系数值也不同，系数的意义也不相同。**

例如，假定考察收入对旅客旅行方式选择的影响，在Stata中输入下面的命令：

. mlogit mode income, baseoutcome(1)

其中，mode为因变量，即旅行方式，"1"代表乘飞机；"2"代表坐火车；"3"代表自驾车旅行。baseoutcome(1)表示基本输出结果（参照对象）为第1个选择：乘坐飞机。mlogit命令会输出其他两个选择的结果：收入对乘坐火车的影响系数$\hat{\beta}_2$、收入对自驾车的影响系数$\hat{\beta}_3$。$\hat{\beta}_2$表明相对于乘坐飞机而言，一单位收入的增加会导致旅客乘坐火车的概率变为原来的$e^{\hat{\beta}_2}$倍（如果$\hat{\beta}_2 < 0$则表示降低；如果$\hat{\beta}_2 > 0$则表示上升）。$\hat{\beta}_3$表明相对于乘飞机而言，一单位收入的增加会导致旅客自驾车旅游的概率变为原来的倍$e^{\hat{\beta}_3}$（如果$\hat{\beta}_3 < 0$则表示降低；如果$\hat{\beta}_3 > 0$则表示上升）。这是因为：

$$\exp\left(\mathbf{X_i\beta_j}\right) = \frac{\Pr\left(y_i = j\right)}{\Pr\left(y_i = 1\right)}$$

把上式称为相对风险比率（relative-risk ratio，rrr）或机会比率（odds ratio），它表示相对于选择1而言，第i个个体选择j的概率，如果rrr<1则表示相对于"选择1"（这里假定"选择1"为参照对象，即baseoutcome(1)）而言，第i个个体选择j的概率更低；反之，如果rrr>1，则表示相对于"选择1"而言，第i个个体选择j的概率更高，或者说更倾向于选择j。mlogit命令可以通过rrr选项计算相对风险比率：

. mlogit mode income, rrr baseoutcome(1) nolog

在使用完mlogit命令之后，如果要对模型进行预测的话，一定要注意：由于是多元选择模型，因变量有m个选择，所以使用predict命令时，会产生m个预测变量，所以predict命令中要定义m个新的变量用来存储这m个预测变量：

. predict p1 p2 p3 p4 ... pm, pr   // pr选项表示做出某个选择的概率

. margins, dydx(*)   //计算边际效应

关于无序的多元结果模型，使用的数据集为mus15data.dta，这是一个钓鱼方式选择的数据。为了简化分析，在本例中只考虑个人收入对钓鱼方式选择的影响。首先对变量概况进行查看。键入命令：

. use "D:\01傻瓜计量经济学与stata应用\data\mus15data.dta", clear

. sum   //（见表8.21）。

表8.21   描述性统计

Variable	Obs	Mean	Std. Dev.	Min	Max
mode	1,182	3.005076	.9936162	1	4
price	1,182	52.08197	53.82997	1.29	666.11
crate	1,182	.3893684	.5605964	.0002	2.3101
dbeach	1,182	.1133672	.3171753	0	1
dpier	1,182	.1505922	.3578023	0	1
dprivate	1,182	.3536379	.4783008	0	1
dcharter	1,182	.3824027	.4861799	0	1
pbeach	1,182	103.422	103.641	1.29	843.186
ppier	1,182	103.422	103.641	1.29	843.186
pprivate	1,182	55.25657	62.71344	2.29	666.11
pcharter	1,182	84.37924	63.54465	27.29	691.11
qbeach	1,182	.2410113	.1907524	.0678	.5333
qpier	1,182	.1622237	.1603898	.0014	.4522
qprivate	1,182	.1712146	.2097885	.0002	.7369
qcharter	1,182	.6293679	.7061142	.0021	2.3101
income	1,182	4.099337	2.461964	.4166667	12.5

表8.21中，钓鱼方式一共有四种。变量price代表每种钓鱼方式的价格，变量crate代表每种钓鱼方式的捕获率（catch rate），读者可以使用describe命令查看，也可以使用table命令查看每个变量的频数：

. table mode   //（见表8.22）。

表8.22   变量mode频次分析

Fishing mode	Freq.
beach	134
pier	178
private	418
charter	452

表8.22显示了几种钓鱼类型的频率，其中钓鱼类型分别有海滩钓鱼（beach）、码头钓鱼（pier）、私人游艇钓鱼（private）、租船钓鱼（charter）。下面进行无序logit回

归估计，键入命令：

. mlogit mode income, baseoutcome(1)　　　// baseoutcome(1)以第一种钓鱼类型为
参照系（见表8.23）。

表8.23　　　　　　　　　　　　　　　**无序Logit多元结果模型**

```
Multinomial logistic regression              Number of obs   =     1,182
                                             LR chi2(3)      =     41.14
                                             Prob > chi2     =    0.0000
Log likelihood = -1477.1506                  Pseudo R2       =    0.0137
```

mode	Coef.	Std. Err.	z	P>|z|	[95% Conf. Interval]	
beach	(base outcome)					
pier						
income	-.1434029	.0532884	-2.69	0.007	-.2478463	-.0389595
_cons	.8141503	.228632	3.56	0.000	.3660399	1.262261
private						
income	.0919064	.0406637	2.26	0.024	.0122069	.1716058
_cons	.7389208	.1967309	3.76	0.000	.3533352	1.124506
charter						
income	-.0316399	.0418463	-0.76	0.450	-.1136571	.0503774
_cons	1.341291	.1945167	6.90	0.000	.9600457	1.722537

表8.23中，所显示的是回归系数，不是机会比率（相对风险比率）。前文论证过，机会比率实际为e^β。例如，收入对码头钓鱼（pier）方式选择的估计系数为-0.1434029，这意味着个体选择码头钓鱼方式的概率为$e^{-0.1434029} = 0.8664049$。逐一计算比较复杂，读者只需要在前一条命令中加入rrr选项即可自动计算所有结果[1]。

. mlogit mode income, baseoutcome(1) rrr　　　//rrr表示输出相对风险比率（见表8.24）。

表8.24　　　　　　　　　　　　**无序Logit多元结果模型的相对风险比率**

mode	RRR	Std. Err.	z	P>|z|	[95% Conf. Interval]	
beach	(base outcome)					
pier						
income	.8664049	.0461693	-2.69	0.007	.7804799	.9617896
_cons	2.257257	.516081	3.56	0.000	1.442013	3.5334
private						
income	1.096262	.0445781	2.26	0.024	1.012282	1.18721
_cons	2.093675	.4118906	3.76	0.000	1.423808	3.078697
charter						
income	.9688554	.040543	-0.76	0.450	.8925639	1.051668
_cons	3.823979	.7438278	6.90	0.000	2.611816	5.598715

如果想得到边际效应，可以使用margins命令。不过，这里计算边际效应似乎意义不大：

---

① 如果是粗略估算，读者也可以根据无穷小原理：当x趋于0时，$e^x \approx 1-x$，$\ln(1-x) \approx x$。

. margins, dydx(*)　　　//结果省略

多元 Logit 模型需要满足不相关选择独立假定（independence of irrelevant alternatives, IIA）。该条件的检验，可以使用非官方命令 mlogtest 进行检验。该命令为 mlogit 命令的后验命令，且在进行 mlogit 回归时只能使用默认的参照组。

. mlogit mode income　　　//默认是第四种钓鱼方式做参照

. search mlogtest　　　// mlogtest 命令不能使用 ssc install 命令安装，需要手动下载安装

. mlogtest, hausman base　　　//（见表 8.25）。

表 8.25　　　　　　　　　　　　**Hausman IIA 假定检验（一）**

```
**** Hausman tests of IIA assumption

 Ho: Odds(Outcome-J vs Outcome-K) are independent of other alternatives.
 You used the old syntax of hausman. Click here to learn about the new syntax.

 (storing estimation results as _HAUSMAN)

  Omitted |     chi2    df   P>chi2   evidence
 ---------+---------------------------------------
    beach |    0.706     4    0.951   for Ho
     pier |    4.619     4    0.329   for Ho
  private |    0.091     4    0.999   for Ho
  charter |   34.474     4    0.000   against Ho
 ---------------------------------------------
```

表 8.25 说明应该接受零假设（第四项是默认的参照系，此处可以忽略），因此 IIA 假设成立。另外，读者也可以使用 hausman 命令做 IIA 检验：

. mlogit mode income

estimates store all

mlogit mode income if mode != 3　　　// mode=4 是 baseoutcome，需要依次使用 mode !=1、mode !=2、mode !=3 进行检验

estimates store partial

hausman partial all, alleqs constant　　　//（见表 8.26）。

表 8.26　　　　　　　　　　　　**Hausman IIA 假定检验（二）**

		—— Coefficients ——		
	(b)	(B)	(b-B)	sqrt(diag(V_b-V_B))
	partial	all	Difference	S.E.
beach				
income	.0323691	.0316399	.0007292	.0067753
_cons	-1.344187	-1.341291	-.0028953	.027233
pier				
income	-.1124401	-.111763	-.000677	.0038945
_cons	-.5245847	-.5271412	.0025565	.0150069

```
                    b = consistent under Ho and Ha; obtained from mlogit
             B = inconsistent under Ha, efficient under Ho; obtained from mlogit

     Test:  Ho:  difference in coefficients not systematic

            chi2(4) = (b-B)'[(V_b-V_B)^(-1)](b-B)
                    =        0.09
            Prob>chi2 =      0.9990
            (V_b-V_B is not positive definite)
```

如果想要使用Probit无序多元结果模型，则可以使用stata的mprobit命令：

. mprobit mode income, base(1)　　　//该命令不支持rrr选项（见表8.27）。

表8.27　　　　　　　　　　　**无序多元选择Probit模型估计**

```
Multinomial probit regression              Number of obs   =      1,182
                                           Wald chi2(3)    =      37.94
Log likelihood = -1477.7976                Prob > chi2     =     0.0000
```

mode	Coef.	Std. Err.	z	P>|z|	[95% Conf. Interval]	
beach	(base outcome)					
pier						
income	-.083489	.0319262	-2.62	0.009	-.1460633	-.0209148
_cons	.4978891	.1431133	3.48	0.001	.2173921	.7783861
private						
income	.0737499	.02712	2.72	0.007	.0205957	.1269041
_cons	.4845966	.1307225	3.71	0.000	.2283852	.740808
charter						
income	-.0264354	.0278632	-0.95	0.343	-.0810462	.0281755
_cons	.967472	.1302516	7.43	0.000	.7121836	1.22276

8.3 决策选择模型（choice model）

8.3.1 多元Probit和Logit选择模型

前文介绍的无序多元选择模型，仅考虑了事件特定的影响因素，没有考虑选择特定的影响因素，因而还不算真正的选择模型。本节介绍无序多元Probit和Logit选择模型（multinomial probit/logit choice model，MNCP），可以分为两种：一种是非嵌入式结构，要求满足不相关选择独立假定（independence of irrelevant alternatives，IIA）；另一种是嵌入式选择模型，不要求满足IIA假定，它允许误差项可以出现一定形式的相关。

从效用的角度来分析，多元Logit和Probit选择模型假定第i（1=1, 2, ..., N）个个体做出选择j（j=1, 2, ..., m）的效用为：

$$U_{ij} = x'_{ij}\beta + z'_i\gamma_j + \varepsilon_{ij}$$

其中，x'_{ij}是选择特定的变量（alternative specific）；z'_i是事件特定的变量（case specific）；$\varepsilon_{ij} \sim N(0,\sum_u)$，$\sum_u = \sigma^2 I$。

根据以上假定，则第i（1=1, 2, ..., N）个个体做出选择j（j=1, 2, ..., m）的概率为：

$$p_{ij} = Pr(y_i = j) = Pr(U_{ij} \geq U_{ik}) = Pr(U_{ik} - U_{ij} \leq 0), \quad k \in (1,2,\cdots,m)$$

$$= Pr\{x'_{ik}\beta + z'_i\gamma_k + \varepsilon_{ik} - (x'_{ij}\beta + z'_i\gamma_j + \varepsilon_{ij}) \leq 0\}$$

整理上式中"{}"号里面的不等式可得，第i（1=1, 2, ..., N）个个体做出选择j（j=1, 2, ..., m）的概率为：

$$p_{ij} = \Pr\left(y_i = j\right) = \Pr\left\{\varepsilon_{ik} - \varepsilon_{ij} \leqslant \left(x'_{ij} - x'_{ik}\right)\beta + z'_i\left(\gamma_j - \gamma_k\right)\right\}$$

$$k \in \left(1, 2, \cdots, m\right)$$

这是一个m−1维矩阵，没有封闭解（closed−form solution），而且计算相当麻烦，Stata提供两个命令可以解：cmmprobit和cmclogit命令。

其中，为了减少计算负担，同时为了得到更为精确的估计，cmmprobit命令使用了最大模拟似然估计（maximum simulated likelihood）的方法进行估算，其语法结构为：

. cmmprobit depvar [indepvars] [if] [in] [weight], case(varname) basealternative(#) structural

命令cmmprobit的处理数据必须是长数据（long−form），解释变量[indepvars]必须是选择特定的（alternative specific）；事件特定的变量casevars()，括号中用来放置事件特定的（case specific）变量；选项basealternative(#)用于指定基准参照选择，默认为选项1；选项structural表示使用结构协方差进行参数化估计，默认是差分协方差参数化估计。

在使用cmmprobit命令处理选择模型（Choice Model）时，需要提前使用cmset命令将数据设定为选择模型数据格式，类似于面板数据设定（xtset）、空间数据设定（spset）和时间序列数据设定（tsset）等。如果数据是横截面格式，则使用横截面选择模型数据（cross−sectional choice model data）设定：

. cmset id alt

其中，id代表个体的ID，alt代表选项或选择。如果数据是面板数据，则使用面板选择模型数据（panel choice model data）设定：

. cmset id t alt   // t代表时间

以旅行数据travel.dta为例，该数据是关于游客外出旅行交通方式选择的数据，总共包含了210个游客，面临航空（mode=1）、火车（mode=2）、公共汽车（mode=3）、自驾车（mode=4）四种选择，总共840个观测值。其中，变量choice是因变量，即游客是否选择某种交通方式，只能四选一；变量termtime代表到站通勤时间，这里假设自驾车为0，因为自驾车可以随时出发；变量invehiclecost代表车载成本；变量traveltime表示旅行时间；变量travelcost代表旅行总成本；变量income代表家庭收入；变量partysize代表旅行随行人数。

. use "D:\01傻瓜计量经济学与stata应用\data\travel.dta"

. cmset id mode

为了简化分析，只考虑旅行成本、通勤时间和家庭收入对游客交通方式选择的影响。其中，旅行成本和通勤时间是选择特定的（alternative specific）解释变量；家庭收入是事件特定的（case specific）解释变量。

. cmmprobit choice travelcost termtime, casevars(income)　　　//（见表8.28）。

表8.28   **Probit选择模型估计**

```
Multinomial probit choice model              Number of obs    =        840
Case ID variable: id                         Number of cases  =        210

Alternatives variable: mode                  Alts per case: min =         4
                                                            avg =       4.0
                                                            max =         4
Integration sequence:       Hammersley
Integration points:          600             Wald chi2(5)     =      32.16
Log simulated-likelihood = -190.09322        Prob > chi2      =     0.0000
```

choice	Coefficient	Std. err.	z	P>|z|	[95% conf. interval]	
mode						
travelcost	-.0097691	.0027817	-3.51	0.000	-.0152211	-.0043171
termtime	-.0377086	.0093869	-4.02	0.000	-.0561066	-.0193107
air	(base alternative)					
train						
income	-.0292031	.0089218	-3.27	0.001	-.0466894	-.0117168
_cons	.561912	.3945781	1.42	0.154	-.2114469	1.335271
bus						
income	-.0127548	.00793	-1.61	0.108	-.0282973	.0027876
_cons	-.0572901	.4789444	-0.12	0.905	-.9960038	.8814236
car						
income	-.0049142	.0077449	-0.63	0.526	-.0200939	.0102656
_cons	-1.832941	.8171904	-2.24	0.025	-3.434605	-.2312773

表8.28中，默认是使用航空旅行方式作为参照系，收入的系数均为负数。主要是因为对于收入越高的人群而言，越不倾向于选择航空以外的交通方式。

对于多元选择模型而言，尤其是无序的多元选择模型，去计算边际效应意义不大，因为各个选择之间没有大小关系。但是，可以预测个体更倾向于做出哪种选择？或者做出每种选择的概率是多少？可以使用margins命令：

. margins　　　//（见表8.29）。

表8.29   **Probit选择模型预测概率计算**

```
Predictive margins                           Number of obs = 840
Model VCE: OIM

Expression: Pr(mode), predict()
```

	Margin	Delta-method std. err.	z	P>|z|	[95% conf. interval]	
_outcome						
air	.2813773	.0279299	10.07	0.000	.2266358	.3361189
train	.303269	.025182	12.04	0.000	.2539131	.3526249
bus	.1461896	.0194323	7.52	0.000	.108103	.1842762
car	.2691612	.0275206	9.78	0.000	.2152218	.3231006

表8.29结果说明，游客外出旅行选择乘坐飞机的概率为28.14%；选择乘坐火车的概率为30.33%；选择乘坐公共汽车的概率为14.62%；选择自驾车的概率为26.91%；四者相加的概率为100%。

虽然直接计算边际效应没有意义，但是可以针对游客的某种选择，例如，是否选择自驾车旅行，进一步讨论收入变化对其做出选择影响，或者预测该游客选择自驾车旅行的概率：

. margins, at(income=(30(10)70)) outcome(car)　　// income= (30(10)70)表示家庭收入从30千美元（30000美元）到70千美元（70000美元）变化，间隔为10000美元（见表8.30）。

表8.30　　　　　　　　　　　　收入变化的条件边际效应计算

```
Predictive margins                                    Number of obs = 840
Model VCE: OIM

Expression: Pr(mode), predict()
Outcome:     car

1._at: income = 30

2._at: income = 40

3._at: income = 50

4._at: income = 60

5._at: income = 70
```

	Margin	Delta-method std. err.	z	P>|z|	[95% conf. interval]
_at					
1	.2589121	.0312511	8.28	0.000	.1976611 .3201632
2	.295794	.0316415	9.35	0.000	.2337778 .3578102
3	.329019	.0405268	8.12	0.000	.2495879 .4084501
4	.3576749	.0551612	6.48	0.000	.249561 .4657889
5	.3813003	.0727683	5.24	0.000	.2386771 .5239235

表8.30结果说明，游客的家庭收入在30000美元时，选择自驾车旅行的概率是25.9%；游客的家庭收入在40000美元时，选择自驾车旅行的概率是29.6%；以此类推，游客的家庭收入在70000美元时，选择自驾车旅行的概率为38.1%；整体呈现出概率递增的趋势，即家庭收入越高，选择自驾车旅行的概率越高。这个规律也可以使用绘图的方式展现：

. marginsplot　　//（见图8.1）。

同样的道理，也可以计算并绘制出游客选择乘坐火车旅行的概率，命令如下（受篇幅所限，以下结果省略）：

. margins, at(income=(30(10)70)) outcome(train)

. marginsplot

Predictive margins with 95% CIs

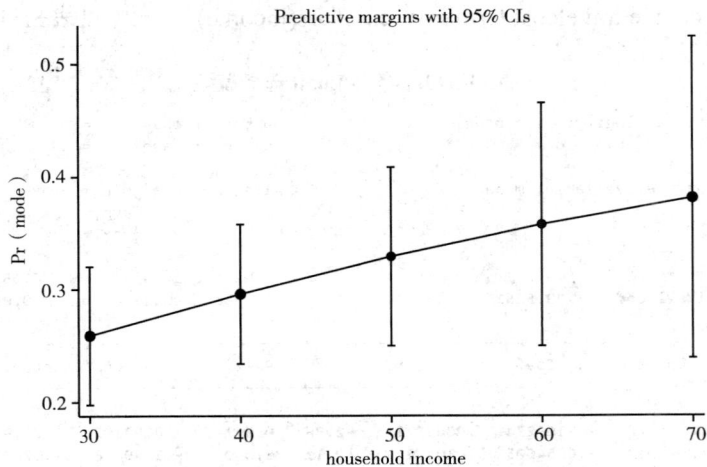

图8.1 收入变化的选择期望概率

如上所述，每一种方式都独立去计算游客做出选择的期望概率太烦琐了，可否用一条命令把游客收入变化对其选择影响的各种期望概率全部都预测出来呢？

. margins, at(income=(30(10)70))　　//结果省略

. marginsplot, noci legend(pos(6) row(1)) plot1opts(lp(dash)) plot2opts(lp(dot)) plot3opts(lp(dash_dot)) plot4opts(lp(solid))　　//（见图8.2）。

Predictive margins

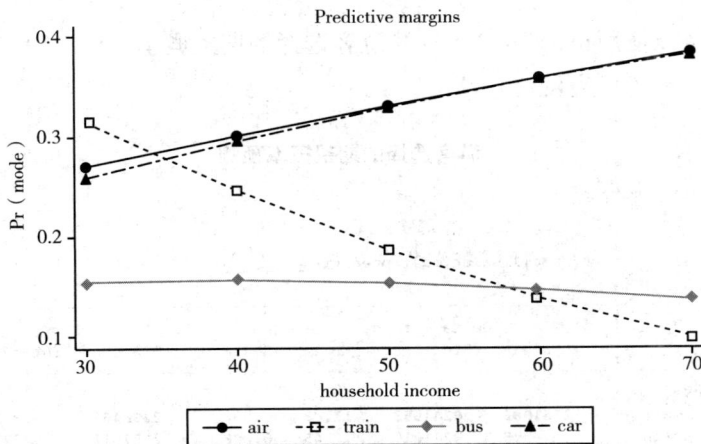

图8.2 不同选择条件下收入变化的选择期望概率

图8.2结果说明，对于游客而言，随着家庭收入的增加，乘坐飞机和自驾车的概率会增加，并且两者区别不大（曲线几乎重合）。但是，乘坐公共汽车和火车的概率是下降的，而且尤其以乘坐火车概率下降最为明显。

以上模型分析，也可以使用cmclogit命令来估计：

. cmclogit choice travelcost termtime, casevars(income)   // (见表 8.31)。

表 8.31   **McFadden 条件 Logit 选择模型**

```
Conditional logit choice model                Number of obs     =        840
Case ID variable: id                          Number of cases   =        210

Alternatives variable: mode                   Alts per case: min =          4
                                                             avg =        4.0
                                                             max =          4

                                              Wald chi2(5)      =     105.78
Log likelihood = -189.52515                   Prob > chi2       =     0.0000
```

choice	Coef.	Std. Err.	z	P>|z|	[95% Conf. Interval]	
mode						
travelcost	-.0109274	.0045878	-2.38	0.017	-.0199192	-.0019355
termtime	-.0954606	.0104732	-9.11	0.000	-.1159876	-.0749335
air	(base alternative)					
train						
income	-.0511884	.0147352	-3.47	0.001	-.0800689	-.0223079
_cons	-.3249561	.5763335	-0.56	0.573	-1.454549	.8046369
bus						
income	-.0232107	.0162306	-1.43	0.153	-.055022	.0086006
_cons	-1.744529	.6775004	-2.57	0.010	-3.072406	-.4166531
car						
income	.0053735	.0115294	0.47	0.641	-.0172237	.0279707
_cons	-5.874813	.8020903	-7.32	0.000	-7.446882	-4.302745

同样地，可以使用 margins 命令预测游客选择的期望概率：

. margins   // (见表 8.32)。

表 8.32   **游客选择的期望概率预测**

```
Predictive margins                            Number of obs     =        840
Model VCE    : OIM

Expression   : Pr(mode|1 selected), predict()
```

		Delta-method				
	Margin	Std. Err.	z	P>|z|	[95% Conf. Interval]	
_outcome						
air	.2761905	.0241553	11.43	0.000	.2288469	.3235341
train	.3	.0241019	12.45	0.000	.2527611	.3472389
bus	.1428571	.0202639	7.05	0.000	.1031407	.1825736
car	.2809524	.0274142	10.25	0.000	.2272215	.3346832

并且也可以针对游客家庭收入变化，预测游客旅行方式选择的概率及变化趋势。原理 cmmprobit 命令一样，为节省篇幅，具体过程和结果省略。

如果是面板数据选择模型，可以使用命令 cmxtmixlogit 来分析，其语法结构和 cmmprobit 也类似，这里不再赘述，具体可见 help cmxtmixlogit 命令。

8.3.2　条件Logit模型

当研究的问题既有选择特定的（alternative specific）因素，如飞机票的价格与乘飞机的时间、火车票的价格与乘火车的时间、自驾车的开销与自驾车的时间等，又有事件特定的（case specific）因素，如旅客的收入水平等，也可以使用条件Logit模型（conditional logit model, CL）。和前文的cmmprobit命令一样，条件Logit模型（asclogit, clogit命令）要求数据也必须是长数据（long-form）而不能是宽数据（wide-form）[①]。

条件logit模型设定第 i（1=1, 2, ..., N）个个体做出选择 j（j=1, 2, ..., m）的概率为：

$$p_{ij} = \frac{\exp\left(x_{ij}'\beta + z_i'\gamma_j\right)}{\sum_{l=1}^{m}\exp\left(x_{il}'\beta + z_i'\gamma_l\right)}$$

其中，x_{ij}' 是选择特定的（alternative specific）解释变量，z_i' 是事件特定的（case specific）解释变量[②]。常用的条件Logit模型有asclogit（alternative-specific conditional logit）和clogit（conditional logit），由于asclogit命令与clogit命令计算的结果是一样的，并且asclogit命令的使用更加方便简单，所以只介绍asclogit命令的使用：

. asclogit depvar [indepvars] [if] [in] [weight], case(varname) casevars(varname) alternatives (varname) [options]

其中，[indepvars]必须是选择特定的（alternative specific）解释变量，如乘坐飞机、火车等的价格和时间；case(varname)中的变量名称varname设定每个个体的识别码，或者编号之类的变量；alternatives(varname)设定乘坐方式变量，包含火车、飞机、汽车等几种选择方式；当含有事件特定的（case specific）解释变量时，可以使用casevars(varname)选项进行设定，例如：旅客收入和年龄等因素；如果要设定某个选择作为基本选择的话，还可以使用basealternative()进行设定。

仍然以前文的travel.dta数据为例，如果使用条件Logit模型，则可以输入以下命令：

. asclogit choice travelcost termtime, case(id) alternatives(mode) casevars(income)　　// 这里的选项case(id) alternatives(mode)类似于cmset选择模型设定（也正是因为该功能，该命令不需要提前使用cmset）；casevars(income)代表事件特定的影响因素或解释变量（见表8.33）。

[①]　关于长数据和宽数据的介绍及相互之间的转换见第2章内容。

[②]　也有学者将既有选择特定的（alternative specific）解释变量，又有事件特定的（case specific）解释变量的模型称为混合Logit模型（mixed logit），将只含有事件特定的（case specific）解释变量模型称为条件Logit模型。

表8.33 选择特定的条件**Logit**模型估计

```
Alternative-specific conditional logit        Number of obs    =      840
Case ID variable: id                          Number of cases  =      210

Alternatives variable: mode                   Alts per case: min =       4
                                                             avg =     4.0
                                                             max =       4

                                              Wald chi2(5)     =   105.78
Log likelihood = -189.52515                   Prob > chi2      =   0.0000
```

choice	Coefficient	Std. err.	z	P>|z|	[95% conf. interval]	
mode						
travelcost	-.0109274	.0045878	-2.38	0.017	-.0199192	-.0019355
termtime	-.0954606	.0104732	-9.11	0.000	-.1159876	-.0749335
air	(base alternative)					
train						
income	-.0511884	.0147352	-3.47	0.001	-.0800689	-.0223079
_cons	-.3249561	.5763335	-0.56	0.573	-1.454549	.8046369
bus						
income	-.0232107	.0162306	-1.43	0.153	-.055022	.0086006
_cons	-1.744529	.6775004	-2.57	0.010	-3.072406	-.4166531
car						
income	.0053735	.0115294	0.47	0.641	-.0172237	.0279707
_cons	-5.874813	.8020903	-7.32	0.000	-7.446882	-4.302745

表8.33中，选择特定的条件Logit模型估计和cmmprobit模型估计结果还是有很大差异的。

再来看另外一个例子。以choice.dta数据为例，该数据是一个关于消费者购买汽车的数据，消费者面临着三个地区的汽车可以选择：美国、日本和欧洲。消费者的选择（choice）只能选其中一个地区的车（即只能购买一辆车）。

. use "D:\01傻瓜计量经济学与stata应用\data\choice.dta", clear

. sum   //（见表8.34）。

表8.34 描述性统计

Variable	Obs	Mean	Std. dev.	Min	Max
id	885	148	85.20683	1	295
sex	885	.7322034	.4430614	0	1
income	885	42.09661	12.42401	20.3	69.8
car	885	2	.8169583	1	3
size	885	2.623729	1.07612	1	4
choice	885	.3333333	.4716711	0	1
dealer	885	9.99322	7.145384	1	24

表8.34中的数据不是面板数据，因为只有个体id，没有时间变量。但是，个体id只有295个，消费者面临的汽车选项（car：包含美国、日本和欧洲三个地区）有3个，该数据将汽车选项按照长面板数据中的时间变量排列，所以观测值数量为

885个。需要注意，该数据不是面板数据，是横截面选择模型数据（Cross-Sectional Choice Model Data）。

. cmset id car

其中，变量id代表消费者的id；变量sex代表消费者的性别，变量income代表消费者的收入；变量car代表汽车制造地区（美国、日本和欧洲）；变量size代表消费者家庭成员数量；变量choice代表消费者是否购买了这款车，如果购买了该车，就取值为1，否则取值为0。面临三个地区制造的车，消费者只能三选一。变量dealer代表每个汽车类型的经销商数量。

. asclogit choice dealer, case(id) alternatives(car) casevars(sex income)　　　　// （见表8.35 ）。

表8.35　　　　　　　　　　　　**选择特定的条件Logit模型估计**

```
Alternative-specific conditional logit        Number of obs    =        885
Case ID variable: id                          Number of cases  =        295

Alternatives variable: car                    Alts per case: min =        3
                                                             avg =      3.0
                                                             max =        3

                                              Wald chi2(5)     =      15.86
Log likelihood = -250.7794                    Prob > chi2      =     0.0072
```

choice	Coefficient	Std. err.	z	P>|z|	[95% conf. interval]	
car						
dealer	.0680938	.0344465	1.98	0.048	.00058	.1356076
American	(base alternative)					
Japan						
sex	-.5346039	.3141564	-1.70	0.089	-1.150339	.0811314
income	.0325318	.012824	2.54	0.011	.0073973	.0576663
_cons	-1.352189	.6911829	-1.96	0.050	-2.706882	.0025049
Europe						
sex	.5704109	.4540247	1.26	0.209	-.3194612	1.460283
income	.032042	.0138676	2.31	0.021	.004862	.0592219
_cons	-2.355249	.8526681	-2.76	0.006	-4.026448	-.6840501

表8.35估计结果中，经销商对购买车型的影响，是选择特定的，对汽车是哪个地区制造的并没有相关性。而反映消费者对不同国家汽车偏好的影响因素，包含了性别和收入。如果想要获得边际效应，可以使用命令estat mfx（结果省略）。如果只是想要得到某个变量的边际效应，例如，经销商dealer，可以输入命令estat mfx, varlist(dealer)。为了节约篇幅，此处省略结果。

8.3.3　嵌入Logit模型

多元Logit模型（MNL）和条件Logit模型（CL）在处理问题时，都是将多元选择中的任何两个选择看成是一个二元 logit 模型。使用 MNL 和 CL 模型，必须满足一个前提假设，那就是任何两个选择之间与第三个选择是不相关的，即不相关选择独立假定（independence of irrelevant alternatives, IIA）。也就是说选择乘坐飞机还是火车，与选择汽车之间不相关。但问题是，有时候我们遇到的选择之间可能并不是完全独立的，例如，选择乘坐火车、白色汽车、红色汽车之间，白色汽车与红色汽车除了颜色差异外其余基本相同，这两个选择之间可能并不是独立的，这种相关性会导致误差项产生相关性。

当误差项之间存在相关性时，可以使用嵌入 Logit 模型（nested logit model, NL）来处理。嵌入 Logit 模型要求选择之间必须是可分组的，并且误差项只能是组内相关并且组间不相关。例如，多元选择：特快火车、普快火车、豪华长途汽车、普通长途汽车，可以分为两组：火车（特快、普快）与汽车（豪华、普通）。

首先，为了使问题描述一般化，用 j（j=1, 2, ..., J）表示选择可以分为 J 组，k=1, 2, …, K_j 表示每个组内的选择的个数，K_j 表示每个组的选择的个数可以不同，也可以只有一个选择；（j, k）表示第 j 组的第 k 个选择。由于选择可以分为不同的组，因此影响选择的因素必定也可以分为两类：组间因素（组内相同但组间不同）和组内因素（组间组内都不相同）。NL 模型假定第 j 组第 k 个选择被选的概率为[1]：

$$p_{jk} = p_j \times p_{k|j} = \frac{\exp\left(z_j' + \tau_j I_j\right)}{\sum_{m=1}^{J} \exp\left(z_m' + \tau_m I_m\right)} \times \frac{\exp\left(\dfrac{x_{jk}'\beta_j}{\tau_j}\right)}{\sum_{l=1}^{K_j} \exp\left(\dfrac{x_{jl}'\beta_j}{\tau_j}\right)}$$

其中，$I_j = \ln\left\{\sum_{l=1}^{K_j} \exp(x_{jl}'\beta_j / \tau_j)\right\}$ 表示第 j 组内，K_j 个选择被选的概率对数和，这个对数和会影响到该组被选的概率。$p_{k|j}$ 表示给定选择为 j 组时，选择 k 被选的条件概率。z_j' 表示组间因素，x_{jk}' 表示组内因素。

嵌入 Logit 模型命令 nlogit 使用比较复杂（具体请参考 help nlogit），它要求数据必须是长数据（long-form），而不能是宽数据（wide-form），如果不是长数据则必须先进行转换。

其次，必须对选择进行分组，假定有一个字符变量 travel，它包含四个字符取值：tktrain（特快火车）、pktrain（普快火车）、hhcar（豪华汽车）、ptcar（普通汽车），可以使用 nlogitgen 命令将其分为两组：train 和 car。

. nlogitgen type = travel(train: tktrain | pktrain, car: hhcar | ptcar)　　// type=travel() 表示对 travel 变量进行分组，分组之后生成新的变量 type，用来记录分组。然后可以

---

① 为了方便，这里忽略个体 i 的下标。

使用nlogittree命令来查看分组是否设定正确

　　. nlogittree travel type

　　. nlogittree travel type, choice(因变量)

　　在设定完分组之后，可以使用nlogit命令进行估计[①]，该命令是基于完全信息的极大似然估计，它的使用语法为：

　　. nlogit depvar [indepvars] [if] [in] [weight] [|| lev1_equation [|| lev2_equation ...]] || altvar: [byaltvarlist] case(id), [options]

　　本例中，假定id变量是个体识别或身份变量，反映组内因素的变量有income与age，没有反映组间因素的变量。

　　以数据restaurant.dta为例。不同的家庭出门旅游，对酒店（restaurant）可能有不同的需求。在面临不同的酒店时，例如，Freebirds、MamasPizza、CafeEccell、LosNortenos、WingsNmore、Christophers、MadCows共7个酒店可以选择，分别用1，2，3，…，7来表示，这个时候就属于无序的多元选择，因为从1~7数值本身是没有意义的。影响家庭选择酒店的因素有很多，比如家庭收入（income）、酒店消费成本（cost）、家庭小孩数量（kids）、酒店星级（rating）、酒店离家的距离（distance）。最后，家庭做出的选择（chosen），选择了该酒店，则chosen取值为1；其他酒店下对应的chosen取值为0（家庭只能选择其中一个酒店）。

　　. webuse restaurant

　　. sum 　　 //（见表8.36）。

表8.36　　　　　　　　　　　　　　　　描述性统计

Variable	Obs	Mean	Std. dev.	Min	Max
family_id	2,100	150.5	86.62269	1	300
restaurant	2,100	4	2.000476	1	7
income	2,100	40.45	20.73529	10	126
cost	2,100	12.86418	8.573303	4.158626	32.70356
kids	2,100	2.69	1.470237	0	7
rating	2,100	2.428571	1.591169	0	5
distance	2,100	5.013702	2.047497	-.9763535	12.66832
chosen	2,100	.1428571	.3500105	0	1

　　表8.36中，实际外出旅行的家庭（family_id）只有300个，但是每个家庭面临的酒店（restaurant）选择有7个，又因为是以长数据格式存储（选择数据格式），所以类似于面板数据结构，总共有2100个观测值。但必须要注意的，因为没有时间属性，是横截面选择模型数据，可以用cmset进行设定。

　　根据嵌入Logit模型，酒店的id虽然是无序的，但是酒店也有高低档次之分，按照酒店星级可以将其分为三类，其中0和1星级酒店为快捷型（fast）；2和3星级酒店

　　[①]　与其他的多元选择模型相比，nlogit命令运算需要稍微长一点时间，请耐心等待。

定义为舒适型（family）；4和5星级酒店定义为豪华型（fancy）。

. cmset family_id restaurant

. nlogitgen type = restaurant(fast: Freebirds | MamasPizza, family: CafeEccell | LosNortenos | WingsNmore, fancy: Christophers | MadCows)

使用nlogittree命令检查分组之后的树形结构是否正确：

. nlogittree restaurant type, choice(chosen) case(family_id)　　//（见表8.37）。

表 8.37 　　　　　　　　　　　　嵌入 **Logit** 树形结构

```
Tree structure specified for the nested logit model

 type    N     restaurant     N    k

 fast   600  ┬ Freebirds     300  12
             └ MamasPizza    300  15
 family 900  ┬ CafeEccell    300  78
             ├ LosNortenos   300  75
             └ WingsNmore    300  69
 fancy  600  ┬ Christophers  300  27
             └ MadCows       300  24

                    Total  2100 300

k = number of times alternative is chosen
N = number of observations at each level
```

表8.37中，N代表每个类型中可以选择的酒店的数量；k代表酒店实际被选择的次数。

. nlogit chosen cost distance rating || type: income kids, base(family) || restaurant:, noconst case(family_id)　　//其中，cost、distance、rating是影响酒店选择的共同的因素；嵌入方程type表示三种酒店类型选择的影响因素，这里包括家庭收入和孩子数量，base(family)代表基础选择为舒适性酒店（family），类似于前文中的baseoutcome()；restaurant:,代表没有组间影响因素（见表8.38）。

表8.38中，输出结果分为三类，第一类是公共影响因素，即酒店价格、距离、星级对酒店选择的影响。第一张表说明，同等条件下，酒店价格和距离对酒店被选中的影响是反向的，但是酒店的星级越高，酒店越容易被选中。第二类是嵌入回归（type equations），因为舒适型（family）是基准结果，所以这里没有输出，只有对快捷型（fast）和豪华型（fancy）两种酒店的选择，可以看出结果表明家庭孩子越多，越不可能选择豪华型酒店。但是家庭收入越高，越有可能选择豪华型酒店。最后一张表是关于不同类型酒店选择的相异参数（dissimilarity parameters），一般而言介于0~1。但是，相异参数大于1也很常见，说明尽管模型在数值上是正确的，但与随机效用理论不一致。

表8.38 嵌入**Logit**模型估计

```
RUM-consistent nested logit regression      Number of obs    =     2,100
Case variable: family_id                    Number of cases  =       300

Alternative variable: restaurant            Alts per case: min =       7
                                                           avg =     7.0
                                                           max =       7

                                            Wald chi2(7)     =     46.71
Log likelihood = -485.47331                 Prob > chi2      =    0.0000
```

chosen	Coefficient	Std. err.	z	P>|z|	[95% conf. interval]	
restaurant						
cost	-.1843847	.0933975	-1.97	0.048	-.3674404	-.0013289
distance	-.3797474	.1003828	-3.78	0.000	-.5764941	-.1830007
rating	.463694	.3264935	1.42	0.156	-.1762215	1.10361
type equations						
fast						
income	-.0266038	.0117306	-2.27	0.023	-.0495952	-.0036123
kids	-.0872584	.1385026	-0.63	0.529	-.3587184	.1842016
family						
income	0	(base)				
kids	0	(base)				
fancy						
income	.0461827	.0090936	5.08	0.000	.0283595	.0640059
kids	-.3959413	.1220356	-3.24	0.001	-.6351267	-.1567559
dissimilarity parameters						
/type						
fast_tau	1.712878	1.48685			-1.201295	4.627051
family_tau	2.505113	.9646351			.614463	4.395763
fancy_tau	4.099844	2.810123			-1.407896	9.607583

```
LR test for IIA (tau=1): chi2(3) = 6.87          Prob > chi2 = 0.0762
```

8.4 样本选择模型（sample selection model）

样本选择模型主要是指受限因变量的观测值是连续的，但是因为受到某种限制，得到的观测值并不完全反映因变量的实际状态。主要包括截尾回归模型（truncated regression model）、Tobit审查回归模型（tobin's probit model）以及Heckman样本选择模型（heckman selection model）等。注意这里的样本选择模型是Selection Model，不是前文的Choice Model，这里要解决的是样本选择偏误问题（sample selection bias），而不是前文的Choice抉择问题。

其中截尾数据（truncation）是因为解释变量的选择而导致样本数据发生截断，例如，在考察教育水平对工资的影响时，样本只包含高中毕业及以上的个体，而高中水平以下的个体被截掉了（可能是调查设计过程中被忽略了）；审查数据（censoring）是因为被解释变量（因变量）在记录时发生的截断或选择，例如，在考

察教育水平对工资的影响时，样本中的数据只包含月工资水平在1000元以上的个体
（只有月工资超过1000元的才予以记录）。两者的共同点是，无论是因为解释变量还
是被解释变量，样本数据发生选择偏误都是外生的，是一个外生选择过程。而对于
Heckman样本选择模型所针对的偶发截尾而言，样本选择则可能是一个自我选择的过
程，是内生的选择过程，如医生和患者之间的选择，患者先选择是否接受手术，然
后才有手术是否成功的问题。

8.4.1 截尾回归（truncated regression）

有些受限因变量（limited dependent variable, LDV）的样本是由于对总体数据的
截断产生的，起因是对解释变量的选择，导致因变量产生截尾特征。例如，要考察
教育水平对个人收入的影响，但是样本只含有高中毕业、大学毕业及以上的个体，
而没有包括未完成高中毕业或高中毕业水平以下的个体。那么相对于总体而言，这
个样本就是一个截断的样本或者截尾样本，被排除的个体与样本中的个体具有的特
征可能不一样，被排除的个体的收入的平均值可能低于样本数据的平均值。

截尾数据的均值与截断点相关，但是会远离截断点，因此与总体的均值相差较
大，而且截尾数据的方差与总体而言更小。显然，如果不对这种情况加以修正的话，
我们不能通过对截尾数据的回归来推断总体情况，甚至不能用截尾数据回归来准确
估计它自身的情况。因为对截尾数据的回归估计产生的系数会偏向零（biased toward
zero）或者说更薄的（attenuated），而且误差项的方差 σ_u^2 也会被低估。例如，假设样
本数据是对一个呈正态分布的总体截断获得的，假设截断点为 τ，只有 $y > \tau$ 的点才
会包括在样本中，假定OLS回归方程为 $y_i = \mathbf{X}_i\boldsymbol{\beta} + u_i$，我们可以定义：

$$\alpha_i = \frac{\tau - \mathbf{X}_i\boldsymbol{\beta}}{\sigma_u}$$

$$\lambda(\alpha_i) = \frac{\varphi(\alpha_i)}{\{1 - \Phi(\alpha_i)\}}$$

其中，σ_u 是截断前的总体的误差项的标准差，$\varphi(\alpha_i)$ 是正态分布的概率密度函
数（pdf），$\Phi(\alpha_i)$ 是正态分布的累积分布函数（cdf），$\lambda(\alpha_i)$ 的表达形式称之为逆米
尔斯比率（inverse mills ratio, IMR），表示标准正态pdf和标准正态cdf在 α_i 处的比值，
由于 α_i 的取值是与截断点 τ 相关的，所以逆米尔斯比率在这里反映的是截断所带来的
偏差。对于截断的正态分布数据的标准的纠正方法是：

$$E(y_i \mid y_i > \tau, x_i) = \mathbf{X}_i\boldsymbol{\beta} + \sigma_u \cdot \lambda(\alpha_i) + u_i$$

与简单的OLS回归方程相比，上面的方程多了一项逆米尔斯比率 $\lambda(\alpha_i)$，这是对
截断数据的纠正，通过加入逆米尔斯比率 $\lambda(\alpha_i)$ 作为解释变量，可以对样本选择偏误

纠正，得到样本数据的一致估计。

在Stata中，这些步骤都可以通过使用truncreg命令实现。truncreg命令的选项有ll(#)和ul(#)，分别表示取值大于#（即向下截尾）和取值小于#（即向上截尾）的样本数据，具体如：

. truncreg y x1 x2 x3 x4, ll(0) nolog

. truncreg y x1 x2 x3 x4, ul(0) nolog

其中，"ll"是L字母的小写形式，ll(0)表示样本数据都是因变量取值大于0的数据，ul(0)表示样本数据都是因变量取值小于0的数据。回归结果会输出sigma参数值，相当于OLS回归中的均方误，反映了截尾样本向下偏误的程度。

以上命令可以与regress y x1 x2 x3 x4 if y>0回归结果对比，你会发现OLS回归得到的系数与truncreg输出的系数相比绝对值要小很多，这说明truncreg命令修正了OLS回归中系数向下（Attenuated）的偏误。

以数据laborsub.dta为例，该数据是关于250个家庭主妇参与工作时长的调查数据。

. webuse laborsub, clear

. sum   //（见表8.39）。

表8.39 描述性统计

Variable	Obs	Mean	Std. dev.	Min	Max
lfp	250	.6	.4908807	0	1
whrs	250	799.84	915.6035	0	4950
k16	250	.236	.5112234	0	3
k618	250	1.364	1.370774	0	8
wa	250	42.92	8.426483	30	60
we	250	12.352	2.164912	5	17

表8.39中，变量whrs是我们关心的因变量，即成为家庭主妇之后的总工作时间（小时数）；变量lfp代表家庭主妇在1975年的时候是否参加了工作（可以用做工具变量）；变量k16代表家庭主妇目前养育的1~6岁儿童数量（不含6岁）；变量k618代表家庭主妇目前养育的6~18岁子女数量；变量wa代表家庭主妇的年龄；变量we代表家庭主妇的受教育水平。

显然，如果要研究的问题是：家庭未成年子女数量（k16和k618）对家庭主妇工作时长变量whrs的影响。那么，这里的因变量就是一个截断变量，因为工作时长不可能为负数（whrs>0），而且取0值的数量比较多（如果只有一两个0值，那也算不得截断），所以变量whrs是一个左截断的数据。可以使用核密度图，检查变量whrs的分布特征：

. kdensity whrs, xline(0, lwidth(vthin) lp(shortdash))   //（见图8.3）。

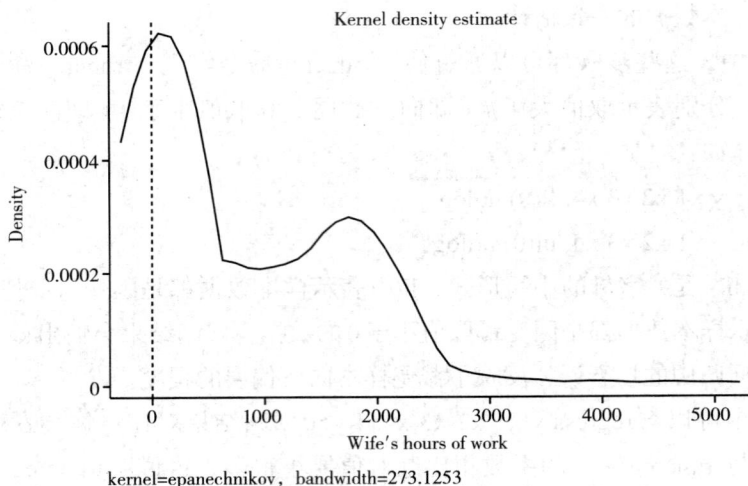

kernel=epanechnikov，bandwidth=273.1253

图8.3　截尾核密度诊断

图8.3中，变量whrs具有左截断的特征，取值为0的数据密度最高（最多）。进一步地，更加详细的频数分布特征，还可以使用命令histogram查看它的直方图和百分位占比：

. histogram whrs, percent 　　　//（见图8.4）。

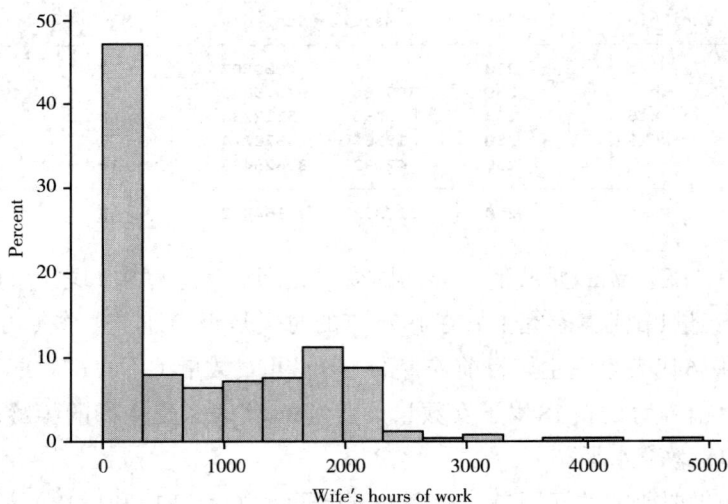

图8.4　截尾直方图诊断

从图8.4可以看出，有40%以上的家庭主妇（实际为100人）没有任何工作经验（whrs=0）。如果直接使用OLS对所有样本观测值进行估计，由于很多家庭主妇没有任何工作经验（whrs=0），所以这部分家庭中，未成年小孩数量对家庭主妇工作时长的影响，不能反映在估计的参数中，从而低估了未成年小孩对家庭主妇参加工作的影响。即便施加约束，删除家庭主妇工作时长为0的观测值，也一样会低估未成年小孩数量对家庭主妇工作时长的影响。首先，使用截断回归进行估计：

. truncreg whrs kl6 k618 wa we, ll(0)　　　//（见表8.40）。

表8.40　　　　　　　　　　　　　　　左截断回归

```
Truncated regression
Limit: Lower =      0                        Number of obs   =         150
       Upper = +inf                          Wald chi2(4)    =       10.05
Log likelihood = -1200.9157                  Prob > chi2     =      0.0395
```

whrs	Coefficient	Std. err.	z	P>|z|	[95% conf. interval]	
kl6	-803.0042	321.3614	-2.50	0.012	-1432.861	-173.1474
k618	-172.875	88.72898	-1.95	0.051	-346.7806	1.030579
wa	-8.821123	14.36848	-0.61	0.539	-36.98283	19.34059
we	16.52873	46.50375	0.36	0.722	-74.61695	107.6744
_cons	1586.26	912.355	1.74	0.082	-201.9233	3374.442
/sigma	983.7262	94.44303	10.42	0.000	798.6213	1168.831

表8.40中，sigma代表逆米尔斯比率项的估计系数，也代表了样本截尾所造成的偏误，这个值越大且越显著，说明我们的截尾模型拟合得越好。其次，将truncreg估计结果跟OLS估计结果进行比较：

quietly reg whrs kl6 k618 wa we

outreg2 using xmm, word replace

quietly reg whrs kl6 k618 wa we if whrs>0　　　//施加约束

outreg2 using xmm, word

quietly truncreg whrs kl6 k618 wa we, ll(0)

outreg2 using xmm, word　　　//（见表8.41）。

表8.41　　　　　　　　　　　　　　多模型估计结果比较

Variables	（1）	（2）	（3）
	whrs	whrs	eq1
kl6	−462.1***	−421.5**	−803.0**
	（124.7）	（168.0）	（321.4）
k618	−91.14**	−104.5*	−172.9*
	（45.85）	（54.19）	（88.73）
wa	−13.16	−4.785	−8.821
	（8.335）	（9.691）	（14.37）
we	53.26**	9.353	16.53
	（26.09）	（31.24）	（46.50）
sigma			983.7***
			（94.44）

续表

Variables	（1）	（2）	（3）
	whrs	whrs	eq1
Constant	940.1*	1630***	1586*
	（530.7）	（615.1）	（912.4）
Observations	250	150	150
R-squared	0.079	0.072	

注：*、**、***分别表示在10%、5%、1%的水平下显著；括号内为标准误。

表8.41中，无论是否施加约束，OLS估计的系数都显著低估了家庭小孩数量对妇女工作时长的影响（绝对值）。同时，这也说明truncreg命令修正了OLS回归中系数向下（attenuated）的偏误。

8.4.2　审查回归Tobit模型

Tobit模型（tobin's probit model）是指因记录问题而导致样本产生截断的问题。具体表现为，因变量虽然在取值上大致连续分布，但包含一部分以正概率取值为0的观测值的一类模型。比如，在任一给定年份，有相当数量家庭的医疗保险费用支出为0，因此，虽然年度家庭医疗保险费用支出的总体分布散布于一个很大的正数范围内，但在数字0上却相当集中。它也被称为审查回归模型（censored regression model）。伍德里奇（Wooldridge，2002）认为审查是一个关于数据记录的问题①。例如，在调查数据中，如果调查对象的某个变量取值大于给定的值，就记录其真实值，如果小于给定值，就记录为0。

但是，有时候审查数据又不是来自记录问题，而是来自角点解（corner solution），例如一个人在某一年花费在购买汽车上的支出可能为零也可能为正，伍德里奇（2002）认为这是来自角点解问题而不是审查问题，角点解问题和审查问题可能会有很大的不同。但幸运的是，无论是角点解问题还是审查问题，它们都使用相同的ML估计量，而且Stata的后验估计量工具既可以解释角点解问题也可以解释审查问题。

最早对在0点审查的问题提出审查回归模型的是托宾（Tobin，1958）②，因此审查回归模型又被称为"Tobin's probit"或者Tobit模型，它可以用一个潜在变量模型来表示：

$$y_i = \mathbf{X_i}\boldsymbol{\beta} + u_i$$

其中：

---

① Wooldridge, J. M.Econometric analysis of cross section and panel data ［M］. Cambridge, MA: MIT Press, 2002.

② Tobin, J.Estimation of relationships for limited dependent variables ［J］. Econometrica, 1958, 26: 24–36.

$$y_i = \begin{cases} 0 & \text{if } y_i < y_i^* \\ y_i & \text{if } y_i \geq y_i^* \end{cases}$$

这个模型既有二值Probit模型的特征（ $y_i = 0$ 或 y_i ），又有普通回归模型的特征 $y_i = \mathbf{X_i\beta} + u_i$ ，当然可以把它作为一个二值结果模型（Probit或Logit）来处理，但是这会丢失关于 y_i 的许多信息。为了充分考虑到 y_i 所蕴含的信息，使用Tobit模型进行拟合，这种方法的优点在于能够通过使用极大似然估计（maximum likelihood，ML）的方法来结合Probit模型和对数似然函数（log–likelihood function）的优点。Tobit模型的对数似然函数表达如下：

$$l_i(\mathbf{\beta}, \sigma_u) = I(y_i = 0) \cdot \log\left\{1 - \varphi\left(\frac{\mathbf{X_i\beta}}{\sigma_u}\right)\right\} + I(y_i > 0) \cdot \left\{\log\varphi\left(\frac{y_i - \mathbf{X_i\beta}}{\sigma_u}\right) - \frac{1}{2}\log\left(\frac{\sigma_u^2}{u}\right)\right\}$$

其中， $I(\cdot)$ 为指示函数，当括号中表达式为"真"时 $I(\cdot) = 1$ 。对于所有的样本取值，将上式累加起来就可以得到目标函数 $\sum_i l_i(\mathbf{\beta}, \sigma_u)$ ，这个目标函数由两部分组成，对于 $y_i = 0$ 部分，它是一个Probit对数似然函数；对于 $y_i > 0$ 部分，它是一个线性回归似然函数。

当然，tobit模型并不要求审查点一定是0，可以通过ll(#)和ul(#)选项来设定左审查点（left censoring）和右审查点（right censoring），即设定下限（lower limit）和上限（upper limit）。此外，Stata的tobit命令还支持使用这两个选项来同时设定上下限。对于模型的条件预测值，可以使用pr（a, b）选项将预测值约束在（a, b）区间以内，如果不设定b的取值，用"."表示，则（a, .）表示区间从a到正无穷大；如果使用predict y_hat命令，不加任何选项，则得到的条件预测值取值可能为负，这显然是不行的。最后是关于边际效应，可以使用margins命令计算。但在很多情况下，Tobit模型估计的系数就是边际效应。Stata中Tobit模型的实现命令为：

. tobit depvar [indepvars] [if] [in] [weight] , ll[(#)] ul[(#)] [options]

. tobit y x1 x2 x3 x4 x5, ll(0)   // ll(0)表示左审查门槛值设为0，也表示下限。ul()表示上限，Stata的tobit命令还支持使用这两个选项来同时设定上下限

. predict y_hat, pr(0,.)   //因变量的Tobit模型的预测值，通常使用这个

. predict y_hat, e(0,.)   //线性预测值

. margins, dydx(*)   //有审查条件下，解释变量的边际效应，一般使用这个命令，不过很多情况下模型估计的系数就是边际效应

关于横截面的Tobit回归，仍然使用前文的家庭主妇调查数据laborsub.dta为例：

. tobit whrs kl6 k618 wa we, ll(0)   //（见表8.42）。

表 8.42   **左审查估计**

```
Tobit regression                           Number of obs    =     250
                                           Uncensored       =     150
Limits: Lower =      0                      Left-censored    =     100
              Upper = +inf                  Right-censored   =       0

                                           LR chi2(4)       =   23.03
                                           Prob > chi2      =  0.0001
Log likelihood = -1367.0903                Pseudo R2        =  0.0084
```

whrs	Coefficient	Std. err.	t	P>|t|	[95% conf. interval]	
kl6	-827.7655	214.7521	-3.85	0.000	-1250.753	-404.7781
k618	-140.0191	74.22719	-1.89	0.060	-286.221	6.182766
wa	-24.97918	13.25715	-1.88	0.061	-51.09118	1.13281
we	103.6896	41.82629	2.48	0.014	21.30625	186.0729
_cons	589.0002	841.5952	0.70	0.485	-1068.651	2246.652
var(e.whrs)	1715859	216775.7			1337864	2200650

表8.42中估计的系数就是边际效应，读者可以使用margins, dydx(*)命令验证。对比截尾回归估计的结果，可以发现两者非常接近，都较好地纠正了样本选择偏误。

如果是面板数据，可以使用数据nlswork3.dta为例，本例中研究的主要对象是职工工资（ln_wage）及其影响因素。

. webuse nlswork3

. xtset idcode year

. sum idcode year ln_wage union age grade not_smsa south   //（见表8.43）。

表 8.43   **描述性统计**

Variable	Obs	Mean	Std. dev.	Min	Max
idcode	28,534	2601.284	1487.359	1	5159
year	28,534	77.95865	6.383879	68	88
ln_wage	28,534	1.674907	.4780935	0	5.263916
union	19,238	.2344319	.4236542	0	1
age	28,510	29.04511	6.700584	14	46
grade	28,532	12.53259	2.323905	0	18
not_smsa	28,526	.2824441	.4501961	0	1
south	28,526	.4095562	.4917605	0	1

表8.43中，变量idcode代表身份；变量year代表年份（1968~1988年）；变量ln_wage代表职工工资；变量union代表是否加入工会；变量age代表年龄；变量grade代表受教育年限；变量not_smsa代表非标准统计大都市区域；变量south代表来自南方地区。

表8.43中，因变量ln_wage只有一个值为0，其余值皆大于0，理论上不需要使用样本选择模型，本例仅为展示Tobit命令应用方法。

. xttobit ln_wage union age grade not_smsa south##c.year, ll(0) intpoint(25) tobit   //随机效应Tobit模型，ll(0)表示左审查极限0；选项intpoint()表示积分次数点，默认为

12，Tobit随机效应模型是用正交法计算的，其精度部分取决于积分次数点使用。选项Tobit代表执行与混合Tobit模型比较的似然比检验（见表8.44）。

表8.44　　　　　　　　　　　**随机效应Tobit估计**

ln_wage	Coef.	Std. Err.	z	P>|z|	[95% Conf. Interval]	
union	.1219382	.0065258	18.69	0.000	.1091478	.1347286
age	.0104693	.0017141	6.11	0.000	.0071097	.0138289
grade	.0761286	.0021403	35.57	0.000	.0719337	.0803235
not_smsa	-.1386361	.0090468	-15.32	0.000	-.1563675	-.1209047
1.south	-.241099	.0668411	-3.61	0.000	-.3721052	-.1100928
year	.002864	.0017898	1.60	0.110	-.000644	.0063719
south#c.year						
1	.0018314	.0008238	2.22	0.026	.0002169	.003446
_cons	.2346962	.0974854	2.41	0.016	.0436283	.4257641
/sigma_u	.3080576	.0042721	72.11	0.000	.2996844	.3164307
/sigma_e	.2624615	.0015182	172.87	0.000	.2594858	.2654372
rho	.5794132	.0076156			.5644332	.594279

```
LR test of sigma_u=0: chibar2(01) = 8123.82          Prob >= chibar2 = 0.000
```

表8.44中，需要说明的一点是，最后一行的LR检验p值小于0.001，因此拒绝零假设。相对于混合Tobit模型而言，认为模型存在个体效应，所以应使用随机效应模型。也可以由审查进行估计：

. xttobit ln_wage union age grade not_smsa south##c.year, ul(1.9) intpoints(25) tobit　　　//结果省略

8.4.3　偶发截尾与Heckman样本选择模型

偶发截尾（非主要截尾，incidental truncation），主要是指样本选择是一个自我选择的过程。 例如，考察教育水平对工资的影响，在调查数据时，只能观测到正在工作的人的工资水平，而对于那些没有工作的人的工资不可观测，这种情况下我们实际上进行了样本选择，而不是随机抽样。**这种数据的缺失，既不是因为调查设计时发生截断，也不是数据记录时因为他们没有工作，而是因为劳动力选择不参与工作，导致因变量出现截尾特征，称之为非主要截尾（incidental truncation）。**

非主要截尾或偶发截尾（incidental truncation）的样本选择模型可以表示如下：

$$y_i = X_i\beta + u_i \qquad （8-7）$$

$$s_i = I(Z_i\gamma + v_i > 0) \qquad （8-8）$$

其中，第一阶段选择方程中$I(Z_i\gamma + v_i > 0)$为指示函数，当括号内的表达式为真时取值为1。

这个模型有点类似于工具变量两阶段最小二乘法（2SLS）。以前文提到的考察工人工资水平为例，s_i表示工人是否参加工作，Z_i包含X_i的所有变量，并且

也可以包括 $\mathbf{X}_i$ 中没有的变量（相当于 2SLS 中的工具变量）。第一阶段，指示函数 $s_i = I(\mathbf{Z}_i\gamma + v_i \geq 0)$ 表示由工人自己的个人特定的因素决定是否参加工作，这是一个自我选择过程，但是需要外生的工具变量来排除自我选择偏误。第二阶段，用排除偏误的逆米尔斯比率修正第二阶段的估计。Heckman 选择模型原理与 2SLS 有异曲同工之妙。

当 $s = 1$ 时，根据式（8-8）能观测到的只有 $\mathbf{Z}_i\gamma$，假定：

$$\Pr(s = 1 | \mathbf{Z}) = \Phi(\mathbf{Z}\gamma)$$

其中，$\Phi(\mathbf{Z}\gamma)$ 是标准正态分布的累积分布函数。则逆米尔斯比率为：

$$\lambda(\mathbf{Z}\gamma) = \frac{\varphi(\mathbf{Z}\gamma)}{\{1 - \Phi(\mathbf{Z}\gamma)\}}$$

根据前文的分析，逆米尔斯比率表示截断所带来的偏差：

$$E[y | Z, s] = X\beta + \rho\lambda(\mathbf{Z}\gamma) \qquad (8-9)$$

这就是修正后的非主要截尾模型（incidental truncation），加入逆米尔斯比率之后得到的估计是一致的。此外，从模型中也可以看出，如果 $\rho = 0$，即不存在截尾特征，则 OLS 估计也是一致的。从式（8-9）可以看出，要估计非主要截尾模型的话，第一阶段要估计 γ 并计算出 $\lambda(\mathbf{Z}\gamma)$；然后第二阶段才能估计出 β 和 ρ。这个两阶段估计方法是基于赫克曼（Heckman，1976）的研究，也称为 Heckit 模型或 Heckman 选择模型（heckman selection model）。

Heckit 模型在 Stata 中的实现命令为：

. heckman depvar [indepvars], select(varlist_s) [twostep]

. heckman depvar [indepvars], select(depvar_s = varlist_s) [twostep]

其中，twostep 表示使用 Heckman 两阶段估计，一般推荐使用该选项，这种方法通过加入逆米尔斯比率来修正估计结果。以上两组命令都会输出两组参数，即 β 和 γ 系数。

以样本数据 womenwk.dta 为例，这是关于 2000 名女性职工工资水平的抽样调查数据：

. webuse womenwk

. sum   //（见表 8.45）。

表 8.45   描述性统计

Variable	Obs	Mean	Std. dev.	Min	Max
county	2,000	4.5	2.873	0	9
age	2,000	36.208	8.28656	20	59
education	2,000	13.084	3.045912	10	20
married	2,000	.6705	.4701492	0	1
children	2,000	1.6445	1.398963	0	5
wage	1,343	23.69217	6.305374	5.88497	45.80979

表8.45中，变量county表示女性职工所居住的县城；变量age代表女性职工年龄；变量education代表女性职工受教育水平；变量married代表女性职工是否已婚；变量children代表女性职工家庭12岁以下子女数量；变量wage代表女性职工每小时工资，如果没有工作，则为缺失值（有657名女性没有工作）。这些女性之所以没有工资，不是问卷设计和抽样调查过程出现了问题，而是这些女性出于自身的角度考虑没参加工作。换句话说，截尾特征的出现，是样本自我选择问题，是内生的。

如果想要研究教育对女性工资的影响，并且直接使用OLS估计，则回归模型只能用到1343个观测值：

. reg wage age education 　　　　// （见表8.46）。

表8.46　　　　　　　　　　　　　　　**OLS估计**

Source	SS	df	MS		Number of obs	=	1,343
					F(2, 1340)	=	227.49
Model	13524.0337	2	6762.01687		Prob > F	=	0.0000
Residual	39830.8609	1,340	29.7245231		R-squared	=	0.2535
					Adj R-squared	=	0.2524
Total	53354.8946	1,342	39.7577456		Root MSE	=	5.452

wage	Coefficient	Std. err.	t	P>|t|	[95% conf. interval]	
age	.1465739	.0187135	7.83	0.000	.109863	.1832848
education	.8965829	.0498061	18.00	0.000	.7988765	.9942893
_cons	6.084875	.8896182	6.84	0.000	4.339679	7.830071

表8.46中，没有工资的女性信息被完全忽略了（只用到了2000个观测值中的1343个），从而低估了教育水平对女性工资的影响。接下来，尝试使用Heckman选择模型估计：

. heckman wage age education, select(age education married children) twostep 　　　// 这里的外生变量married children选择不好，理论上应该与wage不直接相关，其原理应该跟工具变量选择一样（见表8.47）。

表8.47中的Heckman选择模型估计，虽然也只选择了1343个观测值，但是在两个阶段估计过程中，剩下的没被选择的657个观测值信息也考虑到了。两相比较，在这种存在大量因变量缺失值的情况下，明显可以看出Heckman选择模型的估计结果要优于OLS估计。

如果第二阶段方程中的因变量 $y_i = \mathbf{X}_i\boldsymbol{\beta} + u_i$ 不是连续的，而是离散的变量取值，可以使用Heckman的二元选择模型Heckprobit（binomial probit with selection）和多元选择模型Heckoprobit（ordered probit model with sample selection）来处理。不过这两个模型的用处很有限，边际效应计算也很复杂，读者有兴趣可以自己了解。

表8.47   **Heckman两阶段选择模型**

```
Heckman selection model -- two-step estimates      Number of obs   =     2,000
(regression model with sample selection)               Selected    =     1,343
                                                     Nonselected =       657

                                                     Wald chi2(2)    =    442.54
                                                     Prob > chi2     =    0.0000
```

wage	Coefficient	Std. err.	z	P>|z|	[95% conf. interval]	
wage						
age	.2118695	.0220511	9.61	0.000	.1686502	.2550888
education	.9825259	.0538821	18.23	0.000	.8769189	1.088133
_cons	.7340391	1.248331	0.59	0.557	-1.712645	3.180723
select						
age	.0347211	.0042293	8.21	0.000	.0264318	.0430105
education	.0583645	.0109742	5.32	0.000	.0368555	.0798735
married	.4308575	.074208	5.81	0.000	.2854125	.5763025
children	.4473249	.0287417	15.56	0.000	.3909922	.5036576
_cons	-2.467365	.1925635	-12.81	0.000	-2.844782	-2.089948
/mills						
lambda	4.001615	.6065388	6.60	0.000	2.812821	5.19041
rho	0.67284					
sigma	5.9473529					

8.5   贝叶斯模型估计

8.5.1   贝叶斯理论简介

在第1章引言部分，以"做好事就一定是好人吗（遇到好人的概率）"为例，介绍过贝叶斯模型。这样的概率问题在现实生活中很多，例如：考试作弊就一定是差等生吗？夜晚庭院狗叫就一定有小偷入侵吗？公鸡打鸣就一定是天亮了吗？都可以通过贝叶斯概率进行解释。

在统计学中，历来有频率学派（frequentist）和贝叶斯学派（bayesian）之争。其中，频率学派认为凡事都有确定的规律，总体服从某个分布如 $f(y, \theta)$，尽管不知道 θ 是多少，但是可以通过统计回归估计出来。相反，贝叶斯学派则认为，既然 θ 具有不确定性，就应该将其也视为随机变量，并通过样本数据来更新先验分布，将其转化为后验分布，并将后验分布作为统计推断的依据。

那么究竟什么是贝叶斯概率呢？其实就是将先验概率（已知分布）和样本数据（所观察到的现象）转换为后验概率。

$$P(A \mid B) = \frac{P(AB)}{P(B)} = \frac{P(B \mid A) \cdot P(A)}{P(B)}$$

其中，A 是前文提及的参数 θ，B 是样本数据。P(A|B) 是后验概率，P(A) 是事件 A 发生的先验概率，P(B) 是事件 B 发生的先验概率，P(B|A) 是在参数 A 假设下样本数据 B 发生的概率，也叫似然函数。

举例而言，有 A、B、C 三个纸箱子，每个纸箱子里面都装了 10 个球。A 箱子里面有 5 个红球，5 个黑球；B 箱子里面有 6 个红球，4 个黑球；C 箱子里面有 7 个红球，3 个黑球。

现在举行抽球活动，假设张三随机拿到 A、B、C 三个箱子的概率分别为 0.4、0.3 和 0.2。

问题：已知张三随机抽到了红球，请问这个红球是来自 A、B、C 三个箱子的概率各是多少？

先验概率为：

$$P(A)=0.4，P(B)=0.3，P(C)=0.2$$

假设事件为 D=抽到红球，在 A、B、C 三个箱子中，张三抽到红球的概率分别为：

$$P(D|A)=0.5；P(D|B)=0.6；P(D|C)=0.7$$

抽到红球的概率：

$$
\begin{aligned}
P(D) &= P(D|A) \times P(A) + P(D|B) \times P(B) + P(D|C) \times P(C) \\
&= 0.5 \times 0.4 + 0.6 \times 0.3 + 0.7 \times 0.2 \\
&= 0.52
\end{aligned}
$$

根据贝叶斯公式：

$$P(A|D) = \frac{P(D|A) \cdot P(A)}{P(D)} = \frac{0.5 \times 0.4}{0.52} = 0.38$$

$$P(B|D) = \frac{P(D|B) \cdot P(B)}{P(D)} = \frac{0.6 \times 0.3}{0.52} = 0.35$$

$$P(C|D) = \frac{P(D|C) \cdot P(C)}{P(D)} = \frac{0.7 \times 0.2}{0.52} = 0.27$$

上述结果表明，抽到的红球来自 A、B、C 箱子的概率分别为 0.38、0.35 和 0.27。由此可见，红球来自 A 箱子的概率最高。这个结果跟先验概率很接近（P(A)=0.4，P(B)=0.3，P(C)=0.2）。这既是贝叶斯概率的优点，也是它的缺点。优点是贝叶斯方法可以修正先验概率；缺点是修正后的后验概率依赖于先验概率。如果先验概率不准确，那么贝叶斯概率也是错的，这也是贝叶斯概率饱受频率学派诟病的原因之一。

但是，大样本可以克服贝叶斯方法的缺陷，让它不依赖于先验概率，甚至都可以不需要先验概率来做出后验概率估计。**大样本贝叶斯估计的实质，就在于反复使用贝叶斯定理**。上面的案例，再进行第二次抽球活动，还是抽到红球，求问连续两次抽到红球，红球分别来自 A、B、C 三个箱子的概率。则有：

$$P(D_1=1,D_2=1)=P(D_1=1|A)\cdot P(D_2=1|A)\cdot P(A)+P(D_1=1|B)\cdot$$
$$P(D_2=1|B)\cdot P(B)+P(D_1=1|C)\cdot P(D_2=1|C)\cdot P(C)$$
$$=0.5\times0.5\times0.4+0.6\times0.6\times0.3+0.7\times0.7\times0.2$$
$$=0.306$$

$$P(A|D_1=1,D_2=1)=\frac{P(D_1=1|A)\cdot P(D_2=1|A)\cdot P(A)}{P(D_1=1,D_2=1)}=\frac{0.5\times0.5\times0.4}{0.306}=0.33$$

$$P(B|D_1=1,D_2=1)=\frac{P(D_1=1|B)\cdot P(D_2=1|B)\cdot P(B)}{P(D_1=1,D_2=1)}=\frac{0.6\times0.6\times0.3}{0.306}=0.35$$

$$P(C|D_1=1,D_2=1)=\frac{P(D_1=1|C)\cdot P(D_2=1|C)\cdot P(C)}{P(D_1=1,D_2=1)}=\frac{0.7\times0.7\times0.2}{0.306}=0.32$$

总结规律，可以发现贝叶斯概率计算过程中，分母其实是多少并不重要，因为它的作用仅仅是为了保证所有的后验概率的和为1，因而根本不需要计算P(D)，只需要计算分子。而分子反复进行贝叶斯定理之后，比如10次连续抽到红球，那么红球来自A、B、C箱子的概率分别为0.05，0.23和0.72，后验概率和先验概率（P(A)=0.4，P(B)=0.3，P(C)=0.2）产生了较大的差异。

以上案例表明，当样本量很大时（贝叶斯定理反复使用的次数越高），先验分布所起的作用越小，贝叶斯估计对先验概率的依赖越小，甚至可以忽略，这大大提高了贝叶斯估计的准确性和稳定性。

离散的先验概率很罕见，更常见的是连续的后验概率。如果是随机向量θ（视为参数）与随机向量y（视为样本数据），根据贝叶斯定理有：

$$f(\theta|y)=\frac{f(\theta|y)}{f(y)}=\frac{f(y|\theta)\cdot\pi(\theta)}{f(y)}$$

离散的贝叶斯概率可以手动计算；连续的贝叶斯概率估计在样本数据较大的情况下，普通人要想手动计算且不借助计算机几乎不太可能。

8.5.2　贝叶斯模型估计案例

前文已经介绍过，频率学派在进行统计推断时使用的是总体信息和样本信息，但贝叶斯学派认为还应使用先验信息。是否使用先验信息也是贝叶斯估计区别于频率派的主要特点。贝叶斯派则认为未知参数θ是随机值，可以用一个概率分布去描述。因而，贝叶斯估计不是直接估计参数的值，而是允许参数θ服从一定的概率分布，也就是说贝叶斯估计的参数是一个用概率分布表示的随机变量。也正因如此，如果不加入随机种子rseed()的话，那么相同的样本数据和模型，每次贝叶斯估计都会得到不一样的随机变量均值和分布[1]。

---

[1]　后续章节中的VAR(向量自回归)模型和DSGE(动态随机一般均衡)模型估计，也是基于贝叶斯理论。

贝叶斯估计的核心任务就是结合先验信息和观测值信息，获得模型参数的后验概率分布（posterior）。一般情况下，贝叶斯估计默认的先验分布是正态分布。

贝叶斯MCMC（markov chain monte carlo，马尔科夫链蒙特卡罗）估计常用的方法有两种：Metropolis–Hastings采样（简称M–H采样，random–walk metropolis–hastings sampling）和吉布斯采样（gibbs sampling）。前者是 Stata 默认的对后验分布进行抽样的算法，其主要作用是通过后验分布的概率密度之比构造了一个具有接受 – 拒绝机制的马尔科夫链，并通过它抽取出所需的后验分布。后者吉布斯采样的思路是，通过设定系数矩阵 B 的无条件先验分布和扰动项方差 σ^2 的无条件先验分布，并从 σ^2 的无条件先验分布中抽取一个样本，用于估计边缘后验分布。

以"双十一"网购数据为例，我们想要检验同伴效应（peer）对大学生参加"双十一"活动的影响。考虑一个贝叶斯从众行为模型：假设每个人关于"双十一"活动，都会有自己的认识或得到个人的信息。假设每个行为人得到信息的概率为 α，但是每个行为人并不能确定自己的信息是正确的。假定个人信息正确的概率为 β，并且 β 是随机的，可能大于1/2，也可能小于1/2（Banerjee，1992）。

第一个决策者会根据自己的信息做出决定；第二个决策者如果得到的信息与第一个决策者一致，那么第一个决策者的信息会进一步强化他自己的判断，他会做出与第一个决策者相同的决定。如果第二个决策者得到的信息和第一个决策者不同，那么他们各自的信息正确的概率都是 β，第二个决策者没有必要跟从第一个决策者的选择，不存在从众行为。根据贝叶斯Probit模型，第三个决策者选择参加的概率为：

$$p\left(i^* = i^{1,2}\middle|peer\right) = \frac{p\left(peer\mid i^* = i^{1,2}\right) \cdot p\left(i^* = i^{1,2}\right)}{\int p\left(peer\mid i^* = i^{1,2}\right)p(i)}$$

从众行为的关键在于第三个决策者及后续者：对于第三个决策者而言，如果前面两个决策者做出不一致的选择，那么第三个决策者会根据自己的信息做出判断，不存在从众行为。如果前面两个决策者做出的决定一致，并且自己得到的信息与前两位决策者一致，则第三者做出相同的决定。**但是，如果前两位决策者做出一致的决定，并且第三位决策者得到的信息与前两位决策者不一致**，则第三位决策者跟随前两位决策者并且信息正确的贝叶斯均衡概率要大于坚持自己的选择：

$$p\left(i^* = i^{1,2}\middle|peer\right) = \frac{\left[\alpha^3\beta^2(1-\beta) + \alpha^2\beta(1-\beta)(1-\alpha)\right]}{p(peer)} >$$

$$p\left(i^* = i^3\middle|peer\right) = \frac{\left[\alpha^2\beta(1-\beta)(1-\alpha)\beta\right]}{p(peer)}$$

其中，i^* 表示真实的信息，$i^{1,2}$ 表示前两位决策者得到的信息，i^3 表示第三位决策者得到的信息；peer表示室友做出一致选择事件，前文贝叶斯模型分析中，我们解释过贝叶斯估计过程中，分母其实并不重要，因而上式中使用p(peer)简单表示。在命令窗口输入：

. use "D:\01 傻瓜计量经济学与stata应用\data\double11.dta", clear

. bayes, rseed(12345): probit join peer gender city exper　　//使用了默认的先验正态分布，如果想修改，可以输入bayes, prior({join: }, normal(10)) rseed(12345): probit join peer gender city exper　　//（见表8.48）。

表8.48　　　　　　　　　　　　　　　**贝叶斯Probit模型估计**

```
Model summary

Likelihood:
  join ~ probit(xb_join)

Prior:
  {join:peer gender city exper _cons} ~ normal(0,10000)          (1)

(1) Parameters are elements of the linear form xb_join.

Bayesian probit regression              MCMC iterations  =     12,500
Random-walk Metropolis-Hastings sampling Burn-in         =      2,500
                                        MCMC sample size =     10,000
                                        Number of obs    =      2,400
                                        Acceptance rate  =      .1969
                                        Efficiency:  min =     .03099
                                                     avg =     .04544
Log marginal-likelihood = -1342.0122                 max =     .05308
```

join	Mean	Std. dev.	MCSE	Median	Equal-tailed [95% cred. interval]	
peer	.7132431	.0793177	.003565	.7140185	.5547952	.8635249
gender	.2043589	.0571131	.002669	.205528	.09025	.3200222
city	.1662779	.0581034	.002522	.1668672	.0516534	.282808
exper	1.318243	.1687315	.009584	1.314454	1.006466	1.657035
_cons	-1.481144	.1841931	.008425	-1.478988	-1.842444	-1.136919

Note: Default priors are used for model parameters.

表8.48中，Likelihood表示对数似然函数；Prior代表先验分布假设；MCMC iterations表示MCMC迭代次数，默认为12500次；Burn-in告诉我们为了减少链中随机起始值的影响，迭代中的2500个被丢弃；MCMC sample size告诉我们最终的MCMC样本大小为10000；Number of obs是我们的数据样本量；接受概率（acceptance rate）θ建议值比例包含在最终的MCMC样本中，高效率表明低自相关，而低效率表明高自相关。

表8.48中，第二列Mean是估计参数向量的均值，这里要注意贝叶斯估计的不是参数，而是参数随机向量，服从均值为Mean的分布；第三列Std. Dev.是标准差；第四列MCSE代表蒙特卡罗标准误（monte carlo standard error）；第五列Median是参数向量中值；最后一列是置信区间。

此外，还需特别注意，上述结果中因为是Probit模型，所以与前文一样，估计出来的参数均值不是平均边际效应。如果想要获得平均边际效应，还需要进一步采用转换公式 $e^{X\beta} \cdot \beta$ 计算。或者简单一点，直接使用reg命令估计：

　　. bayes, rseed(12345): reg join peer gender city exper　　　//结果省略

　　如果想要查看同伴效应（peer）贝叶斯MCMC估计参数的收敛性特征，可以使用命令：

　　. bayesgraph diagnostics {peer}　　　//如果需要查看所有的贝叶斯估计参数向量诊断图，可以输入命令bayesgraph diagnostics _all（见图8.5）。

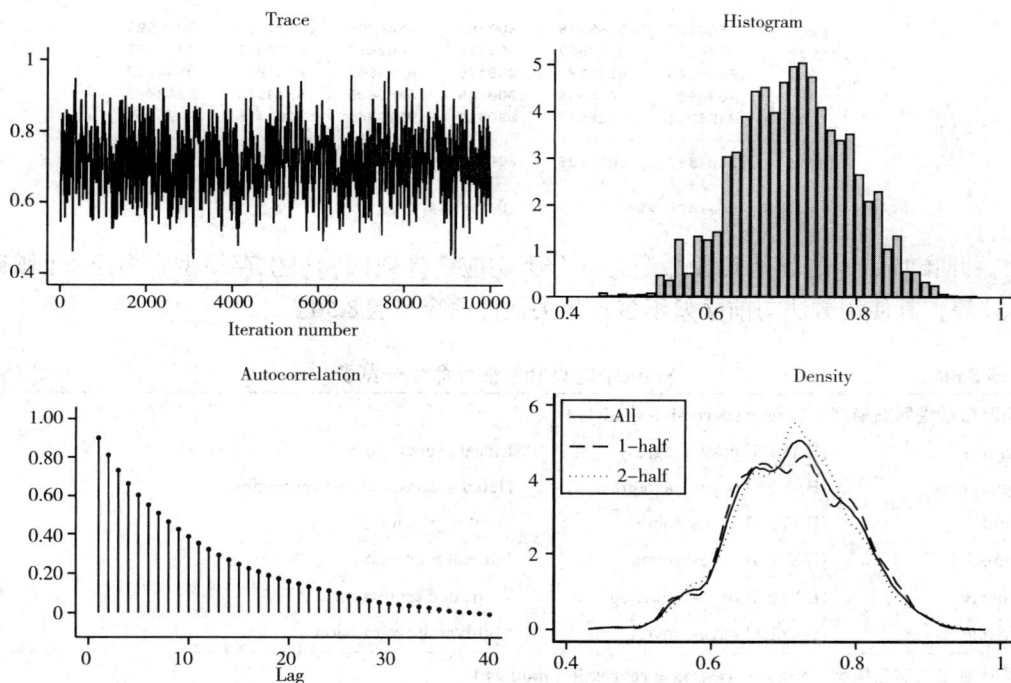

图8.5　贝叶斯参数诊断

　　图8.5中包含了MCMC样本的轨迹图、直方图、自相关图和核密度图。图中结果表明，使用Markov chain生成的轨迹图有一个平稳模式，直方图没有特殊异常且接近正态分布，自相关会随着较大的滞后值迅速减小，核密度图中的前半部分（1-half）和后半部分（2-half）也基本重合，与整体（all）没有较大差异，说明我们的样本不存在任何问题。

　　如果不想使用默认的Metropolis-Hastings采样估计，想改用吉布斯采样估计，则可以输入命令：

　　. bayes, gibbs rseed(12345): reg join peer gender city exper　　　//目前吉布斯采样只支持regress和mvreg两个命令（见表8.49）。

表8.49   吉布斯采样估计

```
Bayesian linear regression              MCMC iterations    =     12,500
Gibbs sampling                          Burn-in            =      2,500
                                        MCMC sample size   =     10,000
                                        Number of obs      =      2,400
                                        Acceptance rate    =          1
                                        Efficiency:  min   =          1
                                                     avg   =          1
Log marginal-likelihood = -1398.9001                 max   =          1
```

		Mean	Std. dev.	MCSE	Median	Equal-tailed [95% cred. interval]	
join							
	peer	.2544109	.0265195	.000261	.2546656	.2031384	.3056598
	gender	.0624365	.0178942	.000179	.062437	.0270451	.0979207
	city	.0496178	.0175189	.000175	.0496863	.0151858	.0840123
	exper	.4690902	.0484954	.000485	.4685803	.3733574	.5648003
	_cons	-.0128058	.0528517	.000529	-.0129941	-.1167416	.0895209
	sigma2	.1807387	.0051923	.000052	.1806078	.1708079	.190971

Note: Default priors are used for model parameters.

贝叶斯估计的其他相关命令，如分类响应、计数回归、生存模型、多层次回归估计等，其使用方法与前文差不多，相关估计命令见表8.50。

表8.50   Stata中的贝叶斯估计命令一览表

贝叶斯线性回归模型（Linear regression models）

regress	[BAYES] bayes: regress	Linear regression
hetregress	[BAYES] bayes: hetregress	Heteroskedastic linear regressions
tobit	[BAYES] bayes: tobit	Tobit regression
intreg	[BAYES] bayes: intreg	Interval regression
truncreg	[BAYES] bayes: truncreg	Truncated regression
mvreg	[BAYES] bayes: mvreg	Multivariate regression

贝叶斯二值响应模型（Binary–response regression models）

logistic	[BAYES] bayes: logistic	Logistic regression, reporting odds ratios
logit	[BAYES] bayes: logit	Logistic regression, reporting coefficients
probit	[BAYES] bayes: probit	Probit regression
cloglog	[BAYES] bayes: cloglog	Complementary log–log regression
hetprobit	[BAYES] bayes: hetprobit	Heteroskedastic probit regressions
binreg	[BAYES] bayes: binreg	GLM for the binomial family
biprobit	[BAYES] bayes: biprobit	Bivariate probit regression

贝叶斯次序响应模型（Ordinal–response regression models）

ologit	[BAYES] bayes: ologit	Ordered logistic regression
oprobit	[BAYES] bayes: oprobit	Ordered probit regression
hetoprobit	[BAYES] bayes: hetoprobit	Heteroskedastic ordered probit regression
zioprobit	[BAYES] bayes: zioprobit	Zero–inflated ordered probit regression

续表

贝叶斯分类响应回归模型（Categorical-response regression models）

mlogit	[BAYES] bayes: mlogit	Multinomial（polytomous）logistic regression
mprobit	[BAYES] bayes: mprobit	Multinomial probit regression
clogit	[BAYES] bayes: clogit	Conditional logistic regression

贝叶斯计数响应回归模型（Count-response regression models）

poisson	[BAYES] bayes: poisson	Poisson regression
nbreg	[BAYES] bayes: nbreg	Negative binomial regression
gnbreg	[BAYES] bayes: gnbreg	Generalized negative binomial regression
tpoisson	[BAYES] bayes: tpoisson	Truncated Poisson regression
tnbreg	[BAYES] bayes: tnbreg	Truncated negative binomial regression
zip	[BAYES] bayes: zip	Zero-inflated Poisson regression
zinb	[BAYES] bayes: zinb	Zero-inflated negative binomial regression

贝叶斯广义线性模型（Generalized linear models）

glm	[BAYES] bayes: glm	Generalized linear models

贝叶斯分数响应回归模型（Fractional-response regression models）

fracreg	[BAYES] bayes: fracreg	Fractional response regression
betareg	[BAYES] bayes: betareg	Beta regression

贝叶斯生存回归模型（Survival regression models）

streg	[BAYES] bayes: streg	Parametric survival models

贝叶斯样本选择模型（Sample-selection regression models）

heckman	[BAYES] bayes: heckman	Heckman selection model
heckprobit	[BAYES] bayes: heckprobit	Probit model with sample selection
heckoprobit	[BAYES] bayes: heckoprobit	Ordered probit model with sample selection

贝叶斯多层次回归模型（Multilevel regression models）

mixed	[BAYES] bayes: mixed	Multilevel linear regression
metobit	[BAYES] bayes: metobit	Multilevel tobit regression
meintreg	[BAYES] bayes: meintreg	Multilevel interval regression
melogit	[BAYES] bayes: melogit	Multilevel logistic regression
meprobit	[BAYES] bayes: meprobit	Multilevel probit regression
mecloglog	[BAYES] bayes: mecloglog	Multilevel complementary log-log regression
meologit	[BAYES] bayes: meologit	Multilevel ordered logistic regression
meoprobit	[BAYES] bayes: meoprobit	Multilevel ordered probit regression
mepoisson	[BAYES] bayes: mepoisson	Multilevel Poisson regression
menbreg	[BAYES] bayes: menbreg	Multilevel negative binomial regression
meglm	[BAYES] bayes: meglm	Multilevel generalized linear model
mestreg	[BAYES] bayes: mestreg	Multilevel parametric survival regression

注：具体使用方法可以在Stata命令窗口输入help bayes:command进行查看，例如：help bayes:melogit.

第9章 匹配、双重差分与合成控制

无论是自然科学研究还是社会科学研究，常常会用到实验的方法来检验干预措施或政策的处理效应。例如，研究评价一种新的抗癌药的效果，可以找到两组基本情况相近的癌症患者，一组服用抗癌药（干预组），而另一组服用安慰剂（控制组），并对其最终疗效进行研究。又比如，研究一种区域政策是否有效，找寻两个基本情况类似的区域，其中一者施行了该政策，另一者未施行该政策，对比两者最终的结果。在计量经济学中，这种方法被称为双重差分估计。然而，社会科学又显著不同于自然科学，很多情况下我们没有办法做事前的实验设计，只能事后收集数据做分析。因而有两个方面的问题需要特别注意：一是没有办法严格保持干预组和控制组的特征相似，我们只能通过样本筛选的方法尽量使得干预组和控制组特征相似，这就需要用到匹配的方法；二是没有办法保持政策的严格外生性，并且政策在不同地方和不同时期具有异质性，所以最好使用多期DID异质性稳健估计或者三重差分DDD估计。倾向得分匹配DID可能更适用于微观数据，对于宏观数据的处理效应分析，我们也许可以使用合成控制的方法虚构一个跟实验组或实验地区特征相似的控制组或地区，然后再进行DID估 计（Imbens and Rubin, 2015; Arkhangelsky, Athey, Hirshberg, Imbens and Wager, 2021）。因而从广义上讲，DID更像是一种设计，而不是模型。

9.1 因果识别中的匹配方法

9.1.1 什么是倾向得分匹配？

在医学或其他实验科学的实验过程中，我们可以很容易通过事前的设计，控制好实验过程和筛选实验对象，使得实验组（干预组）和控制组的特征一致，实验的环境也趋于一致，从而排除其他干扰因素。但是，在经济金融管理应用中，很多事件只能做事后观察，无法事先控制实验组和控制组的特征。这就给我们评估政策效果带来了困难，因为不同特征的个体或地区，在接受不同政策影响时，其政策效果很难评价，无法区分到底是政策的效果，还是个体或地区自身的努力，或者受到其他因素干扰。这样的后果是，容易高估或者低估政策的效应。

如果要提高事后政策评估的效率，可行的方法之一是进行倾向得分匹配（propensity score matching）。其基本思路是：虽然无法做到控制组中的个体和实验组中的个体全部特征一致或相似，但是可以针对实验组中的每一个个体，单独在控制组中找到一个或多个与之匹配或特征相近的个体，然后计算政策执行和不执行差分的平均值，即处理组平均处理效应（average treatment effect on the treated，ATT）。当然，也可以反过来，针对控制组中的每一个个体，在实验组中找到一个或多个与之特征一致的个体，然后计算政策执行和不执行差分的控制组平均处理效应（average treatment effect on the untreated，ATU）。这两种方法匹配过程中，都可能会存在控制组或实验组中的个体无法找到匹配对象的情况，导致估计结果损失一部分样本。最后，整个样本（包含实验组和控制组所有个体）的平均处理效应我们称之为ATE（average treatment effect）。这三个值一般都会接近，且ATE介于ATT和ATU之间。

现在关键的问题是，实验组的个体和控制组的个体在多大程度上相似，我们才可以将其匹配起来？此外，个体可能存在年龄、身高、体重、学历、经验、收入等多个维度的特征，如何比较并匹配实验组和控制组个体的多维特征差异也是一个重要问题。

解决这个问题的方法之一是使用向量范数，构建马氏距离（mahalanobis distance）。马氏距离是由印度统计学家马哈拉诺比斯（P. C. Mahalanobis）提出的，表示点与一个分布之间的距离。它是一种有效地计算两个未知样本集相似度的方法。例如，考虑实验组个体 x_i 和控制组个体 x_j 的相似度，定义马氏距离：

$$d(i,j) = \sqrt{(\mathbf{X}_i - \mathbf{X}_j)' \sum_x^{-1} (\mathbf{X}_i - \mathbf{X}_j)}$$

其中，$\sum_x^{-1}$ 代表 $\mathbf{X}$ 的方差–协方差矩阵的逆。但是，马氏匹配的缺点也很明显，如果 $\mathbf{X}$ 包括的协变量较多或者样本量太小，则不容易找到好的匹配。为此，罗森鲍姆和鲁宾（Rosenbaum and Rubin，1983）提出了倾向得分（propensity score，p-score）的方法来度量。倾向得分使用Logit估计的方法（也可以使用Probit模型），来给实验组和控制组的个体进行打分，将具有多维特征的实验组和控制组个体，转变为[0,1]上的一维分数（p-score）进行比较。

实验组和控制组的个体虽然都是使用Logit模型进行打分，分值p(x)也都介于[0,1]之间。但是，实验组个体的倾向得分取值范围和控制组个体的倾向得分取值范围并不总是一致，它们之间会有重叠的部分（common support），也会有不重叠的部分。那么不重叠的部分个体，包括实验组和控制组都会有一些，这些个体就会因为无法匹配而在估计中损失掉。如果损失的样本太多，或者说共同取值范围太小，则会导致模型估计产生偏差。

9.1.2 倾向得分匹配估计

在Stata18版本中，倾向得分匹配估计需要通过下载非官方命令psmatch2命令来估计，首先在命令窗口输入：

. ssc install psmatch2, replace

. psmatch2 t x1 x2 x3, outcome(y) logit ties ate common odds pscore(varname) quietly

其中，变量t为处理变量（treatment variable），它必须是虚拟变量。变量x1、x2、x3为协变量，用来做Logit模型的解释变量。选项outcome(y)是必须项，用来指定变量y为结果变量（因变量）。如果要评估的是教育培训对收入的影响，那么收入就是结果变量。选项logit表示使用Logit模型来估计倾向得分，如果不用这个选项，则默认使用Probit模型。选项ties表示包括所有倾向得分相同的并列个体，默认按照数据排序选择其中一位个体。选项ate表示同时汇报ATT、ATU和ATE结果，默认仅汇报ATT估计结果。选项common表示仅对共同取值范围内个体进行匹配，默认对所有个体进行匹配。选项odds表示使用概率比进行匹配（即p/(1−p)），默认使用倾向得分进行匹配。选项pscore(varname)用来指定某变量作为倾向得分的计算依据，默认使用全部协变量x1、x2、x3。选项quietly表示不汇报倾向得分的计算结果（即以处理变量t为因变量的Logit估计结果）。

以数据集double11.dta为例。该数据集由习明明（2020）构建，包含2400位在校大学生"双十一"消费调查数据，主要包含以下变量：结果变量join，表示受访者是否参加当年"双十一"购物活动；处理变量peer，表示同伴效应，即室友是否都参加了"双十一"活动。

为了对模型进行倾向得分匹配估计，需要事先对数据进行随机排序：

. set seed 10000

. gen ranorder = runiform()

. sort ranorder

首先，用一对一倾向得分匹配进行估计，并且允许并列和放回（重复）匹配：

. psmatch2 peer gender grade exper income city, outcome(join) n(1) ate ties logit common   //（见表9.1）。

表9.1中，第一张表是倾向得分匹配的Logit估计结果，因变量为peer（也是总模型中的处理变量）；第二张表是处理效应的估计结果，主要看第五列中的Difference，代表的是实验组（Treated）与控制组（Controls）的差分，即平均处理效应。另外，命令自动生成了几个新变量。其中，_weight是倾向得分匹配权重；_pscore是每个观测值对应的倾向得分；_id是自动生成的每个观测对象唯一的ID（也是对_pscore的排序）；_treated表示某个观测值是否为处理组；_n1表示匹配到的最近邻的观测值_id

（如果是 1:3 匹配，还会生成 _n2 和 _n3）；_nn 表示匹配到的近邻观测值数量；_pdif 表示匹配成功的观测值之间概率值的差也称得分差，本例大约 0.02。

表 9.1 中，第二张表第一行 Unmatched，表示的是没有匹配情况下的估计结果，也就是无控制变量条件下的 OLS 估计结果：

. reg join peer　　　//（见表 9.2）。

表 9.1 倾向得分匹配估计

```
Logistic regression                        Number of obs   =        2,400
                                           LR chi2(5)      =       166.46
                                           Prob > chi2     =       0.0000
Log likelihood = -821.01698                Pseudo R2       =       0.0920
```

peer	Coef.	Std. Err.	z	P>|z|	[95% Conf. Interval]	
gender	.4701094	.1298889	3.62	0.000	.2155319	.724687
grade	.3988254	.065076	6.13	0.000	.2712788	.5263719
exper	.1039436	.3059492	0.34	0.734	-.4957059	.7035931
income	.4712859	.0857871	5.49	0.000	.3031462	.6394256
city	.2551067	.1372169	1.86	0.063	-.0138335	.524047
_cons	-.1292939	.3299151	-0.39	0.695	-.7759155	.5173278

Variable	Sample	Treated	Controls	Difference	S.E.	T-stat
join Unmatched		.763333333	.486666667	.276666667	.026865398	10.30
ATT		.762679426	.419312243	.343367183	.057177285	6.01
ATU		.486666667	.760083941	.273417275	.	.
ATE				.33458686	.	.

Note: S.E. does not take into account that the propensity score is estimated.

psmatch2: Treatment assignment	psmatch2: Common support		Total
	Off suppo	On suppor	
Untreated	0	300	300
Treated	10	2,090	2,100
Total	10	2,390	2,400

表 9.2 倾向得分匹配估计

Source	SS	df	MS		
Model	20.0929167	1	20.0929167	Number of obs =	2,400
Residual	454.323333	2,398	.189459272	F(1, 2398) =	106.05
				Prob > F =	0.0000
Total	474.41625	2,399	.197755836	R-squared =	0.0424
				Adj R-squared =	0.0420
				Root MSE =	.43527

join	Coefficient	Std. err.	t	P>|t|	[95% conf. interval]	
peer	.2766667	.0268654	10.30	0.000	.2239849	.3293485
_cons	.4866667	.0251303	19.37	0.000	.4373874	.535946

表 9.1 中第二张表第二行 ATT，表示按照处理组进行匹配的平均处理效应，t 统计量大于 2，表示在 5% 的水平下显著。

表9.1中第二张表第三行ATU，表示按照控制组进行匹配的平均处理效应；第四行ATE，表示所有样本都进行匹配的平均处理效应。ATU和ATE的估计结果与ATT类似，但是不报告标准误和t统计量。

在倾向得分匹配之后，读者也可以使用psmatch2生成的权重变量_weight，利用reg命令进行加权估计，得到接近的结果：

. reg join peer [aweight=_weight]　　　//（见表9.3）。

表9.3 加权估计

Source	SS	df	MS		
				Number of obs =	2,120
				F(1, 2118) =	114.49
Model	27.023067	1	27.023067	Prob > F =	0.0000
Residual	499.929644	2,118	.236038548	R-squared =	0.0513
				Adj R-squared =	0.0508
Total	526.952711	2,119	.248679901	Root MSE =	.48584

join	Coefficient	Std. err.	t	P>|t|	[95% conf. interval]
peer	.3407717	.0318484	10.70	0.000	.2783143 .4032291
_cons	.4193122	.0112836	37.16	0.000	.3971841 .4414404

表9.1中第三张表是匹配结果，共同取值范围（psmatch2: Common support on suppor）覆盖了2400个观测值中的2390个观测值，只有10个观测值没有匹配成功，不在共同取值范围之内（Off suppor），样本损失偏误较小。

表9.1中，如果想要得到ATU和ATE的估计结果的标准误和t统计量，读者可以使用Bootstrap再抽样方法估计：

. set seed 10000

. bootstrap r(att) r(atu) r(ate), reps(500): psmatch2 peer gender grade exper income city, outcome(join) n(1) ate ties logit common　　　//（见表9.4）。

表9.4 Bootstrap 倾向得分匹配估计

Bootstrap results

```
                                    Number of obs    =    2,400
                                    Replications     =      500

command:  psmatch2 peer gender grade exper income city, outcome(join) n(1) ate ties logit common
  _bs_1:  r(att)
  _bs_2:  r(atu)
  _bs_3:  r(ate)
```

	Observed Coef.	Bootstrap Std. Err.	z	P>|z|	Normal-based [95% Conf. Interval]
_bs_1	.3433672	.0509506	6.74	0.000	.2435059 .4432285
_bs_2	.2734173	.0332348	8.23	0.000	.2082782 .3385563
_bs_3	.3345869	.0462169	7.24	0.000	.2440033 .4251704

表9.4中，变量_bs_1代表ATT，变量_bs_2代表ATU，变量_bs_3代表ATE，以上三个平均处理效应和前面的估计结果没有差异，唯一不同的是标准误和统计量发

生了很大的差异。倾向得分匹配估计是否较好地平衡了数据，也就是实验组和控制组在协变量方面是否特征相似？还需要做进一步的倾向得分检验pstest：

. quietly psmatch2 peer gender grade exper income city, outcome(join) n(1) ate ties logit common

. pstest gender grade exper income city, both graph   //（见表9.5）。

表9.5　　　　　　　　　　　　**倾向得分匹配的得分检验**

Variable	Unmatched Matched	Mean Treated	Control	%bias	%reduct |bias|	t-test t	p>|t|	V(T)/ V(C)
gender	U	.62714	.53	19.7		3.24	0.001	.
	M	.62536	.60574	4.0	79.8	1.30	0.192	.
grade	U	1.6286	.86333	56.4		9.39	0.000	0.87*
	M	1.6139	1.6201	-0.5	99.2	-0.16	0.876	1.01
exper	U	.96952	.95	9.9		1.77	0.076	.
	M	.96938	.98086	-5.8	41.2	-2.38	0.017	.
income	U	2.63	2.0233	63.2		10.06	0.000	1.10*
	M	2.6187	2.6244	-0.6	99.1	-0.19	0.847	1.04
city	U	.5619	.41667	29.3		4.74	0.000	.
	M	.55981	.57656	-3.4	88.5	-1.09	0.275	.

* if variance ratio outside [0.92; 1.09] for U and [0.92; 1.09] for M

Sample	Ps R2	LR chi2	p>chi2	MeanBias	MedBias	B	R	%Var
Unmatched	0.086	156.14	0.000	35.7	29.3	77.5*	0.89	100
Matched	0.002	8.82	0.116	2.9	3.4	9.2	1.17	0

* if B>25%, R outside [0.5; 2]

表9.5分上、下两张表，U表示Unmatched，即匹配之前的状态；M表示Matched，即匹配之后的状态。在上表中，以性别gender为例，在用倾向得分匹配之前，实验组的均值是0.62714，控制组的均值是0.53，两者之间的差异是19.7%，差异的t统计量为3.24，实验组和控制组在性别方面存在明显差异的p值是0.001，即实验组和控制组的性别差异在1‰的水平下显著。但是，在使用倾向得分匹配之后，实验组的性别均值是0.62536，控制组的性别均值是0.60574，两者之间的偏差为4%，t统计量为1.3，p值为0.192，说明实验组和控制组之间的个体，匹配之后在性别方面不存在显著差异。本例中，除了网购经验（exper）之外，其他变量在使用倾向得分匹配之后，实验组和控制组的特征都不存在显著差异，也就是两者之间特征相似，这符合处理效应模型的前提假设。

上述结果中，第二张表则是匹配前后，实验组和控制组样本的总体分布特征，结果仍然是匹配后，样本的偏差相对较小，p值大于0.1。Rubin's B统计量也说明匹配后的观测值比较均衡。

关于样本匹配前后的特征，从图9.1也可以看出来（图9.1仍然是上述pstest命令输出的结果）。

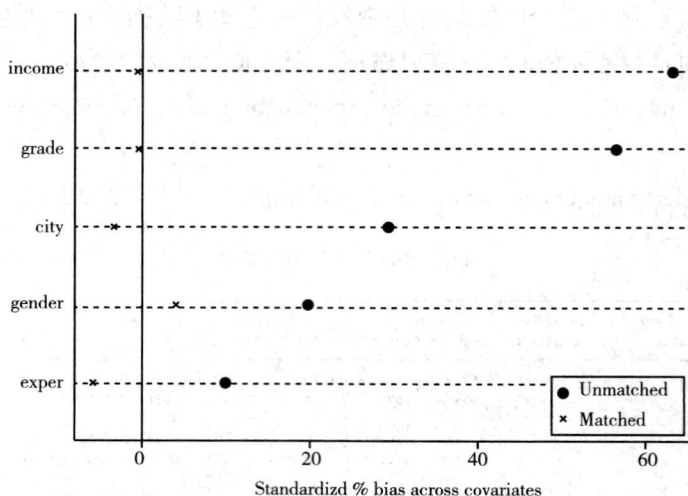

图9.1　倾向得分匹配前后变量特征差异

图9.1中，符号"×"代表匹配之后的实验组与控制组差异，圆点符号"·"代表匹配之前的实验组与控制组差异，纵轴为所有的协变量，横轴代表实验组和控制组的差异bias（%）。从图9.1可以看出，匹配之后的差异，始终在垂线（bias%=0）附近，说明匹配之后的协变量，在实验组和控制组之间没有显著差异。但是，匹配之前的实验组和控制组之间差异显著。

上述结果是一对一近邻匹配（即k=1），现在再做一对四近邻匹配，同时为了节省篇幅，使用quietly选项省略logit倾向得分估计结果：

. psmatch2 peer gender grade exper income city, outcome(join) n(4) ate ties logit common quietly　　//结果省略

此外，还可以限制倾向得分的绝对距离，使得 $|p_i - p_j| < \varepsilon$。一般而言设定 $\varepsilon \leqslant 0.25\hat{\sigma}_{pscore}$，$\hat{\sigma}_{pscore}$ 代表倾向得分样本标准差，计算方法是：

. sum _pscore　　//（见表9.6）。

表9.6　　　　　　　　　　　　　　描述性统计

Variable	Obs	Mean	Std. Dev.	Min	Max
_pscore	2,400	.875	.0893578	.5846743	.9936342

. display 0.25*0.0893578　　//或者输入命令display 0.25*r(sd)

可以得到结果为0.02233945，即 $0.25\hat{\sigma}_{pscore} \approx 0.02$。当然，卡尺范围计算只是参考值，可以将卡尺范围分别设为0.02和0.01进行比较：

. psmatch2 peer gender grade exper income city, outcome(join) n(4) cal(0.02) ate ties logit common quietly　　//卡尺范围定为0.02（见表9.7）。

表9.7   卡尺倾向得分匹配（0.02）

Variable	Sample	Treated	Controls	Difference	S.E.	T-stat
join	Unmatched	.763333333	.486666667	.276666667	.026865398	10.30
	ATT	.763044519	.348977593	.414066926	.051892341	7.98
	ATU	.486666667	.758852405	.272185738	.	.
	ATE			.396250117	.	.

Note: S.E. does not take into account that the propensity score is estimated.

psmatch2: Treatment assignment	psmatch2: Common support Off suppo	On suppor	Total
Untreated	0	300	300
Treated	11	2,089	2,100
Total	11	2,389	2,400

. psmatch2 peer gender grade exper income city, outcome(join) n(4) cal(0.01) ate ties logit common quietly   //卡尺范围定为0.01（见表9.8）。

表9.8   卡尺倾向得分匹配（0.01）

Variable	Sample	Treated	Controls	Difference	S.E.	T-stat
join	Unmatched	.763333333	.486666667	.276666667	.026865398	10.30
	ATT	.76487524	.34731967	.41755557	.051982213	8.03
	ATU	.486666667	.758852405	.272185738	.	.
	ATE			.399262386	.	.

Note: S.E. does not take into account that the propensity score is estimated.

psmatch2: Treatment assignment	psmatch2: Common support Off suppo	On suppor	Total
Untreated	0	300	300
Treated	16	2,084	2,100
Total	16	2,384	2,400

　　表9.7和表9.8结果差异不大，但是后者因为卡尺范围更小（0.01），所以匹配不成功的观测值略多——为16个，但是估计精度略高一些；前者为11个，损失稍小一点，但估计精度略差（读者也可以试试卡尺为0.005的情况，匹配不成功的样本观测值会更大）。因而，关于卡尺范围选取，这是一个估计效率与一致性的权衡取舍问题。

　　除上述方法之外，还可以做半径卡尺匹配、核匹配、局部线性回归匹配、马氏距离匹配等估计，因为篇幅所限，以下命令结果省略：

　　. psmatch2 peer gender grade exper income city, outcome(join) radius cal(0.01) ate ties logit common   //半径卡尺匹配

　　. psmatch2 peer gender grade exper income city, outcome(join) kernel ate ties logit common   //核匹配

　　. psmatch2 peer gender grade exper income city, outcome(join) llr ate ties logit common   //局部线性回归匹配

. psmatch2 peer, outcome(join) mahal(gender grade exper income city) n(4) ai(4) ate   //
马氏距离匹配

9.1.3 偏差校正匹配估计

倾向得分匹配是一种非精确匹配方法,在第一阶段使用的是logit、probit或非参数估计方法,因为模型设定的不同,而导致匹配结果存在很大的差异。因而,研究者的主观判断和方法选择会影响的匹配结果,带来一定程度的不确定性。

阿贝蒂和因本斯(Abadie and Imbens,2002;2004;2006;2011)基于马氏距离、有放回且允许并列的k近邻匹配,提出了偏差校正的匹配估计方法,以减少研究者因匹配方法选择不同而带来的偏差。首先,通过回归的方法估计偏差,得到偏差校正匹配估计量(bias-corrected matching estimator);然后,在实验组和控制组内部进行二次匹配,计算异方差条件下也成立的稳健标准误。

使用偏差校正匹配估计,需要事先下载安装用户编写的命令nnmatch(nearest neighbor matching estimation for average treatment effects):

. ssc install nnmatch

该命令的语法结构为:

. nnmatch depvar treatvar varlist_nnmatch, tc(ate |att |atc) m(#) metric(maha |matname) exact(varlist_ex) biasadj(bias |varlist_adj) robust(#) population level(#)

其中,depvar代表因变量,必须是数值变量(可以是离散取值,也可以是连续取值);treatvar代表处理变量,它必须是虚拟变量;varlist_nnmatch代表匹配协变量,可以是离散取值,也可以是连续取值。

选项tc(ate |att |atc)表示估计平均处理效应ate、att和atc,默认是估计ate;选项m(#)表示#阶近邻匹配,默认为#=1;选项metric(maha |matname)表示使用马氏距离,即权重矩阵为样本协方差矩阵的逆矩阵,默认maha表示权重矩阵主对角元素为所有匹配协变量样本方差的对角矩阵的逆矩阵(inverse variance)。选项exact(varlist_ex)是精确匹配,精确(varlist_ex)允许用户对一个或多个变量指定精确匹配(或尽可能精确),精确匹配的变量不需要与varlist_nnmatch的元素重叠,这个不是必选项。

选项biasadj(bias |varlist_adj)中,bias表示根据原来的匹配协变量进行偏差校正,默认是不校正。如果使用varlist_adj,则表示使用用户设定的协变量进行校正。选项robust(#)表示计算异方差稳健标准误,#必须是正整数,表示根据原来的匹配协变量进行近邻匹配的近邻个数。

选项population或pop表示估计总体平均处理效应(population average treatment effect,PATE),估计值和样本平均处理效应(sample average treatment effect,SATE)相同,只是标准误有差异,默认是估计样本平均处理效应。选项level(#)指定置信区间的置信水平（百分比），默认是级别（95%）；

仍然以"双十一"网购数据 double11.dta 为例，通过 1 对 4 匹配来估计 ATT，不做偏差校正，但使用异方差稳健标准误：

. use double11.dta, clear

. nnmatch join peer gender grade exper income city, tc(att) m(4) robust(3)　　//（见表9.9）。

表9.9　　　　　　　　　　　　　倾向得分匹配估计

```
Matching estimator:  Average Treatment Effect for the Treated

Weighting matrix: inverse variance        Number of obs       =     2400
                                          Number of matches  (m) =       4
                                          Number of matches,
                                            robust std. err. (h) =       3
```

join	Coef.	Std. Err.	z	P>|z|	[95% Conf. Interval]	
SATT	.3488914	.0445031	7.84	0.000	.2616669	.4361158

```
Matching variables:  gender grade exper income city
```

表9.9中，在没有进行偏差校正的条件下，同伴效应对消费者参加"双十一"网购影响的样本平均处理效应是0.349，且在1%的水平下显著。下面进行偏差校正匹配估计：

. nnmatch join peer gender grade exper income city, tc(att) m(4) robust(3) bias(bias)　　//（见表9.10）。

表9.10　　　　　　　　　　　倾向得分匹配偏差校正估计

```
Weighting matrix: inverse variance        Number of obs       =     2400
                                          Number of matches  (m) =       4
                                          Number of matches,
                                            robust std. err. (h) =       3
```

join	Coef.	Std. Err.	z	P>|z|	[95% Conf. Interval]	
SATT	.3535144	.0445031	7.94	0.000	.2662899	.4407388

```
Matching variables:  gender grade exper income city
Bias-adj variables:  gender grade exper income city
```

表9.10中，在使用偏差校正方法之后，样本平均处理效应不仅没有下降，反而有所上升，达到0.354，且在1%的水平下显著。最后，再使用马氏矩阵匹配估计，并且计算总体平均处理效应：

. nnmatch join peer gender grade exper income city, tc(att) m(4) robust(3) bias(bias) metric(maha) pop　　//（见表9.11）。

表9.11　　　　　　　　　　倾向得分匹配偏差校正估计（马氏距离）

```
Weighting matrix: Mahalanobis              Number of obs      =        2400
                                           Number of matches  (m) =         4
                                           Number of matches,
                                             robust std. err. (h) =         3
```

join	Coef.	Std. Err.	z	P>|z|	[95% Conf. Interval]	
PATT	.3534401	.0440156	8.03	0.000	.2671712	.4397091

```
Matching variables:  gender grade exper income city
Bias-adj variables:  gender grade exper income city
```

9.1.4　广义精确匹配估计

如果前文介绍的PSM方法不能确保匹配后平衡性提升，我们可以考虑选择广义精确匹配（coarsened exact matching，CEM），该方法可以通过控制观测数据中混杂因素对政策结果影响，使得处理组与控制组的协变量的分布尽可能保持平衡，从而增强两组数据之间的可比性（Iacus et al.，2008）。通过CEM方法，用户可以自己设计断点进行分类，或者依赖自动分仓算法进行分类（coarsening），然后再进行精确匹配。该命令是系统外部命令，需要用户下载安装。

. ssc install cem, replace

命令cem通过构建不平衡性指示变量L1来反映匹配结果，L1的取值范围是[0,1]。若L1=0，则说明两组数据完全平衡；相反，若L1=1，则说明两组数据完全不平衡，越接近1则说明不平衡程度越大。一般来说，匹配后L1较匹配前的L1有所下降，CEM的匹配效果较好。

以拉隆德（Lalonde，1986）的数据为例，这是关于员工培训周期为 12~18 月的项目，能否提升员工 1978 年工资的调查数据，包含445名员工。

. use nsw_dw.dta, clear

. sum re78 treat age education black nodegree re74　　//（见表9.12）。

表9.12　　　　　　　　　　　　描述性统计分析

Variable	Obs	Mean	Std. Dev.	Min	Max
re78	445	5300.764	6631.492	0	60307.93
treat	445	.4157303	.4934022	0	1
age	445	25.37079	7.100282	17	55
education	445	10.19551	1.792119	3	16
black	445	.8337079	.3727617	0	1
nodegree	445	.7820225	.4133367	0	1
re74	445	2102.265	5363.582	0	39570.68

表9.12中，变量treat取值为1代表员工接受了培训；变量re78代表员工1978年的工资水平；其他为控制变量。首先，检查数据在匹配前的不平衡性：

. imb age education black nodegree re74, treatment(treat)　　// imb是命令cem的附属命令，专门用于检验数据的不平衡性（imbalance）（见表9.13）。

表9.13 　　　　　　　　　　　　　**匹配前不平衡性检测**

```
Multivariate L1 distance: .48284823

Univariate imbalance:

               L1      mean      min      25%      50%      75%      max
       age  .10915   .76237        0        1        1        1       -7
 education  .16933   .25748        1        0        1        1        2
     black  .01632   .01632        0        0        0        0        0
  nodegree  .12651  -.12651        0       -1        0        0        0
      re74  .05894  -11.453        0        0        0   1291.5  -4530.6
```

表9.13中，多变量不平衡性L1=0.483，代表了数据的总体不平衡性。单变量L1的值代表了各个变量在处理组与控制组之间的不平衡性。Mean代表处理组和控制组的均值差异，其他依次为最小值差异、25分位差异、50分位差异、75分位差异和最大值差异。

. cem age (10 20 30 40 50) education black nodegree re74, treatment(treat)　　// (10 20 30 40 50)代表年龄断点，如果不指定则使用默认的分仓算法（binning algorithm）（见表9.14）。

表9.14 　　　　　　　　　　　　**广义精确匹配后不平衡性检测**

```
Matching Summary:
-----------------
Number of strata: 82
Number of matched strata: 34

               0        1
     All     260      185
 Matched     220      154
Unmatched     40       31


Multivariate L1 distance: .40744208

Univariate imbalance:

               L1      mean      min      25%      50%      75%      max
       age  .04225  -.09319        0        0       -1       -1       -1
 education  .01923   .00624        0        0        0        0        0
     black  2.9e-16 -5.6e-16        0        0        0        0        0
  nodegree  5.0e-16 -8.9e-16        0        0        0        0        0
      re74  .07129   81.168        0        0        0        0   1198.1
```

表9.14中，在使用广义精确匹配之后，处理组和控制组之间的综合不平衡性指标L1=0.407，说明在使用广义精确匹配之后，处理组和控制组之间的不平衡性得到了很大的缓解。

表9.14中，Number of strata代表根据CEM分仓算法计算的总共分层的数量，Number of matched strata表示匹配成功的分层数量。

广义精确匹配之后，系统会自动生成三个变量：cem_matched代表匹配指示变量，取值为1代表匹配成功；cem_weights代表匹配的权重，因为CEM匹配后两组数据的样本量可能会不相等，需要该权重来平衡每层中处理组和控制组的人数；cem_strata代表分层变量，即每个观测值所处的类别。为了提升模型估计的准确度，可以使用匹配后的cem_weights进行加权估计：

. reg re78 treat [aweight=cem_weights]　　//该命令结果等价于：reg re78 treat [aweight=cem_weights] if cem_matched==1（见表9.15）。

表9.15　　　　　　　　　　　广义精确匹配估计（CEM）

Source	SS	df	MS			
				Number of obs	=	374
				F(1, 372)	=	7.88
Model	338304830	1	338304830	Prob > F	=	0.0053
Residual	1.5973e+10	372	42938679	R-squared	=	0.0207
				Adj R-squared	=	0.0181
Total	1.6311e+10	373	43730545.4	Root MSE	=	6552.8

re78	Coef.	Std. Err.	t	P>|t|	[95% Conf. Interval]	
treat	1932.494	688.4754	2.81	0.005	578.7026	3286.286
_cons	4421.614	441.7871	10.01	0.000	3552.901	5290.327

9.1.5　熵平衡匹配估计

如果前文介绍的倾向得分匹配、偏差校正匹配、广义精确匹配不能确保匹配后平衡性提升，我们还可以考虑使用熵平衡匹配（entropy balancing matching，EBM），该方法最早由海勒曼（Hainmueller，2012）提出，用于观察性研究的因果效应估计。

前文中，倾向得分匹配、偏差校正匹配、广义精确匹配的思路是先对个体进行匹配，然后检验处理组与控制组之间的平衡性，并根据平衡表调整匹配结果。在匹配的过程中，这几种方法都会导致部分观测值无法匹配而丢失，导致样本估计结果的有效性下降。不同于此，熵平衡匹配的思路是通过产生一组增量最小的熵对样本观测进行加权，使得加权样本中的对照组与处理组的协变量样本矩达到平衡。这种平衡包括一阶矩（均值）、二阶矩（方差）以及三阶矩（偏度）等，从而实现协变量分布在两组之间的均衡。并且，熵平衡匹配方法不会导致样本观测值减少，理论上能够做到不降低有效性的情况下，提升估计结果的一致性。由熵平衡得到的权重可以放在任何一种标准计量模型中进行加权回归，包括DID设计、工具变量估计等。

. ssc install ebalance, replace

. ebalance [treat] covar [if] [in], target(#) keep() generate() replace

选项target(#)用于指定#阶矩匹配，从1~3分别代表一阶矩（均值）、二阶矩（方差）以及三阶矩（偏度）；选项keep()用于指定生成并存储权重表格名称；选项generate()用于指定生成的权重变量名称。选项replace必须和keep()一起使用。以数据mus08psidextract.dta为例，这是一个关于美国1976~1982年的工资调查数据（Baltagi and Khanti-Akom，1990）。

. use "D:\01傻瓜计量经济学与stata应用\data\mus08psidextract.dta"

. xtset id t

. sum exp-t   //（见表9.16）。

表9.16   描述性统计分析

Variable	Obs	Mean	Std. dev.	Min	Max
exp	4,165	19.85378	10.96637	1	51
wks	4,165	46.81152	5.129098	5	52
occ	4,165	.5111645	.4999354	0	1
ind	4,165	.3954382	.4890033	0	1
south	4,165	.2902761	.4539442	0	1
smsa	4,165	.6537815	.475821	0	1
ms	4,165	.8144058	.3888256	0	1
fem	4,165	.112605	.3161473	0	1
union	4,165	.3639856	.4812023	0	1
ed	4,165	12.84538	2.787995	4	17
blk	4,165	.0722689	.2589637	0	1
lwage	4,165	6.676346	.4615122	4.60517	8.537
id	4,165	298	171.7821	1	595
t	4,165	4	2.00024	1	7

表9.16中，总共包含595个个体7年的数据，共计4165个观测值。假设要研究是否加入工会（union）对工人工资的影响，并且假设是否加入工会是外生的（不考虑内生性问题）。首先，对数据进行熵平衡匹配的预处理：

. ebalance union exp exp2 wks occ ind south smsa ms, target(3)   //处理变量必须是0和1取值的虚拟变量，变量exp2代表工作经验的二次项（见表9.17）。

表9.17   熵平衡匹配前后对比（EBM）

Before: without weighting

	Treat			Control		
	mean	variance	skewness	mean	variance	skewness
exp	20.71	118.6	.3356	19.36	120.6	.4413
exp2	547.4	252838	.9457	495.5	242779	1.169
wks	45.76	32.2	-2.528	47.41	21.95	-3.221
occ	.7612	.1819	-1.225	.3681	.2327	.5471
ind	.4901	.2501	.03959	.3413	.2249	.6696
south	.1926	.1556	1.559	.3462	.2264	.6467
smsa	.6708	.221	-.7271	.644	.2293	-.6016
ms	.8734	.1107	-2.245	.7807	.1713	-1.357

After: _webal as the weighting variable

	Treat			Control		
	mean	variance	skewness	mean	variance	skewness
exp	20.71	118.6	.3356	20.71	118.6	.3361
exp2	547.4	252838	.9457	547.3	252804	.9464
wks	45.76	32.2	-2.528	45.76	32.19	-2.526
occ	.7612	.1819	-1.225	.7603	.1823	-1.219
ind	.4901	.2501	.03959	.4899	.25	.04053
south	.1926	.1556	1.559	.1929	.1557	1.557
smsa	.6708	.221	-.7271	.6709	.2209	-.7273
ms	.8734	.1107	-2.245	.8731	.1108	-2.242

表9.17中，在做熵平衡匹配之前，处理组和控制组之间，在均值、方差和偏度之间均存在显著差异。但是，在熵平衡匹配之后，通过使用熵平衡方法产生的权重变量_webal进行加权后，处理组和控制组之间的差异几乎没有了。不仅处理组和控制组之间样本平衡性得到极大提升，而且只是生成了一个最优匹配权重变量_webal，没有任何的样本损失。根据熵平衡方法得到的权重变量_webal，使用多维固定效应进行估计：

. reghdfe lwage union exp exp2 wks occ ind south smsa ms i.t [aweight=_webal], absorb(id) vce(cluster id)   //（见表9.18）。

表9.18　　　　　　　　　　　熵平衡匹配多维固定效应估计

```
HDFE Linear regression                      Number of obs   =      4,165
Absorbing 1 HDFE group                      F( 14,    594) =     235.19
Statistics robust to heteroskedasticity     Prob > F        =     0.0000
                                            R-squared       =     0.9102
                                            Adj R-squared   =     0.8949
                                            Within R-sq.    =     0.6879
Number of clusters (id)      =       595    Root MSE        =     0.1346
```

(Std. err. adjusted for **595** clusters in **id**)

lwage	Coefficient	Robust std. err.	t	P>|t|	[95% conf. interval]	
union	.0250592	.0254583	0.98	0.325	-.0249399	.0750583
exp	.1087363	.0039814	27.31	0.000	.1009169	.1165557
exp2	-.0003904	.0000839	-4.66	0.000	-.0005551	-.0002257
wks	.0003479	.0010251	0.34	0.734	-.0016654	.0023611
occ	-.0191377	.0159025	-1.20	0.229	-.0503697	.0120942
ind	.0303023	.0316911	0.96	0.339	-.031938	.0925426
south	.0230983	.0823055	0.28	0.779	-.1385469	.1847435
smsa	-.0104623	.0368903	-0.28	0.777	-.0829136	.0619891
ms	-.0349545	.0258796	-1.35	0.177	-.0857811	.0158721
t						
2	.0017081	.0059762	0.29	0.775	-.0100288	.0134451
3	.0183076	.0099527	1.84	0.066	-.0012391	.0378543
4	.0146062	.0087846	1.66	0.097	-.0026465	.0318588
5	.0200461	.0087014	2.30	0.022	.0029568	.0371353
6	.0127035	.0088563	1.43	0.152	-.00469	.030097
7	0	(omitted)				
_cons	4.600731	.0774705	59.39	0.000	4.448582	4.75288

表9.18中，熵平衡匹配多维固定效应使用的样本观测值数量仍然是4165，样本数量没有任何的减少。实证结果表明，加入工会对工人的工资并没有显著的提升（不讨论结果的科学性，仅就这个样本而言，结果是这样的）。

上述熵平衡匹配方法，是一种整体匹配。为了提升匹配精度，读者也可以逐年进行熵匹配加权。

. forvalues i = 1/7 {

ebalance union exp exp2 wks occ ind south smsa ms if t==`i', tar(3) keep(baltable_`i') g(_webal2_`i') replace   // keep()选项用于生成权重存储表格（必须要有），g()选项

用于指定生成权重的名称

    }

    egen _webal2=rowtotal(_webal2_1-_webal2_7)　　　//将生成的7个权重变量合并成一个

    然后，根据新生成的熵平衡权重变量_webal2，再重新做一个加权多维固定效应稳健性检验：

. reghdfe lwage union exp exp2 wks occ ind south smsa ms i.t [aweight=_webal2], absorb(id) vce(cluster id)　　　//匹配过程中不仅可以加二次项，还可以加交互项（见表9.19）。

表**9.19**　　　　　　　　　　　　逐年熵平衡匹配多维固定效应估计

```
HDFE Linear regression                    Number of obs   =       4,165
Absorbing 1 HDFE group                    F( 14,   594) =      261.48
Statistics robust to heteroskedasticity   Prob > F        =      0.0000
                                          R-squared       =      0.9163
                                          Adj R-squared   =      0.9020
                                          Within R-sq.    =      0.7028
Number of clusters (id)       =      595   Root MSE        =      0.1286
```

(Std. err. adjusted for **595** clusters in **id**)

lwage	Coefficient	Robust std. err.	t	P>|t|	[95% conf. interval]	
union	.0164303	.0242806	0.68	0.499	-.031256	.0641165
exp	.1095662	.0039262	27.91	0.000	.1018552	.1172771
exp2	-.0003875	.0000801	-4.84	0.000	-.0005448	-.0002302
wks	.000051	.0009105	0.06	0.955	-.0017372	.0018391
occ	-.024368	.0150044	-1.62	0.105	-.0538361	.0051002
ind	.0183683	.0236917	0.78	0.438	-.0281614	.064898
south	.0029697	.0754075	0.04	0.969	-.1451281	.1510675
smsa	-.022099	.0313984	-0.70	0.482	-.0837643	.0395663
ms	-.0427876	.0287166	-1.49	0.137	-.0991861	.0136108
t						
2	.0033144	.0064863	0.51	0.610	-.0094246	.0160533
3	.0180792	.0092938	1.95	0.052	-.0001735	.0363319
4	.0133084	.0084684	1.57	0.117	-.0033233	.02994
5	.0169281	.0081234	2.08	0.038	.000974	.0328821
6	.0101662	.0091745	1.11	0.268	-.0078522	.0281846
7	0	(omitted)				
_cons	4.640253	.0719374	64.50	0.000	4.498971	4.781536

    表9.19的估计结果与表9.18的估计结果一致。仍然说明加入工会对工人的工资没有显著影响。

    前文展示的熵平衡匹配方法，是对所有的协变量进行统一的3阶矩匹配，读者还可以对不同的协变量设定不同的约束，例如：

. ebalance union exp exp2 wks occ, target(1 1 2 3) g(eweight)　　　//结果省略

    该命令的意思是对变量exp和exp2实施一阶矩（均值）匹配，对变量wks实施一

阶矩（均值）和二阶矩（方差）匹配，对变量occ同时实施一阶矩（均值）、二阶矩（方差）和三阶矩（偏度）匹配。

9.2   DID、PSM–DID和DDD

9.2.1   面板数据双重差分估计

双重差分估计（difference–in–differences，DID或DD模型），主要被用于社会科学中的政策效果评估。假设一个外生的政策冲击将样本分为两组：受政策干预的Treat组和未受政策干预的Control组，且在政策冲击前，Treat组与Control组没有显著差异，那么我们就可以将Control组在政策发生后的y的变化看作Treat组未受政策冲击的状况（反事实结果）。通过比较Treat组y的变化（D1）以及Control组y的变化（D2），我们就可以得到政策冲击的实际效果（DD=D1–D2）。面板数据双重差分模型的设定形式如下：

$$y_{it} = \alpha + \beta \left(\text{Treat}_i \times \text{Post}_t \right) + \gamma \text{Treat}_i + \delta \text{Post}_t + \mathbf{X}'_{it} \varphi + \varepsilon_{it} \qquad (9\text{--}1)$$

其中，Treat_i为分组虚拟变量（处理组=1，控制组=0）；Post_t为分期虚拟变量（政策实施后=1，政策实施前=0）；交互项$\text{Treat}_i \times \text{Post}_t$表示处理组在政策实施后的效应，其系数即为双重差分模型估计处理效应。因为Treat_i等价于个体固定效应，Post_t等价于时间固定效应，所以式（9–2）也等价于双向固定效应双重差分估计（two–way fixed effects difference in differences regression，TWFE–DID）：

$$y_{it} = \alpha + \beta \left(\text{Treat}_i \times \text{Post}_t \right) + \mathbf{X}'_{it} \varphi + u_i + v_t + \varepsilon_{it} \qquad (9\text{--}2)$$

其中，u_i代表个体固定效应，v_t代表时间固定效应，$\mathbf{X}_{it}$代表控制变量。Stata18面板数据DID估计的官方命令为xtdidregress，该命令也可以用于长数据存储格式的重复截面DID估计，基本语法结构为：

. xtdidregress (ovar omvarlist) (treat_var) [if] [in] [weight], group(groupvars) [time(timevar) options]

其中，变量ovar代表因变量或结果变量，omvarlist代表控制变量（可以包含离散变量和虚拟变量及"i."要素变量），变量treat_var代表处理变量（即政策变量）。

选项group()和time()用于固定群组和时间的双向固定效应（two–way fixed effect，TWFE）。具体而言，选项group()用于指定群组或个体变量id，Stata会根据处理变量自动区分控制组和处理组。

以hospdd.dta数据为例（这其实是一个重复截面数据，但也可以当作面板数据来处理），该数据是关于医院患者就诊满意度调查的数据，即医院是否执行新入院手续

（procedure），如何影响患者对医院满意度评价（satis）。

```
. use hospdd.dta, clear
. sum         //（见表9.20）。
```

表9.20　　　　　　　　　　　　　　描述性统计

Variable	Obs	Mean	Std. dev.	Min	Max
hospital	7,368	22.83822	13.57186	1	46
frequency	7,368	2.473398	1.163957	1	4
month	7,368	3.625	2.117778	1	7
procedure	7,368	.2079262	.4058512	0	1
satis	7,368	3.619074	1.05576	.5467862	9.712885

表9.20中，变量hospital代表46个医院，每个医院对应有多个患者看病；变量month代表时间（从1~7月）；其中，1~18号医院是处理组，这些医院1~3月执行的是旧的入院手续，4~7月执行的是新的入院手续。19~46号医院是控制组，这些医院自始至终（1~7月）执行的都是旧的入院手续；变量frequency代表患者到医院就诊频率，分为低、中等、高、很高四个层次；变量procedure代表入院手续（处理变量），取值为1代表新的入院手续，取值为0代表旧的入院手续；最后，变量satis代表患者满意度得分（从0.54~9.71）。

特别需要注意的是，hospdd数据是长数据格式。这里的个体变量是医院，不是病人的ID。而同一医院在同一个月会有n个人去看病，因而在Stata看来（无法识别患者），里面的个体都是重复的（repeated cross-sectional）。

```
. ttable3 satis frequency, by(procedure) pvalue        //查看处理组和控制组的特征差
```
异，ttable3是系统外部命令，需要用户安装才能使用（见表9.21）。

表9.21　　　　　　　　　　　　　　分组描述性统计

Two-sample t test with equal variances

Variables	G1(Old)	Mean1	G2(New)	Mean2	MeanDiff	p-Value
satis	5836	3.424	1532	4.363	-0.940	0.000***
frequency	5836	2.482	1532	2.441	0.041	0.225

表9.21中，新-旧入院手续的患者满意度（satis）之间存在显著差异，患者到医院就诊频率frequency在新旧入院手续分组之间没有差异，因而可以作为控制变量。

```
. xtset hospital        //面板双重差分命令xtdidregress要求数据必须是长数据格式，
```
因为hospital是重复截面数据，在设置面板时，只能设定个体变量，不能设定时间变量（有重复值）。

```
. xtdidregress (satis frequency) (procedure), group(hospital) time(month) vce(robust)        //
```
控制变量frequency（见表9.22）。

表9.22 面板数据DID估计

```
Difference-in-differences regression              Number of obs = 7,368
Data type: Longitudinal

                                   (Std. err. adjusted for 46 clusters in hospital)
```

satis	Coefficient	Robust std. err.	t	P>|t|	[95% conf. interval]	
ATET procedure (New vs Old)	.8479879	.032016	26.49	0.000	.7835044	.9124713

```
Note: ATET estimate adjusted for covariates, panel effects, and time effects.
```

表9.22结果说明，采用新的入院手续，可以使患者满意度提高0.848。表9.14中的结果等价于使用命令：

. xtreg satis frequency procedure i.month, fe vce(cluster hospital)　　//等价于使用vce(robust)选项

9.2.2　重复截面数据双重差分估计

在面板数据中，同一个体，时间不会重复。但是，重复截面数据，同一个体，时间也会重复（repeated cross-sectional）。例如，放弃患者ID，选择更大范围的医院作为群组ID。那么同一家医院，同一个月，会有不同的患者去看病，这就是重复截面数据。

假如我们要研究"新住院手续改革"的政策效果，我们本来可以用面板数据来处理，观察对比同一个患者在新-旧住院手续制度下的满意度。但遗憾的是，我们很难追踪观测到同一个人在两种制度下的评价。只能观测到不同患者在新旧住院手续制度下的评价。所以，这个时候我们只能使用重复截面数据的方法，把不同患者新旧住院手续下的评价视为同一个患者政策冲击前后的处理效应。

Stata18重复截面数据DID估计（DID with repeated cross-sectional data）的官方命令为didregress，其语法结构为：

. didregress (ovar omvarlist) (treat_var) [if] [in] [weight], group(groupvars) [time(timevar) options]

该命令的使用方式和前文介绍的面板数据DID估计命令xtdidregress相同，具体不再赘述。仍然以数据hospdd.dta为例：

. use hospdd.dta, clear

. didregress (satis frequency) (procedure), group(hospital) time(month) vce(robust)　　//

（见表9.23）。

表9.23　　　　　　　　　　　　　**重复截面数据DID估计**

```
Difference-in-differences regression                 Number of obs = 7,368
Data type: Repeated cross-sectional
```

satis	Coefficient	Robust std. err.	z	P>|z|	[95% conf. interval]
ATET					
procedure (New vs Old)	.8479879	.0350784	24.17	0.000	.7792355 .9167402

```
Note: ATET estimate adjusted for covariates, group effects, and time effects.
```

表9.23中，新入院手续改革使得医院的满意度得分提升了0.848，结论同表9.18一致。但是，计算的稳健标准误略有不同。

9.2.3　平行趋势检验

在DID中，交互项系数 β 是我们研究的重点。然而，即便是该项系数的估计结果十分显著，也不能确切地说对于该效应的评估是准确的，因为只有在处理组与控制组满足平行性假定时，模型中的交互项才是处理效应。

实际上为了使OLS能够一致地估计方程（9–2），其中也暗含了所谓的平行性假定，即处理组与控制组满足平行趋势假定。当处理组未受到政策干预时，时间趋势效应理论上应该与控制组一致。可以通过图9.2直观地理解：

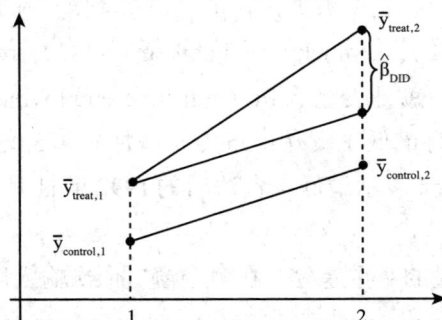

图9.2　平行趋势

具体到Stata操作上，平行趋势检验可以通过加入政策执行前后的时间变量与处理变量的交互项（新变量为虚拟变量）来实现。

9.2.4　面板数据PSM–DID估计

作为最理想的情况，应该研究同一个体在受到政策影响与未受政策影响的差异。但这样理想的状况在现实中几乎不可能实现，因为同一个体在同一时间内只能处于某一状态中，也因此不可能收集到同一个体在受政策影响前后与未受政策影响前后的数据。

所以，为了让DID估计的处理效应更加准确，我们只能换一种思路，即将处理组与控制中基本情况类似的个体作对比，即PSM–DID方法。该方法既可以使用前述的倾向得分匹配命令psmatch2、nnmatch进行手工计算，只需要设定好treat×post变量即可。也可以通过使用用户编写的命令diff来实现，不过该命令需要提前安装，它的语法结构为：

. ssc install diff, replace

. diff outcome_var, treat(varname) period(varname) id(varname) logit kernel ktype(kernel) cov(varlist) report support test

其中，outcome_var代表结果变量或因变量；选项treat (varname)用来指定处理变量，它必须是虚拟变量；选项period (varname)用来指定实验期虚拟变量（实验期=1，非实验期=0）；选项id(varname)用来指定个体ID(这是进行匹配的前提)；选项kernel表示进行基于倾向得分的核匹配；选项ktype (kernel)用来指定核函数，默认为二次核；选项cov (varlist)用来指定用于估计倾向得分的协变量；选项report表示汇报对倾向得分的估计结果；选项Logit表示使用Logit估计倾向得分，默认为Probit；选项support表示仅使用共同取值范围(commonsupport)内的观测值进行匹配；选项test表示检验在倾向得分匹配后，各变量在实验组与控制组的分布是否平衡。

以卡德和克鲁格尔（Card and Krueger，1994）关于最低工资与就业的数据CardKrueger1994.dta为例[1]，这个数据包含了美国新泽西州和宾夕法尼亚州两个州的四种快餐店burger king（BK）、kentucky fried chiken（KFC）、roy rogers（RR）、wendy's（Wendys）的就业数据，就业变量为fte（full time employment）。其中，新泽西州施行了最低工资法，每小时最低工资从4.25美元增加到了5.05美元，而宾夕法尼亚州则没有实行；时间变量t=1表示最低工资法后的1992年11月，t=0表示最低工资法执行前的1992年2月。

首先，做没有协变量的双重差分，在命令窗口依次输入以下命令：

. use http://fmwww.bc.edu/repec/bocode/c/CardKrueger1994.dta, clear

. sum   //（见表9.24）。

表9.24中的数据，是将实验组和控制组的数据混在一起。但是在应用DID估计时，最好是将实验组和控制组数据分开进行统计，并且比较两者之间的均值差异。一般而言，要求两者的因变量均值存在显著差异，但是协变量之间均值不存在显著差异（即实验组和控制组特征相似）。

---

① Card, D., Krueger, A. Minimum Wages and Employment: A Case Study of the Fast–Food Industry in New Jersey and Pennsylvania [J] .The American Economic Review, 1994, 84 (4): 772–793.

表9.24 描述性统计

Variable	Obs	Mean	Std. dev.	Min	Max
id	820	246.5073	148.1413	1	522
t	820	.5	.5003052	0	1
treated	820	.8073171	.3946469	0	1
fte	801	17.59457	9.022517	0	80
bk	820	.4170732	.4933761	0	1
kfc	820	.195122	.3965364	0	1
roys	820	.2414634	.4282318	0	1
wendys	820	.1463415	.3536639	0	1

. ttable3 fte bk kfc roys wendys, by(treated) pvalue　　//（见表9.25）。

表9.25 分组描述性统计

Two-sample t test with equal variances

Variables	G1(PA)	Mean1	G2(NJ)	Mean2	MeanDiff	p-Value
fte	155	18.753	646	17.317	1.437	0.075*
bk	158	0.443	662	0.411	0.032	0.462
kfc	158	0.152	662	0.205	-0.054	0.127
roys	158	0.215	662	0.248	-0.033	0.391
wendys	158	0.190	662	0.136	0.054	0.085*

　　表9.25中，处理组和控制组的就业 fte 存在显著差异，这是做DID的前提条件。但是，控制变量 bk、kfc、roys 之间没有显著差异，说明实验组和控制组中包含的这几类快餐店类型没有显著差异。最后，快餐店 wendys 虽然在处理组和控制组之间存在差异，但个别变量存在一些特殊情况是可以接受的，即便是微观的实验数据也很难做到所有协变量在处理组和控制组之间均显著无差异。

　　. diff fte, t(treated) p(t)　　//（见表9.26）。

　　表9.26中，在最低工资法执行以前，控制组和实验组的就业存在显著差异。但是最低工资法执行以后，实验组和控制组的就业差异反而不显著了。为了保证实验组和控制组特征相似，笔者在研究中采用的是标准化的快餐连锁店，这些店的特征是全国统一（甚至全世界统一），满足双重差分估计的前提。

　　实验组在最低工资法执行后，就业不仅没有下降，反而有所上升，双重差分估计结果Diff-in-Diff在10%的水平下显著。这显然不符合理论预期，用传统的理论也无法解释，最低工资法导致就业率不降反升。但却揭示了一种新的现象和发现，经济学研究就是需要这种反传统的发现和创新。为了进一步验证上述结果的稳健性，可以再加入协变量，进行双重差分估计：

　　. diff fte, t(treated) p(t) cov(bk kfc roys) report bs　　// bs代表bootstrap估计（见表9.27）。

表9.26 面板数据DID估计结果

```
DIFFERENCE-IN-DIFFERENCES ESTIMATION RESULTS
Number of observations in the DIFF-IN-DIFF: 801
                 Before          After
  Control: 78                    77              155
  Treated: 326                   320             646
           404                   397
```

Outcome var.	fte	S. Err.	|t|	P>|t|
Before				
Control	19.949			
Treated	17.065			
Diff (T-C)	-2.884	1.135	-2.54	0.011**
After				
Control	17.542			
Treated	17.573			
Diff (T-C)	0.030	1.143	0.03	0.979
Diff-in-Diff	2.914	1.611	1.81	0.071*

```
R-square:    0.01
* Means and Standard Errors are estimated by linear regression
**Inference: *** p<0.01; ** p<0.05; * p<0.1
```

表9.27 DID估计结果（加入协变量）

Outcome var.	fte	S. Err.	|t|	P>|t|
Before				
Control	21.161			
Treated	18.837			
Diff (T-C)	-2.324	1.145	-2.03	0.042**
After				
Control	18.758			
Treated	19.369			
Diff (T-C)	0.611	0.990	0.62	0.537
Diff-in-Diff	2.935	1.519	1.93	0.053*

```
R-square:    0.19
* Means and Standard Errors are estimated by linear regression
**Inference: *** p<0.01; ** p<0.05; * p<0.1
```

表9.27中，加入协变量的双重差分估计结果与不加协变量估计结果差异不大。现在，再考虑倾向得分PSM–DID（kernel propensity score diff–in–diff）估计：

. diff fte, t(treated) p(t) cov(bk kfc roys) kernel id(id) support   //（见表9.28）。

从表9.28可以看出，双重差分估计的处理效应为3.026，该结果在5%的水平下显著。这表明，最低工资法的实施不仅没有导致就业下降，反而显著促进了新泽西州的就业。当然，原因是什么不是分析的重点，这里只是介绍该方法的逻辑和使用原理。此外，再使用Logit模型进行倾向得分匹配估计：

. diff fte, t(treated) p(t) cov(bk kfc roys) id(id) logit kernel report support   //（见表9.29）。

表9.28　　　　　　　　　　　面板数据 PSM–DID 估计

DIFFERENCE-IN-DIFFERENCES ESTIMATION RESULTS
Number of observations in the DIFF-IN-DIFF: 795

	Before	After	
Control:	78	76	154
Treated:	326	315	641
	404	391	

Outcome var.	fte	S. Err.	|t|	P>|t|
Before				
Control	20.040			
Treated	17.065			
Diff (T-C)	-2.975	0.943	-3.16	0.002***
After				
Control	17.449			
Treated	17.499			
Diff (T-C)	0.050	0.955	0.05	0.958
Diff-in-Diff	3.026	1.342	2.25	0.024**

R-square:　　0.02
* Means and Standard Errors are estimated by linear regression
**Inference: *** p<0.01; ** p<0.05; * p<0.1

表9.29　　　　　　　　　　　**Logit PSM–DID 估计**

Logistic regression

Number of obs	=	404
LR chi2(3)	=	2.91
Prob > chi2	=	0.4053
Pseudo R2	=	0.0073

Log likelihood = -196.7636

treated	Coef.	Std. Err.	z	P>|z|	[95% Conf. Interval]	
bk	.3108387	.3561643	0.87	0.383	-.3872306	1.008908
kfc	.6814511	.4335455	1.57	0.116	-.1682824	1.531185
roys	.520356	.4011747	1.30	0.195	-.265932	1.306644
_cons	1.05315	.2998708	3.51	0.000	.465414	1.640886

DIFFERENCE-IN-DIFFERENCES ESTIMATION RESULTS
Number of observations in the DIFF-IN-DIFF: 795

	Before	After	
Control:	78	76	154
Treated:	326	315	641
	404	391	

Outcome var.	fte	S. Err.	|t|	P>|t|
Before				
Control	20.040			
Treated	17.065			
Diff (T-C)	-2.975	0.943	-3.16	0.002***
After				
Control	17.449			
Treated	17.499			
Diff (T-C)	0.050	0.955	0.05	0.958
Diff-in-Diff	3.026	1.342	2.25	0.024**

R-square:　　0.02
* Means and Standard Errors are estimated by linear regression
**Inference: *** p<0.01; ** p<0.05; * p<0.1

表9.29的结果分为两张表，上表是Logit倾向得分匹配结果；下表是双重差分估计结果。结果仍然与前面保持一致，也就是最低工资法并没有带来明显的就业减少，反而促进了就业提升。其实，原结论也是最低工资法的实施，并没有带来就业率的下降。

9.2.5　三重差分DDD

当处理组和控制组之间不满足平行趋势假设，或者受到其他政策干扰时，可以使用三重差分估计（difference-in-difference-in-differences，DDD或DiDiD），该方法有时也被称为triple difference（TD）。三重差分估计是双重差分估计的一个拓展，最早由格鲁伯（1994）提出。尽管该方法被广泛应用，他的论文也被大量引用，但是很少有计量经济学家承认他这篇论文的计量方法贡献，可能是因为三重差分方法的意义太显而易见了，也有可能是因为起初并没有引起学界的关注，但是在这里有必要再提及他的贡献。因为根据奥尔登和马默（Olden and Møen，2022）的研究，直到2007年在Google Scholar上能够搜索到的使用三重差分估计的学术论文不到100篇，但此后相关的研究就开始迅速增长，到2017年就达到接近1000篇学术论文使用了该方法。其中，仅2010~2017年，来自*american economic review*（AER）、*journal of political economy*（JPE）和*quarterly journal of economics*（QJE）三大顶级期刊的文献就多达32篇。

所谓三重差分，顾名思义就是两个双重差分估计之差。但是三重差分在两个双重差分估计各自都不满足平行趋势假设情况，依然可以得到无偏的估计。根据格鲁伯（Gruber，1994）、奥尔登和马默（Olden and Møen，2022）等研究，我们虚构一个案例。以美国的医疗改革法案为例，假设每个州把人群分位两类：A类代表60岁以下；B类代表60岁以上。其中，医疗改革法案仅针对部分州（处理组或处理州，标记为T）的B类人口展开。那么，如果以处理州的数据做DID分析，则A和B两类人群不满足平行趋势假设；如果以处理州的B类人群和控制州的B类人群做DID分析，那么处理州和控制州的经济社会发展条件又不一定相同。无论是哪种DID设计，估计结果都是有偏的。这个时候，如果使用三重差分设计就可以巧妙地纠正这种偏误：

$$Y_{sit} = \beta_0 + \beta_1 T + \beta_2 B + \beta_3 Post + \beta_4 T \times B + \beta_5 T \times Post + \beta_6 B \times Post + \beta_7 T \times B \times Post + \gamma_s + u_i + \theta_t + \varepsilon_{sit}$$

其中，Y_{sit}代表第s州、第i类人群（A或B）、第t期的结果变量（别管它是啥）。T代表处理组，Post带政策发生后的时期，B=1代表60岁以上人口（B=0代表60岁以下人口）。则有：

$$E[Y, T=0, B=0, Post=0] = \beta_0$$

$$E[Y | T=1, B=0, Post=0] = \beta_0 + \beta_1$$

$$E[Y | T=0, B=1, Post=0] = \beta_0 + \beta_2$$

$$E[Y | T=0, B=0, Post=1] = \beta_0 + \beta_3$$

$$E[Y | T=1, B=1, Post=0] = \beta_0 + \beta_1 + \beta_2 + \beta_4$$

$$E[Y | T=1, B=0, Post=1] = \beta_0 + \beta_1 + \beta_3 + \beta_5$$

$$E[Y | T=0, B=1, Post=1] = \beta_0 + \beta_2 + \beta_3 + \beta_6$$

$$E[Y | T=1, B=1, Post=1] = \beta_0 + \beta_1 + \beta_2 + \beta_3 + \beta_4 + \beta_5 + \beta_6 + \beta_7$$

为了书写方便，定义 $\overline{Y}_{T=1,B=1,Post=1} = E[Y | T=1, B=1, Post=1]$，依此类推，则可以算出：

$$\hat{\beta}_7 = \left\{ \left(\overline{Y}_{T=1,B=1,Post=1} - \overline{Y}_{T=1,B=1,Post=0} \right) - \left(\overline{Y}_{T=0,B=1,Post=1} - \overline{Y}_{T=0,B=1,Post=0} \right) \right\}$$
$$- \left\{ \left(\overline{Y}_{T=1,B=0,Post=1} - \overline{Y}_{T=1,B=0,Post=0} \right) - \left(\overline{Y}_{T=0,B=0,Post=1} - \overline{Y}_{T=0,B=0,Post=0} \right) \right\}$$

其中，第一行是处理组的B类人口与控制组的B类人口的双重差分，包含了政策和州的处理效应差；第二行是处理组的A类人口与控制组的A类人口的双重差分，仅包含州的处理效应差。两个双重差分之差即代表三重差分估计结果 $\hat{\beta}_7$，即政策平均处理效应。当然，也可以通过调整公式，设计成为另外两种双重差分之差：即处理组的B类人口与处理组A类人口双重差分，控制组的B类人口与控制组A类人口双重差分。

在Stata中估计三重差分，只需要设定好相应的变量，直接使用reg、xtreg或reghdfe等命令就可以进行估计，但考虑到新增的第三个维度不一定是外生变量，可以使用ivreg2命令做2SLS工具变量估计。仍以CardKrueger1994.dta为例：

. use http://fmwww.bc.edu/repec/bocode/c/CardKrueger1994.dta

. xtset id

假设几种快餐店中，只有wendys和kfc受到了某种特殊政策的影响（在实际应用中，如果想研究制造业上市公司固定资产加速折旧政策对企业全要素生产率TFP的影响，为了排除其他政策对TFP的影响，可以设定制造业和非制造业的分组变量），设定一个分组变量：

gen group=0

replace group=1 if wendys==1

replace group=1 if kfc==1

xtreg fte c.treated#c.group#c.t c.treated#c.t c.group#c.t c.treated#c.group i.t i.group, fe r   //（见表9.30）。

表9.30中，三重差分的系数为负，但不显著。主要是因为分组变量是虚构的，所以实证结果不显著，也表明这里使用三重差分没有必要。但是，c.treated#c.t的系数还

是一如既往地显著为正，它反映的是最低工资法在不同组之间的平均处理效应差异。

表9.30 三重差分DDD估计

fte	Coef.	Robust Std. Err.	t	P>|t|	[95% Conf. Interval]	
c.treated#c.group#c.t	-2.559378	2.401971	-1.07	0.287	-7.281162	2.162405
c.treated#c.t	3.77586	1.785191	2.12	0.035	.2665402	7.285179
c.group#c.t	3.174314	2.195571	1.45	0.149	-1.141729	7.490357
c.treated#c.group	2.141759	.8035172	2.67	0.008	.5622089	3.72131
1.t	-3.534314	1.689571	-2.09	0.037	-6.855665	-.212962
1.group	0	(omitted)				
_cons	17.06338	.3018683	56.53	0.000	16.46997	17.65679
sigma_u	8.3707896					
sigma_e	6.207461					
rho	.64519689	(fraction of variance due to u_i)				

9.3 DID处理的典型案例分析

9.3.1 双重差分估计——虚拟数据案例

首先，利用伪随机数，生成一个面板数据，并且将政策发生冲击的年份设定在2012年：

. clear

set obs 1000

set seed 83816902

gen Treat=(uniform()<=0.6)　　//当随机数uniform小于或等于0.6时Treat返回1，否则返回0

bysort Treat: gen int id=uniform()*90+Treat*90+1　　// bysort命令的含义为根据Treat变量生成新的变量，int代表整数。这里uniform()的最大取值为1，Treat的最大取值为1，因而id的最大取值为181。又因为uniform()<1，所以id的最大整数取值为180。这个命令的意思，就是将1000个观测值，在1~180以内随机生成id变量，因而每个id的观测值数量也是随机的

bysort id: gen year=2016-_n+1　　//根据id的不同类型生成变量year

gen Post=(year>=2012)　　//只要年份大于或等于2012年，Post就取值为1，否则取值为0

gen y=ln(1+uniform()*100)

replace y=y+ln(1+uniform()*10+rnormal()*3) if Treat==1 & Post==1　　//将同时满

足Treat==1，Post==1的观测值y替换，此设计是为了体现政策的影响。为避免产生缺失值，读者也可以使用replace y=y+ln(1+abs(uniform()*10+rnormal()*3)) if Treat==1 & Post==1

　　　　gen x1=rnormal()*3

　　　　gen x2=rnormal()+uniform()

　　　　xtset id year

　　　　sum 　　　 //（见表9.31）。

表9.31　　　　　　　　　　　　　　　**描述性统计**

Variable	Obs	Mean	Std. Dev.	Min	Max
Treat	1,000	.604	.4893091	0	1
id	1,000	100.573	52.60764	1	180
year	1,000	2013.125	2.491904	2001	2016
Post	1,000	.77	.4210431	0	1
y	966	4.3674	1.245032	.0099435	7.292295
x1	1,000	-.0140557	3.080027	-13.63074	9.609311
x2	1,000	.5189189	1.034466	-3.248908	3.986732

　　表9.31中，控制组和处理组在协变量x1和x2方面，是否存在显著的差异呢？可以使用ttest命令对其进行检验。键入命令：

　　. ttest x1, by(Treat) 　　　//（见表9.32）。

表9.32　　　　　　　　　　　　　　　**分组检验**

Two-sample t test with equal variances

Group	Obs	Mean	Std. Err.	Std. Dev.	[95% Conf. Interval]	
0	396	-.1101318	.1535015	3.054641	-.4119139	.1916503
1	604	.0489345	.126034	3.097462	-.1985843	.2964534
combined	1,000	-.0140557	.097399	3.080027	-.2051858	.1770743
diff		-.1590663	.1991898		-.5499453	.2318126

diff = mean(0) - mean(1) 　　　　　　　　　　　　　　t = -0.7986

Ho: diff = 0 　　　　　　　　　　　　degrees of freedom = 998

Ha: diff < 0 　　　　　　Ha: diff != 0 　　　　　　Ha: diff > 0

Pr(T < t) = 0.2124 　　Pr(|T| > |t|) = 0.4247 　　Pr(T > t) = 0.7876

　　表9.32中，零假设为两组数据均值的差分为0，而下面的p值皆不显著，所以接受零假设。如果有需要，还可以对因变量进行检验：

　　. ttest y, by(Treat) 　　　//（见表9.33）。

　　根据表9.33结果，我们拒绝零假设，即控制组与处理组的因变量存在明显不同。完成上述验证过程后，接下来生成交互项并进行回归：

　　. gen Treat_Post=Treat*Post

　　. xi: reg y Treat_Post x1 x2 i.year i.id, vce(cluster id) 　　// xi：表示把年份生成i.虚拟变

量，加入 xi 以后，为了避免共线性回归估计会自动省略其中一年的虚拟变量，不加 xi 省略的是最后一年（2016）；为了节省篇幅，表9.34只展示部分输出结果（见表9.34）。

表9.33 分组检验

```
Two-sample t test with equal variances
```

Group	Obs	Mean	Std. Err.	Std. Dev.	[95% Conf. Interval]	
0	396	3.722446	.0451229	.8979349	3.633735	3.811157
1	570	4.815473	.0526253	1.256411	4.712109	4.918836
combined	966	4.3674	.0400582	1.245032	4.288788	4.446011
diff		-1.093026	.0734945		-1.237254	-.9487988

```
diff = mean(0) - mean(1)                                    t = -14.8722
Ho: diff = 0                                  degrees of freedom =     964

    Ha: diff < 0                 Ha: diff != 0                 Ha: diff > 0
 Pr(T < t) = 0.0000       Pr(|T| > |t|) = 0.0000       Pr(T > t) = 1.0000
```

表9.34 用 OLS 做 DID 估计

```
Linear regression                          Number of obs   =        966
                                           F(14, 178)      =          .
                                           Prob > F        =          .
                                           R-squared       =     0.5101
                                           Root MSE        =     .97615
```

(Std. err. adjusted for 179 clusters in id)

y	Coefficient	Robust std. err.	t	P>|t|	[95% conf. interval]	
Treat_Post	1.721555	.2039916	8.44	0.000	1.319002	2.124108
x1	-.0040437	.0136158	-0.30	0.767	-.0309128	.0228253
x2	.0186002	.0431421	0.43	0.667	-.0665356	.103736
_Iyear_2002	-.0454754	.0327226	-1.39	0.166	-.1100495	.0190987
_Iyear_2003	-.4136722	.1591369	-2.60	0.010	-.72771	-.0996344
_Iyear_2004	-.2455891	.1565262	-1.57	0.118	-.5544749	.0632967
_Iyear_2005	-.782533	.4112486	-1.90	0.059	-1.594083	.0290171
_Iyear_2006	-.4741483	.1674471	-2.83	0.005	-.8045853	-.1437114
_Iyear_2007	-.5066908	.197398	-2.57	0.011	-.8962322	-.1171494
_Iyear_2008	-.9439876	.2614369	-3.61	0.000	-1.459902	-.428073
_Iyear_2009	-.8192714	.1316175	-6.22	0.000	-1.079003	-.55954
_Iyear_2010	-.9547676	.1376971	-6.93	0.000	-1.226496	-.6830388
_Iyear_2011	-.7758597	.1237038	-6.27	0.000	-1.019974	-.531745

表9.34中，尽管模型的 x1、x2 系数并不显著，但 Treat_Post 很显著，表明个体确实受到了影响。也可以使用面板双维固定效应双重差分模型（TWFE-DID）进行分析：

. xtset id year

. xtreg y Treat_Post x1 x2 i.year, fe vce(robust)　　　//（见表9.35）。

表9.34和表9.35中，交互项的系数为1.721555，且在1%的水平下显著，说明政策具有显著的正向作用。

以上结果分别使用了 reg 和 xtreg 命令进行双重差分估计，事实上也可以使用 stata17 版本自带的系统命令 xtdidregress 来估计：

. xtdidregress (y x1 x2) (Treat_Post), group(id) time(year) vce(robust)　　　//（见表9.36）。

表9.35 面板双维固定效应DID估计

y	Coef.	Robust Std. Err.	t	P>|t|	[95% Conf. Interval]	
Treat_Post	1.721555	.1838232	9.37	0.000	1.358802	2.084308
x1	-.0040437	.0122696	-0.33	0.742	-.0282563	.0201688
x2	.0186002	.0388767	0.48	0.633	-.0581184	.0953188
_Iyear_2002	-.0454754	.0294873	-1.54	0.125	-.1036652	.0127143
_Iyear_2003	-.4136722	.1434033	-2.88	0.004	-.6966616	-.1306829
_Iyear_2004	-.2455891	.1410507	-1.74	0.083	-.5239358	.0327576
_Iyear_2005	-.782533	.3705891	-2.11	0.036	-1.513846	-.0512196
_Iyear_2006	-.4741483	.1508919	-3.14	0.002	-.7719155	-.1763812
_Iyear_2007	-.5066908	.1778815	-2.85	0.005	-.8577188	-.1556627
_Iyear_2008	-.9439876	.235589	-4.01	0.000	-1.408895	-.4790807
_Iyear_2009	-.8192714	.1186046	-6.91	0.000	-1.053324	-.5852193
_Iyear_2010	-.9547676	.1240832	-7.69	0.000	-1.199631	-.7099042
_Iyear_2011	-.7758597	.1114734	-6.96	0.000	-.9958392	-.5558802
_Iyear_2012	-.8116817	.2007222	-4.04	0.000	-1.207783	-.4155804
_Iyear_2013	-.930111	.1844976	-5.04	0.000	-1.294195	-.5660269
_Iyear_2014	-.9980125	.1974552	-5.05	0.000	-1.387667	-.6083582
_Iyear_2015	-.8811014	.1851116	-4.76	0.000	-1.246397	-.5158058
_Iyear_2016	-.8566844	.1861057	-4.60	0.000	-1.223942	-.4894269
_cons	4.540771	.1003322	45.26	0.000	4.342778	4.738765
sigma_u	.46226829					
sigma_e	.97615033					
rho	.18318107	(fraction of variance due to u_i)				

表9.36 面板双固定效应（TWFE）DID估计

	Control	Treatment
Group		
id	89	90
Time		
Minimum	2001	2012
Maximum	2016	2015

Difference-in-differences regression   Number of obs = **966**
Data type: Longitudinal

(Std. err. adjusted for **179** clusters in id)

y	Coefficient	Robust std. err.	t	P>|t|	[95% conf. interval]	
ATET						
Treat_Post (1 vs 0)	1.721555	.1838232	9.37	0.000	1.358802	2.084308

Note: ATET estimate adjusted for covariates, panel effects, and time effects.

接下来进行平行趋势检验。在前文提到过，平行趋势检验需要生成政策执行前后的时间与处理变量的交互项。由于步骤繁多，直接利用do–file编辑器进行：

. gen Dyear=year-2012   //生成政策执行年份分界变量Dyear，如果是政策执行年份2012年，则Dyear取值为0；如果是政策执行前一年，则Dyear取值为-1，如果是政策执行的后一年，则Dyear取值为1，以此类推

gen Before2=(Dyear==-2 & Treat==1)   //生成虚拟变量Before2，只有当Dyear=-2并且处理组Treat=1时，Before2才取值为1，否则取值为0，也就是说变量

Before2代表处理组政策执行年份的前两年，以下设定类推

  lab var Before2 "2 Year Prior" // lab是label的缩写，用于标记变量说明

  gen Before1=(Dyear==-1 & Treat==1)

  lab var Before1 "1 Year Prior" // lab是label的缩写，用于标记变量说明

  gen Current=(Dyear==0 & Treat==1)

  lab var Current "Year of Adoption"

  gen After1=(Dyear==1 & Treat==1)

  lab var After1 "1 Year After"

  gen After2=(Dyear==2 & Treat==1)

  lab var After2 "2 Year After"

  gen After3=(Dyear>=3 & Treat==1)

  lab var After3 "3 or More Year After"

完成变量生成后，可以利用右侧的变量窗口进行查看，或利用sum命令进行查看。接下来将新生成的变量加入模型进行平行趋势检验：

. xtreg y Before2 Before1 Current After1 After2 After3 x1 x2 i.year, fe vce(robust) //
之所以此处不加Treat_Post交互项是因为新生成的虚拟变量即为交互项（见表9.37）。

表9.37   面板双固定效应TWFE–DID估计

y	Coef.	Robust Std. Err.	t	P>|t|	[95% Conf. Interval]	
Before2	.1374107	.680609	0.20	0.840	-1.20569	1.480512
Before1	-.0395446	.6111528	-0.06	0.948	-1.245582	1.166493
Current	1.81972	.6469729	2.81	0.005	.5429965	3.096444
After1	1.598924	.6056143	2.64	0.009	.403816	2.794031
After2	1.739134	.657114	2.65	0.009	.4423975	3.03587
After3	1.756094	.6221564	2.82	0.005	.5283424	2.983845
x1	-.0038032	.0123344	-0.31	0.758	-.0281437	.0205373
x2	.0199485	.0389351	0.51	0.609	-.0568853	.0967823
year						
2002	-.0455383	.0295207	-1.54	0.125	-.103794	.0127173
2003	-.4145381	.1441076	-2.88	0.005	-.6989172	-.130159
2004	-.2442505	.1406337	-1.74	0.084	-.5217745	.0332734
2005	-.7820618	.3719013	-2.10	0.037	-1.515965	-.0481589
2006	-.471622	.1530081	-3.08	0.002	-.7735653	-.1696787
2007	-.5069516	.1845119	-2.75	0.007	-.8710638	-.1428394
2008	-.9453569	.2387054	-3.96	0.000	-1.416414	-.4743003
2009	-.8203482	.1070816	-7.66	0.000	-1.031661	-.6090355
2010	-1.067495	.6650475	-1.61	0.110	-2.379887	.2448974
2011	-.7528122	.5927289	-1.27	0.206	-1.922492	.4168677
2012	-.8755984	.6241913	-1.40	0.162	-2.107366	.3561687
2013	-.8644	.5842648	-1.48	0.141	-2.017377	.288577
2014	-1.013455	.6293438	-1.61	0.109	-2.25539	.2284805
2015	-.9054895	.6096518	-1.49	0.139	-2.108565	.2975858
2016	-.8806773	.5938257	-1.48	0.140	-2.052522	.291167
_cons	4.54554	.2457026	18.50	0.000	4.060675	5.030405
sigma_u	.46285478					
sigma_e	.97867484					
rho	.1827879	(fraction of variance due to u_i)				

对于表9.37回归结果，政策执行之年份的前两年（Before1、Before2），其估计结果均不显著。与之相对，在政策执行之后的年份（Current、After1、After2、After3），其估计结果均显著为正，且均在1.721555附近波动，这是典型的同质性外生冲击。

此外，还可以使用图形分析进行平行趋势检验，需要用到非官方命令——coefplot，该命令需要用户提前安装好：

. ssc install coefplot, replace

. coefplot, keep(Before2 Before1 Current After1 After2) vertical yline(0) addplot(line @b @at)   // keep表示所要绘制的变量（读者可以在 keep( )中加入 After3 后再运行命令对比），vertical表示直角坐标系，yline(0)表示以y=0为横轴，addplot(line @b @at)代表各点间用直线连接

如图9.3所示，在政策执行之前的年份，各点都大致位于0轴附近或者0以下，这证明此时政策对个体无显著影响。**在政策执行后的年份，各处理效应都显著为正，且在1.721555附近波动，这证明此时政策对个体有显著正向影响，并且政策冲击没有明显的异质性。**

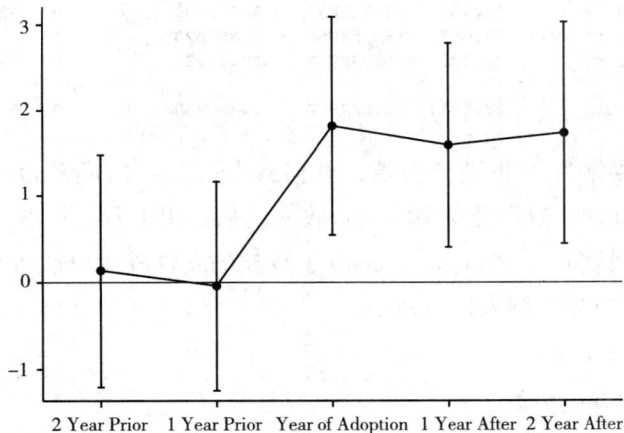

图9.3　平行趋势假设检验

9.3.2　双重差分估计——真实数据案例

本节使用的数据为系统自带数据库中的数据集nlswork.dta，该数据集是关于1968~1988年美国14~26岁年轻女性职工跟踪调查的数据。本例中的数据是真实的，但是DID的政策变量是虚构的，所以论证的逻辑是证明DID政策变量没有效果。在命令窗口键入以下命令以查看数据概况：

. webuse nlswork, clear

. xtset idcode year   //因为该数据集为面板数据所以需要设置个体与时间

. sum   //（见表9.38）。

表9.38   描述性统计

Variable	Obs	Mean	Std. dev.	Min	Max
idcode	28,534	2601.284	1487.359	1	5159
year	28,534	77.95865	6.383879	68	88
birth_yr	28,534	48.08509	3.012837	41	54
age	28,510	29.04511	6.700584	14	46
race	28,534	1.303392	.4822773	1	3
msp	28,518	.6029175	.4893019	0	1
nev_mar	28,518	.2296795	.4206341	0	1
grade	28,532	12.53259	2.323905	0	18
collgrad	28,534	.1680451	.3739129	0	1
not_smsa	28,526	.2824441	.4501961	0	1
c_city	28,526	.357218	.4791882	0	1
south	28,526	.4095562	.4917605	0	1
ind_code	28,193	7.692973	2.994025	1	12
occ_code	28,413	4.777672	3.065435	1	13
union	19,238	.2344319	.4236542	0	1
wks_ue	22,830	2.548095	7.294463	0	76
ttl_exp	28,534	6.215316	4.652117	0	28.88461
tenure	28,101	3.123836	3.751409	0	25.91667
hours	28,467	36.55956	9.869623	1	168
wks_work	27,831	53.98933	29.03232	0	104
ln_wage	28,534	1.674907	.4780935	0	5.263916

表9.38中的数据集为非平衡面板，共5159个个体，时间跨度为1968~1988年。在此例中，研究的对象为年轻女性的工资收入。从逻辑上看，年龄（age）越大、工作经验（ttl_exp）越多、在职时间（tenure）越长的女性其工资收入会越高，因此生成这三个变量的平方项。键入以下命令：

. gen age2= age^2

gen ttl_exp2= ttl_exp^2

gen tenure2= tenure^2

因为接下来需要使用到的协变量很多，因此我们定义一个全局宏变量。此外，还需生成政策执行地、政策执行时间，以及两者的交互项，键入命令：

global xlist "grade age ttl_exp tenure not_smsa south race age2 ttl_exp2 tenure2"   //定义全局宏，后续调用时只需键入\$xlist即可

gen time=(year>=77)&!missing(year)   //假设政策执行时间为77年以后，且年份不能为缺失值，"& ！"左右都不能有空格

gen treated= (idcode>2000)&!missing(idcode)   //假设政策执行对象为idcode大于2000的个体，但后续我们将通过DID方法，验证这种政策没有效果

gen did = time*treated   //生成交互项

接下来，再对其进行面板固定效应回归。我们既可以使用xtreg命令：

. xtreg ln_wage did $xlist i.year, fe vce(cluster idcode)　　//结果省略

也可以使用Stata17更新的TWFE–DID估计命令进行实证检验，同时考虑稳健标准误：

. xtdidregress (ln_wage $xlist) (did), group(idcode) time(year) vce(robust)　　//控制个体和时间双维固定效应（见表9.39）。

表9.39　　　　　　　　　　　面板双维固定效应TWFE–DID估计

```
Difference-in-differences regression          Number of obs = 28,091
Data type: Longitudinal

                        (Std. err. adjusted for 4,697 clusters in idcode)
```

	Coefficient	Robust std. err.	t	P>|t|	[95% conf. interval]
ln_wage						
ATET						
did (1 vs 0)	.019761	.0136299	1.45	0.147	-.0069601	.046482

```
Note: ATET estimate adjusted for covariates, panel effects, and time effects.
```

接下来进行平行趋势检验，同样利用do–file编辑器进行操作。在do–file中键入以下命令并执行：

. gen Dyear=year-77

gen Before2=(Dyear==-2 & treated==1)

gen Before1=(Dyear==-1 & treated==1)

gen Current=(Dyear==0 & treated==1)

gen After1=(Dyear==1 & treated==1)

gen After2=(Dyear==2 & treated==1)

gen After3_=(Dyear>=3 & treated==1)

对于上述生成的变量可通过sum命令或变量窗口等方式进行查看，这里就不再展示。

接下来进行平行趋势检验，键入命令：

. xtreg ln_wage Before2 Before1 Current After1 After2 After3_ $xlist i.year, fe vce(robust)　　//结果省略

. coefplot, keep(Before2 Before1 Current After1 After2 After3_) vertical yline(0) addplot(line @b @at) ciopts(recast(rcap)) scheme(s1mono)

图9.4中，由于在上面的回归中因为共线性问题导致Stata忽略了Before1与After2，所以图中仅有四个点。观察图9.4，也可以发现，不仅政策执行前一年的伪政策也很显著，而且随着政策的执行时间向后推移，其真实政策效果反而有下降的倾向，这意味着原真实政策的处理效应并不存在。

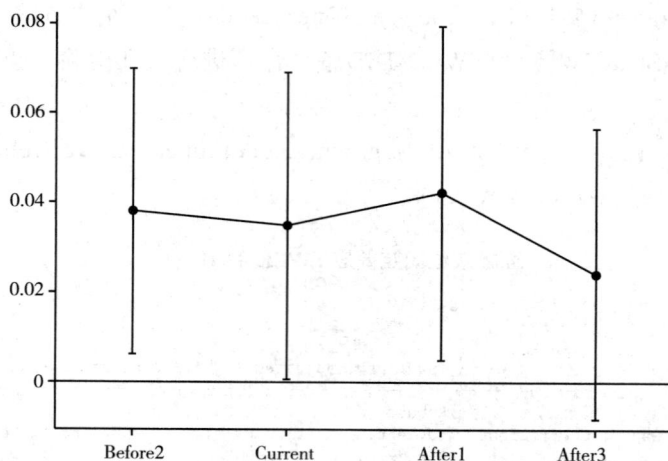

图9.4 平行趋势假设检验

9.3.3　双重差分估计——PSM–DID估计

需提醒的一点是，在实际研究中，我们收集到的数据往往并不满足随机性实验的要求，因此样本内的个体不同组之间可能会存在不同的特征，需要对其进行匹配从而改善该问题。接下来需要使用到倾向得分匹配psmatch2命令，该命令是系统外部命令，具体可以使用ssc install psmatch2或者help psmatch2命令进行安装。

仍然以上一节的nlswork数据为例，在正式估计之前先对数据进行整理。键入命令：

. sort idcode

接下来进行倾向指数匹配，键入命令：

. psmatch2 did $xlist, outcome(ln_wage) logit ate neighbor(1) common caliper(.05) ties　　// outcome是用来指定结果变量；logit表示使用logit回归来估计倾向得分；ate表示同时汇报ATE、ATU、ATT；neighbor(1)代表进行1对1近邻匹配；common代表仅对共同取值区域内的个体进行匹配；caliper(.05)代表进行.05卡尺区域（即倾向得分相差5%）内的匹配；ties表示包括所有倾向得分一致的并列个体（见表9.40）。

表9.40中，psmatch2命令返回的结果分为三个部分，第一部分为Logit回归估计的结果；第二部分为选项ate汇报的结果，此处ATT的值为–0.08，虽然统计上显著，但是ATU的值为0.05，两者差异极大，这不符合常理；第三部分显示了各组中不在共同取值区域（off support）中，以及在共同区域（on support）中的个体数目。

表9.40　　　　　　　　　　　　　　　　**PSM–DID估计**

```
Logistic regression                          Number of obs   =      28,091
                                             LR chi2(10)     =    13609.92
                                             Prob > chi2     =      0.0000
Log likelihood = -11692.586                  Pseudo R2       =      0.3679
```

did	Coef.	Std. Err.	z	P>|z|	[95% Conf. Interval]	
grade	-.009259	.0070087	-1.32	0.186	-.0229958	.0044778
age	1.399303	.0339426	41.23	0.000	1.332777	1.465829
ttl_exp	.2177555	.0162177	13.43	0.000	.1859694	.2495416
tenure	-.064339	.0125985	-5.11	0.000	-.0890316	-.0396463
not_smsa	.2490703	.0368591	6.76	0.000	.1768278	.3213129
south	1.80341	.0363262	49.64	0.000	1.732212	1.874608
race	.630825	.0350297	18.01	0.000	.562168	.699482
age2	-.0192897	.0005155	-37.42	0.000	-.0202999	-.0182794
ttl_exp2	-.0089631	.0008349	-10.74	0.000	-.0105995	-.0073267
tenure2	.0035599	.0008368	4.25	0.000	.0019197	.0052001
_cons	-26.91531	.5454789	-49.34	0.000	-27.98443	-25.8462

Variable	Sample	Treated	Controls	Difference	S.E.	T-stat
ln_wage	Unmatched	1.72643001	1.64824246	.078187549	.005889689	13.28
	ATT	1.72658978	1.80533073	-.078740945	.016909704	-4.66
	ATU	1.7036991	1.74952474	.045825634	.	.
	ATE			-.008437156	.	.

Note: S.E. does not take into account that the propensity score is estimated.

psmatch2: Treatment assignment	psmatch2: Common support Off suppo	On suppor	Total
Untreated	4,302	13,420	17,722
Treated	11	10,358	10,369
Total	4,313	23,778	28,091

　　考虑到上述匹配估计中，ATU和ATE的边际效应没有标准误和T统计量，无法评估估计结果的显著性。可以使用Bootstrap再抽样法，模拟估计50次就可以得到相应的标准误和Z统计量。

. bootstrap r(att) r(atu) r(ate): psmatch2 did \$xlist, out(ln_wage) logit ate neighbor(1) common caliper(.05) ties　　// ATT和ATU显著，但ATE不显著，具体结果省略

　　接下来将不在共同区域内的观测值去掉从而优化数据，键入命令：

. gen common=_support

. drop if common==0

. xtreg ln_wage did \$xlist i.year, fe vce(robust)　　　//估计的是平均处理效应ATE（见表9.41）。

　　表9.41中，与前文的面板回归结论一致，政策效应did变量的估计结果仍然不显著，并且从边际效应的数值上看该政策效果也不大。实证结论与前文一致，即伪政策的处理效应不成立。

表9.41   面板双维固定效应DID估计

```
Fixed-effects (within) regression          Number of obs     =     23,778
Group variable: idcode                     Number of groups  =      4,379

R-sq:                                      Obs per group:
    within  = 0.1442                                   min =          1
    between = 0.3240                                   avg =        5.4
    overall = 0.2470                                   max =         15

                                           F(23,4378)        =      75.26
corr(u_i, Xb)  = 0.1676                    Prob > F          =     0.0000

                             (Std. Err. adjusted for 4,379 clusters in idcode)
```

ln_wage	Coef.	Robust Std. Err.	t	P>|t|	[95% Conf. Interval]	
did	.0240871	.0157549	1.53	0.126	-.0068005	.0549746
grade	0	(omitted)				
age	.0479256	.0144329	3.32	0.001	.0196298	.0762214
ttl_exp	.0401342	.0048015	8.36	0.000	.0307208	.0495475
tenure	.031135	.0025436	12.24	0.000	.0261482	.0361218
not_smsa	-.0920952	.0156482	-5.89	0.000	-.1227737	-.0614168
south	-.0804904	.0178032	-4.52	0.000	-.1153937	-.0455871
race	0	(omitted)				
age2	-.0005784	.0001256	-4.61	0.000	-.0008246	-.0003322
ttl_exp2	-.000082	.000199	-0.41	0.680	-.0004722	.0003082
tenure2	-.0017213	.000174	-9.89	0.000	-.0020624	-.0013802
year						
69	.0423185	.0196434	2.15	0.031	.0038076	.0808295
70	-.0195063	.0295124	-0.66	0.509	-.0773656	.038353
71	-.0232182	.0409044	-0.57	0.570	-.1034117	.0569752
72	-.0557793	.0526705	-1.06	0.290	-.1590402	.0474816
73	-.1033274	.0642708	-1.61	0.108	-.2293308	.022676
75	-.1679804	.0875665	-1.92	0.055	-.339655	.0036941
77	-.1996264	.112143	-1.78	0.075	-.4194835	.0202307
78	-.2162042	.1246591	-1.73	0.083	-.4605992	.0281908
80	-.2797037	.1489568	-1.88	0.060	-.5717344	.012327
82	-.3457122	.1731583	-2.00	0.046	-.6851901	-.0062344
83	-.3674035	.1850812	-1.99	0.047	-.7302563	-.0045508
85	-.3857446	.2092919	-1.84	0.065	-.7960626	.0245735
87	-.432611	.2340284	-1.85	0.065	-.891425	.026203
88	-.4236979	.2497902	-1.70	0.090	-.9134131	.0660174
_cons	.7755522	.2606236	2.98	0.003	.2645979	1.286506
sigma_u	.3651033					
sigma_e	.28536513					
rho	.62077091	(fraction of variance due to u_i)				

9.3.4 多维面板固定效应双重差分法及安慰剂检验

本节使用面板多维固定效应命令reghdfe（Linear regression absorbing multiple levels of fixed effects）做双重差分模型，该命令的具体用法第7章面板数据模型部分已经做了详细的解释（或者参看help reghdfe，该命令的使用需要下载其他工具包）。

　　为了简化分析，本节还是只考虑id和时间t两个维度的双维固定效应TWFE估计（再多增加几个维度的固定效应也一样可以处理）。例如，考虑培训对员工收入的影响，假定某企业有1000名员工，一部分员工参加了培训（处理组i=1），另一部分员工没有参加培训（控制组i=0）；假定培训的年份是2016年以后，用d代表参加员工培训这一事件（或政策），2011~2015年d取值为0，2016~2020年d取值为1。再进一步，假设员工的收入由下式决定：

$$y = 1 + 0.5 \times i + 0.6 \times d + 0.8 \times i \times d + e$$

　　根据前文假定，下面设定程序模拟上述数据，在do-file中输入以下命令并运行：

```
. clear
set seed 10101
set obs 1000
gen id=_n        //生成id等于观测值序号
expand 10        //复制原来的数据10次，例如原来是1至1000，则复制10个1，10
```
个2，…，10个1000，每个id有10期数据
```
bysort id: gen t=_n        //按照每个id排序，时间跨度设定为10年
replace t=t+2010        //时间跨度修改为2011年-2020年
gen d=(t>=2016)        //如果t>=2016，则d取值为1
label var d "=1 if post-treatment"        //设定事件冲击发生在2016年以后
gen r=rnormal()
qui sum r, detail        //对r进行分位数排序，这个步骤必须要有，否则下面一条命
```
令运行产生其他值；qui表示quietly
```
bysort id: gen i=(r>=r(p50)) if _n==1        //按照id排序，对第一年的数据进行随机
```
赋值，如果随机变量r超过50分位的值，i就取值为1，反之则取0。这样就只有每个id的第一年数据赋值了，其他年份均为"."。作用是设置处理组和控制组
```
bysort id: replace i=i[_n-1] if i==. & _n!=1        //同一个id的每个i取值与第一个值
```
相同，作用依然是设定处理组和对照组，也是完成上一步工作
```
drop r
label var i "=1 if treated group, =0 if untreated group"
gen e = rnormal()        //设定随机变量
label var e "normal random variable"
gen y = 1 + 0.5*i + 0.6*d + 0.8*i*d + e        //模型设置
sum        //如果程序未使用set seed命令，读者获得的数据会跟教材不一样（见
```
表9.42）。

表9.42 描述性统计

Variable	Obs	Mean	Std. Dev.	Min	Max
id	10,000	500.5	288.6894	1	1000
t	10,000	2015.5	2.872425	2011	2020
d	10,000	.5	.500025	0	1
i	10,000	.503	.500016	0	1
e	10,000	.0010935	1.009474	-4.002687	3.944189
y	10,000	1.753793	1.227339	-2.502687	6.190526

表9.42中，i的均值为0.503，说明处理组和控制组各占50%；d的均值为0.5，说明事件冲击也是各占50%。接下来，生成DID政策变量并进行估计：

. gen did=i*d

. save mldid.dta, replace   //保存文件并命名为mldid.dta，以方便后续使用

. reghdfe y did, absorb(id t) vce(cluster id)   // absorb(absvars)引入固定效应，可以包含多维固定效应 absorb (var1,var2,var3,...)（见表9.43）。

表9.43 多维面板固定效应DID估计

```
HDFE Linear regression                    Number of obs   =     10,000
Absorbing 2 HDFE groups                   F(  1,    999) =     371.69
Statistics robust to heteroskedasticity   Prob > F       =     0.0000
                                          R-squared      =     0.3925
                                          Adj R-squared  =     0.3243
                                          Within R-sq.   =     0.0410
Number of clusters (id)    =     1,000    Root MSE       =     1.0089

                         (Std. Err. adjusted for 1,000 clusters in id)
```

y	Coef.	Robust Std. Err.	t	P>|t|	[95% Conf. Interval]
did	.7909214	.0410247	19.28	0.000	.7104169	.8714258
_cons	1.554877	.0103177	150.70	0.000	1.53463	1.575124

Absorbed degrees of freedom:

Absorbed FE	Categories	- Redundant	= Num. Coefs
id	1000	1000	0 *
t	10	0	10

* = FE nested within cluster; treated as redundant for DoF computation

表9.43中，变量did的估计系数为0.7909，并且在1%的水平下显著。该估计系数基本接近于我们的模拟真实系数0.8，估计的准确度非常高。

上面的政策效应是否稳健，还需要进一步使用安慰剂检验来判断。"安慰剂检验"（placebo test）一词来自医学上的随机实验，例如，我们想要检验新冠疫苗的疗效，可以将参加实验的人群随机分为两组，其中一组为实验组，注射真药；而另一组为控制组，注射安慰剂（生理盐水）。并且所有的参与者都不知道自己注射的是真

疫苗还是生理盐水，但是每个参与者都被告知他们注射的是新冠疫苗，整个过程中只有实验设计者知道谁注射的是真实疫苗，谁注射的是生理盐水。以避免由于主观心理作用而影响实验效果，被称为"安慰剂效应"（placebo effect）。

在计量经济学中，安慰剂检验的核心思想就是虚构处理组或者虚构政策时间进行估计，如果不同虚构方式下估计量的回归结果依然显著，那么就说明原来的估计结果很有可能出现了偏误，被解释变量y的变动很有可能是受到了其他政策变革或者随机性因素的影响。

仍然以上面虚拟的数据为例，因为样本观测值数量有10000个，所以安慰剂检验的时候也设定10000次（10000次蒙特卡罗模拟时间太长，读者在练习的过程中，可以设定为1000次比较合适。不过，这里需要特别注意，如果模拟的次数低于观测值数量，系数就会出现很多"0"值或者"."值，在后续制作图形的时候，或者统计平均值的时候，一定要通过施加约束条件避开缺失值）。

mat b = J(10000,1,0)　　//设定系数矩阵b，J(r,c,z)代表r行c列包含z元素的矩阵，J(10000,1,0)表示10000行1列，元素均为0的矩阵，具体可以参考help matrix functions

mat se = J(10000,1,0)　　//设定10000*1标准误矩阵，这些矩阵都是系统变量，不会出现在变量窗口

mat p = J(10000,1,0)　　//设定10000*1的p值矩阵

//接下来开始做蒙特卡罗随机模拟实验，循环10000次（为避免程序耗时太长，最好设定为1000次，具体细节如前所述）：

forvalues i=1/10000{

use mldid.dta, clear

xtset id t　　//设定面板个体和时间变量

keep if t==2014　　//从2011-2020年中，随便选一年数据保留

sample 500, count　　//随机抽取500个职工

keep id　　//得到所抽取样本的职工id编号，这样就只有500个观测值，并且只有id一个变量

save match_id.dta, replace　　//另存id编号数据

merge 1:m id using mldid.dta　　//与原数据匹配

gen treat = (_merge == 3)　　//匹配成功的id，也就是所抽取样本赋值为1，其余为0，得到政策分组虚拟变量

gen period = (t>= 2016)　　//生成政策时间虚拟变量，政策发生年份为2016年，因为是安慰剂检验，也可以将政策发生年份提前或者推后

gen did2 = treat*period

```
quietly reghdfe y did2, absorb(id t) vce(cluster id)          //进行多维固定效应DID实证
```
检验

    mat b[`i',1] = _b[did2]   //提取每次回归估计的系数，并赋值给系数矩阵b，矩阵b/se/p都是系统默认的变量，不会显示在变量窗口

    mat se[`i',1] = _se[did2]   //提取每次回归估计的系数标准误，并赋值于标准误矩阵se

    mat p[`i',1] = 2*ttail(e(df_r), abs(_b[did2]/_se[did2]))   //赋值p矩阵

    }

//以上程序也可以通过修改gen period = (t>= 2016)，将政策发生的时间提前或者推后

//将前面的得到的矩阵转化为向量

svmat b, names(coef1)   //将系统默认的系数矩阵b赋值给变量coef1，即生成新的变量coef1，以便于后期制图

svmat se, names(se1)   //将系统默认的标准误矩阵se赋值给变量se1，这里会生成新的变量se1

svmat p, names(pvalue1)   //将p值矩阵赋值给变量pvalue1

将上面模拟结果得到的系数、标准误和p值进行画图，在do-file中输入以下命令：

.twoway (kdensity coef1) (scatter pvalue1 coef1, msymbol(smcircle_hollow) mcolor(blue)),   ///

    title("Placebo Test")   ///图的标题

    xlabel(-1(0.1)1) ylabel(,angle(0))   ///x轴取值范围从-1到1，间隔单位为0.1，不一定要对称，这里其实可以从-0.3开始

    xline(0.79, lwidth(vthin) lp(shortdash)) xtitle("Coefficients")   ///真实的估计系数为0.79，即真实数据回归得到的估计系数

    yline(0.1,lwidth(vthin) lp(dash)) ytitle(p value)   ///纵轴的设定

    legend(label(1 "kdensity of estimates") label(2 "p value"))   ///图例说明

    plotregion(style(none))   ///不需要边框

    graphregion(color(white))   //白色的底图（见图9.5）。

图9.5是经过10000次随机模拟产生的，估计系数的分布及相应的p值。其中X轴表示"伪政策虚拟变量"估计系数的大小；Y轴表示核密度值和p值大小；曲线是估计系数的核密度分布；蓝色圆点是估计系数对应的p值；垂直虚线是DID模型真实估计系数0.79；水平虚线是显著性水平0.1。以上安慰剂检验的方法，同样也适用于其他模型。

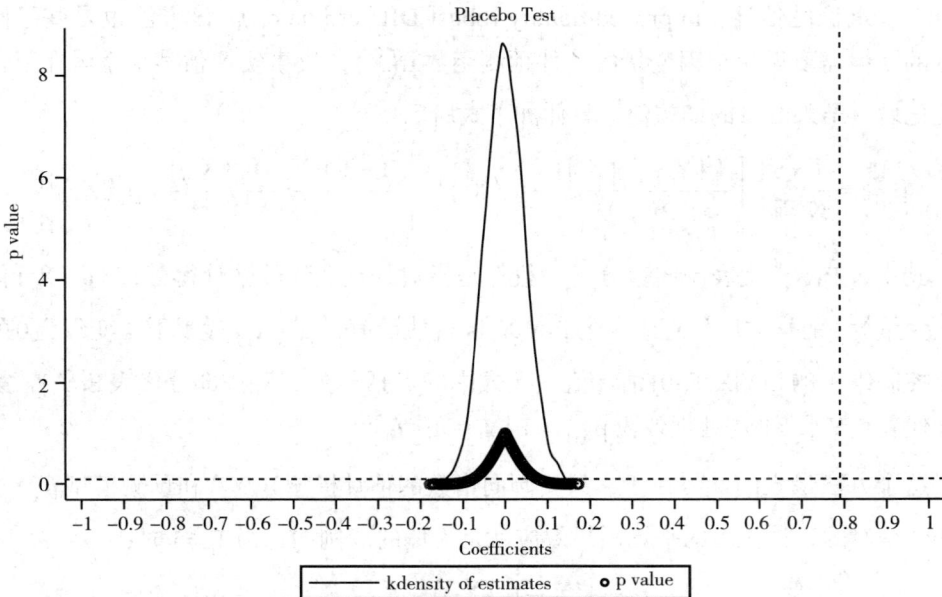

图 9.5　多维面板固定效应 DID 估计安慰剂检验

9.4　多期 DID 的异质性稳健估计

在经济学研究中，标准的 DID 方法通常拥有两期（处理前和处理后）和两组（处理组和控制组）数据，该方法被广泛使用于政策效果评估。但是，也存在某些情况使得标准的 DID 方法不适用或者使用时存在问题。例如处理组的政策发生时间不一致并且政策持续时间也不一致，这就必然会带来政策处理效应的异质性差异，如果仍然采用原来的方法进行估计，则很难得到有效的估计量。

9.4.1　逆倾向得分加权双重稳健估计

在第 6 章无条件分位数估计的内容中，介绍过逆倾向得分加权（inverse of propensity weighting，IPW）方法，该方法对于干预变量取值为 1 的样本，使用倾向指数倒数 p^{-1} 进行加权，而对于干预变量取值为 0 的样本（即控制组），则使用（1–倾向指数）的倒数 $(1-p)^{-1}$ 进行加权，两类样本的加权平均值之差就是平均因果效应的大小。但是，这个方法有一个前提假设，就是估计出的倾向指数是准确的。如果倾向指数过于趋近 0 或 1，就会导致某些权重的值过高，使估计出的平均因果效应的方差过大。

为了解决样本权重过度依赖倾向得分准确性的问题，桑特安娜和赵（Sant'Anna and Zhao，2020）、卡拉韦和桑特安娜（Callaway and Sant'Anna，2021）提出了改进的DID双重稳健估计（improved doubly robust DID estimator）。该方法也是基于倾向得分的，但需要做一个因变量的条件预测函数$\hat{\mu}(X)$，反事实评估某个个体在干预变量变化后，结果变量的期望值。具体如下式所示：

$$\beta_{ATE} = \frac{1}{N}\sum_{i=1}^{N}\left\{\left[\frac{T_i\left(Y_i - \hat{\mu}_1\left(X_i\right)\right)}{\hat{P}\left(X_i\right)} + \hat{\mu}_1\left(X_i\right)\right] - \left[\frac{\left(1 - T_i\right)\left(Y_i - \hat{\mu}_0\left(X_i\right)\right)}{1 - \hat{P}\left(X_i\right)} + \hat{\mu}_0\left(X_i\right)\right]\right\}$$

其中，$\hat{P}(X_i)$代表倾向得分（一般都是指对处理变量的估计得分），$\hat{\mu}_1(X_i)$代表干预变量为1的样本（处理组）的E[Y|X,T=1]估计值，$\hat{\mu}_0(X_i)$代表干预变量为0的样本（控制组）的E[Y|X,T=0]估计值。上式中的大括号内，第一部分代表$E[Y_1]$，第二部分代表$E[Y_0]$，平均处理效应$\beta_{ATE} = E[Y_1] - E[Y_0]$。

这个方法最大的优势在于，只要倾向指数的估计模型$\hat{P}(X_i)$和预测模型$\hat{\mu}(X_i)$中有一个是对的，计算出的平均因果效应就是无偏的。例如，当$T_i = 1$时：

$$\beta_{ATE} = \frac{1}{N}\sum_{i=1}^{N}\left\{\frac{\left(Y_i - \hat{\mu}_1\left(X_i\right)\right)}{\hat{P}\left(X_i\right)} + \hat{\mu}_1\left(X_i\right) - \hat{\mu}_0\left(X_i\right)\right\}$$

即便倾向得分匹配模型是错的，仍然有$E\left[\left(Y_i - \hat{\mu}_1\left(X_i\right)\right)\right] = 0$，从而式（9-6）中第一项为0，$\beta_{ATE} = E\left[\hat{\mu}_1\left(X_i\right) - \hat{\mu}_0\left(X_i\right)\right] = E[Y|X,T=1] - E[Y|X,T=0] = E[Y_1] - E[Y_0]$。但是，如果两个模型估计都是错误的，那产生的误差可能会非常大。

多期DID的逆倾向得分加权双重稳健估计，可以使用csdid（difference in difference with multiple periods estimator）这个外部命令来实现：

. ssc install csdid

. csdid depvar [indepvars] [if] [in] [weight], [ivar(varname)] time(varname) gvar(varname)

其中，ivar()和time()用于设定个体变量和时间变量，gvar()用于指定政策发生第一期时间，并且政策在这一期发生之后，便不能中途退出，要一直持续到最后一期。控制组则取值为0。

此外，该命令提供了drimp选项，即圣安娜和赵（Sant'Anna and zhao，2020）改进的基于逆倾向得分加权处理的双重稳健DID–WLS估计（Improved doubly robust DiD estimator based on inverse probability of tilting and weighted least squares）；选项dripw代表圣安娜和赵（Sant'Anna and Zhao，2020）基于逆倾向得分加权处理的双重稳健DID–OLS估计，这也是默认选项；选项reg代表基于OLS的DID稳健估计（Outcome regression DID estimator based on ordinary least squares）；选项stdipw代表标准的逆概率加权DID估计；选项ipw代表阿贝蒂（Abadie，2005）逆概率加权DID估计。

. use https://friosavila.github.io/playingwithstata/drdid/mpdta.dta, clear

. xtset countyreal year

. sum   //（见表9.44）。

表9.44   **描述性统计**

Variable	Obs	Mean	Std. Dev.	Min	Max
year	2,500	2005	1.414496	2003	2007
countyreal	2,500	32211.04	13736.02	8001	55137
lpop	2,500	3.312909	1.28136	.0657877	7.704766
lemp	2,500	5.772516	1.508781	1.098612	10.4427
first_treat	2,500	766.474	975.095	0	2007
treat	2,500	.382	.4859737	0	1

表9.44中的数据是关于城市就业。特别需要注意的是，该数据设定与标准的 2×2 类型DID模型不一样，政策变量first_treat的设定，要求每个处理组的观测值，设定的每一期值都为政策发生的第一期。例如，武汉市2005年推出就业政策，那么政策变量first_treat在武汉2003~2007年的取值皆为2005；长沙市2006年推出该政策，则政策变量first_treat在长沙2003~2007年的取值皆为2006。反之，南昌从来都没有执行过这个政策，则政策变量first_treat在南昌2003~2007年的取值皆为**0**。

. csdid lemp lpop , ivar(countyreal) time(year) gvar(first_treat) method(dripw) wboot rseed(1) agg(event)   //选项wboot表示Wildbootstrap野聚类标准误，选项agg(event) 表示事件总效应（见表9.45）。

表9.45   **多期DID异质性双重稳健估计**

Difference-in-difference with Multiple Time Periods

Number of obs   =   2,500

Outcome model   : **least squares**
Treatment model: **inverse probability**

	Coefficient	Std. err.	t	[95% conf. interval]	
Pre_avg	-.0000442	.0085077	-0.01	-.0224492	.0223608
Post_avg	-.0803539	.0192913	-4.17	-.1311576	-.0295503
Tm3	.0267278	.0145166	1.84	-.0115017	.0649573
Tm2	-.0036165	.0128202	-0.28	-.0373785	.0301455
Tm1	-.023244	.0152288	-1.53	-.0633492	.0168612
Tp0	-.0210604	.0118453	-1.78	-.0522551	.0101344
Tp1	-.0530032	.0161958	-3.27	-.0956548	-.0103516
Tp2	-.1404483	.036125	-3.89	-.2355836	-.0453131
Tp3	-.1069039	.0349244	-3.06	-.1988774	-.0149304

表9.45中，Pre_avg表示政策处理变量发生之前的平均处理效应，Post_avg表示政策发生之后的平均处理效应。此外，该命令还分别给出了政策发生前后各三期的处理效应，Tm3–Tm1代表政策发生前三期的处理效应；Tp1–Tp3代表政策发生后三期的处理效应；Tp0代表政策发生当期的政策处理效应。这里需要注意的是，对于处理组的每个个体而言，由于政策发生的年份不一样，因而Tp0并没有明确的时间指定，同理Tm3–Tm1、Tp1–Tp3也没有明确的时间指定，都是相对于政策发生的那一个时间点来前后推算。此外，可以通过csdid_plot命令来绘制处理效应变化图：

```
. csdid_plot, legend(pos(6) row(1))        //（见图9.6）。
```

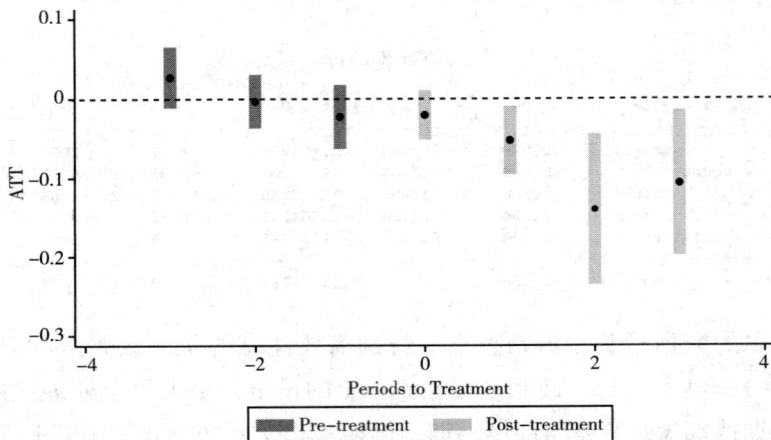

图9.6　处理效应量

为了进一步讲清楚逆倾向得分加权双重稳健估计方法，下面模拟一个面临多期冲击的面板数据：

```
clear
set seed 10000
global T = 20        //设置全局宏
global N = 200
set obs `=$N*$T'        //设定观测值数量为N×T=4000
gen id = int((_n-1)/$T )+1        // int()为取整函数，即观测值序号（_n-1）/20取
```
整数再加1，例如当_n≤20时，int((_n-1)/20)+1=1，即id=1；当21≤_n≤40时，int((_n-1)/20)+1=2，即id=2

```
sort id
by id: gen t=_n
xtset id t
gen first_treat = ceil(runiform()*9)+$T -7 if t==1        // ceil(X)代表大于等于X的最
```
小整数，如n-1<X<n时，返回值为整数n。ceil(runiform()*9)的取值最小为1，最大为9；此条命令为随机生成每个id首次接受处理的时间标志，first_treat的取值在14~22。因为总共就只有20期，所以如果执行期为21~22期，即相当于没有执行，为控制组

```
bys id (t): replace first_treat = first_treat[1]        // bys是bysort的缩写，这样first_
```
treat的每一期值都和第一期值相同

```
gen K = t- first_treat        //生成K为相对处理时间变量
gen treat = K>=0 & first_treat!=.        //生成treat为处理变量。如果first_treat=21或
```
22，那么K= t- first_treat<0，这样treat=0

gen beta = cond(treat==1, (t-16.2), 0)　　　//利用条件函数cond()生成时间上的异质性处理效应：如果treat=1，则beta=t-16.2；如果treat=0，则beta=0。这样，政策效应会越来越大，当t=14时，政策处理效应为-2.2，尽管如此，后期的政策效应逐步加大，可以使得处理效应平均值大于0；但当t=20时，政策处理效应达到峰值3.8

gen u= rnormal()

gen Y = 1 + 3*t + beta*treat + u

sum　　　//（见表9.46）。

表9.46 　　　　　　　　随机模拟的多期冲击面板数据描述性统计

Variable	Obs	Mean	Std. Dev.	Min	Max
id	4,000	100.5	57.74152	1	200
t	4,000	10.5	5.767002	1	20
first_treat	4,000	17.955	2.520826	14	22
K	4,000	-7.455	6.293876	-21	6
treat	4,000	.15675	.3636104	0	1
beta	4,000	.28565	.958699	-2.2	3.8
u	4,000	.0373614	1.001543	-3.927019	3.31015
Y	4,000	132.323	60.41337	4.225976	264.3535

. gen gvar = cond(first_treat>20, 0, first_treat)　　　//如果first_treat超出了期限范围20，就说明没有执行政策，变量gvar取值为0；如果first_treat的值没有超出期限范围，则变量gvar就等于first_year

. csdid Y, ivar(id) time(t) gvar(gvar) agg(event)　　　//（见表9.47）。

表9.47 　　　　　　　　面板多期DID双重稳健估计

	Coef.	Std. Err.	z	P>|z|	[95% Conf. Interval]	
Pre_avg	.0267327	.0275384	0.97	0.332	-.0272415	.080707
Post_avg	2.03842	.1587994	12.84	0.000	1.727179	2.349661
Tm18	.2741041	.345878	0.79	0.428	-.4038043	.9520125
Tm17	.0636001	.211531	0.30	0.764	-.3509931	.4781933
Tm16	-.0827975	.1815207	-0.46	0.648	-.4385715	.2729765
Tm15	.0284602	.1418018	0.20	0.841	-.2494663	.3063866
Tm14	.0029781	.1523098	0.02	0.984	-.2955436	.3014998
Tm13	-.0427337	.1381501	-0.31	0.757	-.313503	.2280356
Tm12	.0756889	.1240609	0.61	0.542	-.1674661	.3188438
Tm11	-.0051493	.1167328	-0.04	0.965	-.2339414	.2236428
Tm10	.1435999	.1252126	1.15	0.251	-.1018124	.3890121
Tm9	-.2129402	.1112721	-1.91	0.056	-.4310295	.005149
Tm8	.2101615	.1065497	1.97	0.049	.0013278	.4189951
Tm7	-.1183873	.1223367	-0.97	0.333	-.3581628	.1213882
Tm6	.029516	.1164082	0.25	0.800	-.1986399	.2576719
Tm5	.0415529	.1113017	0.37	0.709	-.1765944	.2597001
Tm4	-.0022237	.1210429	-0.02	0.985	-.2394634	.2350161
Tm3	-.0474281	.1200758	-0.39	0.693	-.2827723	.1879161
Tm2	.1012037	.1128043	0.90	0.370	-.1198886	.3222961
Tm1	.0219835	.1240423	0.18	0.859	-.221135	.2651019
Tp0	.8203662	.2016121	4.07	0.000	.4252138	1.215519
Tp1	1.156552	.1878238	6.16	0.000	.7884242	1.52468
Tp2	1.598133	.2190146	7.30	0.000	1.168872	2.027393
Tp3	1.924021	.220788	8.71	0.000	1.491284	2.356757
Tp4	2.283852	.2126172	10.74	0.000	1.86713	2.700574
Tp5	2.839252	.2521017	11.26	0.000	2.345142	3.333362
Tp6	3.646766	.3517797	10.37	0.000	2.95729	4.336241

表9.47中，Pre_avg代表政策冲击发生前的平均处理效应；Post_avg代表政策冲击发生后的平均处理效应。Tm1–Tm18代表政策冲击发生前的各期处理效应，Tp0–Tp6代表政策发生后的各期处理效应，第6期的处理效应接近3.8。

. csdid_plot, xline(0, lpattern(dash)) legend(pos(6) row(1))　　//（见图9.7）。

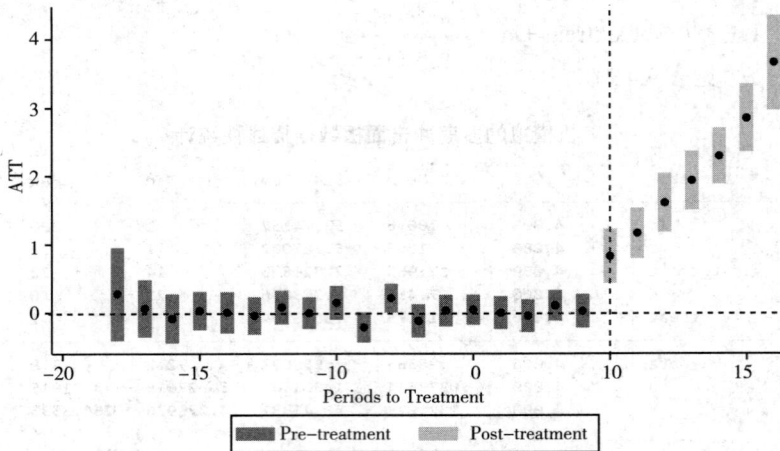

图9.7　模拟数据多期DID处理效应量

9.4.2　插补事件研究法双重差分稳健估计

传统的双重差分固定效应模型，没有办法解决多期双重差分中的异质性问题。事件研究法（event study analysis, ESA）是基于面板数据多期政策冲击处理效应识别的方法，它能够有效解决政策冲击的异质性问题。它的基准模型虽然也是以双向固定效应为基础：

$$Y_{it} = \alpha_i + \beta_t + \tau D_{it} + X'_{it}\delta + \varepsilon_{it}$$

但是，鲍里斯亚克等（Borusyak et al., 2021）提供了一种基于插补（imputation）的反事实方法解决 TWFE 的估计偏误问题。插补事件研究法基于双向固定效应（TWFE），通过估计组群固定效应、时间固定效应和处理组–控制组固定效应，可以得到更准确的估计量。插补事件研究法双重差分稳健估计过程分为三个步骤：

第一步，使用没有处理效应的观测值（从来没有发生政策冲击的个体，或者尚未发生政策冲击的个体），估计一个不包含处理效应的潜在结果 $Y_{it}(0)$。基准的双重差分模型是双向固定效应（TWFE）模型：$Y_{it}(0) = \alpha_i + \beta_t + \varepsilon_{it}$。模型中也可以包含多维固定效应和其他控制变量。

第二步，将模型从第一步外推到处理组的观测值获得处理效应 $Y_{it}(1)$，并且对照每个处理组的观测值，"插补"（imputing）相对应的非处理效应潜在结果 $Y_{it}(0)$。然后，获得每个观测值的处理效应的估计值：$\tau_{it} = Y_{it}(1) - Y_{it}(0)$。

第三步，取每一期所有观测值处理效应的平均值，即为该期事件研究法的处理效应。

鲍里斯亚克等（Borusyak et al., 2021）开发的命令did_imputation可以完成以上步骤，这个命令是以reghdfe为底层模块的多维固定效应双重差分稳健估计。这是系统外部命令，需要用户下载安装：

. ssc install did_imputation

. ssc install event_plot   //命令event_plot用于绘制处理效应图

命令did_imputation的语法结构为：

. did_imputation Y i t Ei [if] [in] [estimation weights] [, options]

其中，Y代表因变量；i代表个体的id；t代表时间；Ei代表政策发生的年份（跟csdid命令相似），缺失值代表从来没有发生政策冲击；选项fe()用来包含多维固定效应；选项controls(varlist)用来设定随时间变化的控制变量。

仍然以上一节模拟的数据为例：

. gen gvar2=gvar

. replace gvar2=. if gvar==0   //将从来没有发生政策冲击的控制组设置为缺失值

. did_imputation Y id t gvar2, fe(id t) cluster(id)   //（见表9.48）。

表9.48   **基于插补事件研究法的DID稳健估计**

```
                                   Number of obs    =      4,000

      Y  |   Coef.   Std. Err.      z    P>|z|    [95% Conf. Interval]

    tau  |  1.766688  .0760456    23.23   0.000    1.617641    1.915734
```

表9.48给出的是多期DID政策冲击的平均处理效应ATT，如果读者想要知道每一期的ATT，则可以使用命令：

. did_imputation Y id t gvar2, horizon(0/5) pretrend(10) fe(id t)   // horizon(0/5)表示计算政策冲击后的0~5期处理效应，pretrend(10)表示政策冲击前的10期处理效应（见表9.49）。

表9.49中，tau0表示当期处理效应，tau1–tau5表示政策执行后5期处理效应，第5期也接近3.8。pre1–pre10表示政策执行前10期处理效应。如果想要绘制各期的处理效应图，可以使用命令：

. event_plot, default_look   ///

graph_opt(xtitle("Periods since the event")   ///

ytitle("Average causal effect") xlabel(-10(1)5))   ///

trimlead(10) trimlag(5) together   //选项trimlead(10)表示展示政策处理前10期

处理效应，选项trimlag()表示展示政策执行后5期处理效应（见图9.8）。

表9.49   基于插补事件研究法的DID动态处理效应稳健估计

| | | | | | Number of obs | = | 3,976 |

Y	Coef.	Std. Err.	z	P>|z|	[95% Conf. Interval]	
tau0	.9190829	.0909128	10.11	0.000	.740897	1.097269
tau1	1.3144	.0945931	13.90	0.000	1.129001	1.499799
tau2	1.755469	.1214754	14.45	0.000	1.517382	1.993557
tau3	2.208124	.1306804	16.90	0.000	1.951995	2.464253
tau4	2.569542	.1417964	18.12	0.000	2.291626	2.847458
tau5	3.161068	.1759536	17.97	0.000	2.816206	3.505931
pre1	.1798694	.1157319	1.55	0.120	-.046961	.4066997
pre2	.1489504	.1155885	1.29	0.198	-.077599	.3754997
pre3	.0326328	.1069054	0.31	0.760	-.1768979	.2421636
pre4	.0609099	.1063583	0.57	0.567	-.1475486	.2693683
pre5	.0569198	.1120165	0.51	0.611	-.1626284	.276468
pre6	.0092217	.1028389	0.09	0.929	-.1923389	.2107823
pre7	-.0159108	.1068021	-0.15	0.882	-.2252391	.1934176
pre8	.1294934	.1018595	1.27	0.204	-.0701475	.3291343
pre9	-.0673289	.0930681	-0.72	0.469	-.249739	.1150812
pre10	.1391626	.0972742	1.43	0.153	-.0514913	.3298165

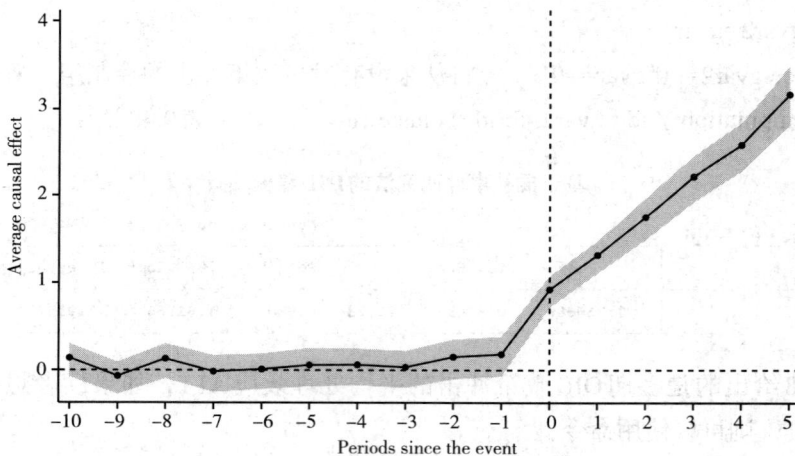

图9.8　事件研究法多期DID政策冲击效应

9.4.3　交互固定效应加权事件研究法稳健估计

解决TWFE多期DID异质性问题的另一个命令就是孙和亚伯拉罕（Sun and Abraham，2020）提出的交互固定效应加权（interaction weighted，IW）事件研究法。当双维固定效应（TWFE）DID存在政策冲击的异质性时，孙和亚伯拉罕（2020）认为这种基于交互固定效应加权的事件研究法估计可以很好地处理异质性问题。该方法要求，只有从未经历过事件冲击的观测值被作为对照组，如果所有观测值都经历过事件，则剔除最后一次事件，将经历最后一次事件的观测值作为对照组。具体而言，也可以分为三个步骤：

第一步，使用reghdfe命令估计交互固定效应回归（详见第七章交互固定效应），对每一个事件计算动态处理效应$\delta_{g,k}$，g代表处理组，k代表时期，交互固定效应即指g和k的交互处理效应。

第二步，估计每个组k时期的样本数量占所有组k时期样本数量的比例D_{it}^k。

第三步，利用第二步计算的权重，将第一步中得到的处理效应进行加权，得到最终的平均处理效应。

$$y_{it} = \alpha_i + \mu_t + X'_{it}\beta + \sum_e \sum_{k \neq -1} \delta_{g,k} \left[1\left(G_g = g\right) \cdot D_{it}^k \right] + \varepsilon_{it}$$

孙和亚伯拉罕（Sun and Abraham，2020）提出的事件研究法命令为eventstudyinteract，该命令是系统外部命令，需要读者自己安装：

. ssc install eventstudyinteract

. ssc install avar   //渐近协方差估计（Asymptotic covariance estimation）命令，eventstudyinteract运行过程要调用avar命令

. eventstudyinteract {y} {rel_time_list} [if] [in] [weight] , absorb(absvars) cohort(first_year) control_cohort(variable) [options covariates(varlist)]

其中，rel_time_list代表政策发生前或后的实际时间虚拟变量（处理变量）；选项cohort(first_year)用来指定第一期处理发生的具体时间；虚项control_cohort()用于指定控制组，必须是虚拟变量，主要是指那些从来都没有经历政策冲击的组，或者遭受政策冲击最后一期的组。特别注意，如果是控制组，则括号里面的分类变量取值为1；选项covariates(varlist)用于指定控制变量；

仍然以前文模拟的数据为例。这个面板数据中，个体是200，时间是20期，但是变量first_treat的最大取值为22，可以把first_treat取值为22的个体（即最后一期）设定为参照组。

. gen lastcohort = first_treat==r(max)   //如果first_treat取最大值，则lastcohort取值为1，即政策发生的最后一期为控制组

又因为变量K代表政策发生前或者后的冲击时期，所以当K=1时，即代表该组个体受到了政策冲击，相当于政策冲击与时间的交互项。

首先，生成政策冲击后每一期的交互项。

. forvalues i = 0/5 {

gen L`i'event = K==`i'   // K代表政策发生的时间，K=1代表政策发生的1年后，K=0代表政策发生的当期；当K==2为真时，L2event取值为2，代表第二期政策冲击的交互项

}

其次，生成政策冲击前每一期的交互项。

. forvalues i = 1/14 {　　　//因为政策冲击发生最早日期前有14期未受冲击

gen F`i'event = K==-`i'　　// K=-1代表政策发生的前一期，K=-2代表政策发生前2期，以此类推

}

W有时也可以删除政策冲击发生前一期，避免共线性问题（drop F1event）。

最后，运行基于交互效应加权估计事件研究法的DID异质性稳健估计：

. eventstudyinteract Y L*event F*event, vce(cluster id) absorb(id t) cohort(first_treat) control_cohort(lastcohort)　　//（见表9.50）。

表9.50　　　　　　　　基于交互固定效应的事件研究法动态处理效应

```
IW estimates for dynamic effects          Number of obs    =      4,000
Absorbing 2 HDFE groups                    F( 137,    199)  =      33.80
                                           Prob > F         =     0.0000
                                           R-squared        =     0.9998
                                           Adj R-squared    =     0.9997
                                           Root MSE         =     0.9990
                              (Std. Err. adjusted for 200 clusters in id)
```

Y	Coef.	Robust Std. Err.	t	P>|t|	[95% Conf. Interval]	
L0event	.3071031	.1779682	1.73	0.086	-.0438424	.6580487
L1event	.4994629	.179986	2.78	0.006	.1445383	.8543875
L2event	.984491	.2189329	4.50	0.000	.5527647	1.416217
L3event	1.290096	.2302899	5.60	0.000	.8359744	1.744218
L4event	1.526223	.2303716	6.63	0.000	1.071941	1.980506
L5event	1.356528	.2591463	5.23	0.000	.8455025	1.867553
F1event	-.3212139	.1657129	-1.94	0.054	-.6479926	.0055648
F2event	-.2836452	.1548107	-1.83	0.068	-.5889251	.0216347
F3event	.0017853	.1265939	0.01	0.989	-.2478525	.251423
F4event	.0432724	.1306037	0.33	0.741	-.2142725	.3008172
F5event	-.0013341	.1242285	-0.01	0.991	-.2463073	.2436392
F6event	-.01497	.1260462	-0.12	0.906	-.2635276	.2335877
F7event	-.0163897	.1352641	-0.12	0.904	-.2831247	.2503454
F8event	.0969779	.1434813	0.68	0.500	-.185961	.3799167
F9event	-.094535	.1359087	-0.70	0.488	-.362541	.173471
F10event	.0289871	.1342168	0.22	0.829	-.2356826	.2936569
F11event	-.0421173	.129775	-0.32	0.746	-.298028	.2137934
F12event	-.0560037	.1153003	-0.49	0.628	-.2833708	.1713635
F13event	-.1060225	.1033029	-1.03	0.306	-.3097313	.0976864
F14event	.0195804	.0961541	0.20	0.839	-.1700313	.2091922

表9.50中，读者可以先使用命令drop F1event删除政策处理前一期，然后再运行eventstudyinteract命令，这样得到的政策处理效应就是以政策处理前一期为基准的结果。这种做法有利有弊，好处是如果政策处理前一期效应不显著，那其他期处理效应能准确反映政策冲击。坏处是如果政策前一期处理效应显著，则会干扰其他期处理效应。

为了增加对估计结果的直观理解，可以利用event_plot命令绘制动态处理效应的变化图：

. event_plot e(b_iw)#e(V_iw), default_look graph_opt(xtitle("Periods since the event") ytitle("Average causal effect") xlabel(-14(1)5)) stub_lag(L#event) stub_lead(F#event) together　　//（见图9.9）。

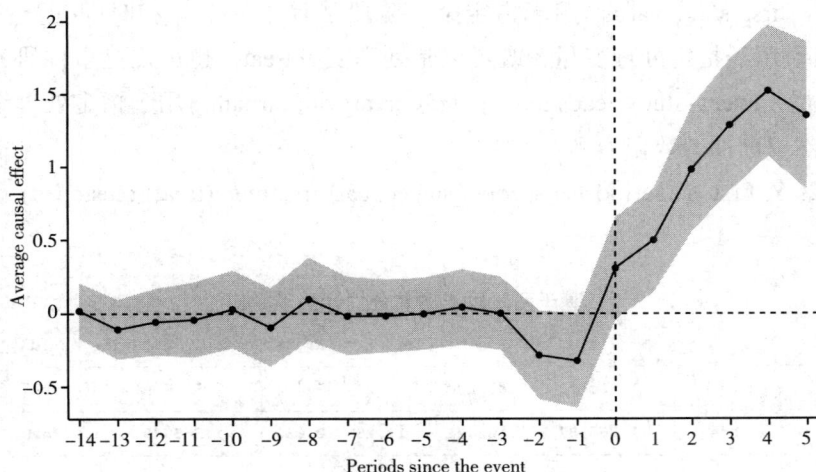

图9.9 交互效应加权事件研究法多期DID政策冲击效应

9.4.4 两阶段双重差分事件研究法稳健估计

为了处理TWFE–DID估计中的政策冲击异质性问题,加德纳(Gardner,2021)提出了事件研究法的两阶段双重差分估计。第一阶段,识别组群处理效应和时期处理效应的异质性,即只估计政策没有发生的控制组观测值的双向固定效应模型:

$$Y_{it} = \alpha_i + \mu_t + X'_{it}\beta + \varepsilon_{it}$$

相当于reg y i.id i.t if treat==0, nocons命令的输出结果。然后,使用命令predict y_hat, residuals,计算第一步估计中得到的残差:

$$\hat{Y}_{it} = Y_{it} - \alpha_i + \mu_t$$

第二阶段,用剔除异质性的因变量$\hat{Y}_{it}$对处理变量进行回归估计,这次包含所有的观测值,但不要常数项,并且进行聚类稳健估计。

$$\hat{Y}_{it} = X'_{it}\beta + \sum_k \delta_k \cdot 1[t - Ei = k] + \varepsilon_{it}$$

Ei代表政策发生的第一年,$t-Ei$表示距离政策发生的时间间隔,如果$t-Ei=k$,即政策发生的年份恰好为第k年,则$1[t-Ei=k]$取值为1,政策的处理效应就是δ_k。

事件研究法的两阶段双重差分估计命令did2s是系统外部命令,需要用户下载安装:

. ssc install did2s, replace

. did2s depvar [if] [in] [weight], first_stage(varlist) second_stage(varlist) treat_var(varname) cluster(varname)

　　其中，first_stage(varlist)用于指定第一阶段估计中的个体和时间变量；second_stage(varlist)用于指定处理变量，既可以是处理变量treat，也可以是事件研究的一系列虚拟变量（event–study leads/lags）；选项treat_var(varname)用于指定处理组的分组变量。仍然以前面的数据为例：

　　. did2s Y, first_stage(i.id i.t) second_stage(treat) treatment(treat) cluster(id)　　// (见表9.51)。

表9.51　　　　　　　　　　**基于两阶段双重差分估计处理效应**

					(Std. Err. adjusted for clustering on id)	
	Coef.	Std. Err.	z	P>|z|	[95% Conf. Interval]	
treat	1.766687	.102421	17.25	0.000	1.565945	1.967429

　　表9.51得到的是处理变量的平均处理效应，结果约为1.77，并且在1%的水平下显著。进一步，也可以利用事件研究法进行估计：

　　. did2s Y, first_stage(i.id i.t) second_stage(F*event L*event) treatment(treat) cluster(id)　　// (见表9.52)。

表9.52　　　　　　　　**基于两阶段双重差分事件研究法动态处理效应**

	Coef.	Std. Err.	z	P>|z|	[95% Conf. Interval]	
F1event	.0767294	.0644918	1.19	0.234	-.0496723	.2031311
F2event	.0225262	.063328	0.36	0.722	-.1015944	.1466469
F3event	.0025635	.0638968	0.04	0.968	-.1226719	.1277989
F4event	-.0008934	.0672258	-0.01	0.989	-.1326536	.1308668
F5event	-.0382968	.0657802	-0.58	0.560	-.1672236	.0906299
F6event	-.016965	.0645325	-0.26	0.793	-.1434465	.1095165
F7event	-.0590022	.0667845	-0.88	0.377	-.1898974	.0718929
F8event	.0792777	.0693145	1.14	0.253	-.0565762	.2151315
F9event	-.0996925	.0583886	-1.71	0.088	-.214132	.014747
F10event	.050726	.0666617	0.76	0.447	-.0799286	.1813807
F11event	.0017643	.0705043	0.03	0.980	-.1364216	.1399503
F12event	-.0435188	.0645492	-0.67	0.500	-.1700329	.0829953
F13event	-.0907629	.0724178	-1.25	0.210	-.2326992	.0511734
F14event	-.0301187	.0680465	0.44	0.658	-.10325	.1634874
L0event	.9190827	.1841435	4.99	0.000	.5581681	1.279997
L1event	1.314398	.1602374	8.20	0.000	1.000339	1.628458
L2event	1.755468	.1805884	9.72	0.000	1.401521	2.109415
L3event	2.208124	.1827608	12.08	0.000	1.84992	2.566328
L4event	2.569541	.1824853	14.08	0.000	2.211877	2.927206
L5event	3.161067	.1874953	16.86	0.000	2.793583	3.528551

　　表9.52中，第5期L5event的处理效应也接近峰值3.8。使用event_plot命令绘制动态处理效应图：

　　. event_plot, default_look graph_opt(xlabel(-14(1)5) xtitle("Periods since the event") ytitle("Average causal effect")) stub_lag(L#event) stub_lead(F#event) together　　// (见图9.10)。

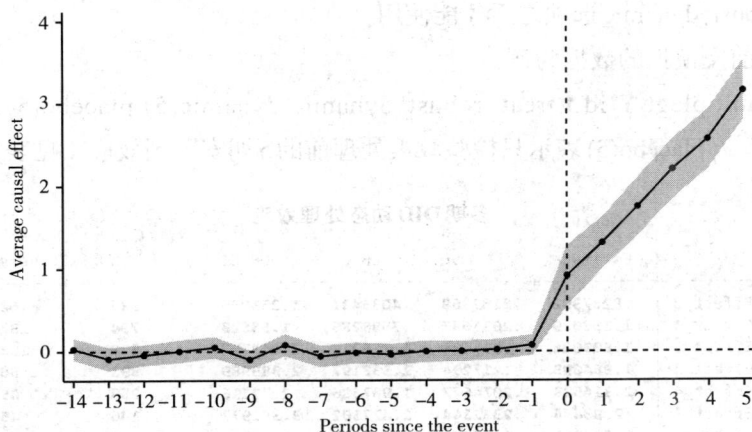

图9.10 两阶段双重差分事件研究法动态处理效应

9.4.5 多期DID动态处理效应稳健估计

前面几节介绍的方法中，处理组一旦发生政策冲击，就不能再退出，必须持续到最后一期。但是，实际研究过程中，有时会遇到政策退出的情况，此时前文介绍的稳健估计方法便不再适用。

本节介绍柴斯马丁和奥尔特弗耶（de Chaisemartin and D'Haultfoeuille，2020）提出的多期DID动态稳健估计命令did_multiplegt（Estimation in Difference-in-Difference designs with multiple groups and periods）①。该命令是系统外部命令，需要下载安装：

. ssc install did_multiplegt, replace

. did_multiplegt Y G T D [if] [in] [, robust_dynamic dynamic(#) placebo(#) firstdiff_placebo controls(varlist) trends_nonparam(varlist) trends_lin(varlist) count_switchers_contr breps(#) seed(#) always_trends_nonparam always_trends_lin recat_treatment(varlist) threshold_stable_treatment(#) weight(varlist) switchers(string) if_first_diff(string) count_switchers_tot drop_larger_lower discount(#) cluster(varname) graphoptions(string) save_results(path)]

其中，G是分组变量；T是时间变量；D是处理变量，可以是虚拟变量，也可以是连续变量；选项breps()用于指定bootstrap迭代次数，默认为50次；选项controls()用于指定控制变量；选项placebo()用于指定安慰剂反事实处理效应的次数；选项robust_dynamic用于指定Difference-in-Differences Estimators of Intertemporal Treatment Effects估计，默认为Two-Way Fixed Effects Estimators with Heterogeneous Treatment Effects；选项dynamic()用于指定估计政策发生后动态处理效应的期数，该选项只有

① 注意，这里的动态稳健估计，不是指解释变量中加入因变量的滞后期，而是指政策冲击动态退出的情况。

在使用了robust_dynamic选项之后才能使用；

仍然以前文模拟的数据为例：

. did_multiplegt Y id t treat, robust_dynamic dynamic(5) placebo(5) breps(100) cluster(id)　　// placebo(5)表示只检验政策处理前的5期安慰剂效应（见表9.53）。

表9.53　　　　　　　　　　　　**多期DID动态处理效应**

	Estimate	SE	LB CI	UB CI	N	Switchers
Effect_0	.8287392	.2169368	.4035431	1.253935	935	162
Effect_1	1.158029	.2031637	.7598285	1.55623	734	137
Effect_2	1.600006	.226424	1.156215	2.043797	550	108
Effect_3	1.964093	.217294	1.538197	2.389989	393	86
Effect_4	2.314523	.2074677	1.907886	2.72116	258	65
Effect_5	2.93474	.2332844	2.477502	3.391977	146	45
Average	1.520938	.1658014	1.195967	1.845909	3016	603
Placebo_1	.009703	.1302219	-.2455319	.2649379	935	162
Placebo_2	-.1178995	.1223163	-.3576395	.1218404	734	137
Placebo_3	-.1361497	.143112	-.4166492	.1443497	550	108
Placebo_4	-.1649637	.1486862	-.4563887	.1264613	393	86
Placebo_5	-.2920927	.1597892	-.6052796	.0210941	258	65

表9.53中，Estimate代表处理效应；SE为估计标准误；LB CI代表置信区间下限值；UB CI代表置信区间的上限值；N代表观测值数量；Switchers代表转换次数。该命令会自动输出动态处理效应的诊断图（见图9.11）。

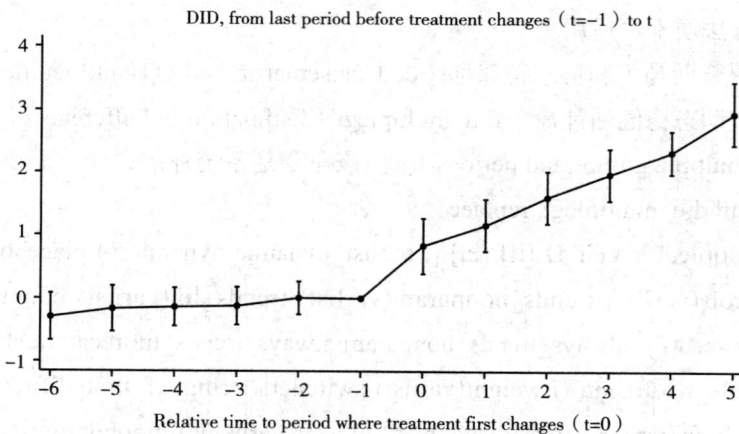

DID, from last period before treatment changes（t=-1）to t

Relative time to period where treatment first changes（t=0）

图9.11　多期DID政策冲击效应（1）

在论文写作过程中，如果读者想要绘制的图形与前文风格保持一致，也可以继续使用event_plot命令画图：

. event_plot e(estimates)#e(variances), default_look　　/// e(estimates)#e(variances)表示绘制估计的处理效应和方差

graph_opt(xtitle("Periods since the event")　　///

ytitle("Average causal effect") xlabel(-5(1)5))　　///

trimlead(5) trimlag(5) stub_lag(Effect_#) stub_lead(Placebo_#) together   // stub_lag(Effect_#)表示政策冲击后的各期动态处理效应；stub_lead(Placebo_#)表示政策冲击前的安慰剂效应（见图9.12）。

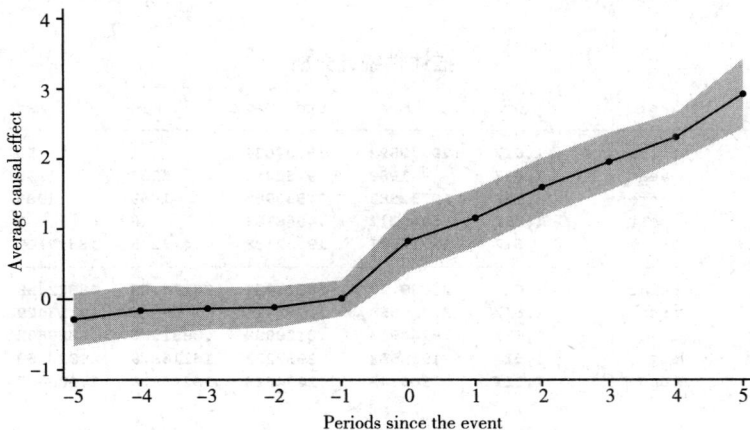

图9.12 多期DID政策冲击效应（2）

9.4.6 Goodman–Bacon双重差分估计

针对TWFE多期DID估计中政策冲击的异质性问题，古德曼（Goodman–Bacon，2021）创建了一个Bacon分解bacondecomp，将多期的政策冲击分解为三组2×2的TWFE估计，以及处理组与控制组之间的组间差异和组内差异，并对五种分解结果进行加权平均，以此计算各部分估计量对整体结果的影响程度[1]。（1）动态处理组（timing groups）。即在不同时间接受处理的组，可以作为彼此的对照组。接受处理较晚的组作为较早处理组的对照组，处理较早的组作为较晚处理组的对照组。（2）始终处理组（always treated vs timing）。在分析开始前治疗的一组作为对照组。（3）从未接受处理组（never treated vs timing）。从未接受处理的组作为对照组。（4）始终处理组和从未接受处理组之间的处理效应组间差异（always vs never）。（5）处理效应的组内差异（within）。

将以上五种Goodman–Bacon分解进行加权求和，即可得到处理变量对因变量影响的平均处理效应（ATE）。命令bacondecomp不是系统命令，需要用户自己下载安装：

. ssc install bacondecomp

. bacondecomp outcome treatment [controls] [if] [in] [weight] [, options]

---

[1] Andrew Goodman–Bacon是美联储一个经济学家的名字，不是两个人。古德曼（Goodman–Bacon）的研究方向是经济史、健康经济学、公共经济学和应用计量经济学。

它的语法结构比较简单，可以直接在案例分析的过程中进行讲解。以数据
bacon_example为例：

. use http://pped.org/bacon_example.dta, clear

. sum　　　　//（见表9.54）。

表9.54　　　　　　　　　　　　　描述性统计分析

Variable	Obs	Mean	Std. Dev.	Min	Max
stfips	1,617	29.79592	15.37632	1	56
year	1,617	1980	9.52485	1964	1996
_nfd	1,188	1973.583	3.539969	1969	1985
post	1,617	.6846011	.4648183	0	1
asmrs	1,617	52.16641	19.62188	7.477235	185.9709
pcinc	1,617	26080.97	6472.085	10274.98	48822.39
asmrh	1,617	3.439058	1.901716	0	19.13429
cases	1,617	.0244913	.0120909	.0031306	.0889658
weight	1,617	1959531	2032263	162168.8	9028069
copop	1,617	2365343	2494629	162168.8	1.60e+07

表9.54中，变量stfips代表州的编码；变量year代表1964~1996年；变量_nfd代表
无过错离婚法的开始年份，即相当于前文模拟数据的first_treat；变量post代表处理变
量——无过错离婚改革，政策发生了取值为1，没有发生取值为0，即相当于前文的
treat；变量asmrs代表女性自杀死亡率；变量pcinc代表人均收入；变量asmrh代表女性
他杀死亡率；变量cases代表离婚案件占比；变量weight和copop均代表人口数量。

假如想要研究无过错离婚改革对女性自杀死亡率的影响，并且控制人均收入、
他杀死亡率和离婚案件比例作为控制变量：

. bacondecomp asmrs post pcinc asmrh cases, stub(Bacon_) robust ddetail
gropt(legend(pos(6) row(1)))　　　//选项stub(Bacon_)表示将Goodman-Bacon分解过程
产生的变量全部加前缀Bacon_；选项ddetail表示输出详细的Goodman-Bacon分解值
（见表9.55）。

表9.55　　　　　　　　　　　Goodman–Bacon双重差分估计

Computing decomposition across 14 timing groups
including an always-treated group and a never-treated group

asmrs	Coef.	Std. Err.	z	P>|z|	[95% Conf. Interval]	
post	-2.515964	2.283101	-1.10	0.270	-6.99076	1.958833

Bacon Decomposition

	Beta	TotalWeight
Timing_groups	2.602167327	.3776606651
Always_v_timing	-7.02043576	.3783086972
Never_v_timing	-5.256988806	.2389229013
Always_v_never	330.3884583	.0000180736
Within	80.0123291	.0050896627

表9.55中的结果，共分为两张表格。其中，第一张表格给出的是加权平均处理效应；第二张表格是具体的五个分解的处理效应及权重。它们的关系是：

$$-2.515964 = 2.602167327 \times 0.3776606651 + (-7.02043576) \times 0.3783086972 +$$
$$(-5.256988806) \times 0.2389229013 + 330.3884583$$
$$\times 0.0000180736 + 80.0123291 \times 0.0050896627$$

图9.13主要给出了前三种分解的处理效应，对于处理组和控制组处理效应的组间差异与组内差异没有给出。如果仍然使用前文中多期DID的模拟数据，则读者可以尝试使用下面的命令做Goodman-Bacon分解：

. bacondecomp Y treat, stub(Bacon_) robust ddetail gropt(legend(pos(6) row(1)))   //结果省略

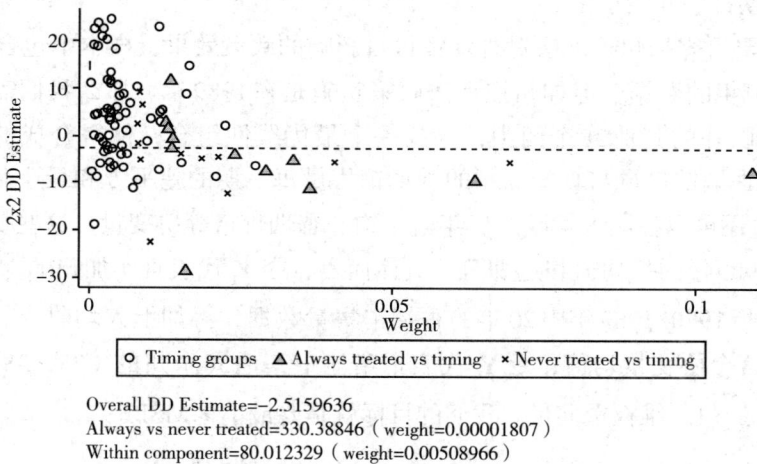

Overall DD Estimate=−2.5159636
Always vs never treated=330.38846（weight=0.00001807）
Within component=80.012329（weight=0.00508966）

图9.13　Goodman-Bacon分解处理效应

9.5　合成控制法及安慰剂检验

9.5.1　单一试点合成控制法及安慰剂检验

正如本章序言中所提到的，DID检验过程中，因为政策试点城市，本身可能就是条件比较优越的城市（控制组可能更弱），如果不对样本进行任何处理，就直接使用DID方法进行估计，则可能高估政策的处理效应。为了减少估计偏差，本节介绍合成控制法（synthetic control methods）。

合成控制法是由阿贝蒂和加德亚（Abadie and Gardeazaba，2003）、阿贝蒂等（Abadie et al.，2010）提出的一种政策效果评估方法，通过搜索控制单元的线性加权组合来构建合成控制单元。例如，某政策在武汉实施了，但是又找不到与武汉特

征相似的城市，就可以利用合成控制法在捐赠池（donor pool）内挑选几个合适的城市，进行线性加权组合，合成出一个虚拟的与武汉特征相似的城市作为控制单元（doppelganger）。因为处理组与合成的控制单元特征相似，所以合成控制单元的结果演变是对受影响单位观察到的反事实估计。那么如何构建这个虚拟的合成控制参照呢？

根据阿贝蒂和加德亚（Abadie and Gardeazaba，2003）、阿贝蒂等（Abadie et al.，2010）的研究，要寻找一个最优权重 $\mathbf{w}^*$，使得实际处理单元与合成控制单元之间结果变量（因变量）每一期的差平方和，在政策冲击发生以前最小化（因为政策冲击发生以后，两者的差越显著越好）。在这个过程中，也可以加入控制变量（协变量），但是协变量只需要确保实际处理单元与合成控制单元之间平均值差异最小化即可，而不用每一期都差异最小化。

假如需要研究加州控烟法对香烟销售量影响的政策效果，样本中包含美国39个州 1970~2000年的数据，但加州控烟法政策实施是在1989年。那么我们需要做的就是，从加州以外的其他38个州中，寻找一个最优线性组合，使得合成的"州"在1989年以前香烟销售量与真实加州的香烟销售量每一期的差平方和最小化（横向比较）。当然，还可以控制人均收入、年龄结构、香烟价格等协变量，这些变量只需要确保1970~1989年的平均值相近即可。具体而言，令 $\mathbf{Y_1}$ 代表真实加州的（23×1）维向量，23是指1970~1989年中20年的香烟销售量数据，再加上人均收入、年龄结构和香烟价格3个协变量均值；令 $\mathbf{Y_0}$ 代表捐赠池中其他38个州的（23×38）维矩阵；令 $\mathbf{w}$ 代表（38×1）维权重向量。我们的目标就是要最小化MSPE：

$$\text{Min}\left(\mathbf{Y_1}-\mathbf{Y_0}\mathbf{w}\right)'\mathbf{V}\left(\mathbf{Y_1}-\mathbf{Y_0}\mathbf{w}\right)$$

其中，$\mathbf{V}$ 代表（23×23）维对角矩阵，代表计算最优权重的方法，如 nested 嵌套最优合成控制算法等。求解上面的目标函数，就可以计算出最优的线性权重 $\mathbf{w}^*$。上述矩阵形式表达式，也可以写成最小化差平方和形式：

$$\text{argmin}\left\{\sum_{i=1}^{N}\sum_{t=1}^{T}\left(Y_{it}-\mu-\beta_t-\tau\cdot\text{Treat}_{it}\right)^2\omega_i\right\}$$

其中，Y_{it} 代表结果变量或因变量；$\text{Treat}_{it}\in\{0,1\}$ 代表所在区域是否接受处理；τ 代表待估的政策处理效应；μ 代表 Y_{it} 的均值；β_t 代表时间趋势；ω_i 代表合成控制计算的各单元最优权重。$\mu+\beta_t+\tau\cdot\text{Treat}_{it}$ 代表合成控制单元"结果变量+政策处理效应"的线性变化趋势，目标函数要求：通过求解 $\{\mu,\beta_t,\tau,\omega_i\}$，使政策执行单元的结果变量 Y_{it} 与合成控制单元的"结果变量+政策处理效应"（$\mu+\beta_t+\tau\cdot\text{Treat}_{it}$）差平方和最小化（Arkhangelsky et al.，2021）。

此外，合成控制法还可以用于执行各种安慰剂和排列测试，无论可用的比较控制单元的数量和可用的时间段的数量如何，这些测试都可以产生信息推理（Abadie and Gardeazabal，2003；Abadie, Diamond and Hainmueller，2010, 2014）。

Stata处理合成控制法的命令为synth，该命令是用户编写的外部命令，需要读者下载安装：

. ssc install synth

该命令的语法结构为：

. synth depvar predictorvars, trunit(#) trperiod(#) [figure counit(numlist) xperiod(numlist) mspeperiod() resultsperiod() nested allopt unitnames(varname) keep(file) customV(numlist) optsettings]

其中，depvar为因变量；predictorvars代表预测变量x1, x2, x3和x4等的平均值。默认情况下，所有预测变量都是干预前期的平均值，即从面板时间变量中可用的最早时间到选项trperiod()中指定的时间，并且缺少的值在平均值计算过程中被忽略。此外，用户有两个方法可以灵活地指定预测器（predictorvars）平均的时间段：

（1）选项xperiod(numlist)允许指定一个公共周期，所有预测器都应该在这个周期内取平均值。如果不加这个选项，则默认为政策干预开始之前的所有时期。

（2）还可以对每个预测变量分别设置不同的平均值计算周期，例如：

. synth y x1(1980) x2(1982&1986&1988) x3(1980(1)1988) x4

上面的命令表示，预测变量x1的平均值就只用1980年的；预测变量x2的平均值用1982、1986和1988三年的；预测变量x3的平均值用1980~1988年的；预测变量x4的平均值用政策干预前的所有时期。

选项trunit(#)用于指定处理地区。特别要注意的是，只能有一个地区是政策实施地区，如果样本中有多个地区都实施了政策，则用户必须提前将这些地区处理成一个地区。

选项trperiod(#)用于指定政策干预开始的时期，也只能设定一个时期，不能做多期处理。

选项counit(numlist)用于指定潜在的控制地区(control unit)，括号中的mumlist必须是一系列的整数编号值，而且至少要有两个控制地区的编号。这些地区的作用就是形成一个捐赠池(donor pool)，即合成的虚拟控制地区，是由捐赠池里面的地区筛选并线性加权组合而成。如果没有设定counit(numlist)选项，则默认将所有试验地以外的地区都设定为捐赠池成员（即备选的控制地区）。

选项mspeperiod()是指干预前的时间周期内最小化均方预测误差(MSPE)。通常而言，MSPE指的是mspeperiod(numlist)中规定的所有干预前阶段的结果与合成控制单元结果之间的差平方和。如果没有指定mspeperiod()，则默认为干预前的整个时间段，即面板时间变量中可用的最早时间段到干预之前的时间段。

选项figure表示将处理地区与合成控制的结果变量画时间趋势图；选项resultsperiod()用于指定此图的时间范围（默认为整个样本期间）。

选项 nested 表示使用嵌套的数值方法寻找最优的合成控制（推荐使用此选项），synth使用基于数据驱动的回归方法来获取V矩阵中包含的可变权重。该方法依赖于一个有约束的二次规划程序，在基于V矩阵回归的条件下找到最佳的w权值拟合。该方法速度快，在最小化MSPE方面常常能得到令人满意的结果。然而，指定嵌套将带来更好的性能，但代价是增加计算时间。在使用选项nested时，如果再加上选项allopt（即nested allopt），则比单独使用nested还要费时间，但精确度可能更高。

选项keep(filename)将估计结果（比如，合成控制的权重、结果变量）存为另一Stata数据集（filename.dta），以便进行后续计算。**如果指定了keep(filename)，则filename.dta将保存以下变量：**

（1）_time：包含各自时间段的变量（来自tsset面板时间变量），包含所有在resultperiod()中指定的时间段。

（2）_Y_treated：即选项trunit()中设定的处理地区在resultsperiod()时期内的因变量观察结果。

（3）_Y_synthetic：即合成控制地区在resultsperiod()时期内的因变量预测值。

（4）_Co_Number：控制地区的数量。

（5）_W_weight：包含counit()中指定的每个控制单元的估计单位权重。

下面以数据集smoking.dta为例，数据集包含美国39个州1970~2000年的香烟销售数据（Abadie, Diamond and Hainmueller, 2010）。其中，1988年11月美国加州通过了最大规模的控烟法（Anti-Tobacco Legislation），并于1989年1月开始生效。该法将加州的香烟消费税（Cigarette Excise Tax）提高了每包25美分，并且将所得收入专项用于控烟的教育与媒体宣传。

. use smoking.dta, clear

. tsset state year

. sum   //（见表9.56）。

表9.56　　　　　　　　　　　　　描述性统计

Variable	Obs	Mean	Std. dev.	Min	Max
state	1,209	20	11.25929	1	39
year	1,209	1985	8.947973	1970	2000
cigsale	1,209	118.8932	32.7674	40.7	296.2
lnincome	1,014	9.861634	.1706769	9.397449	10.48662
beer	546	23.4304	4.22319	2.5	40.4
age15to24	819	.175472	.0151589	.1294482	.2036753
retprice	1,209	108.3419	64.38199	27.3	351.2

表9.56中，样本最多包含1209个观测值，涵盖了美国39个州1970~2000年的数据。其中，变量cigsale代表人均香烟销售量（单位：包）；变量lnincome代表每个州的人均GDP对数值；变量beer代表人均啤酒消费数量；变量age15to24代表年龄15~24岁人口占比；变量retprice代表香烟的零售价格（美分）。

考虑到美国加州（编号为3）控烟法于1988年颁布，1989年才正式生效，为了研究控烟法对香烟销售量的影响，我们采用合成控制法：

. synth cigsale beer(1984(1)1988) lnincome retprice age15to24 cigsale(1988) cigsale(1980) cigsale(1975), trunit(3) trperiod(1989) fig nested keep(smoking_synth, replace)   //其中，预测变量beer(1984(1)1988)，代表使用1984~1988年的平均啤酒消费量；预测变量lnincome，代表默认使用1970~1988年平均人均GDP；预测变量retprice代表默认使用1970~1988年平均香烟零售价格；预测变量age15to24代表1970~1988年15~24岁人口平均占比；预测变量cigsale(1988) cigsale(1980) cigsale(1975)都是结果变量（类似于滞后期），分别代表使用香烟1988年、1980年和1975年销售数量；选项trunit(3)代表加州是试点地区，选项trperiod(1989)代表政策1989年开始生效；选项fig表示画出处理地区（加州）和合成地区（合成加州）的因变量cigsale线性变化趋势及政策执行之后（1989年以后）预测图；选项 nested 表示使用嵌套的数值方法；选项keep(smoking_synth, replace)表示保存合成之后的数据为smoking_synth.dta

计算过程有三个阶段（具体结果省略），实验地区是加州，控制地区包括其他38个州。命令synth计算的可以合成控制的最优地区包括科罗拉多州（Colorado）、康涅狄格州（Connecticut）、内华达州（Nevada）、蒙大拿州（Montana）和犹他州（Utah）五个州，它们的权重分别为0.091、0.106、0.224、0.247和0.333。

如表9.57所示，也就是说，新生成的合成控制地区（合成加州）：Synthetic California = 0.091*Colorado +0.106*Connecticut+0.224*Montana +0.247*Nevada + 0.333*Utah。线性加权之后，合成控制地区（Synthetic California）和真实加州（Treated）具有相似的特征如表9.58所示。

表9.57 合成加州的组成权重

州 （Co_No）	权重 （unit_weight）	州 （Co_No）	权重 （unit_weight）
Alabama	0	**Nevada**	**0.247**
Arkansas	0	New Hampshire	0
Colorado	**0.091**	New Mexico	0
Connecticut	**0.106**	North Carolina	0
Delaware	0	North Dakota	0
Georgia	0	Ohio	0
Idaho	0	Oklahoma	0

续表

州 （Co_No）	权重 （unit_weight）	州 （Co_No）	权重 （unit_weight）
Illinois	0	Pennsylvania	0
Indiana	0	Rhode Island	0
Iowa	0	South Carolina	0
Kansas	0	South Dakota	0
Kentucky	0	Tennessee	0
Louisiana	0	Texas	0
Maine	0	**Utah**	**0.333**
Minnesota	0	Vermont	0
Mississippi	0	Virginia	0
Missouri	0	West Virginia	0
Montana	**0.224**	Wisconsin	0
Nebraska	0	Wyoming	0

表9.58　　　　　　　　**1970~1988年加州与合成加州数据比较**

	Treated	Synthetic
beer(1984(1)1988)	24.28	24.30282
lnincome	10.03176	9.847824
retprice	66.63684	66.09809
age15to24	.1786624	.1799075
cigsale(1988)	90.1	92.5921
cigsale(1980)	120.2	120.5573
cigsale(1975)	127.1	127.2368

　　通过表9.58中的真实加州与合成加州对比可以发现，合成控制地区和实验处理地区的各方面特征都很接近。根据合成控制法的原理以及预测变量的设定可以知道，上表提供的是1970~1988年加州与合成加州数据比较，那么在控烟法实施之后，也就是1989~2000年，真实加州与合成加州的数据特征还会相似吗？

　　上述命令中选项fig给出了图形分析。图9.14中，分别给出了真实加州和合成加州的香烟销售量（因变量或结果变量）趋势图。从图9.14可以看出，合成加州不仅在政策执行前（1989年以前）具有和真实加州相似的特征，说明合成加州可以很好地作为真实加州的反事实替身。但是，在政策执行之后（1989年以后），没有实施控烟法的合成加州香烟**预测**销售量和真实加州产生了很大的差异，说明控烟法在真实加州起到了显著的控烟作用。如果没有加fig选项，也可以自己画图：

. use smoking_synth.dta, clear

. twoway (line _Y_treated _time, xline(1989, lp(dash))) (line _Y_synthetic _time, lp(dash)), legend(pos(6) row(1))　　　//（见图9.14）。

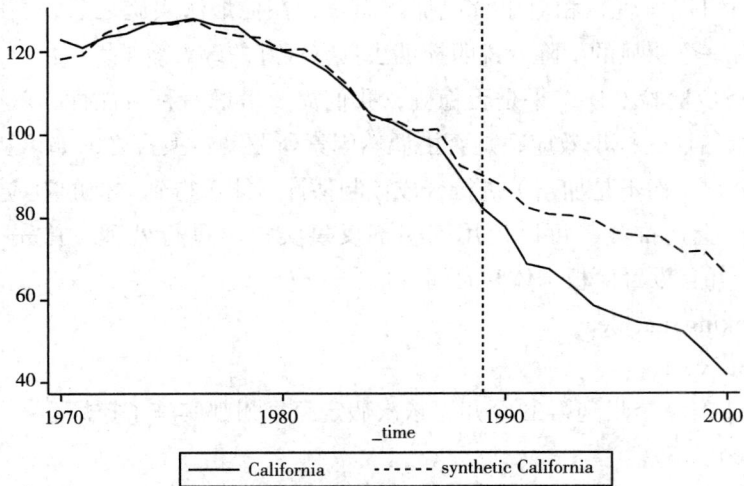

图9.14　真实加州与合成加州香烟销售量线性趋势

　　前文中的合成控制命令，已经使用选项 keep(smoking_synth, replace)保存了合成之后的数据为 smoking_synth.dta，也介绍了该数据中包含了哪些固定的变量和名称，现在可以直接调用生成处理效应：

　　. use smoking_synth.dta, clear

　　. gen Treffect= _Y_treated- _Y_synthetic　　　//生成处理效应变量=真实加州香烟销售数量－合成加州香烟销售数量，使用 sum Treffect 命令可以查看平均处理效应（ATE）。

　　. line Treffect _time, xline(1989, lp(dash)) yline(0, lp(dash)) legend(pos(6) row(1))　　　//（见图9.15）。

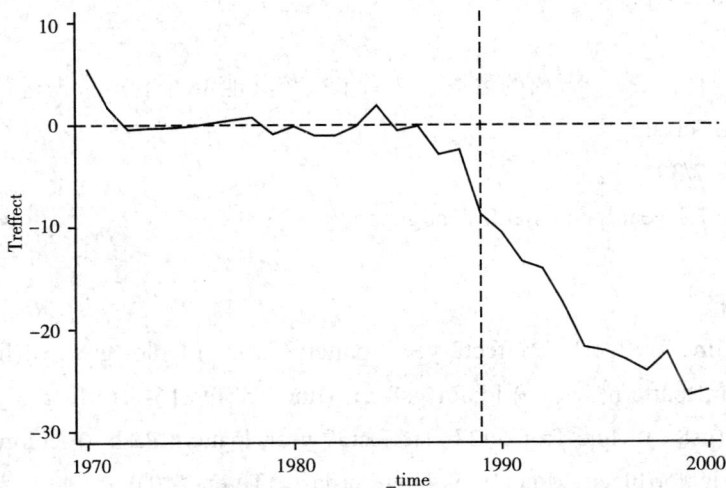

图9.15　合成控制动态处理效应

从图9.15可以发现，相对于合成加州而言，在控烟法实施之后，真实加州的香烟销售数量有一个明显的下降，说明控烟法具有很好的政策效果。

为了进一步检验上述结果是否稳健，我们需要考虑一种可能性，就是使用上述合成控制法所估计的控烟效应，是否由偶然因素所驱动？换言之，如果从donor pool随机抽取一个州（而不是加州）进行合成控制估计，能否得到类似的效应？

为了验证上述推测，可以使用安慰剂反事实检验进行处理。首先，调用数据smoking.dta，并且设置面板个体和时间变量：

. use smoking.dta, clear

. tsset state year

//其次，从第1个州到第39个州，依次假定每个州都实施了控烟法：

. forvalue i=1/39{

qui synth cigsale retprice cigsale(1988) cigsale(1980) cigsale(1975), trunit(`i') trperiod(1989) xperiod(1980(1)1988) keep(synth`i', replace)

}

// 再次，将合成控制法得到的每个文件进行处理，生成处理效应变量，并且将原数据中固定的时间变量_time命名为year：

forvalue i=1/39{

use synth`i', clear

rename _time year

gen Treffect`i'= _Y_treated- _Y_synthetic

keep year Treffect`i'

drop if year==.   //删除缺失值，以避免后期数据合并匹配失败

save synth`i', replace

}

// 最后，打开第一个合成的数据，然后依次将其他38个合成数据进行合并

use synth1, clear

forvalue i=2/39{

qui merge 1:1 year using synth`i', nogenerate

}

//绘制线图

twoway (line Treffect1- Treffect2 year, lpattern(dash ..) lcolor(gs8 ..)) (line Treffect4- Treffect15 year, lpattern(dash ..) lcolor(gs8 ..)) (line Treffect16- Treffect26 year, lpattern(dash ..) lcolor(gs8 ..)) (line Treffect27- Treffect39 year, lpattern(dash ..) lcolor(gs8 ..)) (line Treffect3 year, lcolor(black) xline(1989, lpattern(dash)) legend(off))

//因为line命令不能设置太多变量，所以每次10个变量左右，多分几个

//最后一个Treffect3为真实加州的合成控制处理效应，使用实线（见图9.16）。

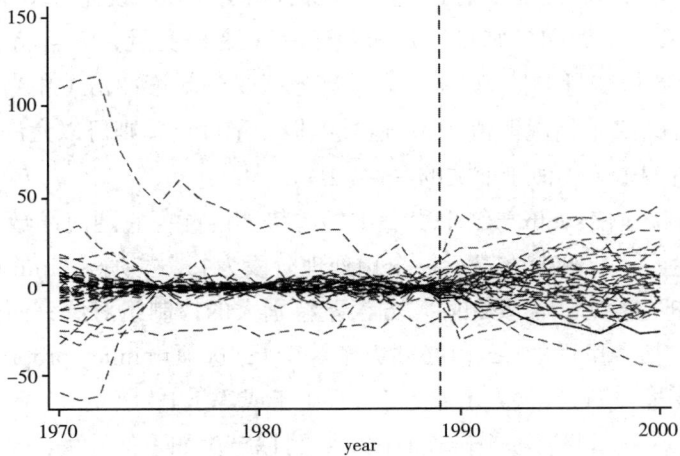

图9.16　合成控制安慰剂检验

图9.16中，黑色实线是控烟法在加州与合成加州的真实（负）处理效应。从图9.16可以看出，与其他州的安慰剂效应相比，加州的（负）处理效应显得特别大（加州控烟处理效应是巧合的概率只有1/39=0.0256）。

9.5.2　多试点合成控制法及安慰剂检验

前文介绍的synth命令只能处理政策冲击发生在一个地区的情况，如果存在多个地区或城市受到政策冲击，这个时候可以使用命令synth_runner来处理（**使用该命令必须同时安装synth命令**）。该命令不仅可以处理多个政策试点地区的问题，而且允许多个政策试点对象在不同的时间受到冲击。此外，该命令还可以直接进行安慰剂检验，提供统计推断的p值来比较安慰剂检验的效果，并且提供拟合优度和估计结果的可视化呈现。

读者需要使用下面的命令找到synth_runner安装包，下载安装程序及相应的数据包：

. findit synth_runner　　　//找到安装包，安装程序并下载附带数据

它的语法结构为：

. synth_runner depvar predictorvars, {trunit(#) trperiod(#)|d(varname)} [trends pre_limit_mult(real) training_propr(real) gen_vars noenforce_const_pre_length ci max_lead(int) n_pl_avgs(string) pred_prog(string) deterministicoutput parallel pvals1s drop_units_prog(string) xperiod_prog(string) mspeperiod_prog(string) synthsettings]

其中，变量depvar predictorvars的意义和前文synth中一致，这里不再赘述。

有两种方法可以指定处理地区和处理时间，一是通过选项trunit()和trperiod()

来设定；二是通过选项d(varname)设定。如果只有一个处理地区和一个处理时期（政策冲击时间），那么可以通过选项trunit()和trperiod()设定。如果有多个处理地区和多个政策冲击时间，则可以通过设置一个虚拟变量，并且将虚拟变量放入d(varname)中，虚拟变量取值为1，代表处理地区受到政策冲击（相当于前文DID中的treat×post=1），其他情况取值为0。通过虚拟变量设定，则可以允许多个地区在不同时间受到政策冲击（类似于前文的多期DID）。

选项trends将迫使synth与结果变量中的趋势相匹配。它通过缩放每个单元的结果变量来实现这一点，使其在最后一个预处理阶段为1；选项pre limit mult(real)作用是在进行安慰剂检验时，需要删除均方误差特别大的控制组对象，而这个选项提供了删除的倍数，括号里面的real值必须大于等于1；选项training_propr(real)自动生成因变量的预测变量，real必须大于或等于0且小于或等于1；

选项gen_vars表示只有一个试点时间时，可以产生如下估计量：

（1）lead：包含处理变量的各个时间段。lead=1指定第一个处理期。

（2）depvar_synth：包含处理时间段的合成控制变量。

（3）effect：包含处理结果变量与合成控制结果变量的差异，即处理效应。

（4）pre_rmspe：指处理前的均方根预测误差。

（5）post_rmspe：指处理后的均方根预测误差。

（6）depvar_scaled：是处理单元标准化（normalized）的因变量（结果变量），最后预处理期结果为1。

（7）depvar_scaled_synth是该单元的合成控制（scaled）结果变量。

（8）effect_scaled：标准化后的处理地区因变量与合成地区因变量的差。

选项noenforce_const_pre_length指定在每个估计阶段需要最大历史；选项ci表示置信区间；max_lead(int)用于限定后处理时期数量；选项n_pl_avgs（string）控制用于推断的安慰剂平均数；选项pred_prog(string)允许时间相关预测集。其余选项参见synth语法解释（或者help synth_runner）。

仍然以美国39个州香烟销售数据smoking.dta为例，分析美国加州控烟法的政策效果：

. sysuse smoking

. tsset state year　　//必须要提前设定面板数据

关于数据集及控烟法背景，上一节已经介绍过，这里不再赘述。接下来直接使用合成控制法和安慰剂检验进行处理：

. synth_runner cigsale beer(1984(1)1988) lnincome(1972(1)1988) retprice age15to24 cigsale(1988) cigsale(1980) cigsale(1975), trunit(3) trperiod(1989) gen_vars　　//（见表9.59）。

表9.59　　　　　　　　　　合成控制处理效应

	estimates	pvals	pvals_std
c1	-7.887098	.1315789	0
c2	-9.693599	.1842105	0
c3	-13.8027	.2105263	0
c4	-13.344	.1315789	0
c5	-17.0624	.1052632	0
c6	-20.8943	.0789474	0
c7	-19.8568	.1315789	.0263158
c8	-21.0405	.1578947	0
c9	-21.4914	.1052632	.0263158
c10	-19.1642	.1842105	.0263158
c11	-24.554	.1052632	0
c12	-24.2687	.1052632	.0263158

表9.59结果说明，控烟法在加州实施之后（c1–c12分别代表了控烟法实施后的1989~2000年），香烟的销售数量都有了显著的下降，下降数量从c1（1989年）的人均–7.88包到c12（2000年）人均销售–24包。并且标准化的p值（pvals_std）都很显著。原始的pvals受到样本大小和数据波动性的影响，而标准化过程可能会减少这些因素的影响。

然后，也可以查看安慰剂检验的效果：

. single_treatment_graphs, trlinediff(-1) effects_ymax(35) effects_ymin(-35) effects_ylabels(-30(10)30) do_color(gray) raw_options(legend(pos(6) row(1))) effects_options(legend(pos(6) row(1)))　　　 //（见图9.17）。

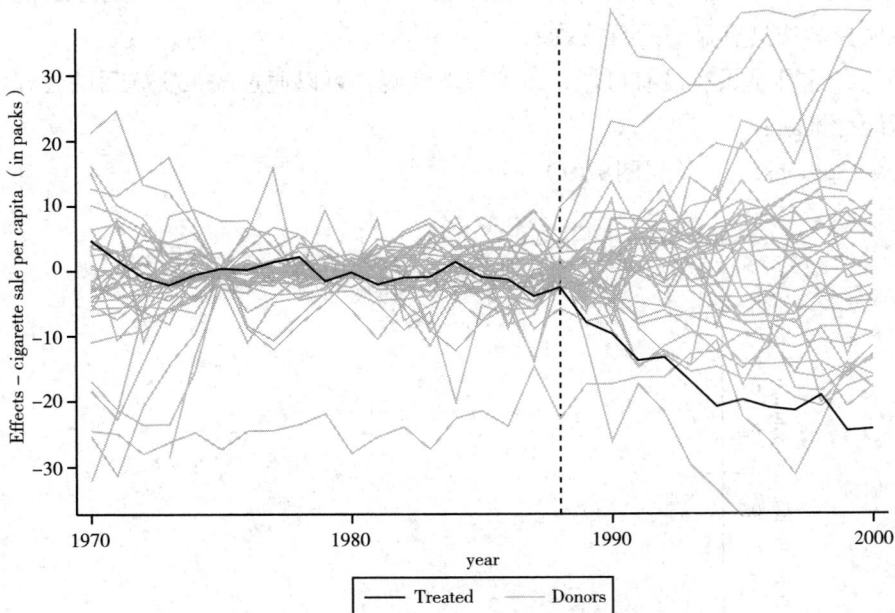

图9.17　合成控制安慰剂检验

然后，进一步查看真实加州与合成加州的因变量（香烟销售数量）在处理前和处理后期的变化：

. effect_graphs, trlinediff(-1) tc_options(legend(pos(6) row(1))) effect_options (legend(pos(6) row(1)))   // (见图9.18)。

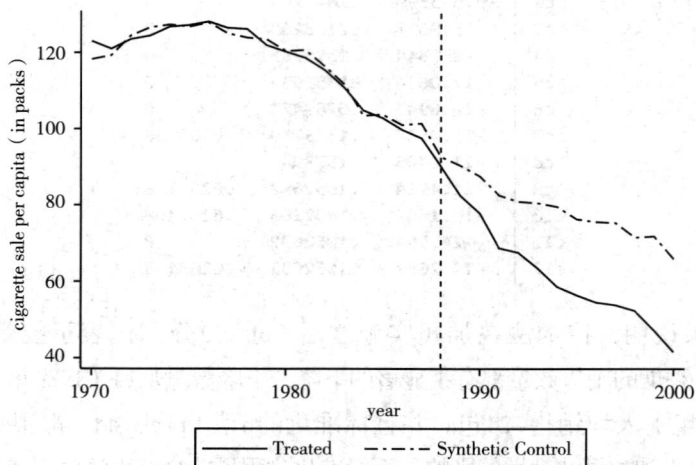

图9.18   合成控制处理效应

图9.18和上一节结果一样，我们发现处理前（控烟法实施前），真实加州和合成加州的销售数量几乎一样，合成加州可以很好地作为真实加州的反事实控制单元。但是在处理后（控烟法实施后），真实加州的香烟销售数量明显低于合成加州的预测量，说明控烟法具有显著的政策效果。

最后，这种结果有没有可能是政策偶然性呢？可以通过政策实施后的处理效应p值进行统计推断：

. pval_graphs   // (见图9.19)。

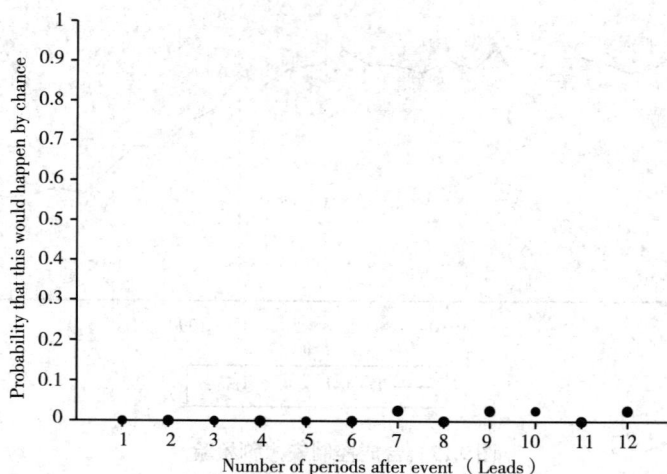

图9.19   合成控制处理效应p值（标准化后）

从图9.19可以发现，政策执行后（1989~2000年）的所有处理效应p值都小于0.05，说明处理效应偶然性的概率很低。

以上合成控制法及安慰剂检验，也可以通过下面的命令实现，即通过设置虚拟变量的形式，在命令窗口依次输入以下命令（结果省略）：

. capture drop pre_rmspe post_rmspe lead effect cigsale_synth

. generate byte D = (state==3 & year>=1989)　　//加州在1989年后D取值为1

.synth_runner cigsale beer(1984(1)1988) lnincome(1972(1)1988) retprice age15to24, d(D) trends training_propr(`=13/18') gen_vars pre_limit_mult(10)

. single_treatment_graphs, scaled

. effect_graphs, scaled

. pval_graphs

前面两种方法，只考虑了一个处理地区和一个处理时间点（政策冲击时间点）的问题。假如有多个地区在不同时期受到政策冲击，应该如何处理呢？

在Do-file中输入以下命令：

. use smoking.dta, clear

tsset state year

capture drop D

//设定my_pred（我的前定变量）程序，后面做合成控制法时使用选项pred_prog(my_pred)调用该程序（pred_prog代表前定变量程序选项），该选项用于设定前定变量在政策发生前的平均值获取周期，相当于前文合成控制命令synth中的beer(1985(1)1988)设定

program my_pred, rclass

args tyear　　//定义输入的参数，即政策冲击的年份tyear，后面根据处理变量D的设定自动调入该参数

return local predictors "beer(`=`tyear'-4'(1)`=`tyear'-1') lnincome(`=`tyear'-4'(1)`=`tyear'-1')"　　//设定预测变量beer和lnincome的年份为tyear-4~tyear-1年，假如tyear代表1989年（因为是多期冲击，也会有其他年份），则tyear-4=1985年，tyear-1=1988年，"(1)"代表间隔期为1年，beer(`=`tyear'-4'(1)`=`tyear'-1')就代表前文synth命令中的beer(1985(1)1988)选项

end

//定义my_drop_units程序，后面做合成控制法时使用选项drop_units_prog（my_drop_units）调用，该程序将删除在形成合成控制时不应考虑的其他单元，通常是因为它们是相邻或相互干扰的单元

program my_drop_units

args tunit　　//定义政策冲击的单元tunit，后面根据处理变量D的设定自动调入

该参数

    if `tunit'==39 qui drop if inlist(state,21,38)   //如果处理单元是39，删除相邻的第21和第38个州

    if `tunit'==3 qui drop if state==21   //如果处理单元是3（加州），删除相邻的第21个州

    end

    //定义my_xperiod程序（协变量政策发生前的预测周期），后面做合成控制法时可以使用选项xperiod_prog(my_xperiod)调用该程序，该选项用于**设定所有解释变量的预测期，相当于前文synth命令中的xperiod()选项。**

    program my_xperiod, rclass

    args tyear   //定义政策冲击发生的年份，后面根据处理变量D的设定自动调入该参数

    return local xperiod "`=`tyear'-12'(1)`=`tyear'-1'"   //假如处理单元的政策冲击年份是1989年，则设定预测变量的默认周期为1977-1988，其中1989-12=1977，1989-1=1988，间隔期为1年，相当于xperiod(1977(1)1988)；因为是多个单元多期受到冲击，如果tyear=1988，则相当于xperiod(1976(1)1987)

    end

    //定义my_mspeperiod程序，即最小均方预测误差MSPE的测算周期，合成控制法使用选项speperiod_prog(my_mspeperiod)调用该程序，允许均方预测误差随着处理周期变化

    program my_mspeperiod, rclass

    args tyear   //定义政策冲击发生的年份，后面根据处理变量D的设定自动调入该参数

    return local mspeperiod "`=`tyear'-12'(1)`=`tyear'-1'"   //定义均方预测误差MSPE的计算周期为1977-1988年

    end

    //生成政策冲击的多期多地区虚拟变量

    generate byte D = (state==3 & year>=1989) | (state==7 & year>=1988)   //除了加州（state==3），假设佐治亚州（state==7）也是控烟法实施地区，并且佐治亚州1988年就执行了。后期程序在执行时，会根据处理变量D及前文定义的几个程序，自动将tunit设定为3和7，tyear分别设定为1989年和1988年

    //执行合成控制法和安慰剂检验

    synth_runner cigsale retprice age15to24, d(D) pred_prog(my_pred) trends training_propr(`=13/18') drop_units_prog(my_drop_units)) xperiod_prog(my_xperiod) speperiod_prog(my_mspeperiod)   //（见表9.60）。

表 9.60   合成控制处理效应

	estimates	pvals	pvals_std
c1	-.0260477	.3024105	.0409058
c2	-.0333	.3287071	.138057
c3	-.0784418	.0686633	0
c4	-.0874051	.0803506	.0021914
c5	-.1128758	.0409058	0
c6	-.1225512	.0496713	0
c7	-.1357473	.0336012	0
c8	-.1893354	.0124178	0
c9	-.1738572	.0350621	.0007305
c10	-.1885656	.0233747	0
c11	-.1997493	.0204529	0
c12	-.1916713	.0255661	0

　　表 9.60 结果说明，政策实施后，控烟法的政策效应多数年份都显著有效，就只有 1989 年不显著，这一年的标准化 p 值为 0.138，其余年份均显著。这里特别要注意两点：（1）政策发生后的处理效应是经过标准化的，即将 1988 年的香烟销售量标准化为 1，所以 estimates 中的系数为负，代表的是香烟销售量下降百分比；（2）因为处理效应是经过标准化处理的，所以我们主要关注标准化后的 p 值 pvals_std。

. effect_graphs, tc_options(legend(pos(6) row(1)))　　　//绘制处理效应图形（见图 9.20）。

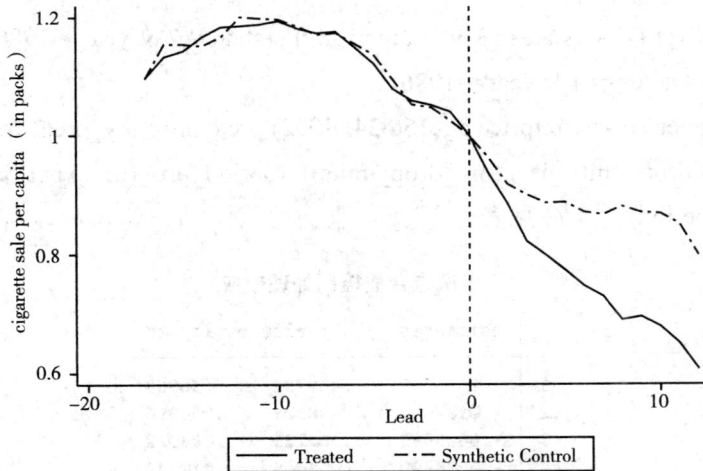

图 9.20　合成控制处理效应

　　图 9.20 中，处理效应也很显著，"真实加州＋真实佐治亚州"和"合成加州＋合成佐治亚州"之间，政策效应明显。

　　最后，再看一下 p 值统计推断效果图，除了第 2 年，其他年份均显著：

. pval_graphs　　　// p 值统计推断（见图 9.21）。

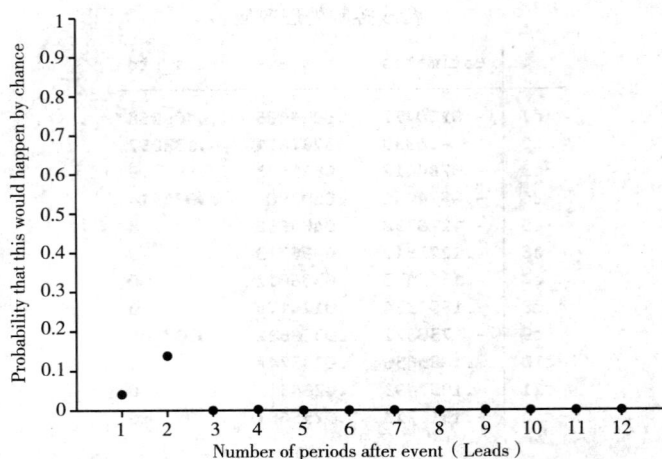

图 9.21　合成控制处理效应 p 值统计推断

因为真实过程，只有加州一个地区实施了控烟法，所以虚构的佐治亚州拉低了控烟法的政策效果，但是两者合在一起政策效应仍然显著。实际研究中，可能还要再进一步使用单一试点方法，分别单独验证一下两个地区的政策效应。

接着前文的分析，如果将控烟法实验地区扩展到 4 个，年份也提前到 1986 年，再用合成控制法进行估计：

. generate byte D2 = (state==3 & year>=1989) | (state==7 & year>=1988) | (state==12 & year>=1987)| (state==14 & year>=1986)

. synth_runner cigsale retprice age15to24, d(D2) pred_prog(my_pred) trends training_propr(`=13/18') drop_units_prog(my_drop_units)) xperiod_prog(my_xperiod) speperiod_prog(my_mspeperiod)　　//（见表 9.61）。

表 9.61　　　　　　　　　　　　　多试点合成控制处理效应

	estimates	pvals	pvals_std
c1	-.0143782	.452792	.16963
c2	-.0187042	.448308	.256916
c3	-.0405689	.162225	.006922
c4	-.0508609	.1448	.018642
c5	-.0623119	.102569	.003345
c6	-.0575478	.157408	.007632
c7	-.0474959	.259187	.014196
c8	-.0889247	.057657	.003886
c9	-.07931	.126477	.007014
c10	-.0811769	.141798	.012934
c11	-.0809339	.170573	.007648
c12	-.0777157	.196333	.009337

表 9.61 中，虚构的政策处理单元和时间，处理效应仍然显著。主要是因为加州真实的政策效应被平均分配到其他几个没有发生政策冲击的州了。单一试点的合成

控制法是非常精准的，但是在使用多试点合成控制法的时候，一定要非常谨慎，避免陷入平均值陷阱。最好是对每个发生政策冲击的单元，逐一使用合成控制法进行检验，且捐赠池中不要包含处理单元。

9.5.3　合成控制双重差分估计及安慰剂检验

合成控制法只考虑了横向的权重，即在政策发生以前，将捐赠池中同时期与处理对象较为接近的个体赋予更高的权重。而没有考虑纵向的权重（时间轨迹），即在政策发生前后，捐赠池中与处理对象时间轨迹较为接近的个体，也应该赋予较高的权重。为了解决这个问题，阿贝蒂等（Abadie et al.，2010）、阿尔汉格尔斯基等（Arkhangelsky et al.，2021）等提出了合成控制双重差分估计（synthetic difference-in-differences estimation）。

合成控制 DID 命令 sdid 是基于面板数据（不需要使用 xtset 或 tsset 命令进行设定）的双维固定效应模型，通过比较处理组与合成控制组在政策实施前后的双重差分来计算处理效应。其中，合成控制组是按照实验组在政策实施前后的特征，选用未实施政策的个体同时实施横向（个体权重 ω_i）与纵向（时间权重 θ_t）最优的加权算法进行合成的，该方法比倾向得分匹配 DID 和合成控制法都更加精准。合成控制 DID 的目标函数是：

$$\text{argmin}\left\{\sum_{i=1}^{N}\sum_{t=1}^{T}\left(Y_{it}-\mu-\alpha_i-\beta_t-\tau\cdot\text{Treat}_{it}\right)^2\omega_i\theta_t\right\}$$

其中，Y_{it} 代表结果变量或因变量；$\text{Treat}_{it}\in\{0,1\}$ 代表所在区域是否接受处理；τ 代表待估的政策处理效应；μ 代表 Y_{it} 的均值；α_i 代表个体固定效应；β_t 代表时间固定效应；ω_i 代表合成控制计算的各单元横向最优权重；θ_t 代表合成控制计算的各单元纵向最优权重。$\mu+\alpha_i+\beta_t+\tau\cdot\text{Treat}_{it}$ 代表合成控制单元"结果变量+政策处理效应"的线性变化趋势，目标函数要求：通过求解 $\{\mu,\alpha_i,\beta_t,\tau,\omega_i\}$，使政策执行单元的结果变量 Y_{it} 与合成控制单元的"结果变量+政策处理效应"（$\mu+\alpha_i+\beta_t+\tau\cdot\text{Treat}_{it}$）差平方和最小化（Arkhangelsky et al.，2021）。

合成控制 DID 与合成控制法相比，目标函数多了个体固定效应 α_i 和纵向最优权重 θ_t 两个部分。合成控制 DID 跟传统 DID 相比，多了时间和个体两个方面的权重。这种权重的使用，使得基于双向固定效应 SDID 的估计结果更加接近局部平均处理效应（LATE）。它既强调了给予那些政策发生前与处理单元相似个体更高的权重，又强调了政策发生后给予那些与处理单元时间变化趋势相似单元更高的权重。

命令sdid可以精准地体现阿尔汉格尔斯基等（Arkhangelsky et al.，2021）论文中提出的估计方法。他们将合成控制DID方法分为两类：一类是单一政策时间点处理效应；另一类是多个时间点（交错设计）政策处理效应。

命令sdid不是系统命令，需要用户自己下载安装。命令sdid要求分组和时间须高度平衡，不能包含关键变量的缺失值，因为最佳权重是根据预处理期间的全覆盖计算出来的。该命令的语法结构为：

. ssc install sdid

. sdid depvar groupvar timevar treatment, covariates(varlist, [type]) vce(vcetype) [options]

其中，depvar为因变量；groupvar是分组变量（可以直接是字符型变量，也可以是离散数值型变量，使用encode解码）；timevar是时间变量；treatment代表处理变量，必须是虚拟变量。选项covariates(varlist, [type])代表协变量，当加入协变量时，代表协变量的特征也会加入到合成的算法中，默认是最优算法optimized，也可以选择投影算法projected。选项vce()除了bootstrap和jacknife之外，还可以选基于安慰剂检验的placebo稳健标准误。

以数据prop99_example.dta为例，该数据是关于美国加州控烟法实施的数据，加州的控烟政策是从1989年开始的。

. use "D:\01傻瓜计量经济学与stata应用\data\prop99_example.dta"

. sum　　//（见表9.62）。

表9.62 描述性统计

Variable	Obs	Mean	Std. Dev.	Min	Max
state	0				
year	1,209	1985	8.947973	1970	2000
packsperca~a	1,209	118.8932	32.7674	40.7	296.2
treated	1,209	.0099256	.0991725	0	1

表9.62中，变量state代表州，该变量为字符型变量；变量year代表年份，从1970~2000年；变量packspercapita代表人均香烟销售数量（包）；变量treated代表政策变量。该数据和上一节的smoking.dta数据进行删减后得到的，变量名称有一点区别，且不包含控制变量。

类似于上一节合成控制法中的加州控烟法政策处理效应，现在也来讨论加州控烟法政策的合成控制DID处理效应。

那么加州控烟法实施之后，到底有没有起到政策效果呢？接下来使用合成控制DID方法进行估计：

. sdid packspercapita state year treated, vce(placebo) seed(1213) graph g1_opt(xtitle("")) g2_opt(ylabel(0(50)150, axis(2)))　　// graph会输出两幅图（见表9.63）。

表9.63 合成控制DID估计

Synthetic Difference-in-Differences Estimator

packsperca~a	ATT	Std. Err.	t	P>|t|	[95% Conf. Interval]	
treatment	-15.60383	9.00803	-1.73	0.083	-33.25924	2.05158

95% CIs and p-values are based on Large-Sample approximations.
Refer to Arkhangelsky et al., (2020) for theoretical derivations.

如果使用上一节的smoking.dta数据，则上面的命令等价于：

. use smoking.dta, clear

. gen treated=1 if state==3 & year>=1989

. replace treated=0 if treated==.

. sdid cigsale state year treated, vce(placebo) seed(1213) graph g1_opt(xtitle("")) g2_opt(ylabel(0(50)150, axis(2)))

表9.63结果说明，加州控烟法合成控制DID的政策处理效应为-15.6包，说明控烟法实施之后，相对于没有实施控烟法的州而言，加州人均香烟销售数量下降了15.6包。此外，该命令还输出了相应的处理效应图形（见图9.22）。

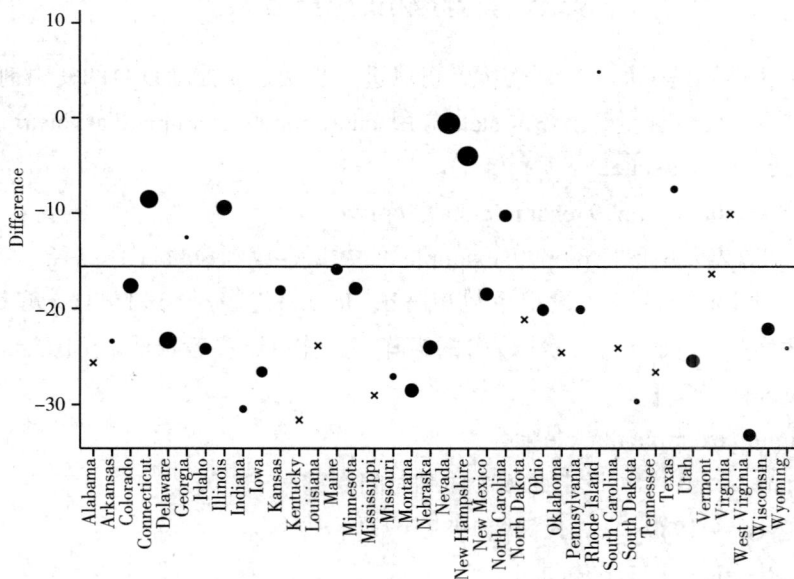

图9.22 合成控制DID处理效应（1）

图9.22中，水平线为控烟法的平均处理效应。散点为其他38个未实施控烟法的州，在政策冲击发生后，人均香烟销售数量与加州人均香烟销售数量之间的差（包），水平线代表合成控制加权的平均差为–15.6，即合成控制平均处理效应。

图9.23则为合成加州（控制单位）与真实加州（处理单位）的政策实施前后的

香烟消费数量，可以看到真实加州在 1989 年以前香烟消费趋势基本与合成加州平行，但是在 1989 年后出现了一个明显的下降，这个下降（–15.6）就是控烟法的真实处理效应，也是合成 DID 估计的结果（见图 9.23）。

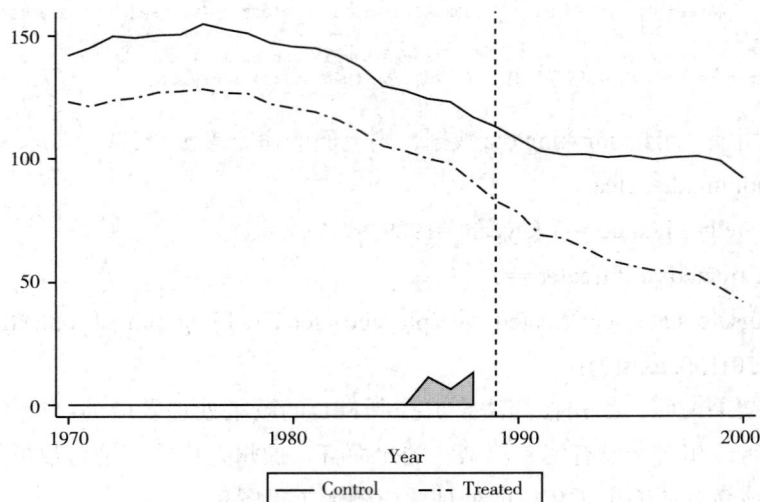

图 9.23 合成控制 DID 处理效应（2）

那么上述结果是否具有偶然性呢？可以进一步做合成控制 DID 的安慰剂检验：

```
. use "D:\01 傻瓜计量经济学与 stata 应用\data\prop99_example.dta", clear
encode state, gen(state2)
save "D:\Stata18\prop99_example.dta", replace
clear        //先要确保把 prop99_example.dta 数据存放到 Stata 工作路径
mat b = J(100,1,0)        //设定系数矩阵 b，J(r,c,z) 代表 r 行 c 列包含 z 元素的矩阵，
J(100,1,0) 表示 100 行 1 列，元素均为 0 的矩阵，具体可以参考 help matrix functions
forvalues i=1/100{
use prop99_example.dta, clear
xtset state2 year        //设定面板个体和时间变量
keep if year==1989        //只保留 1989 年数据
sample 1, count        //随机抽取 1 个州
keep state2        //只保留变量 state2
save match_state2.dta, replace        //另存编号数据
merge 1:m state2 using prop99_example.dta        //与原数据匹配
gen treat = (_merge == 3)        //匹配成功的 id，也就是所抽取样本赋值为 1，其余
为 0，得到政策分组虚拟变量
gen period = (year>= 1989)        //生成政策时间虚拟变量，政策发生年份为 1989
```

年，因为是安慰剂检验，也可以将政策发生年份提前或者推后

gen treated2 = treat*period

quietly sdid packspercapita state year treated2, vce(placebo)　　//进行合成控制DID
实证检验

mat b[`i',1] = e(ATT)　　//提取每次回归估计的平均处理效应

　}

//完成上述100次随机实验后，再运行下面的命令：

svmat b, names(coef1)　　//将系统默认的系数矩阵b赋值给变量coef1，即生成新
的变量coef1，以便于后期制图

twoway (kdensity coef1),　　///

title("Placebo Test")　　///图的标题

xlabel(-20(5)20) ylabel(,angle(0))　　/// x轴取值范围从-20到20，间隔单位为5，
不一定要对称

xline(-15.6, lwidth(vthin) lp(shortdash)) xtitle("Coefficients")　　///真实的估计系数
为-15.6，即真实数据回归得到的估计系数

plotregion(style(none))　　///不需要边框

graphregion(color(white))　　//白色的底图（见图9.24）。

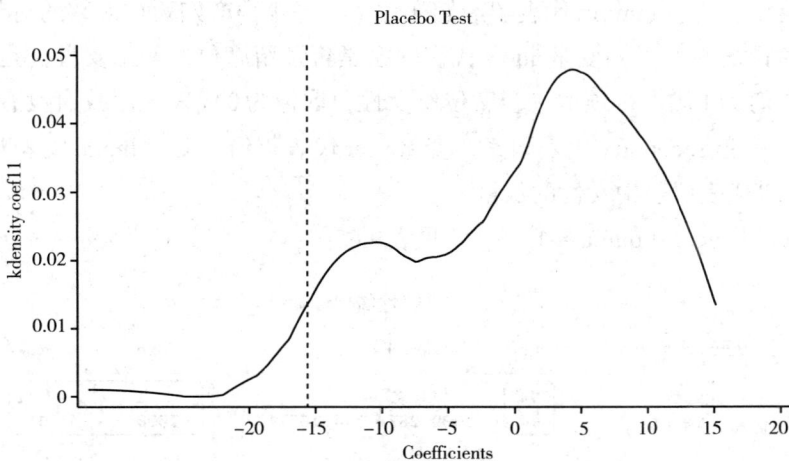

图9.24　合成控制DID安慰剂检验

图9.24中，因为安慰剂检验随机了100次，所以核密度图没有呈现出正态分布特
征，这个属于正常情况。

阿尔汉格尔斯基等（Arkhangelsky et al., 2021）主要关注单一时间段的案例，即
政策在统一的时间实施。但他们的附录A中也列出了交错采用设计（staggered adoption
design）情况下的程序，即处理组可以在不同的时间实施政策。命令sdid既可以估计单

一时间实施政策的合成控制DID处理效应，也可以用于估计拥有多个处理期（交错采用设计）的处理效应。在后一种情况下，不是计算单个单位和特定时间的权重向量，而是在每个政策实施时期计算最优单位和特定时间的权重向量。在交错采用设计中，报告的平均处理效应（ATE）是Arkhangelsky等（2021）附录A中描述的加权估计。

以数据quota_example.dta为例，该数据是关于女性参与政治（女性政治地位）对孕产妇死亡率影响的跨国面板数据（Bhalotra et al.，2020）。数据的起止年份是1990~2015年。其中，大概有10个国家从2000年开始专门为女性预留议会席位。我们要讨论的问题是：女性对政治的参与是否会有助于降低孕产妇死亡率？

. use "D:\01傻瓜计量经济学与stata应用\data\quota_example.dta", clear

. sum   //（见表9.64）。

表9.64 描述性统计

Variable	Obs	Mean	Std. dev.	Min	Max
womparl	3,094	14.96531	10.97328	0	63.8
lnmmrt	3,068	4.185988	1.588382	1.098612	7.237059
country	0				
year	3,094	2002.5	7.501212	1990	2015
quota	3,094	.0303814	.1716621	0	1
lngdp	2,990	9.154291	1.136837	5.8701	11.61789

表9.64中，变量lnmmrt代表孕产妇死亡率（每年孕产妇死亡人数的对数值），这是我们要讨论的因变量；变量quota代表国家是否预留席位配额给女性，是我们的处理变量，取值为1代表有预留议会席位给女性，取值为0代表该国政府没有预留议会席位给女性；变量country代表国家；变量year代表年份。变量lngdp代表对数GDP；变量womparl代表议会中女性的数量。

. sum quota year if quota==1   //（见表9.65）。

表9.65 描述性统计

Variable	Obs	Mean	Std. dev.	Min	Max
quota	94	1	0	1	1
year	94	2009.287	4.107749	2000	2015

从表9.65的数据可以看出，为女性专门预留议会席位的国家并不多，只有10个左右，起始年份是2000年（数据有跨越，即交错设计，不同的国家在不同的时点开始为女性预留席位）。使用下面的命令可以查看具体哪些国家在哪一年开始为女性预留席位：

. list if quota==1   //结果省略

. drop if lnmmrt==.   //删除缺失值，读者也可以考虑插值

. sdid lnmmrt country year quota, vce(bootstrap) seed(1213) graph   //不考虑协变量；这里的quota相当于前文的treat*post变量，而不是treat分组变量（见表9.66）。

表9.66 合成控制交错DID估计

Synthetic Difference-in-Differences Estimator

lnmmrt	ATT	Std. Err.	t	P>|t|	[95% Conf. Interval]	
treatment	-0.13308	0.06852	-1.94	0.052	-0.26738	0.00122

95% CIs and p-values are based on Large-Sample approximations.
Refer to Arkhangelsky et al., (2020) for theoretical derivations.

表9.66中，合成控制交错DID结果表明，推动女性参与政治可以显著为女性争取更多的权益，平均而言使得孕产妇死亡率下降13.3%。上述分析中，没有考虑各个国家之间的人均收入水平差异。如果将人均收入也纳入合成控制的因素，那么是否结论仍然成立呢？可以加入协变量进行合成控制：

. drop if lngdp==.

. sdid lnmmrt country year quota, covariates(lngdp, projected) vce(bootstrap) seed(1213)   //考虑协变量（见表9.67）。

表9.67 加入协变量合成控制交错DID估计

Synthetic Difference-in-Differences Estimator

lnmmrt	ATT	Std. Err.	t	P>|t|	[95% Conf. Interval]	
treatment	-0.12284	0.05665	-2.17	0.030	-0.23388	-0.01180

95% CIs and p-values are based on Large-Sample approximations.
Refer to Arkhangelsky et al., (2020) for theoretical derivations.

表9.67结果仍然表明，女性政治参与可以显著降低孕产妇死亡率约12.3%。上面的模型仍然可以使用安慰剂检验，但是因为交错设计计算过程比较费时，留给读者自行练习。

第10章 断点回归分析

在之前的章节中，我们反复提到过一个案例，即教育学历对收入的影响。在此案例中，由于忽略了同时影响学历水平和收入的能力因素，可能导致模型产生错误的统计推断，从而得到一个"傻瓜结论"，即认为教育文凭能够显著带来收入提升。针对这一问题，在DID中我们学习了如何对样本进行倾向得分匹配与合成控制，进而筛选出各方面特征相似的样本进行配对，由此尽可能排除其他潜在不可测因素的影响。然而，有时候简单的倾向得分匹配与合成控制思想也很难奏效。假设我们想研究重点大学与非重点大学毕业生的薪资收入，那么在进行倾向得分匹配时会发现，以可测度的性别、年龄、家庭等个体特征作为匹配协变量，并不能很好地识别个体的能力差异，尤其是当样本中两组学生的录取分数水平差异较大时，匹配方法对该问题的优化更加有限，而且第9章介绍的合成控制方法也不适用于微观数据。为了解决上述问题，本章引入一种新的分析方法——断点回归设计（regression discontinuity design，RDD）。

10.1 断点回归概述

10.1.1 断点回归的基本思想

断点回归分析在学界被认为是最接近随机实验的检验方法，首先出现在西斯尔思韦特和坎贝尔（Thistlethwaite and Campbell，1960）关于"对学生的未来学术成果（生涯渴望和研究生项目等级）进行嘉奖"的研究中。断点回归设计最早应用在心理学分析中，并没有受到计量经济学的重视，直到20世纪90年代末，因其可以很好地解决模型内生性问题，才在各类研究中被广泛应用（Black，1999；Ludwig and Miller，2007；Lee，2008）。相关的介绍和综述可以参考因本斯和勒姆（Imbens and Leimieux，2008），李和勒姆（Lee and Leimieux，2010）以及卡塔内奥等（Cattaneo et al.，2020；2021）。布莱默和梅塔（Bleemer and Mehta，2022）基于模糊断点设计的方法，研究发现大学生攻读经济学专业，在毕业之后若干年会变得相对更富裕。

　　所谓的断点回归是基于这样的一种思想，即我们所研究的某一变量（如处理变量，取0为非处理组，取1为处理组），其取值取决于样本数据中某一连续变量（running variable）是否超过某一特定的值。在这里回到本章引言所提到的问题，即我们希望研究重点大学与非重点大学的学生在其毕业后的收入水平与其学历水平的关系。

　　根据我国高考的录取制度，本科一批次与二批次之间会有一个明确的分数线将考生划分为两部分，即样本数据在该分数线左右形成了一个明确的断点（大于该分数线为重点大学；反之则为非重点大学）。又因为在该断点附近的考生个体特征可以近似地视为一致，且考生上重点大学或非重点大学仅和分数（考试成绩分布具有随机性）有关，所以在此情况下对其进行断点回归分析，我们就可以解决因学生能力水平不同对我们的研究结论所造成的影响。换言之，即在断点附近的两组学生之间的薪酬差异可视为学历水平不同所导致的因果效应，因为断点附近的学生高考分数相近，理论上能力也应该相近。

10.1.2　断点回归的基本原理

　　考虑更一般的情况，首先思考下面的这个线性模型。

$$y_i = \alpha + \beta x_i + \varepsilon_i \quad (i = 1, 2, \ldots, n) \tag{10-1}$$

　　上述模型中自变量 x_i 虽然是连续的，但是在 $x_i = c$ 处存在断点（cutoff）。即对于处理变量 D_i，当 $x_i \geqslant c$ 时，$D_i = 1$；反之则为0。

$$D_i = \begin{cases} 1 & \text{if } x_i \geqslant c \\ 0 & \text{if } x_i < c \end{cases}$$

　　如果假设该模型的处理效应为负，那么在 c 点处该模型回归所得到的线性方程就将形成一个向下的跳跃间断点。为了将上述跳跃估计出来，将式进一步改写为：

$$y_i = \alpha + \beta(x_i - c) + \delta D_i + \lambda(x_i - c)D_i + \varepsilon_i \, (i = 1, 2, \cdots, n) \tag{10-2}$$

　　或者，也可以写成示性函数形式：

$$y_i = \alpha + \beta(x_i - c) + [\delta + \lambda(x_i - c)] \cdot \mathbf{1}\{x \geqslant c\} + \varepsilon_i$$

　　其中，$D_i = \mathbf{1}\{x \geqslant c\}$ 代表示性函数，即当 $x \geqslant c$ 时，$\mathbf{1}\{x \geqslant c\}$ 取值为1；否则取值为0。对于式（10-2）而言，进行这样的改写共有三层含义。

　　（1）$(x_i - c)$ 是为了将 x_i 进行标准化处理，使其断点为0。

　　（2）引入 $\lambda(x_i - c)D_i$ 是为了允许断点两侧的拟合线斜率不同。当 $D_i = 0$ 时，斜率系数为 β；当 $D_i = 1$ 时，斜率系数为 $\beta + \lambda$。断点两侧斜率系数的差异不代表断点处的平均处理效应，而是为了提高模型估计的有效性。

　　（3）对该式子进行OLS估计所得的 $\hat{\delta}$，才是其在 $x = c$ 处局部平均处理效应。当 $D_i = 0$ 时（即 $x_i < c$，位于断点左侧），$E(\hat{y}_{0i} | x = c) = c = \hat{\alpha} + \hat{\beta}(x_i - c) = \hat{\alpha}$；当 $D_i = 1$

时（即 $x_i \geq c$，位于断点右侧），$E(\hat{y}_{1i} | x = c) = \hat{\alpha} + (\hat{\beta} + \hat{\lambda})(x_i - c) + \hat{\delta} = \hat{\alpha} + \hat{\delta}$。局部平均处理效应，即为断点处的跳跃 $E(y_{1i} - y_{0i} | x = c) = \hat{\delta}$。

由（10-2）式可知，方程在断点处不可导。因而，断点回归估计的处理效应就不能简单沿用之前的OLS估计，而必须采用非参数估计的方法计算局部平均处理效应（local average treatment effect, LATE）：

$$\min \sum_{i=1}^{n} K\left[\frac{x_i - x_0}{h}\right] \cdot \left[y_i - \left(\alpha + \beta(x_i - c) + \delta D_i + \lambda(x_i - c)D_i\right)\right]^2$$

从而得到：

$$\begin{aligned} LATE &= E(y_{1i} - y_{0i} | x = c) \\ &= \lim_{x \to c+} E(y_{1i} | x = c) - \lim_{x \to c-} E(y_{0i} | x = c) \\ &= \hat{\delta} \end{aligned}$$

其中，$K\left[\dfrac{x_i - x_0}{h}\right]$ 代表核函数，默认为三角核，也可以选择矩形核，即相当于标准的OLS估计结果（见第12章）。h 为方程的带宽，可以通过最小化断点左右两侧的均方预测误（MSPE）来选择最优带宽。由此可见，断点回归分析实际上是以核密度函数为权重的加权最小均方预测误差估计。但是，又因为目标函数在 $x = c$ 处不可导，所以它本质上是一种非参数估计。

总的来说，所谓断点回归分析，即针对所研究的处理变量d（取0为非处理组，取1为处理组），其取值取决于样本数据中某一连续变量x是否超过某一特定的值c。由于处理变量d的取值仅与x相关，而连续变量x在断点c处又可以近似视为随机分布，因此，被解释变量y在c的断点便可以视为处理变量d对被解释变量y的因果效应（见图10.1）。

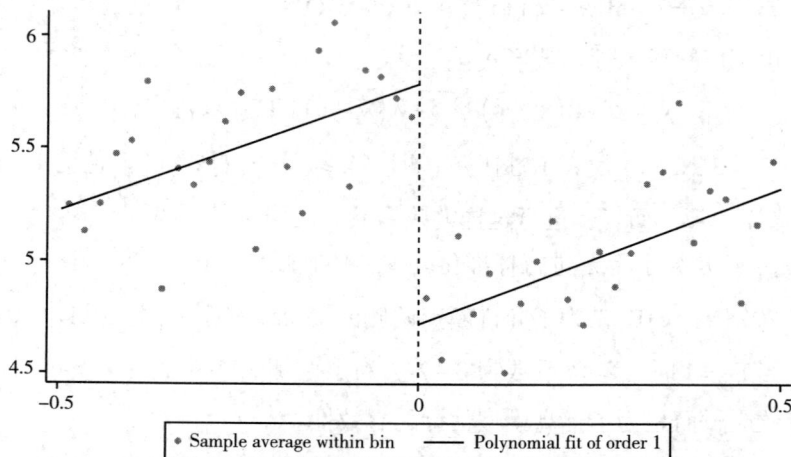

图10.1 断点回归

10.2 断点回归模型

10.2.1 清晰断点回归

断点回归模型主要可分为两种类型：一种是清晰断点回归（sharp regression–discontinuity estimation）；另一种是模糊断点回归（fuzzy regression–discontinuity estimation）。所谓清晰断点回归，其特征在于个体在临界值左侧接受处理效应的概率为0；而在临界值右侧接受处理效应的概率为1。

如果以上面的案例来讲解，使用清晰断点回归对重点大学分数线附近的学生进行研究分析，则意味着我们默认低于重点大学分数线的学生都上的是非重点大学；而高于分数线的则都上了重点大学。

对于清晰断点回归而言，使用式（10–2）存在两个缺陷。（1）在式（10–2）中忽略了高次项，如果我们的研究模型中存在高次项，那么这将导致遗漏变量偏差。（2）在式（10–2）中使用了整个样本的数据，在上面提到过，关于断点回归应该使用断点处附近的数据，但实际上却使用了整个样本的数据，这显然不符合我们理论的预设。

针对上述缺陷，可以在方程中添加高次项以解决遗漏变量偏差问题，如式（10–3）所示。同时对于第二个问题则可以通过带宽对x的取值范围进行限制，将其控制在断点附近。

$$y_i = \alpha + \beta_1(x_i - c) + \delta D_i + \lambda_1(x_i - c)D_i + \beta_2(x_i - c)^2 + \lambda_2(x_i - c)^2 D_i + \varepsilon_i \quad （10–3）$$

关于清晰断点回归的Stata命令可以使用非官方命令rd和rdrobust，具体命令格式为：

. ssc install rd, replace

. ssc install rdrobust, replace

. rd y x, mbw(numlist) z0(real) kernel(rectangle) cov(varlist) x(varlist) bwidth(real) cluster(varlist) graph

其中，z0(real)用于指定断点；选项mbw(numlist)用于指定估计的最优带宽的倍数，例如mbw(50(50)200)表示计算0.5倍、1倍、1.5倍和2倍带宽下的处理效应；选项kernel(rectangle)表示使用矩形核或均匀核，默认为三角核，并且矩形核代表使用标准的OLS估计；cov(varlist)用于指定协变量；x(varlist)用于检验协变量是否满足平滑性；选项bwidth(real)用于设定带宽的大小；选项cluster(varlist)用于聚类稳健标准误计算；选项graph表述输出断点估计的图形。该命令也可以用于模糊断点估计，具体方法见下一节模糊断点设计。

. rdrobust y x, c(#) fuzzy(#) p(#) kernel(kernelfn) weights(weightsvar) level(#) bwselect(bwmethod) all

其中，c(#)表示断点，默认为0。fuzzy(varname)表示设定模糊断点回归的处理变量（下一节讨论）。p(#)表示阶数，默认为一阶拟合。kernel(kernelfn)具体有三种形式，三角核（triangular），钟形核（epanechnikov），均匀核（uniform，也称矩形核），默认为三角核。weights(weightsvar)表示指定权重，bwselect(bwmethod)表示指定带宽，默认为根据MSE选择的最优带宽。level(#)表示选择置信水平。all表示汇报三种不同的结果，分别是传统rd估计结果、修正后的rd估计结果，以及使用robust修正后的rd估计结果。

此外，还可以使用rdplot命令对断点左右的情况进行直观展示。具体命令格式为：

. rdplot y x, c(#) nbins(# #) binselect(binmethod) scale(# #) support(# #) p(#) h(# #) kernel(kernelfn) weights(weightsvar) covs(covars)

其中，nbins表示确定用于断点左侧的仓位（bins）数量，如果未明确则使用binseclect中的方法。support表示设置要用于构建仓位（bins）的运行变量。covs(covars)表示设置一些额外的用于构建局部多项式的变量。

关于清晰断点回归的内容，下面使用Stata的随机数生成器对上文提到的学历对收入的影响案例进行模拟。

首先需要生成一系列个体数据来模拟实际实验中所收集到的数据，在do-file编辑窗口键入如下命令。

. set obs 1000   //设定观测值数目为1000

set seed 10111

gen x=5.5+runiform()   //生成随机连续变量x，这样x的取值范围为5.5-6.5，均值为6

gen xc=x-6   //生成x标准化后的变量xc

gen e=rnormal()/5   //生成模型误差项

gen z1=rnormal()*2   //生成控制变量z1

gen z2=1+2*runiform()+sin(x)   //生成控制变量z2

gen T=0   //生成处理变量T

replace T=1 if x>6   //模拟断点，当x>6时，处理变量T为1

gen g=-T+3*log(x)+sin(x)/3   //生成含有处理变量的变量g

gen y=g+0.5*z1+0.3*z2+e   //生成被解释变量，模拟y与含有处理变量的变量g之间的线性关系，**因为g和T的关系是−1，所以y和T的真实关系也是−1，后面实证结果得到的系数如果越接近−1，则估计结果越准确**

sum   //（见表10.1）。

表10.1 描述性统计

Variable	Obs	Mean	Std. dev.	Min	Max
x	1,000	6.006533	.2850064	5.503811	6.499835
xc	1,000	.0065327	.2850064	-.4961886	.4998355
e	1,000	-.0073462	.1936535	-.5683073	.5815291
z1	1,000	-.0599291	2.053767	-6.33894	6.372491
z2	1,000	1.732139	.6347076	.3538028	3.123464
T	1,000	.499	.5002492	0	1
g	1,000	4.788764	.3223309	4.282341	5.281777
y	1,000	5.271095	1.103589	2.223331	8.535008

如表10.1所示，套用上文的案例，上述的数据可以解释为我们收集了1000名学生毕业后的薪资数据y（因变量），其中x为学生的高考分数（连续变量），超过重点大学分数线即x>6的学生会被重点大学录取；反之则就读非重点大学。T为处理变量，T=1为重点大学毕业生；T=0为非重点大学毕业生。

对于上述数据，首先可以使用scatter命令画出其散点图并观察其特征，键入以下命令。

. scatter y x, xline(6, lwidth(vthin) lp(shortdash))   //（见图10.2）。

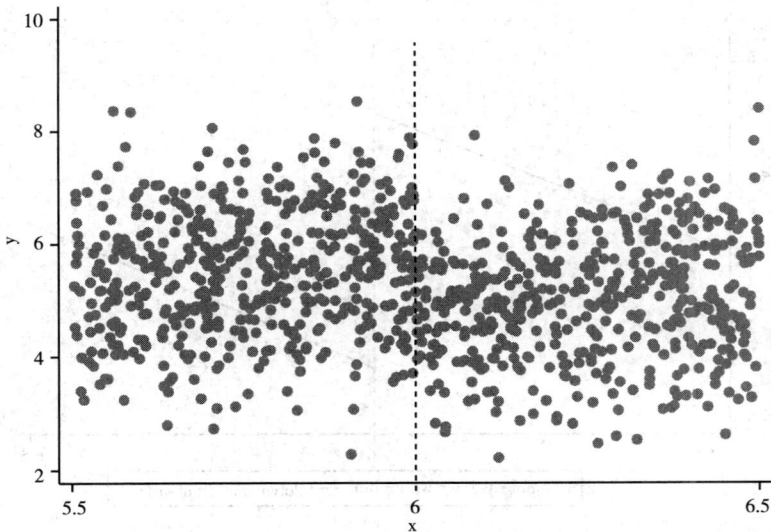

图10.2 散点图分析

通过图10.2可以直观地看出，图形在x=6处整体存在下降跳跃的趋势，这也符合我们的模型预设。但是，仅靠"肉眼"判断，如果不是事先预知设定的话，其实很难发现断点处的变化。

为了研究的科学与严谨，接下来，再利用rdplot命令来估计模型在断点两侧的拟合情况，键入以下命令。

. rdplot y x, c(6) p(1) graph_options(legend(pos(6) row(1)))   // c(6)表示断点为6，
p(1)表示为一阶线性拟合（见表10.2和图10.3）。

表10.2　　　　　　　　　　　　　　　断点回归估计

Cutoff c = 6	Left of c	Right of c			
Number of obs	501	499	Number of obs	=	1000
Eff. Number of obs	501	499	Kernel	=	Uniform
Order poly. fit (p)	1	1			
BW poly. fit (h)	0.496	0.500			
Number of bins scale	1.000	1.000			

Outcome: y. Running variable: x.

	Left of c	Right of c
Bins selected	23	23
Average bin length	0.022	0.022
Median bin length	0.022	0.022
IMSE-optimal bins	3	4
Mimicking Var. bins	23	23
Rel. to IMSE-optimal:		
Implied scale	7.667	5.750
WIMSE var. weight	0.002	0.005
WIMSE bias weight	0.998	0.995

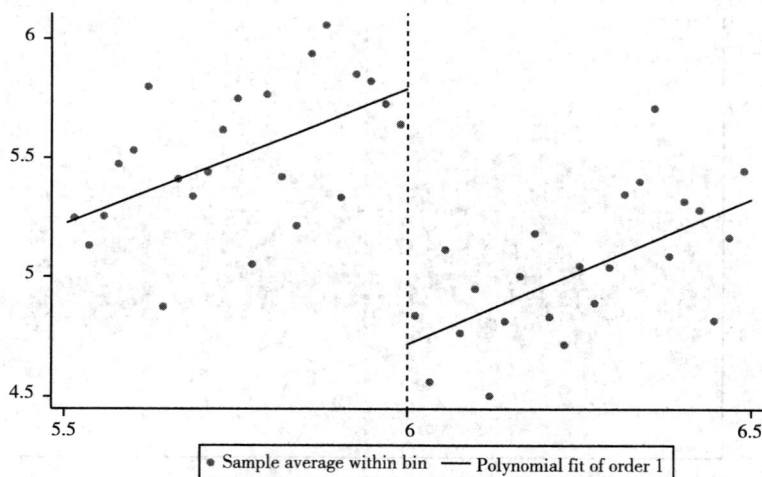

图10.3　断点两侧线性拟合

　　图10.3显示了Stata对x断点两侧数据的拟合结果，可以看出，在x=6处拟合线存在明显地向下跳跃。此外，在x=6的左右两边均只有23个点（bins），这是根据指派变量x生成的模拟变量（Mimicking Variable Bins），即将x=6左右两边的观测值各自分配到23个bins中，然后取其平均值，再绘制散点图和拟合线。这样做的好处是让我们更清晰地观察到断点的局部平均处理效应。

　　如果怀疑模型存在高次项，也可以对其进行二次拟合。键入以下命令。

. rdplot y x, c(6) p(2) graph_options(legend(pos(6) row(1)))　　　//（见图 10.4）。

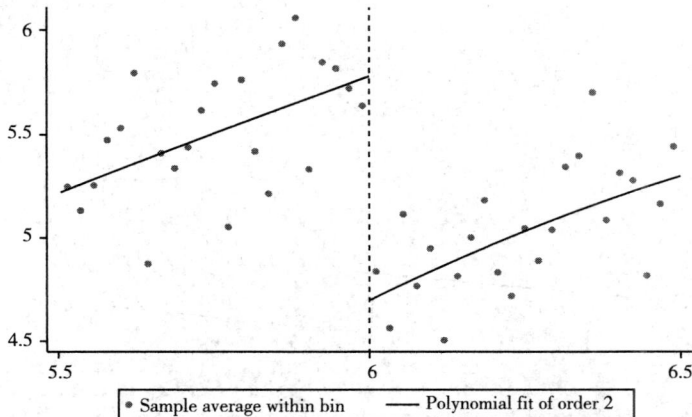

图 10.4　断点两侧二次拟合

　　当然，此处仅为了学习参考，在实际研究中还需要对现实案例进行分析来考虑是否需要添加二次项。

　　以上结果都为直观的图形拟合结果，而为了使我们的分析更加具有说服力，接下来使用 rd 命令来获得更加具体的统计回归估计结果。键入以下命令：

. rd y xc, gr　　　//选项 gr 代表绘制断点回归图（见表 10.3）。

表 10.3　　　　　　　　　　　　　　断点回归估计

```
Two variables specified; treatment is
assumed to jump from zero to one at Z=0.

 Assignment variable Z is xc
 Treatment variable X_T unspecified
 Outcome variable y is y

Command used for graph: lpoly; Kernel used: triangle (default)
Bandwidth: .27730653; loc Wald Estimate: -1.0167784
Bandwidth: .13865327; loc Wald Estimate: -.9336385
Bandwidth: .55461307; loc Wald Estimate: -1.0702752
Estimating for bandwidth .2773065326224234
Estimating for bandwidth .1386532663112117
Estimating for bandwidth .5546130652448468
```

y	Coefficient	Std. err.	z	P>|z|	[95% conf. interval]	
lwald	-1.016778	.1755679	-5.79	0.000	-1.360885	-.6726716
lwald50	-.9336385	.239602	-3.90	0.000	-1.40325	-.4640272
lwald200	-1.070275	.1313579	-8.15	0.000	-1.327732	-.8128185

　　表 10.3 为 Stata 返回的估计结果，可以看出，在三种不同的带宽下，Stata 对系数的估计值都趋于 –1，且 p 值极为显著，这与我们在变量 g 中对处理变量 T 的预设值一致，证明在该断点处的回归分析结果较好。

　　图 10.5 反映了单倍带宽断点处的处理效应，该结果表明在断点处有显著的下降，

下降的结果即为表10.3中的−1。

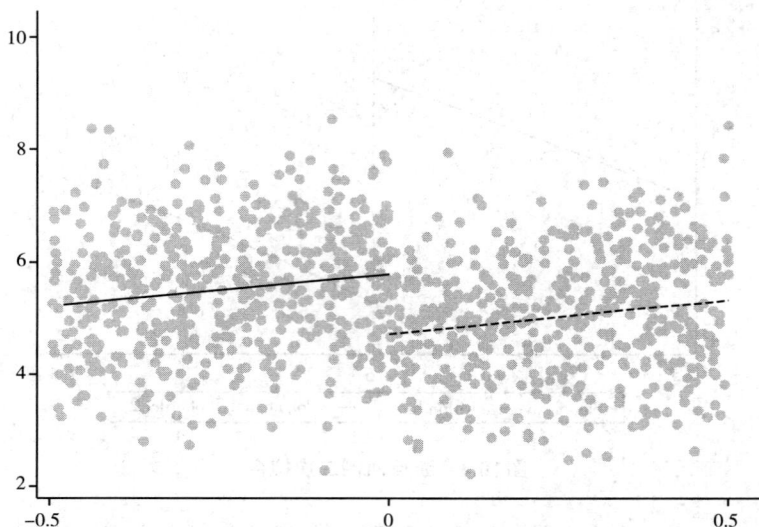

图10.5 断点两侧线性拟合

清晰断点回归的最优带宽是多少，可以使用rdrobust命令对其进行具体分析，键入以下命令：

. rdrobust y xc, c(0)   //默认为一阶回归，由于使用的是xc变量，所以断点设置为0（见表10.4）。

表10.4   断点回归稳健估计

```
Sharp RD estimates using local polynomial regression.

         Cutoff c = 0 │ Left of c  Right of c       Number of obs =      1000
                       │                            BW type       =     mserd
         Number of obs │      501        499        Kernel        = Triangular
     Eff. Number of obs │      163        156        VCE method    =        NN
         Order est. (p) │        1          1
        Order bias (q) │        2          2
           BW est. (h) │    0.151      0.151
          BW bias (b) │    0.233      0.233
            rho (h/b) │    0.649      0.649
```

Outcome: y. Running variable: xc.

Method	Coef.	Std. Err.	z	P>|z|	[95% Conf. Interval]
Conventional	-.92823	.21954	-4.2281	0.000	-1.35852 -.497944
Robust	-	-	-3.4282	0.001	-1.38868 -.378406

表10.4中，观察回归结果，可以看出，估计系数依旧趋于−1且十分显著，此外，rdrobust命令还提供了最优带宽，即0.151。同样的，再检验二阶回归的估计结果。

. rdrobust y xc, p(2)   //默认断点为0（见表10.5）。

表 10.5 断点回归稳健估计

```
Sharp RD estimates using local polynomial regression.

        Cutoff c = 0 | Left of c  Right of c       Number of obs =      1000
                      |                             BW type       =     mserd
       Number of obs  |    501        499           Kernel        = Triangular
  Eff. Number of obs  |    251        232           VCE method    =        NN
      Order est. (p)  |      2          2
     Order bias (q)   |      3          3
         BW est. (h)  |  0.244      0.244
        BW bias (b)   |  0.321      0.321
         rho (h/b)    |  0.758      0.758
```

Outcome: y. Running variable: xc.

Method	Coef.	Std. Err.	z	P>|z|	[95% Conf. Interval]	
Conventional	-.90235	.24945	-3.6173	0.000	-1.39127	-.413433
Robust	-	-	-3.1280	0.002	-1.425	-.327129

观察表 10.5 的结果，在二阶拟合的结果中，估计系数为 -0.90235，虽然 p 值依然显著，但这显然离我们的理论预设值 -1 越来越远，这也警醒我们在使用二阶拟合时需要结合实际情况考虑是否应该添加二次项。

10.2.2 模糊断点回归

模糊断点回归与清晰断点回归（也称精确断点回归）不同，模糊断点回归是指个体在临界值（断点）处接受处理效应的概率从 a 跳跃到 b（见图 10.6）。

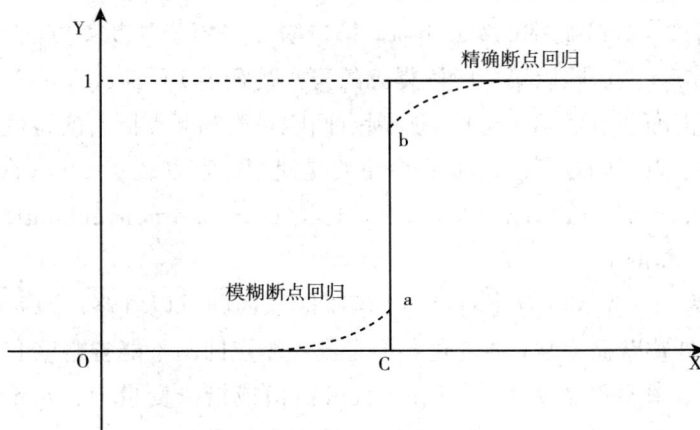

图 10.6 精确断点与模糊断点

对于模糊断点回归而言，其实可以将清晰断点回归视为模糊断点回归的极限形式或特例。这是因为虽然是模糊断点回归，但其断点仍然是确定的，只是对于断点左右个体是否接受处理效应的结果存在概率上的不确定性。换言之，可以使用下面的式（10-4）来表示。

$$P\left(D_i = 1 \mid x_i\right) = \begin{cases} g_1\left(x_i\right) & x_i \geqslant c \\ g_0\left(x_i\right) & x_i < c \end{cases} \tag{10-4}$$

其中：

$$g_1\left(c\right) \neq g_0\left(c\right) i = 1,2,\ldots,n$$

式（10-4）表示，处理变量D在断点左右得到处理的概率不再是0和1，而是一个关于x_i的函数。又因为$g_1\left(c\right) \neq g_0\left(c\right)$，所以$P\left(D_i = 1 \mid x_i\right)$在该断点处发生了概率上的跳跃。

基于这样的一种理念，可以通过对精确断点回归的表达式进行推广进而得到模糊断点回归的局部平均处理效应（LATE）：

$$\text{LATE} = E\left[\left(y_1 - y_0\right) \mid x = c\right] = \frac{\lim\limits_{x \to c+} E\left(y \mid x\right) - \lim\limits_{x \to c-} E\left(y \mid x\right)}{\lim\limits_{x \to c+} E\left(D \mid x\right) - \lim\limits_{x \to c-} E\left(D \mid x\right)} \tag{10-5}$$

其中，D为处理变量（或者选择变量），根据模糊断点回归(fuzzy regression–discontinuity estimation)的定义，式（10-5）中的分子（numerator）$\lim\limits_{x \to c+} E\left(y \mid x\right) - \lim\limits_{x \to c-} E\left(y \mid x\right)$就是清晰断点回归估计的处理效应；式（10-5）中的分母（denominator）是断点左右两边接受处理的概率跳跃$\lim\limits_{x \to c+} E\left(D \mid x\right) - \lim\limits_{x \to c-} E\left(D \mid x\right) = b - a \neq 0$。因而，模糊断点回归估计，本质上是一种两阶段的工具变量估计：第一阶段，以断点作为工具变量（断点一般都是外生的，如高考分数线、选票率超过50%），对处理变量D进行回归估计，然后得到断点两侧接受处理概率的跳跃b-a；第二阶段，用清晰断点方法直接估计x对y影响的处理效应，然后除以第一阶段得到的概率跳跃b-a（即分母）；当b-a=1时，式（10-5）就是清晰断点回归，可见清晰断点回归是模糊断点回归的特例。

关于模糊断点回归分析的Stata命令主要是使用非官方命令rd。其命令格式为：

. rd y D x, mbw(numlist) z0(real) strineq graph kernel(rectangle) bdep oxline covar(varlist) x(varlist)

其中，y为因变量；D为处理变量，清晰断点回归可以省略，因为清晰断点回归默认的是断点处跳跃概率从0~1变化。但是模糊断点回归不能省略该变量，因为处理变量T跳跃的概率不再是从0~1变化；x代表赋值或指派变量（assignment variable），用于指定区间和断点划分的分配指标，比如高考的分数；mbw(numlist)表示指定最优带宽的倍数，其默认值为50 100 200；z0(real)表示指定断点位置，默认值为0；strineq表示根据严格不等式来计算处理变量，大于断点为1，小于为0；graph表示根据所选的每一带宽画出其局部线性回归图，covar(varlist)表示指定加入局部线性回归的协变量；kernel(rectangle)表示使用均匀核，默认为三角核；bdep表示通过画图来考察断点回归估计结果对带宽的依赖性；oxline表示用一条直线标注出最优带宽以便识别；x(varlist)表示检验这些协变量是否在断点处有跳跃。

　　对于模糊断点回归，同样使用随机数生成器对上面提到的案例进行模拟。需注意的是，在这里需要在前面案例的基础上修改处理变量T，因为在模糊断点回归中其断点跳跃的概率并非从0~1。具体而言，键入以下命令。

　　. set seed 10100

　　. gen T1 = cond(uniform()<.1, 1-T, T)　　// cond()表示条件均值，该命令表示生成一个新的变量T1，当0到1上的随机数小于0.1时，T1返回1-T，当大于等于0.1时，T1返回T。也就是T1只和T重合90%，有大约10%超过重点分数线的人读不了重点大学；也有大约10%没过重点线的人能读重点大学

　　对于新生成的T1，可以使用tab命令将其与原处理变量T进行对比。键入以下命令。

　　. tab T1 T　　//（见表10.6）。

表10.6　　　　　　　　　　　　　　　变量列表

T1	T 0	T 1	Total
0	446	39	485
1	55	460	515
Total	501	499	1,000

　　观察表10.6可以看出，在T=0，也就是说在分数低于重点大学分数线的学生中，有55人依然就读了重点大学，概率为0.10978044；但是在T=1，即分数高于重点大学分数线的499名学生中，有460人就读了重点大学，概率为0.92184369。此时，x=6这一断点处，处理变量T1跳跃的概率便不再是从0~1，概率跳跃的幅度为0.92184369-0.10978044=0.81206325。

　　由于变量g中包含变量T，而被解释变量y中又包含了变量g，所以需要通过新的变量T1生成这两者对应的新变量。键入以下命令。

　　. gen g1=-T1+3*log(x)+sin(x)/3　　//根据T1生成新的变量g

　　. gen y1=g1+0.5*z1+0.3*z2+e　　//这里说明y1和T1的真实系数是-1

　　接下来对其进行模糊断点回归。键入以下命令。

　　. rd y1 T1 x, z0(6) mbw(100) gr　　// T1为处理变量，z0为断点，mbw(100)表示仅输出最优带宽，gr代表输出断点回归拟合图形，默认为一阶拟合（见表10.7）。

　　表10.7中，Stata返回了一倍带宽（100%）局部Wald估计值lwald=-1.072574，且在1%的水平下显著，代表了处理变量T1的处理效应，也称为工具变量估计。第一阶段估计，是分母denom=0.875（denominator的缩写），代表x>6时接受处理的概率与x<6时接受处理的概率之差（概率跳跃），也即超过临界值6时接受处理的概率

减去低于临界值6时接受处理的概率b-a。第二阶段估计的结果，是分子numer=0.938（numerator的简写），它是清晰断点估计结果（即命令rd y1 x, z0(6) mbw(100) gr）；工具变量处理效应lwald=numer/denom，也即-1.072574=-.9380984/0.8746231。

表10.7　　　　　　　　　　　　　　　　　断点回归分析

```
Three variables specified; jump in treatment
at Z=6 will be estimated. Local Wald Estimate
is the ratio of jump in outcome to jump in treatment.

Assignment variable Z is x
Treatment variable X_T is T1
Outcome variable y is y1

Command used for graph: lpoly; Kernel used: triangle (default)
Bandwidth: .38181905; loc Wald Estimate: -1.0725744
Estimating for bandwidth .3818190513315496
```

y1	Coefficient	Std. err.	z	P>|z|	[95% conf. interval]	
numer	-.9380984	.1588739	-5.90	0.000	-1.249486	-.6267113
denom	.8746231	.0350329	24.97	0.000	.80596	.9432863
lwald	-1.072574	.1729034	-6.20	0.000	-1.411459	-.73369

模糊断点回归估计命令rd本质上就是一个两阶段工具变量估计：第一阶段估计的是断点附近接受处理和不接受处理的概率变化。即用T1做因变量，用X做解释变量进行清晰断点回归（相当于输入估计命令：rd T1 x, z0(6) mbw(100) bwidth(.38181905) gr）。如图10.7所示，断点左右两侧接受处理的概率之差为denom=0.8746231。

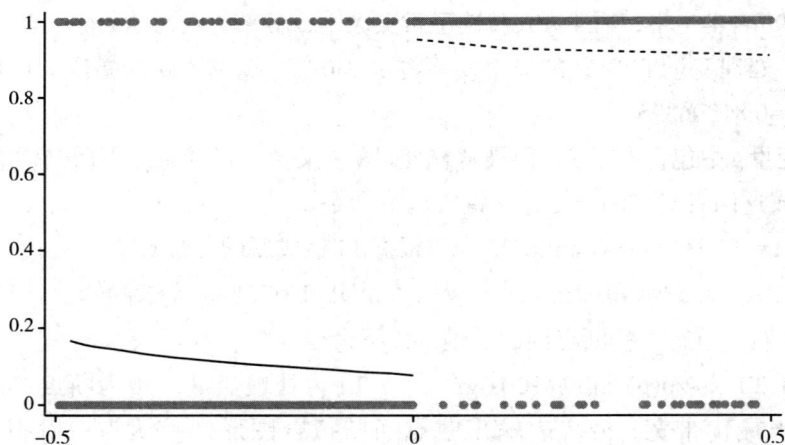

图10.7　模糊断点回归一阶段估计

第二阶段，做x对y影响的清晰断点估计，然后用分子除以分母得到处理变量T1对因变量y1的影响，如图10.8所示。

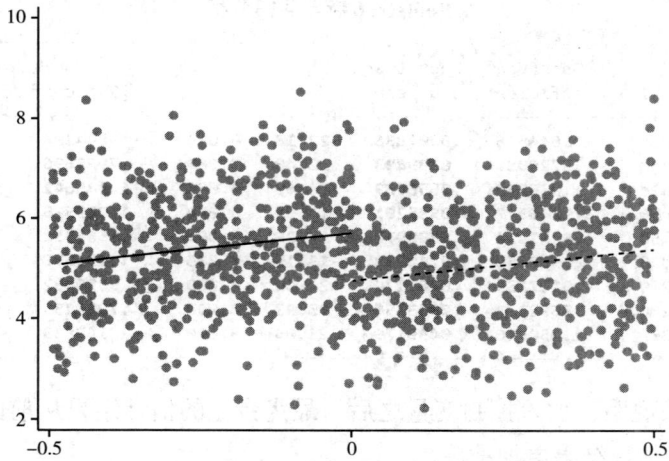

图10.8 模糊断点回归估计第二阶段结果

如果想要用图形绘制不同带宽条件下，断点附近的处理效应，可以使用命令：

. rd y1 T1 x, z0(6) mbw(50(25)300) bdep ox   //选项mbw(50(25)300)表示从最优带宽的0.5~3倍，每间隔0.25，做一次断点回归估计；选项bdep表示画处理效应和置信区间图；选项ox表示在最优带宽处画一条垂线（见图10.9）。

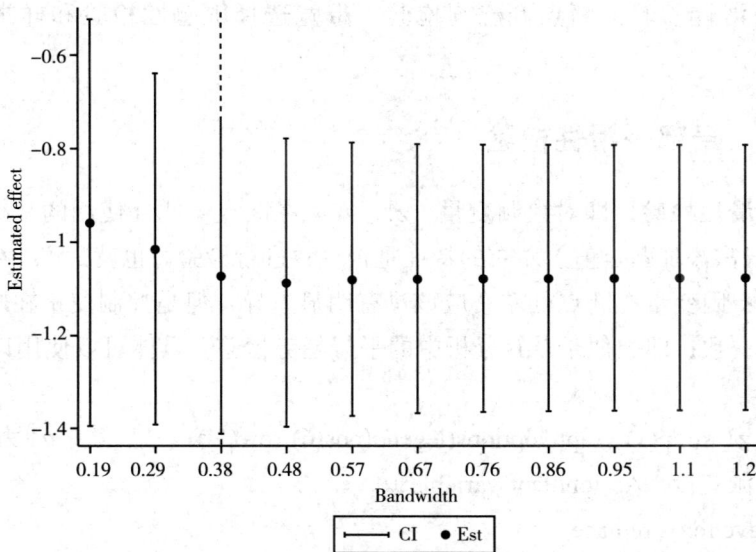

图10.9 不同带宽断点回归拟合图

此外，还可以使用bootstrap再抽样法进行模糊断点回归估计（清晰断点回归分析的逻辑一样），同时加入控制变量：

. bs: rd y1 T1 x, z0(6) covar(z1 z2)   //默认50次bootstrap再抽样（见表10.8）。

表10.8　　　　　　　　　　**Bootstrap断点回归分析**

y1	Observed coefficient	Bootstrap std. err.	z	P>|z|	Normal-based [95% conf. interval]	
numer	-.9044846	.0407838	-22.18	0.000	-.9844193	-.8245498
denom	.8726088	.0389493	22.40	0.000	.7962696	.948948
lwald	-1.036529	.0556709	-18.62	0.000	-1.145642	-.9274163
numer50	-.9146377	.0535201	-17.09	0.000	-1.019535	-.8097402
denom50	.9251324	.0338972	27.29	0.000	.8586952	.9915697
lwald50	-.988656	.0749638	-13.19	0.000	-1.135582	-.8417296
numer200	-.9127235	.0402179	-22.69	0.000	-.9915492	-.8338978
denom200	.8692223	.0363256	23.93	0.000	.7980255	.9404191
lwald200	-1.050046	.0499179	-21.04	0.000	-1.147883	-.9522087

表10.8结果说明，加入控制变量之后，最优带宽的估计结果从前面的-1.07变成了-1.037，模型估计结果更加准确。

10.3　断点回归检验

与DID模型一致，对于RDD回归分析同样需要对其回归结果进行后验检验，这里主要以清晰断点回归为例（模糊断点回归检验逻辑一致），学习4种检验：局部平滑性检验、断点安慰剂检验、带宽选择敏感性检验和样本选择敏感性检验。

10.3.1　局部平滑性检验

局部平滑性检验，即对控制变量（z1，z2）在断点（此处使用的是标准化后的xc，若使用x需添加断点值）左右的特征是否一致进行检验。也就是说，使用断点回归的前提是：因变量在断点处左右应该具有明显差异，但是控制变量在断点处左右特征应趋于一致，即类似于DID分析中的平行趋势检验。具体可以使用以下Stata命令进行检验。

. rdplot z1 xc, p(1) graph_options(legend(pos(6) row(1)))　　　//其中z1为控制变量，变量xc为指派变量（Assignment Variable）。

graph save rdz1, replace

rdplot z2 xc, p(1) graph_options(legend(pos(6) row(1)))　　　//其中z2为控制变量

graph save rdz2, replace

graph combine rdz1.gph rdz2.gph, title("变量z1和z2的平滑性检验")　　　//（见图10.10）。

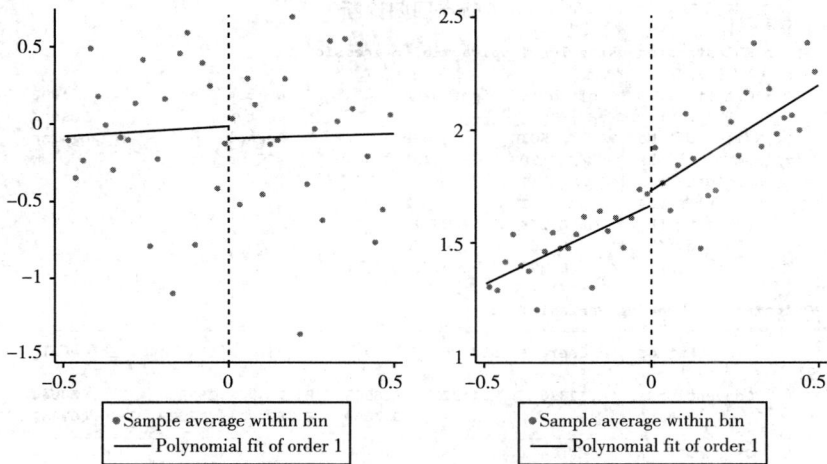

图 10.10　变量 z1 和 z2 的平滑性检验

从拟合图 10.10 来看，在断点左右控制变量 z1 和 z2 基本都在带宽以内，虽然还是存在一定差异，但该差异并不显著。当然，仅凭图形来判断没有说服力，是否显著还需要使用 rdrobust 命令对其分析。

. rdrobust z1 xc　　//（见表 10.9）。

表 10.9　　　　　　　　　　　　　　**断点回归诊断**

```
Sharp RD estimates using local polynomial regression.

         Cutoff c = 0 | Left of c  Right of c       Number of obs =      1000
                       |                             BW type       =     mserd
        Number of obs  |    501        499           Kernel        = Triangular
    Eff. Number of obs |    174        164           VCE method    =        NN
       Order est. (p)  |      1          1
       Order bias (q)  |      2          2
         BW est. (h)   |  0.161      0.161
         BW bias (b)   |  0.245      0.245
         rho (h/b)     |  0.656      0.656

Outcome: z1. Running variable: xc.
```

Method	Coef.	Std. Err.	z	P>|z|	[95% Conf. Interval]	
Conventional	.06079	.44329	0.1371	0.891	-.808043	.929618
Robust	-	-	0.2775	0.781	-.884926	1.17681

观察表 10.9 估计结果可以看出，Stata 返回的 p 值并不显著，这意味着控制变量 z1 在断点左右并不存在明显差异。

同样的，再检验 z2，键入以下命令。

. rdrobust z2 xc　　//（见表 10.10）。

观察表 10.10 的结果，与 z1 类似，变量 z2 也通过了这一检验，这也与我们的模型预设一致。

表10.10　　　　　　　　　　　　　　**断点回归诊断**

```
Sharp RD estimates using local polynomial regression.

        Cutoff c = 0 │ Left of c  Right of c        Number of obs =      1000
        ─────────────┼─────────────────────         BW type       =     mserd
        Number of obs │    501         499           Kernel        = Triangular
   Eff. Number of obs │    190         181           VCE method    =        NN
        Order est. (p)│      1           1
       Order bias (q) │      2           2
         BW est. (h)  │  0.178       0.178
         BW bias (b)  │  0.260       0.260
           rho (h/b)  │  0.687       0.687

Outcome: z2. Running variable: xc.

    Method  │   Coef.    Std. Err.      z     P>|z|    [95% Conf. Interval]
────────────┼──────────────────────────────────────────────────────────────
Conventional│  .12836     .14321     0.8963   0.370    -.152324     .409044
      Robust│     -           -      0.7069   0.480    -.217009     .461862
```

10.3.2　断点安慰剂检验

断点安慰剂检验，即重新设定模型的断点并进行检验，如果原回归结果可靠，则新设定的断点其回归结果不应该显著。具体可以使用以下命令进行检验。

. rdrobust y xc, c(#)　　// c(#)为模型的断点，默认值为0，检验时我们可以手动将断点左右移动并观察其回归结果

具体可以使用两种方式，一种为使用rdrobust命令进行多次估计。这里我们仅提供命令展示，具体结果为了节省篇幅就此省略。

. rdrobust y xc, c(-0.5)

. rdrobust y xc, c(-0.2)

. rdrobust y xc, c(0)

. rdrobust y xc, c(0.2)

. rdrobust y xc, c(0.5)

第二种方式则是使用do-file编辑器，将各项估计系数用图形的方式展示出来。具体命令如下：

. rdrobust y xc, c(-0.4)

est sto rdd1

rdrobust y xc, c(-0.3)

est sto rdd2

rdrobust y xc, c(-0.2)

est sto rdd3

rdrobust y xc, c(0)

est sto rdd4

rdrobust y xc, c(0.2)

est sto rdd5

rdrobust y xc, c(0.3)

est sto rdd6

rdrobust y xc, c(0.4)

est sto rdd7

coefplot rdd1 rdd2 rdd3 rdd4 rdd5 rdd6 rdd7, yline(0) drop(_cons) legend(pos(6) row(1)) vertical

从图 10.11 可以看出，除了 rdd4，即断点为 0 时的估计结果趋于 –1，其余的都显著不同于 –1，这表示在 0 处的断点回归结果通过了安慰剂检验。

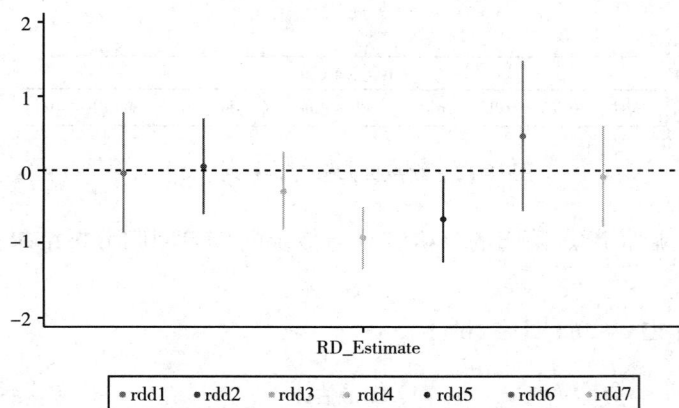

图 10.11 断点回归安慰剂检验（1）

当想要取更多的断点时，为避免程序过长，也可以使用下面的循环命令进行安慰剂检验：

. quietly sum xc

local xcmax=r(max)   //定义局部宏变量，取 xc 的最大值 0.49

local xcmin=r(min)   //定义局部宏变量，取 xc 的最小值 -0.49

forvalues i=1(1)4{

local rdr=`xcmax'/(`i'+1)

local rdl=`xcmin'/(`i'+1)

rdrobust y xc if xc>0, c(`rdr')

estimates store rdr`i'

rdrobust y xc if xc<0, c(`rdl')

estimates store rdl`i'

}

rdrobust y1 xc, c(0)   //加上真实断点的回归结果

estimates store rdbaseline

local vlist "rdl1 rdl2 rdl3 rdl4 rdbaseline rdr4 rdr3 rdr2 rdr1"

coefplot `vlist', yline(0) drop(_cons) vertical legend(pos(6) row(1))   //（见图10.12）。

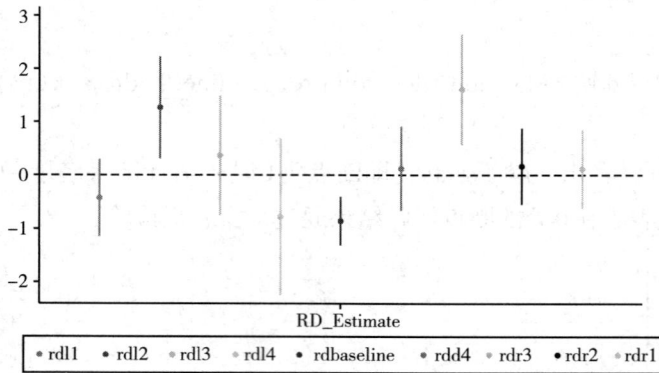

图10.12 断点回归安慰剂检验（2）

此外，还可以将断点回归的分析结果与传统的OLS回归分析结果作对比。基准OLS估计：

. reg y xc z1 z2   //（见表10.11）。

表10.11   **OLS估计**

Source	SS	df	MS		
				Number of obs	= 1,000
				F(3, 996)	= 3427.22
Model	1109.23761	3	369.745871	Prob > F	= 0.0000
Residual	107.453505	996	.107885045	R-squared	= 0.9117
				Adj R-squared	= 0.9114
Total	1216.69112	999	1.21790903	Root MSE	= .32846

y	Coefficient	Std. err.	t	P>|t|	[95% conf. interval]	
xc	-.7022488	.0400483	-17.54	0.000	-.7808374	-.6236601
z1	.5049098	.0050619	99.75	0.000	.4949765	.514843
z2	.2945935	.0179893	16.38	0.000	.2592921	.3298948
_cons	4.795665	.0327373	146.49	0.000	4.731423	4.859907

观察表10.11中的OLS回归结果，可以看出，xc的系数为-0.70，这显然与我们的模型预设值不同。这是因为OLS的回归结果反映的更多是样本整体的特征，而非聚焦于断点左右的差异，而断点回归分析则恰好相反。

10.3.3 带宽选择敏感性检验

带宽选择敏感性检验用于检验模型回归结果的稳健性，如果模型的回归结果不会因为带宽的改变而发生显著改变，则该回归结果比较稳健。具体操作可以使用以下命令。

. rdrobust y x　　//这一步可以获得最优带宽

. rdrobust y x, h(#)　　// h(#)为带宽，这里我们通过人工设定带宽并对其回归结果进行观察

键入以下命令。

. rdrobust y xc　　//这一步是为了得到最优带宽（见表10.12）。

表10.12　　　　　　　　　　　　**最优带宽分析**

```
Sharp RD estimates using local polynomial regression.

         Cutoff c = 0 | Left of c  Right of c          Number of obs =     1000
                      |                                BW type       =    mserd
      Number of obs       501         499              Kernel        = Triangular
 Eff. Number of obs       163         156              VCE method    =       NN
      Order est. (p)        1           1
     Order bias (q)        2           2
        BW est. (h)     0.151       0.151
       BW bias (b)      0.233       0.233
         rho (h/b)      0.649       0.649

Outcome: y. Running variable: xc.

        Method |   Coef.   Std. Err.     z     P>|z|    [95% Conf. Interval]

  Conventional | -.92823    .21954   -4.2281   0.000   -1.35852     -.497944
        Robust |    -          -     -3.4282   0.001   -1.38868     -.378406
```

通过表10.12的估计结果，得到模型的最优带宽为0.151。接下来使用do−file编辑器对其稳健性进行检验，键入以下命令。

. local hrd1=0.151*0.25　　//定义局部宏变量

rdrobust y xc, h(`hrd1')　　//改变带宽

est sto rddh1　　//将数据结果储存为rddh1

local hrd2=0.151*0.5

rdrobust y xc, h(`hrd2')

est sto rddh2

local hrd3=0.151*0.75

rdrobust y xc, h(`hrd3')

est sto rddh3

local hrd4=0.151*1

rdrobust y xc, h(`hrd4')

est sto rddh4

local hrd5=0.151*1.25

rdrobust y xc, h(`hrd5')

est sto rddh5

local hrd6=0.151*1.5

```
rdrobust y xc, h(`hrd6')
est sto rddh6
local hrd7=0.151*1.75
rdrobust y xc, h(`hrd7')
est sto rddh7
coefplot rddh1 rddh2 rddh3 rddh4 rddh5 rddh6 rddh7, yline(0, lp(dash))
```
ylabel(-2(0.5)0.5) drop(_cons) vertical legend(pos(6) row(1))   //将各回归系数画图
（见图10.13）。

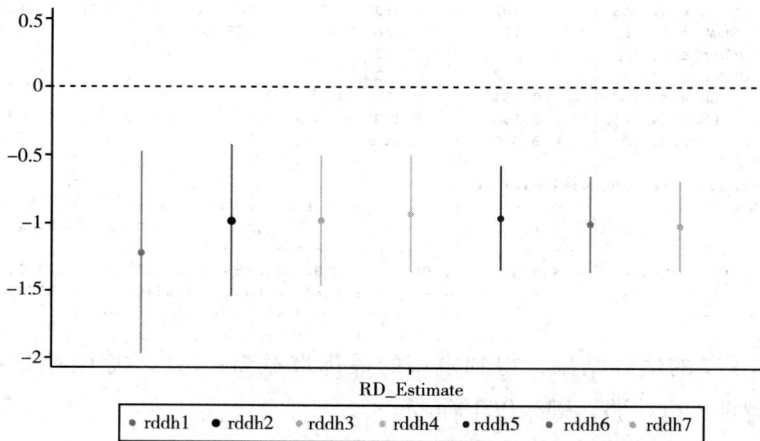

图10.13　带宽选择敏感性检验（1）

观察图10.13可以看出，通过调整不同的带宽，Stata回归所得的结果都趋于−1，且没有明显的差异。这表示模型回归结果的稳健性较好。

上述带宽检验，也可以使用下面的命令：

```
. rdrobust y1 xc        //计算最优带宽
local h = e(h_l)        //利用局部宏提取最优带宽
forvalues i=1(1)10{
local hrobust=`h'*0.2*`i'
rdrobust y1 xc, h(`hrobust')
estimates store hrob`i'
}
local vlist "hrob1 hrob2 hrob3 hrob4 hrob5 hrob6 hrob7 hrob8 hrob9 hrob10"
coefplot `vlist', yline(0, lp(dash)) ylabel(-2(0.5)0.2) drop(_cons) legend(pos(6) row(1))
```
vertical   //（见图10.14）。

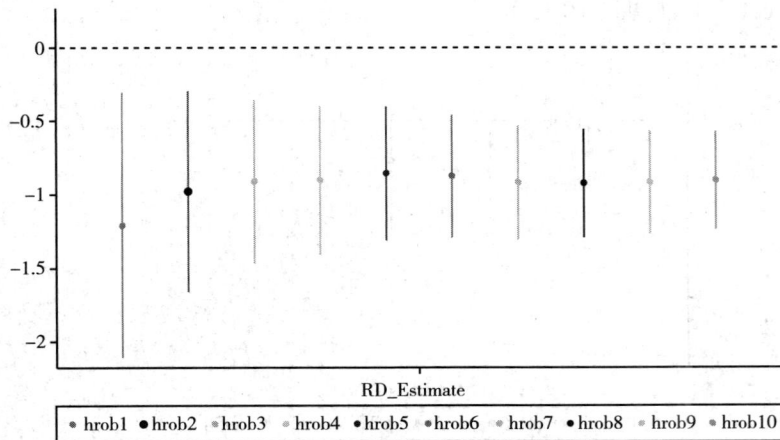

图10.14 带宽选择敏感性检验（2）

10.3.4 样本选择敏感性检验

样本选择敏感性检验，是为了避免人为的数据操纵或者为了获得特定结果而进行的数据造假。其检验方式主要是通过删减部分样本再观察其新的回归结果，如果不存在样本选择偏误则回归结果不应出现显著性差异。具体可以通过以下命令进行检验。

```
. local opt1=0.5*0.02
rdrobust y xc if abs(xc)>`opt1'        //删除断点附近-0.01<xc<0.01区间值，并进行回归
est sto ropt1
local opt2=0.5*0.03
rdrobust y xc if abs(xc)>`opt2'        //删除断点附近-0.015<xc<0.015区间值，并进行
回归
est sto ropt2
local opt3=0.5*0.05
rdrobust y xc if abs(xc)>`opt3'        //删除断点附近-0.025<xc<0.025区间值，并进行
回归
est sto ropt3
local opt4=0.5*0.08
rdrobust y xc if abs(xc)>`opt4'        //删除断点附近-0.04<xc<0.04区间值，并进行回归
est sto ropt4
local opt5=0.5*0.09
rdrobust y xc if abs(xc)>`opt5'
est sto ropt5
coefplot ropt1 ropt2 ropt3 ropt4 ropt5, yline(0, lp(dash)) drop(_cons) legend(pos(6)
```

row(1)) vertical　　//（见图 10.15）。

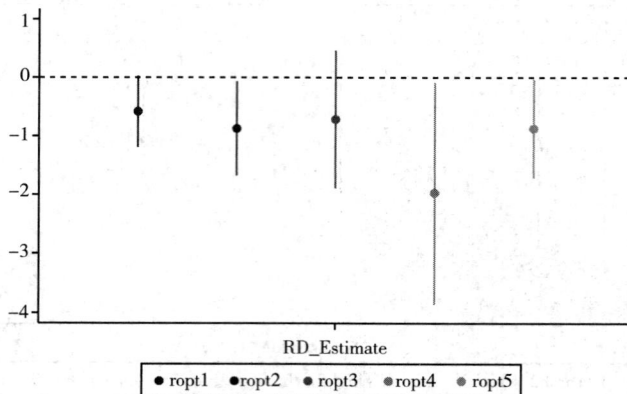

图 10.15　样本选择敏感性检验（1）

可以看到，在删除了部分数据以后，模型的估计结果总体还是围绕在 –1 左右，这证明模型不存在样本选择偏误。同理，以上检验也可以使用循环语句：

```
. quietly sum xc
local xcmax=r(max)
forvalues i=1(1)10{
local j=`xcmax'*0.01*`i'
rdrobust y1 xc if abs(xc)>`j'
estimates store obrob`i'
}
local vlist "obrob1 obrob2 obrob3 obrob4 obrob5 obrob6 obrob7 obrob8 obrob9 obrob10"
coefplot `vlist' , yline(0, lp(dash)) drop(_cons) vertical legend(pos(6) row(1))      //（见
图 10.16 ）。
```

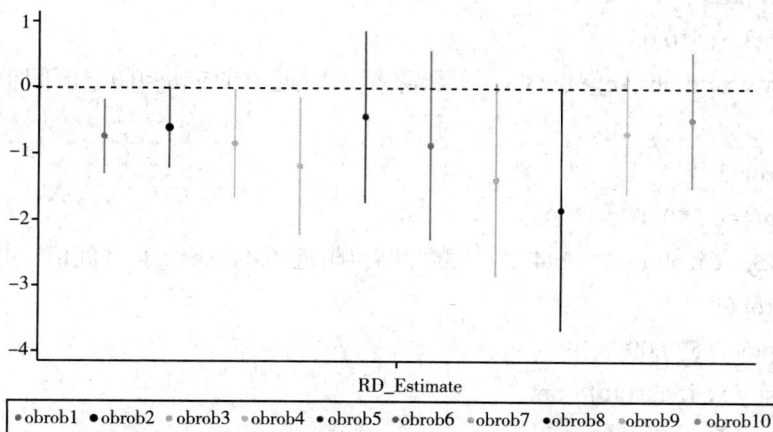

图 10.16　样本选择敏感性检验（2）

10.4　逆倾向得分加权断点回归分析（IPSW–RDD）

在实际研究过程中，经常需要将样本分为不同的子集，比如上市公司的类别、消费者的性别、个体的偏好、地理区位等，传统的分析方法可能就是设置核心解释变量与分组变量的交互项，通过交互项的系数是否显著，来识别子样本之间的处理效应差。然而，这样做可能存在两个问题：（1）子样本之间本身各协变量存在较大差异，如果忽略这种协变量的差异直接加以回归，可能会夸大核心解释变量对因变量影响的处理效应；（2）即便我们能够想办法控制协变量的差异，让每个子集的协变量特征相似，但也有可能因为分组不满足随机性，而导致估计出来的处理效应"打折扣"（Geradino et al., 2017）。

子样本逆倾向得分加权断点回归分析（subgroup analysis for regression discontinuity designs using inverse propensity score weighting），也是一种加权合成控制方法。顾名思义，就是基于协变量（控制变量）特征，通过计算个体被分入子样本的条件概率（倾向得分），然后用该条件概率的倒数（逆）进行加权，确保每个子样本在协变量特征上不存在显著差异，最后使用加权后的子样本来识别不同样本之间的处理效应差。

10.4.1　命令 rddsga 及语法结构

子样本逆倾向得分加权断点回归分析的 Stata 命令为 rddsga，该命令是用户编写的命令，需要提前下载安装：

. ssc install rddsga, replace

. rddsga depvar assignvar [indepvars] [if] [in] , sgroup(varname) bwidth(real) cutoff(real) treatment(varname) balance(varlist) probit nocomsup firststage reducedform ivregress quadratic vce(vcetype) bsreps(#)

其中，depvar 是结果变量或因变量；assignvar 是有已知断点的赋值变量或指派变量；indepvars 是一组控制变量。

选项 sgroup(varname) 和 bwidth(real) 是必选项。选项 sgroup() 用于指定分组变量，这个变量必须是一个虚拟的（值 0 或 1）。如果仅仅设置了 sgroup() 选项，就代表清晰断点回归。如果同时设置了处理变量 treatment() 选项，则为模糊断点回归分析。并且分组变量 sgroup() 和处理变量 treatment() 不能相同；选项 bwidth() 用于指定带宽，具体值可以用清晰或模糊断点估计诊断。

选项 cutoff(real) 用于指定 assignvar 变量所处的断点，默认断点为 0；选项 probit 表示使用 probit 模型计算倾向得分，默认为 logit 模型；选项 nocomsup 表明样本不应局限于共同支撑的区域。

选项balance (varlist)指定输入倾向得分估计的变量。如果未指定，则使用indepars中的变量。如果你想要平衡一组不同的协变量，而不是模型中用作控制的协变量，那么这个选项是有用的。如果indepars为空，则必须指定此选项。

选项firststage表示用OLS估计断点回归。选项reducedform表示使用OLS估计缩略形式；选项ivregress表示使用工具变量进行估计（适用于模糊断点估计）。

10.4.2　Stata应用案例分析

以数据rddsga_synth数据为例，该数据集是命令rddsga的开发者（Gerardino, Litschig, Olken and Pomeranz，2017）基于蒙特卡罗模拟方法生成的，包含了10000个观测值。

. use rddsga_synth, clear

. sum　　　//（见表10.13）。

表10.13　　　　　　　　　　描述性统计

Variable	Obs	Mean	Std. dev.	Min	Max
Y	10,000	.4167268	1.782474	-6.109462	8.632755
X	10,000	14.5016	24.98074	-100	100
D	10,000	.7217	.4481843	0	1
G	10,000	.499	.500024	0	1
W1	10,000	.367162	.9535774	-3.993898	3.60193
W2	10,000	.365721	.9578171	-3.977856	3.723975

其中，Y代表因变量，解释变量X是服从正态分布，但是取值区间限定为[-100, 100]；D代表处理变量；G为分组变量；W1和W2代表协变量（控制变量）。

通过图10.17分析，可以看出，因变量Y（Outcome）在X=0（Running variable）处具有明显的断点特征：

. scatter Y X, xline(0, lwidth(vthin) lp(shortdash))

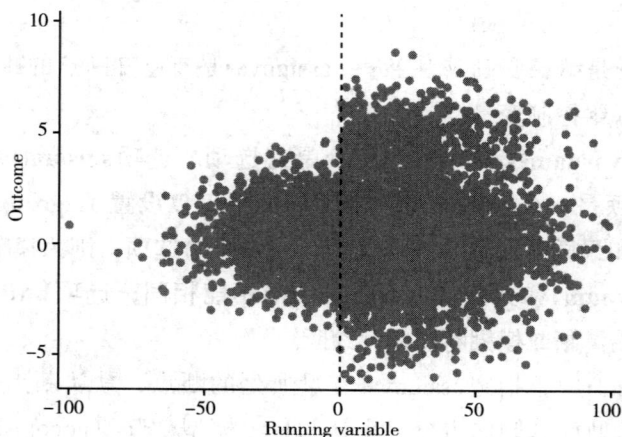

图10.17　散点图分析

但是，在这种情况下，使用清晰断点拟合图又很难呈现出明显的断点特征：

. rdplot Y X, c(0) p(1) graph_options(legend(pos(6) row(1)))　　// p(1)代表一阶线性拟合（见图10.18）。

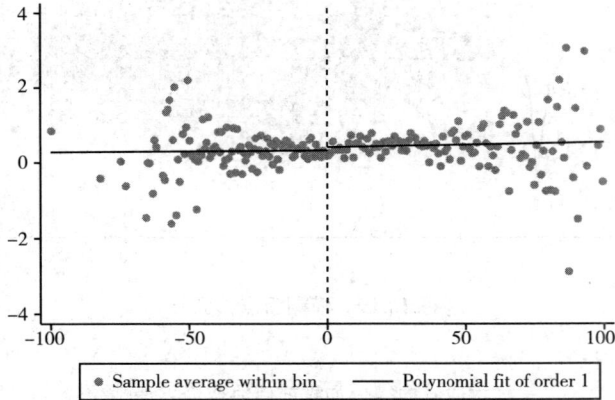

图10.18　断点线性拟合

所以，传统的清晰断点回归分析在这里可能并不适用。也可以采用前文的模糊断点再进行估计：

. rd Y D X , z0(0) covar(W1 W2) gr　　// gr表示输出图形（见表10.14）。

表**10.14** 　　　　　　　　　　**模糊断点估计**

```
Command used for graph: lpoly; Kernel used: triangle (default)
Bandwidth: 3.9285833; loc Wald Estimate: -.02441373
Bandwidth: 1.9642917; loc Wald Estimate: .15383521
Bandwidth: 7.8571667; loc Wald Estimate: .1912085
Estimating for bandwidth 3.928583337247225
Estimating for bandwidth 1.964291668623612
Estimating for bandwidth 7.85716667449445
```

Y	Coefficient	Std. err.	z	P>|z|	[95% conf. interval]	
numer	.0536195	.1852552	0.29	0.772	-.309474	.4167129
denom	.4103613	.0596873	6.88	0.000	.2933764	.5273462
lwald	.1306641	.451049	0.29	0.772	-.7533758	1.014704
numer50	-.0371639	.2607411	-0.14	0.887	-.5482071	.4738794
denom50	.1470405	.0887156	1.66	0.097	-.0268389	.3209199
lwald50	-.2527459	1.781149	-0.14	0.887	-3.743734	3.238242
numer200	.2550881	.132666	1.92	0.055	-.0049326	.5151088
denom200	.6605804	.0362955	18.20	0.000	.5894425	.7317183
lwald200	.3861576	.2007716	1.92	0.054	-.0073475	.7796626

图10.19结果表明，模糊断点各种带宽估计下，系数也多数不显著，而且各种带宽估计下的系数存在显著差异，说明传统的模糊断点估计效果也不好。

最后，考虑子样本逆倾向得分加权RDD估计，但是在执行该估计之前，先诊断逆倾向得分匹配前后，处理组和控制组的特征是否存在显著差异（平滑性）：

. rddsga Y X, balance(W1 W2) sgroup(G) bwidth(10) dibal　　// dibal代表平滑性诊断（见表10.15）。

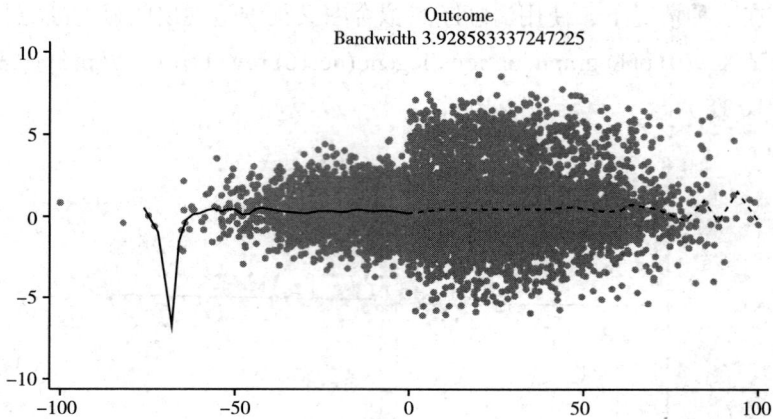

图 10.19　模糊断点诊断

表 10.15　　　　　　　　子样本逆倾向得分加权前后协变量平滑性检验

```
Unweighted
```

	mean_G0	mean_G1	std_diff	p-value
W1	.722	-.0222	.777	2.53e-97
W2	.658	.0189	.666	1.73e-70

```
Obs. in subgroup 0: 1355
Obs. in subgroup 1: 1325
Mean abs(std_diff): .72168465
F-statistic: 393.95797
Global p-value: 0
```

```
Inverse Propensity Score Weighting
```

	mean_G0	mean_G1	std_diff	p-value
W1	.424	.377	.049	.191
W2	.394	.394	-.000483	.99

```
Obs. in subgroup 0: 1346
Obs. in subgroup 1: 1324
Mean abs(std_diff): .02476469
F-statistic: .8713052
Global p-value: .41852479
```

　　表 10.15 结果表明，在进行逆倾向得分加权之前，处理组和控制组的协变量 W1 和 W2 存在显著差异，p 值接近 0；但是，在进行逆倾向得分加权之后，处理组和控制组协变量的差异变得不显著了，p 值分别为 0.386 和 0.662。说明该方法很好地平滑了断点附近处理组和控制组特征，然后可以进行逆倾向得分加权的清晰断点 OLS 估计：

　　. rddsga Y X, balance(W1 W2) sgroup(G) bwidth(10) reduced probit　　// probit 表示倾向得分使用 Probit 模型，默认为 Logit 模型（见表 10.16）。

表10.16 子样本逆倾向得分加权清晰断点估计

Y	Coef.	Std. Err.	z	P>|z|	[95% Conf. Interval] (P)	
Subgroup						
0	-.2951133	.2860066	-1.03	0.302	-.855931	.2657044
1	.7544662	.2717688	2.78	0.006	.2215668	1.287366
Difference	1.04958	.3572342	2.94	0.003	.2257961	1.873363

表10.16中，因为没有设定treatment()选项，系统默认X只要大于0，即为接受处理。X小于0，即为不接受处理。所以实际估计的是清晰断点估计。如果想要估计模糊断点估计，则可以加入treatment选项：

. rddsga Y X W1 W2, sgroup(G) bwidth(6) treatment(D) reduced probit   //（见表10.17）。

表10.17 子样本逆倾向得分加权模糊断点估计

Y	Coef.	Std. Err.	z	P>|z|	[95% Conf. Interval] (P)	
Subgroup						
0	.0009063	.2236873	0.00	0.997	-.4378516	.4396641
1	.9871483	.3654559	2.70	0.007	.2703141	1.703982
Difference	.986242	.4257191	2.32	0.021	.0586798	1.913804

如果是模糊断点估计，当X超过临界值时，变量D=1的概率并不一定为100%，那么前面缩略模型估计出来的处理效应，实际上就不是真实的处理效应。因为超过临界值的人，可能没有接受处理。超过临界值的人，不是自动产生处理，说明他们会有一定的选择权力（存在自我选择问题，从而产生一定的内生性问题）。例如，D代表经济学专业的选择，Y代表毕业后的收入，那么可能存在缺失变量（如能力）导致专业选择和收入之间产生内生性问题（Bleemer and Mehta, 2022）。这个时候，可以使用分派变量X的断点值作为工具变量进行估计。工具变量估计的结果会更接近真实的处理效应：

. rddsga Y X W1 W2, sgroup(G) bwidth(6) ivreg probit treatment(D)   //这里没有设定cutoff()，是因为真实断点为0（见表10.18）。

表10.18 子样本逆倾向得分加权模糊RDD–IV估计

Y	Coef.	Std. Err.	z	P>|z|	[95% Conf. Interval] (P)	
Subgroup						
0	.001299	.329454	0.00	0.997	-.7238245	.7264224
1	1.386093	.4492819	3.09	0.010	.3972296	2.374955
Difference	1.384794	.5240953	2.64	0.008	.3567921	2.412795

表10.16中，逆倾向得分加权RDD估计结果表明，相对于控制组而言，实验组的IV处理效应为1.384794，比之前的缩略模型1.212318和0.986242高出很多，并且在1%的水平下显著。

第11章　非线性回归与再抽样方法

所谓非线性回归，是指模型的因变量与参数的非线性关系，且非线性体现在自变量的参数不是常数，而是幂函数、指数函数、Logit 函数、Poisson 函数等形式（包含自变量的高次项多项式，仍然属于线性回归的范畴）。非线性模型相对于线性模型而言，其因变量与自变量间不能在坐标空间表示为线性对应关系，其回归规律在图形上表现为各种形态各异的回归曲线。非线性回归和线性回归相比有两大区别：一是非线性回归模型没有显性解，只能使用迭代的方式计算数值解；二是解释变量的参数不再代表边际效应。此外，非线性回归模型依据其是否可转换为线性问题，从而划分成可转换为线性和不可转换为线性两大类。对前者而言可以将其转换为线性后使用前面所学的线性估计方法处理；对于后者则需要使用另外的方式处理。本章主要介绍不可转换非线性估计模型及其边际效应的计算。

11.1　非线性回归估计

11.1.1　基本回归命令

本章主要以 Poisson 回归为例，介绍非线性回归估计命令及边际效应的计算。在 Stata 中常用的估计命令有两类，一类是线性回归模型（Linear）；另一类是非线性回归（Nonlinear），包含 Binary，Multinomial, Censored Normal 等。Stata 系统自带的命令有（包含但不限于表 11.1 所示的命令）。

表 11.1　　　　　　　　　　　　　　　　　非线性回归命令

Linear	regress, cnreg, areg, treatreg, ivregress, qreg, boxcox, frontier, mvreg, sureg, reg3, xtreg, xtgls, xtrc, xtpcse, xtregar, xtmixed, xtivreg, xthtaylor, xtabond, xtfrontier
Nonlinear LS	nl（非线性最小二乘法）
Binary	logit, logistic, probit, cloglog, glogit, slogit, hetprob, scobit, ivprobit, heckprob, xtlogit, xtprobit, xtcloglog
Multinomial	mlogit, clogit, asclogit, nlogit, ologit, rologit, asroprobit, mprobit, asmprobit, oprobit, biprobit

续表

Censored Normal	tobit, intreg, cnsreg, truncreg, ivtobit, **xttobit, xttintreg**
Selection Normal	treatreg, heckman
Durations（久期）	stcox, streg
Counts	poisson, nbreg, gnbreg, zip, zinb, ztp, ztnb, **xtpoisson, xtnbreg**

正如引言所提到的，非线性回归估计的典型特征，就是使用这些命令估计后得到的参数，不是自变量对因变量影响的边际效应，需要重新再计算。并且非线性回归模型没有解析解，只能通过使用迭代或者再抽样的方式计算数值解。

11.1.2　非线性最小二乘法与极大似然估计

对于不可转换的非线性回归模型，其各项参数的求解一般有两种方法可以使用：一为非线性最小二乘法（nonlinear least square），主要对应的是 nl 命令；二是极大似然估计（maximum likelihood estimator），主要对应的是 poisson、nbreg、gnbreg 等命令。两者的区别在于前者是利用最小残差平方和求解参数，然后手动计算边际效应；后者则是利用极大似然函数求解参数，利用 margins 命令计算边际效应。

（1）非线性最小二乘法。 非线性最小二乘法（nonlinear least square）主要是指利用最小二乘法的原理估计非线性模型的最优参数，其本质跟 OLS 估计差不多，只是这里计算出的参数不再代表边际效应，主要对应的命令是 nl。为了更加直观地理解非线性最小二乘法，引入以下模型：

$$y_i = f(x_i, \beta) + e_i \quad (i = 1, 2, \cdots, n) \tag{11-1}$$

其中，$f(x_i, \beta)$ 是 β 的非线性函数，且无法通过数学运算转换为线性函数，换言之，即 $f(x_i, \beta) \neq x_i'\beta$。对于式（11-1）而言，此时的最小残差平方可表示为：

$$\text{Min SSR}(\tilde{\beta}) = \sum_{i=1}^{n} e_i^2 = \sum_{i=1}^{n} (y_i - f(x_i, \beta))^2 \tag{11-2}$$

对式（11-2）求最小化的一阶条件，最终的化简结果为：

$$\sum_{i=1}^{n} e_i \frac{\partial f(x_i, \tilde{\beta})}{\partial \tilde{\beta}} = 0 \tag{11-3}$$

对于式（11-3），在线性回归的情况下 e_i 与 x_i 正交，但此处 e_i 与 $\dfrac{\partial f(x_i, \tilde{\beta})}{\partial \tilde{\beta}}$ 正交，通常在这种情况下是没有解析解的，因此只能使用迭代的方式求出其数值解。

（2）极大似然估计。 对于极大似然估计方法，使用泊松模型来讲解。泊松模型假定因变量 y（计数数据）具有指数形式的条件均值，且因变量取值必须为正：

$$E(\mathbf{y}_i \mid \mathbf{x}_i) = e^{\mathbf{x}_i'\boldsymbol{\beta}} \qquad (11-4)$$

根据式（11-4），如果求其边际效应（ME）可得：

$$\frac{\partial E(\mathbf{y}_i \mid \mathbf{x}_i)}{\partial \mathbf{x}_i} = \boldsymbol{\beta} e^{\mathbf{x}_i'\boldsymbol{\beta}} \qquad (11-5)$$

可以看到此时模型的边际效应不仅与 $\boldsymbol{\beta}$ 有关，还与 $\mathbf{x}$ 的特定值有关，因此在非线性模型中，回归参数不再代表边际效应。关于这个问题将在 11.3 节进行深入讲解。

泊松分布的概率密度函数：$f(y \mid x) = \dfrac{e^{-\mu}\mu^y}{y!}$。其中，$\mu$ 表示事件发生的平均次数，有 $\mu_i = E(y_i \mid \mathbf{x}_i) = e^{\mathbf{x}_i'\boldsymbol{\beta}}$。如果事件是相互独立的，则联合概率分布为：

$$\prod_{i=1}^{n} \frac{e^{-e^{\mathbf{x}_i'\boldsymbol{\beta}}} e^{y_i \mathbf{x}_i'\boldsymbol{\beta}}}{y_i!}$$

其对数似然函数为：

$$\ln L(\boldsymbol{\beta}) = \sum_{i=1}^{n} \left[y_i \mathbf{x}_i'\boldsymbol{\beta} - e^{\mathbf{x}_i'\boldsymbol{\beta}} - \ln(y_i!) \right]$$

对 β 求导，可得最大化似然函数的一阶条件为：

$$\sum_{i=1}^{n} \left(y_i - e^{\mathbf{x}_i'\boldsymbol{\beta}} \right) \mathbf{x}_i = 0 \qquad (11-6)$$

显然，式（11-6）同样没有显性解，因此只能使用迭代的方式来获得其数值解。一般而言当概率密度函数选择错误时，极大似然估计是不一致的。但是，泊松分布的极大似然估计要求的条件更弱，它只要求式（11-4）的条件均值函数是正确设定的，从而式（11-6）左边的期望均值为0，在这种条件下应该使用稳健标准误［即 Stata 中的 vce(robust)选项］，而不是系统对 poisson 命令默认的极大似然标准误（maximum likelihood standard errors）。

11.1.3　几种常用的非线性回归命令

（1）泊松命令（The Poisson Command）。泊松回归主要适用于罕见结局发生率的分析，如城市新冠疫情平均每天感染的人数、公交车站半小时内等车的乘客人数、士兵意外死亡数量、电话拨打错误的数量、罕见疾病的发病率等。

泊松命令的使用与 regress 命令的使用方法一样，但泊松命令默认使用的是极大似然（ML）标准误，其 Stata 命令结构为：

. poisson depvar [indepvars] [if] [in] [weight] [, options]

一般而言，option 选项主要是设定估计子的方差–协方差矩阵（vce）形式，默认使用的是 ML，但可以选择 vce(robust)，vce(oim)，vce(opg)，vce(cluster varname)， vce(boot, reps(#))，vce(jackknife) 等；选项 **exposure()** 表示暴露变量，如果知道事件发生次数（因变量）对应的每个观测值"等待时长"，那就需要将该"时长变量"放在 **exposure()** 中；如果不知道或者事件发生次数（因变量）与"时长"无关，就不用加 **exposure()** 选项。并且，该暴露变量是以对数的形式加入函数并作为解释变量，而且其估计系数限定为 **1**。关于其他 option 的介绍，如 constraints(constraints) 选项可以明确线性约束，level(#) 可以添加置信区间，具体可以使用 help 命令进行查看，此处不再过多赘述。

下面以官方数据 dollhill3.dta 为例进行讲解，该数据集主要是关于各年龄段吸烟与死亡之间的关系。

. use "D:\01 傻瓜计量经济学与 stata 应用 \data\dollhill3.dta", clear

. describe　　 //（见表 11.2）。

表 11.2　　　　　　　　　　　　　　　　变量描述

```
Contains data from D:\01傻瓜计量经济学与stata应用\data\dollhill3.dta
 Observations:          10                  Doll and Hill (1966)
   Variables:            4                  24 Dec 2021 13:57

Variable      Storage   Display     Value
  name          type    format      label       Variable label

agecat         byte     %9.0g       agelbl      age category
smokes         byte     %9.0g                   whether person smokes
deaths         int      %9.0g                   number of deaths
pyears         float    %9.0fc                  person-years
```

. sum　　 //（见表 11.3）。

表 11.3　　　　　　　　　　　　　　　　描述性统计

Variable	Obs	Mean	Std. dev.	Min	Max
agecat	10	3	1.490712	1	5
smokes	10	.5	.5270463	0	1
deaths	10	73.1	73.42184	2	206
pyears	10	18146.7	17762.4	1462	52407

表 11.3 中的数据包含了 35~44 岁、45~54 岁、55~64 岁、65~74 岁和 75~84 岁共五个年龄段（agecat）人口数据，每个年龄段分为吸烟和不吸烟两组，样本总共包含 10 个观测值。因变量 deaths 代表每组人口死亡人数；解释变量 smokes 代表受访组是否都吸烟，取值为 1 代表该组人都吸烟，取值为 0 代表该组人都不吸烟；控制变量 pyears 代表受访组所有人的年龄总数。如果想要研究不同年龄段吸烟所导致的年死亡率，则可以用下面的 Poisson 公式：

$$E\left(y_i \mid x_i\right) = \frac{\text{deaths}}{\text{pyears}} = e^{\beta_0 + \beta_1 \text{smokes} + \sum \gamma_i \times i.\text{agecat}}$$

上式中，deaths/pyears代表每个组的平均年龄死亡率（年平均死亡率）。将上式左右两边展开可得：

$$deaths = pyears \times e^{\beta_0 + \beta_1 smokes + \sum \gamma_i \times i.agecat}$$

$$deaths = e^{\ln(pyears)} \times e^{\beta_0 + \beta_1 smokes + \sum \gamma_i \times i.agecat}$$

$$deaths = e^{\ln(pyears) + \beta_0 + \beta_1 smokes + \sum \gamma_i \times i.agecat}$$

因而，在实际Poisson回归估计中，必须约束ln(pyears)的系数为1。根据前文介绍的语法结构，可以使用exposure(pyears)选项来实现。

接下来为了方便对比，分别对其进行普通OLS回归以及泊松命令回归，输入以下命令：

. gen av_deaths=deaths/pyears   //生成"年平均死亡率"变量

. reg av_deaths smokes i.agecat, vce(robust)   //（见表11.4）。

表11.4   **OLS估计**

```
Linear regression                               Number of obs   =        10
                                                F(5, 4)         =     44.46
                                                Prob > F        =    0.0013
                                                R-squared       =    0.9829
                                                Root MSE        =    .00155
```

av_deaths	Coef.	Robust Std. Err.	t	P>|t|	[95% Conf. Interval]	
smokes	.0011835	.0009777	1.21	0.293	-.0015311	.003898
agecat						
45-54	.001406	.0003836	3.67	0.021	.000341	.002471
55-64	.0056932	.0007287	7.81	0.001	.0036699	.0077165
65-74	.0124016	.0015419	8.04	0.001	.0081206	.0166826
75-84	.0198353	.0018307	10.84	0.000	.0147526	.024918
_cons	-.0002332	.000619	-0.38	0.725	-.0019519	.0014854

表11.4中，变量smokes的系数为0.0012，因为smokes是虚拟变量，所以该参数的意义是：平均而言，吸烟组年平均死亡率要比不吸烟组高0.0012，但是不显著。

其余年龄分组（i.agecat）参数解释，具体而言：相对于年龄35~44岁阶段（默认参照组），年龄45~54岁阶段，年平均死亡率高0.0014；相对于年龄35~44岁阶段，年龄55~64岁阶段，年平均死亡率高0.0057；相对于年龄35~44岁阶段，年龄65~74岁阶段，年平均死亡率高0.012；相对于年龄35~44岁阶段，年龄75~84岁阶段，年平均死亡率高0.0198。

以上问题，如果使用Poisson模型进行估计，则相对要简单很多：

. poisson deaths smokes i.agecat, exposure(pyears) vce(robust)   //选项exposure(pyears)表示将变量pyear取对数并将其系数约束为1（见表11.5）。

表11.5 泊松模型估计

```
Poisson regression                              Number of obs   =         10
                                                Wald chi2(5)    =    6380.53
                                                Prob > chi2     =     0.0000
Log pseudolikelihood = -33.600153               Pseudo R2       =     0.9321
```

deaths	Coef.	Robust Std. Err.	z	P>|z|	[95% Conf. Interval]	
smokes	.3545356	.123158	2.88	0.004	.1131504	.5959209
agecat						
45-54	1.484007	.2211923	6.71	0.000	1.050478	1.917536
55-64	2.627505	.2102283	12.50	0.000	2.215465	3.039545
65-74	3.350493	.2104029	15.92	0.000	2.938111	3.762875
75-84	3.700096	.2372667	15.59	0.000	3.235062	4.165131
_cons	-7.919326	.2509888	-31.55	0.000	-8.411255	-7.427397
ln(pyears)	1	(exposure)				

首先对比两次回归的结果，可以发现两者的系数具有极大的差异，这从侧面印证了前文提到的观点，即泊松命令回归得到的估计系数并非其边际效应。其次，由于没有添加nolog选项，所以可以看到在poisson命令下Stata返回了其迭代的过程，这也符合在前文提到的泊松命令基于其概率密度函数的特征，只能使用迭代的方式得到数值解。最后，因为将pyears变量取对数且将其系数约束为1，观察表11.5中poisson回归的各项系数可以发现随着年龄的增长，系数的数值也在不断增大，这意味着年龄段越高死亡率越高。

因为吸烟是虚拟变量，根据泊松模型，吸烟这件事导致的年平均死亡人数（不是边际效应，两者区别后文会详细介绍）：

$$e^{\beta} = e^{0.3545356} = 1.425519$$

所以，平均而言，吸烟组比不吸烟组年平均死亡人数要多1.425519个。其余年龄分组参数解释如下：相对于年龄35~44岁阶段，年龄45~54岁阶段年平均死亡人数多 $e^{\beta} = e^{1.484007} = 4.410584$（个）；相对于年龄35~44岁阶段，年龄55~64岁阶段年平均死亡人数多13.8392个；相对于年龄35~44岁阶段，年龄65~74岁阶段年平均死亡人数多28.51678个；相对于年龄35~44岁阶段，年龄75~84岁阶段年平均死亡人数多40.45121个；可以明显看到一个年龄的递增效应，相对于吸烟而言，还是年龄上升带来的死亡风险更高。

由此可见，在估计离散因变量或计数数据模型时，泊松模型要比OLS模型更加准确。但是，上面的计算过程也比较烦琐，可否让stata直接输出事件发生率的估计结果呢？使用下面的命令来进行验证：

. poisson deaths smokes i.agecat, exposure(pyears) irr nolog vce(robust)   // irr表示将估计系数转换为事件的发生率（incidence-rate ratios），即 e^{β}；nolog表示省略运算过程   //（见表11.6）。

表 11.6　　　　　　　　　　　　**泊松模型估计（事件发生率）**

```
Poisson regression                              Number of obs     =        10
                                                Wald chi2(5)      =   6380.53
                                                Prob > chi2       =    0.0000
Log pseudolikelihood = -33.600153               Pseudo R2         =    0.9321
```

deaths	IRR	Robust Std. Err.	z	P>|z|	[95% Conf. Interval]	
smokes	1.425519	.175564	2.88	0.004	1.1198	1.814701
agecat						
45-54	4.410584	.9755871	6.71	0.000	2.859018	6.804172
55-64	13.8392	2.909391	12.50	0.000	9.165673	20.89573
65-74	28.51678	6.000013	15.92	0.000	18.88014	43.07207
75-84	40.45121	9.597725	15.59	0.000	25.40795	64.4011
_cons	.0003636	.0000913	-31.55	0.000	.0002224	.0005947
ln(pyears)	1	(exposure)				

Note: **_cons** estimates baseline incidence rate.

表11.6中，变量smokes的系数为1.425519，说明年龄35~44岁阶段，吸烟组死亡人数要比不吸烟组多1.425519人。结果和前面手动计算的结果一致。IRR随着年龄段的增长数值不断增大，这意味着在高年龄段，死亡发生频率更高。

此外，事件发生率（e^β）和边际效应（$\beta_i e^{x\beta}$）还不是同一个概念，如果想知道边际效应，可以输入下面的命令：

. quietly poisson deaths smokes i.agecat, exposure(pyears) vce(robust)

. margins, dydx(*)　　　　//（见表11.7）。

表 11.7　　　　　　　　　　　　**泊松模型边际效应计算**

```
Average marginal effects                        Number of obs     =        10
Model VCE    : Robust

Expression   : Predicted number of events, predict()
dy/dx w.r.t. : smokes 2.agecat 3.agecat 4.agecat 5.agecat
```

deaths	dy/dx	Delta-method Std. Err.	z	P>|z|	[95% Conf. Interval]	
smokes	25.91656	8.668672	2.99	0.003	8.92627	42.90684
agecat						
45-54	30.01352	3.172845	9.46	0.000	23.79486	36.23218
55-64	112.9864	1.937749	58.31	0.000	109.1885	116.7843
65-74	242.1508	2.939549	82.38	0.000	236.3894	247.9122
75-84	347.1751	37.9516	9.15	0.000	272.7913	421.5589

Note: dy/dx for factor levels is the discrete change from the base level.

如果是面板计数数据，则可以使用xtpoisson命令，其语法结构和横截面的poisson命令相似，但同时也有区别，它包含了固定效应、随机效应和加总平均三类模型：

随机效应模型（Random-effects (RE) model）：

. xtpoisson depvar [indepvars] [if] [in] [weight] [, re RE_options]

条件固定效应模型（Conditional fixed-effects (FE) model）：

. xtpoisson depvar [indepvars] [if] [in] [weight] , fe [FE_options]

加总平均模型（Population–averaged (PA) model）：

. xtpoisson depvar [indepvars] [if] [in] [weight] , pa [PA_options]

面板Poisson估计选项部分的解释，与前文横截面的poisson命令基本相同，这里不再赘述。下面以一个轮船运输事故发生率的重复截面数据为例：

. webuse ships

. xtset ship   //重复截面数据，只需要设定轮船类型为面板个体变量

. sum   //（见表11.8）。

表11.8   描述性统计

Variable	Obs	Mean	Std. dev.	Min	Max
ship	40	3	1.43223	1	5
yr_con	40	2.5	1.132277	1	4
yr_op	40	1.5	.5063697	1	2
service	34	4811	9644.166	45	44882
accident	34	10.47059	15.73499	0	58
op_75_79	40	.5	.5063697	0	1
co_65_69	40	.25	.438529	0	1
co_70_74	40	.25	.438529	0	1
co_75_79	40	.25	.438529	0	1

表11.8中的数据，是一个关于轮船运营状态对轮船事故率影响的数据，其中变量ship代表轮船的类型；变量service代表轮船服务期；变量accident代表事故发生次数；accident/service代表服务期内的平均事故发生率。解释变量主要是虚拟变量，op_75_79, co_65_69, co_70_74, co_75_79代表了轮船的运营状态。

. xtpoisson accident op_75_79 co_65_69 co_70_74 co_75_79, exposure(service) irr fe vce(robust)   //（见表11.9）。

表11.9   泊松模型估计（事件发生率）

Conditional fixed-effects Poisson regression   Number of obs   =   34
Group variable: **ship**   Number of groups   =   5

                                                      Obs per group:
                                                                 min =   6
                                                                 avg =   6.8
                                                                 max =   7

                                                      Wald chi2(4)   = 2582.51
Log pseudolikelihood = -54.641859   Prob > chi2   =   0.0000

                                        (Std. Err. adjusted for clustering on ship)

accident	IRR	Robust Std. Err.	z	P>|z|	[95% Conf. Interval]	
op_75_79	1.468831	.1114026	5.07	0.000	1.26594	1.70424
co_65_69	2.008002	.1253984	11.16	0.000	1.776672	2.269453
co_70_74	2.26693	.2340937	7.93	0.000	1.851566	2.775474
co_75_79	1.573695	.2495366	2.86	0.004	1.153315	2.147303
ln(service)	1	(exposure)				

如果模型存在多维固定效应，可以使用泊松伪极大似然多维固定效应估计（Poisson pseudo-maximum likelihood regressions with multi-way fixed effects）

. ssc install ppmlhdfe

. ppmlhdfe accident op_75_79 co_65_69 co_70_74 co_75_79, exp(service) irr absorb(ship) vce(cluster ship)　　//（见表11.10）。

表11.10　　　　　　泊松伪极大似然多维固定效应估计

```
HDFE PPML regression                        No. of obs       =        34
Absorbing 1 HDFE group                      Residual df      =         4
Statistics robust to heteroskedasticity     Wald chi2(4)     =   2066.01
Deviance            =  38.69505154          Prob > chi2      =    0.0000
Log pseudolikelihood = -68.28077143         Pseudo R2        =    0.8083

Number of clusters (ship)      =        5
                                      (Std. err. adjusted for 5 clusters in ship)
```

accident	exp(b)	Robust std. err.	z	P>|z|	[95% conf. interval]	
op_75_79	1.468831	.1245519	4.53	0.000	1.243921	1.734406
co_65_69	2.008002	.1401996	9.98	0.000	1.751189	2.302478
co_70_74	2.26693	.2617247	7.09	0.000	1.807857	2.842577
co_75_79	1.573695	.2789904	2.56	0.011	1.111774	2.227536
_cons	.0011254	.0000395	-193.37	0.000	.0010506	.0012056
ln(service)	1	(exposure)				

```
Absorbed degrees of freedom:
```

Absorbed FE	Categories	- Redundant	= Num. Coefs	
ship	5	5	0	*

```
* = FE nested within cluster; treated as redundant for DoF computation
```

（2）nl命令（The nl command）。nl命令也就是非线性最小二乘（nonlinear least square, NLS）的命令，其使用方法为：

. nl (depvar=<sexp>) [if] [in] [weight] [, options]

其中，depvar表示因变量，(depvar=<sexp>)代表自变量与因变量的函数表达式，假定函数关系如式（11-4）为泊松分布，即函数模型为如下形式：

$$y = e^{(\beta_0 + \beta_1 x_1 + \beta_2 x_2 + \beta_3 x_3 + \beta_4 x_4 + \beta_5 x_5)} \tag{11-7}$$

对于式（11-7）使用nl命令，具体命令如下：

. nl (y=exp({x1}*x1+{x2}*x2+{x3}*x3+{x4}*x4+{x5}*x5+{intercept}))　　//其中{var}表示该变量的系数，{intercept}表示截距项

如果变量存在异方差也可以使用以下命令：

. generate one=1

. nl (y=exp({xb: x1 x2 x3 x4 x5 one})), vce(robust) nolog　　// vce(robust)可以消除异方差，nolog表示省略迭代运算过程

下面同样利用dollhill3.dta数据集对nl命令进行讲解。

为了对比，首先生成对应各年龄段的虚拟变量agedum，输入以下命令：

. tab agecat, gen(agedum)　　　//将五个年龄段分为5个虚拟变量agedum1- agedum5

接下来，对该数据集进行简单的poisson命令回归，输入以下命令：

. gen lpyears=log(pyears)

. poisson deaths smokes i.agecat lpyears, nolog vce(robust) noconstant　　// MLE估计　　//（见表11.11）。

表11.11　　　　　　　　　　　　　　泊松模型估计

```
Poisson regression                      Number of obs    =          10
                                        Wald chi2(6)     =   447022.30
Log pseudolikelihood = -33.759986       Prob > chi2      =      0.0000
```

deaths	Coef.	Robust Std. Err.	z	P>|z|	[95% Conf. Interval]	
smokes	1.585588	.1715039	9.25	0.000	1.249446	1.921729
agecat						
45-54	1.26388	.139273	9.07	0.000	.9909102	1.53685
55-64	2.038277	.1239873	16.44	0.000	1.795267	2.281288
65-74	2.082313	.1098143	18.96	0.000	1.867081	2.297545
75-84	1.742408	.1783401	9.77	0.000	1.392868	2.091948
lpyears	.1642496	.0209388	7.84	0.000	.1232104	.2052889

然后，使用nl命令来模拟上面的回归模型，输入以下命令：

. nl (deaths =exp({xb: smokes agedum2 agedum3 agedum4 agedum5 lpyears})), vce(robust) nolog　　//非线性最小二乘估计（见表11.12）。

表11.12　　　　　　　　　　非线性回归估计模拟泊松模型

```
Nonlinear regression                    Number of obs =          10
                                        R-squared     =      0.9976
                                        Adj R-squared =      0.9939
                                        Root MSE      =    7.882167
                                        Res. dev.     =    60.50792
```

deaths	Coef.	Robust Std. Err.	t	P>|t|	[95% Conf. Interval]	
/xb_smokes	1.588062	.2149183	7.39	0.002	.9913535	2.184771
/xb_agedum2	1.217645	.0388274	31.36	0.000	1.109842	1.325447
/xb_agedum3	1.976255	.0353631	55.88	0.000	1.878071	2.074439
/xb_agedum4	2.016108	.036742	54.87	0.000	1.914096	2.11812
/xb_agedum5	1.587099	.0800635	19.82	0.000	1.364807	1.809391
/xb_lpyears	.1715792	.0205179	8.36	0.001	.1146122	.2285461

比较表11.11和表11.12，可以看出，两种方式的回归结果各项系数都较为接近，但在显著性水平上有所区别。因此，如果确信所研究的模型为泊松分布则使用poisson命令最优；如果对研究模型的构造不确定则可以使用nl命令。

（3）广义线性模型GLM（generalized linear models）。GLM主要在金融保险、生物计量等领域应用较多，也是极大似然估计中基于线性指数类模型（如11.4模型）的估计命令，其具体命令格式如下：

. glm depvar [indepvars] [if] [in] [weight] [, options]

其中，重要的选项options有family(#)，括号内可选择的有gaussian（正态分布）、igaussian（逆正态分布）、gamma（伽玛分布）、binomial（二项分布）、nbinomial（负二项分布）和poisson（泊松分布）等。此外，还有link()，可反映条件均值函数的形式。例如：

. glm y x1 x2 x3, family(poisson) link(log) vce(robust) nolog

其中，family(poisson)表示广义线性模型的形式是泊松分布；link(log)表示条件均值为对数形式；vce(robust)消除异方差；nolog不显示迭代运算过程。

下面同样使用dollhill3.dta数据集来对该命令进行讲解。

为了方便对比，选项使用family(poisson)，输入以下命令：

. gen lpyears=log(pyears)

. glm deaths smokes i.agecat lpyears, family(poisson) vce(robust) noconstant link(log) //（见表11.13）。

表11.13　　　　　　　　　　　　广义线性模型估计

```
Generalized linear models                      Number of obs      =        10
Optimization      : ML                         Residual df        =         4
                                               Scale parameter    =         1
Deviance          =   12.45203124              (1/df) Deviance    =  3.113008
Pearson           =   13.00364642              (1/df) Pearson     =  3.250912

Variance function: V(u) = u                    [Poisson]
Link function     : g(u) = ln(u)               [Log]

                                               AIC                =  7.951997
Log pseudolikelihood = -33.75998586            BIC                =  3.241691
```

deaths	Coef.	Robust Std. Err.	z	P>|z|	[95% Conf. Interval]	
smokes	1.585588	.1715039	9.25	0.000	1.249446	1.921729
agecat						
45-54	1.26388	.139273	9.07	0.000	.9909102	1.53685
55-64	2.038277	.1239873	16.44	0.000	1.795267	2.281288
65-74	2.082313	.1098143	18.96	0.000	1.867081	2.297545
75-84	1.742408	.1783401	9.77	0.000	1.392868	2.091948
lpyears	.1642496	.0209388	7.84	0.000	.1232104	.2052889

表11.13中的估计结果，等价于下面的Poisson估计命令（结果省略，读者自行验证）：

. poisson deaths smokes i.agecat lpyears, nolog vce(robust) noconstant

对比前文Poisson回归结果可以发现，使用glm命令可以完美地复刻poisson命令的估计结果。因此，glm 虽然叫作广义线性模型，但其估计系数依旧不能将其视为模型的边际效应。

11.2　Bootstrap 和 Jackknife 方法

11.2.1　Bootstrap 方法

Bootstrap 方法多用于计算复杂模型的标准误，然后利用这些标准误来计算置信区间和检验统计量。假定我们要进行一个调查分析，并且从总体中获得了一个容量为 400 的样本，那么根据这 400 个不同的样本数据，就可以做 400 个回归估计，从而得到 400 个不同的回归参数。例如 $\hat{\theta}_i\,(i=1,2,...,n)$，可以将这 400 个回归参数 $\hat{\theta}_i$ 的标准误看成是总体 θ 的标准误。然而，在现实中，因为各种主客观条件限制，往往只能从总体中获得一个样本。Bootstrap 方法就是从这个仅有的样本中，通过重新组合形成多个（例如 B 个，即 Bootstrap 的首字母）样本。对于原样本中的每个观测值 (y_i, x_i)，其中，x_i 是解释变量矩阵，每一个样本在新样本中出现的频率都可能区别于原样本。换言之，同一样本观测值在新样本中可能出现零次、一次或多次。依据这些重新组合出来的 B 个新样本分别做回归估计（B 次），从而得到 B 个不同的参数估计，然后将这些参数的标准差视为这个样本的参数标准误。

当然，也可以使用数学模型表示，假定 B 是从该样本中通过重新组合形成的新样本的数量（每个新样本中的观测值数量和原样本相同），令 $\hat{\theta}_1^*, \hat{\theta}_2^*, ..., \hat{\theta}_B^*$ 为 B 个新样本的 B 次回归估计得到的 B 个参数，则 Bootstrap 方法估计的样本参数的标准误为：

$$\text{Var}_{\text{Boot}}\left(\hat{\theta}\right) = \frac{1}{B-1}\sum_{b=1}^{B}(\hat{\theta}_b^* - \hat{\theta}^*)^2 \tag{11-8}$$

其中，$\hat{\theta}^* = \dfrac{1}{B}\sum_{b=1}^{B}\hat{\theta}_b^*$ 表示 B 次 Bootstrap 估计参数的平均值。$\text{Var}_{\text{Boot}}\left(\hat{\theta}\right)$ 的均方根（square root），$\text{SE}_{\text{Boot}}\left(\hat{\theta}\right)$ 就是我们要求的 $\hat{\theta}$ 的 Bootstrap 标准误，它多用于微观计量经济学中对标准误的估计。

需注意的是，使用式（11-8）总是可以计算标准误，但在以下几种情况下必须谨慎使用 Bootstrap 方法：

（1）如果样本观测值之间不是独立的，而是相关的，则 Bootstrap 方法得到的标准误不是一致的。

（2）有时 $\text{Var}\left(\hat{\theta}\right)$ 不存在，甚至渐近值（asymptotically）也不存在，此时使用

Bootstrap方法估计的就是一个不存在的标准误。

（3）对于聚类样本数据，如果观测值组间是独立的，那么组内无论是相关的还是独立的都可以使用Bootstrap估计标准误；如果样本观测值是组间相关的，那么无论组内是相关的还是独立的，使用Bootstrap方法得到的结果都不是一致的。

在聚类估计中，Bootstrap方法提供聚类选项cluster（聚类变量）。在分层估计中，Bootstrap方法提供分层选项strata（分层变量），此外还有idcluster(), group(), size(#)。使用saving()可以将每次计算结果都存在一个文件中。在横截面数据回归中，当B趋于无穷大时，Bootstrap方法得到的标准误与vce(robust)选项得到的标准误一致。

vce(bootstrap [,bootstrap_option])选项在大部分Stata估计命令（包括线性与非线性回归）中都可以使用，Bootstrap方法其实是将每个独立的观测值都看成是一个组，其实是一种聚类回归，所以自然也可以用于聚类回归估计，具体命令例如：

. poisson y x1 x2 x3 x4, vce(boot, reps(400) seed(10101) nodots)　　　// boot是bootstrap的缩写，在使用时也可以使用全称；reps(400)表示使用bootstrap方式计算400次（系统默认为50次，这个值太低，一般最好使用384次以上）。根据安德烈斯和布钦斯基（Andrews and Buchinsky，2000）研究表明，当reps()设定值超过384时获得的标准误与Bootstrap迭代次数趋于无穷时的标准误相差10%以内的概率是95%；seed(10101)为种子值，因为Bootstrap方法是一个随机计算方法，每次计算的标准误都不一样，如果想要重复得到相同的结果就必须设置种子值；nodots表示不显示迭代过程

对于聚类数据若组间独立，组内相关，则可以使用cluster(varlist)选项从而得到一致的估计。例如：

. quietly poisson y x1 x2 x3 x4, vce(boot, cluster(x5) reps(50) seed(10101))

在这里假设x5为聚类变量，必须注意的是x5不能是解释变量，也就是不能将其放在前面的回归计算中。这是因为，Bootstrap方法是在现有样本的基础上，随机生成多个样本，每一组数据在新的样本中可能出现零次、一次或多次。而当出现多次时，聚类虚拟变量的取值就不是唯一的。如果非要将聚类变量包括到回归模型之中，则必须生成一个新的聚类变量，具体可以使用idcluster(新变量)选项。同样使用dollhill3.dta数据集对上述命令进行演示：

. quietly poisson deaths smokes i.agecat, exposure(pyears) vce(boot, reps(50) seed(10101)) nodots

estimates store boot50

quietly poisson deaths smokes i.agecat, exposure(pyears) vce(boot, reps(50) seed(20202)) nodots　　　//改变初始种子值

estimates store boot50diff

quietly poisson deaths smokes i.agecat, exposure(pyears) vce(boot, reps(2000) seed(10101)) nodots estimates store boot2000

quietly poisson deaths smokes i.agecat, exposure(pyears) vce(robust)

estimates store robust

estimates table boot50 boot50diff boot2000 robust, b(%8.5f) se(%8.5f)   //（见表11.14）。

表11.14   **Bootstrap多模型估计比较**

Variable	boot50	boot50~f	boot2000	robust
smokes	0.35454	0.35454	0.35454	0.35454
	0.41907	0.48012	0.38088	0.12316
agecat				
45-54	1.48401	1.48401	1.48401	1.48401
	0.61834	0.70921	0.65747	0.22119
55-64	2.62751	2.62751	2.62751	2.62751
	0.61065	0.67884	0.64830	0.21023
65-74	3.35049	3.35049	3.35049	3.35049
	0.65357	0.64686	0.64822	0.21040
75-84	3.70010	3.70010	3.70010	3.70010
	0.66861	0.72132	0.68454	0.23727
_cons	-7.91933	-7.91933	-7.91933	-7.91933
	0.64281	0.64119	0.63984	0.25099

Legend: b/se

11.2.2 Jackknife方法

Jackknife方法，又名刀削法，由昆纳乌利（Quenouille，1949）提出，可用来对估计量进行有效的纠偏，其原意为一种瑞士小折刀，很容易携带，一直到后来，图基（Tukey，1958）才在统计学中创造了这个术语。

具体而言，Jackknife方法是将样本大小为N的数据生成N个样本大小为N-1的数据，从第一个样本观测值开始，每生成一个新的样本就删去原样本中的一个观测值，所以新样本总比原样本少一个观测值，所以该法又被称为"Delete-One Jackknife"。但是这种方法已经逐渐被Bootstrap方法所取代，因为当样本容量N很大时，它需要生成N个新的样本，这需要大量的运算。此外样本产生是每次都删去一个观测值，不是随机选择的，所以也不用设置seed值和运算次数。

其基本原理是：假设模型使用的样本容量为n，假设 $\hat{\theta}_n = \hat{\theta}_n(x_1, x_2, \ldots, x_n)$ 是某参数 θ 的一个估计量，令 $\hat{\theta}_{(-i)} = \hat{\theta}_{n-1}(x_1, x_2, \ldots, x_{i-1}, x_{i+1}, \ldots, x_n)$ 表示模型去掉第i个观测值 x_i 后的估计量。

此时，$\overline{\hat{\theta}}_n = \dfrac{1}{n}\sum_{i=1}^{n}\hat{\theta}_{(-i)}$，由此可以得到Jackknife的纠偏估计量：

$$\theta_{Jack} = n\hat{\theta}_n - (n-1)\overline{\hat{\theta}}_{(-i)} \qquad (11-9)$$

根据纠偏估计量，即式（11-9），定义 Jackknife 拟值为：

$$\tilde{\theta}_i = n\hat{\theta}_n - (n-1)\hat{\theta}_{(-i)} \qquad (11-10)$$

基于 Jackknife 拟值，可以得到 θ 的方差估计：

$$\mathrm{Var}(\theta_{Jack}) = \frac{1}{n(n-1)}\sum_{i=1}^{n}(\tilde{\theta}_i - \frac{1}{n}\sum_{i=j}^{n}\tilde{\theta}_j)^2 = \frac{n-1}{n}(\hat{\theta}_{(-i)} - \overline{\hat{\theta}}_n)^2 \qquad (11-11)$$

再由式（11-11）求解均方根，可得 Jackknife 的标准误估计量。

Jackknife 方法的命令格式与 Bootstrap 方法基本一致，除了不用设置 seed 和运算次数以外，其余皆差异不大（这两种方法在样本量少的情况下尽量不要使用，否则标准误很大，导致模型估计系数不显著）。同样使用 dollhill3.dta 数据集为例：

. poisson deaths smokes i.agecat, exposure(pyears) vce(jackknife, nodots)　　//（见表 11.15）。

表 11.15　　　　　　　　　　　**Jackknife 泊松估计**

```
Poisson regression                              Number of obs  =        10
                                                Replications   =        10
                                                F(5, 9)        =     38.70
                                                Prob > F       =    0.0000
Log likelihood = -33.600153                     Pseudo R2      =    0.9321
```

deaths	Coefficient	Jackknife std. err.	t	P>|t|	[95% conf. interval]	
smokes	.3545356	.2316096	1.53	0.160	-.1694016	.8784729
agecat						
45-54	1.484007	1.265776	1.17	0.271	-1.379376	4.34739
55-64	2.627505	1.182797	2.22	0.053	-.0481668	5.303177
65-74	3.350493	1.176533	2.85	0.019	.6889907	6.011995
75-84	3.700096	1.233681	3.00	0.015	.9093156	6.490877
_cons	-7.919326	1.147215	-6.90	0.000	-10.51451	-5.324145
ln(pyears)	1	(exposure)				

表 11.14 中，由于样本观测值数量只有 10 个，可以看到 Jackknife 估计的标准误偏差较大。

11.3　预测与边际效应计算

11.3.1　预测（Prediction）

本小节介绍在回归估计之后，如何使用 predict 和 predictnl 命令来进行预测。首先假定回归方程如下：

. quietly poisson y x1 x2 x3 x4 x5, vce(robust)

如果想要获得样本内因变量的预测值，可以使用命令：

. predict newvarname if e(sample), n

. predictnl newvarname = exp(_b[x1]*x1 +_b[x2]*x2 +_b[x3]*x3 +_b[x4]*x4 +_b[cons]), se(newsevarname)

其中 if e(sample) 表示用样本的数据进行预测，predictnl 可以使用表达式进行预测，_b[x2] 表示 x2 变量的系数，se() 表示预测的标准误。

如果想要获得残差的预测值，可以使用命令：

. predict double resname, residuals　　// resname 为残差变量名，residuals 表示预测残差，可直接使用缩写 res，double 表示预测的残差值以双精度形式存放在变量 resname 中

. predict resname, residuals

. sum resname

下面，同样使用 dollhill3.dta 数据集进行讲解，打开 do-file 编辑器，输入命令：

. quietly poisson deaths smokes i.agecat, exposure(pyears) vce(robust)

. predict deaths_hat, n

为了查看预测结果与样本数据之间的情况，可以使用以下命令：

. graph twoway (scatter deaths deaths_hat) (lfit deaths deaths_hat), legend(pos(6) row(1))　　//（见图 11.1）。

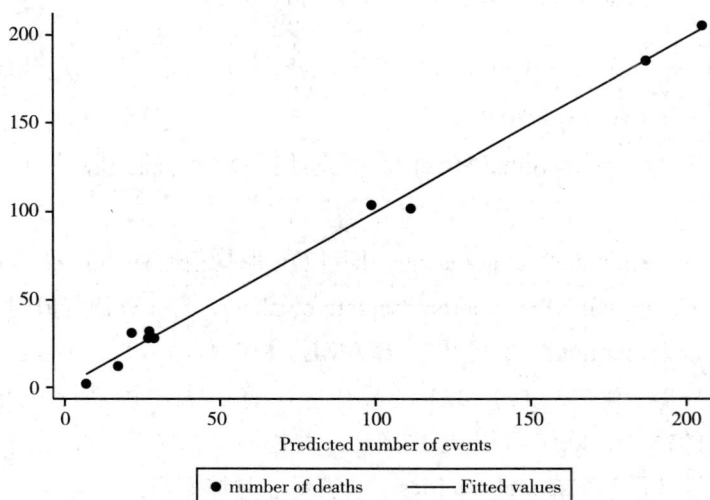

图11.1　散点图与线性拟合

观察图 11.1，可以发现模型的预测值与样本值基本一致，这证明我们的模型拟合得比较好。

接下来，预测残差。由于是泊松模型，predict命令无法直接使用residuals选项对残差进行预测。因此使用非线性predictnl命令对其进行预测，又因为predictnl命令不能使用i.varname，所以此处仅为演示目的，重新进行一次回归，具体而言，输入以下命令：

. quietly poisson deaths smokes agecat pyears, vce(robust)　　　//这里不能使用exposure()选项

. predictnl deaths_hat1=exp(_b[smokes]*smokes+_b[agecat]*agecat+ _b[pyears] * pyears + _b[_cons]), se(u_hat)

. sum deaths_hat deaths_hat1 u_hat　　　//（见表11.16）。

表11.16 　　　　　　　　　　　　预测值比较

Variable	Obs	Mean	Std. dev.	Min	Max
deaths_hat	10	73.1	73.81032	6.832935	205.2639
deaths_hat1	10	73.1	62.02488	12.37698	182.3676
u_hat	10	35.78362	31.11962	3.835089	69.84988

11.3.2　边际效应与弹性

边际效应测度的是自变量改变所带来的因变量条件均值的改变，在线性模型中，边际效应就等于各自变量的斜率系数，而在非线性模型中上述结论不再成立。

根据前文，泊松模型的边际效应（ME）为式（11-5），即 $\dfrac{\partial E(y \mid x)}{\partial x_i} = \beta_i e^{(x'\beta)}$，由该式可知，边际效应除了与 β_i 有关以外还与x的待定值相关，从而边际效应的计算方法可以概况为三类（Bartus，2005）：

（1）AME（average marginal effect），即先计算每个 x_i 的边际效应，然后再进行平均处理。

（2）MEM（marginal effect at mean），即计算x取均值时的边际效应。

（3）MER（marginal effect at a representative value），即x取特定值时的边际效应。

其中，Stata中margins命令可以计算AME、MEM和MER。但mfx命令只能计算MEM以及MER。其中，关于MER的具体应用将在第12章进行分析。此外，自变量对因变量的影响，除了可以使用以上三种边际效应来表示，也可以使用弹性（elasticities）与半弹性（semielasticities）来表示。具体而言：

（1）弹性测度的是自变量x变化比例所带来的因变量y变化的比例，它有一个好处就是不受变量的计算单位的影响：

$$\varepsilon = \frac{\frac{\Delta y}{y}}{\frac{\Delta x}{x}} = \frac{\Delta y}{\Delta x} \times \frac{x}{y} = ME \times \frac{x}{y} \quad (11-12)$$

例如，对于简单模型 y=1+2x，边际效应为 dy/dx=2，而 x=3 时（即 y=7）的弹性 e=dy/dx×（x/y）=2×3/7=0.86。从而在 x=3 处，自变量变化1%会带来因变量变化 0.86%，具体在 Stata 中的计算方法为：

. poisson y x1 x2 x3 x4 x5, vce(robust)

. margins, eyex(*)

（2）此外还可以使用半弹性来表示，半弹性是边际效应与弹性的一种混合体，它反映的是 x 变化一个单位所带来的 y 变化的百分比，即 d(lny)/d(x)。

$$\frac{\frac{\Delta y}{y}}{\Delta x} = \frac{\Delta y}{\Delta x} \times \frac{1}{y} = ME \times \frac{1}{y} \quad (11-13)$$

具体在 Stata 中的计算命令为：

. poisson y x1 x2 x3 x4 x5, vce(robust)

. margins, eydx(*)

（3）还有一种半弹性使用较少，就是自变量 x 变化百分比带来的 y 的变化，即 d(y)/d(lnx)：

$$\frac{\Delta y}{\frac{\Delta x}{x}} = \frac{\Delta y}{\Delta x} \times x = ME \times x \quad (11-14)$$

具体在 Stata 中的计算命令为：

. poisson y x1 x2 x3 x4 x5, vce(robust)

. margins, dyex(*)

下面，同样使用 dollhill3.dta 数据集对以上各种边际效应运算进行演示，输入以下命令：

. poisson deaths smokes agecat pyears, nolog   //（见表11.17）。

表11.17　　　　　　　　　　　　泊松回归估计

```
Poisson regression                              Number of obs  =        10
                                                LR chi2(3)     =    486.77
                                                Prob > chi2    =    0.0000
Log likelihood = -106.28332                     Pseudo R2      =    0.6960
```

deaths	Coefficient	Std. err.	z	P>|z|	[95% conf. interval]	
smokes	1.788876	.1756578	10.18	0.000	1.444593	2.133159
agecat	.2335385	.0957925	2.44	0.015	.0457887	.4212883
pyears	2.44e-06	8.19e-06	0.30	0.766	-.0000136	.0000185
_cons	2.236495	.3901194	5.73	0.000	1.471875	3.001115

. margins, dydx(*)   //（见表11.18）。

表11.18   边际效应计算

```
Average marginal effects                          Number of obs = 10
Model VCE: OIM

Expression: Predicted number of events, predict()
dy/dx wrt:  smokes agecat pyears
```

	dy/dx	Delta-method std. err.	z	P>|z|	[95% conf. interval]	
smokes	130.7668	13.72127	9.53	0.000	103.8736	157.66
agecat	17.07166	7.03084	2.43	0.015	3.29147	30.85186
pyears	.0001782	.0005985	0.30	0.766	-.0009949	.0013513

. margins, eyex(*)   //（见表11.19）。

表11.19   弹性计算

```
Average marginal effects                          Number of obs = 10
Model VCE: OIM

Expression: Predicted number of events, predict()
ey/ex wrt:  smokes agecat pyears
```

	ey/ex	Delta-method std. err.	z	P>|z|	[95% conf. interval]	
smokes	.8944378	.0878289	10.18	0.000	.7222963	1.066579
agecat	.7006155	.2873774	2.44	0.015	.1373661	1.263865
pyears	.0442371	.1485691	0.30	0.766	-.2469529	.3354272

. margins, dyex(*)   // d(y)/d(lnx)   //（见表11.20）。

表11.20   半弹性计算（ **d(y)/d(lnx)** ）

```
Average marginal effects                          Number of obs = 10
Model VCE: OIM

Expression: Predicted number of events, predict()
dy/ex wrt:  smokes agecat pyears
```

	dy/ex	Delta-method std. err.	z	P>|z|	[95% conf. interval]	
smokes	112.6992	12.85171	8.77	0.000	87.51027	137.888
agecat	58.12773	24.19671	2.40	0.016	10.70305	105.5524
pyears	3.756521	12.64717	0.30	0.766	-21.03148	28.54452

. margins, eydx(*)   // d(lny)/d(x)   //（见表11.21）。

表11.21 半弹性计算（**d(lny)/d(x)**）

```
Average marginal effects                                    Number of obs = 10
Model VCE: OIM

Expression: Predicted number of events, predict()
ey/dx wrt:  smokes agecat pyears
```

	Delta-method					
	ey/dx	std. err.	z	P>|z|	[95% conf. interval]	
smokes	1.788876	.1756578	10.18	0.000	1.444593	2.133159
agecat	.2335385	.0957925	2.44	0.015	.0457887	.4212883
pyears	2.44e-06	8.19e-06	0.30	0.766	-.0000136	.0000185

以上为各类不同效应的计算结果，但需要注意的是，如果回归方程中存在 i.varname变量则不可使用mfx命令。

11.3.3 MER, APE和AME的计算

MER（marginal effect at a representative value）的计算既可以使用margins命令，也可以使用mfx命令的at()选项，例如：想知道五个变量取特定值x1=1，x2=0，x3=5，x4=20，x5=13时的边际效应（具体还可以参考help mfx），可以使用以下命令（具体应用将在第12章做进一步分析）：

. poisson y x1 x2 x3 x4 x5, vce(robust)

. mfx, at(1 0 5 20 13) //这个命令在线性回归和非线性回归中都可以使用

APE（average partial effect）的计算也可以使用巴特斯（Bartus，2005）写的命令margeff来计算，具体使用方法和mfx差不多，但是margeff只能在以下这些特定的回归命令之后使用（具体可以参考help margeff）：

[group 1:] probit, logit, logistic, cloglog, heckprob

[group 2:] oprobit, ologit, mlogit, biprobit

[group 3:] poisson, nbreg, zip, zinb

[group 4:] truncreg, cnreg, tobit, heckman

具体Stata命令例如：

. ssc install margeff, replace

. poisson y x1 x2 x3 x4 x5, vce(robust)

. margeff

在非线性模型中，MEM、MER、AME计算的边际效应可能会有很大的不同，在没有特别要求的条件下，鼓励使用margins计算平均边际效应。当然，根据具体的计算环境，也可以使用MEM和MER。

在微观计量经济学中经常使用按自变量分层的调查数据，这种情况下，自变量可能不具有代表性。例如，考虑一个非线性回归模型中，调查上学年限对个人收入的影

响，可能出现样本均值的上学年限低于总体均值的情况，这个时候使用MER计算边际效应就非常准确，不需要进行修正，而使用MEM和AME就需要进行样本加权修正。

在前面提到过添加了i.varname变量的估计模型不可使用mfx以及margeff命令进行估计，但使用margins命令可以对其进行边际效应估计。例如：

. poisson y x1 x2 x3 i.x4 x5, vce(robust)

. margins, dydx(*)　　　//这个命令在线性回归和非线性回归中都可以使用

不仅如此，margins命令同样可以实现MER的估计以及AME的估计，具体可以使用help命令进行查看。

下面，同样使用dollhill3.dta数据集对以上各种边际效应运算进行演示，输入以下命令：

. quietly poisson deaths smokes agecat pyears, nolog

. mfx, at(1 3 10000)　　　//即smokes=1, agecat=3, pyears=10000处的边际效应（见表11.22）。

表11.22　　　　　　　　　　　　　**命令mfx边际效应计算**

```
Marginal effects after poisson
    y  = Predicted number of events (predict)
       =   115.62627

variable        dy/dx    Std. err.      z    P>|z|   [     95% C.I.    ]      X

  smokes*     96.29957     17.615      5.47   0.000   61.7743  130.825         1
   agecat     27.00318    7.30811      3.69   0.000   12.6795  41.3268         3
   pyears     .0002819     .00091      0.31   0.756  -.001492  .002056     10000

(*) dy/dx is for discrete change of dummy variable from 0 to 1
```

表11.22中，mfx估计的边际效应为115.62627，即预测的事件发生次数（Predicted number of events）。上述命令等价于：

. margins, at(smokes=1 agecat=3 pyears=10000)　　　//（见表11.23）。

表11.23　　　　　　　　　　　　　**命令margins边际效应计算**

```
Adjusted predictions                          Number of obs = 10
Model VCE: OIM

Expression: Predicted number of events, predict()
At: smokes =    1
    agecat =    3
    pyears = 10000

                    Delta-method
          Margin    std. err.      z    P>|z|    [95% conf. interval]

   _cons  115.6263   17.6737     6.54   0.000    80.98646    150.2661
```

最后，在泊松回归中，演示使用i.agecat变量，并使用margins估计其边际效应。

. quietly poisson deaths smokes i.agecat, exposure(pyears) nolog

. margins, dydx(*)　　　//（见表11.24）。

表11.24 平均边际效应计算

```
Average marginal effects                          Number of obs = 10
Model VCE: OIM

Expression: Predicted number of events, predict()
dy/dx wrt:  smokes 2.agecat 3.agecat 4.agecat 5.agecat
```

	dy/dx	Delta-method std. err.	z	P>|z|	[95% conf. interval]	
smokes	25.91656	7.907363	3.28	0.001	10.41841	41.4147
agecat						
45-54	30.01352	3.908222	7.68	0.000	22.35355	37.6735
55-64	112.9864	8.121876	13.91	0.000	97.06782	128.905
65-74	242.1508	17.2516	14.04	0.000	208.3383	275.9633
75-84	347.1751	30.90388	11.23	0.000	286.6046	407.7456

```
Note: dy/dx for factor levels is the discrete change from the base level.
```

从margins以及前面的几种估计结果来看，margins命令的估计结果最为显著，本教材推荐使用margins命令替代mfx命令。

11.3.4 手动计算AME

当线性模型中出现多项式时，模型估计的参数也不可以解释为边际效应，更何况是非线性模型。例如下面的三次线性函数模型：

$$E(y \mid x,z) = \beta x + \alpha_1 z + \alpha_2 z^2 + \alpha_3 z^3 \qquad (11-15)$$

此时，对于式（11-15）中的变量z，其边际效应为：$ME_z = \alpha_1 + 2\alpha_2 z + 3\alpha_3 z^2$。这时，mfx和margeff命令都无法计算其边际效应。我们只能通过手动求偏导数的方式，计算其边际效应。接下来考虑非线性模型，例如带有多项式的泊松模型：

$$E(y \mid x,z) = e^{\beta x + \alpha_1 z + \alpha_2 z^2 + \alpha_3 z^3} \qquad (11-16)$$

此时，对于式（11-16）中的变量z，其边际效应（偏导数）为：

$$ME_z = e^{\beta x + \alpha_1 z + \alpha_2 z^2 + \alpha_3 z^3} \left(\alpha_1 + 2\alpha_2 z + 3\alpha_3 z^2 \right) \qquad (11-17)$$

对于上述情形，可以使用编程的方式来计算该模型的边际效应。假设矩阵x含有z1，z2，z3三个变量，令$z2 = z^2$，$z3 = z^3$，则变量z的边际效应计算方法为：

. generate z2=z^2

generate z3=z^3

quietly poisson y x1 x2 x3 z z2 z3, vce(robust)

predict y_hat, n   // n即在样本内计算因变量y的预测值

gen me_z=y_hat*(_b[z]+2*_b[z2]*z+3*_b[z3]*z2)

sum me_z

如果要获得回归之后的残差值，可以在predict命令后使用res选项，如果模型含有交互项（interacted regressors），如：

$$E(y\,|\,x,z,d) = e^{\beta x + \alpha_1 z + \alpha_2 d + \alpha_3 d \times z} \tag{11-18}$$

此时，对于式（11-18）中的变量z，其边际效应为：

$$ME_z = e^{\beta x + \alpha_1 z + \alpha_2 d + \alpha_3 d \times z} \cdot (\alpha_1 + \alpha_3 d) \tag{11-19}$$

此时，令 $zd = z \times d$，则z的边际效应具体计算方法如下：

. gen zd=z*d

quietly poisson y x1 x2 x3 z d zd, vce(robust)

predict y_hat, n   // n即在样本内计算因变量y的预测值

gen me_z=y_hat*(_b[z]+_b[zd]*d)

sum me_z

此外，还需要特别注意的是，在非线性模型中，残差平方和（residual sum of squares，RSS）加上解释平方和（model sum of squares，MSS）并不等于总平方和（total sum of squares，TSS），可以使用display命令调用伪判定系数（pseudo R-square）：

. quietly poisson y x1 x2 x3 z d zd, vce(robust)

. display "Pseudo R2 = " 1-e(ll)/e(ll_0)

仍然使用dollhill3.dta数据集对以上各种边际效应运算进行演示：

. gen agecat2= agecat^2

. poisson deaths smokes agecat agecat2 pyears, nolog   //（见表11.25）。

表11.25   泊松模型估计

```
Poisson regression                              Number of obs =      10
                                                LR chi2(4)    = 639.34
                                                Prob > chi2   = 0.0000
Log likelihood = -29.996295                     Pseudo R2     = 0.9142
```

deaths	Coefficient	Std. err.	z	P>|z|	[95% conf. interval]	
smokes	1.340784	.1835757	7.30	0.000	.9809823	1.700586
agecat	2.626445	.2497947	10.51	0.000	2.136856	3.116033
agecat2	-.3238048	.0288627	-11.22	0.000	-.3803746	-.2672351
pyears	.0000295	9.55e-06	3.09	0.002	.0000108	.0000482
_cons	-1.848256	.6188917	-2.99	0.003	-3.061261	-.6352501

. predict y_hat, n

. gen me_z=y_hat*(_b[agecat]+2*_b[agecat2]* agecat)

. sum me_z   //（见表11.26）。

表11.26   描述性统计

Variable	Obs	Mean	Std. dev.	Min	Max
me_z	10	30.80305	66.93496	-66.34389	150.2714

表11.26中的均值（Mean）即代表变量agecat的平均边际效应AME。类似地，接下来再演示交互项边际效应的求解，输入以下命令：

. gen zd= agecat*pyears

. poisson deaths smokes agecat pyears zd, nolog   //（见表11.27）。

表11.27   泊松模型估计

```
Poisson regression                          Number of obs =      10
                                            LR chi2(4)    = 620.27
                                            Prob > chi2   = 0.0000
Log likelihood = -39.533502                 Pseudo R2     = 0.8869
```

deaths	Coefficient	Std. err.	z	P>|z|	[95% conf. interval]	
smokes	.9702732	.1916525	5.06	0.000	.5946411	1.345905
agecat	.2607271	.0982561	2.65	0.008	.0681486	.4533056
pyears	-.000028	8.94e-06	-3.13	0.002	-.0000455	-.0000105
zd	.0000288	2.72e-06	10.61	0.000	.0000235	.0000342
_cons	1.933596	.4020639	4.81	0.000	1.145565	2.721627

. predict y_hat2, n

. gen me_z1=y_hat2*(_b[agecat]+_b[zd]* pyears)

. sum me_z1   //（见表11.28）。

表11.28   描述性统计

Variable	Obs	Mean	Std. dev.	Min	Max
me_z1	10	63.50748	78.72537	7.320619	231.3005

表11.28中的均值（Mean），即为加入交互项之后变量agecat的平均边际效应AME。手动计算的平均边际效应AME和使用命令margins计算的平均边际效应AME是否是一致的呢？不妨比较一下：

. quietly poisson deaths smokes agecat pyears, vce(robust)

. margins, dydx(*)   //（见表11.29）。

表11.29   平均边际效应（AME）

```
Average marginal effects                    Number of obs  =       10
Model VCE   : Robust

Expression  : Predicted number of events, predict()
dy/dx w.r.t. : smokes agecat pyears
```

	dy/dx	Delta-method Std. Err.	z	P>|z|	[95% Conf. Interval]	
smokes	130.7668	44.41581	2.94	0.003	43.71342	217.8202
agecat	17.07166	15.54857	1.10	0.272	-13.40297	47.5463
pyears	.0001782	.0013166	0.14	0.892	-.0024022	.0027586

表11.29中的平均边际效应，也可以使用下面的命令进行手动计算：

predict y_hat3, n

gen me_smoke=y_hat3*(_b[smokes])　　　//边际效应公式由一阶偏导数获得

gen me_agecat=y_hat3*(_b[agecat])

gen me_pyears=y_hat3*(_b[pyears])

sum me_smoke me_agecat me_pyears　　　//（见表11.30）。

表11.30　　　　　　　　　　手动计算的平均边际效应（AME）

Variable	Obs	Mean	Std. Dev.	Min	Max
me_smoke	10	130.7668	110.9548	22.14088	326.2328
me_agecat	10	17.07166	14.4852	2.890502	42.58984
me_pyears	10	.0001782	.0001512	.0000302	.0004446

　　仔细比较表11.29和表11.30，可以发现两种方法计算的平均边际效应是相同的。有了以上方法，理论上就能计算几乎所有模型的平均边际效应。

第12章　非参数与半参数估计

无论是线性还是非线性模型，多数都属于参数估计（RDD例外），每个模型都对应具体的参数分布（如正态分布）和函数关系，例如多元线性回归、泊松模型、Logit模型等。但是，有时候我们并不清楚变量的分布特征，也不清楚解释变量与因变量之间的关系，则可以使用非参数估计和半参数估计方法。

12.1　非参数回归分析

12.1.1　基本估计理论

参数估计要求事先假定因变量与解释变量的分布函数以及两者之间的函数关系。然而，实际应用中，我们有时很难准确把握变量的分布特征以及变量之间的函数关系。在没有充分的理论和经验依据的条件下，如果事先提出假定可能不科学，且很容易造成模型设定偏误和参数估计偏误。例如，只知道 y 是 x 的函数：

$$y = F(x) + u \tag{12-1}$$

其中，$E(u|x) = 0$ 且 $E(u^2|x) = \sigma^2$。但是关于 y、x 的概率密度以及 $F(x)$ 的函数关系，一无所知。

对于这类函数，有两种方法可以估计：一种方法是采用阶梯函数估计，将 x 等距离划分为若干个区间，取每个区间中 y 的条件均值 $E(y|x)$ 作为区间参数即可，也称为分仓均值估计（binned means estimator）或者局部常数估计量（local constant estimator）；另一种方法，则是在 x 的每个区间进行泰勒展开，进行局部线性估计（local linear estimator）。

首先，介绍第一种分仓均值估计。将 x 的值域等分为若干个区间，每个区间的长度为 2h，则对任意的 $|x_i - x_0| < h$，即以 x_0 为中心的邻域 $(x_0 - h, x_0 + h)$ 内，可以计算条件均值：

$$E(y|x) = \frac{\sum_{i=1}^{n} \mathbf{1}\{|x_i - x_0| < h\} \times y_i}{\sum_{i=1}^{n} \mathbf{1}\{|x_i - x_0| < h\}}$$

其中，**1**(·) 代表示性函数，括号内表达式为真，则取值为1；否则为0。这样估计出来的函数是阶梯函数，估计的精度有限。另一种更有效的方法，就是在x的每个区间 $(x_0 - h, x_0 + h)$ 对因变量进行局部泰勒展开（局部线性估计）。

$$F(x) = F(x_0) + F'(x_0)\frac{(x - x_0)}{1!} + F''(x_0)\frac{(x - x_0)^2}{2!} + \cdots + F^n(x_0)\frac{(x - x_0)^n}{n!} + R(n)$$

$$= a_0 + b_{0,1}\frac{(x - x_0)}{1!} + b_{0,2}\frac{(x - x_0)^2}{2!} + \cdots + b_{0,n}\frac{(x - x_0)^n}{n!} + R(n)$$

将原函数转变为局部线性多项式，局部多项式估计的思想是密度函数在某点的邻域内，可由某一多项式近似。

考虑一阶泰勒展开，且令 $f(x_0) = F'(x_0)$，则非参数估计的关键，是要求出x落在 $x = x_0$ 附近的频数 $f(x_0)$，然后以这个频数作为权重，求解最小平方和。假定随机变量x的累积分布函数为 $F(x)$，概率密度函数为 $f(x)$，并且 $F'(x) = f(x)$。根据导数的极限定义，x落在 $x = x_0$ 附近的区间 $(x_0 - h, x_0 + h)$ 概率密度或频数为：

$$f(x_0) = \lim_{h \to 0} \frac{F(x_0 + h) - F(x_0 - h)}{2h}$$

$$f(x_0) = \lim_{h \to 0} \frac{P(x_0 - h < x < x_0 + h)}{2h}$$

因而，非参数估计的关键是，要用x落入区间 $(x_0 - h, x_0 + h)$ 的频率来估计概率 $P(x_0 - h < x < x_0 + h)$。这个半径为h的区域定义了在 x_0 处附近邻域的大小，称为带宽（bandwidth），这个区间的直径2h被称为窗宽（window width）。如果在窗宽2h以内有n个观测值 $\{ x_1, x_2, \cdots, x_n \}$，则这n个观测值落入区间 $(x_0 - h, x_0 + h)$ 的期望频数为：

$$\widehat{f(x_0)} = \frac{\sum_{i=1}^{n} \mathbf{1}(x_0 - h < x_i < x_0 + h)}{2h} = \frac{1}{nh}\sum_{i=1}^{n}\frac{1}{2} \cdot \mathbf{1}\left\{ \left| \frac{x_i - x_0}{h} \right| < 1 \right\}$$

上式表明，对于落在区间 $(x_0 - h, x_0 + h)$ 中的每个点，即 **1**(·) 取值为1，则赋予均匀权重1/2h；反之，如果括号内的不等式不成立，说明 x_i 不在区间 $(x_0 - h, x_0 + h)$ 内，则 **1**(·) 取值为0，即对带宽以外的观测值赋予权重为0。所以 $\frac{1}{2} \cdot \mathbf{1}\left(\left| \frac{x_i - x_0}{h} \right| < 1 \right)$ 也叫均匀核或矩形核。使用均匀核或矩形核进行加权，实际上是对所有观测值赋予相同的权重，本质上是一种OLS估计。

更一般地，$F(x)$ 在区间 $(x_0 - h, x_0 + h)$ 上的导数或频数就可以用核函数近似估计为：

$$\widehat{f(x_0)} = \frac{1}{nh}\sum_{i=1}^{n}K\left[\left|\frac{x_i - x_0}{h}\right| < 1\right] = \frac{1}{nh}\sum_{i=1}^{n}K\big[|z| < 1\big]$$

其中，$K\big(|z| < 1\big) = K\left[\left|\frac{x_i - x_0}{h}\right| < 1\right]$ 代表邻域 $(x_0 - h, x_0 + h)$ 上的核函数（kernel function）。由此可见，除了核函数的选择，带宽 h 的选择对于非参估计也非常重要。由此，可以构建局部线性估计的目标函数：

$$\underset{\alpha, \beta}{argmin}\sum_{i=1}^{n}K\left(\frac{x_i - x_0}{h}\right)\big(y_i - \alpha - \beta(x_i - x_0)\big)^2$$

如果令矩阵 $\mathbf{Z} = \begin{pmatrix} 1 \\ x - x_0 \end{pmatrix}$，$\boldsymbol{\beta} = \begin{pmatrix} \alpha \\ \beta \end{pmatrix} = \begin{pmatrix} F(x_0) \\ F'(x_0) \end{pmatrix}$，则上式可以转写为矩阵形式：

$$\underset{\beta}{argmin}\,\mathbf{K}\big(\mathbf{Y} - \mathbf{Z}'\boldsymbol{\beta}\big)'\big(\mathbf{Y} - \mathbf{Z}'\boldsymbol{\beta}\big)$$

其中，$\mathbf{K} = \mathbf{diag}\big\{K((x_1 - x_0)/h), K((x_2 - x_0)/h), \cdots, K((x_n - x_0)/h)\big\}$ 代表核函数对角矩阵。根据第1章介绍的最小二乘法原理，可以得到非参数局部线性估计量（local linear estimator）：

$$\hat{\boldsymbol{\beta}}_{LL} = \big(\mathbf{Z}'\mathbf{KZ}\big)^{-1}\mathbf{Z}'\mathbf{KY}$$

如果是局部多项式泰勒展开，则可以令 $\mathbf{Z} = \begin{pmatrix} 1 \\ x - x_0 \\ \vdots \\ \dfrac{(x - x_0)^n}{n!} \end{pmatrix}$，$\boldsymbol{\beta} = \begin{pmatrix} F(x_0) \\ F'(x_0) \\ \vdots \\ F^n(x_0) \end{pmatrix}$。根据最小二乘法原理，则局部多项式估计（local polynomial estimator）表达式仍然保持不变：

$$\hat{\boldsymbol{\beta}}_{LP} = \big(\mathbf{Z}'\mathbf{KZ}\big)^{-1}\mathbf{Z}'\mathbf{KY}$$

此外，对于带宽 h 的选择，则要使得非参数估计的均方误（MSE）最小化。假设解释变量是连续的，则带宽的选择是最小化积分均方误（integrated mean squared error，IMSE）：

$$\text{Min IMSE} = \int_{-\infty}^{+\infty}\text{MSE}\Big[\widehat{f(x_0)}\Big]dx_0$$

求解最小化 IMSE 问题，对 h 求偏导可得：

$$h^* = \delta\left[\int_{-\infty}^{+\infty}f''(x_0)^2\,dx_0\right]^{-0.2}n^{-0.2}$$

其中,$\delta = \left[\dfrac{\displaystyle\int_{-\infty}^{+\infty} K(z)^2\,dx_0}{\left(\displaystyle\int_{-\infty}^{+\infty} z^2 K(z)\,dx_0\right)^2} \right]^{0.2}$。由此可见,最优带宽 h^* 的选择,也依赖于该函数。

根据前文分析,核函数也是权重函数,不同的核函数代表不同的频数,用以估计 $f(x)$ 在区间 $(x_0 - h, x_0 + h)$ 上的期望值。常用的核函数主要有均匀核、三角核、二次核(Epanechnikov)和高斯核(Gaussian)等(见表12.1)。

表 12.1 常用的核函数

核函数名称	核函数表达式
均匀核或矩形核(uniform or rectangular)	$\dfrac{1}{2} \cdot \mathbf{1}(|\mathbf{z}| < 1)$
三角核(triangular or Bartlett)	$(1 - |\mathbf{z}|) \cdot \mathbf{1}(|\mathbf{z}| < 1)$
伊潘科尼克夫核或二次核(Epanechnikov or quadratic)	$\dfrac{3}{4}(1 - \mathbf{z}^2) \cdot \mathbf{1}(|\mathbf{z}| < 1)$
四次核或双权核(quartic or biweight)	$\dfrac{15}{16}(1 - \mathbf{z}^2)^2 \cdot \mathbf{1}(|\mathbf{z}| < 1)$
三权核(triweight)	$\dfrac{35}{32}(1 - \mathbf{z}^2)^3 \cdot \mathbf{1}(|\mathbf{z}| < 1)$
三三核(tricubic)	$\dfrac{70}{81}(1 - |\mathbf{z}|^3)^3 \cdot \mathbf{1}(|\mathbf{z}| < 1)$
高斯核或正态核(Gaussian or normal)	$\dfrac{1}{\sqrt{2\pi}} \exp\left\{-\dfrac{\mathbf{z}^2}{2}\right\}$

在非参数估计中,给定核函数和最优带宽,就可以估计频数 $f(x_0)$。在 Stata 中,默认的设计是将因变量切割成50个等距离网格点,然后计算每个点处 $f(x_i)$,最后将这50个点连成光滑的密度函数。实际计算中,可以通过选项 np(100) 设定为100个等距离网格点。

根据以上分析,以局部线性回归为例(泰勒展开式),要计算解释变量 x 对因变量 $f(x)$ 的影响,就需要最小化目标函数:

$$\min_{a_0, b_0} \sum_{i=1}^{n} K\left[\frac{x_i - x_0}{h}\right]\left[y_i - f(x_0)\right]^2$$

将多项式代入上式可得目标函数为:

$$\min_{a_0, b_0} \sum_{i=1}^{n} K\left[\frac{x_i - x_0}{h}\right]\left[y_i - a_0 - b_{0,1}\frac{(x_i - x_0)}{1!} - b_{0,2}\frac{(x_i - x_0)^2}{2!} - \cdots - b_{0,n}\frac{(x_i - x_0)^n}{n!}\right]^2$$

Stata非参数回归的官方命令为npregress，其语法结构如下：

. npregress kernel depvar indepvars [if] [in] [, options] // Nonparametric kernel regression

. npregress series depvar indepvars_series [if] [in] [weight] [, options] // Nonparametric series regression

使用此命令可进行"核回归"（kernel regression），包括最常用的"局部线性估计量"（local linear estimator）与"局部常数估计量"（local constant estimator），并提供八种备选核函数（默认为二次核），以及使用"交叉核实法"（cross-validation）或"改进AIC法"（improved AIC）选择最优带宽（optimal bandwidth）。

在进行非参数回归后，Stata 提供了画图的方便命令：

. npgraph

由于非参数回归不假设具体的回归函数，故在一元回归的情况下（即使用npgraph命令时，npregress命令不能加控制变量），画图是呈现（非参数）回归函数的最直观方法。这里必须注意的是，只有在使用命令npregress之后，才能使用npgraph命令画图，并且npregress命令中只能有一个解释变量，即必须是一元回归分析才行。

12.1.2　Stata应用案例

现有文献中，无论是古典增长理论还是新增长理论，关于人口、资本、技术、土地等生产要素对经济增长的影响机制研究非常丰富。然而，对于新型生产要素——数字，如何影响经济增长及其理论机制解释，现有文献研究得还比较少。

数字化在当今经济社会发展中的地位已经越来越重要，数字经济在欧美发达国家的占比平均超过了60%，在我国的GDP占比也达到了40%以上。然而，数字新型生产要素如何影响以及通过什么机制影响经济增长，学术界对此问题的研究仍然还比较匮乏。关于数字经济对实体经济增长影响的理论研究，未能与数字经济发展的步伐相匹配。

由于缺乏相关的理论基础和一致性解释，学术界关于数字新型生产要素对经济增长影响机制是不确定的，数字新型生产要素的分布特征也是不明确的。因而，传统的参数估计理论可能不适合用于研究数字生产要素对经济增长的影响，因为使用参数估计方法需要事先假定数字生产要素与经济增长之间可能的关系，以及数字新型生产要素和经济增长的分布函数。在没有理论依据的情况下，这样做可能会产生模型设定偏误等一系列问题。此时，非参数估计可能是一个值得尝试的方法。首先，将数字经济的相关数据导入到Stata：

. use "D:\01 傻瓜计量经济学与stata应用\data\digit.dta", clear

. asdoc sum lnGDP_per digfac pcross eastc edu area industry urban id city, replace //需要事先安装asdoc命令（见表12.2）。

表12.2 变量描述性统计分析

Variable	Obs	Mean	Std. Dev.	Min	Max
lnGDP_per	2,032	10.54563	.7662402	6.637794	13.18415
digfac	2,032	-.0047819	.9443404	-1.995804	7.637127
pcross	2,032	.480315	.4997353	0	1
eastc	2,032	.3110236	.4630264	0	1
edu	2,032	.0503261	.0215676	.0014254	.3414634
area	2,032	9.345338	.773755	7.014814	12.17548
industry	2,032	6.692401	1.00053	3.044523	10.63077
urban	2,032	.9974664	.0398723	.7112354	1.594262
id	2,032	127.5	73.34096	1	254
city	2,032	157.9646	88.16364	1	305

表12.2中，变量lnGDP_per代表人均GDP的对数值，变量digfac为数字化指数，变量pcross为省际交界城市虚拟变量，取值为1代表是省际交界城市，取值为0代表不是省际交界城市。Eastc为东部城市虚拟变量，取值为1代表是东部沿海城市。输入命令：

. npregress kernel lnGDP_per digfac, vce(boot, reps(10))　　//必须要加bootstrap估计，才会有标准误和显著性水平输出（见表12.3）。

表12.3 局部线性非参数估计

```
Local-linear regression              Number of obs      =        2,032
Kernel   : epanechnikov             E(Kernel obs)      =          621
Bandwidth: cross-validation          R-squared          =       0.1512
```

lnGDP_per	Observed estimate	Bootstrap std. err.	z	P>|z|	Percentile [95% conf. interval]	
Mean						
lnGDP_per	10.53254	.0182418	577.39	0.000	10.50156	10.55631
Effect						
digfac	.2930884	.0189101	15.50	0.000	.2784717	.3326354

Note: Effect estimates are averages of derivatives.

上面估计方法使用的是局部线性非参数估计，系统默认使用的是伊潘科尼克夫核（epanechnikov），计算最优带宽使用的是"交叉核实法"（cross-validation）。根据计算结果，数字生产要素（digfac）对经济增长影响的**平均**边际效应是0.293，因变量的预期均值是10.533，拟合优度为0.1512。

表12.3的估计中，为了计算标准误我们使用了bootstrap再抽样。但是在第11章中，曾经分析过，不同于jackknife再抽样，bootstrap再抽样方法每次估计的结果都不一样。如果读者想要确保每次估计的标准误都一样，则不仅抽样的次数要一样，而且还需要设定种子：

. quietly npregress kernel lnGDP_per digfac, vce(boot, reps(10) seed(10101))

在使用完npregress时，如果没有加控制变量，可以使用npgraph命令画digfac对人均GDP的非参数估计拟合图（局部线性拟合）：

. npgraph　　//（见图12.1）。

Mean function of lnGDP_per

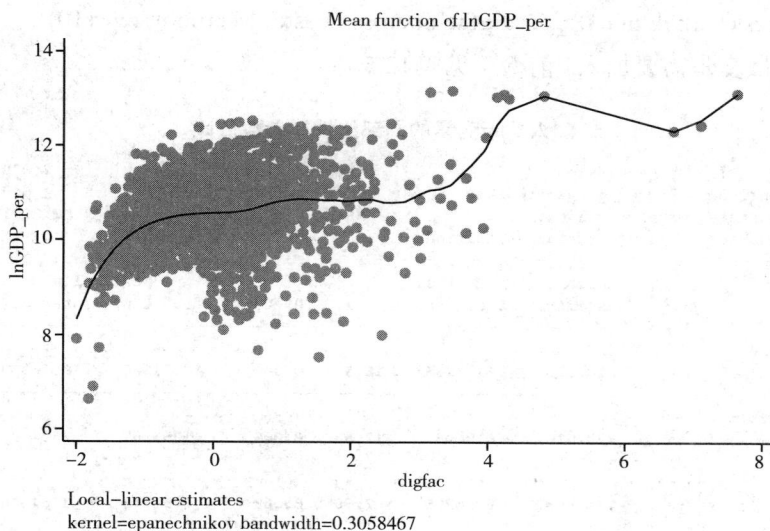

Local−linear estimates
kernel=epanechnikov bandwidth=0.3058467

图12.1　非参数线性拟合

从图12.1可以看出，数字化对经济增长影响的最优拟合线，并不是简单的全局线性回归关系。我们可以用命令graph twoway (lfit lnGDP_per digfac) (qfit lnGDP_per digfac) (scatter lnGDP_per digfac)，查看全局线性拟合图并对比分析，看看两者拟合程度。读者可以发现，图12.1是局部多元线性回归，即不能用一个线性函数预测所有因变量期望均值，而是局部线性函数预测局部因变量期望均值。进一步，还可以加入控制变量进行非参数估计：

. npregress kernel lnGDP_per digfac edu area indu urban, vce(boot, reps(10))　　//（见表12.4）。

表12.4　　　　　　　　　　加入协变量的局部线性非参数估计

```
Local-linear regression                  Number of obs     =        2,032
Kernel    : epanechnikov               E(Kernel obs)     =        1,621
Bandwidth: cross validation             R-squared         =       0.2780

              Observed   Bootstrap                              Percentile
   lnGDP_per  Estimate   Std. Err.      z    P>|z|     [95% Conf. Interval]

Mean
   lnGDP_per  10.56156   .0189841   556.34   0.000     10.52422    10.58417

Effect
      digfac   .2737659   .0239159    11.45   0.000      .2477949    .3173034
         edu  1.053602   1.134723     0.93   0.353     -1.132742    3.223331
        area  -.1843808   .0295659    -6.24   0.000     -.2353538    -.1489342
        indu   .0148475   .0013441    11.05   0.000      .0138849    .0184634
       urban  -.2603911   .5189486    -0.50   0.616     -1.538089    .1509627

Note: Effect estimates are averages of derivatives.
```

但是，在加入控制变量之后，不能再使用npgraph制作拟合图。此外，如果想知道省际交界城市和东部沿海城市地理位置对人均GDP的影响，可以输入命令：

. npregress kernel lnGDP_per digfac i.pcross i.eastc , vce(boot, reps(10))　　//所有虚拟变量或离散变量需要加入i.前缀（见表12.5）。

表12.5　　　　　　　　　　加入要素变量的局部线性非参数估计

```
Local-linear regression                    Number of obs     =       2,028
Continuous kernel : epanechnikov           E(Kernel obs)     =         645
Discrete kernel   : liracine               R-squared         =      0.2391
Bandwidth         : cross validation
```

lnGDP_per	Observed Estimate	Bootstrap Std. Err.	z	P>|z|	Percentile [95% Conf. Interval]	
Mean						
lnGDP_per	10.5259	.0146905	716.51	0.000	10.51506	10.56379
Effect						
digfac	.2310101	.0194431	11.88	0.000	.1951661	.2604999
pcross (1 vs 0)	-.2178437	.0288256	-7.56	0.000	-.2456943	-.1764646
eastc (1 vs 0)	.3492016	.0365765	9.55	0.000	.2787895	.4228927

表12.5中，pcross的平均边际效应为−0.218，说明平均而言省际交界区的人均GDP要比非省际交界区低21.8%。eastc的平均边际效应为0.349，说明平均而言东部沿海城市要比内陆城市的人均GDP高出34.9%。

12.1.3 非参数估计的边际效应

有的时候我们不仅是想了解解释变量对因变量影响的平均边际效应（AME），更想知道其他控制变量取特定值时，解释变量对因变量影响的变化特征（MER）。为了对这个问题展开讨论，导入另外一个关于酒驾与罚单的数据：

. webuse dui.dta, clear

. sum 　　//（见表12.6）。

表12.6　　　　　　　　　　　描述性统计

Variable	Obs	Mean	Std. Dev.	Min	Max
taxes	500	0.704	0.457	0	1
fines	500	9.895	0.782	7.4	12
csize	500	2.006	0.843	1	3
college	500	0.248	0.432	0	1
citations	500	22.018	9.803	4	80

表12.6中，虚拟变量taxes表示酒精饮料是否征税，取值为1表示征税，取值为0表示不征税；变量fines表示酒驾的罚金，变量csize表示城市规模大小，分为1、2、3三个等级；虚拟变量college表示所在地区是否为大学城，变量citations表示每月醉驾

罚单数量。如果要研究的问题是酒精饮料征税对酒驾的影响，则可以输入命令：

. npregress kernel citations i.taxes fines i.csize i.college, vce(boot, reps(20))　　//（见表12.7）。

表12.7　　　　　　　　　　　**局部线性非参数估计**

```
Local-linear regression               Number of obs      =         500
Continuous kernel : epanechnikov      E(Kernel obs)      =         224
Discrete kernel   : liracine          R-squared          =      0.8010
Bandwidth         : cross-validation
```

	Observed estimate	Bootstrap std. err.	z	P>|z|	Percentile [95% conf. interval]	
Mean						
citations	22.26306	.4323784	51.49	0.000	21.56608	23.13358
Effect						
fines	-7.332833	.35402	-20.71	0.000	-8.084564	-6.775799
taxes (tax vs no tax)	-4.502718	.4456629	-10.10	0.000	-5.508345	-4.021172
csize (medium vs small)	5.300524	.2141322	24.75	0.000	5.046815	6.094113
(large vs small)	11.05053	.4740618	23.31	0.000	10.23878	12.51204
college (college vs not college)	5.953188	.4916508	12.11	0.000	5.175205	6.764802

　　表12.7中，虽然可以清晰地看出罚款、税收、城市规模和大学城这些因素对醉驾罚单数量的影响，大城市和大学城酒驾的事件更多，但税收会显著降低酒驾事件频数，酒精饮料征税平均而言可以使得酒驾事件每月减少约4.5起。

　　如果想要更进一步了解更多的信息和因变量的预测值，比如想知道大城市并且是大学城，如果酒精饮料征税，酒驾罚单数量平均而言会有多少？可以输入命令：

. margins 1.taxes, at(csize=3 college=1) reps(10)　　//该命令必须在npregress之后使用，这里数字1.taxes表示taxes=1条件下，即征税　　//（见表12.8）。

表12.8　　　　　　　　　　　**预测边际效应**

```
Predictive margins                              Number of obs = 500
                                                Replications  =  10

Expression: Mean function, predict()
At: csize     = 3
    college   = 1
```

	Observed margin	Bootstrap std. err.	z	P>|z|	Percentile [95% conf. interval]	
taxes tax	31.07393	.9331295	33.30	0.000	30.17322	32.89259

　　表12.8的预测结果表明，大城市且同时是大学城，如果酒精饮料征税，平均每月酒驾罚单数量是31张，或预期会发生31起酒驾事件。

　　考虑大城市并且同时是大学城，如果不对酒精饮料征税，那么酒驾事件平均是多少？

. margins 0.taxes, at(csize=3 college=1) reps(10)　　//（见表12.9）。

表 12.9　　　　　　　　　　　　　　　　　　　预测边际效应

```
Predictive margins                              Number of obs =  500
                                                Replications  =   10

Expression: Mean function, predict()
At: csize   = 3
    college = 1
```

	Observed margin	Bootstrap std. err.	z	P>|z|	\[95% conf.	Percentile interval]
taxes						
no tax	37.62974	.9283074	40.54	0.000	36.28815	38.89797

表12.9的结果说明，如果在大城市（同时也是大学城）不对酒精饮料征税，则酒驾的预期事件会上升到37.6起。相对于前面的征税而言，平均预期可能增加了6.6起酒驾事件。这也就是说，在大城市同时也是大学城，如果对酒精饮料征税，每月可以减少6.6起酒驾事件。大城市酒精饮料征税的边际效应，要高于前文平均边际效应−4.5。进一步，可以使用"r."对比算符进行比较：

. margins r.taxes, at(csize=3 college=1) reps(20)　　　// r.表示对比分析征税和不征税的处理效应（见表12.10）。

表 12.10　　　　　　　　　　　　　　　　　　比较预测边际效应

```
Contrasts of predictive margins                 Number of obs =  500
                                                Replications  =   20

Expression: Mean function, predict()
At: csize   = 3
    college = 1
```

	df	chi2	P>chi2
taxes	1	80.09	0.0000

	Observed contrast	Bootstrap std. err.	\[95% conf.	Percentile interval]
taxes				
(tax vs no tax)	-6.555809	.7325578	-8.041848	-5.265976

表12.10的结果说明，在大城市同时也是大学城对酒精饮料征税，确实可以减少酒驾事件约6.6起。

以上我们只是静态地观察到了大城市酒精饮料征税对酒驾的影响。如果想进一步了解，分别在小、中、大城市对酒精饮料征税会产生什么影响，可以输入命令：

. margins taxes, at(csize=(1(1)3) college=1) reps(10)　　　//（见表12.11）。

表12.11   预测边际效应

```
Predictive margins                                      Number of obs = 500
                                                        Replications  =  10

Expression: Mean function, predict()
1._at: csize   = 1
       college = 1
2._at: csize   = 2
       college = 1
3._at: csize   = 3
       college = 1
```

	Observed margin	Bootstrap std. err.	z	P>|z|	Percentile [95% conf. interval]	
_at#taxes						
1#no tax	23.96038	.4868088	49.22	0.000	23.11876	24.49819
1#tax	19.065	.4714635	40.44	0.000	18.53547	19.73282
2#no tax	30.05085	.6275209	47.89	0.000	28.9081	30.85882
2#tax	25.18295	.6760542	37.25	0.000	24.5998	26.9085
3#no tax	37.62974	1.246382	30.19	0.000	35.22778	39.50657
3#tax	31.07393	.8799679	35.31	0.000	30.71931	33.42246

从表12.11的结果可以看出，对酒精饮料征税后，无论是小城市，还是大中城市，酒驾事件（罚单）都显著更少。但是，规律不是很直观，为了得到更加直观的理解，可以使用marginsplot命令制图：

. marginsplot, legend(pos(6) row(1))   // marginsplot命令必须在使用margins命令计算边际效应之后才能使用（见图12.2）。

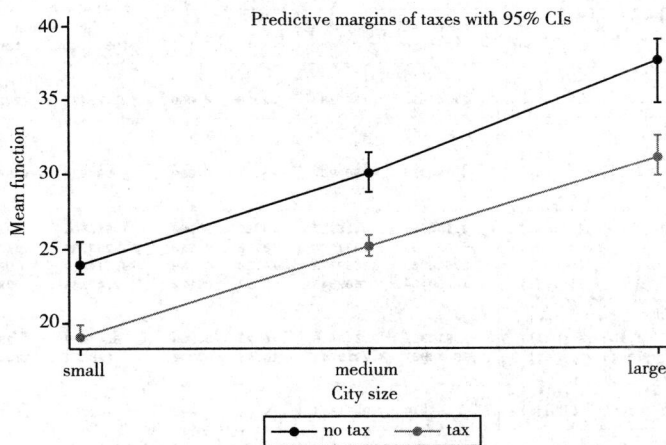

图12.2　绘制边际效应

图12.2中，上面的线分别代表小、中、大城市不征税的酒驾罚单预期均值，下面的线代表小、中、大城市征税后酒驾罚单的预期均值，征税后的酒驾罚单预期均值显著低于不征税。

前文只是分析了征税对酒驾的影响，酒驾的惩罚力度对酒驾也会产生显著的负向影响。为了进一步分析酒驾的惩罚力度在征税后或者小中大城市等环境中有什么影响，可以生成酒驾的惩罚力度变量：

. gen fines2=1

replace fines2=2 if fines>8 & fines<=9

replace fines2=3 if fines>9 & fines<=10

replace fines2=4 if fines>10 & fines<=11

replace fines2=5 if fines>11 & fines<=12

sum fines2　　//（见表 12.12）。

表12.12　　　　　　　　　　　　　　**描述性统计**

Variable	Obs	Mean	Std. dev.	Min	Max
fines2	500	3.296	.8281036	1	5

表12.12中，生成的fines2是离散变量，将fines加入模型重新运行一次非参数回归估计命令：

. npregress kernel citations i.taxes i.fines2 i.csize i.college, vce(boot, reps(10))　　//（见表12.13）。

表12.13　　　　　　　　　　　　　　**非参数局部线性估计**

```
Local-constant regression          Number of obs    =         500
Kernel   : liracine                R-squared        =      0.4410
Bandwidth: cross-validation
```

	Observed estimate	Bootstrap std. err.	z	P>|z|	Percentile [95% conf. interval]	
Mean						
citations	21.64951	.349184	62.00	0.000	21.23427	22.29021
Effect						
taxes						
(tax vs no tax)	-.7784335	.1504902	-5.17	0.000	-.934926	-.4987668
fines2						
(2 vs 1)	2.147665	.4426317	4.85	0.000	1.558501	2.762386
(3 vs 1)	-.056353	.3431734	-0.16	0.870	-.5209587	.6172538
(4 vs 1)	-2.516969	.3659872	-6.88	0.000	-3.114489	-1.985794
(5 vs 1)	-1.760484	.4602343	-3.83	0.000	-2.47145	-.9794713
csize						
(medium vs small)	5.819311	.358496	16.23	0.000	5.47217	6.753482
(large vs small)	10.74081	.7979744	13.46	0.000	9.028302	11.45954
college						
(college vs not college)	.466819	.0851844	5.48	0.000	.2942796	.5717884

```
Note: Effect estimates are averages of contrasts of factor covariates.
Warning: Convergence not achieved.
```

表12.13中，惩罚力度fines2对酒驾罚单数量影响的边际效应，在由1级升到2级时，边际效应为正，且非常显著，说明惩罚力度较小时，酒驾对惩罚力度反应不敏感，惩罚没有起到实际作用。在由1级升到3级时，虽然边际效应由正转负，但结果不显著，结论和前面一致。但是，惩罚力度由1级升到4级时，酒驾罚单数量下降幅度最大，效果最明显。由1级升到5级时，边际效应仍然显著为负，但是低于4级惩罚力度时的边际效应，说明惩罚力度并不是越大越好。

可以将酒精饮料征税、酒驾事后惩罚、城市规模三者结合一起分析：

. margins taxes, at(fines2=(1(1)5) csize=(1 2 3)) reps(10)　　　//（见表12.14）。

表12.14　　　　　　　　　　　　　　　　预测边际效应比较

1._at :	fines2	=	1		9._at :	fines2	=	3
	csize	=	1			csize	=	3
2._at :	fines2	=	1		10._at :	fines2	=	4
	csize	=	2			csize	=	1
3._at :	fines2	=	1		11._at :	fines2	=	4
	csize	=	3			csize	=	2
4._at :	fines2	=	2		12._at :	fines2	=	4
	csize	=	1			csize	=	3
5._at :	fines2	=	2		13._at :	fines2	=	5
	csize	=	2			csize	=	1
6._at :	fines2	=	2		14._at :	fines2	=	5
	csize	=	3			csize	=	2
7._at :	fines2	=	3		15._at :	fines2	=	5
	csize	=	1			csize	=	3
8._at :	fines2	=	3					
	csize	=	2					

	Observed Margin	Bootstrap Std. Err.	z	P>|z|	Percentile [95% Conf. Interval]	
_at#taxes						
1#no tax	16.56317	.3919285	42.26	0.000	16.0396	17.11629
1#tax	16.25161	.5521642	29.43	0.000	15.3812	17.03855
2#no tax	23.6004	.7458444	31.64	0.000	21.68522	24.17778
2#tax	22.67461	.761786	29.77	0.000	20.79201	23.35633
3#no tax	28.31517	.7681219	36.86	0.000	27.57365	29.99632
3#tax	27.29151	.9131673	29.89	0.000	26.43946	29.22909
4#no tax	17.98524	.6183336	29.09	0.000	17.3615	19.48869
4#tax	17.91475	.5650314	31.71	0.000	17.38637	19.19533
5#no tax	25.86718	.8119123	31.86	0.000	24.17247	26.71123
5#tax	24.75145	.7717257	32.07	0.000	22.96027	25.25264
6#no tax	31.45477	1.062788	29.60	0.000	29.58401	33.24579
6#tax	29.86656	.6377389	46.83	0.000	28.78331	30.90519
7#no tax	16.97717	.4167866	40.73	0.000	16.34137	17.48534
7#tax	16.48883	.4396984	37.50	0.000	15.699	17.2141
8#no tax	23.1281	.6516847	35.49	0.000	22.24221	24.16878
8#tax	22.39894	.5815312	38.52	0.000	21.7083	23.31549
9#no tax	28.14342	.5070325	55.51	0.000	27.73797	29.27844
9#tax	27.11845	.480233	56.47	0.000	26.45204	28.0256
10#no tax	15.04451	.243168	61.87	0.000	14.55063	15.33124
10#tax	14.58526	.1983682	73.53	0.000	14.12019	14.75441
11#no tax	20.29467	.339933	59.70	0.000	19.61882	20.71184
11#tax	19.5715	.4157384	47.08	0.000	18.83649	20.03602
12#no tax	25.43874	.5369958	47.37	0.000	24.61811	26.20262
12#tax	24.4291	.4969309	49.16	0.000	23.80718	25.1655
13#no tax	15.59853	.4518552	34.52	0.000	14.93752	16.31033
13#tax	15.07996	.5358941	28.14	0.000	14.31551	15.89162
14#no tax	21.28232	.5906605	36.03	0.000	20.12095	21.93107
14#tax	20.51995	.6479006	31.67	0.000	19.28191	21.12359
15#no tax	26.35839	.7451419	35.37	0.000	25.15262	27.852
15#tax	25.22151	.775755	32.51	0.000	23.45772	26.16918

表12.14中，第一张表是对第二张表中预测的因变量期望均值的解释，例如：

6._at : fines2 = 2

csize = 3

说明第二张表中，6#结果是在酒驾惩罚等级为2的大城市中，如果对酒精饮料不征税，酒驾罚单的期望均值为31.45。如果对酒精饮料征税，则酒驾罚单的预期均值为29.87。

根据第一张表的解释，可以很容易理解第二张表的结果。但是因为上述结果条目太多，不仔细研究，很难直接发现其规律。为了更好地理解非参数估计，使用marginsplot命令制图进行比较分析，命令如下：

. marginsplot, bydimension(csize) byopts(legend(pos(6)) cols(3)) plot1opts (lp(dash)) plot2opts(lp(dot))   //选项cols(3)表示分3列展示（见图12.3）。

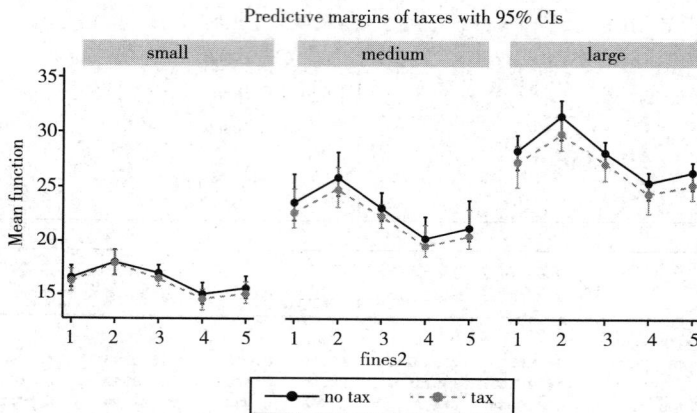

图12.3 预测边际效应变化趋势

利用图12.3，可以很容易把握酒驾惩罚、城市规模、征税对酒驾罚单数量的影响规律。（1）城市规模越大，酒驾罚单的数量越多。（2）无论是小城市，还是大中城市，对酒精饮料征税都能显著减少酒驾事件。（3）无论是大中小城市，无论是否对酒精饮料征税，酒驾惩罚力度不是越高越好，也不是越低越好，惩罚力度在4级时，酒驾事件预期降至最低。即酒驾的事后惩罚力度，最优应该在10000~11000美元。

征税到底在多大程度上能够减少酒驾事件，为了更清晰地观测到征税的边际效应，使用比较算符"r."如下：

. margins r.taxes, at(fines2=(1(1)5) csize=(1 2 3)) reps(10)   //（见表12.15）。

. marginsplot, bydimension(csize) byopts(cols(3)) yline(0, lp(dash))   //相比前文，这里加了一条y=0的水平线作为参考（见图12.4）。

表 12.15   预测边际效应比较

		Observed contrast	Bootstrap std. err.	Percentile [95% conf. interval]	
	taxes@_at				
(tax vs no tax)	1	-.3115557	.2744371	-.6755992	.2276943
(tax vs no tax)	2	-.925796	.372989	-1.449015	-.1330722
(tax vs no tax)	3	-1.023661	.4237143	-1.813539	-.5655472
(tax vs no tax)	4	-.070495	.2886942	-.5040408	.4253278
(tax vs no tax)	5	-1.115733	.5918689	-2.026058	-.1226635
(tax vs no tax)	6	-1.58821	.509897	-2.655184	-1.088444
(tax vs no tax)	7	-.4883405	.2848983	-.9664466	-.1129679
(tax vs no tax)	8	-.729161	.2150556	-.9522403	-.2519305
(tax vs no tax)	9	-1.024972	.2972082	-1.604416	-.7338124
(tax vs no tax)	10	-.4592452	.1781315	-.7166308	-.1699147
(tax vs no tax)	11	-.7231704	.2822389	-1.073854	-.2208891
(tax vs no tax)	12	-1.009644	.331459	-1.506506	-.5327584
(tax vs no tax)	13	-.5185665	.2115158	-.7739355	-.063617
(tax vs no tax)	14	-.762374	.4023597	-1.420087	-.1566334
(tax vs no tax)	15	-1.136878	.3193875	-1.820493	-.7671557

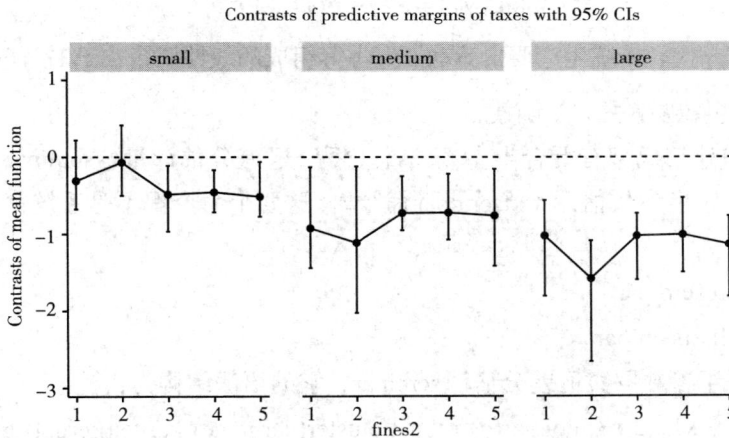

图 12.4　预测边际效应比较

前文分析中，只是发现征税的效果很显著。但是，通过比较运算符，可以清晰地看出，征税的处理效应在大城市效果最显著；中等城市次之。

12.2　半参数回归分析

12.2.1　半参数估计基准模型

非参数估计假定我们对函数变量之间的关系一无所知，但是这与实际发展不符合。事实上，多数情况下，因为过往理论研究的原因，我们会知道部分解释变量与因变量之间的关系。只是对部分新生的要素研究不够，因而不能确定新生变量对既有因变量的影响路径与机制。

对于数字新型生产要素到底如何影响经济增长并不是十分确定，但是对于劳动和资本等传统生产要素对经济增长的影响，学术界早有非常明确的结论和具体的生产函数形式。完全把现有的理论忽略，采用非参数估计，显然是不合理的。这时，必须把这些信息充分利用起来，采用半参数估计的方法，以提高模型估计的效率。例如：

$$y = AK^\alpha L^\beta f(D)e^\varepsilon$$

对式两边同时取对数可得：

$$\log(y) = \log A + \alpha \log(K) + \beta \log(L) + \log\left[f(D)\right] + \varepsilon$$

令 $X = \{\log A, \log(K), \log(L)\}$，$\gamma = \{1, \alpha, \beta\}'$，则上式可以转化为半参数的部分线性模型（PLM，Partially Linear Model）：

$$\log(y_{it}) = X_{it}\gamma + g(D_{it}) + \varepsilon_{it}$$

其中，$X_{it}\gamma$ 代表传统生产要素劳动、资本等组成的线性函数；$g(D_{it}) = \log\{f(D_{it})\}$ 代表数字新型生产要素的未知函数。

半参数估计的模型有混合半参数估计（罗宾逊差分估计量，semipar命令）和面板数据固定效应半参数估计（xtsemipar命令）。这两个命令都不是系统命令，需要用户提前安装。

. ssc install semipar

. ssc install xtsemipar

首先考虑半参数罗宾逊差分估计semipar，它的语法结构为：

. semipar y x1 x2 x3, nonpar(d) robust cluster(varname) kernel(kernel) gen(varname) ci partial(varname)

其中，nonpar(d)是必选的选项，用于指定未知函数关系的变量，即半参数模型中的非参数变量，比如数字新型生产要素。选项gen(varname)用于产生一个拟合的因变量。选项ci表示在图上给出非参数拟合因变量的置信区间。选项kernel(kernel)用于指定核回归的核函数，默认为高斯核（gaussian）。

本节使用数字经济数据digit.dta作为案例，将数字新型生产要素digfac看成是半参数变量：

. use "D:\01傻瓜计量经济学与stata应用\data\digit.dta", clear

使用半参数罗宾逊局部线性估计（Robinson's partially linear regression）：

. semipar lnGDP_per ledu lopen lind lurban larea ltech lfiance, nonpar(digfac) robust xtitle(digfac) ytitle(lnGDP_per)   //（见表12.16）。

表12.16 半参数罗宾逊局部线性估计

```
                                          Number of obs  =      2032
                                          R-squared      =    0.2546
                                          Adj R-squared  =    0.2521
                                          Root MSE       =    0.6077
```

lnGDP_per	Coefficient	Std. err.	t	P>|t|	[95% conf. interval]	
ledu	1.253391	1.00777	1.24	0.214	-.7229835	3.229766
lopen	-11.43407	4.240626	-2.70	0.007	-19.75051	-3.11762
lind	.4317291	.0725058	5.95	0.000	.2895354	.5739229
lurban	1.702332	.7089219	2.40	0.016	.3120394	3.092624
larea	-.1414915	.0231887	-6.10	0.000	-.1869677	-.0960152
ltech	.1488351	.0790484	1.88	0.060	-.0061895	.3038598
lfiance	.1121558	.0777778	1.44	0.149	-.0403771	.2646886

如图12.5所示，这里半参数函数数字新型生产要素（digfac）使用的还是局部线性回归分析，每一点的边际效应都不一样。上述结果只给出了数字新型生产要素对经济增长影响的拟合线，没有给出拟合线上每一点切线的斜率或者平均边际效应。

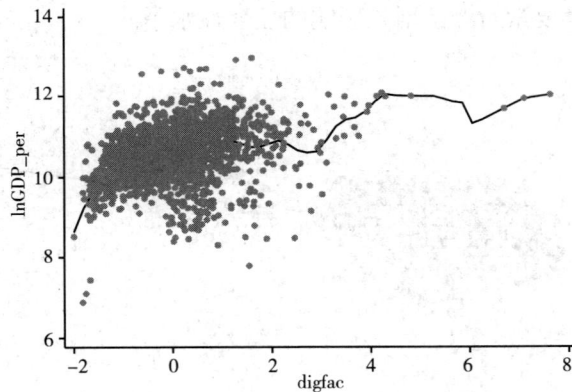

图12.5 半参数罗宾逊局部线性拟合

其实，半参数估计的局部线性估计命令中，plreg命令估计的信息量更大，效果也更好。它的语法结构为：

. plreg depvar indepvars [if] [in], nlf(varname) [generate(newvar) order(#) wh level(#)]

其中，选项nlf(varname)代表不可知函数关系，即半参数变量。generate(newvar)用于预测因变量的拟合值。选项order(#)用于设定差分阶数，默认为一阶差分。选项wh指定了差分权向量的一种形式。默认情况下使用Yatchew(1998)的权重，如果加了wh选项，则使用Hall、Kay和Titterington(1990)的权重进行差分。

半参数局部线性估计plreg不是系统命令，需要提前安装：

. ssc install plreg

. use "D:\01傻瓜计量经济学与stata应用\data\digit.dta", clear

. plreg lnGDP_per ledu lopen lind lurban larea ltech lfiance, nlf(digfac) wh gen(f_hat) order(7) xtitle(digfac) ytitle(lnGDP_per) mcolor(blue)   //（见表12.17）。

表12.17   半参数局部线性估计

Source	SS	df	MS			
Model	269.1293236	7	38.4470462	Number of obs =	2025	
Residual	764.1993895	2018	.378691472	F(7, 2018) =	101.53	
				Prob > f =	0.0000	
				R-squared =	0.2604	
Total	1033.329	2025	.510285784	Adj R-squared =	0.2579	
				Root MSE =	0.6154	

lnGDP_per	Coefficient	Std. err.	t	P>|t|	[95% conf. interval]	
ledu	1.247423	.742432	1.68	0.093	-.2085906	2.703436
lopen	-11.93872	2.642084	-4.52	0.000	-17.12021	-6.757221
lind	.4535748	.0660694	6.87	0.000	.3240034	.5831462
lurban	1.618966	.7422579	2.18	0.029	.1632945	3.074638
larea	-.142009	.0197601	-7.19	0.000	-.1807614	-.1032566
ltech	.1392404	.0972965	1.43	0.153	-.0515717	.3300525
lfiance	.1257155	.0949802	1.32	0.186	-.060554	.311985

Significance test on digfac: V =15.951 P>\|V\| = 0.000

如图12.6所示，相对于semipar命令，plreg命令估计结果不仅更加稳健，而且还给出了数字新型生产要素对经济增长影响的显著性水平。

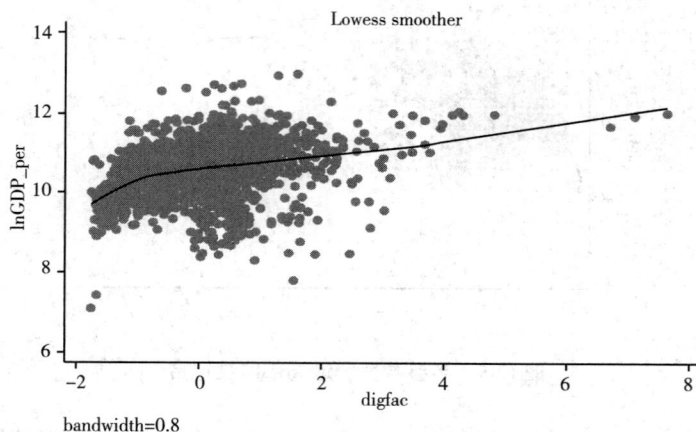

图12.6　半参数局部线性拟合

样条（Spline）是一种分段的多项式估计方法，可以是一次项、二次项或者三次项。用于分段的参照点（reference points）称为节点（knots），且节点可以有多个。例如，一个节点的线性样条为：

$$E(y|x) = \beta_0 + \beta_1 x + \beta_2 (x - \tau) \cdot \mathbf{1}\{x \geq \tau\}$$

当 $x < \tau$ 时，$E(y|x) = \beta_0 + \beta_1 x$，斜率系数为 β_1；当 $x \geq \tau$ 时，$E(y|x) = \beta_0 + \beta_1 x + \beta_2(x - \tau)$，斜率系数为 $\beta_1 + \beta_2$。虽然两段之间的斜率系数不一样，但是该函数会在节点 $x = \tau$ 处连续（平滑）。以此类推，还可以构造多节点样条：

$$E(y|x) = \beta_0 + \beta_1 x + \beta_2 (x - \tau_1) \cdot \mathbf{1}\{x \geq \tau_1\} + \beta_3 (x - \tau_2) \cdot \mathbf{1}\{x \geq \tau_2\}$$

　　然后，使用面板数据的半参数固定效应进行估计，仍然使用前面的digit.dta
数据：

　　. ssc install bspline　　//样条平滑

　　. xtsemipar lnGDP_per ledu lopen lind lurban larea ltech lfiance, nonpar(digfac)　　//
（见表12.18）。

表12.18　　　　　　　　　　　面板数据固定效应半参数估计

```
xtsemipar lnGDP_per ledu lopen lind lurban larea ltech lfiance, nonpar(digfac)

                                           Number of obs         =     1778
                                           Within R-squared      =   0.3131
                                           Adj Within R-squared  =   0.3089
                                           Root MSE              =   0.4784

  lnGDP_per │ Coefficient  Std. err.      t    P>|t|     [95% conf. interval]
 ───────────┼────────────────────────────────────────────────────────────────
       ledu │   2.774816   .5801724     4.78   0.000     1.636919    3.912712
      lopen │ -31.32642    1.875814   -16.70   0.000   -35.00547   -27.64738
       lind │   .0530828   .2016307     0.26   0.792    -.3423769    .4485425
     lurban │  -.8581767   .652792     -1.31   0.189    -2.138503    .4221491
      larea │  -.0488578   .1334242    -0.37   0.714    -.3105437    .2128281
      ltech │   .0309897   .3532313     0.09   0.930    -.6618054    .7237848
    lfiance │  -.2815285   .3537235    -0.80   0.426    -.9752891    .4122321
```

　　图12.7的局部线性拟合过程中，使用的是局部多项式平滑（local polynomial
smooth）方法。读者可以尝试使用spline选项，做样条平滑处理，对比两者输出的图
形差异（两者的回归估计结果是一样的，只是拟合图形有差异）。

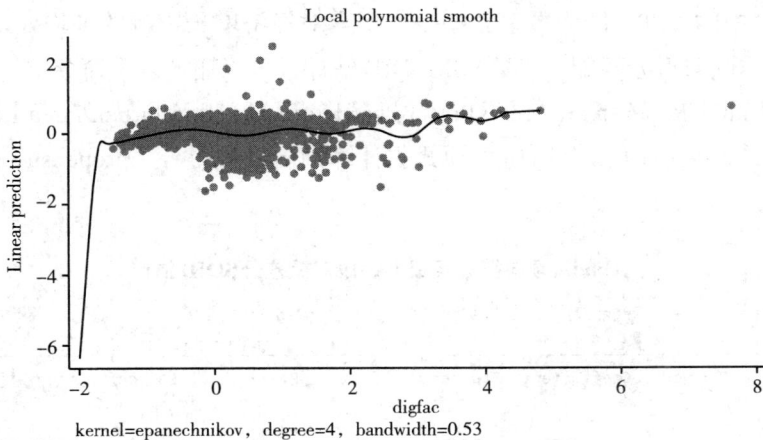

图12.7　半参数局部多项式平滑拟合

12.2.2　Abadie半参数双重差分SDID

　　双重差分（DID）估计量通过比较不同处理组的结果变量随时间的变化来衡量
实验处理或政策干预的效果。在半参数估计中，仍然可以使用双重差分的方法来

分析政策效应。本节介绍阿贝蒂（Abadie，2005）半参数双重差分模型估计（semi-parametric diff-in-diff，SDID），需要提前安装一个命令[①]。

. ssc install absdid

阿贝蒂（Abadie，2005）认为，在估计ATT的标准误时，需要考虑与倾向得分估计有关的误差，这与所使用的近似方法无关。核匹配（kernel matching）和最近邻匹配（nearest neighbor matching）估计量是最广泛用于准实验识别的估计量。absdid的语法结构是：

. absdid depvar [if] [in], tvar(varname) xvar(varlist) [options]

其中，选项tvar(varname)代表处理变量，也是半参数变量，该变量取值为1，表示事件发生；取值为0代表事件没有发生。选项xvar(varlist)代表控制变量。

. use digit.dta, clear

. absdid lnGDP_per, tvar(TreatxPost) xvar(ledu lopen lind lurban larea ltech lfiance) //（见表12.19）。

表12.19　　　　　　　　　　**Abadie半参数双重差分SDID估计**

lnGDP_per	Coefficient	Std. err.	z	P>|z|	[95% conf. interval]
Abadie's semi-parametric diff-in-diff			Number of obs	=	1953
ATT					
_cons	.1500682	.0830033	1.81	0.071	-.0126152　.3127516

表12.19中的ATT，即为数字新型生产要素对经济增长影响的平均处理效应。如果进一步考虑倾向得分匹配半参数PSM-DID估计，可以输入以下命令：

. absdid lnGDP_per, tvar(TreatxPost) xvar(ledu lopen lind lurban larea ltech lfiance) order(4)　　// order(4) 代表用4阶多项式去计算倾向指数得分（propensity score）（见表12.20）。

表12.20　　　　　　　　　**Abadie倾向得分匹配半参数双重差分SDID估计**

lnGDP_per	Coefficient	Std. err.	z	P>|z|	[95% conf. interval]
Abadie's semi-parametric diff-in-diff			Number of obs	=	2001
ATT					
_cons	.2970538	.104344	2.85	0.004	.0925432　.5015643

使用线性回归做倾向得分匹配无法确保得分范围在0~1之间，可以使用csinf和csup选项来限定倾向得分的最低和最高可接受值。尽管这样可以使得得分的范围在

---

①　Abadie, A.Semiparametric difference-in-differences estimators［J］. Review of Economic Studies，2005，72: 1-19.

0~1之间，但是匹配的效果却不是很好。

. absdid lnGDP_per, tvar(TreatxPost) xvar(ledu lopen lind lurban larea ltech lfiance) csinf(0.01) csup(0.99)　　//采用OLS线性估计做倾向得分匹配，但是将得分控制在0.01~0.99之间（见表12.21）。

表12.21　　　　　　　　Abadie倾向得分匹配半参数双重差分SDID估计

Abadie's semi-parametric diff-in-diff			Number of obs	=	1944	
lnGDP_per	Coefficient	Std. err.	z	P>|z|	[95% conf. interval]	
ATT						
_cons	.1241739	.0836304	1.48	0.138	-.0397386	.2880865

　　为了提高倾向得分匹配估计的准确度，可以使用选项sle，该选项使用logit模型来估计倾向指数得分（Hirano, Imbens and Ridder，2003），这样能确保估计的倾向得分总是大于0而小于1，从而提高匹配的精准度和匹配效率。

. absdid lnGDP_per, tvar(TreatxPost) xvar(ledu lopen lind lurban larea ltech lfiance) sle　　//使用logit模型进行倾向得分匹配（见表12.22）。

表12.22　　　　　Abadie倾向得分匹配半参数双重差分SDID估计（logit）

Abadie's semi-parametric diff-in-diff			Number of obs	=	2032	
lnGDP_per	Coefficient	Std. err.	z	P>|z|	[95% conf. interval]	
ATT						
_cons	.4544469	.1379534	3.29	0.001	.1840632	.7248307

第13章 时间序列分析与DSGE模型

时间序列（或称动态数列）是指将同一个体的指标数值按其发生的时间先后顺序排列而成的数列。时间序列分析的主要目的是根据已有的历史数据对未来进行预测。时间序列数据的观察周期可以不同，可以是年份、季度、月份或其他任何时间形式。根据时间序列的随机过程特性，又可以将时间序列分为平稳序列和非平稳序列两类，分别对应着不同的计量方法。

13.1 平稳时间序列分析

所谓平稳时间序列，是指对于任意的时间序列 $x_t(t=1,2,\cdots)$，对于每一个时间指标集 $1 \leqslant t_1 < t_2 < \cdots < t_m$ 和任意整数 $h \geqslant 1$，都有 $\left(x_{t_1}, x_{t_2}, \cdots, x_{t_m}\right)$ 的联合分布与 $\left(x_{t_1+h}, x_{t_2+h}, \cdots, x_{t_m+h}\right)$ 的联合分布相同。粗略地讲，一个时间序列如果均值没有系统的变化（无趋势）、方差没有系统变化，且严格消除了周期性变化，就称之是平稳的。例如，稳态水平的增长率、人的心跳变化率等，这些变量往往会围绕均值上下均匀波动，没有明显的持续向上或者向下趋势。另外，还需要注意的是，平稳的时间序列并不是没有自相关，而是自相关的系数小于1（即 $|\rho|<1$），从而呈现出平稳的弱相关序列特征。

13.1.1 ARMA 与 ARMAX 模型估计

自回归移动平均模型（auto-regressive moving average model，ARMA模型）是 p 阶自回归 AR(p) 和 q 阶移动平均 MA(q) 两种模型的结合，一般表示为 ARMA(p, q)，具体函数如下：

$$y_t = \beta_0 + \beta_1 y_{t-1} + \cdots + \beta_p y_{t-p} + \varepsilon_t + \theta_1 \varepsilon_{t-1} + \cdots + \theta_q \varepsilon_{t-q}$$

其中，$\{\varepsilon_t\}$ 为白噪声。**如果在方程的右边加入其他解释变量如 x_1、x_2、x_3 等外生变量，则 ARMA 模型变为 ARMAX 模型。**在 Stata 中，计算 ARMA 模型和 ARMAX 模型的命令均为 arima，其语法结构为：

. arima depvar [indepvars], ar(#) ma(#)

其中，ar(#) 和 ma(#) 分别代表自相关和移动平均的阶数。但是，在实际应用中，我们并不能事先知道自相关和移动平均的阶数，需要事先对变量进行诊断。可以分别用以下三个命令进行诊断：

. corrgram varname [if] [in] [, corrgram_options]　　//自相关和相关系数统计检验

. ac varname [if] [in] [, ac_options]　　//自相关统计检验图

. pac varname [if] [in] [, pac_options]　　//偏自相关统计检验图

下面以 usmacro.dta 数据为例，该数据主要包括美国1955~2015年季度数据，经济指标主要有 gdp 增长率、消费增长率、通货膨胀率和利率等。依次运行以下命令：

. webuse usmacro2, clear

. tsset dateq　　//使用时间序列命令之前，需要用 tsset 命令设定数据时间维度

然后依次使用 corrgram/ac/pac 命令检验消费增长率的自相关与偏自相关系数：

. corrgram c, lags(10)　　//（见表13.1）。

表13.1 　　　　　　　　　　　　　　　　自相关和偏自相关检验

LAG	AC	PAC	Q	Prob>Q	-1 0 1 [Autocorrelation]	-1 0 1 [Partial autocor]
1	0.3369	0.3371	28.039	0.0000		
2	0.2805	0.1919	47.549	0.0000		
3	0.2654	0.1484	65.093	0.0000		
4	0.0967	-0.0701	67.43	0.0000		
5	0.0177	-0.0932	67.509	0.0000		
6	0.0850	0.0652	69.33	0.0000		
7	0.0238	0.0008	69.474	0.0000		
8	-0.0851	-0.1124	71.318	0.0000		
9	-0.0238	-0.0031	71.462	0.0000		
10	0.0147	0.0683	71.517	0.0000		

表13.1中，右边两条垂线分别代表自相关和偏自相关系数检验，从结果来看自相关和偏自相关系数都是3阶显著大于0。为了进一步检验上述结论，首先单独检验自相关系数：

. ac c, lags(10) yline(0, lp(dash))　　//（见图13.1）。

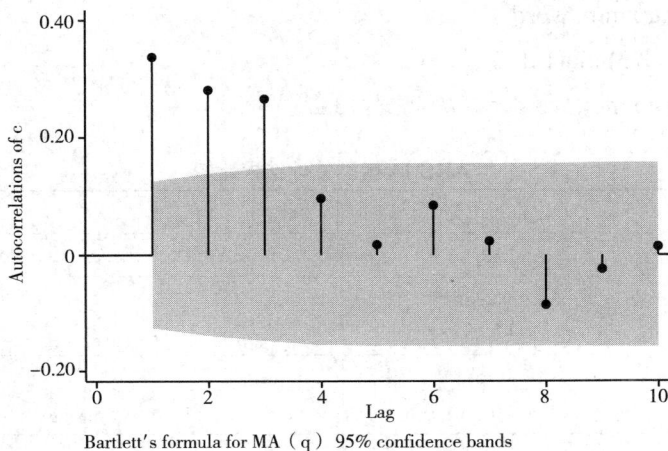

图13.1 自相关诊断

图13.1中,消费增长率在3阶以内,是显著区别于0(前3阶自相关系数,均落在0的置信区间以外),即存在3阶自相关,结论和前面一致。接下来,再单独检验偏自相关系数:

. pac c, lags(10) yline(0, lp(dash))　　　//(见图13.2)。

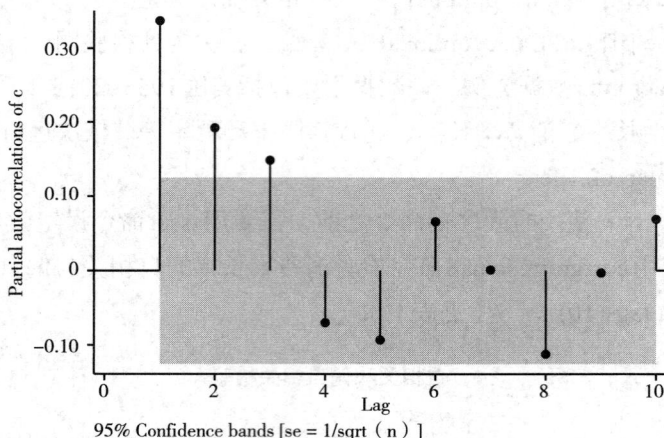

95% Confidence bands [se = 1/sqrt(n)]

图13.2　偏自相关诊断

图13.2中,偏自相关系数,前3阶的偏自相关系数均落在0的置信区间以外,说明消费增长率存在3阶偏自相关。

根据这个结论,可以分别做AR(3)、MA(3)和ARMA(3, 3)估计,并比较三者之间的区别,在do-file窗口中输入以下命令:

arima c, ar(1 2 3)

outreg2 using xmm, word replace

arima c, ma(1 2 3)

outreg2 using xmm, word

arima c, ar(1 2 3) ma(1 2 3)

outreg2 using xmm, word　　　//(见表13.2)。

表13.2 　　　　　　　　　　　　**ARIMA模型估计结果比较**

Variables	(2)	(5)	(8)
	AR(3)	MA(3)	ARMA(3, 3)
L.ar	0.248***		0.242
	(0.0577)		(0.226)
L2.ar	0.155***		−0.422**
	(0.0561)		(0.192)
L3.ar	0.150**		0.424**
	(0.0611)		(0.167)

续表

Variables	（2）AR（3）	（5）MA（3）	（8）ARMA（3，3）
L.ma		0.250*** （0.0547）	0.0171 （0.234）
L2.ma		0.256*** （0.0519）	0.620*** （0.171）
L3.ma		0.247*** （0.0538）	−0.0876 （0.171）
Constant	3.280*** （0.364）	3.262*** （0.289）	3.270*** （0.339）
Observations	244	244	244

注：（1）*、**、***分别代表10%、5%、1%的水平下显著；（2）括号内为标准误。

表13.2的ARMA(3, 3)估计模型中，可以检验残差，看看使用ARMA模型之后，残差是否还存在自相关或偏自相关？在命令窗口依次运行下面的命令：

. predict e1, res

. corrgram e1, lags(10)　　//（见表13.3）。

表13.3　　　　　　　　　　　自相关和偏自相关检验

```
                                -1      0      1 -1      0      1
LAG    AC      PAC     Q      Prob>Q [Autocorrelation] [Partial autocor]

 1   -0.0042  -0.0042  .00428  0.9479
 2   -0.0041  -0.0041  .00842  0.9958
 3   -0.0175  -0.0175  .0846   0.9936
 4    0.0157   0.0154  .1461   0.9975
 5    0.0028   0.0030  .14807  0.9996
 6    0.0247   0.0248  .30177  0.9995
 7    0.0006   0.0020  .30187  0.9999
 8   -0.0751  -0.0756  1.7381  0.9880
 9   -0.0384  -0.0400  2.1143  0.9895
10   -0.0061  -0.0085  2.124   0.9953
```

表13.3中，右边两条垂线没有"鱼骨"出现，p值也都接近于1，说明残差不存在任何的自相关与偏自相关关系。

也可以在前面的模型中分别加入控制变量来做ARMAX模型估计，具体命令如下：

arima c y p r, ar(1 2 3)

outreg2 using xmm, word replace

arima c y p r, ma(1 2 3)

outreg2 using xmm, word

arima c y p r, ar(1 2 3) ma(1 2 3)

outreg2 using xmm, word　　//（见表13.4）。

表 13.4 **ARMAX模型估计结果比较**

Variables	（2）	（5）	（8）
	ARMAX	ARMAX	ARMAX
y	0.516***	0.526***	0.507***
	（0.0345）	（0.0336）	（0.0332）
p	−0.109	−0.110*	−0.164**
	（0.0682）	（0.0640）	（0.0829）
r	0.000557	0.0143	−0.0497
	（0.0584）	（0.0526）	（0.0605）
L.ar	−0.0885		0.855***
	（0.0623）		（0.150）
L2.ar	0.0907		−0.616***
	（0.0557）		（0.134）
L3.ar	0.224***		0.687***
	（0.0586）		（0.100）
L.ma		−0.0998	−0.955***
		（0.0619）	（0.155）
L2.ma		0.0868	0.872***
		（0.0541）	（0.138）
L3.ma		0.156***	−0.712***
		（0.0570）	（0.114）
Constant	2.040***	1.940***	2.453***
	（0.337）	（0.309）	（0.454）
Observations	244	244	244

注：（1）*、**、***分别代表10%、5%、1%的水平下显著；（2）括号内为标准误。

根据前面的方法，同样再检验残差的自相关和偏自相关系数：

. predict e2, res

. corrgram e2, lags(10)   //（见表13.5）。

表 13.5 **自相关和偏自相关检验**

```
                                    -1      0     1 -1     0     1
   LAG      AC       PAC      Q    Prob>Q [Autocorrelation] [Partial autocor]

    1     0.0004    0.0004  4.0e-05 0.9949          |                |
    2    -0.0378   -0.0378   .35509 0.8373          |                |
    3     0.0187    0.0186   .44229 0.9314          |                |
    4     0.0089    0.0074    .4622 0.9771          |                |
    5     0.0362    0.0379   .79208 0.9775          |                |
    6     0.0660    0.0671    1.891 0.9294          |                |
    7    -0.0432   -0.0404   2.3636 0.9370          |                |
    8    -0.0778   -0.0759   3.9036 0.8657          |                |
    9    -0.0581   -0.0676   4.7665 0.8542          |                |
   10     0.0106    0.0026   4.7953 0.9044          |                |
```

13.1.2 VAR模型估计

向量自回归模型（vector auto-regression，VAR）是西姆斯（Sims，1980）提出的时间序列结构模型，相对于单变量时间序列预测模型而言，VAR模型将多个变量作为一个结构模型，同时进行预测，因而也称为多变量时间序列模型。

$$\begin{cases} y_{1t} = c_1 + \beta_{11}y_{1,t-1} + \cdots \beta_{1p}y_{1,t-p} + \gamma_{11}y_{2,t-1} + \cdots \gamma_{1p}y_{2,t-p} + \cdots + \delta_{11}y_{q,t-1} + \cdots \delta_{1p}y_{q,t-p} \\ y_{2t} = c_2 + \beta_{21}y_{1,t-1} + \cdots \beta_{2p}y_{1,t-p} + \gamma_{21}y_{2,t-1} + \cdots \gamma_{2p}y_{2,t-p} + \cdots + \delta_{21}y_{q,t-1} + \cdots \delta_{2p}y_{q,t-p} \\ \qquad\qquad\qquad\qquad\qquad\qquad \vdots \\ y_{qt} = c_q + \beta_{q1}y_{1,t-1} + \cdots \beta_{qp}y_{1,t-p} + \gamma_{q1}y_{2,t-1} + \cdots \gamma_{qp}y_{2,t-p} + \cdots + \delta_{q1}y_{q,t-1} + \cdots \delta_{qp}y_{q,t-p} \end{cases}$$

其中，$(y_1, y_2, \cdots, y_q)$ 的每个变量都是因变量，每个变量及系统内其他变量的滞后p期，都是自身的解释变量。

向量自回归估计的Stata命令为var，其具体语法结构为：

. var y1 y2 y3 y4 y5, lags(numlist) dfk small exog(z1 z2)

其中，变量（y1 y2 y3 y4 y5）既是因变量也是解释变量。选项lags(numlist)表示滞后阶数，默认是lags(1 2)，即同时包含1阶和2阶滞后。选项dfk为自由度调整，如果样本量较小，可以选择这个选项。选项small表示输出结果显示小样本的t统计量或者F统计量。选项exog(z1 z2)表示外生控制变量，该变量必须是严格外生的，且不能出现在因变量中。

向量自回归命令var非常强大，在使用该命令进行估计之后，可以做很多后验估计检验，可选择的命令非常多，具体可以在命令窗口输入：

. help var postestimation　　//（见表13.6）。

表13.6 　　　　　　　　　　向量自回归后验估计命令

Command	Description
fcast compute	obtain dynamic forecasts
fcast graph	graph dynamic forecasts obtained from **fcast compute**
irf	create and analyze IRFs and FEVDs
vargranger	Granger causality tests
varlmar	LM test for autocorrelation in residuals
varnorm	test for normally distributed residuals
varsoc	lag-order selection criteria
varstable	check stability condition of estimates
varwle	Wald lag-exclusion statistics

表13.6中，向量自回归命令var的后验估计命令主要分为预测、脉冲响应和诊断三类。

（1）预测类命令主要有：

. fcast compute prefix, step (#)

表示在使用var命令估计后，计算被解释变量未来#期的预测值，并把预测值赋予被解释变量加上前缀prefix(自行确定)的变量名。

. fcast graph varlist, observed

运行命令fcast graph后，将多个变量varlist的预测值同时画图，其中选项observed表示预测值与实际观测值相比较。

（2）脉冲响应分析命令：

. irf create irfname, set (filename) step(#) replace

表示在使用var命令估计后，将有关脉冲响应的结果存为irfname(可自行命名)。选项set(filename)表示建立脉冲文件filename，使之成为当前的脉冲文件(make filenameactive)，并将脉冲结果irfname存入此脉冲文件"filename"(若未使用选项set(filename)指定脉冲文件，则将脉冲响应结果存入当前的脉冲文件)。选项step(#)表示考察#期的脉冲响应函数，默认值为step(8)。选项replace表示替代已有的同名脉冲响应结果irfname(如果有)。一个脉冲文件filename可存储多个脉冲响应结果irfname。

. irf graph irf, impulse (varname) response(varname) noci

表示画未正交化脉冲响应图（impulse–response function）。其中，选项impulse (varname)用于指定脉冲变量，而选项response (varname)用来指定响应变量，默认画出所有变量的脉冲响应图。选项"noci"表示不画置信区间，默认画置信区间。

. irf graph cirf, impulse (varname) response(varname) noci

表示画未正交化累积脉冲响应图（cumulative impulse–response function）。

. irf graph oirf, impulse(varname) response(varname) noci

表示画正交化的脉冲响应图（orthogonalized impulse–response function）。

. irf graph coirf, impulse(varname) response(varname) noci

表示画正交化的累积脉冲响应图（cumulative orthogonalized impulse–response function）。

. irf graph fevd, impulse(varname) response(varname)

表示画预测方差分解图（cholesky forecast–error variance decomposition）。

如果将以上命令中的irf graph改为irf table，则输出的结果为信息列表而非画图。

（3）诊断类命令主要有：

. var lmar

表示在使用var命令估计后，对残差是否存在自相关进行LM检验。

. varnorm

表示在使用var命令估计后，检验残差是否服从正态分布。

. varstable, graph

表示在使用var命令估计后，通过特征值检验该VAR系统是否为平稳过程。如果所有特征值都在单位圆内部，则为平稳过程。选项"graph"表示画出特征值的几何分布图。

. varwle

表示在使用var命令估计后，对每个方程以及所有方程的各阶系数的联合显著性进行 Wald 检验，其中，"wle"表示 Wald lag-exclusion statistics 。

. vargranger

表示在使用var命令估计后，进行格兰杰因果检验。

（**4**）**案例分析**。仍然以usmarcro2数据集为例，使用命令varsoc确定VAR模型的滞后阶数：

. webuse usmacro2, clear

. varsoc y p r c, maxlag(10)   //（见表13.7）。

表13.7   **VAR模型滞后阶数诊断**

```
Lag-order selection criteria

Sample: 1957q3 thru 2015q4                      Number of obs = 234

Lag    LL        LR      df    p     FPE       AIC      HQIC      SBIC

0    -2196.92                        1736.72   18.8113   18.8351   18.8703
1    -1783.51   826.81   16   0.000  58.1564   15.4146   15.5337   15.7099*
2    -1742.85   81.33    16   0.000  47.1084   15.2038   15.4181   15.7354
3    -1708.84   68.006   16   0.000  40.4024   15.0499   15.3595*  15.8178
4    -1694.02   29.655   16   0.020  40.8324   15.06     15.4648   16.0641
5    -1674.83   38.367   16   0.001  39.7726   15.0327   15.5329   16.2731
6    -1655.89   37.875   16   0.002  38.8383*  15.0076*  15.603    16.4843
7    -1645.19   21.409   16   0.163  40.7118   15.0529   15.7435   16.7658
8    -1634.37   21.639   16   0.155  42.6592   15.0972   15.8831   17.0463
9    -1622.56   23.613   16   0.098  44.3547   15.133    16.0142   17.3184
10   -1604.39   36.347*  16   0.003  43.709    15.1144   16.0909   17.5361
```

* optimal lag

其中，LL为对数似然函数；LR为似然比检验；df为自由度；p表示显著性水平；FPE表示akaike's final prediction error，测度的是向前一期的均方误差。AIC、HQIC、SBIC表示滞后期检验的三大信息准则。其中，FPE和AIC均显示滞后6阶为最优。HQIC准则显示3阶滞后期为最优，而SBIC准则显示1阶滞后期为最优。SBIC/HQIC倾向于选择比较精简的模型，FPE和AIC倾向于比较"丰满"的模型。但通常，SBIC/HQIC优于FPE和AIC。同时考虑到教材的篇幅，选择2阶滞后作为模型设定，并且仅考虑两个变量：

. var y p, lags(1/2)   //（见表13.8）。

表13.8中，变量y和p既是因变量，又是自身的解释变量（滞后期）。每个方程有2个解释变量，每个解释变量滞后2期，所以每个方程有4个解释变量，2个方程共有8个解释变量，8个变量系数，加上2个常数项，共计10个估计系数。其中，有的估计系数很显著，有的估计系数不显著。需要使用varwle命令来检验系数估计的联合显著性水平：

. varwle   //（见表13.9）。

表13.8　　　　　　　　　　　　　　　　VAR模型估计

```
Vector autoregression

Sample:  1955q3 - 2015q4                 Number of obs    =        242
Log likelihood = -987.8248               AIC              =   8.246486
FPE            =    13.07555             HQIC             =   8.304564
Det(Sigma_ml)  =    12.03823             SBIC             =   8.390657
```

Equation	Parms	RMSE	R-sq	chi2	P>chi2
y	5	3.30021	0.1267	35.09582	0.0000
p	5	1.07952	0.7809	862.4909	0.0000

	Coef.	Std. Err.	z	P>|z|	[95% Conf. Interval]
y					
y					
L1.	.2892097	.0643068	4.50	0.000	.1631708	.4152486
L2.	.0970858	.0637766	1.52	0.128	-.027914	.2220856
p					
L1.	.0272854	.1841223	0.15	0.882	-.3335877	.3881586
L2.	-.1452788	.1847001	-0.79	0.432	-.5072843	.2167267
_cons	2.196778	.4652407	4.72	0.000	1.284923	3.108633
p					
y					
L1.	.0125643	.0210352	0.60	0.550	-.028664	.0537926
L2.	.0282394	.0208618	1.35	0.176	-.012649	.0691278
p					
L1.	.5547234	.0602279	9.21	0.000	.4366789	.6727678
L2.	.3676992	.0604168	6.09	0.000	.2492843	.486114
_cons	.1247054	.1521839	0.82	0.413	-.1735695	.4229803

表13.9　　　　　　　　　　VAR模型参数联合显著性水平检验

Equation: y

lag	chi2	df	Prob > chi2
1	20.36232	2	0.000
2	3.358945	2	0.186

Equation: p

lag	chi2	df	Prob > chi2
1	85.04338	2	0.000
2	37.25801	2	0.000

Equation: All

lag	chi2	df	Prob > chi2
1	106.4381	4	0.000
2	40.2176	4	0.000

　　然后，再检查残差是否存在自相关问题。

　　. varlmar　　　//（见表13.10）。

表13.10　　　　　　　　　　　　**VAR模型残差自相关检验**

Lagrange-multiplier test

lag	chi2	df	Prob > chi2
1	10.5692	4	0.03186
2	17.1032	4	0.00185

H0: no autocorrelation at lag order

　　表13.10结果中，残差仍然存在一阶自相关和二阶自相关。主要原因是，前面计算的最优滞后阶数是6阶，但实际只使用了2阶滞后。现在再重新试一下6阶滞后，但因为篇幅所限，这里把回归结果省略，然后直接检验残差是否存在自相关。依次在命令窗口运行以下两条命令：

　　. quietly var y p r c, lags(1/6)

　　. varlmar　　　//（见表13.11）。

表13.11　　　　　　　　　　**VAR模型残差自相关检验（6阶滞后）**

Lagrange-multiplier test

lag	chi2	df	Prob > chi2
1	15.8176	16	0.46576
2	32.3469	16	0.00901

H0: no autocorrelation at lag order

　　使用6阶滞后估计之后，我们发现残差没有一阶序列相关了。但是仍然存在二阶序列相关，但是产生二阶序列相关的原因有很多，不一定是残差存在问题。

　　接下来，要进一步检验整个VAR系统是否稳定，即VAR模型是否为平稳过程。可以使用命令：

　　. varstable, graph　　　//（见表13.12和图13.3）。

　　表13.12和图13.3结果表明，所有的特征值均落在单位圆以内，因而VAR模型是平稳的。但是，有两个点非常接近圆周处，说明有些冲击具有较强的持续性。最后，检测一下残差是否服从正态分布，使用命令：

　　. varnorm　　　//（见表13.13）。

　　表13.13中，Jarque–Bera检验是对样本数据是否具有符合正态分布的偏度和峰度的拟合优度的检验。其统计测试结果总是非负的，如果结果远大于零，则表示数据不具有正态分布。Skewness test是正态分布的偏度检验，Kurtosis test是正态分布的峰度检验。以上结果表明，残差在偏度上服从正态分布，但是在峰度上不服从正态分布特征。

表 13.12   VAR模型平稳性检验

Eigenvalue stability condition

Eigenvalue	Modulus
.955682 + .02549825i	.956022
.955682 - .02549825i	.956022
-.8234837	.823484
-.5421452 + .6116923i	.817367
-.5421452 - .6116923i	.817367
.7632596 + .1704462i	.78206
.7632596 - .1704462i	.78206
.2014753 + .7322356i	.759448
.2014753 - .7322356i	.759448
-.05112724 + .7326062i	.734388
-.05112724 - .7326062i	.734388
-.3369895 + .6369598i	.720611
-.3369895 - .6369598i	.720611
.5413832 + .4548789i	.707114
.5413832 - .4548789i	.707114
-.3330089 + .6058193i	.691312
-.3330089 - .6058193i	.691312
-.6821815 + .1055014i	.690291
-.6821815 - .1055014i	.690291
.4740748 + .3353654i	.580704
.4740748 - .3353654i	.580704
.2136692 + .4281811i	.478533
.2136692 - .4281811i	.478533
-.2893818	.289382

All the eigenvalues lie inside the unit circle.
VAR satisfies stability condition.

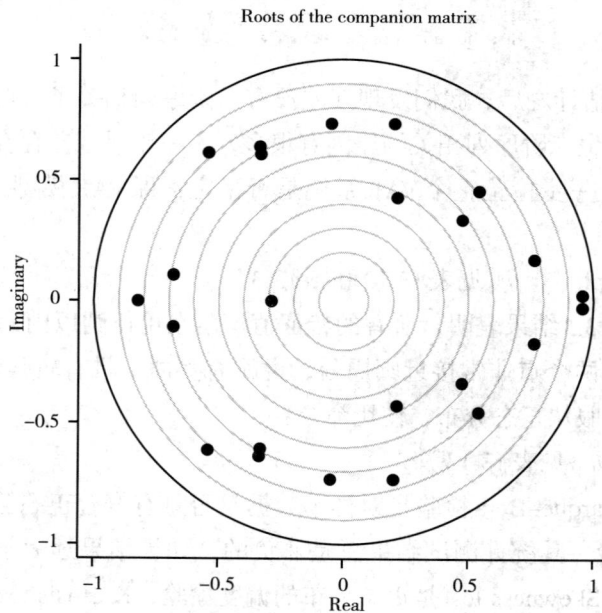

图 13.3　VAR模型平稳性检验

表13.13   残差正态分布检验

```
Jarque-Bera test

         Equation                       chi2    df   Prob > chi2

                y                     21.134     2       0.00003
                p                      1.858     2       0.39487
                r                    656.214     2       0.00000
                c                      0.483     2       0.78542
              ALL                    679.690     8       0.00000
```

```
Skewness test

         Equation     Skewness      chi2    df   Prob > chi2

                y       .09735      0.376     1       0.53980
                p       .20181      1.615     1       0.20373
                r       .13297      0.701     1       0.40234
                c       .10629      0.448     1       0.50322
              ALL                   3.141     4       0.53454
```

```
Kurtosis test

         Equation     Kurtosis      chi2    df   Prob > chi2

                y       4.4468     20.758     1       0.00001
                p       3.1565      0.243     1       0.62208
                r       11.13     655.513     1       0.00000
                c       3.0593      0.035     1       0.85175
              ALL                 676.549     4       0.00000
```

VAR模型是计量经济学中最好的**样本外**预测模型之一。计量经济学中，预测分为样本内预测和样本外预测两类。如果是样本外预测，即未来没有发生的事件，那么预测是否准确，很难评估，因为实际如何，我们根本不知道，所以没有可比性。

为了检验VAR模型的预测效果，仍然以前文分析为基础，预测未来10年（40个季度）的y, p, r, c值：

. webuse usmacro2, clear

. var y p r c, lags(1/6)

. fcast compute f_, step(40)   //预测的新变量以f_前缀命名

. fcast graph f_y f_p f_r f_c   //（见图13.4）。

如果是样本内预测，则因为实际发生的值存在，可以相互比较，评价模型的预测效果。比如我们的案例中，总共有244个观测值，可以预测第201~244个观测值，然后画图比较预测值与实际值。

. webuse usmacro2, clear

. quietly var y p r c if _n<201, lags(1/6)   //其中if _n<201是指回归估计只限定前200个观测值

. fcast compute m_, step(44)   //预测201-244个观测值，预测的新变量以m_前缀命名

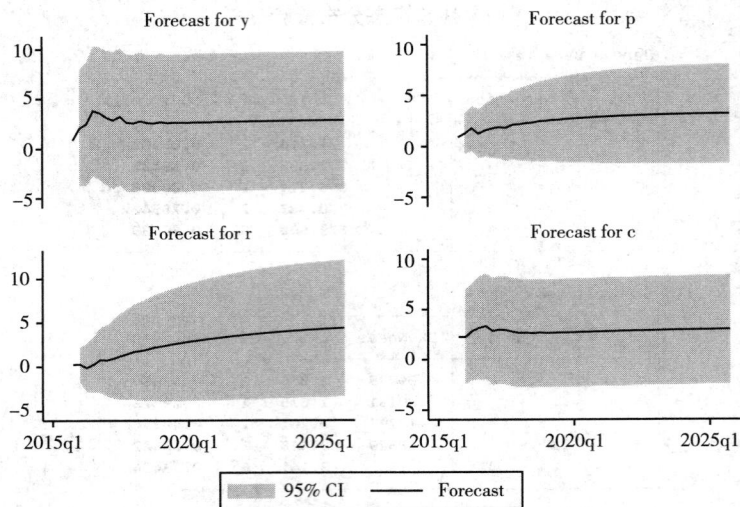

图13.4　VAR模型样本外预测

　　. fcast graph m_y m_p m_r m_c, observed　　　// observed表示把实际值作为参照进行比较（见图13.5）。

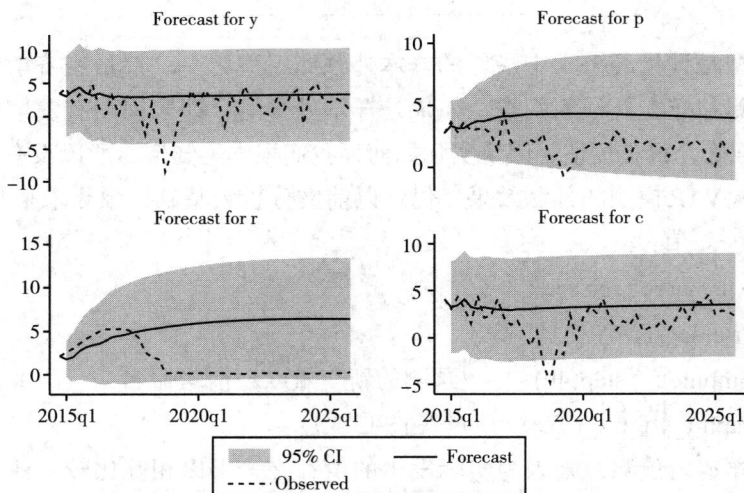

图13.5　VAR模型样本内预测

　　在使用完var命令之后，还可以用vargranger命令检测y/p/r/c四个变量之间相互的格兰杰因果关系（结果省略）。

　　. vargranger

　　（5）脉冲-响应分析。由于VAR是个结构方程，所有的变量既是因变量也是解释变量，变量之间相互如何影响，可以用脉冲—响应图做进一步分析：

　　. webuse usmacro2, clear

. quietly var y p r c, lags(1/6)

. irf create yprc, set(macrovar) step(24) replace

其中，命令irf create将计算所有与脉冲–响应函数有关的变量和统计量，并且将计算命名为yprc，但是存储在脉冲文件macrovar.irf中，并更新该文件。选项step(24)表示计算24期的脉冲响应函数，默认为计算8期，即step(8)。如果需要改变脉冲响应图顺序，可以加入order(varlist)选项。

脉冲响应文件macrovar.irf与其他Stata的dta文件一样，只是扩展名有所不同。如果需要了解macrovar.irf中存储了哪些变量，可以使用命令：

. describe using macrovar.irf   //（见表13.14）。

表13.14   脉冲响应文件介绍

```
Contains data
 Observations:          400               9 Jan 2024 14:27
    Variables:           23
```

Variable name	Storage type	Display format	Value label	Variable label
irfname	str15	%15s		Names of IRF results
step	int	%10.0g		Step
irf	double	%10.0g		Impulse-response function
cirf	double	%10.0g		Cumulative IRF
oirf	double	%10.0g		Orthogonalized IRF
coirf	double	%10.0g		Cumulative orthogonalized IRF
sirf	double	%10.0g		Structural IRF
dm	double	%10.0g		Dynamic multipliers
cdm	double	%10.0g		Cumulative dynamic multipliers
stdirf	double	%10.0g		Standard error of irf
stdcirf	double	%10.0g		Standard error of cirf
stdoirf	double	%10.0g		Standard error of oirf
stdcoirf	double	%10.0g		Standard error of coirf
stdsirf	double	%10.0g		Standard error of sirf
stddm	double	%10.0g		Standard error of dm
stdcdm	double	%10.0g		Standard error of cdm
fevd	double	%10.0g		Fraction of MSE due to impulse
sfevd	double	%10.0g		Structural fraction of MSE due to impulse
mse	double	%10.0g		SE of forecast of response variable
stdfevd	double	%10.0g		Standard error of fevd
stdsfevd	double	%10.0g		Standard error of sfevd
response	str1	%9s		Response variable
impulse	str1	%9s		Impulse variable

表13.14中，dm为动态乘数，即VAR模型中外生变量每变化一单位时，对内生变量的动态影响。因为我们的案例中，没有设定外生变量，所以dm为空，没有观测值。

如果想进一步了解macrovar.irf数据结构，可以使用命令：

. use macrovar.irf, clear

但是，在使用上述命令之后，原来的数据usmacro2就会被覆盖清空。当然，这不影响画各类脉冲响应图，这里以正交脉冲响应图为例：

. irf graph oirf, byopts(yrescale) xlabel(0(3)24) yline(0, lp(dash))　　　//（见图13.6）。

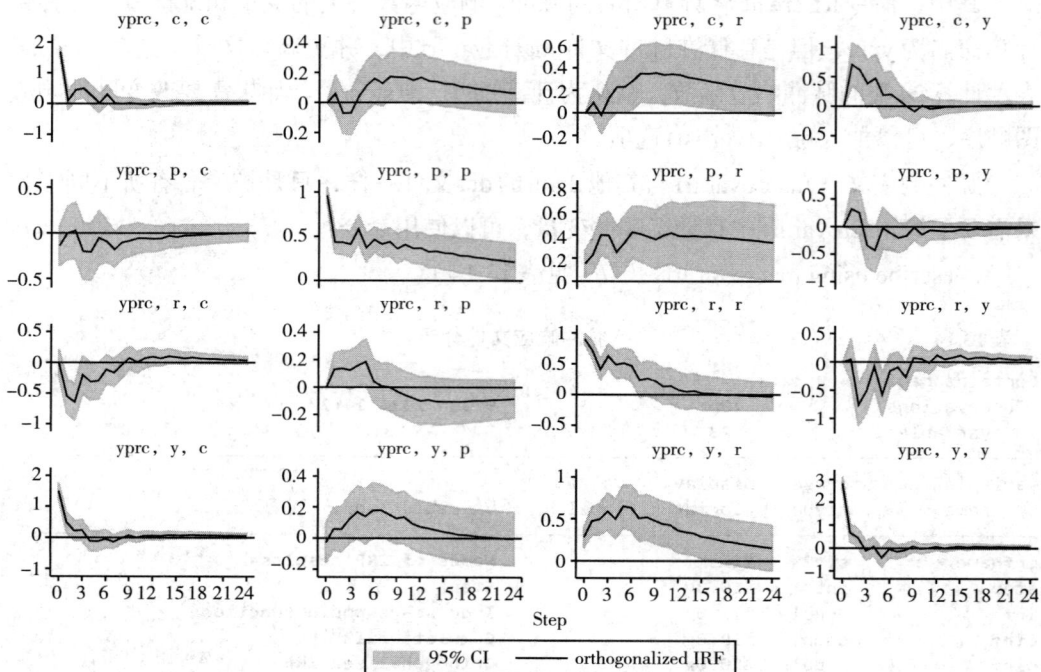

图13.6　VAR模型正交脉冲响应

图13.6中包含4个变量的16个小图，每个图的命名由irfname（即先前命名的yprc）、脉冲变量、响应变量三个部分组成。例如，第一幅图的名称是"yprc, c, c"，表示这幅图的脉冲响应函数名称是yprc，脉冲变量是c，响应变量也是c。

以图13.6中第二行图片为例。通货膨胀是脉冲变量，响应变量依次为消费增长率c、通货膨胀率p、利率r和GDP增长率y。图13.6中，第二行第一幅图表明，通货膨胀率上升，会导致消费增长率有一个快速的下降，然后缓慢恢复到均衡状态。第二行第二幅图表明，通货膨胀率的上升，会持续影响通货膨胀率自身，通货膨胀会有一个持续的惯性，很难立即降下来。第二行第三幅图表明，通货膨胀率的上升，会导致利率维持在较高水平。例如，当通货膨胀率比较高的时候，为了将通货膨胀率控制在2%左右，美联储通常会维持较长时间的加息周期，顺便"剪全世界的羊毛"。第二行第四幅图表明，通货膨胀率上升会使得GDP增长率短暂上升，但很快会下降，因为美联储加息，美国经济在短暂繁荣之后，可能会出现较长时间的衰退，直到利率降到合理水平之后，经济增长率缓慢回归到均衡状态。

图13.6中，因为图形太多导致单张图片太小了，看不太清楚，如果想要放大且只看其中一幅图，比如通货膨胀对消费的影响，即第二行第一幅图，可以输入命令：

. irf graph oirf, impulse(p) response(c) byopts(yrescale) xlabel(0(3)24) yline(0, lp(dash))　//读者可以尝试加入选项noci删除置信区间（见图13.7）。

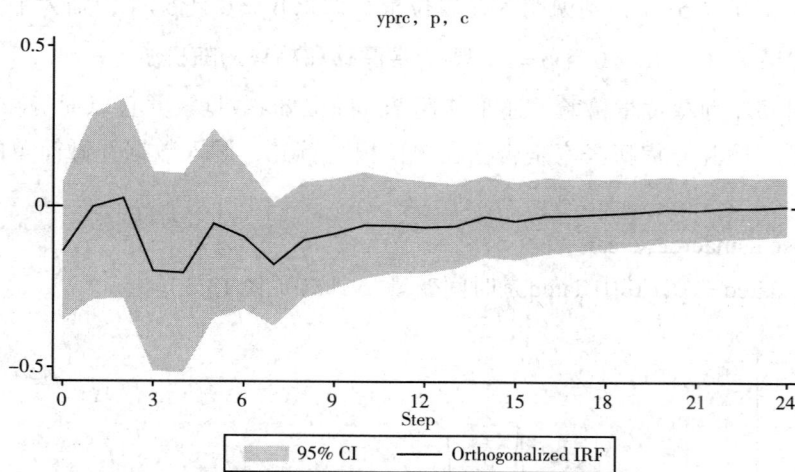

图13.7 单张正交脉冲响应图

13.2 非平稳时间序列分析

非平稳序列是指包含趋势、季节性或周期性的序列，它可能只含有其中的一种成分，也可能是几种成分的组合。因此，非平稳序列又可以分为有趋势的序列、有趋势和季节性的序列、几种成分混合而成的复合型序列等。非平稳序列往往一次到两次差分之后，就会变成平稳序列。

经济变量如GDP、人均GDP、进出口额、消费零售总额、工业增加值等，这些变量不会围绕均值上下波动，而是呈现某种趋势波动，一段时间持续增加或者另一段时间持续减少。

当然，判断时间序列是否平稳，不能仅凭主观经验，还要做相应的检验。对于时间序列而言，例如最简单的AR(1)，如果自相关系数 $|\rho| > 1$，则任何的经济扰动都将被无限放大，这与现实经济发展不相符合，因而最大可能就是 $|\rho| = 1$，即单位根过程。因而，对于非平稳时间序列，只需要确保没有单位根就行。

13.2.1 单位根检验

（1）单位根的定义。单位根是指时间序列模型中，自回归系数为1的情形。如果序列中存在单位根过程就不平稳，会使回归分析中存在伪回归问题。

$$y_t = \beta_0 + \rho y_{t-1} + \gamma t + \varepsilon_t$$

上式中，如果 $\rho = 1$，则说明存在单位根；如果 $\beta_0 \neq 0$ 且 $\rho = 1$，则为带漂移的随机游走；如果 $\gamma \neq 0$、$\beta_0 \neq 0$ 且 $\rho = 1$，则为带漂移和趋势的随机游走。

（2）时间序列单位根检验。还是使用usmacro2.dta数据，并且以通货膨胀率p作为案例分析，检验通货膨胀率是否存在单位根。首先，调入数据并做简单的时间趋势图：

. webuse usmacro2, clear

. line p dateq   //其中dateq是时间变量   //（见图13.8）。

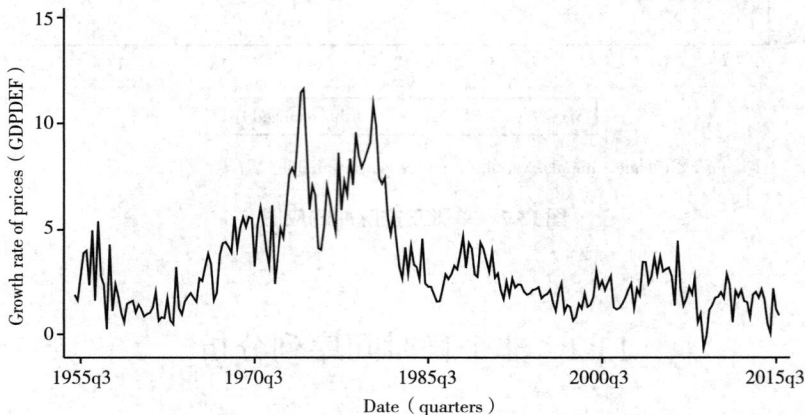

图13.8　通货膨胀率时间趋势

DF单位根检验（dickey-fuller unit root test）和增广的ADF检验（augmented dickey-fuller），默认的零假设是原变量存在单位根。只要p值小于0.1，就可以拒绝零假设，即不存在单位根。但是如果p值大于0.1，则要接受零假设，说明变量存在单位根。

实际应用中，DF检验和ADF检验的结果经常矛盾，这时还需要PP检验（phillips-perron单位根检验）、DF-GLS单位根检验和KPSS平稳性检验（Kwiatkowski, Phillips, Schmidt and Shin, 1992）等方法作为辅助验证手段。这些单位根检验的零假设均为：原变量存在单位根。

首先，做DF检验，输入命令：

. dfuller p   //（见表13.15）。

表13.15中，Mackinnon近似p值为0.0008，说明在1%的水平下拒绝零假设，即通货膨胀率p不存在单位根。

其次，再看ADF检验结果。先检验10阶滞后结果：

. dfuller p, lags(10) reg

表13.15   **Dickey–Fuller 单位根检验**

```
Dickey-Fuller test for unit root          Number of obs   = 243
Variable: p                               Number of lags  =   0

H0: Random walk without drift, d = 0
```

	Test statistic	Dickey-Fuller critical value 1%	5%	10%
Z(t)	-4.151	-3.462	-2.880	-2.570

```
MacKinnon approximate p-value for Z(t) = 0.0008.
```

DF检验只考虑一阶滞后，ADF检验要考虑多阶滞后，但最后一阶滞后的系数必须显著（见表13.16）。

表13.16   **增广 Dickey–Fuller 单位根检验**

```
Augmented Dickey-Fuller test for unit root

Variable: p                               Number of obs   = 233
                                          Number of lags  =  10

H0: Random walk without drift, d = 0
```

	Test statistic	Dickey-Fuller critical value 1%	5%	10%
Z(t)	-1.756	-3.466	-2.881	-2.571

```
MacKinnon approximate p-value for Z(t) = 0.4025.

Regression table
```

D.p	Coefficient	Std. err.	t	P>|t|	[95% conf. interval]	
p						
L1.	-.0583126	.0332053	-1.76	0.080	-.1237523	.007127
LD.	-.352178	.0707113	-4.98	0.000	-.4915328	-.2128232
L2D.	-.1956108	.0738087	-2.65	0.009	-.3410697	-.0501519
L3D.	-.0560153	.0740793	-0.76	0.450	-.2020076	.089977
L4D.	.1859218	.0729303	2.55	0.011	.0421941	.3296496
L5D.	-.0266243	.0738744	-0.36	0.719	-.1722128	.1189642
L6D.	.0750833	.0738215	1.02	0.310	-.070401	.2205675
L7D.	-.0960863	.0735843	-1.31	0.193	-.241103	.0489303
L8D.	-.0839892	.0728311	-1.15	0.250	-.2275215	.0595431
L9D.	-.0563845	.0712942	-0.79	0.430	-.196888	.0841189
L10D.	-.0825514	.0645952	-1.28	0.203	-.2098528	.0447499
_cons	.1802818	.1279511	1.41	0.160	-.0718787	.4324423

表13.16结果表明，ADF单位根自回归检验到第4阶以后就不显著了，因此，再将ADF检验的结果设定为4阶滞后：

. dfuller p, lags(4) reg   //（见表13.17）。

表 13.17   **增广 Dickey–Fuller 单位根检验**

```
Augmented Dickey-Fuller test for unit root

Variable: p                              Number of obs  = 239
                                         Number of lags =   4

H0: Random walk without drift, d = 0
```

	Test statistic	Dickey-Fuller critical value 1%	5%	10%
Z(t)	-2.270	-3.464	-2.881	-2.571

```
MacKinnon approximate p-value for Z(t) = 0.1819.
```

Regression table

D.p	Coefficient	Std. err.	t	P>|t|	[95% conf. interval]	
p						
L1.	-.0725636	.0319708	-2.27	0.024	-.1355525	-.0095748
LD.	-.4164057	.0682644	-6.10	0.000	-.5509001	-.2819113
L2D.	-.1599632	.0725243	-2.21	0.028	-.3028505	-.017076
L3D.	-.0609696	.0717932	-0.85	0.397	-.2024164	.0804772
L4D.	.1768669	.0646201	2.74	0.007	.0495525	.3041812
_cons	.2189287	.1247452	1.76	0.081	-.0268439	.4647013

表 13.17 中，4 阶滞后 ADF 检验的 Mackinnon 近似 p 值为 0.1819，这说明需要接受零假设，即通货膨胀率存在单位根，此结论与 DF 检验矛盾。

再看看 PP 检验结果：

. pperron p   // （见表 13.18）。

表 13.18   **Phillips–Perron 单位根检验**

```
Phillips-Perron test for unit root    Number of obs    = 243
Variable: p                           Newey-West lags  =   4

H0: Random walk without drift, d = 0
```

	Test statistic	Dickey-Fuller critical value 1%	5%	10%
Z(rho)	-23.599	-20.277	-13.986	-11.191
Z(t)	-3.558	-3.462	-2.880	-2.570

```
MacKinnon approximate p-value for Z(t) = 0.0066.
```

表 13.18 中，PP 检验也拒绝零假设，即通货膨胀率 p 不存在单位根。再做目前**最有功效**的 DF–GLS 检验：

. dfgls p   // （见表 13.19）。

表 13.19 中，DF–GLS（Dickey–Fuller 广义最小二乘法）检验结果表明，通货膨胀率存在单位根。

表13.19　　　　　　　　　　　　　**DF-GLS单位根检验**

```
DF-GLS test for unit root              Number of obs = 229
Variable: p
Lag selection: Schwert criterion       Maximum lag   =  14
```

[lags]	DF-GLS tau	Critical value		
		1%	5%	10%
14	-1.488	-3.480	-2.813	-2.534
13	-1.460	-3.480	-2.823	-2.543
12	-1.469	-3.480	-2.833	-2.552
11	-1.534	-3.480	-2.842	-2.560
10	-1.674	-3.480	-2.851	-2.569
9	-1.827	-3.480	-2.860	-2.577
8	-1.924	-3.480	-2.868	-2.584
7	-2.027	-3.480	-2.877	-2.592
6	-2.181	-3.480	-2.884	-2.599
5	-2.039	-3.480	-2.892	-2.606
4	-2.085	-3.480	-2.899	-2.612
3	-1.809	-3.480	-2.906	-2.619
2	-2.022	-3.480	-2.913	-2.624
1	-2.483	-3.480	-2.919	-2.630

```
Opt lag (Ng-Perron seq t) = 4 with RMSE =  .985218
Min SIC  =  .0699027 at lag 2 with RMSE = .9993595
Min MAIC =  .0484291 at lag 3 with RMSE = .9950839
```

13.2.2　向量误差修正模型与协整分析

对于存在单位根的变量，无论是时间序列还是面板数据，传统的方法是对数据进行差分得到平稳序列，然后再进行回归。但是变量在差分之后，有时会改变变量原有的意义，因此我们更希望使用原序列进行回归分析。

如果多个单位根变量之间由于某种原因而存在长期均衡关系，则有可能使用原序列进行估计不会产生问题。因为这多个单位根序列之间，可能存在共同的随机趋势，它们之间可以通过线性组合消去这种随机趋势。将这种共同的随机趋势，称之为协整关系。

判断单位根变量之间是否存在协整关系，关键不是依靠检验，更主要的是经济理论依据。如果只有两个单位根变量，那么只需要使用line命令画图观察即可。

除此以外，一般情况都使用EG-ADF检验（Engle and Granger, 1987），来检验变量之间的协整关系。

以数据mpyr.dta为例（Stock and Watson, 1993；Hayashi, 2000），根据凯恩斯的理论，实际货币需求M/P=L(r, Y)，其中，r代表货币需求的投机动机，影响系数为负；Y代表实际货币需求的交易动机，影响系数为正。现在，考虑实际货币需求（logmr）与名义国民生产总值（logy）、名义利率（r）之间的关系：

$$logmr_t = \beta_0 + \beta_1 logy_t + \beta_2 r_t + \varepsilon_t$$

根据货币银行学理论，货币需求的收入弹性 β_1，一般认为接近于1；货币需求的利率半弹性（因为利率不是对数值，所以称为半弹性）为负值。首先，依次检测实际货币需求（logmr）、名义国民生产总值（logy）和名义利率（r）的单位根（结果省略）：

. use "D:\01 傻瓜计量经济学与stata应用\data\mpyr.dta", clear

. dfuller logmr   //（见表13.20）。

表13.20　　　　　　　　　　　**变量logmr的DF单位根检验**

Dickey-Fuller test for unit root		Number of obs	=	89

	Test Statistic	Interpolated Dickey-Fuller		
		1% Critical Value	5% Critical Value	10% Critical Value
Z(t)	-2.025	-3.525	-2.899	-2.584

MacKinnon approximate p-value for Z(t) = 0.2756

. dfuller logy   //（见表13.21）。

表13.21　　　　　　　　　　　**变量logy的DF单位根检验**

Dickey-Fuller test for unit root		Number of obs	=	89

	Test Statistic	Interpolated Dickey-Fuller		
		1% Critical Value	5% Critical Value	10% Critical Value
Z(t)	-0.445	-3.525	-2.899	-2.584

MacKinnon approximate p-value for Z(t) = 0.9024

. dfuller r   //结果省略

我们发现三个变量都存在单位根。因此，有必要做协整分析。首先，绘制线图观察三个变量的趋势：

. line logmr logy r year, lpattern("l" "-" ".-") legend(pos(6) row(1))   //（见图13.9）。

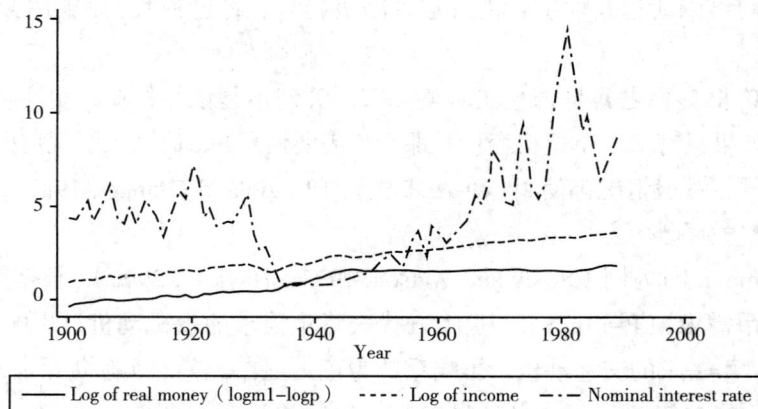

　　　　　　Log of real money（logm1-logp）　　　　Log of income　　　　　Nominal interest rate

图13.9　多个变量线性趋势

图13.9表明，实际货币需求（logmr）与名义国民生产总值（logy）之间，存在稳定的均衡关系，或者共同的变化趋势。但是，这两个变量和名义利率之间的关系不是很明显。根据现有的经济理论，名义国民收入的系数接近于1，利率与货币需求之间负相关，可以对公式进行变形得到：

$$logmr_t - logy_t = -\beta_2 r_t + \varepsilon_t$$

在Stata中输入：

. gen logd=logmr-logy

gen _logd=-logd

gen r2=r/10

line _logd r2 year, lpattern("l" "-") legend(pos(6) row(1))　　　//（见图13.10）。

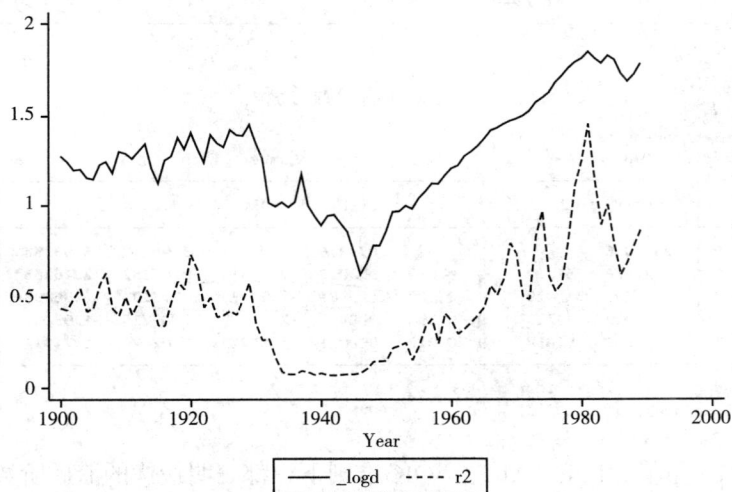

图13.10　调整后的变量线性趋势

图13.10中，在对数据稍微处理之后，发现货币需求与名义收入之间的差（–logd），该变量与名义利率之间存在共同的变化趋势，即协整关系。

既然变量之间存在协整关系，就可以选择使用向量误差修正模型（vector error – correction model，VECM）。问题的关键是，协整的秩（rank）和滞后的阶数（lags）分别应该是多少？首先，需要确定协整的秩，输入命令：

. vecrank logmr logy r, trend(trend) max　　　//（见表13.22）。

表13.22说明，协整秩迹检验（trace statistic）统计量中，只有一个协整秩为1的时候才有星号，说明拒绝协整秩为0的假设，即存在协整秩为1。

其次，协整关系也是一个向量相关的结构方程，可以使用varsoc命令确定协整关系的滞后阶数：

. varsoc logmr logy r　　　//（见表13.23）。

表 13.22　　　　　　　　　　　　　协整的秩检验

Johansen tests for cointegration

| Trend: trend | | | | | Number of obs = | 88 |
| Sample: 1902 - 1989 | | | | | Lags = | 2 |

maximum rank	parms	LL	eigenvalue	trace statistic	5% critical value
0	15	138.03791	.	46.3731	34.55
1	20	153.13651	0.29047	16.1759*	18.17
2	23	160.58579	0.15575	1.2773	3.74
3	24	161.22445	0.01441		

maximum rank	parms	LL	eigenvalue	max statistic	5% critical value
0	15	138.03791	.	30.1972	23.78
1	20	153.13651	0.29047	14.8985	16.87
2	23	160.58579	0.15575	1.2773	3.74
3	24	161.22445	0.01441		

表 13.23　　　　　　　　　　　　　协整滞后阶数诊断

Selection-order criteria

| Sample: 1904 - 1989 | | | | | Number of obs | = | 86 |

lag	LL	LR	df	p	FPE	AIC	HQIC	SBIC
0	-251.056				.073876	5.90827	5.94272	5.99388
1	132.578	767.27	9	0.000	.000012	-2.80415	-2.66632	-2.46168*
2	148.293	31.429	9	0.000	.00001*	-2.96029*	-2.7191*	-2.36098
3	151.979	7.3723	9	0.598	.000012	-2.83672	-2.49215	-1.98055
4	162.506	21.054*	9	0.012	.000011	-2.87222	-2.42429	-1.75921

Endogenous:　logmr logy r
　Exogenous:　_cons

表 13.23 中，p 值、FPE、AIC、HQIC 准则下，都表明最优的滞后阶数是 2 阶。在确定了秩和滞后阶数之后，现在使用 Johansen 的 MLE 方法估计系统的向量误差修正模型（VECM）如下：

. vec logmr logy r, lags(2) rank(1) 　　　//（见表 13.24）。

表 13.24 中，上表为误差修正模型，下表为协整方程，以 _ce1 表示（即 Cointegrating equation 的首字母缩写）。

协整方程反映的是国民收入、利率与货币需求之间的长期均衡关系，这是我们更感兴趣的。根据协整估计结果，协整方程可以写为：

$$\text{logmr}_t - 0.975\text{logy}_t + 0.112r_t + 0.73 = 0$$

$$\text{logmr}_t = -0.73 + 0.975\text{logy}_t - 0.112r_t$$

上式表明，货币需求的收入弹性为 0.975，货币需求的利率半弹性为 -0.112，实证结果与经济学理论预期一致。

表13.24 向量误差修正模型（VECM）估计

```
Sample:  1902 - 1989                          Number of obs   =        88
                                              AIC             = -3.037506
Log likelihood = 150.6503                     HQIC            =  -2.8447
Det(Sigma_ml) = 6.54e-06                      SBIC            = -2.55893
```

Equation	Parms	RMSE	R-sq	chi2	P>chi2
D_logmr	5	.050841	0.2758	31.61646	0.0000
D_logy	5	.056773	0.3483	44.35204	0.0000
D_r	5	1.1287	0.2133	22.50845	0.0004

	Coef.	Std. Err.	z	P>|z|	[95% Conf. Interval]	
D_logmr						
_ce1						
L1.	-.0533601	.0410678	-1.30	0.194	-.1338515	.0271314
logmr						
LD.	.2079032	.1107256	1.88	0.060	-.0091149	.4249214
logy						
LD.	.0086587	.101984	0.08	0.932	-.1912263	.2085438
r						
LD.	-.0063968	.0052854	-1.21	0.226	-.0167559	.0039624
_cons	.0186333	.0064766	2.88	0.004	.0059393	.0313273
D_logy						
_ce1						
L1.	.0298268	.0458591	0.65	0.515	-.0600554	.119709
logmr						
LD.	.2666361	.1236437	2.16	0.031	.0242989	.5089733
logy						
LD.	.2330244	.1138823	2.05	0.041	.0098191	.4562296
r						
LD.	-.0145323	.005902	-2.46	0.014	-.0261001	-.0029646
_cons	.0157173	.0072323	2.17	0.030	.0015424	.0298923
D_r						
_ce1						
L1.	-3.482578	.9117297	-3.82	0.000	-5.269536	-1.695621
logmr						
LD.	2.663613	2.458173	1.08	0.279	-2.154318	7.481544
logy						
LD.	.6533844	2.264106	0.29	0.773	-3.784182	5.09095
r						
LD.	.294868	.1173386	2.51	0.012	.0648885	.5248475
_cons	-.0001509	.1437852	-0.00	0.999	-.2819648	.281663

Cointegrating equations

Equation	Parms	chi2	P>chi2
_ce1	2	794.1155	0.0000

Identification: beta is exactly identified

Johansen normalization restriction imposed

beta	Coef.	Std. Err.	z	P>|z|	[95% Conf. Interval]
_ce1						
logmr	1	.	.	.	.	.
logy	-.9754246	.0346169	-28.18	0.000	-1.043273	-.9075767
r	.1124051	.0097191	11.57	0.000	.093356	.1314542
_cons	.7299535	.	.	.	.	.

这里，也可以将国民收入、利率对货币需求的影响用OLS方法进行估计，以作为参照：

. reg logmr logy r   //（见表13.25）。

表13.25   **OLS估计**

Source	SS	df	MS		
Model	41.216226	2	20.608113	Number of obs =	90
Residual	1.53248421	87	.017614761	F(2, 87) =	1169.93
				Prob > F =	0.0000
				R-squared =	0.9642
Total	42.7487102	89	.480322587	Adj R-squared =	0.9633
				Root MSE =	.13272

logmr	Coef.	Std. Err.	t	P>|t|	[95% Conf. Interval]
logy	.9418376	.0196178	48.01	0.000	.9028451	.9808302
r	-.0832229	.0053829	-15.46	0.000	-.0939219	-.0725239
_cons	-.7737089	.0426886	-18.12	0.000	-.8585572	-.6888606

从表13.25可以看出，如果忽略单位根问题，OLS估计会低估货币需求的收入弹性和利率半弹性。

为了进一步验证VECM模型估计的有效性，还需要进一步对残差进行自相关检验。如果残差存在自相关，则说明滞后阶数不准确，还需要进一步增加。

. quietly vec logmr logy r, lags(2) rank(1)

. veclmar   //（见表13.26）。

表13.26   **LM自相关检验**

Lagrange-multiplier test

lag	chi2	df	Prob > chi2
1	6.6260	9	0.67599
2	12.5541	9	0.18384

H0: no autocorrelation at lag order

表13.26说明，残差不存在自相关问题。再进一步检验VECM模型是否稳定，可以在命令窗口输入：

. vecstable, graph   //（见表13.27）。

表13.27　　　　　　　　　　**VECM模型平稳性检验**

```
Eigenvalue stability condition
```

Eigenvalue	Modulus
1	1
1	1
.4092107 + .4061819i	.576574
.4092107 − .4061819i	.576574
.2217304 + .07266624i	.233334
.2217304 − .07266624i	.233334

```
The VECM specification imposes 2 unit moduli.
```

如图13.11的结果表明，VECM模型除了自身所假设的两个单位根之外（The VECM specification imposes 2 unit moduli），伴随矩阵的所有特征值都落在了单位圆之内，因而VECM模型是稳定的。

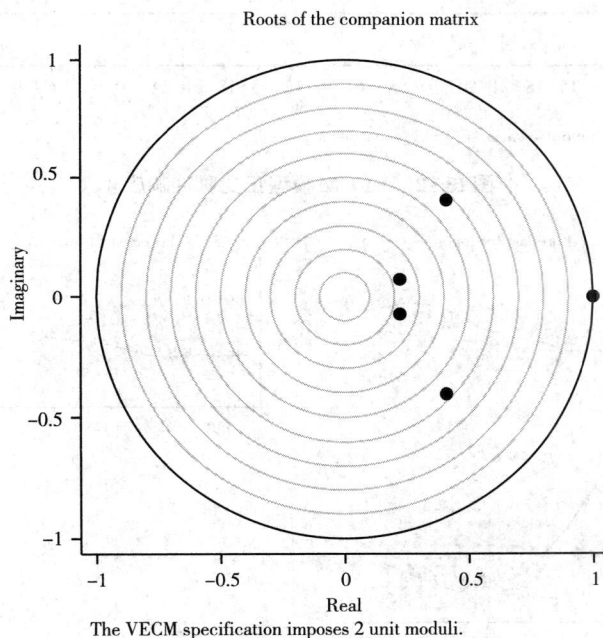

Roots of the companion matrix

The VECM specification imposes 2 unit moduli.

图13.11　VECM模型平稳性检验

然后，再考察VECM模型的正交化脉冲-响应函数：

. irf create money, set(money) step(24) replace

. irf graph oirf, xlabel(0(3)24) yline(0, lp(dash))　　　//（见图13.12）。

图13.12正交脉冲响应结果表明，对一个变量的冲击会对其自身及其他变量产生持久的影响。最后，再做样本"内"的预测分析：

. quietly vec logmr logy r if year<1980, lags(2) rank(1)

. fcast compute f_, step(10)

. fcast graph f_logmr f_logy f_r, observed lpattern(dash)　　　//（见图13.13）。

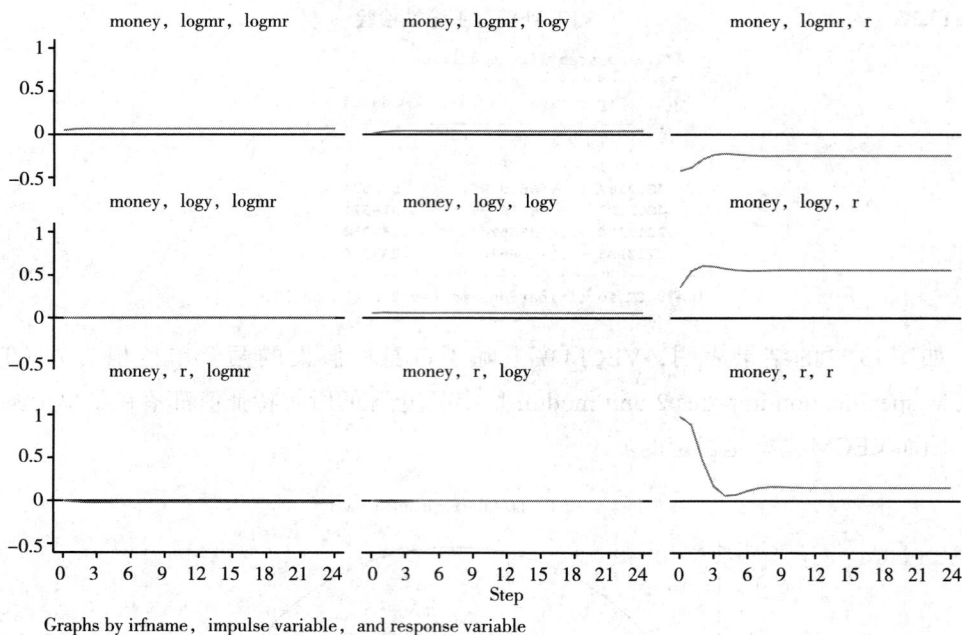

图13.12　VECM模型正交脉冲响应

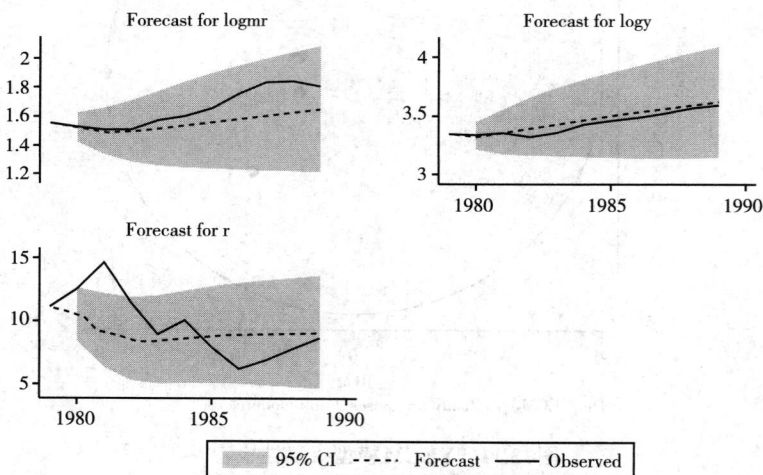

图13.13　VECM模型样本内预测

13.3　动态随机一般均衡（DSGE）模型

13.3.1　基础理论分析

　　动态随机一般均衡（dynamic stochastic general equilibrium，DSGE）模型，是以微观和宏观经济理论为基础，采用动态优化的方法分析家庭、企业、政府等行为主体决策行为的理论。它包含三个层次的意义：

（1）**dynamic 指动态模型，故所用数据为时间序列**。更具体来说，DSGE 模型中当事人（agents，比如消费者、厂商）在决定当期行为时，会考虑所有未来因素而进行跨期的"动态优化"（dynamic optimization），所用数学工具通常为"动态规划"（dynamic programming）。

（2）**stochastic 指随机模型，系统会受到外生冲击干扰**。经济系统并非确定性系统，而随时会受到各种随机冲击（stochastic shocks）的影响。特别地，当事人的当前行为，还决定于其对于未来的预期。此时，通常假设"理性预期"（rational expectation），即当事人的主观期望与模型所决定的数学期望是一致的。

（3）**general equilibrium 指一般均衡模型，所有市场都实现均衡**。经济系统是由不同的市场所组成，比如产品市场（goods market）、劳动力市场（labor market）、金融市场（financial market）等。只有当所有市场都处于均衡状态，整个经济才处于均衡；而对于任何单一市场的冲击，都将波及其余市场。

考虑一个简单的新凯恩斯主义DSGE模型，经济由家庭、企业和央行组成，家庭对应的产品需求端，企业对应产品供给端。在均衡状态下，产品缺口会受到预期未来的产品缺口、利率、预期的通货膨胀率等因素影响；通货膨胀率会受到未来预期通货膨胀率、产品缺口等因素影响；利率会受到通货膨胀率等因素影响。即：

$$x_t = E(x_{t+1}) - \left[r_t - E(p_{t+1}) - z_t \right]$$

$$p_t = \beta E(p_{t+1}) + \theta x_t$$

$$r_t = \frac{1}{\beta} \cdot p_t + u_t$$

$$z_{t+1} = \rho_z z_t + \varepsilon_{t+1}$$

$$u_{t+1} = \rho_u u_t + \omega_{t+1}$$

上述方程中，除了随机扰动项 ε 和 ω 以外，所有变量都需要出现在方程的左边。第一个方程是不可观测变量产品缺口，产品缺口是预期未来产品缺口的正函数，但是与"利率和通货膨胀的差"负相关；第二个方程是可观测变量通货膨胀，通货膨胀受到未来通货膨胀和产品缺口的影响；第三个方程是利率，利率是通货膨胀的正函数。第四、五个方程中，u 和 z 分别代表状态变量，都是AR(1)过程时间序列。

当然，**实际经济建模过程中，上述稳态时的方程需要从家庭效用最大化、企业利润最大化等行为方程中推导出来**。

13.3.2　Stata 案例分析（一）

基于上述简单的DSGE模型，调用一个季度数据，来分析外生冲击对通货膨胀、利率和产品缺口的影响。在Stata命令窗口依次输入并运行以下命令：

```
. webuse usmacro2, clear
. tsset dateq
. sum        //（见表13.28）。
```

表13.28   描述性统计

Variable	Obs	Mean	Std. Dev.	Min	Max
daten	244	9267.8	6444.9	−1826	20362
year	244	1985	17.643	1955	2015
quarter	244	2.5	1.12	1	4
dateq	244	101.5	70.581	−20	223
y	244	3.022	3.535	−10.506	15.257
p	**244**	**3.237**	**2.281**	**−0.668**	**11.61**
r	**244**	**5.035**	**3.596**	**0.07**	**19.1**
c	244	3.245	2.76	−9.096	11.078
n	244	1.266	3.396	−12.745	11.492
i	244	6.995	2.644	3.02	15.49
e	171	3.165	10.831	−26.881	31.53

表13.28中，变量y代表实际产出增长率，变量c代表消费增长率，变量n代表工作时间增长率，变量i代表公司债券利率，变量e代表美元汇率。变量p代表季度通货膨胀率，变量r代表季度的利率，这两个变量是我们在估计DSGE模型时，需要用到的观测变量。通货膨胀和利率之间的关系，可以使用tsline命令来观察：

```
. tsline p r, lp(solid dash)        //（见图13.14）。
```

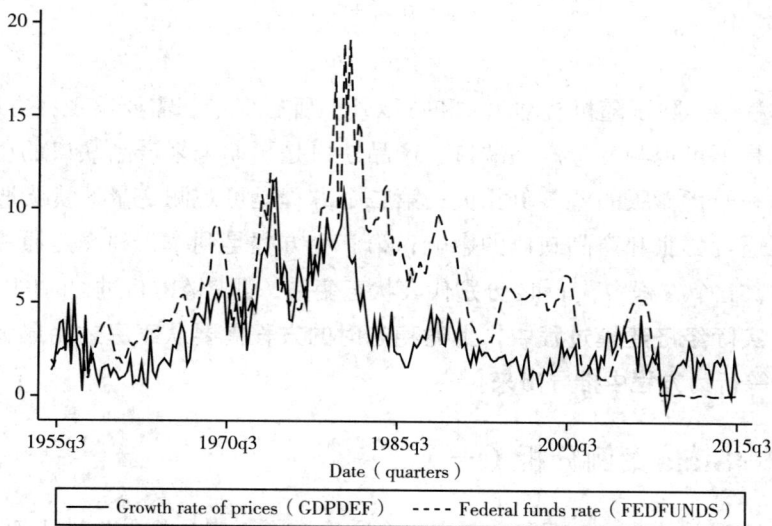

图13.14　通货膨胀率和利率的线性趋势

从图13.14可以看出，通货膨胀p与利率r之间高度相关，并且利率接近于通货膨胀率的2倍。在DSGE模型中，最后模拟估计的值，利率与通货膨胀率之间的关系会不会也是接近2倍呢？模拟结果与真实结果是否吻合，在一定程度上也反映了我们设计的DSGE模型是否合理。

在do-file Editor中输入以下命令：

```
dsge (x=E(F.x)-(r-E(F.p)-z), unobserved)        ///
(p={beta}*E(F.p)+{theta}*x)        ///
(r=1/{beta}*p+u)        ///
(F.z = {rhoz}*z, state)        ///
(F.u = {rhou}*u, state)
```

//类似于graph twoway命令，一个"()"里面放入一个方程，系数都放在"{}"中；数据库中没有x变量，所以这里要加unobserved，否则不能识别；此外，不可观测变量必须要用已知的可观测变量p或者r来做解释变量，否则无法估计

或者，直接在命令窗口中输入：

. dsge (x=E(F.x)-(r-E(F.p)-z), unobserved) (p={beta}*E(F.p)+{theta}*x) (r=1/{beta}*p+u) (F.z = {rhoz}*z, state) (F.u = {rhou}*u, state)

方程式的规则类似于Stata中的graph twoway命令，每个方程式都需要用括号括起来。参数括在大括号"{}"中以区别于变量。未来变量的期望值出现在E()运算符中。

模型中的每个变量都出现在一个方程的左边，有多少个变量，就需要设定多少个方程。变量可以被观测到（作为数据集的变量存在）或未观测到。在这个模型中，变量x是内生的，没有观测到（unobserved，也就是数据集usmacro2.dta中没有这个变量），观测到的变量（也就是数据集usmacro2.dta中已知的变量）只有p和r。

由于状态变量在当前周期内是固定的，状态变量的方程表示状态变量的一步前值如何依赖于当前状态变量，也可能取决于当前控制变量。

运行上面的命令，所得回归结果如下（DSGE模型也是一种回归！因为使用了MLE估计其结构参数）（见表13.29）。

表13.29中的数据是DSGE模型结构参数的点估计、标准误及p值等，并可从宏观经济理论出发解释这些结构参数的经济意义。与传统的参数校准（calibration）方法相比，MLE估计的一大优点在于它能提供参数估计量的标准误（standard errors）；而校准本质上为主观赋值，没有标准误。

表13.29中，参数{theta}估计为0.166，且在1%的水平下显著。此参数与模型中潜在的价格冲突有关。它的解释是，如果预计未来通胀率不变，产出缺口的1个百分点就会导致通货膨胀率上升0.166个百分点。

表 13.29   **DSGE 模型估计**

```
DSGE model

Sample: 1955q1 - 2015q4                    Number of obs     =        244
Log likelihood = -753.57131
```

	OIM					
	Coef.	Std. Err.	z	P>|z|	[95% Conf. Interval]	
/structural						
beta	.5146675	.0783489	6.57	0.000	.3611065	.6682284
theta	.1659054	.0474072	3.50	0.000	.0729889	.2588218
rhoz	.9545256	.0186424	51.20	0.000	.9179872	.991064
rhou	.7005486	.0452604	15.48	0.000	.6118399	.7892573
sd(e.z)	.6211211	.1015079			.4221692	.820073
sd(e.u)	2.318202	.3047435			1.720916	2.915489

参数 {beta} 估计系数为 0.514，且在 1% 的水平下显著。这意味着利率方程中的通货膨胀系数约为 1/beta=2。因此，中央银行根据通货膨胀的变动将利率提高了一倍。这个参数在货币经济学文献中有很多讨论，并且它的估计在 1.5 左右。这里发现的值与这些估值相当。两种状态变量 zt 和 ut 都估计为持续性，自回归系数分别为 0.95 和 0.7。

13.3.3   脉冲–响应分析

前文的 DSGE 分析，只是估计了稳态水平时的系数。但实际发展中，经济社会经常因为外生冲击而偏离稳态。当产生外生冲击时，比如疫情、金融危机等因素影响时，整个经济系统中各个变量会如何响应？为进一步观察各经济主体的反应，可以制作脉冲–响应图进行分析。

在 Stata 的命令窗口，依次输入、依次运行以下三条命令：

. irf set dsge_irf, replace   //脉冲响应函数程序命名为 dsge_irf

. irf create model, replace   //创建 irf 文件，包含前面设定的函数，命名为 model

. irf graph irf, impulse(u) response(p r u x) byopts(yrescale) yline(0, lp(dash)) noci

// irf set 设置 IRF 文件并且保留脉冲响应文件，irf create 在 IRF 文件中创建了一套脉冲响应文件

其中，irf 是英文 impulse–response function 的缩小，即脉冲–响应函数。命令 irf 具体介绍和语法结构，可以在 Stata 命令窗口输入 help irf 查看（见表 13.30）。

依次运行上述三条命令之后，可以得到结果如图 13.15 所示。

图 13.15 中，第一幅图是通货膨胀的脉冲–响应；第二幅图是利率的脉冲–响应；第三幅图是外生冲击的脉冲响应；第四幅图是产品缺口的脉冲响应。上述结果说明，如果发生正的外生冲击，刚开始会导致央行利率 r 快速上升，通货膨胀率快速下降，产品缺口快速扩大（产品供给快速下降），然后随着时间的推移，各主体经济行为慢慢地回归均衡状态。

表13.30 脉冲响应命令**irf**简介

```
irf subcommand ... [, ...]

subcommand    Description

create        create IRF file containing IRFs, dynamic-multiplier functions, and FEVDs
set           set the active IRF file

graph         graph results from active file
cgraph        combine graphs of IRFs, dynamic-multiplier functions, and FEVDs
ograph        graph overlaid IRFs, dynamic-multiplier functions, and FEVDs
table         create tables of IRFs, dynamic-multiplier functions, and FEVDS from active file
ctable        combine tables of IRFs, dynamic-multiplier functions, and FEVDs

describe      describe contents of active file
add           add results from an IRF file to the active IRF file
drop          drop IRF results from active file
rename        rename IRF results within a file
```

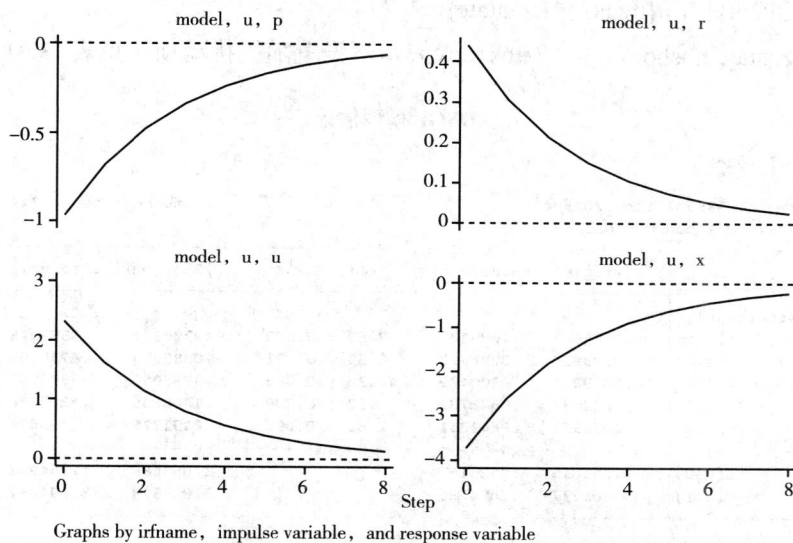

图13.15 脉冲响应分析

13.3.4　Stata案例分析（二）

现在对前文提到的模型做一些修正。假定国民经济产出依赖于预期利率和其他外生因素。反过来，利率取决于当时的实体经济产出增长和其他潜在因素。

$$y_t = \alpha E\left(r_{t+1}\right) + z_t$$

$$r_t = \beta y_t + u_t$$

$$u_{t+1} = \rho u_t + \omega_{t+1}$$

$$z_{t+1} = \theta_1 z_t + \theta_2 z_{t-1} + v_{t+1}$$

其中，影响实际产出的外生因素不再是AR(1)过程，而是AR(2)过程，即二阶自相关。与上一节的分析不一样，这里的调整有两个特征：（1）没有用到观测变量通货膨胀率p，而是用到了数据中的观测变量实际产出增长率y和利率r；（2）对于AR(2)过程变量z，可分解为两个方程：

$$\begin{pmatrix} z_{t+1} \\ z_t \end{pmatrix} = \begin{pmatrix} \theta_1 & \theta_2 \\ 1 & 0 \end{pmatrix} \begin{pmatrix} z_t \\ z_{t-1} \end{pmatrix} + \begin{pmatrix} v_t \\ 0 \end{pmatrix}$$

还是调用前面的数据，在命令窗口输入下面的命令：

. use "D:\01傻瓜计量经济学与stata应用\data\usmacro2.dta"

在do-file Editor中输入以下命令：

dsge (y={alpha}*E(F.r)+z)   ///

(r={beta}*y+u)   ///

(F.u = {rho}*u, state)   ///

(F.z = {theta1}*z+{theta2}*Lz, state)   ///

(F.Lz=z, state noshock)   // noshock表示不设置随机扰动项（见表13.31）。

表13.31   DSGE模型估计

```
DSGE model

Sample: 1955q1 thru 2015q4                          Number of obs = 244
Log likelihood = -1021.53
```

	Coefficient	Std. err.	z	P>|z|	[95% conf. interval]	
/structural						
alpha	-.0571648	.1086103	-0.53	0.599	-.2700371	.1557075
beta	.0323936	.0208917	1.55	0.121	-.0085534	.0733407
rho	.9479847	.0200409	47.30	0.000	.9087052	.9872642
theta1	.3022057	.0640737	4.72	0.000	.1766236	.4277878
theta2	.1066531	.0641751	1.66	0.097	-.0191278	.232434
sd(e.u)	1.161815	.0526167			1.058689	1.264942
sd(e.z)	3.301277	.1494796			3.008303	3.594252

表13.31中，alpha的系数为负（但是不显著），说明未来预期利率对当期实际经济产出y的影响是负的；beta的估计系数为正，说明实际经济产出增长率y越高，利率会越高。可以分别给z和u施加一个冲击，看看利率r和产出增长率y会发生什么变化。可以在Stata的命令窗口，依次输入、依次运行以下三条命令：

irf set dsge_irf, replace

irf create model, replace

irf graph irf, impulse(z u) response(y r) byopts(yrescale) noci

// irf set 设置IRF文件并且保留脉冲响应文件，irf create在IRF文件中创建了一套脉冲响应文件。如果输出的图中不想要95%置信区间，还可以加noci选项（见图13.16）。

图13.16中，第一张和第二张图分别是在u的冲击下，利率r和产出增长率y的响应变化轨迹；第三张和第四张图分别是在z的冲击下，利率r和产出增长率y的响应变化轨迹。状态变量z的冲击，代表的是经济产出的直接冲击，会导致利率r和产出增长率y均产生较大变化。但是状态变量u的冲击代表的是货币政策或者金融的冲击，在此DSGE模型设定中，利率会产生较大变化，但产出变化不大。

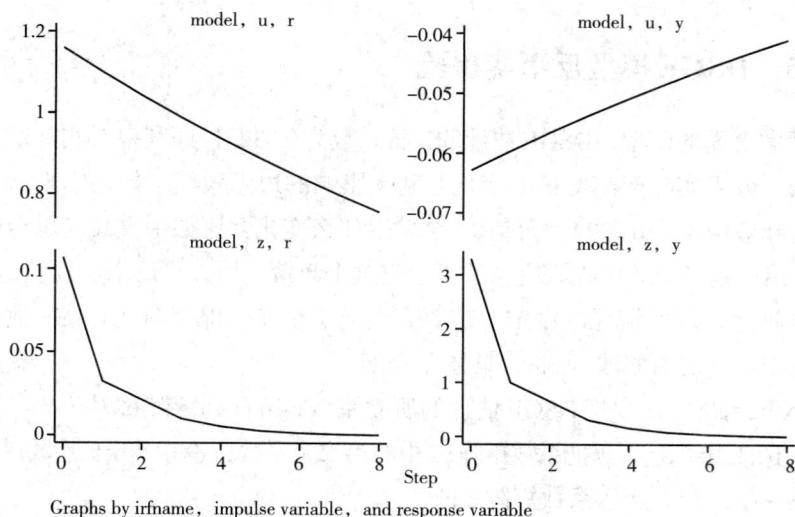

图**13.16** 脉冲响应分析

图13.16中，尤其是第一幅图，纵轴y=0这条线没有显示，这是因为观察的周期太短，图形显示不了纵横y=0这条线。为了让各变量响应轨迹更加清晰，可以延长观察的周期。

可以在Stata的命令窗口，依次输入、依次运行以下三条命令：

irf set dsge_irf, replace

irf create model, step(36) replace   //观察周期延长到36期（季度）。

irf graph irf, impulse(z u) response(y r) byopts(yrescale) xlabel(0(3)36) yline(0, lp(dash)) noci   // xlabel(0(3)36)表示x轴坐标也延长到24期，每隔3期为一个点（见图13.17）。

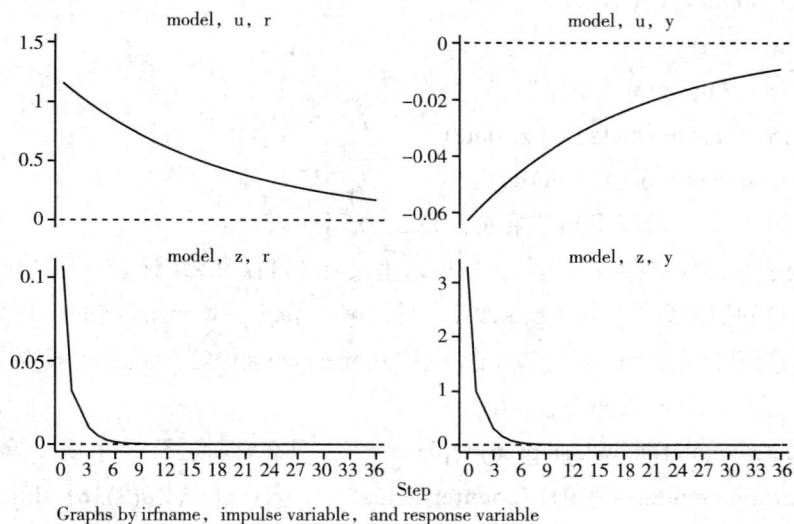

图**13.17** 脉冲响应分析（调整后）

13.3.5　DSGE模型反事实检验

还是考虑上面的模型，DSGE估计的beta系数为0.0324，即利率对实际产出增长率的敏感系数，或者实际产出增长率变化对利率影响的边际效应。如果产出增长率对利率影响的边际效应不是0.0324，而是0.8会发生什么变化？比如中央政府出台政策，强令利率与产出关系绑定（中央政府当然不会出这个政策，所以是反事实检验）。

对于这种违背现实情况的设定，需要先生成一个变量保存前文DSGE估计中产生的系数，并把beta的值修改为0.8，具体命令如下：

. matrix b2=e(b)　　//把DSGE估计的所有系数e(b)存到矩阵b2中

. matrix b2[1,2]=0.8　　//把系数矩阵b2中的第二个系数，也就是beta系数赋值为0.8

. matlist e(b)　　//展示系数矩阵e(b)

. matlist b2　　//展示系数矩阵b2　　//（见表13.32）。

表13.32　　　　　　　　　　　　　　矩阵展示

	/struct~l alpha	beta	rho	theta1	theta2	/ sd(e.u)	sd(e.z)
y1	-.0571648	.0323936	.9479847	.3022057	.1066531	1.161815	3.301277
	/struct~l alpha	beta	rho	theta1	theta2	/ sd(e.u)	sd(e.z)
y1	-.0571648	.8	.9479847	.3022057	.1066531	1.161815	3.301277

对比系数矩阵e(b)和b2，可以发现除了beta系数不一样外，其他系数均一致。接下来，把beta=0.8强行放到前面的DSGE模型中，并重新运行一遍。

在do-file Editor中输入以下命令：

dsge (y={alpha}*E(F.r)+z)　　///

(r={beta}*y+u)　　///

(F.u = {rho}*u, state)　　///

(F.z = {theta1}*z+{theta2}*Lz, state)　　///

(F.Lz=z, state noshock), from(b2) solve

运行以上命令，可以得到结果如表13.33所示。

因为模型是在特定参数下运行，所以这里没有标准误和z统计量，及其显著性水平指标等。所有的估计系数，除了beta改变之外，其他系数一律与修改前的模型保持一致。

现在，更新之前的irf函数，并命名为counterfactual，在Stata的命令窗口，依次输入、依次运行以下两条命令：

. irf create counterfactual, step(36) replace　　//观察周期延长到36期（季度）。

. irf ograph (model u y irf) (counterfactual u y irf), xlabel(0(3)36) yline(0)　　//xlabel(0(3)36)表示x轴坐标也延长到36期，每隔3期为一个点（见图13.18）。

表13.33   **DSGE模型估计**

```
DSGE model

Sample: 1955q1 thru 2015q4                          Number of obs = 244
Log likelihood = -1847.9974

              |  Coefficient  Std. err.      z    P>|z|    [95% conf. interval]
/structural   |
      alpha   |   -.0571648        .         .      .          .           .
       beta   |         .8         .         .      .          .           .
        rho   |   .9479847         .         .      .          .           .
     theta1   |   .3022057         .         .      .          .           .
     theta2   |   .1066531         .         .      .          .           .
              |
     sd(e.u)  |   1.161815                                     .           .
     sd(e.z)  |   3.301277                                     .           .

Note: Model solved at specified parameters.
```

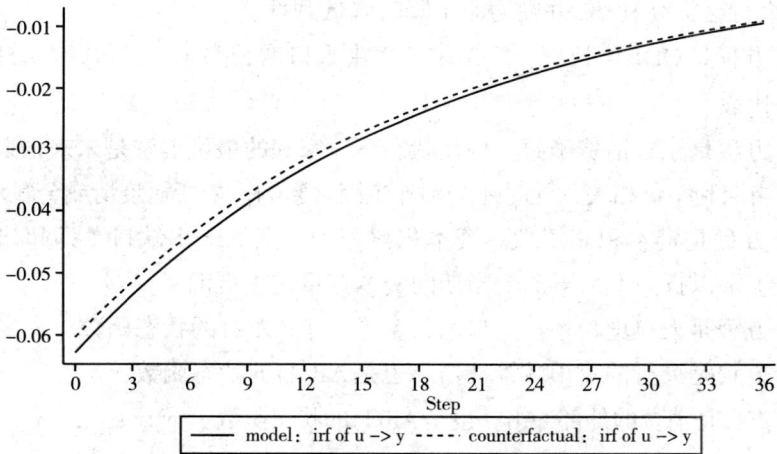

图13.18 脉冲响应分析

13.3.6 更复杂的DSGE模型

考虑一个三部门模型：家庭、企业和政府。家庭的目标是效用最大化，企业的目标是利润最大化，政府通过货币政策控制利率，以实现产品市场和金融市场均衡。具体而言：

$$x_t = E(x_{t+1}) - \left[r_t - E(p_{t+1}) \right] + l_t]$$

$$p_t = \beta E(p_{t+1}) + \theta x_t$$

$$r_t = \frac{1}{\beta} \cdot p_t + u_t$$

$$y_t = (1-\alpha) * l_t + \alpha * k_t$$

$$c_t = c_{t+1} - \delta * r_t + v_t$$

$$k_{t+1} = \delta * x_t + (1-\delta) * k_t + \varphi_t$$

$$l_{t+1} = \rho_l l_t + \varepsilon_{t+1}$$

$$u_{t+1} = \rho_u u_t + \omega_{t+1}$$

$$v_{t+1} = \rho_v v_t + \mu_{t+1}$$

上式中，第一个方程是产出缺口函数。产出缺口是指现实产出与潜在产出（长期均衡产出）的差值，它把当前的产出缺口与预期的未来产出缺口、实际利率（ $r_t - E(p_{t+1})$ ）和人口增长率（ l_t ）联系起来。

第二个方程是通货膨胀率函数。它将当前的通货膨胀（即价格的变化）与预期的未来通货膨胀、当前需求联系起来。

第三个方程是名义利率函数。中央银行为应对通货膨胀而设定名义利率。当通胀上升时，央行会提高利率，并在通胀下降时降低利率。

第四个方程是GDP增长率。产出增长率由人口增长率（ l_t ）和资本增长率（ k_t ）的线性组合构成。

第五个方程是家庭消费函数。均衡状态下，家庭的最优消费是未来预期消费的增函数，且与当期利率负相关，同时还受到外生因素影响，如新冠疫情或金融危机等。

第六个方程是资本积累函数。资本积累等于当期的产出缺口（即超出长期均衡产出的部分）乘以折旧率，再加上当期的资本存量减去折旧。

第七个方程是人口增长率。人口增长率是一个AR(1)的状态函数。

第八个方程是央行的货币政策冲击，也是AR(1)的状态函数。

第九个方程是消费的外部冲击，也是AR(1)的状态函数。 φ_t ， ε_{t+1} ， ω_{t+1} ， μ_{t+1} 均代表随机扰动项。

为了模拟上述DSGE模型，并进行比较分析，还是调用先前的数据：

. use "D:\01傻瓜计量经济学与stata应用\data\usmacro2.dta", clear

. sum

上述命令的结果在此省略。然后，在do-file Editor中输入以下命令：

```
dsge (x=E(F.x)-(r-E(F.p))+l, unobserved)     ///
(p={beta}*E(F.p)+{theta}*x)     ///
(r=1/{beta}*p+u)     ///
(y = (1-{alpha})*l + {alpha}*k)     ///
(c = F.c - {delta}*r+v)     ///
(F.k = {delta}*x+(1-{delta})*k, state)     ///
(F.l = {rhoz}*l, state)     ///
(F.u = {rhog}*u, state)     ///
(F.v = {rhov}*v, state)     //（见表13.34）。
```

表13.34   **DSGE模型估计**

```
DSGE model

Sample: 1955q1 thru 2015q4                        Number of obs = 244
Log likelihood = -2020.4516
```

	Coefficient	Std. err.	z	P>|z|	[95% conf. interval]	
/structural						
beta	.5209032	.0809834	6.43	0.000	.3621788	.6796277
theta	.163767	.0480052	3.41	0.001	.0696785	.2578554
alpha	.8233509	.4132884	1.99	0.046	.0133204	1.633381
delta	.0055479	.0040397	1.37	0.170	-.0023697	.0134655
rhoz	.9474049	.0183693	51.58	0.000	.9114017	.9834081
rhog	.6999288	.0451435	15.50	0.000	.6114492	.7884085
rhov	.3397557	.0608421	5.58	0.000	.2205074	.4590041
sd(e.k)	4.888171	2.463802			.0592066	9.717134
sd(e.l)	.6315093	.1020414			.4315119	.8315067
sd(e.u)	2.295773	.3053456			1.697307	2.89424
sd(e.v)	1.710644	.1754245			1.366819	2.05447

和前文分析一致，这里beta系数仍然为0.5，反映出利率与通货膨胀率之间2倍的关系，拟合结果与数据保持一致。

为了观察外生政策冲击对经济变量的脉冲–响应过程，可以在Stata的命令窗口，依次输入、依次运行以下几条命令：

irf set dsge_irf, replace

irf create model, step(24) replace   //观察周期延长到24期（季度）。

irf graph irf, impulse(u v) response(y p r c) byopts(yrescale) xlabel(0(3)24) yline(0, lp(dash)) noci   //（见图13.19）。

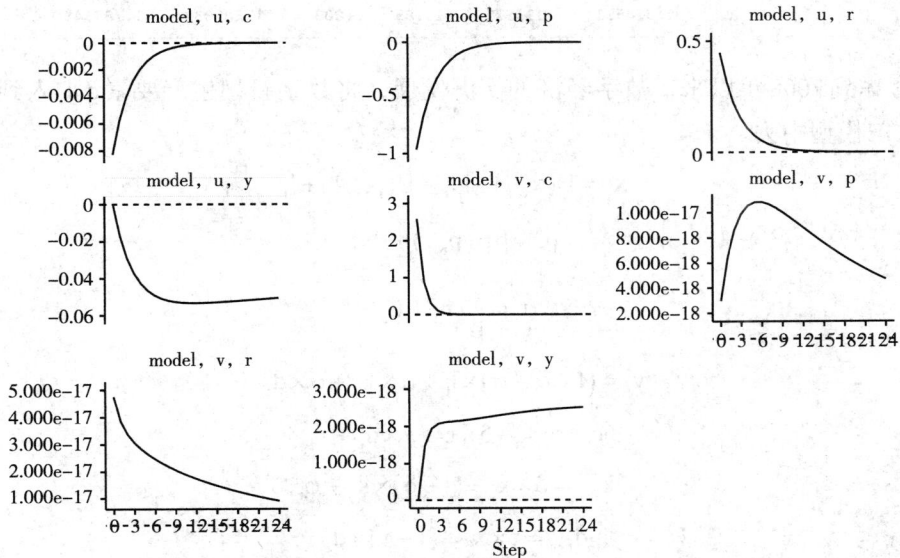

Graphs by irfname, impulse variable, and response variable

图13.19 脉冲响应分析（24期）

如果想要看各政策状态变量（k, l, u, v）对经济变量（y, p, r, c）的影响矩阵，可以在命令窗口输入：

. estat policy   //（见表13.35）。

表13.35   DSGE模型政策影响矩阵

		Coefficient	Delta-method std. err.	z	P>|z|	[95% conf. interval]	
x							
	k	0	(omitted)				
	l	2.724903	.9528927	2.86	0.004	.8572676	4.592538
	u	-1.627441	.4166904	-3.91	0.000	-2.444139	-.8107429
	v	1.04e-17	.	.	.	.	.
p							
	k	0	(omitted)				
	l	.8810556	.2380548	3.70	0.000	.4144767	1.347635
	u	-.4194509	.0391675	-10.71	0.000	-.4962178	-.342684
	v	1.73e-18	.	.	.	.	.
r							
	k	0	(omitted)				
	l	1.6914	.2180415	7.76	0.000	1.264046	2.118753
	u	.1947624	.0625946	3.11	0.002	.0720793	.3174454
	v	2.78e-17	.	.	.	.	.
y							
	k	.8233509	.4132884	1.99	0.046	.0133204	1.633381
	l	.1766491	.4132884	0.43	0.669	-.6333813	.9866796
	u	2.08e-17	.	.	.	.	.
	v	0	(omitted)				
c							
	k	0	(omitted)				
	l	-.1784142	.1107934	-1.61	0.107	-.3955652	.0387368
	u	-.0036009	.0030484	-1.18	0.238	-.0095756	.0023738
	v	1.514591	.139571	10.85	0.000	1.241037	1.788145

考虑到2000年以来，数字经济的澎湃发展，将数字新型生产要素d加入到上面的DSGE模型中去。

$$x_t = E(x_{t+1}) - \left[r_t - E(p_{t+1}) \right] + l_t$$

$$p_t = \beta E(p_{t+1}) + \theta x_t$$

$$r_t = \frac{1}{\beta} \cdot p_t + u_t$$

$$y_t = (1 - \alpha - \sigma) \times l_t + \alpha \times k_t + \sigma \times d_t$$

$$c_t = c_{t+1} - \delta \times r_t + \gamma \times d_t + v_t$$

$$k_{t+1} = \delta \times x_t + (1 - \delta) \times k_t + \varphi_t$$

$$d_{t+1} = \tau \times x_t + (1 - \tau) \times d_t$$

$$l_{t+1} = \rho_l l_t + \varepsilon_{t+1}$$

$$u_{t+1} = \rho_u u_t + \omega_{t+1}$$

$$v_{t+1} = \rho_v v_t + \mu_{t+1}$$

数字生产要素主要影响产出和消费两个方面，因而对模型进行了修正。一是在产出增长率和消费增长率中，加入了数字生产要素；二是参照资本积累过程，设计数字生产要素的积累过程，除了受到折旧因素影响外，还受到产品缺口因素影响。为了模拟上述DSGE模型，并进行比较分析，还是调用先前的数据：

. use "D:\01 傻瓜计量经济学与stata应用\data\usmacro2.dta", clear

dsge (x=E(F.x)-(r-E(F.p))+l, unobserved)　///

(p={beta}*E(F.p)+{theta}*x)　///

(r=1/{beta}*p+u)　///

(y = (1-{alpha}-{sigma})*l + {alpha}*k+{sigma}*d)　///

(c = F.c - {delta}*r+{gamma}*d+v)　///

(F.k = {delta}*x+(1-{delta})*k, state)　///

(F.d = {tau}*x+(1-{tau})*d, state noshock)　///

(F.l = {rhoz}*l, state)　///

(F.u = {rhog}*u, state)　///

(F.v = {rhov}*v, state)　//（见表13.36）。

表13.36　　　　　　　　　　**DSGE模型估计**

```
DSGE model

Sample: 1955q1 thru 2015q4                    Number of obs = 244
Log likelihood = -2019.35
```

	Coefficient	Std. err.	z	P>|z|	[95% conf. interval]	
/structural						
beta	.5305935	.0820573	6.47	0.000	.3697642	.6914228
theta	.1642192	.0482663	3.40	0.001	.069619	.2588194
alpha	.5740151	.4436956	1.29	0.196	-.2956122	1.443642
sigma	.1493704	.1380543	1.08	0.279	-.1212111	.4199519
delta	.0062499	.0077711	0.80	0.421	-.0089812	.0214811
gamma	.0007018	.0048865	0.14	0.886	-.0088755	.0102791
tau	.6642133	.3429574	1.94	0.053	-.0079709	1.336398
rhoz	.9490748	.0188811	50.27	0.000	.9120685	.9860812
rhog	.6958303	.0455788	15.27	0.000	.6064975	.7851631
rhov	.3399917	.0608951	5.58	0.000	.2206395	.459344
sd(e.k)	6.976683	5.401083			-3.609244	17.56261
sd(e.l)	.6151492	.1053211			.4087236	.8215747
sd(e.u)	2.262331	.2962158			1.681759	2.842903
sd(e.v)	1.711046	.1754333			1.367203	2.054889

同样的，可以参照前面的方法，进一步做脉冲–响应分析[①]。在Stata的命令窗口，依次输入、依次运行以下几条命令：

irf set dsge_irf, replace

---

① 为了节省篇幅，此处结果省略。

irf create model, step(24) replace   //观察周期延长到24期（季度）。

irf graph irf, impulse(v) response(d y c) byopts(yrescale) xlabel(0(3)24) noci   //（见图13.20）。

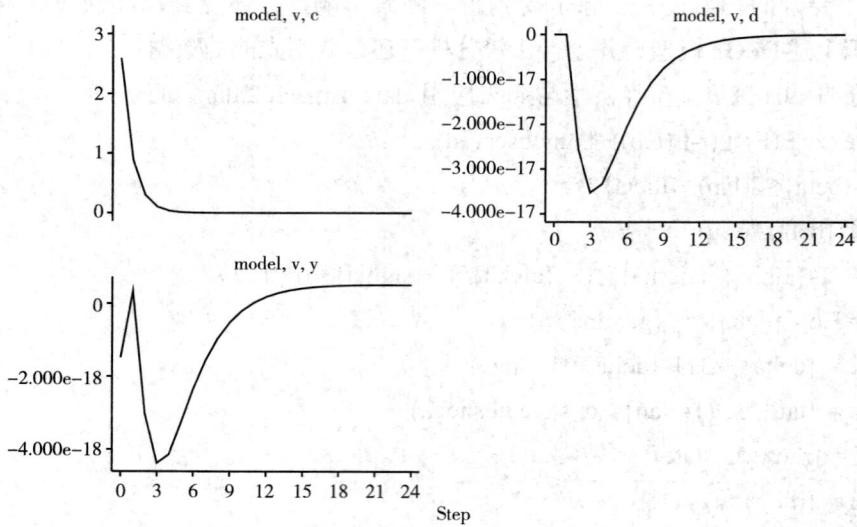

Graphs by irfname，impulse variable，and response variable

图13.20　脉冲响应分析（24期）

第14章　空间计量经济学概述

在学习空间计量经济学之前，我们首先需要明白什么是空间计量经济学？以及为什么要学习空间计量经济学？安瑟林（Anselin，1988）认为，空间计量经济学是计量经济学的一个分支，研究的是在横截面数据（Cross-sectional Data）和面板数据（Panel Data）的回归模型中，如何处理空间交互作用（空间自相关）和空间结构（空间非均匀性）问题。例如，在以往对国家各项经济数据的研究中，我们很少关注各个省份之间的经济互动，但观察现实情况就可以发现，经济发达的省份（如上海，浙江，江苏）常常会集中分布在一起；而经济相对落后（如甘肃，青海，西藏）的省份往往也存在集中分布的现象。在这种情况下，很难说这些相邻的省份之间满足独立同分布假设。事实上，经济特征相似地区的集中分布特征并不只是中国特有，而是一种在世界范围内广泛存在的普遍现象，在区域经济学研究中将之称为空间集聚效应。因此，学习空间计量经济学，将个体之间的空间关联纳入研究范畴就显得尤为重要。

14.1　空间依赖及其关系表述

14.1.1　空间依赖的原因

空间计量经济理论也是建立在传统计量理论基础之上的。在系统讲解空间计量模型之前，先简单复习一下传统的计量模型。

$$y_i = \alpha + X_i\beta + \varepsilon_i, \quad (i=1,2,\cdots,n) \tag{14-1}$$

对于式（14-1）而言，通常假设n个样本个体之间满足独立同分布假设（independently and identically distributed，i.i.d.）：

$$\varepsilon_i \sim N(0,\sigma^2), \mathrm{Cov}(\varepsilon_i,\varepsilon_j)=0, \mathrm{Cov}(\varepsilon_i,X_i)=0$$

这一假设使得模型得到了极大的简化。但在空间计量的研究背景下，考虑到个体之间的空间关联性，这种简化显然与实际存在不少偏差。

为了修正这一偏差，引入空间依赖的概念。所谓空间依赖，即指该个体观测值y_i的取值依赖于相邻个体的观测值：

$$y_i = \delta_i y_j + X_i \boldsymbol{\beta} + \varepsilon_i, \quad (\varepsilon_i \sim N(0, \sigma^2)) \tag{14-2}$$

$$y_j = \delta_j y_i + X_j \boldsymbol{\beta} + \varepsilon_j, \quad (\varepsilon_j \sim N(0, \sigma^2))$$

$$\text{Cov}(\varepsilon_i, \varepsilon_j) \neq 0$$

式（14-2）假设i与j为相邻的两个个体（$i \neq j$），且y_i的取值依赖于y_j。可以看到，通过上述变换，观测值y_i成功与其相邻的个体y_j产生了联系，此时样本中的个体便不再满足独立同分布假设。

空间依赖产生的原因主要有两种：一种为空间溢出效应，也称为空间集聚效应；另一种为遗漏变量，即存在遗漏变量**z**（可观测或不可观测），同时影响i和j两个地区。忽略个体之间的空间依赖性，可能会导致参数估计产生偏误。为了更加清晰地理解上述理论，使用下面的例子来进行说明。

假设现在研究某市的房价。以普通的"环形放射状"结构城市为背景（类似于北京），在不考虑建筑商差异等因素的前提下，一环内作为中心商业区其房价势必处于整座城市房价的峰值水平，并且随着离中心商业区的距离不断增长，房价总体会呈现下降趋势。但针对这一特征，在现实研究中经常会发现一些反常的现象。

例如，新修建一所重点中小学校往往会导致附近的房价高于处在同一环内的其他区域房价。假定此时以房价y为研究对象，与中心商业区的距离x为解释变量，那么显然不能通过该模型解释上述情况。而产生该现象的原因在于此时的空间依赖来自于一种可观测的遗漏变量，即是否与重点中小学校相邻。忽略该变量，将产生内生性问题，违背零条件均值假设。

当然，在上面的案例中因为遗漏变量可观测，所以其解决方案也比较简单，传统的计量是添加该遗漏变量，或者寻找工具变量；而空间计量的解决方案，则是将位于同一学区的其他区域房屋价格纳入模型。

针对传统计量方法，如果此时将研究对象扩大到两相邻地区的经济生产数据，在这种情况下传统计量将面临两方面的困境：一方面遗漏变量可能是不可观测的，甚至都不知道具体是哪种因素引起的；另一方面，空间依赖是由空间溢出效应所导致，我们并不总是能找到有效的工具变量，因此很难通过传统计量的方法来解决这一问题，此时空间计量的方法就显得尤为重要。

14.1.2 空间依赖关系的数学描述

式（14-2）中，仅考虑了两个观测值的情况，下面针对式（14-2）进行推广，以便得到一个更大的观测值集合。

$$\begin{cases} y_1 = \delta_{1,2} y_2 + \cdots + \delta_{1,n} y_n + X_1 \boldsymbol{\beta} + \varepsilon_1 & \varepsilon_1 \sim N(0, \sigma^2) \\ y_2 = \delta_{2,1} y_1 + \cdots + \delta_{2,n} y_n + X_2 \boldsymbol{\beta} + \varepsilon_2 & \varepsilon_1 \sim N(0, \sigma^2) \\ \quad\quad\quad\quad\quad \vdots \\ y_n = \delta_{n,1} y_1 + \cdots + \delta_{n,n-1} y_{n-1} + X_n \boldsymbol{\beta} + \varepsilon_n & \varepsilon_1 \sim N(0, \sigma^2) \end{cases} \tag{14-3}$$

式（14-3）可以很好地刻画相邻地区之间的空间依赖关系，但是因为模型的参数设置过多，会造成模型估计的自由度损失太大，甚至可能出现模型参数多于观测值数量的情况，导致模型不可估计，我们称这样的情况为过度参数化。以式（14-3）为例，在分析n个地区时，将面临n个方程。假设 $\boldsymbol{\beta}$ 是 $k \times 1$ 维向量，则需要估计 $n(n-1)+k$ 个参数，模型因过度参数化而无解。

14.1.3　空间依赖关系的模型化

为了解决上述过度参数化问题，我们将空间依赖关系进行模型化。首先，将式（14-3）进行简化，假设任何两个相邻地区之间的空间关联系数都是 ρ ，且 $|\rho| < 1$ 。定义 $\delta_{i,j} = \rho W_{i,j}$ ，只有当i地区和j地区相邻时 $W_{i,j} = 1$ ，否则取值为0。则式（14-3）可以转化为下面的形式：

$$y_i = \rho \sum_{j=1}^{n} W_{i,j} y_j + X_i \boldsymbol{\beta} + \varepsilon_i \quad (i = 1, 2, \cdots, n), (\varepsilon_i \sim N(0, \sigma^2)) \tag{14-4}$$

对于式（14-4），其中，W 为空间权重矩阵，$\sum_{j=1}^{n} W_{i,j} y_j$ 称为空间滞后项，它代表着观测值y的线性组合，ρ 为标量参数（空间相关系数），ε_i 为随机扰动项。或者也可以将上式写成更一般的形式：

$$\mathbf{y} = \rho \mathbf{W} \mathbf{y} + \mathbf{X} \boldsymbol{\beta} + \boldsymbol{\varepsilon} \quad (\boldsymbol{\varepsilon} \sim N(0, \sigma^2 \mathbf{I}_n)) \tag{14-5}$$

式（14-5）也可以看成是式（14-3）和式（14-4）的矩阵表达形式。将式（14-5）通过数学变换后可得：

$$\mathbf{y} = (\mathbf{I}_n - \rho \mathbf{W})^{-1} \mathbf{X} \boldsymbol{\beta} + (\mathbf{I}_n - \rho \mathbf{W})^{-1} \boldsymbol{\varepsilon} \quad (\boldsymbol{\varepsilon} \sim N(0, \sigma^2 \mathbf{I}_n)) \tag{14-6}$$

其次，为了更加直观地展示这一数学关系，可以使用以下形式对空间权重矩阵进行描述。

$$\mathbf{W}\mathbf{y} = \begin{pmatrix} W_{11} & \cdots & W_{1n} \\ \vdots & \ddots & \vdots \\ W_{n1} & \cdots & W_{nn} \end{pmatrix} \times \begin{pmatrix} y_1 \\ \vdots \\ y_n \end{pmatrix} \quad 其中 \begin{array}{l} \mathbf{y} = \{y_1, y_2, \cdots, y_n\}^T \\ \boldsymbol{\varepsilon} = \{\varepsilon_1, \varepsilon_2, \cdots, \varepsilon_n\}^T \end{array} \tag{14-7}$$

式（14-5）和式（14-6）相对于传统计量模型式（14-1）而言，只多了一个待估参数 ρ （也称空间关联系数）和空间权重矩阵 $\mathbf{W}$ （根据地理或经济社会关系生成）。相对于式（14-3）需要估计 $n(n-1)+1$ 个参数而言，这里只需要估计两个参数，即空间相关系数 ρ 和解释变量参数 $\boldsymbol{\beta}$ 。如果需要考虑常数项的话，那顶多再加一个常数项参数 α 。也就是说，通过设定空间权重矩阵的形式，将地区或个体之间的空间依赖关系简化为对称的关系，可以将待估参数极大地减少，但同时又保留了式（14-3）的基本逻辑。

式（14-5）和式（14-6）相对于式（14-3）而言，待估参数虽然简化为多估计一个空间相关系数 ρ，但多了一个表述空间依赖关系的权重矩阵。这个空间权重矩阵会不会导致模型结构和估计更加复杂呢？答案是不用担心。因为空间权重矩阵可以使用 Stata 基于地理信息或经济社会关系直接生成，或者通过用户进行自定义设定生成。

14.2　空间权重矩阵及其作用逻辑

14.2.1　空间权重矩阵的定义与设定

空间权重矩阵是反映个体之间空间依赖关系的矩阵。一般而言，在设定空间权重矩阵 **W** 时，如果两个地区相邻接，则相应的矩阵元素取值为 1；如果两个地区不相邻接，则对应的矩阵元素取值为 0，即：

$$W_{ij} = \begin{cases} 1, & \text{如果地区 i 和地区 j 邻接} \\ 0, & \text{如果地区 i 和地区 j 不邻接} \end{cases}$$

此外，关于空间权重矩阵的设定牵涉以下几个重要定义：

（1）一阶近邻，即边界相邻的地区。

（2）二阶近邻，即近邻的近邻。需注意的是每个地区都是自己的二阶近邻，但不是自己的一阶近邻。

（3）行标准化矩阵，即行随机矩阵每行元素之和为 1，且为非负矩阵，我们称这样的过程为空间权重矩阵的行标准化。

通常情况下，仅考虑一阶近邻关系。另外，还有一种更方便的空间权重矩阵，就是逆距离矩阵或者反距离矩阵：所谓的反距离，就是取距离的倒数或倒数的平方。根据地理学第一定律，地区相互之间的距离越大，权重就越小。而距离得越近，影响权重就越大（关于反距离空间权重矩阵和文化距离空间权重矩阵等 Stata 生成命令，后续章节会做介绍，此处不再赘述）。

$$\mathbf{W} = \begin{bmatrix} 0 & \frac{1}{d_{1,2}} & \cdots & \frac{1}{d_{1,n}} \\ \frac{1}{d_{2,1}} & 0 & \cdots & \frac{1}{d_{2,n}} \\ \vdots & \vdots & \ddots & \vdots \\ \frac{1}{d_{n,1}} & \frac{1}{d_{n,2}} & \cdots & 0 \end{bmatrix}_{n \times n} \text{ 或 } \begin{bmatrix} 0 & \frac{1}{(d_{1,2})^2} & \cdots & \frac{1}{(d_{1,n})^2} \\ \frac{1}{(d_{2,1})^2} & 0 & \cdots & \frac{1}{(d_{2,n})^2} \\ \vdots & \vdots & \ddots & \vdots \\ \frac{1}{(d_{n,1})^2} & \frac{1}{(d_{n,2})^2} & \cdots & 0 \end{bmatrix}_{n \times n}$$

以空间相邻权重矩阵为例，为了更深入理解以上概念，我们使用下面的案例来进行讲解。

如图14.1所示，上面为"环形放射状"结构城市从各地区到一环中心的通勤示意图。根据上述定义，上述地区中与西四环（L4）相连的唯一一个一阶近邻是西三环（L3）。同样对于L3而言，其一阶近邻为L4与L2，以此类推。此外，每个地区都将是其自身的二阶近邻。一般而言，在自然条件下的毗邻关系都是对称的。在实际计量经济检验过程中，一般只考虑一阶近邻关系。

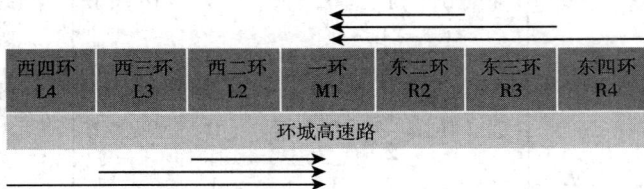

西四环 L4	西三环 L3	西二环 L2	一环 M1	东二环 R2	东三环 R3	东四环 R4

环城高速路

图14.1　通勤时间

14.2.2　空间权重矩阵的构造

根据前文"环形放射状"结构城市的假定，可以构造相应的空间权重矩阵。一般而言，空间权重矩阵的构造及空间滞后项的计算过程可以分为以下几个步骤：

（1）构建地区间的一阶近邻关系的空间矩阵。

（2）空间权重矩阵的赋值原则：行列元素对应地区为一阶近邻关系的赋值为1；其余赋值为0。

（3）将空间权重矩阵进行标准化处理，转化为行随机矩阵。

（4）将空间权重矩阵纳入空间计量模型，计算空间滞后项 **Wy**。

下面使用矩阵形式来演示空间权重矩阵的赋值以及标准化过程。需要事先说明的是，以下演示过程为手动设定，实际研究过程中，会使用Stata来完成相应的过程，具体的操作命令后文会详细介绍，这里不再赘述。

$$
\mathbf{W} = \begin{array}{c|ccccccc}
 & L4 & L3 & L2 & M1 & R2 & R3 & R4 \\
\hline
L4 & 0 & 1 & 0 & 0 & 0 & 0 & 0 \\
L3 & 1 & 0 & 1 & 0 & 0 & 0 & 0 \\
L2 & 0 & 1 & 0 & 1 & 0 & 0 & 0 \\
M1 & 0 & 0 & 1 & 0 & 1 & 0 & 0 \\
R2 & 0 & 0 & 0 & 1 & 0 & 1 & 0 \\
R3 & 0 & 0 & 0 & 0 & 1 & 0 & 1 \\
R4 & 0 & 0 & 0 & 0 & 0 & 1 & 0
\end{array}
$$

如上所示，将行列元素对应地区为一阶近邻关系的赋值为1；其余赋值为零。仔细观察矩阵 **W** 可以发现，对角线上的元素皆为0，说明每个地区都不是自身的一阶近邻（不考虑二阶近邻）。矩阵 **W** 中第一行，只有第 2 列对应的 L3 处元素取值为 1；其余皆为 0，说明 L4 地区的一阶近邻只有 L3。矩阵 **W** 的第二行，对应的第一列 L4 和第三列 L2 处元素取值为 1；其余元素皆为 0，说明 L3 地区的一阶近邻只有 L4 和 L2。以此类推，可以解释"环形放射状"结构城市各地区之间的相邻关系。接下来，对其进行标准化处理。

$$\mathbf{W} = \begin{array}{c|ccccccc} & L4 & L3 & L2 & M1 & R2 & R3 & R4 \\ \hline L4 & 0 & 1 & 0 & 0 & 0 & 0 & 0 \\ L3 & \frac{1}{2} & 0 & \frac{1}{2} & 0 & 0 & 0 & 0 \\ L2 & 0 & \frac{1}{2} & 0 & \frac{1}{2} & 0 & 0 & 0 \\ M1 & 0 & 0 & \frac{1}{2} & 0 & \frac{1}{2} & 0 & 0 \\ R2 & 0 & 0 & 0 & \frac{1}{2} & 0 & \frac{1}{2} & 0 \\ R3 & 0 & 0 & 0 & 0 & \frac{1}{2} & 0 & \frac{1}{2} \\ R4 & 0 & 0 & 0 & 0 & 0 & 1 & 0 \end{array}$$

完成标准化后，空间权重矩阵每一行元素的和为 1。然后，将空间权重矩阵纳入空间计量模型，进行空间滞后项计算：

$$\mathbf{Wy} = \begin{array}{c|ccccccc} & L4 & L3 & L2 & M1 & R2 & R3 & R4 \\ \hline L4 & 0 & 1 & 0 & 0 & 0 & 0 & 0 \\ L3 & \frac{1}{2} & 0 & \frac{1}{2} & 0 & 0 & 0 & 0 \\ L2 & 0 & \frac{1}{2} & 0 & \frac{1}{2} & 0 & 0 & 0 \\ M1 & 0 & 0 & \frac{1}{2} & 0 & \frac{1}{2} & 0 & 0 \\ R2 & 0 & 0 & 0 & \frac{1}{2} & 0 & \frac{1}{2} & 0 \\ R3 & 0 & 0 & 0 & 0 & \frac{1}{2} & 0 & \frac{1}{2} \\ R4 & 0 & 0 & 0 & 0 & 0 & 1 & 0 \end{array} \begin{bmatrix} y_1 \\ y_2 \\ y_3 \\ y_4 \\ y_5 \\ y_6 \\ y_7 \end{bmatrix} = \begin{bmatrix} y_2 \\ \frac{y_1+y_3}{2} \\ \frac{y_2+y_4}{2} \\ \frac{y_3+y_5}{2} \\ \frac{y_4+y_6}{2} \\ \frac{y_5+y_7}{2} \\ y_6 \end{bmatrix}$$

如上所示，空间滞后项 Wy 最终计算得到的结果为空间滞后项向量，在本例中它实际上是与地区变量具有一阶近邻关系的地区观测值的算术平均值（如果是逆距离空间权重矩阵，则为加权平均值）。事实上，空间权重矩阵的作用逻辑，也就是将其他地区对本地区的影响，以及本地区对其他地区的影响进行空间依赖关系的加权平均处理，然后再纳入传统计量模型中进行估计。

14.2.3　空间权重矩阵的作用逻辑

空间计量经济学区别于传统计量经济学最大的特征，就是通过引入了空间权重矩阵，将地理上相邻的地区或个体之间的关联纳入模型中进行分析，从而放松传统计量经济学中个体独立性假定，同时纠正由于潜在不可观测空间关联因素导致的缺失变量偏误问题。

空间权重矩阵的作用，实际上就是将多维的空间关联关系转换到平面体上。空间关联系数乘以空间权重矩阵 $\rho\mathbf{W}$，其本质上就是一个转换矩阵。

（1）转换矩阵。所谓转换矩阵，即主对角线元素为 0 或者 1，其余元素为 ρ 的对称矩阵。在空间计量经济学中，主要表现为两类形式：

$$\mathbf{T} = \rho\mathbf{W} = \begin{bmatrix} 0 & \rho & \cdots & \rho \\ \rho & 0 & \cdots & \rho \\ \vdots & \vdots & \ddots & \vdots \\ \rho & \rho & \cdots & 0 \end{bmatrix}_{n\times n} \tag{14-8}$$

$$\mathbf{T} = \mathbf{I_n} - \rho\mathbf{W} = \begin{bmatrix} 1 & -\rho & \cdots & -\rho \\ -\rho & 1 & \cdots & -\rho \\ \vdots & \vdots & \ddots & \vdots \\ -\rho & -\rho & \cdots & 1 \end{bmatrix}_{n\times n} \tag{14-9}$$

（2）转换矩阵的作用。依据矩阵的运算法则，转换矩阵的作用具体而言就是将多维的空间体系转换成为平行的 n 面体。例如，以下正方形的平面压缩：

$$\mathbf{S} = \begin{bmatrix} 0 & 1 & 0 & 1 \\ 0 & 0 & 1 & 1 \end{bmatrix} \tag{14-10}$$

将矩阵 $\mathbf{S}$ 左乘 2 阶转换矩阵，则有：

$$\mathbf{T} \times \mathbf{S} = \begin{bmatrix} 0 & \rho \\ \rho & 0 \end{bmatrix} \begin{bmatrix} 0 & 1 & 0 & 1 \\ 0 & 0 & 1 & 1 \end{bmatrix}$$

当 $\rho = 0.5$ 时：

$$\mathbf{T} \times \mathbf{S} = \begin{bmatrix} 0 & 0 & 0.5 & 0.5 \\ 0 & 0.5 & 0 & 0.5 \end{bmatrix}$$

压缩之后的图形如图 14.2 中所示的阴影部分。

如果是以 $\rho\mathbf{W} \cdot \mathbf{y}$ 的形式转换，则进入的是解释变量端，ρ 取值越大，转换后的阴影部分面积越大，解释变量的总体波动性越大，在残差项方差不变的情况下，参数估计的标准误就会更小，从而空间转换效率也越高。

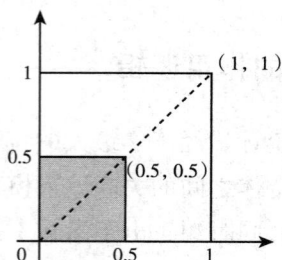

图14.2　转换矩阵（1）

如果转换矩阵对角线元素为1，例如：

$$\mathbf{T} = \mathbf{I_n} - \rho\mathbf{W}\begin{bmatrix} 1 & -\rho \\ -\rho & 1 \end{bmatrix}$$

则空间转换表现为平面拉伸：

$$\mathbf{T} \times \mathbf{S} = \begin{bmatrix} 1 & -\rho \\ -\rho & 1 \end{bmatrix}\begin{bmatrix} 0 & 1 & 0 & 1 \\ 0 & 0 & 1 & 1 \end{bmatrix}\begin{bmatrix} 0 & 1 & -\rho & 1-\rho \\ 0 & -\rho & 1 & 1-\rho \end{bmatrix}$$

当 $\rho = 0.5$ 时，转换之后的矩阵如图14.3中阴影部分所示。

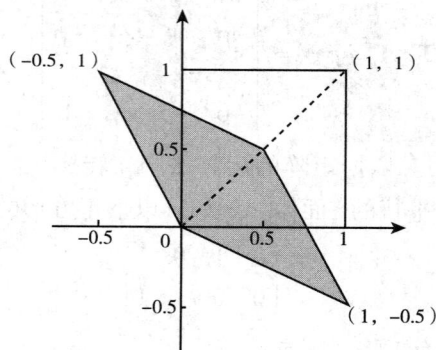

图14.3　转换矩阵（2）

如果是以 $(\mathbf{I_n} - \rho\mathbf{W}) \cdot \mathbf{y}$ 的形式转换，则进入的是因变量端，ρ 取值越大，转换后的阴影部分面积越小，因变量的总体波动性越小，残差项方差就会更小。在解释变量总体波动性不变的情况下，参数估计的标准误就会更小，从而空间转换效率也越高。

无论是哪种形式，在空间计量经济学中，转换矩阵中 ρ 取值越大，都代表空间转换效率越高。此外，行列式转换导致 $\mathbf{T} \times \mathbf{S}$ 的大小取决于 $|\mathbf{T}|$，只要满足 $|\rho| < 1$，就有 $|\mathbf{T}|\mathbf{S} < \mathbf{S}$，所以空间转换本质上是一种压缩转换，可以提升模型估计的总体效率。

（3）空间权重矩阵的属性。在矩阵中，若数值为0的元素数目远远多于非0元素的数目，并且非0元素分布没有规律时，则称该矩阵为稀疏矩阵。与之相反，若非0元素数目占大多数时，则称该矩阵为稠密矩阵。定义"非零元素的总数/矩阵所有元素的总数"为矩阵的稠密度。在多数情况下，空间权重矩阵一般都是稀疏矩阵，而稀疏矩阵更能提升空间建模和运算效率。并且通过稀疏矩阵将空间问题转化为矩阵问题，便于统计分析和数学运算。

此外，稀疏矩阵还有一个特别有利于计算的优点，那就是重新排列空间权重矩阵的元素不影响空间行列式的计算。例如：$\mathbf{W} = \mathbf{P}\mathbf{W}\mathbf{P}^{\mathrm{T}}$，其中 $\mathbf{P}^{-1} = \mathbf{P}^{\mathrm{T}}, \mathbf{P}\mathbf{P}^{\mathrm{T}} = \mathbf{I}_{\mathrm{n}}, |\mathbf{P}| = |\mathbf{P}^{\mathrm{T}}| = 1$，则有：$|\mathbf{P}(\mathbf{I}_{\mathrm{n}} - \rho\mathbf{W})\mathbf{P}^{\mathrm{T}}| = |\mathbf{I}_{\mathrm{n}} - \rho\mathbf{W}|$。

14.3　空间自回归数据生成过程

14.3.1　带有常数项的空间自回归模型的初步分解

自回归概念一般用于时间序列分析中，是指个体当期的因变量变化会受到自身上一期因变量变化的影响，如AR模型、VAR模型等。但是，如果个体当期因变量的变化不是受到自身上期因变量的影响，而是受到了来自邻近地区上一期因变量或者邻近地区当期因变量的影响，则称为空间自回归。由此可见，空间自回归模型定义，本身就是为宏观面板数据"量身定做"的，但实际应用过程中，截面数据中邻近个体的当期值也可以看成是对其上一期值的很好的替代，因而截面数据也可以使用空间自回归模型。首先考虑这样一个带有常数项的空间自回归模型，具体如下：

$$\mathbf{y} = \alpha\mathbf{l}_{\mathrm{n}} + \rho\mathbf{W}\mathbf{y} + \boldsymbol{\varepsilon} \tag{14-11}$$

其中，$\mathbf{y}$ 为因变量序列，ρ 为标量参数，$\mathbf{l}_{\mathrm{n}}$ 为常数项向量，α 为常数项参数，$\boldsymbol{\varepsilon} \sim N(0, \sigma^2\mathbf{l}_{\mathrm{n}})$。此外，对于式（14-11），可以将其理解为：每一个观测值 y_{i} 的期望值都取决于均值 α 与空间依赖参数 ρ 所度量的邻近观测值的线性组合。式（14-11）中，如果加入下标t，则理论上 $\rho\mathbf{W}\mathbf{y}$ 应该写成 $\rho\mathbf{W}\mathbf{y}_{t-1}$，但是接下来会证明，无论是 $\rho\mathbf{W}\mathbf{y}$ 还是 $\rho\mathbf{W}\mathbf{y}_{t-1}$，两者得到的结论是一致的。因而空间自回归模型既可以用于截面数据，也可以用于面板数据。

对于式（14-11）中的空间自回归过程，隐含的数据生成过程可以用下式表示：

$$\mathbf{y} = \alpha\mathbf{l}_{\mathrm{n}} + \rho\mathbf{W}\mathbf{y} + \boldsymbol{\varepsilon} \Rightarrow \mathbf{y} - \rho\mathbf{W}\mathbf{y} = \alpha\mathbf{l}_{\mathrm{n}} + \boldsymbol{\varepsilon} \Rightarrow (\mathbf{I}_{\mathrm{n}} - \rho\mathbf{W})\mathbf{y} = \alpha\mathbf{l}_{\mathrm{n}} + \boldsymbol{\varepsilon}$$
$$\Rightarrow \mathbf{y} = (\mathbf{I}_{\mathrm{n}} - \rho\mathbf{W})^{-1}\mathbf{l}_{\mathrm{n}}\alpha + (\mathbf{I}_{\mathrm{n}} - \rho\mathbf{W})^{-1}\boldsymbol{\varepsilon} \tag{14-12}$$

即：

$$\mathbf{y} = (\mathbf{I}_{\mathrm{n}} - \rho\mathbf{W})^{-1}\mathbf{l}_{\mathrm{n}}\alpha + (\mathbf{I}_{\mathrm{n}} - \rho\mathbf{W})^{-1}\boldsymbol{\varepsilon} \tag{14-13}$$

其中：

$$\mathbf{I_n} = \begin{pmatrix} 1 & \cdots & 0 \\ \vdots & \ddots & \vdots \\ 0 & \cdots & 1 \end{pmatrix} \mathbf{l_n} = \begin{pmatrix} 1 \\ \vdots \\ 1 \end{pmatrix}$$

对于式（14-13）而言，其中蕴含的数据生成过程体现了空间自回归过程具有同期性的特征。在式（14-13）中，包含了参数(ρ, α)；解释变量或可观测变量$(\mathbf{W}, \mathbf{l_n})$；随机项$(\varepsilon)$；无自变量存在。如果想要求解上述方程式，对于$(\mathbf{I_n} - \rho\mathbf{W})^{-1}$而言，仍需继续分解。

14.3.2 外生化过程详解

对于空间自回归模型的外生化过程，通过式（14-13）进行更深一步的研究，根据矩阵可逆性的无穷序列表述形式，可以将可逆矩阵$(\mathbf{I_n} - \rho\mathbf{W})^{-1}$转化为以下表达式（泰勒展开）：

$$(\mathbf{I_n} - \rho\mathbf{W})^{-1} = \mathbf{I_n} + \rho\mathbf{W} + \rho^2\mathbf{W}^2 + \rho^3\mathbf{W}^3 + \ldots \tag{14-14}$$

将上述泰勒展开项代入式（14-13），可得空间自回归模型的无穷序列表述形式为：

$$\mathbf{y} = \left(\mathbf{I_n} + \rho\mathbf{W} + \rho^2\mathbf{W}^2 + \rho^3\mathbf{W}^3 + \cdots\right)\mathbf{l_n}\alpha + \left(\mathbf{I_n} + \rho\mathbf{W} + \rho^2\mathbf{W}^2 + \rho^3\mathbf{W}^3 + \cdots\right)\varepsilon$$

$$= \mathbf{l_n}\alpha + \rho\mathbf{W}\mathbf{l_n}\alpha + \rho^2\mathbf{W}^2\mathbf{l_n}\alpha + \rho^3\mathbf{W}^3\mathbf{l_n}\alpha + \cdots + \varepsilon + \rho\mathbf{W}\varepsilon + \rho^2\mathbf{W}^2\varepsilon + \rho^3\mathbf{W}^3\varepsilon + \cdots \tag{14-15}$$

式（14-15）在表达上极为复杂，但可以对其进行简化。在前面曾提到过，不同于相关系数，标量参数ρ的取值不等于1。换言之，即可以假设$|\rho| < 1$，又因为$\mathbf{W}^q\mathbf{l_n}(q \geqslant 0)$为常数项向量，且$\mathbf{l_n}$为$n \times 1$的数值为1的列向量，标准化的矩阵$\mathbf{W}$中每一行的元素之和为1，故$\mathbf{W}\mathbf{l_n} = \mathbf{l_n}$，进一步可得$\mathbf{W}(\mathbf{W}\mathbf{l_n}) = \mathbf{l_n}$。以此类推，可得$\mathbf{W}^q\mathbf{l_n}(q \geqslant 0) = \mathbf{l_n}$。由此，式（14-15）中前半部分便可以简化为如下形式：

$$\mathbf{l_n}\alpha + \rho\mathbf{W}\mathbf{l_n}\alpha + \rho^2\mathbf{W}^2\mathbf{l_n}\alpha + \rho^3\mathbf{W}^3\mathbf{l_n}\alpha + \cdots = \frac{1}{1-\rho}\mathbf{l_n}\alpha \tag{14-16}$$

将式（14-16）代入式（14-13），则可得无穷序列的简化形式：

$$\mathbf{y} = \frac{1}{1-\rho}\mathbf{l_n}\alpha + \varepsilon + \rho\mathbf{W}\varepsilon + \rho^2\mathbf{W}^2\varepsilon + \rho^3\mathbf{W}^3\varepsilon + \cdots \tag{14-17}$$

14.3.3 空间自回归模型外生化的期望形式与解释

根据式（14-17），对公式两边取期望值，因为$\varepsilon \sim N(0, \sigma^2\mathbf{l_n})$，所以最终简化后可

得如下表达式：

$$E(\mathbf{y}) = \frac{1}{1-\rho}\mathbf{l_n}\alpha + E(\mathbf{\epsilon}) + \rho\mathbf{W}E(\mathbf{\epsilon}) + \rho^2\mathbf{W}^2E(\mathbf{\epsilon}) + \rho^3\mathbf{W}^3E(\mathbf{\epsilon}) + \cdots$$

$$\Rightarrow E(\mathbf{y}) = \frac{1}{1-\rho}\mathbf{l_n}\alpha \qquad\qquad (14\text{-}18)$$

观察式（14-18），需注意的是此处的 $\mathbf{l_n}$ 实际上是 $\mathbf{W}^q\mathbf{l_n}(q \geqslant 0)$。由此，依据公式（14-18）和公式（14-17），可以得出空间自回归模型外生化的解释：因变量的观测值取决于其自身的均值 α、空间权重矩阵 $\mathbf{W}$、高阶近邻阶数 $\rho^q\mathbf{W}^q$、空间依赖关系的标量参数 ρ 以及随机扰动项 $\mathbf{\epsilon}$。这意味着在空间自回归模型中，观测值不再像传统计量那样只是受自身因素的影响（围绕自身均值上下浮动），而是同时受自身以及周围的个体或地区的影响。

如果空间计量模型不带常数项，上述空间计量模型可以写成（注意式（14-19）不要加下标i，否则空间权重矩阵就要写成求和的形式）：

$$\mathbf{y}_t = \rho\mathbf{W}\mathbf{y}_{t-1} + \mathbf{X}\mathbf{\beta} + \mathbf{\epsilon}_t \qquad\qquad (14\text{-}19)$$

其中，$\mathbf{W}\mathbf{y}_{t-1}$ 代表邻近地区因变量的滞后值（简称空间滞后项），因为自身的滞后值会被空间权重矩阵对角线上的0元素消除。将式（14-19）左右两边同时滞后一期，则上式也可以写成：

$$\mathbf{y}_{t-1} = \rho\mathbf{W}\mathbf{y}_{t-2} + \mathbf{X}\mathbf{\beta} + \mathbf{\epsilon}_{t-1} \qquad\qquad (14\text{-}20)$$

将式（14-20）代入式（14-19）可得：

$$\mathbf{y}_t = \rho\mathbf{W}(\rho\mathbf{W}\mathbf{y}_{t-2} + \mathbf{X}\mathbf{\beta} + \mathbf{\epsilon}_{t-1}) + \mathbf{X}\mathbf{\beta} + \mathbf{\epsilon}_t$$

$$\Rightarrow \mathbf{y}_t = \mathbf{X}\mathbf{\beta} + \rho\mathbf{W}\mathbf{X}\mathbf{\beta} + \rho^2\mathbf{W}^2\mathbf{y}_{t-2} + \mathbf{\epsilon}_t + \rho\mathbf{W}\mathbf{\epsilon}_{t-1}$$

以此类推，递归q期之后，可以得到：

$$\mathbf{y}_t = \left(\mathbf{I_n} + \rho\mathbf{W} + \rho^2\mathbf{W}^2 + \cdots + \rho^{q-1}\mathbf{W}^{q-1}\right)\mathbf{X}\mathbf{\beta} + \rho^q\mathbf{W}^q\mathbf{y}_{t-1} + \mathbf{u}$$

$$\mathbf{u} = \mathbf{\epsilon}_t + \rho\mathbf{W}\mathbf{\epsilon}_{t-1} + \rho^2\mathbf{W}^2\mathbf{\epsilon}_{t-2} + \cdots + \rho^{q-1}\mathbf{W}^{q-1}\mathbf{\epsilon}_{t-(q-1)}$$

首先，为了简化，假设 $\mathbf{\epsilon}_t$ 的服从均值为0的正态分布，另外假设相关系数 $|\rho| < 1$，则可以得到：

$$\lim_{q\to\infty}E(\mathbf{y}_t) = (\mathbf{I_n} - \rho\mathbf{W})^{-1}\mathbf{X}\mathbf{\beta}$$

这样，邻近地区之间的变量在空间和时间上的相互影响或空间关联就都收敛了。假如没有加时间下标t，则对式（14-13）取期望值，依然可以得到上述期望均值公式：

$$\mathbf{y} = \rho\mathbf{W}\mathbf{y} + \mathbf{X}\mathbf{\beta} + \mathbf{\epsilon} \qquad\qquad (14\text{-}21)$$

对式（14-21）进行递归运算可得：

$$y = \rho W(\rho Wy + X\beta + \varepsilon) + X\beta + \varepsilon = \rho^2 W^2 y + (I_n + \rho W)X\beta + (I_n + \rho W)\varepsilon$$

$$= \rho^2 W^2(\rho Wy + X\beta + \varepsilon) + (I_n + \rho W)X\beta + (I_n + \rho W)\varepsilon$$

$$= \rho^3 W^3 y + (I_n + \rho W + \rho^2 W^2)X\beta + (I_n + \rho W + \rho^2 W^2)\varepsilon = \cdots$$

$$= \rho^q W^q y + (I_n + \rho W + \rho^2 W^2 + \cdots + \rho^{q-1}W^{q-1})X\beta + (I_n + \rho W + \rho^2 W^2 + \cdots + \rho^{q-1}W^{q-1})\varepsilon$$

取极限期望值依然可得：

$$\lim_{q\to\infty}E(y_t) = (I_n - \rho W)^{-1}X\beta$$

14.4 莫兰散点图

14.4.1 空间关联系数与莫兰散点图

前面已经讲解了空间自回归模型中的大部分参数和空间矩阵的构造与属性，接下来，对模型中最后一个标量参数 ρ 进行解释说明。

标量参数 ρ 表示的是样本观测值空间依赖的强度水平，是观测值对所有空间依赖关系的平均依赖水平，它是通过空间自回归结构获得的，这是最精简的一种办法。而值得再次强调的是标量参数 ρ 表示的是一种平均依赖水平。

可以使用莫兰散点图表述空间关联系数 ρ ，即用散点的方式来检测向量 y 中的观测值（以偏离均值的形式来表示）与向量 Wy 中相邻观测值的均值之间的关系。为了便于理解，使用下面的例子来进行讲解。图14.4是由某国各州的全要素生产率所画出的莫兰散点图。

在图14.4中，横轴"索洛残差"表示本地区自身的全要素生产率，纵轴"Wx 索洛残差"表示邻近地区的全要素生产率，由两者的零值构成的十字轴将整个散点图分成四个象限，分别代表以下四种情况。

Ⅰ.第一象限中（空心三角表示）的州，代表其自身全要素生产率高于均值，且与之相邻州的全要素生产率也高于均值，即高-高聚集区。

Ⅱ.第二象限中（实心三角表示）的州，代表其自身全要素生产率低于均值，但与之相邻州的全要素生产率高于均值，即低-高聚集区。

Ⅲ.第三象限中（空心圆表示）的州，代表其自身全要素生产率低于均值，且与之相邻州的全要素生产率也低于均值，即低-低聚集区。

Ⅳ.第四象限中（实心圆表示）的州，代表其自身全要素生产率高于均值，但与之相邻州的全要素生产率低于均值，即高-低聚集区。

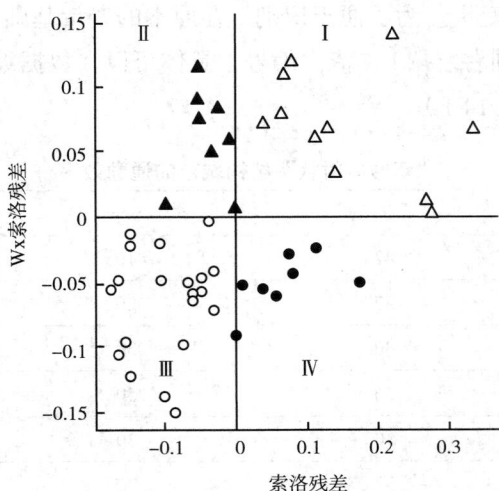

图14.4　莫兰散点图

需要注意的是，图14.4中位于一、三象限的散点相对更多，代表着空间关联系数 ρ > 0，即观测值 **x** 与其空间滞后项 **Wx** 之间为正相关关系。反之，如果二、四象限的散点更多，则表明空间依赖总体呈负相关关系。当然这样的解释只是为了便于理解，实际上，将观测值 **x** 与其空间滞后项 **Wx** 之间的标量参数 ρ 解释为传统的相关系数这并不准确，明显的一点区别在于 ρ ≠ 1。

14.4.2　用 Stata 计算莫兰指数和绘制莫兰散点图

前文针对空间计量模型与传统计量模型的区别，空间权重矩阵和空间关联关系等做了详细的介绍，那么用 Stata 如何来展现上述关系呢？本节以"环形放射状"结构城市的通勤效率为例。如图14.5所示。

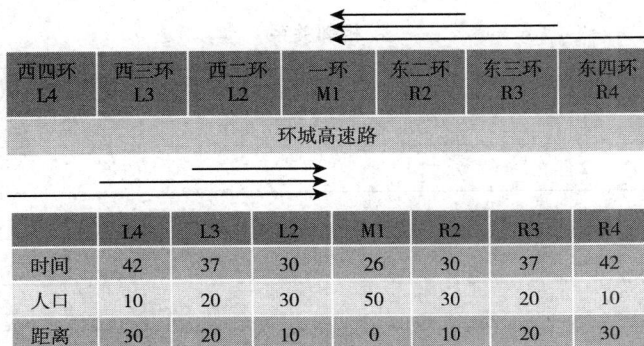

西四环 L4	西三环 L3	西二环 L2	一环 M1	东二环 R2	东三环 R3	东四环 R4
			环城高速路			

	L4	L3	L2	M1	R2	R3	R4
时间	42	37	30	26	30	37	42
人口	10	20	30	50	30	20	10
距离	30	20	10	0	10	20	30

图14.5　"环形放射状"结构城市的通勤效率

根据图14.5的设定，设计并生成一个 transp.dta 的数据，包含时间（t）、人口

（pop）、距离（d）等变量。为了便于识别，在原本的变量基础上，添加一个id变量，分别将各个地区从左到右、从1~7依次编号，具体可以在数据编辑器中直接添加，并修改变量名为id（见表14.1）。

表 14.1   "环形放射状"结构城市的通勤效率

id	t	pop	d
1	42	10	30
2	37	20	20
3	30	30	10
4	26	50	0
5	30	30	10
6	37	20	20
7	42	10	30

新建一个Stata的空文档，将上面的数据复制粘贴过去，然后保存文件，并命名为transp.dta，完成后使用sum命令查看所生成的数据概况（见表14.2）。

. sum

表 14.2   描述性统计

Variable	Obs	Mean	Std. Dev.	Min	Max
t	7	34.85714	6.283008	26	42
pop	7	24.28571	13.97276	10	50
d	7	17.14286	11.12697	0	30
id	7	4	2.160247	1	7

然后，需要生成一个没有标准化的仅由0和1构成的空间权重矩阵。在生成空间权重矩阵之前，必须事先说明各区域之间的相邻关系。如表14.3所示。

表 14.3   相邻关系

var1	var2
1	2
2	3
3	4
4	5
5	6
6	7

表14.3中，变量var1和var2都是代表区域；第二行var1取值为1，var2取值为2，代表区域1和区域2相邻（当然，反过来也成立）；第3行中，var1取值为2，var2取

值为3，则代表区域2和区域3相邻；以此类推，直到第7行，var1取值为6，var2取值为7，代表区域6和区域7相邻。生成空间权重矩阵的命令为spweight（该命令是用户编写的命令，需要下载安装）：

　　. ssc install spweight, replace

　　. spweight var1 var2, panel(7) time(1) matrix(W)　　　//生成未标准化的空间权重矩阵Wcs，如果需要标准化（standardize），则加stand选项

　　. use Wcs.dta, clear

　　. list　　　//（见表14.4）。

表14.4　　　　　　　　　　　　　　　　空间邻接矩阵

	v1	v2	v3	v4	v5	v6	v7
1.	0	1	0	0	0	0	0
2.	1	0	1	0	0	0	0
3.	0	1	0	1	0	0	0
4.	0	0	1	0	1	0	0
5.	0	0	0	1	0	1	0
6.	0	0	0	0	1	0	1
7.	0	0	0	0	0	1	0

　　表14.4中的空间邻接矩阵（也称空间权重矩阵）没有标准化，矩阵元素1代表相邻，0代表不相邻。如果标准化之后，则每行的和加起来为1，其标准化矩阵生成命令为：

　　. spweight var1 var2, panel(7) time(1) matrix(W) stand

　　在使用spweight命令生成矩阵后，可以使用spatwmat命令来生成标准化矩阵（该命令为非官方命令，可使用search spatwmat或者help命令进行下载）。具体命令如下：

　　. search spatwmat　　　//确保计算机联网，通过搜索页面单击链接下载

　　. spatwmat using Wcs, name(W) standardize　　　//将矩阵Wcs转换为spatgsa和spatlsa命令可识别的标准化空间权重矩阵，并命名为W

　　需注意，在这里引入了两个新命令：spatgsa和spatlsa（这两个命令在刚才安装spatwmat命令时一同安装了，不需要再单独安装）。其中spatgsa表示计算全局莫兰指数（该命令只能使用一期的截面数据运行，不能使用面板数据）；spatlsa表示计算局部莫兰指数。两者的区别在于全局指数只是告诉我们空间是否出现了集聚或异常值，但并没有告诉我们在哪里出现，而局部则用于判断具体是在何处出现的。莫兰指数是由澳大利亚统计学家帕特里克·阿尔弗雷德·皮尔斯·莫兰（Moran，1950）提出的，它的计算公式为：

$$\text{Moran's } I = \frac{\text{考虑空间加权的变量协方差}}{\text{传统方式的变量方差}}$$

$$= \frac{\dfrac{\displaystyle\sum_i^n \sum_j^n w_{ij} z_i z_j}{\displaystyle\sum_i^n \sum_j^n w_{ij}}}{\dfrac{\displaystyle\sum_i^n z_i^2}{n}} = \frac{n}{\displaystyle\sum_i^n \sum_j^n w_{ij}} \frac{\displaystyle\sum_i^n \sum_j^n w_{ij} z_i z_j}{\displaystyle\sum_i^n z_i^2} = \frac{n}{S_0} \frac{\displaystyle\sum_i^n \sum_j^n w_{ij} z_i z_j}{\displaystyle\sum_i^n z_i^2}$$

其中，z_i 表示第 i 个地区变量 y_i 对均值的离差。上式中，$\dfrac{\displaystyle\sum_i^n \sum_j^n w_{ij} z_i z_j}{\displaystyle\sum_i^n \sum_j^n w_{ij}}$ 代表的是

变量 z 在相邻地区与自身取值之间的空间加权协方差，$\dfrac{\displaystyle\sum_i^n z_i^2}{n}$ 代表的是变量 z 在本地

区的方差，因而 Moran's I 指数，本质上就是一个空间加权的"相关系数"。

在计算出 Moran's I 指数之后，不能立马根据其正负，判断其空间自相关性。还要对其进行假设检验，看看它是否能通过检验。常用的检验方法是 Z 检验（也称 U 检验），Z 检验的计算公式如下：

$$Z = \frac{I - E(I)}{\sqrt{\text{var}(I)}}$$

其中：

$$E(I) = -\frac{1}{n-1}$$

$$\text{var}(I) = E(I^2) - \left[E(I)\right]^2$$

因为 $E(I) < 0$ 且 $\sqrt{\text{var}(I)} > 0$，所以当 Z 值为正且显著时，Moran's I 指数一定大于零，表明存在正的空间自相关，也就是说相似的观测值（高值或低值）趋于空间集聚；当 Z 值为负且显著时，Moran's I 指数一定小于零，表明存在负的空间自相关，相似的观测值趋于分散分布；当 Z 等于 0 时，观测值呈独立随机分布。Z 检验本质上也是 Moran's I 指数的标准化过程，所以 Z 统计量的分布接近正态分布。

全局莫兰指数一般是在 [-1, 1] 之间，但如果没有对权重进行行标准化处理，或者出现其他的数据设置问题时（输入的数据严重偏斜），或有些个体的相邻区间太少，有时候会出现超出这个区间的数据。

此外，还需要特别注意的是，在使用 Stata 做空间计量时，经常需要在经济数据、地理信息数据和空间权重矩阵之间进行切换，读者一定要注意保存好数据，以避免自己调整和处理好的数据被清除。首先，计算全局莫兰指数：

. use transp.dta, clear　　//在计算莫兰指数之前，要确保 Stata 中的数据是我们需

要测度的数据，而不能是空间权重矩阵

. spatgsa t, weights(W) moran　　// weights(W) 表示使用 W 作为空间权重矩阵；moran 表示计算莫兰指数（见表 14.5）。

表 14.5　　　　　　　　　　　　　　空间自相关全局莫兰指数

```
Measures of global spatial autocorrelation


Weights matrix

Name: W
Type: Imported (binary)
Row-standardized: Yes


Moran's I

      Variables │    I     E(I)    sd(I)     z    p-value*

              t │ 0.469  -0.167   0.393   1.620   0.053

*1-tail test
```

表 14.5 中，I 即代表 Moran's I 指数，$E(I)$ 即为 $-1/(n-1) = -1/6 = -0.167$，$sd(I)$ 即为前文中 $var(I)$ 开根号。z 代表 Z 检验统计量，$z = [I - E(I)]/sd(I) = (0.469 + 0.167)/0.393 = 1.62$。p 值为 0.053，这意味着在 10% 的显著性水平上，模型整体存在空间关联，而且全局空间自相关系数为 0.469。

接下来，计算局部莫兰指数，在命令窗口输入以下命令：

. spatlsa t, weights(W) moran　　//（见表 14.6）。

表 14.6　　　　　　　　　　　　　　空间自相关局部莫兰指数

```
Measures of local spatial autocorrelation


Weights matrix

Name: W
Type: Imported (binary)
Row-standardized: Yes


Moran's Ii (t)

      Location │   Ii    E(Ii)   sd(Ii)    z    p-value*

             1 │ 0.452  -0.167   0.937   0.660   0.254
             2 │ 0.072  -0.167   0.601   0.398   0.345
             3 │ 0.482  -0.167   0.601   1.080   0.140
             4 │ 1.271  -0.167   0.601   2.394   0.008
             5 │ 0.482  -0.167   0.601   1.080   0.140
             6 │ 0.072  -0.167   0.601   0.398   0.345
             7 │ 0.452  -0.167   0.937   0.660   0.254

*1-tail test
```

表 14.6 中，从局部莫兰指数上看，模型在 4 号区域存在明显的空间关联性，但该指数在其他区域皆不显著（局部莫兰指数大于 1 及其他区域不显著的情况，是因为我

们的数据设置出现了严重的偏斜问题，同时样本量太少导致相邻个体太少也会造成这种问题）。首先，绘制时间变量（t）的局部莫兰散点图，进一步观测其空间关联性：

.spatlsa t, weight(W) moran graph(moran) id(id) symbol(id)　　// graph(moran)表示绘制局部莫兰散点图，id(id)以及symbol(id)表示用id变量来区分个体，并绘制在图形上（见图14.6）。

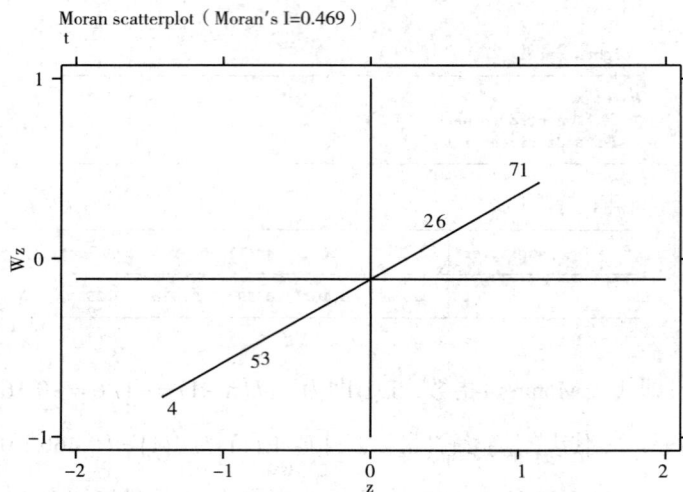

Moran scatterplot（Moran's I=0.469）

图14.6　通勤时间的莫兰散点图

从图14.6中散点的分布情况看，所有的点都集中在一三象限，这意味着模型内的个体间具有正向的空间关系，呈现出高-高、低-低集聚特征。因为数据构建的是对称的数据集，所以在图像中存在重合的点（3和5；2和6）。

同样，还可以研究pop变量的空间关联情况，输入以下命令：

.spatlsa pop, weight(W) moran graph(moran) id(id) symbol(id)　　//（见图14.7）。

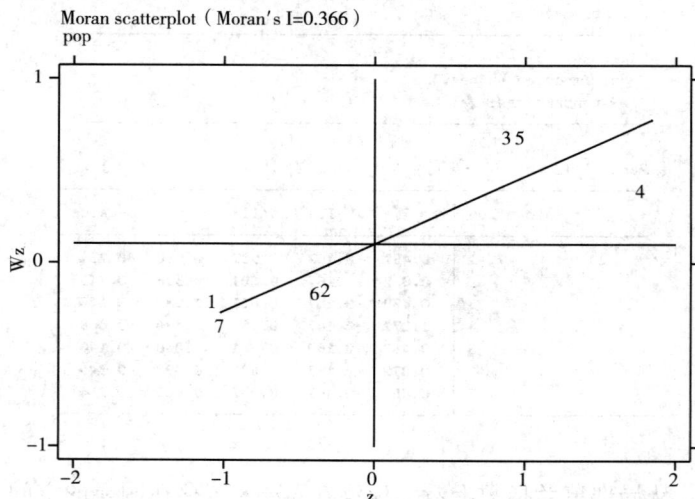

Moran scatterplot（Moran's I=0.366）

图14.7　人口变量的莫兰散点图

从图 14.7 可以看出，pop 变量也同样存在一定程度的空间关联性。关于实际数据的莫兰指数和莫兰散点图案例分析，见第 17.1 节。

14.5　用 Stata 绘制地图

14.5.1　绘制省级普通地图

在做时空特征分析时，可能会常常用到中国地图来描述变量的时空分布特征。那么如何使用 Stata 来制作中国地图并进行时空特征分析呢？首先，需要使用命令 sysdir 查看 Stata 的工作路径：

. sysdir 　　　//（见图 14.8）。

```
     STATA:  D:\program files\Stata18\
      BASE:  D:\program files\Stata18\ado\base\
      SITE:  D:\program files\Stata18\ado\site\
      PLUS:  C:\Users\jjys9\ado\plus\
  PERSONAL:  C:\Users\jjys9\ado\personal\
  OLDPLACE:  c:\ado\
```

图 14.8　Stata 工作路径

图 14.8 中，第一行命令显示 Stata 的工作路径为 D:\program files\Stata18。后文中需要调用的文件，可以事先存放在该工作路径中。

其次，将"中国省级地图 GS（2019）1719 号 .shp"和"中国省级地图 GS（2019）1719 号 .dbf"两个地图文件放在 Stata 工作路径之下。然后使用 Stata 自带的系统命令 spshape2dta 将地图文件转换为 dta 文件：

. spshape2dta 中国省级地图 GS（2019）1719 号, replace

也可以使用用户编写的命令 shp2dta 进行转换，使用下面的命令进行安装：

. ssc install shp2dta, replace

注意命令 spshape2dta 和 shp2dta 的区别（使用 help 命令查看说明）。上述命令可生成两个新的 Stata 文件（见图 14.9）：

```
(importing .shp file)
(importing .dbf file)
(creating _ID spatial-unit id)
(creating _CX coordinate)
(creating _CY coordinate)

file 中国省级地图GS（2019）1719号_shp.dta created
file 中国省级地图GS（2019）1719号.dta     created
```

图 14.9　Stata 地图转换成功之后的提示

再进一步查看这两个文件（读者在实际演练的过程中，为了避免出错，可以将下面两个文件的名称换成英文或者拼音，以避免后面写代码的时候出错）：

. use 中国省级地图 GS（2019）1719 号_shp.dta, clear　　//地图信息

. use 中国省级地图 GS（2019）1719 号.dta, clear　　//数据信息

其中，生成的"中国省级地图 GS（2019）1719 号_shp.dta"是地图信息，画图的时候用来做底图的，这个文件不能修改，里面涵盖了所有的边界信息，包含经度、纬度、ID 等，共计有 6000 多个观测值。

另一个文件"中国省级地图 GS（2019）1719 号.dta"则是数据信息，只有 34 个省份数据，也就是 34 个观测值，包含了 ID、地区名称，以及需要和底图相匹配的经度(_CX)、纬度(_CY)数据［该经度和纬度数据是用于和底图"中国省级地图 GS（2019）1719 号_shp.dta"匹配的，所以每个省份只保存了一对经度和维度数据］。

比如想要看看 2020 年全国各省份（港澳台地区除外）GDP 比较的数据，只需要把内地 31 个省份数据导入到"中国省级地图 GS（2019）1719 号.dta"中即可。可以使用 merge 的命令进行合并，也可以直接粘贴进去。

以 2019 年全国各地区的 GDP 和基尼系数为例，可以将下面表格中的数据按照 ID 排序之后粘贴到"中国省级地图 GS（2019）1719 号.dta"文件中，也可以利用命令 merge 将两个文件合并（见表 14.7）。

表 14.7　　　　　　　　　　2019 年中国各省份 GDP 和基尼系数

省份	_ID	城镇居民基尼系数	农村居民基尼系数	居民基尼系数	GDP（亿元）
北京	22	0.627	0.669	0.547	35371.3
天津	20	0.523	0.584	0.442	14104.28
河北	23	0.586	0.628	0.302	35104.5
山西	21	0.601	0.619	0.330	17026.68
内蒙古	28	0.554	0.596	0.347	17212.5
辽宁	25	0.557	0.584	0.375	24909.5
吉林	26	0.586	0.642	0.299	11726.8
黑龙江	29	0.562	0.581	0.305	13612.7
上海	8	0.507	0.521	0.465	38155.32
江苏	13	0.564	0.582	0.388	99631.52
浙江	7	0.520	0.554	0.355	62352
安徽	12	0.503	0.521	0.269	37114
福建	2	0.523	0.583	0.345	42395
江西	5	0.497	0.526	0.273	24757.5
山东	16	0.534	0.584	0.316	71067.5
河南	14	0.531	0.580	0.253	54259.2
湖北	10	0.472	0.518	0.289	45828.31
湖南	6	0.538	0.598	0.296	39752.12

续表

省份	_ID	城镇居民基尼系数	农村居民基尼系数	居民基尼系数	GDP（亿元）
广东	33	0.503	0.553	0.377	107671.07
广西	1	0.516	0.552	0.247	21237.14
海南	32	0.470	0.509	0.280	5308.94
重庆	9	0.503	0.539	0.346	23605.77
四川	11	0.488	0.500	0.252	46615.82
贵州	3	0.499	0.540	0.252	16769.34
云南	4	0.488	0.518	0.244	23223.75
西藏	15	0.472	0.509	0.160	1697.82
陕西	19	0.502	0.545	0.311	25793.17
甘肃	24	0.530	0.544	0.346	8178.3
青海	17	0.526	0.544	0.289	2965.95
宁夏	18	0.542	0.581	0.131	3748.48
新疆	27	0.515	0.542	0.243	13597.11
香港	30				25250.73
澳门	31				3715.54
台湾	34				42180.68

新建一个Stata文件，将上述数据拷贝进去，并且将第一行设置为变量名，然后按照_ID进行从小到大排序，并命名为prodata文件。

然后将prodata.dta与中国省级地图GS（2019）1719号.dta合并（一定要确保这两个文件都在同一个Stata工作路径之下）：

. use 中国省级地图GS（2019）1719号.dta, clear　　//数据信息

. merge 1:1 _ID using prodata.dta　　//调用prodata中的数据，按照_ID进行匹配，把数据合并到"中国省级地图GS（2019）1719号.dta"中，这里只要两个文件的_ID严格对应，就不会出错（见表14.8）。

表14.8 匹配结果

```
Result                           # of obs.

not matched                              0
matched                                 34    (_merge==3)
```

上述结果表明匹配全部成功。匹配后的数据就直接存储在"中国省级地图GS（2019）1719号.dta"中，不过需要将中文变量名转换成英文：

. rename GDP亿元 GDP

. rename 居民基尼系数 gini

. drop _merge

. save "中国省级地图GS（2019）1719号.dta", replace　　//或者单击save菜单保存文件

然后，使用命令spmap进行制图，不过该命令不是系统命令，需要提前安装：

. ssc install spmap

. help spmap

语法结构：spmap [attribute] [if] [in] using basemap [,basemap_options]

其中，basemap代表底图，本例中为"中国省级地图GS（2019）1719号_shp.dta"文件。在命令窗口输入：

. spmap GDP using "中国省级地图GS（2019）1719号_shp.dta", id(_ID)　　//地图信息较为敏感，此处结果省略

其中，"中国省级地图GS（2019）1719号_shp.dta"是底图，底图文件用于绘制地图框架，至于具体画什么，由数据信息文件"中国省级地图GS（2019）1719号.dta"中的宏观经济社会发展指标确定。由于每种类型的地图给各省市编排的ID不一样，为避免"张冠李戴"，底图文件和数据信息文件最好用相同的shp和dbf文件生成。

不过上一条命令生成的图并不美观，整体颜色偏暗。如果想要更加美观的图形，可以使用选项进行调整：

. spmap GDP using "中国省级地图GS（2019）1719号_shp.dta", id(_ID) clnumber(5) fcolor(Reds2) ocolor(black) legend(region(lcolor(black)))　　//地图信息较为敏感，此处结果省略

其中，clnumber(5)表示颜色深浅分为5个档次，第5档次代表GDP水平最高地区；fcolor(Reds2)表示指标深浅的数据使用红色Reds2类型；ocolor(black)表示地区边界线，使用黑色；legend(region(lcolor(black)))表示图例框的颜色，用黑色。

14.5.2　绘制省级高清地图

按照上一小节的绘制方法，地图其实还存在一些瑕疵：第一，没有加入九段线，虽然也包含有台湾地区和南海诸岛，但是缺乏九段线使得主权范围不够清晰；第二，底图文件"中国省级地图GS（2019）1719号_shp.dta"只有6000多个经纬度坐标，图形不够清晰。为了改进以上不足，接下来采用另外一个更加清晰的底图文件"省.shp"和"省.dbf"。首先，把"省.shp"和"省.dbf"两个文件拷贝到Stata的工作路径之下，并且输入以下命令：

. spshape2dta 省, replace　　//把shp文件和dbf文件转换为Stata的地图信息（命名为"省_shp.dta"）和数据信息（命名为"省.dta"）。

use 省_shp.dta, clear

sum　　//（见表14.9）。

表14.9 描述性统计

Variable	Obs	Mean	Std. Dev.	Min	Max
_ID	788,350	17.52924	9.537942	1	34
_X	786,334	112.1505	10.86575	73.50236	135.0957
_Y	786,334	34.47005	7.399853	3.83703	53.56362
rec_header	0				
shape_order	788,350	15429.95	11245.53	1	49956

表14.9中，坐标信息有78万多条，精度比之前提高了很多。包含了香港、澳门、台湾在内34个地区（但不包含九段线）。

其次，把"九段线.shp"和"九段线.dbf"两个文件也拷贝到Stata的工作路径之下，并且输入以下命令：

. spshape2dta 九段线, replace   //把shp文件和dbf文件转换为Stata的地图信息（命名为"九段线_shp.dta"）和数据信息（命名为"九段线.dta"）。

/* 文件"九段线_shp.dta"中，只有九段线的坐标，没有省的坐标。在将九段线的数据扩展到"省_shp.dta"之前，必须把"九段线_shp.dta"中关于九段线的10个ID重新从35号开始编号，直到44号为止 */

. use 九段线_shp.dta, clear

replace _ID=_ID+34

save "九段线_shp.dta", replace   //或者单击save菜单保存文件

use 省_shp.dta, clear

append using 九段线_shp.dta

sort _ID

save "省_shp.dta", replace   //或者单击save菜单保存文件

sum   //（见表14.10）。

表14.10 描述性统计

Variable	Obs	Mean	Std. Dev.	Min	Max
_ID	788,559	17.53525	9.543919	1	44
_X	786,533	112.1511	10.86467	73.50236	135.0957
_Y	786,533	34.46431	7.408145	3.408477	53.56362
rec_header	0				
shape_order	788,559	15425.87	11246.84	1	49956

从表14.10可以发现_ID数量最大值从34变成了44，新增的10个区域坐标就是九段线的位置。

再来查看之前合并了宏观GDP和基尼系数的数据：

. use 省.dta, clear

rename ?____ GB   //将数据转换过程中的行政区划代码名称"?____"转换为GB

save "省.dta", replace　　//或者直接单击save菜单保存文件，然后再打开之前的"中国省级地图GS（2019）1719号.dta"文件

use 中国省级地图GS（2019）1719号.dta, clear　　//因为"省.dta"数据的_ID与"prodata.dta"数据中的_ID不是对应的，所以这里不能直接将两个数据进行匹配，需要借助"中国省级地图GS（2019）1719号.dta"数据协调一下

destring GB, generate(GB2)　　//GB为字符型，转成数字，命名为GB2

drop GB

rename GB2 GB

save "中国省级地图GS（2019）1719号.dta", replace　　//也可以单击save菜单保存文件

/*注意，上面只有ID和坐标数据，我们必须做两个完善：第一，先把GDP和基尼系数数据匹配进去，一定要注意ID编号可能不同*/

use 省.dta, clear

merge 1:1 GB using 中国省级地图GS（2019）1719号.dta　　//（见表14.11）。

表14.11　　　　　　　　　　　　　匹配结果

Result	# of obs.
not matched	0
matched	34　(_merge==3)

drop _merge

sum　　//结果省略

save "省.dta", replace　　//或者单击save菜单保存文件

/*第二，这个数据有我国34个地区的数据，但是没有九段线的ID，也需要加进去*/

use 九段线.dta, clear

replace _ID=_ID+34

save "九段线.dta", replace

/*将修改后"九段线_shp.dta"数据中的前三项指标：_ID, _X, _Y全部扩展到数据信息文件"省.dta"中*/

use 省.dta, clear

append using 九段线.dta, keep(_ID _CX _CY)

sort _ID

save "省.dta", replace

spmap GDP using "省_shp.dta", id(_ID) clnumber(5) fcolor(Reds2) ocolor(black) legend(region(lcolor(black)))　　//结果省略

此外，也可使用grmap命令绘制地图，具体命令格式如下：

. grmap, activate　　　//激活 grmap 功能

. grmap [attribute] [if] [in] [, basemap_options supplots]

. grmap [attribute] [if] [in], t(#) [basemap_options supplots]　　// t(#) 表示在面板数据中选择特定时期的数据

命令 grmap 功能非常强大，不同于前文介绍的 spmap 命令，它会自动调用对应的地图数据 _shp.dta。例如，对各省市的 GDP 情况进行图形描述，输入以下命令：

. use 省 .dta, clear

. spset

. grmap, activate

. grmap GDP, clnumber(5)　　///颜色分为 5 个层级

fcolor(Reds2) ocolor(none..) ndfcolor(white)　　///fcolor 表示有数据区域，ocolor(none..) 表示城市边界，边界 ndf 表示缺失数据区域

title(" 中国省级 GDP 空间分布 ", size(*0.8))　　//结果省略

14.5.3　绘制城市级高清地图

本节使用城市级数据绘制高清地图，总共分七步完成。第一步，导入城市地图数据：

spshape2dta 市 , replace　　//生成 " 市 .dta" 和 " 市 _shp.dta" 两个文件

use 市 .dta, clear　　// ID 一般与统计年鉴不匹配，这个 dta 表格还有省级代码和市级代码

rename ? ____ fips_province　　//把市级代码改一下名字

drop ? __ _____ v6

rename _ д ___ fips

save " 市 .dta", replace

summarize　　//通过 summarize 可以看到城市的 _ID 数据是 370 个（见表 14.12）。

表 14.12　　　　　　　　　　　　　地图数据描述性统计

Variable	Obs	Mean	Std. dev.	Min	Max
_ID	370	185.5	106.954	1	370
_CX	370	110.8399	10.40867	75.9447	132.6112
_CY	370	32.62761	7.467857	9.826371	52.32604
fips_provi~e	370	414621.6	152119.6	110000	820000
fips	370	416254.5	152778.6	110000	820000

第二步，导入九段线地图数据，并做相应修改。

spshape2dta 九段线 , replace　　//生成 " 九段线 _shp.dta" 和 " 九段线 .dta" 两个文件

use 九段线_shp.dta, clear

replace _ID=_ID+370   //前面城市数据ID是370个，九段线的ID要从370开始

save "九段线_shp.dta", replace

use 九段线.dta, clear

replace _ID=_ID+370

save "九段线.dta", replace

第三步，将九段线的数据扩展到城市地图数据中，制作带九段线的城市地图数据。

use 市_shp.dta, clear

append using 九段线_shp.dta   // append是Stata中的一个命令，用于将一个数据集追加到另一个数据集的末尾。为了成功执行此命令，您需要确保当前活动的数据集和要追加的数据集具有相同的变量或至少是兼容的。例如，如果两个数据集都有一个名为 "region" 的变量，但在一个数据集中它是数值型，在另一个数据集中它是字符串型，那么您可能会遇到问题

save 市_shp.dta, replace   //或者单击save菜单保存文件

第四步，导入城市面板数据，并选择需要制作空间分布图的年份（本例选择2018年）。

use "D:\01傻瓜计量经济学与stata应用\data\中国城市统计年鉴地级市面板数据.dta", replace

keep if 年份==2018   //选择2018年的截面数据

keep 行政区划代码 城市 年份 年末总人口_全市_万人 地区生产总值_当年价格_全市_万元 行政区域土地面积_全市_平方公里 规模以上工业企业数_全市_个 地方一般公共预算收入_全市_万元 科学技术支出_全市_万元 普通高等学校_全市_所

//为了方便分析，我们把中文变量名改成英文

rename 行政区划代码 fips

rename 城市 city

rename 年份 year

rename 年末总人口_全市_万人 pop

rename 地区生产总值_当年价格_全市_万元 gdp

rename 行政区域土地面积_全市_平方公里 land

rename 地方一般公共预算收入_全市_万元 fiscal

rename 科学技术支出_全市_万元 sci

rename 规模以上工业企业数_全市_个 firm

rename 普通高等学校_全市_所 univ

sum

drop if univ==.　　　//删除存在缺失值的观测值

drop if firm==.　　　//删除存在缺失值的观测值

encode city, generate(city2)　　　//将城市编号

drop city

rename city2 city

gen lgdp=log(gdp)

gen lfiscal=log(fiscal)

gen lsci=log(sci)

gen lfirm=log(firm)

gen lland=log(land)

gen lpop=log(pop)

save city2018.dta, replace

第五步，将城市面板数据链接到地图数据"市.dta"中。

use 市.dta, clear

merge 1:1 fips using city2018.dta　　　//合并数据

drop if _ID==.　　　//去除在市.dta里没有city2018.dta那一部分

append using 九段线.dta　　　//同时还需要将九段线的数据也扩展到"市.dta"中

spset　　　//让它链接到地图上去

save 市.dta, replace

第六步，调用城市面板数据并排序。

use 市.dta, clear

sort _ID　　　//绘制地图需要先排序

save "市.dta", replace

use 市_shp.dta, clear

sort _ID　　　//绘制地图需要先排序

save "市_shp.dta", replace

第七步，绘制地图。首先，使用spmap命令绘制地图。

use 市.dta, clear

spmap lgdp using "市_shp.dta", id(_ID)　clnumber(5) fcolor(Reds2) ocolor(black) legend(region(lcolor(black)))　　　//绘制对数GDP的空间分布图

spmap gdp using "市_shp.dta", id(_ID)　clnumber(5) fcolor(Reds2) ocolor(black) legend(region(lcolor(black)))　　　//绘制水平GDP的空间分布图

grmap, activate　　　//其次，使用grmap命令绘制地图

grmap lgdp, clnumber(5) fcolor(Reds2) ocolor(none..) ndfcolor(white) title("中国城市

GDP空间分布", size(*0.8))　　　//绘制对数GDP的空间分布图

　　grmap gdp, clnumber(5) fcolor(Reds2) ocolor(none..) ndfcolor(white) title("中国城市GDP空间分布", size(*0.8))　　　//绘制水平GDP的空间分布图

　　//clnumber(5)这意味着要使用5个颜色级别来表示GDP的变量值。例如，如果gdp的范围是1到100，那么可能会有5个颜色级别，每个级别代表一个20单位的范围。fcolor(Reds2)这指定了填充颜色的色调。Reds2是一个预定义的颜色方案，它将使用红色的各种阴影，更深的红色代表更高的GDP值。选项ocolor(none..)用于指定边界线的颜色。这里的none意味着没有颜色，所以地图上的区域或行政边界之间不会有明显的分界线。ndfcolor(white)指定了没有数据的区域的颜色。在这种情况下，任何没有GDP数据的区域都会被涂成白色。*title("中国城市GDP空间分布", size(0.8))这指定了地图的标题。标题是"中国城市GDP空间分布"。size(*0.8)意味着标题的大小是默认大小的80%

第15章 空间计量经济学基础模型

前面已经学习了关于普通计量经济学的数种模型，也介绍了空间计量经济学的基本原理。在此基础上，本章将介绍几类常见的空间计量经济学模型设定和数据生成过程，主要包括空间自回归模型（SAR）、空间杜宾模型（SDM）、空间误差模型（SEM）、空间X滞后模型（SXL）和空间贝叶斯后验概率模型等的基本结构、动因和参数效应解释。

15.1 空间计量经济学模型的主要类型

15.1.1 空间计量经济基础模型

（1）空间自回归模型（spatial auto regression model，SAR）。关于SAR模型其一般设定形式如下：

$$y = \alpha \mathbf{l_n} + \rho \mathbf{Wy} + \mathbf{X\beta} + \varepsilon \qquad (15-1)$$

其中，$\alpha \mathbf{l_n}$ 为常数项向量，$\rho \mathbf{Wy}$ 为 y 的空间加权线性组合，$\mathbf{X}$ 为模型控制变量。该模型的结构说明，空间依赖关系的主要动因来自跨地区或个体的因变量相关，空间自回归模型也可以包含控制变量 $\mathbf{X\beta}$。

SAR模型主要用于针对空间不同个体或地区时间依赖关系的描述，当个体的某些经济行为可能会受到其他类似个体的前期行为影响时，我们就可以采用SAR模型进行估计。例如，对于一个想要将自己房屋出租的房东而言，基于普通人的行为逻辑，他们基本不会投入大量的时间和精力去进行全面而详尽的市场调研，因为得不偿失。相比之下，他们更倾向于去咨询过去一段时间里周围或邻近地区类似房屋的租金水平，并以此为基准制定自己房屋的出租价格。

（2）空间杜宾模型（spatial durbin model，SDM）。关于SDM模型其一般设定形式如下：

$$y = \alpha \mathbf{l_n} + \rho \mathbf{Wy} + \mathbf{X\beta_1} + \mathbf{WX\beta_2} + \varepsilon \qquad (15-2)$$

观察式（15-2）可以看出，SDM模型在SAR模型的基础上增加了 $\mathbf{WX\beta}_2$ 一项，即增加了对邻近地区空间加权 $\mathbf{X}$ 的关系描述。但是 $\mathbf{WX\beta}_2$ 不同于 $\rho\mathbf{Wy}$，$\mathbf{WX\beta}_2$ 代表的是邻近地区解释变量对本地区因变量的影响，它的系数 $\mathbf{\beta}_2$ 不能解释为空间关联系数，它代表的是潜在空间关联遗漏变量的影响。

SDM模型主要用于对模型分析中遗漏重要空间关联变量可能性的弥补。具体而言，主要是为了处理一些不可观测且对因变量存在重要影响的空间关联因素。例如，研究某地区旅游经济的发展，所研究地区周边的文化、制度以及声誉等不可观测因素具有空间关联，并且都可能对本地区因变量产生影响。这些空间关联因素可能是随时间变化的（例如声誉），因而在传统计量建模中，即便是面板固定效应模型，也很难把它们的影响消除掉。相反，空间计量通过将周边地区核心解释变量的线性加权组合加入到方程，可以通过空间转换的形式，消除掉这些潜在空间关联遗漏变量的影响，在一定程度上可以减少遗漏变量带来的估计偏误。

（3）空间误差模型（spatial error model，SEM）。关于SEM模型其一般设定形式如下：

$$y = \mathbf{X\beta} + \mathbf{\mu}, \mathbf{\mu} = \lambda\mathbf{W\mu} + \mathbf{\varepsilon} \tag{15-3}$$

其中，误差项 $\mathbf{\mu}$ 具有空间依赖关系，λ 代表误差项的空间关联系数。该模型的结构说明，空间依赖关系的主要动因来自跨地区或个体潜在不可观测因素相关，比如相邻多个地区之间拥有相同的文化，而文化又不能被准确测度，那么文化对因变量的影响就会进入误差项，从而导致误差项产生空间关联。空间误差模型消除的潜在空间关联因素和机制与空间杜宾模型有相似之处，因为遗漏变量会进入误差项，所以空间误差模型也可以转换为空间杜宾模型。

（4）空间X滞后模型（spatial x lag model，SXL）。关于SXL模型其一般设定形式如下：

$$y = \alpha\mathbf{l}_n + \mathbf{X\beta}_1 + \mathbf{WX\beta}_2 + \mathbf{\varepsilon} \tag{15-4}$$

其中，模型包含了作为解释变量的空间滞后项 $\mathbf{WX}$。SXL模型主要用于对空间不同地区的外部性作出解释。具体而言，SXL模型通常适用于在空间背景下，研究对象受邻近区域外部性影响。例如，垃圾回收站的臭味会导致旁边的小区房价显著低于周边小区的房价；而靠近公园景区的小区房价则会相对较高。

（5）空间贝叶斯后验概率模型。空间贝叶斯后验概率模型也称为贝叶斯空间计量模型，主要用于探索空间分析中的不确定性。具体而言，在实际研究应用中常常需要选择模型类型，考虑到变量与参数的设定等不确定性，此时便需要后验概率模型的应用。

最后，依据空间计量模型的动因和数据生成过程，对上述模型进行一个简短的总结汇总（见表15.1）。

表 15.1	空间计量模型的动因和数据生成过程			
模型	方程右边特征			
	Wy	**Wx**	**Wε**	两方程
SAR	√			
SDM	√	√		
SEM			√	√
SXL		√		

注：W表示空间加权。

15.1.2 其他空间计量经济学模型

空间计量经济学的衍生模型有很多，本节简要介绍空间自相关模型和空间自回归移动平均模型两类。

（1）**空间自相关模型（spatial autocorrelation model，SAC）**。空间自相关模型同时描述了空间实质相关和空间扰动相关，其形式是空间自回归模型（SAR）和空间误差模型（SEM）的综合。关于空间自相关模型，其模型设定的基本形式如下：

$$y = \alpha I_n + \rho W_1 y + X\beta + \mu$$

$$\mu = \theta W_2 \mu + \varepsilon$$

$$\varepsilon \sim N(0, \sigma^2 I_n) \tag{15-5}$$

空间自相关SAC模型包括了因变量和扰动项的空间依赖，其中通常设定空间权重矩阵 W_1 等于 W_2，也可以选择相同的空间权重矩阵。

（2）**空间自回归移动平均模型（SARMA）**。在时间序列分析的章节，简要介绍了自回归移动平均模型来分析序列中的相关性，比如ARMA(p, q)模型。当引入空间关联因素时，则变成了空间自回归移动平均模型，其模型设定的基本形式如下：

$$y = \alpha I_n + \rho W_1 y + X\beta + \mu$$

$$\mu = (I_n - \theta W_2)\varepsilon$$

$$\varepsilon \sim N(0, \sigma^2 I_n) \tag{15-6}$$

同样地，两个空间权重矩阵可以设定为不同，也可以设定为相同的权重矩阵。仔细观察SAC和SARMA模型，其实它们在结构上有很大的相似。

（3）**SAC和SARMA模型的异同**。SAC和SARMA模型既有不同点，也有相同处。它们之间的不同点主要表现在两者的数据生成过程不同：

$$\begin{cases} \text{SAC} \to y = (I_n - \rho W_1)^{-1}(\alpha I_n + X\beta) + (I_n - \rho W_1)^{-1}(I_n - \theta W_2)^{-1}\varepsilon \\ \text{SARMA} \to y = (I_n - \rho W_1)^{-1}(\alpha I_n + X\beta) + (I_n - \rho W_1)^{-1}(I_n - \theta W_2)\varepsilon \end{cases} \tag{15-7}$$

可以看出，SAC和SARMA模型的数据生成过程，主要是在残差的构造上略有不同。也正因为如此，两者的相同之处表现在期望均值表达式相同：

$$E(\mathbf{y}_{SAC}) = E(\mathbf{y}_{SARMA}) = (\mathbf{I_n} - \rho\mathbf{W_1})^{-1}(\alpha\mathbf{I_n} + \mathbf{X}\boldsymbol{\beta}) \qquad (15\text{-}8)$$

15.2 空间计量模型的相互转化和数据生成过程

空间计量经济学的不同模型之间实际上可以相互转化，但是要理解各类模型之间的关系，必须弄清楚每个模型的基本结构与数据生成过程。

15.2.1 针对时间依赖关系的空间自回归模型（SAR）

（1）空间自回归模型（SAR）的表达形式

$$y_{it} = \rho\sum_{j=1}^{n}W_{ij}y_{jt-1} + X_{it}\beta + \varepsilon_{it}, \quad \varepsilon_{it} \sim N(0,\sigma^2) \qquad (15\text{-}9)$$

其中，t代表时间，i和j代表地区。式（15-9）意味着第i个地区t时期的因变量受到其他邻近j地区t-1期的影响。用前文提到的例子来说明，即想要将房屋出租的房东在制定价格时会受到周边地区近期的房屋租赁价格影响。值得注意的是，这里的空间滞后项不是自身因变量的滞后，而是周边地区因变量的滞后，否则就是动态空间面板计量模型了。

（2）SAR模型的迭代结果和期望表达式

第14章曾证明过SAR模型的迭代结果和期望表达式。为了节约篇幅，本章以矩阵向量形式再做简单的回顾：

$$\mathbf{y_t} = \rho\mathbf{W}\mathbf{y_{t-1}} + \mathbf{X}\boldsymbol{\beta} + \boldsymbol{\varepsilon_t} \Rightarrow \mathbf{y_{t-1}} = \rho\mathbf{W}\mathbf{y_{t-2}} + \mathbf{X}\boldsymbol{\beta} + \boldsymbol{\varepsilon_{t-1}}$$
$$\Rightarrow \mathbf{y_t} = \rho\mathbf{W}(\rho\mathbf{W}\mathbf{y_{t-2}} + \mathbf{X}\boldsymbol{\beta} + \boldsymbol{\varepsilon_{t-1}}) + \mathbf{X}\boldsymbol{\beta} + \boldsymbol{\varepsilon_t} \qquad (15\text{-}10)$$

将式（15-10）进行逐步迭代并整理可得以下结果：

$$\mathbf{y_t} = (\mathbf{I_n} + \rho\mathbf{W} + \rho^2\mathbf{W}^2 + \cdots + \rho^{q-1}\mathbf{W}^{q-1})\mathbf{X}\boldsymbol{\beta} + \rho^q\mathbf{W}^q\mathbf{y_{t-q}} + \boldsymbol{\mu}$$
$$\boldsymbol{\mu} = \boldsymbol{\varepsilon_t} + \rho\mathbf{W}\boldsymbol{\varepsilon_{t-1}} + \rho^2\mathbf{W}^2\boldsymbol{\varepsilon_{t-2}} + \cdots + \rho^{q-1}\mathbf{W}^{q-1}\boldsymbol{\varepsilon_{t-(q-1)}} \qquad (15\text{-}11)$$

根据式（15-11），当 $\boldsymbol{\varepsilon_t} \sim N(0,\sigma^2\mathbf{I_n})$，且$|\rho| < 1, q \to \infty$时，对$\mathbf{y_t}$取期望值，则可得下式：

$$\lim_{q\to\infty}E(\mathbf{y_t}) = (\mathbf{I_n} - \rho\mathbf{W})^{-1}\mathbf{X}\boldsymbol{\beta} \qquad (15\text{-}12)$$

如果式（15-12）中的空间关联系数 $\rho = 0$，则进一步收敛到 $\mathbf{X}\boldsymbol{\beta}$，也就是OLS的期望均值。

15.2.2 针对遗漏重要变量的空间杜宾模型（SDM）

（1）空间杜宾模型（SDM）的两种表达式。关于空间杜宾模型，通常有两种表达形式，具体如下：

$$(\mathbf{I_n} - \rho\mathbf{W})\mathbf{y} = (\mathbf{I_n} - \rho\mathbf{W})\mathbf{X\beta} + \mathbf{X\gamma} + \mathbf{v}, \mathbf{v} \sim N(0, \sigma^2 \mathbf{I_n}) \qquad (15\text{--}13)$$

式（15–13）的等价表达式为：

$$\mathbf{y} = \rho\mathbf{Wy} + \mathbf{X}(\mathbf{\beta} + \mathbf{\gamma}) + \mathbf{WX}(-\rho\mathbf{\beta}) + \mathbf{v}$$

或者也可以直接简写为：

$$\mathbf{y} = \rho\mathbf{Wy} + \mathbf{X\beta_1} + \mathbf{WX\beta_2} + \mathbf{v} \qquad (15\text{--}14)$$

空间杜宾模型是空间计量分析中应用最广的一种模型，原因有二：一是因为 SDM 模型同时考虑了因变量和解释变量的空间关联。一般而言，在经济发展过程中，存在空间关联的地区之间，邻近地区解释变量也会对本地的因变量产生影响。二是因为在空间面板数据分析中，空间杜宾固定效应模型可以通过控制邻近地区解释变量的空间加权，较好地减缓遗漏变量问题，估计结果具有一致性。

（2）为什么 SDM 模型可以减少缺失变量偏误。了解空间杜宾模型的数据生成过程和形成机制，是准确应用空间杜宾模型的关键，从一个简化的模型开始：

$$\mathbf{y} = \mathbf{X\beta} + \mathbf{Z\mu} \qquad (15\text{--}15)$$

其中，$\mathbf{X}$ 为解释变量，$\mathbf{Z}$ 为潜在不可观测的空间关联遗漏变量，$\mathbf{\beta}$ 为参数向量，μ 为参数标量。此时 $\mathbf{Z}\mu$ 相当于线性模型**扰动项**的作用（空间误差模型的原理同此），并且 $\mathbf{X}$ 和 $\mathbf{Z}$ 可能相关（$\text{Cov}(\mathbf{X}, \mathbf{Z}) \neq 0$），那么在这种情况下就违背了高斯–马尔可夫定理的零条件均值假设，忽略变量 $\mathbf{Z}$ 可能就会导致参数估计产生偏误。

考虑到地区间潜在空间关联的不可观测变量 $\mathbf{Z}$ 可能与解释变量 $\mathbf{X}$ 相关，因此必须将其纳入模型。在传统计量分析中，不可能将不可观测的缺失变量纳入到模型分析中。但是，**空间杜宾模型可以通过空间权重矩阵的形式，利用周边地区解释变量的空间加权平均值，代理那些能够影响本地区解释变量的不可观测变量，从而达到减少遗漏变量偏误的目的。**举例而言，假如要研究基础设施对经济增长的影响，那么按照传统计量分析模式，可能会存在缺失变量偏误，即存在空间关联的不可观测缺失变量 $\mathbf{Z}$ 可能会同时影响本地区的经济增长 $\mathbf{y}$ 和基础设施 $\mathbf{X}$（在传统计量中，因为始终假设样本是随机抽样的，不存在空间关联问题，所以没有考虑这种空间关联的遗漏变量问题）。由于 $\mathbf{Z}$ 是不可测度的，可以使用邻近地区基础设施的空间加权平均值，来代理那些不可观测的缺失变量，因为邻近地区的基础设施也会受到不可观测因素 $\mathbf{Z}$ 的影响，它们之间存在一定的关联。

因为这些不可观测的遗漏变量存在空间关联，不妨假设：

$$\mathbf{Z} = \rho\mathbf{WZ} + \mathbf{\varepsilon} \qquad (15\text{--}16)$$

$$\Leftrightarrow \mathbf{Z} = (\mathbf{I_n} - \rho\mathbf{W})^{-1}\mathbf{\varepsilon} \qquad (15\text{--}17)$$

因为 $\text{Cov}(\mathbf{X}, \mathbf{Z}) \neq 0$，所以干扰项 ε 跟 $\mathbf{X}$ 相关。通过式（15–17）的空间转换，初

步地消除了不可观测变量。

将式（15–17）代回原模型式（15–15），可得以下表达式：

$$y = X\beta + (I_n - \rho W)^{-1}\varepsilon\mu \tag{15-18}$$

令 $u = \varepsilon\mu$ ，将式（15–18）改写为：

$$y = X\beta + (I_n - \rho W)^{-1}u \tag{15-19}$$

由于 ε 和 X 相关，因而 $u = \varepsilon\mu$ 也会与 X 相关，所以将相关性引入，并假设其相关形式如下：

$$u = X\gamma + \upsilon, \upsilon \sim N(0,\sigma^2 I_n) \tag{15-20}$$

将遗漏变量与自变量关系式代入原模型，可得：

$$y = X\beta + (I_n - \rho W)^{-1}(X\gamma + \upsilon)$$

$$\Leftrightarrow y = X\beta + (I_n - \rho W)^{-1}X\gamma + (I_n - \rho W)^{-1}\upsilon \tag{15-21}$$

将式（15–21）左右分别左乘 $(I_n - \rho W)$ 并整理可得 SDM 模型表达式：

$$(I_n - \rho W)y = (I_n - \rho W)X\beta + X\gamma + \upsilon, \upsilon \sim N(0,\sigma^2 I_n) \tag{15-22}$$

进一步整理可得：

$$y = \rho Wy + X(\beta + \gamma) + WX(-\rho\beta) + \upsilon$$

由此可见，空间杜宾模型通过空间转换的形式，将不可观测变量 Z 消除了，其原理类似于面板数据固定效应模型，通过组内变换消除模型中的个体效应 u_i，从而达到减少遗漏变量偏误的目的。

同样地，如果上式中的空间关联系数 $\rho = 0$，则上式进一步收敛到 $X(\beta + \gamma)$，也就是 OLS 的期望均值。

15.2.3 针对空间异质性的空间误差模型（SEM）

（1）空间误差模型的数据生成过程。 空间误差模型主要是针对干扰项或误差项存在空间关联的情况。关于空间误差模型的表达式，如式（15–23）所示：

$$y = X\beta + \mu, \mu = \lambda W\mu + \varepsilon \tag{15-23}$$

当研究的模型存在个体效应，并且这种个体效应会产生空间关联性时，通常使用 SEM 模型来构建这一特征。具体而言，由以下几步构成。首先，建立基本模型：

$$y = X\beta + \mu \tag{15-24}$$

其中，向量 μ 代表模型的干扰项。其次，在干扰项存在空间关联的条件下，可得以下表达式：

$$\boldsymbol{\mu} = \lambda \mathbf{W} \boldsymbol{\mu} + \boldsymbol{\varepsilon} \Rightarrow \boldsymbol{\mu} = (\mathbf{I}_n - \lambda \mathbf{W})^{-1} \boldsymbol{\varepsilon} \tag{15-25}$$

最后，将式（15-25）代入基本模型可得：

$$\mathbf{y} = \mathbf{X}\boldsymbol{\beta} + (\mathbf{I}_n - \lambda \mathbf{W})^{-1} \boldsymbol{\varepsilon} \tag{15-26}$$

（2）空间异质性下SEM与SDM模型的关系。有趣的是，基于空间异质性的SEM模型，可以转化为空间杜宾模型。前提是存在缺失变量，使得干扰项与解释变量存在关联。在干扰项与解释变量相关的条件下，$\boldsymbol{\mu}$ 可以假设为：

$$\boldsymbol{\mu} = \lambda \mathbf{W} \boldsymbol{\mu} + \mathbf{X} \boldsymbol{\gamma} + \boldsymbol{\varepsilon} \tag{15-27}$$

或者：

$$\boldsymbol{\mu} = (\mathbf{I}_n - \lambda \mathbf{W})^{-1} \mathbf{X} \boldsymbol{\gamma} + (\mathbf{I}_n - \lambda \mathbf{W})^{-1} \boldsymbol{\varepsilon} \tag{15-28}$$

其中，可以发现式（15-27）是用线性关系 $\boldsymbol{\gamma}$ 来表示残差 $\boldsymbol{\mu}$ 与 $\mathbf{X}$ 之间的相关关系。在此情境下，就违背了零条件均值假设，但是空间杜宾模型可以得到参数的一致估计量。将变形后的干扰项 $\boldsymbol{\mu}$ 代入基本模型（15-24）：

$$\mathbf{y} = \mathbf{X}\boldsymbol{\beta} + (\mathbf{I}_n - \lambda \mathbf{W})^{-1} \mathbf{X} \boldsymbol{\gamma} + (\mathbf{I}_n - \lambda \mathbf{W})^{-1} \boldsymbol{\varepsilon}$$
$$\Rightarrow \mathbf{y} = \lambda \mathbf{W} \mathbf{y} + \mathbf{X}(\boldsymbol{\beta} + \boldsymbol{\gamma}) + \mathbf{W} \mathbf{X}(-\lambda \boldsymbol{\beta}) + \boldsymbol{\varepsilon} \tag{15-29}$$

当解释变量和干扰项存在关联时，空间误差模型（SEM）实际转化为空间杜宾模型（SDM）。

15.2.4　针对不确定性的空间贝叶斯模型

（1）后验概率模型的基本设定。后验概率模型是一种基于贝叶斯方法解决模型不确定性的空间计量经济模型，是基于空间自回归模型和空间误差模型的线性概率组合，如下式所示：

$$\mathbf{y}_c = \rho \mathbf{W} \mathbf{y}_c + \mathbf{X}\boldsymbol{\beta} + \mathbf{W} \mathbf{X}(-\rho \pi_b \boldsymbol{\beta}) + \boldsymbol{\varepsilon}$$
$$\Leftrightarrow \mathbf{y} = \rho \mathbf{W} \mathbf{y} + \mathbf{X}\boldsymbol{\beta}_1 + \mathbf{W} \mathbf{X}\boldsymbol{\beta}_2 + \boldsymbol{\varepsilon} \tag{15-30}$$

式（15-30）表明，在概率确定的情况下，后验概率模型等价于空间杜宾模型。

（2）后验概率模型的数据生成过程。所谓空间贝叶斯后验概率模型，本质上是空间自回归模型和空间误差模型的混合：

$$\begin{cases} \text{SAR} \rightarrow \mathbf{y}_a = \rho \mathbf{W} \mathbf{y} + \mathbf{X}\boldsymbol{\beta} + \boldsymbol{\varepsilon} \\ \text{SEM} \rightarrow \mathbf{y}_b = \mathbf{X}\boldsymbol{\beta} + \boldsymbol{\mu}, \boldsymbol{\mu} = \rho \mathbf{W} \boldsymbol{\mu} + \boldsymbol{\varepsilon} \end{cases} \tag{15-31}$$

依据贝叶斯方法，设定SAR和SEM模型出现的概率分别为 π_a 和 π_b，且设 $\pi_a + \pi_b = 1$。根据前文分别对SAR模型和SEM模型的讨论，对SAR和SEM模型分别进行外生化整理可得：

$$\begin{cases} SAR \rightarrow \mathbf{y}_a = (\mathbf{I}_n - \rho\mathbf{W})^{-1}\mathbf{X}\boldsymbol{\beta} + (\mathbf{I}_n - \rho\mathbf{W})^{-1}\boldsymbol{\varepsilon} \\ SEM \rightarrow \mathbf{y}_b = \mathbf{X}\boldsymbol{\beta} + (\mathbf{I}_n - \rho\mathbf{W})^{-1}\boldsymbol{\varepsilon} \end{cases} \quad (15\text{-}32)$$

依据贝叶斯方法设定后验概率模型，假设：

$$\mathbf{y}_c = \pi_a\mathbf{y}_a + \pi_b\mathbf{y}_b \quad (15\text{-}33)$$

将式（15-32）代入式（15-33）可得：

$$\mathbf{y}_c = \pi_a[(\mathbf{I}_n - \rho\mathbf{W})^{-1}\mathbf{X}\boldsymbol{\beta} + (\mathbf{I}_n - \rho\mathbf{W})^{-1}\boldsymbol{\varepsilon}] + \pi_b\left[\mathbf{X}\boldsymbol{\beta} + (\mathbf{I}_n - \rho\mathbf{W})^{-1}\boldsymbol{\varepsilon}\right] \quad (15\text{-}34)$$

令 $(\mathbf{I}_n - \rho\mathbf{W}) = \mathbf{R}$，将式（15-34）两边同时左乘 $\mathbf{R}$ 可得：

$$\begin{aligned} \mathbf{R}\mathbf{y}_c &= \mathbf{X}(\pi_a\boldsymbol{\beta}) + \pi_a\boldsymbol{\varepsilon} + \mathbf{R}\mathbf{X}(\pi_b\boldsymbol{\beta}) + \pi_b\boldsymbol{\varepsilon} \\ &= \mathbf{X}(\pi_a\boldsymbol{\beta}) + \mathbf{X}(\pi_b\boldsymbol{\beta}) + \mathbf{W}\mathbf{X}(-\rho\pi_b\boldsymbol{\beta}) + \boldsymbol{\varepsilon} \\ &= \mathbf{X}\boldsymbol{\beta} + \mathbf{W}\mathbf{X}(-\rho\pi_b\boldsymbol{\beta}) + \boldsymbol{\varepsilon} \end{aligned} \quad (15\text{-}35)$$

最后，将 $(\mathbf{I}_n - \rho\mathbf{W}) = \mathbf{R}$ 代回式（15-35）可得：

$$\mathbf{y}_c = \rho\mathbf{W}\mathbf{y}_c + \mathbf{X}\boldsymbol{\beta} + \mathbf{W}\mathbf{X}(-\rho\pi_b\boldsymbol{\beta}) + \boldsymbol{\varepsilon} \quad (15\text{-}36)$$

如上，在一定假设前提下，空间贝叶斯模型也可以转化为空间杜宾模型。

15.3 SDM模型的参数效应解释

根据前文的分析，在一定条件下，空间误差模型SEM和空间贝叶斯模型，都可以转化为空间杜宾模型（SDM）。又因为空间杜宾模型可以缓解因为缺失变量导致模型参数估计产生的偏误，在空间计量经济学中有着极为广泛的应用，关于空间计量模型的参数效应解释，本节主要以空间杜宾模型为例进行重点阐述。关于空间自回归SAR模型的参数效应解释，在本章第4节进行阐述。

15.3.1 空间杜宾模型的外生化表达过程

（1）空间杜宾模型的基本表达式。关于空间杜宾模型的外生化，首先回顾空间杜宾模型的基本表达式，具体由式（15-2）变形可得如下表达式：

$$\mathbf{y} = \alpha\mathbf{l}_n + \rho\mathbf{W}\mathbf{y} + \mathbf{X}\boldsymbol{\beta}_1 + \mathbf{W}\mathbf{X}\boldsymbol{\beta}_2 + \boldsymbol{\varepsilon}$$

$$\Leftrightarrow (\mathbf{I}_n - \rho\mathbf{W})\mathbf{y} = \alpha\mathbf{l}_n + \mathbf{X}\boldsymbol{\beta}_1 + \mathbf{W}\mathbf{X}\boldsymbol{\beta}_2 + \boldsymbol{\varepsilon} \quad (15\text{-}37)$$

（2）空间杜宾模型的外生化表达。所谓空间计量模型的外生化，其实就是代数运算把方程右边的因变量消除。关于空间杜宾模型的外生化表达，首先对式（15-37）两边同时左乘 $(\mathbf{I}_n - \rho\mathbf{W})^{-1}$ 可得：

$$\mathbf{y} = (\mathbf{I_n} - \rho\mathbf{W})^{-1}\alpha\mathbf{l_n} + \sum_{r=1}^{k}(\mathbf{I_n} - \rho\mathbf{W})^{-1}(\mathbf{I_n}\beta_{1r} + \mathbf{W}\beta_{2r})\mathbf{X_r} + (\mathbf{I_n} - \rho\mathbf{W})^{-1}\mathbf{\varepsilon} \quad （15-38）$$

其中，$\mathbf{X_r}$（$r = 1,2,\cdots,k$）代表解释变量矩阵 $\mathbf{X}$ 的第 r 个解释变量，β_{1r} 和 β_{2r} 分别代表参数向量 $\mathbf{\beta_1}$ 和 $\mathbf{\beta_2}$ 的第 r 个标量参数。为了简化分析，令 $V(\mathbf{W}) = (\mathbf{I_n} - \rho\mathbf{W})^{-1}$，$S_r(\mathbf{W}) = V(\mathbf{W})(\mathbf{I_n}\beta_{1r} + \mathbf{W}\beta_{2r})$，代入式（15-38）可得：

$$\mathbf{y} = \sum_{r=1}^{k}S_r(\mathbf{W})\mathbf{X_r} + V(\mathbf{W})\alpha\mathbf{l_n} + V(\mathbf{W})\mathbf{\varepsilon} \quad （15-39）$$

15.3.2　空间杜宾模型的外生化表达的矩阵形式

式（15-39）即为空间杜宾模型的外生化表达式。下面，通过对单个自变量的可能变化，可以得到以下空间杜宾模型的单一因变量观测值外生化方程。

$$\begin{aligned}\mathbf{y_i} = &\sum_{r=1}^{k}[S_r(\mathbf{W})_{i1}\mathbf{X_{1r}} + S_r(\mathbf{W})_{i2}\mathbf{X_{2r}} +,\cdots,+S_r(\mathbf{W})_{in}\mathbf{X_{nr}}] \\ &+ V(\mathbf{W})_i\alpha\mathbf{l_n} + V(\mathbf{W})_i\mathbf{\varepsilon}\end{aligned} \quad （15-40）$$

将上式（15-40）进行矩阵展开，则可得空间杜宾模型参数效应过程的矩阵表达式：

$$\begin{bmatrix}y_1 \\ y_2 \\ \vdots \\ y_n\end{bmatrix} = \sum_{r=1}^{k}\begin{bmatrix}S_r(W)_{11} & S_r(W)_{12} & \cdots & S_r(W)_{1n} \\ S_r(W)_{21} & S_r(W)_{22} & \cdots & S_r(W)_{2n} \\ \vdots & \vdots & \ddots & \vdots \\ S_r(W)_{n1} & S_r(W)_{n2} & \cdots & S_r(W)_{nn}\end{bmatrix} \times \begin{bmatrix}X_{1r} \\ X_{2r} \\ \vdots \\ X_{nr}\end{bmatrix} + V(W)\alpha\mathbf{l_n} + V(W)\mathbf{\varepsilon}$$

15.3.3　空间杜宾模型参数效应过程的阐释

关于空间杜宾模型的参数效应过程及其解释，需注意以下几点：

（1）空间杜宾模型参数效应过程必须依赖于矩阵的计算过程。

（2）按照矩阵计算过程，某地区解释变量的变化引起其他地区因变量变化的幅度为 $S_r(\mathbf{W})_{ij}$；本地区解释变量变化引起本地区因变量变化的幅度为 $S_r(\mathbf{W})_{ii}$，换言之，即：

$$\frac{\partial y_i}{\partial X_{jr}} = S_r(\mathbf{W})_{ij} \quad i \neq j \qquad \frac{\partial y_i}{\partial X_{ir}} = S_r(\mathbf{W})_{ii} \quad （15-41）$$

（3）在式（15-41）中，$S_r(\mathbf{W})_{ij}$ 代表矩阵 $S_r(\mathbf{W})$ 中第 i 行、第 j 列的元素；$S_r(\mathbf{W})_{ii}$ 代表矩阵 $S_r(\mathbf{W})$ 中对角线上的元素。

15.3.4　空间杜宾模型参数效应过程的图示描述

以第 1 个地区为例，关于空间杜宾模型的参数效应过程共分为以下三种：

（1）本地区对其他地区的影响。

$$\begin{bmatrix} y_1 \\ y_2 \\ \vdots \\ y_n \end{bmatrix} = \sum_{r=1}^{k} \begin{bmatrix} S_r(W)_{11} & S_r(W)_{12} & \cdots & S_r(W)_{1n} \\ S_r(W)_{21} & S_r(W)_{22} & \cdots & S_r(W)_{2n} \\ \vdots & \vdots & \ddots & \vdots \\ S_r(W)_{n1} & S_r(W)_{n2} & \cdots & S_r(W)_{nn} \end{bmatrix} \times \begin{bmatrix} X_{1r} \\ X_{2r} \\ \vdots \\ X_{nr} \end{bmatrix} + V(\mathbf{W})\alpha \mathbf{l_n} + V(\mathbf{W})\boldsymbol{\varepsilon}$$

依据矩阵乘法原则，可以发现，上述公式中矩阵的第一列是 1 号地区解释变量变化所发出的总效应。

（2）其他地区对本地区的影响。

$$\begin{bmatrix} y_1 \\ y_2 \\ \vdots \\ y_n \end{bmatrix} = \sum_{r=1}^{k} \begin{bmatrix} S_r(W)_{11} & S_r(W)_{12} & \cdots & S_r(W)_{1n} \\ S_r(W)_{21} & S_r(W)_{22} & \cdots & S_r(W)_{2n} \\ \vdots & \vdots & \ddots & \vdots \\ S_r(W)_{n1} & S_r(W)_{n2} & \cdots & S_r(W)_{nn} \end{bmatrix} \times \begin{bmatrix} X_{1r} \\ X_{2r} \\ \vdots \\ X_{nr} \end{bmatrix} + V(\mathbf{W})\alpha \mathbf{l_n} + V(\mathbf{W})\boldsymbol{\varepsilon}$$

依据矩阵乘法原则，可以发现，上述公式中矩阵的第一行是 1 号地区接收到所有地区影响的总效应水平。

（3）本地区对本地区的影响。

$$\begin{bmatrix} y_1 \\ y_2 \\ \vdots \\ y_n \end{bmatrix} = \sum_{r=1}^{k} \begin{bmatrix} S_r(W)_{11} & S_r(W)_{12} & \cdots & S_r(W)_{1n} \\ S_r(W)_{21} & S_r(W)_{22} & \cdots & S_r(W)_{2n} \\ \vdots & \vdots & \ddots & \vdots \\ S_r(W)_{n1} & S_r(W)_{n2} & \cdots & S_r(W)_{nn} \end{bmatrix} \times \begin{bmatrix} X_{1r} \\ X_{2r} \\ \vdots \\ X_{nr} \end{bmatrix} + V(\mathbf{W})\alpha \mathbf{l_n} + V(\mathbf{W})\boldsymbol{\varepsilon}$$

依据矩阵乘法原则，可以发现，上述公式中矩阵的对角线是所有地区因变量受到其自身解释变量影响的总效应。

15.3.5 空间杜宾模型参数效应的几个重要定义

根据上一节的分析，空间杜宾模型（当然也包括其他模型）的参数效应可以分为平均直接效应、平均间接效应和平均总效应。

（1）参数效应的几个重要定义：①观测值所接受的平均总效应为矩阵 $S_r(\mathbf{W})$ 所有行和的均值。②观测值所发出的平均总效应为矩阵 $S_r(\mathbf{W})$ 所有列和的均值。③平均直接冲击效应为矩阵 $S_r(\mathbf{W})$ 主对角线元素的均值。④平均间接效应为平均总效应减去平均直接冲击效应。

（2）参数效应的表达式。虽然观测值所接受或发出的平均总效应的等式相同，如式（15-42）所示，但其含义有所区别。

$$\bar{M}(r)_{tatal} = n^{-1}\mathbf{l_n}^{T}S_r(\mathbf{W})\mathbf{l_n} \tag{15-42}$$

其中，l_n 为元素全部为1的 n×1 阶矩阵。平均直接冲击效应的表达式如下：

$$\overline{M}(r)_{\text{direct}} = n^{-1}\text{tr}\big[S_r(\mathbf{W})\big] \tag{15-43}$$

其中，$\text{tr}[.]$ 表示矩阵的迹算子，即主对角线上的元素和。平均间接效应的计算公式如下：

$$\overline{M}(r)_{\text{indirect}} = \overline{M}(r)_{\text{tatal}} - \overline{M}(r)_{\text{direct}} \tag{15-44}$$

15.4 SAR模型的参数效应解释

15.4.1 空间自回归模型的外生化表达过程

关于空间自回归模型的外生化，类似于空间杜宾模型，将SAR模型的基本形式（见式（15-1））也进行移项变换：

$$(\mathbf{I_n} - \rho\mathbf{W})\mathbf{y} = \alpha\mathbf{l_n} + \mathbf{X}\boldsymbol{\beta} + \boldsymbol{\varepsilon} \tag{15-45}$$

再同时左乘 $(\mathbf{I_n} - \rho\mathbf{W})^{-1}$ 可得如下式子：

$$\mathbf{y} = (\mathbf{I_n} - \rho\mathbf{W})^{-1}\mathbf{X}\boldsymbol{\beta} + (\mathbf{I_n} - \rho\mathbf{W})^{-1}\alpha\mathbf{l_n} + (\mathbf{I_n} - \rho\mathbf{W})^{-1}\boldsymbol{\varepsilon} \tag{15-46}$$

同样，再令 $V(\mathbf{W}) = (\mathbf{I_n} - \rho\mathbf{W})^{-1}$，$S(\mathbf{W}) = V(\mathbf{W})\boldsymbol{\beta}_r$，并且代入式（15-46）可得以下外生化表达式：

$$\mathbf{y} = S(\mathbf{W})\mathbf{X} + V(\mathbf{W})\alpha\mathbf{l_n} + V(\mathbf{W})\boldsymbol{\varepsilon}$$
$$= \sum_{r=1}^{k} S_r(\mathbf{W})\mathbf{X_r} + V(\mathbf{W})\alpha\mathbf{l_n} + V(\mathbf{W})\boldsymbol{\varepsilon} \tag{15-47}$$

参照空间杜宾模型，可以同样进行参数效应的分解。空间自回归模型的平均总效应与空间杜宾模型的平均总效应一致，但在内涵上并不相同。

15.4.2 空间自回归模型的总效应阐释

不同于空间杜宾模型，虽然能将空间自回归模型平均总效应的近似值利用无穷级数展开，但最终的结果并不好分解出直接效应与间接效应。如式（15-48）所示：

$$n^{-1}\mathbf{l_n}^T S_r(\mathbf{W})\mathbf{l_n} = n^{-1}\mathbf{l_n}^T(\mathbf{I_n} - \rho\mathbf{W})^{-1}\boldsymbol{\beta}_r\mathbf{l_n} \approx (\mathbf{I_n} - \rho\mathbf{W})^{-1}\boldsymbol{\beta}_r$$
$$= \big(\mathbf{I_n} + \rho\mathbf{W} + \rho^2\mathbf{W}^2 + \rho^3\mathbf{W}^3 + \cdots\big)\boldsymbol{\beta}_r$$
$$= \mathbf{I_n}\boldsymbol{\beta}_r + \rho\mathbf{W}\boldsymbol{\beta}_r + \big[\rho^2\mathbf{W}^2 + \rho^3\mathbf{W}^3 + \cdots\big]\boldsymbol{\beta}_r \tag{15-48}$$

可以将空间自回归模型（SAR）总效应通过分解拆分为直接效应、间接效应和诱发效应三种。其中，$\mathbf{I_n}\boldsymbol{\beta}_r$ 为直接效应，$\rho\mathbf{W}\boldsymbol{\beta}_r$ 为间接效应，$\big[\rho^2\mathbf{W}^2 + \rho^3\mathbf{W}^3 + \cdots\big]$ 为

诱发效应。在研究实践中，通常关注直接效应与间接效应，诱发效应因为其计算过于复杂，一般关注较少。

15.5 空间计量经济模型的Stata应用

15.5.1 环形放射状城市的通勤时间

本节的案例，使用在第14章中曾提到过的环形放射状城市的通勤案例。可以直接调用数据：

. use transp.dta, clear   //（见表15.2）。

表15.2   环形放射状城市通勤时间

	L4	L3	L2	M1	R2	R3	R4
时间	42	37	30	26	30	37	42
人口	10	20	30	50	30	20	10
距离	30	20	10	0	10	20	30

表15.2中，表格第二行为通勤时间；第三行为人口密度；第四行为距离—环中心区的距离。为了将空间计量模型估计结果跟OLS方法进行比较，先使用普通OLS方法对transp数据进行回归分析：

. reg t d pop   //（见表15.3）。

表15.3   OLS估计

Source	SS	df	MS		
Model	235.52381	2	117.761905	Number of obs	= 7
Residual	1.33333333	4	.333333333	F(2, 4)	= 353.29
				Prob > F	= 0.0000
				R-squared	= 0.9944
				Adj R-squared	= 0.9916
Total	236.857143	6	39.4761905	Root MSE	= .57735

t	Coef.	Std. Err.	t	P>|t|	[95% Conf. Interval]
d	.7666667	.1067187	7.18	0.002	.470368 1.062965
pop	.1666667	.0849837	1.96	0.121	-.0692858 .4026191
_cons	17.66667	3.880149	4.55	0.010	6.893646 28.43969

观察表15.3的回归结果，可以发现在使用普通OLS回归后，距离对于通勤时间存在显著影响，其距离越长通勤时间越长，这一点也符合现实逻辑。而对于人口密度，从直觉上看，人口密度越大的地区，其交通应该越拥堵，通勤时间也会越长，这一点从pop的系数上可以得到印证。但是，在普通OLS模型中该项系数的回归结果并不显著。

接下来，再尝试使用空间计量模型对其进行研究。此处因为数据原因，选择使用SAR模型。首先，需要根据各个区域的相邻关系设定空间权重矩阵（见表15.4）。

表15.4 相邻关系

1	2	3	4	5	6
2	3	4	5	6	7

. spweight var1 var2 , panel(7) time(1) matrix(Wt) eigw table stand　　//结果省略

接下来，再引入空间计量估计命令spautoreg，它可以用于诸多横截面或者混合面板数据空间计量模型估计(SAR–SEM–SDM–SAC–SARARGS–SARARIV–SARARML–SPGMM–GS2SLS–GS2SLSAR–GS3SLS–GS3SLSAR–IVTOBIT)。具体可使用ssc install spautoreg或者help spautoreg命令进行安装，其语法结构为：

. spautoreg depvar indepvars [weight] , wmfile(weight_file) model(sar| sem| sdm| sac| sararml| sarargs| sarariv| spgmm| gs2sls| gs2slsar| gs3sls| gs3slsar) [options]

安装完成后，重新载入之前保存的数据transp.dta，输入以下命令：

. use transp.dta, clear

. spautoreg t pop d, wmfile(Wtcs) model(sar) mfx(lin) test　　// wmfile(Wtcs）表示指定空间权重矩阵为Wtcs.dta；model(sar)表示使用SAR模型进行分析；mfx(lin)表示计算线性边际效应；test表示展示各项检验结果（见表15.5）。**这里使用的是Stata16，使用Stata17和Stata18会报错**

需注意，此处未展示迭代的过程，事实上在本例中并未完全实现迭代收敛，这是由于观测值数量太少并且设定不合理的原因。

对于表15.5中的回归结果，解释变量d与pop在系数上依旧为正，但在显著性水平上得到了很大的提升，这意味着在SAR模型下，距离与人口会对通勤时间产生显著正向影响，这与现实逻辑相符。

此外，需要重点关注的是Spatial Aautocorrelation Tests – Model= (sar)这一栏目（受篇幅所限，结果省略）。观察上述结果可以发现，LM Error (Burridge)和LM Error (Robust)两项的p值并不显著，但与之相对的LM Lag (Anselin)和LM Lag (Robust)两项p值却十分显著，这意味着残差并没有空间关联，而滞后项存在空间关联。最后LM SAC (LMErr+LMLag_R)以及LM SAC (LMLag+LMErr_R)的p值皆显著，这意味着模型总体存在空间关联性。

最后，需要关注的是模型各效应的结果。可以看到在线性的边际效应下，模型的pop变量的beta系数为0.1286，其总效应为0.1023（beta系数和总效应不一样，这是很正常的现象，在本章15.3节的参数效应分解过程中，已经详细阐述过），直接效应为0.0551，间接效应为0.0472。而最后的方框内容则是在线性弹性条件下的各项回归结果，在实践操作中，更多的是使用边际效应。

表 15.5   空间横截面估计（SAR）

```
===================================================================
* MLE Spatial Lag Normal Model (SAR)
-------------------------------------------------------------------
 t = pop + d

 Sample Size        =           7 |  Cross Sections Number  =
 Wald Test          = 5.3384e+12  |  P-Value > Chi2(2)       =     0.0000
 F-Test             = 2.6692e+12  |  P-Value > F(2 , 5)      =     0.0000
 (Buse 1973) R2     =     1.0000  |  Raw Moments R2          =     1.0000
 (Buse 1973) R2 Adj =     1.0000  |  Raw Moments R2 Adj      =     1.0000
 Root MSE (Sigma)   =     0.0000  |  Log Likelihood Function =    73.2178
-------------------------------------------------------------------
- R2h= 1.0000   R2h Adj= 1.0000  F-Test = 5.0e+12 P-Value > F(2 , 5)   0.0000
- R2v= 1.0000   R2v Adj= 1.0000  F-Test = 4.6e+06 P-Value > F(2 , 5)   0.0000

        t  |    Coef.    Std. Err.     z     P>|z|    [95% Conf. Interval]
-----------+-------------------------------------------------------------
 t         |
       pop |   .1285718   9.21e-07   1.4e+05  0.000    .12857    .1285736
         d |   .5714312   1.16e-06   4.9e+05  0.000   .5714289   .5714334
      _cons|   2.428795   .0000421   5.8e+04  0.000   2.428713   2.428878
-----------+-------------------------------------------------------------
      /Rho |   .5714204      .          .       .         .         .
    /Sigma |  -6.23e-06   1.68e-06   -3.71    0.000   -9.52e-06  -2.94e-06
-------------------------------------------------------------------
Warning: convergence not achieved
 LR Test SAR vs. OLS (Rho=0):              .   P-Value > Chi2(1)      .
 Acceptable Range for Rho:        -1.0000  <  Rho  < 1.0000
-------------------------------------------------------------------
```

* Beta, Total, Direct, and InDirect (Model= sar): Linear: Marginal Effect *

Variable	Beta(B)	Total	Direct	InDirect	Mean
t					
pop	0.1286	0.1023	0.0551	0.0472	24.2857
d	0.5714	0.4548	0.2449	0.2098	17.1429

* Beta, Total, Direct, and InDirect (Model= sar): Linear: Elasticity *

Variable	Beta(Es)	Total	Direct	InDirect	Mean
pop	0.0896	0.0713	0.0384	0.0329	24.2857
d	0.2810	0.2236	0.1204	0.1032	17.1429

Mean of Dependent Variable =   34.8571

15.5.2　截面数据的空间计量回归与工具变量法

（1）空间数据处理与空间权重矩阵。在空间计量回归中，很多情况下因为存在地理条件上的空间关联性，因此需要依据个体地理位置的分布来引入空间权重矩阵。

例如，研究全国各地级市的 GDP 增长因素，则需要依据各地级市的地理分布情况来确定其空间近邻个体以及空间权重矩阵。为此，在进行研究分析之前，需要获得各地级市的地理分布状况，即 shapefile 文件。

对于 shapefile 文件，如中国的行政区域（市级），其中一般含有地理位置数据

（经纬度）、唯一ID标识、行政区域编码、城市名称等数据，可以在Stata中使用spshape2dta命令将其转换为Stata可识别的数据格式。具体命令格式如下：

. spshape2dta name [, options]

命令spshape2dta可以将后缀名为.shp和.dbf的文件转变为Stata格式的dta文件，但该命令要求对应的name.shp和name.dbf文件必须存放在Stata当前的工作路径中。使用该命令之后，将创造name.dta 和name_shp.dta两个文件，这两个新创造的文件也会存放在Stata当前的工作路径文件夹中。

在将shapefile文件转换成为Stata可识别的数据格式后，还需要将相对应的个体数据（如GDP，人口，公共财政支出等）与之进行匹配。换言之，即将诸如各省市统计年鉴数据与各省市的地理分布进行对应。

对于上述操作，可以使用Stata中的merge命令来进行实现，需注意的是，merge命令存在1:1匹配、m:1匹配、1:m匹配以及m:m匹配（详细操作说明见第2章）。

接下来，以中国行政区域（市级）数据来对上述内容进行演示。首先，将文件夹"2021年全国行政区划地图shp和dbf等文件"里面的中国行政区域（市级）的shapefile数据拷贝到Stata的工作路径中（见图15.1）。

市.dbf	2021/8/5 18:27	DBF 文件	81 KB
市.prj	2021/8/5 18:26	PRJ 文件	1 KB
市.sbn	2021/8/5 18:26	SBN 文件	4 KB
市.sbx	2021/8/5 18:26	SBX 文件	1 KB
市.shp	2021/8/5 18:27	SHP 文件	30,032 KB
市.shp.xml	2021/8/5 18:26	XML 文档	1,960 KB
市.shx	2021/8/5 18:26	SHX 文件	3 KB

图15.1 地图文件

然后在Stata命令窗口输入以下命令：

. spshape2dta 市, replace   //（见图15.2）。

```
(importing .shp file)
(importing .dbf file)
(creating _ID spatial-unit id)
(creating _CX coordinate)
(creating _CY coordinate)

file 市_shp.dta created
file 市.dta      created
```

图15.2 地图文件转换成功提示

在这一步中Stata生成了"市_shp.dta"和"市.dta"两个文件，并且标记_ID为空间个体的唯一ID，标记_CX和_CY分别代表空间数据的坐标（后期凡是匹配该数据，或者以其为基础生成空间权重矩阵，都会通过这三个标识自动与这两个数据链接）。打开市.dta，部分内容展示如下：

. use 市.dta, clear   //注意不是"市_shp.dta"   //（见图15.3）。

	_ID	_CX	_CY	?	?	,	_	_A_	_	v6
1	1	116.48599	30.57553	口口口口)	340000		口口口口口口	340800	◆\$◆◆◆	?
2	2	117.32472	33.109287	口口口口)	340000		口口口口	340300	◆\$◆◆◆	?
3	3	116.1802	33.435572	口口口口)	340000		口口口口口口	341600	◆\$◆◆◆	?
4	4	117.36417	30.283258	口口口口)	340000		口口口口口口	341700	◆\$◆◆◆	?
5	5	118.10233	32.544226	口口口口)	340000		口口口口口口	341100	◆\$◆◆◆	?
6	6	115.70411	32.917085	口口口口)	340000		口口口口口口	341200	◆\$◆◆◆	?
7	7	117.35509	31.762623	口口口口)	340000		口D口口口	340100	◆\$◆◆◆	?
8	8	116.74326	33.728398	口口口口)	340000		口口口口口口	340600	◆\$◆◆◆	?
9	9	116.76802	32.472553	口口口口)	340000		口口口口口口	340400	◆\$◆◆◆	?
10	10	118.07095	29.906531	口口口口)	340000		口口口口口口	341000	◆\$◆◆◆	?
11	11	116.22876	31.658921	口口口口)	340000		口口口口口	341500	◆\$◆◆◆	?
12	12	118.3652	31.638605	口口口口)	340000		口口口口口	340500	◆\$◆◆◆	?
13	13	117.21001	33.859545	口口口口)	340000		口口口口口口	341300	◆\$◆◆◆	?
14	14	117.55563	30.884623	口口口口)	340000		◆◆◆◆	340700	◆\$◆◆◆	?

图15.3　数据浏览

图15.3中，因为数据存在中文的原因，导致文件中出现了部分乱码，但该文件仍然可以使用，因为关键的数据，市级行政区划编码、经纬度坐标，以及唯一ID标识都没有错误。仔细查看表格，可以发现变量"?____"代表的是省级行政区划代码，变量"_д___"代表的是城市行政区划代码，为了后期使用方便，可以将其重新命名：

. rename _д___ fips　　//市级行政区划代码。行政区划代码是由六位数字组成的省、市、县三级的唯一身份标识。例如，江西省行政区划代码为360000，江西省南昌市的行政区划代码是360100，江西省南昌市市辖区的行政区划代码是360101，如果你在江西省南昌市市辖区上的户籍，你的身份证开头六位数字就是360101；如果你在江西省南昌市西湖区上的户籍，你的身份证开头六位数字就是360103

rename ?____ fips_province　　//省级行政区划代码

drop ?___ _____ v6　　//删除冗余变量

save "市.dta", replace

保存好上面的数据，接下来进行数据合并，在这里使用2018年各市的统计年鉴数据。使用clear命令将上述内容清空，打开中国城市统计年鉴地级市面板数据：

. clear

use "D:\傻瓜计量经济学与stata应用\stata数据集\中国城市统计年鉴地级市面板数据.dta"

keep if 年份==2018　　//变成截面数据

keep 行政区划代码 城市 年份 年末总人口_全市_万人 地区生产总值_当年价格_全市_万元 行政区域土地面积_全市_平方公里 规模以上工业企业数_全市_个 地方一般公共预算收入_全市_万元 科学技术支出_全市_万元 普通高等学校_全市_所

keep 行政区划代码 城市 年份 年末总人口_全市_万人 地区生产总值_当年价格_

全市 _ 万元 行政区域土地面积 _ 全市 _ 平方公里 规模以上工业企业数 _ 全市 _ 个 地方一般公共预算收入 _ 全市 _ 万元 科学技术支出 _ 全市 _ 万元 普通高等学校 _ 全市 _ 所

```
//为了方便分析，我们要把太长的中文变量名改成英文
rename 行政区划代码 fips
rename 城市 city
rename 年份 year
rename 年末总人口 _ 全市 _ 万人 pop
rename 地区生产总值 _ 当年价格 _ 全市 _ 万元 gdp
rename 行政区域土地面积 _ 全市 _ 平方公里 land
rename 地方一般公共预算收入 _ 全市 _ 万元 fiscal
rename 科学技术支出 _ 全市 _ 万元 sci
rename 规模以上工业企业数 _ 全市 _ 个 firm
rename 普通高等学校 _ 全市 _ 所 univ
drop if univ==.        //删除存在缺失值的观测值
drop if firm==.        //删除存在缺失值的观测值
encode city, generate(city2)        //将城市编号
drop city
rename city2 city
gen lgdp=log(gdp)
gen lfiscal=log(fiscal)
gen lsci=log(sci)
gen lfirm=log(firm)
gen lland=log(land)
gen lpop=log(pop)
save city2018.dta, replace
```

将上述文件另存为 city2018.dta，以避免覆盖原始数据：

```
sum        //（见表15.6）。
```

将整理好的城市横截面数据 "city2018.dta" 链接到地图数据 "市 .dta" 中，以便于制作空间分布图：

```
use city2018.dta, clear
merge 1:1 fips using 市 .dta        //合并数据
drop if _ID==.        //去除在市 .dta里没有 city2018.dta那一部分
keep if _merge==3
summarize
```

表 15.6　　　　　　　　　　　　　　　描述性统计

Variable	Obs	Mean	Std. dev.	Min	Max
fips	279	383640.5	138712.1	110000	652200
year	279	2018	0	2018	2018
pop	279	453.3692	332.0238	20	3404
land	279	17417.54	23700.37	1459	261570
gdp	279	3.13e+07	4.31e+07	1500100	3.27e+08
firm	279	1279.753	1545.034	3	10393
fiscal	279	2924721	6579897	138000	7.11e+07
sci	279	163125.8	525166.2	1231	5549817
univ	279	9.032258	15.03458	1	92
city	279	140	80.68457	1	279
lgdp	279	16.75822	.9466893	14.22104	19.60485
lfiscal	279	14.13973	1.074898	11.83501	18.07934
lsci	279	10.65075	1.534039	7.115582	15.52928
lfirm	279	6.571684	1.152196	1.098612	9.248888
lland	279	9.37639	.833043	7.285507	12.47446
lpop	279	5.874901	.747624	2.995732	8.132707

spset　　　　//让它链接到地图上去（见图15.4）。

save city2018.dta, replace

```
Sp dataset city2018.dta
               data:   cross sectional
    spatial-unit id:   _ID
        coordinates:   _CX, _CY (planar)
   linked shapefile:   市_shp.dta
```

图 15.4　空间数据设定提示

从图15.4可以看出，使用命令merge匹配之后，数据city2018.dta就自动与地图数据"市_shp.dta"链接了（linked shapefile: 市_shp.dta），后期调用空间计量的命令和绘制地图，也会自动使用与该数据相对应的空间权重矩阵和地图信息。

可以使用spmatrix create命令生成空间权重矩阵（该命令生成的空间权重矩阵，只会暂时存储在Stata的工作内存中，如果关闭或者重启Stata，该矩阵会消失，需要重新生成）：

. spmatrix create contiguity WI　　　//生成相邻权重矩阵

. spmatrix create idistance MI　　　//生成距离倒数的权重矩阵

. spmatrix create contiguity W, normalize(row) second(0.5)　　　//设定行标准化空间权重矩阵，并且二阶近邻关系衰减为0.5

. spmatrix create idistance M, normalize(minmax) replace　　　//创建最小-最大值逆距离加权矩阵

以上命令仅需选择一两个运行即可，差别不大。在使用空间计量模型之前，需要先做OLS回归，然后检验其是否存在空间关联性，输入以下命令：

. reg y x1 x2

. estat moran, errorlag(WI) errorlag(MI)　　　//莫兰指数检验，该命令在OLS估计之后使用

（2）空间计量GS2SLS和ML回归。 对于截面数据而言，其空间计量回归存在两种估计方式，即广义空间最小二乘法和极大似然估计法。针对不同的情况，使用的Stata命令也有所不同，具体如下：

①广义空间两阶段最小二乘估计（generalized spatial two–stage least squares，GS2SLS）

. spregress depvar [indepvars] [if] [in], gs2sls dvarlag() ivarlag() errorlag() force

②极大似然估计（maximum likelihood estimator，ML或者MLE）

. spregress depvar [indepvars] [if] [in], ml [ml_options] dvarlag() ivarlag() errorlag() force vce(robust)

其中，选项dvarlag()选项表示因变量空间加权滞后；选项ivarlag()表示设定解释变量空间加权滞后，可以是虚拟变量和离散变量；选项errorlag()表示残差空间滞后；选项force表示强制执行命令。

为了检验GDP的影响因素，利用前面整理的city2018数据，接下来先进行普通OLS回归：

. reg lgdp lfirm lfiscal lsci univ, vce(robust)　　　//（见表15.7）。

表15.7　　　　　　　　　　　　　　**OLS估计结果**

```
Linear regression                           Number of obs   =        273
                                            F(4, 268)       =    1406.83
                                            Prob > F        =     0.0000
                                            R-squared       =     0.9455
                                            Root MSE        =     .21924
```

lgdp	Coef.	Robust Std. Err.	t	P>|t|	[95% Conf. Interval]	
lfirm	.316086	.023092	13.69	0.000	.2706212	.3615507
lfiscal	.5386751	.0366734	14.69	0.000	.4664705	.6108798
lsci	-.0393524	.021527	-1.83	0.069	-.0817359	.0030311
univ	.0078281	.0011724	6.68	0.000	.0055199	.0101363
_cons	7.413283	.3362502	22.05	0.000	6.751255	8.075311

表15.7中，OLS估计的残差是否存在空间关联呢？可以使用莫兰指数检验：

. estat moran, errorlag(WI) errorlag(MI)　　　//（见图15.5）。

```
Moran test for spatial dependence
        Ho: error is i.i.d.
        Errorlags:  WI MI

        chi2(2)     =      50.02
        Prob > chi2 =     0.0000
```

图15.5　误差项莫兰空间依赖性检验

图15.5的结果表明，拒绝残差独立同分布的零假设，该模型可能因为存在空间关联的遗漏变量问题，导致模型估计的残差存在显著的空间依赖性。忽略这种依赖

性直接使用OLS模型估计，可能会导致估计结果产生偏误，至少OLS估计不满足有效性。

如果要检测因变量是否存在空间关联，可以使用因变量对常数项进行OLS估计，然后再进行莫兰指数检验。

. reg lgdp　　　　//（见表15.8）。

表15.8　　　　　　　　　　　　　　　　**因变量OLS估计结果**

Source	SS	df	MS		Number of obs	=	273
					F(0, 272)	=	0.00
Model	0	0	.		Prob > F	=	.
Residual	236.535539	272	.869615953		R-squared	=	0.0000
					Adj R-squared	=	0.0000
Total	236.535539	272	.869615953		Root MSE	=	.93253

lgdp	Coef.	Std. Err.	t	P>|t|	[95% Conf. Interval]
_cons	16.77931	.0564394	297.30	0.000	16.66819　16.89042

因变量对常数项进行回归，模型估计的残差实际反映的是因变量的波动，因而对该模型的莫兰指数检验，实际上就是对因变量的空间依赖性检验：

. estat moran, errorlag(WI) errorlag(MI)　　　//（见图15.6）。

```
        Moran test for spatial dependence
              Ho: error is i.i.d.
              Errorlags:  WI MI

           chi2(2)     =      130.14
           Prob > chi2 =      0.0000
```

图15.6　　因变量莫兰空间依赖性检验

图15.6的结果说明，因变量lgdp也存在显著的空间依赖性。但是，在使用空间权重矩阵进行加权之前，先分别使用没有空间权重矩阵加权的GS2SLS和MLE估计，对比分析GS2SLS、MLE和OLS三者的异同：

. spregress lgdp lfirm lfiscal lsci univ, gs2sls　　　//如果运行出错可以加force选项，并且gs2sls模式下，不能使用vce(robust)选项（见表15.9）。

表15.9　　　　　　　　　　　　　　　　**空间自回归GS2SLS估计**

```
Spatial autoregressive model                Number of obs   =        273
GS2SLS estimates                            Wald chi2(4)    =    4739.70
                                            Prob > chi2     =     0.0000
                                            Pseudo R2       =     0.9455
```

lgdp	Coef.	Std. Err.	z	P>|z|	[95% Conf. Interval]
lfirm	.316086	.0223664	14.13	0.000	.2722485　.3599234
lfiscal	.5386751	.032604	16.52	0.000	.4747724　.6025778
lsci	-.0393524	.0197154	-2.00	0.046	-.0779939　-.0007109
univ	.0078281	.0013081	5.98	0.000	.0052644　.0103919
_cons	7.413283	.3012631	24.61	0.000	6.822818　8.003748

对比OLS估计结果和空间计量基本检验结果，可以发现两者的估计系数是完全一样的，但是空间两阶段最小二乘估计的系数标准误明显要低于OLS估计，不加空间权重矩阵的极大似然估计结果也如此：

. spregress lgdp lfirm lfiscal lsci univ, ml   //可以加vce(robust)选项（见表15.10）。

表15.10　　　　　　　　　　　　**空间自回归极大似然估计**

```
Spatial autoregressive model              Number of obs   =      273
Maximum likelihood estimates              Wald chi2(4)    =  4739.79
                                          Prob > chi2     =   0.0000
Log likelihood =  29.450409               Pseudo R2       =   0.9455
```

lgdp	Coef.	Std. Err.	z	P>|z|	[95% Conf. Interval]	
lfirm	.316086	.0223646	14.13	0.000	.2722522	.3599197
lfiscal	.5386751	.0325941	16.53	0.000	.4747919	.6025584
lsci	-.0393524	.0197135	-2.00	0.046	-.0779902	-.0007146
univ	.0078281	.001308	5.99	0.000	.0052646	.0103917
_cons	7.413283	.301189	24.61	0.000	6.822964	8.003603
var(e.lgdp)	.0471873	.0040389			.0398996	.055806

表15.9和表15.10的结果表明，空间计量GS2SLS和MLE参数估计的标准误均低于OLS估计，说明存在空间依赖性的情况下，即便不使用空间权重矩阵，空间计量GS2SLS和MLE参数估计有效性要高于OLS估计。

接下来，对数据进行空间权重矩阵加权，考虑到OLS模型的因变量存在空间关联，并且可能还存在遗漏变量问题导致残差存在空间关联，可以使用空间杜宾模型（SDM），即使用dvarlag()和ivarlag()选项进行加权：

. spregress lgdp lfirm lfiscal lsci univ, gs2sls dvarlag(WI) ivarlag(WI: lfirm lfiscal lsci univ)   //读者也可以尝试使用前文生成的逆距离空间权重矩阵MI（见表15.11）。

表15.11　　　　　　　　　　　　**空间杜宾模型GS2SLS估计**

```
Spatial autoregressive model              Number of obs   =      273
GS2SLS estimates                          Wald chi2(9)    =  5614.35
                                          Prob > chi2     =   0.0000
                                          Pseudo R2       =   0.9509
```

lgdp	Coef.	Std. Err.	z	P>|z|	[95% Conf. Interval]	
lgdp						
lfirm	.3440147	.025566	13.46	0.000	.2939063	.3941232
lfiscal	.5391788	.0335681	16.06	0.000	.4733866	.604971
lsci	.0069317	.0214281	0.32	0.746	-.0350665	.0489299
univ	.0048739	.0013052	3.73	0.000	.0023157	.0074321
_cons	6.791555	.3110217	21.84	0.000	6.181964	7.401146
WI						
lfirm	-.0761232	.0496344	-1.53	0.125	-.1734048	.0211584
lfiscal	-.2510069	.0988266	-2.54	0.011	-.4447034	-.0573104
lsci	-.0764134	.041592	-1.84	0.066	-.1579323	.0051054
univ	.0054674	.0027353	2.00	0.046	.0001064	.0108285
lgdp	.2855601	.0722547	3.95	0.000	.1439435	.4271767

```
Wald test of spatial terms:       chi2(5) = 41.07      Prob > chi2 = 0.0000
```

. spregress lgdp lfirm lfiscal lsci univ, ml dvarlag(WI) ivarlag(WI: lfirm lfiscal lsci univ)　　//读者也可以尝试使用前文生成的逆距离空间权重矩阵MI（见表15.12）。

表15.12　　　　　　　　　　　　　　　空间杜宾模型ML估计

```
Spatial autoregressive model            Number of obs   =        273
Maximum likelihood estimates            Wald chi2(9)    =    5612.81
                                        Prob > chi2     =     0.0000
Log likelihood =  50.088573             Pseudo R2       =     0.9510
```

lgdp	Coef.	Std. Err.	z	P>|z|	[95% Conf. Interval]	
lgdp						
lfirm	.3446896	.0255284	13.50	0.000	.2946549	.3947243
lfiscal	.5365711	.0329955	16.26	0.000	.4719012	.6012411
lsci	.0071983	.0214312	0.34	0.737	-.034806	.0492026
univ	.0049565	.0012906	3.84	0.000	.0024269	.007486
_cons	6.820522	.303254	22.49	0.000	6.226155	7.414889
WI						
lfirm	-.0757547	.049652	-1.53	0.127	-.1730708	.0215615
lfiscal	-.2293667	.0839659	-2.73	0.006	-.3939368	-.0647966
lsci	-.0793311	.0410152	-1.93	0.053	-.1597194	.0010572
univ	.0052102	.0026653	1.95	0.051	-.0000137	.0104342
lgdp	.269158	.0604921	4.45	0.000	.1505957	.3877202
var(e.lgdp)	.0401703	.0034432			.0339582	.0475188

```
Wald test of spatial terms:        chi2(5) = 45.23      Prob > chi2 = 0.0000
```

最后，检验各解释变量对因变量影响的直接效应和间接效应：
. estat impact　　　//（见表15.13）。

表15.13　　　　　　　　　　　　总效应、直接效应和间接效应

```
Average impacts                         Number of obs   =        273
```

	dy/dx	Delta-Method Std. Err.	z	P>|z|	[95% Conf. Interval]	
direct						
lfirm	.345334	.0249574	13.84	0.000	.2964183	.3942497
lfiscal	.5333554	.0324443	16.44	0.000	.4697657	.596945
lsci	.0042684	.020995	0.20	0.839	-.036881	.0454178
univ	.0052042	.001293	4.03	0.000	.0026701	.0077384
indirect						
lfirm	.0167488	.0503003	0.33	0.739	-.081838	.1153355
lfiscal	-.0835842	.0555471	-1.50	0.132	-.1924545	.0252861
lsci	-.0761544	.0370196	-2.06	0.040	-.1487115	-.0035974
univ	.0064395	.0029551	2.18	0.029	.0006477	.0122314
total						
lfirm	.3620828	.0501639	7.22	0.000	.2637632	.4604023
lfiscal	.4497712	.0601028	7.48	0.000	.3319719	.5675705
lsci	-.071886	.0366992	-1.96	0.050	-.1438152	.0000431
univ	.0116438	.003403	3.42	0.001	.0049739	.0183136

命令estat impact计算的总效应、直接效应和间接效应，与spautoreg命令存在较大差异。

（3）空间计量模型的内生性处理。空间计量模型，除了可能存在空间关联的遗漏变量问题，也会存在和传统计量模型一样的缺失变量问题。空间杜宾模型只能减

少空间关联遗漏变量问题造成的偏误，无法排除其他重要遗漏变量偏误。例如，以规模以上企业数量 lfirm 变量为例，lgdp 的增长可能带来更多的规模以上企业数量，而规模以上企业数量的增加又会进一步拉动 gdp 的增长，说明可能存在同时影响因变量 lgdp 和解释变量 lfirm 的因素被遗漏了。

空间计量与普通计量命令 ivregress 类似，也可以使用工具变量来解决空间计量模型的内生性问题，具体可以使用 spivregress 命令。其命令格式如下：

. spivregress depvar [varlist_1] (varlist_2 = varlist_iv) [if] [in] [, options]　dvarlag() errorlag() ivarlag(spmatname : varlist)

其中，depvar 为因变量；[varlist_1] 为控制变量，必须是外生的；(varlist_2 = varlist_iv) 为内生变量与工具变量；选项 ivarlag(spmatname : varlist) 中的变量必须是 [varlist_1] 中的外生变量，不能包括内生解释变量 varlist_2 中的任何变量。

命令 spivregress 的工作原理和 ivregress 相似，使用的是广义空间两阶段最小二乘工具变量法（GS2SLS）。为了演示命令 spivregress 的用法，考虑使用行政区划面积 land 来作为工具变量（这里不讨论工具变量的科学性，仅用于演示方法）。具体估计结果，输入以下命令：

. spivregress lgdp lfiscal lsci univ (lfirm = lland), dvarlag(WI) ivarlag(WI: lfiscal lsci univ)　　//（见表 15.14）。

表 15.14　　　　　　　　　　　　**空间杜宾模型的工具变量估计**

```
Spatial autoregressive model              Number of obs   =      273
GS2SLS estimates                          Wald chi2(8)    =  5037.09
                                          Prob > chi2     =   0.0000
                                          Pseudo R2       =   0.9449
```

lgdp	Coef.	Std. Err.	z	P>|z|	[95% Conf. Interval]	
lgdp						
lfirm	.4258122	.0580693	7.33	0.000	.3119985	.5396259
lfiscal	.4835173	.0487511	9.92	0.000	.3879669	.5790678
lsci	-.0097556	.0242346	-0.40	0.687	-.0572545	.0377433
univ	.0062237	.0015637	3.98	0.000	.0031588	.0092886
_cons	7.254409	.4133401	17.55	0.000	6.444277	8.06454
WI						
lfiscal	-.3337554	.1152598	-2.90	0.004	-.5596604	-.1078504
lsci	-.1197951	.0384122	-3.12	0.002	-.1950817	-.0445085
univ	.0064356	.0028967	2.22	0.026	.0007581	.012113
lgdp	.3483335	.0853188	4.08	0.000	.1811117	.5155553

```
Wald test of spatial terms:        chi2(4) = 39.96      Prob > chi2 = 0.0000
Instrumented:    lfirm (WI*lgdp)
Raw instruments: lfiscal lsci univ lland (WI*lfiscal) (WI*lsci) (WI*univ) lgdp:_cons
```

表 15.14 中，在使用工具变量进行估计之后，模型估计结果依旧显著。模型的内生变量包括 lfirm 和因变量的滞后项 WI*lgdp；工具变量包括：外生工具变量 lland、外生控制变量 lfiscal、lsci、univ 以及因变量的均值。同样，还可以计算工具变量估计之后，各解释变量的总效应、直接效应和间接效应：

. estat impact　　　//（见表 15.15）。

表 15.15   **工具变量估计之后的总效应、直接效应和间接效应**

Average impacts   Number of obs   =   273

	dy/dx	Delta-Method Std. Err.	z	P>|z|	[95% Conf. Interval]	
direct						
lfirm	.4333945	.0594386	7.29	0.000	.3168969	.549892
lfiscal	.4750657	.0484216	9.81	0.000	.3801611	.5699703
lsci	-.0160532	.0242606	-0.66	0.508	-.0636031	.0314967
univ	.0066635	.0015665	4.25	0.000	.0035933	.0097338
indirect						
lfirm	.1602048	.0614739	2.61	0.009	.0397181	.2806915
lfiscal	-.1785723	.0966236	-1.85	0.065	-.3679511	.0108065
lsci	-.1330606	.0369988	-3.60	0.000	-.2055769	-.0605442
univ	.0092926	.0040425	2.30	0.022	.0013694	.0172157
total						
lfirm	.5935992	.1033553	5.74	0.000	.3910267	.7961718
lfiscal	.2964934	.1095743	2.71	0.007	.0817317	.5112551
lsci	-.1491137	.0435226	-3.43	0.001	-.2344164	-.063811
univ	.0159561	.0045537	3.50	0.000	.007031	.0248812

第16章　空间计量模型GS2SLS与MLE估计

当研究对象存在空间关联的情况下，传统的普通最小二乘法（OLS）不再适用于空间计量模型的参数估计。但传统的两阶段最小二乘法（2SLS）和极大似然估计（MLE）的逻辑仍然有效，而且上一章我们也证明了，当研究对象不存在空间关联性或空间关联系数为0时，广义空间两阶段最小二乘估计（generalized spatial two-stage least squares，GS2SLS）和极大似然估计（maximum likelihood estimates，MLE）的参数估计结果与普通最小二乘法的估计结果一致。

16.1　SAR与SDM模型的GS2SLS与MLE估计

16.1.1　普通最小二乘法的矩阵过程回顾

前面已经学习了最小二乘法的方法逻辑，为了便于与空间计量模型中的GS2SLS作对比，接下来引入最小二乘法的矩阵运算过程。具体如下：

$$\frac{\partial(\boldsymbol{\varepsilon}'\boldsymbol{\varepsilon})}{\partial\hat{\boldsymbol{\beta}}}=0 \tag{16-1}$$

对于式（16-1）的解释，通俗来讲即模型的残差平方和对系数求导，进而求解最小平方和所对应的估计系数。OLS目标函数可用式（16-2）表述：

$$\begin{aligned}
\text{Min}\left(\mathbf{Q}=\sum_{i=1}^{n}\varepsilon_i^2\right)&=\hat{\boldsymbol{\varepsilon}}'\hat{\boldsymbol{\varepsilon}}=\left(\mathbf{Y}-\mathbf{X}\hat{\boldsymbol{\beta}}\right)'\left(\mathbf{Y}-\mathbf{X}\hat{\boldsymbol{\beta}}\right)\\
&=\left(\mathbf{Y}'-\hat{\boldsymbol{\beta}}'\mathbf{X}'\right)\left(\mathbf{Y}-\mathbf{X}\hat{\boldsymbol{\beta}}\right)\\
&=\mathbf{Y}'\mathbf{Y}-\hat{\boldsymbol{\beta}}'\mathbf{X}'\mathbf{Y}-\mathbf{Y}'\mathbf{X}\hat{\boldsymbol{\beta}}+\hat{\boldsymbol{\beta}}'\mathbf{X}'\mathbf{X}\hat{\boldsymbol{\beta}}\\
&=\mathbf{Y}'\mathbf{Y}-2\mathbf{Y}'\mathbf{X}\hat{\boldsymbol{\beta}}+\hat{\boldsymbol{\beta}}'\mathbf{X}'\mathbf{X}\hat{\boldsymbol{\beta}}
\end{aligned} \tag{16-2}$$

对于OLS的目标函数，如$\mathbf{X}'\mathbf{X}$可逆（或$|\mathbf{X}'\mathbf{X}|\neq 0$），且满足零条件均值假设，则一阶条件为：

$$\frac{\partial(\varepsilon'\varepsilon)}{\partial\hat{\beta}} = 0 \Rightarrow -2\mathbf{X}'\mathbf{Y} + 2\mathbf{X}'\mathbf{X}\hat{\beta} = 0$$

$$\Rightarrow \mathbf{X}'\mathbf{X}\hat{\beta} = \mathbf{X}'\mathbf{Y} \Rightarrow \hat{\beta} = (\mathbf{X}'\mathbf{X})^{-1}\mathbf{X}'\mathbf{Y} \tag{16-3}$$

式（16-3）结果表明，OLS估计的矩阵过程，实际上就是单参数向量 β 的优化求解过程。

16.1.2 SAR和SDM模型的GS2SLS估计

所谓广义空间两阶段最小二乘估计，是指借鉴2SLS的求解过程，将模型中需要优化的多个参数通过等价变形，转变为一个单参数向量的优化问题，以使分析的问题更为简单。不妨设定SAR和SDM模型如式（16-4）所示。

$$\begin{cases} \text{SAR}: \mathbf{y} = \alpha\mathbf{l_n} + \rho\mathbf{Wy} + \mathbf{X}\beta + \varepsilon \\ \text{SDM}: \mathbf{y} = \alpha\mathbf{l_n} + \rho\mathbf{Wy} + \mathbf{X}\beta + \mathbf{WX}\theta + \varepsilon \end{cases} \tag{16-4}$$

对式（16-4）中的SAR和SDM模型进行以下等价变形，设 $\mathbf{Z_1} = [\mathbf{l_n}, \mathbf{X}], \delta_1 = [\alpha, \beta]'$；$\mathbf{Z_2} = [\mathbf{l_n}, \mathbf{X}, \mathbf{WX}], \delta_2 = [\alpha, \beta, \theta]'$ 则式（16-4）可改写为：

$$\begin{cases} \text{SAR}: \mathbf{y} = \rho\mathbf{Wy} + \mathbf{Z_1}\delta_1 + \varepsilon \\ \text{SDM}: \mathbf{y} = \rho\mathbf{Wy} + \mathbf{Z_2}\delta_2 + \varepsilon \end{cases}$$

由此，便将SAR和SDM模型一般化为：

$$\mathbf{y} = \rho\mathbf{Wy} + \mathbf{Z}\delta + \varepsilon \tag{16-5}$$

式（16-5）中，假设 $\mathbf{Z}$ 为外生解释变量，$\mathbf{Wy}$ 为内生解释变量，且有 $\text{Cov}(\mathbf{Wy}, \varepsilon) \neq 0$。如果不考虑内生性问题，直接使用OLS方法进行估计，肯定会产生偏误。

既然有内生性问题，就需要处理。按照传统计量模型中2SLS的逻辑：第一阶段，可以使用内生解释变量 $\mathbf{Wy}$ 作为因变量，使用外生解释变量 $\mathbf{Z}$ 作为工具变量进行估计得到残差预测值 $\hat{\varepsilon}$，并计算空间关联系数 $\hat{\rho}$（如果变量 $\mathbf{Z}$ 中也有内生解释变量，还可以指定变量 $\mathbf{Z}$ 的工具变量，详见上一章介绍的spivregress命令）；第二阶段，根据第一阶段计算空间关联系数 $\hat{\rho}$，使用OLS方式估计参数 $\hat{\delta}$。具体而言，将式（16-5）转换为：

$$(\mathbf{I_n} - \rho\mathbf{W})\mathbf{y} = \mathbf{Z}\delta + \varepsilon \tag{16-6}$$

在给定 $\hat{\rho} = \rho^*$ 的条件下，将 $(\mathbf{I_n} - \rho^*\mathbf{W})\mathbf{y}$ 视为OLS参数估计过程中的 $\mathbf{y}$，因此根据OLS参数估计过程，可得解释变量参数矩阵的估计值为：

$$\hat{\delta} = (\mathbf{Z}'\mathbf{Z})^{-1}\mathbf{Z}'(\mathbf{I_n} - \rho^*\mathbf{W})\mathbf{y} = (\mathbf{Z}'\mathbf{Z})^{-1}\mathbf{Z}'\mathbf{y} - \rho^*(\mathbf{Z}'\mathbf{Z})^{-1}\mathbf{Z}'\mathbf{Wy} \tag{16-7}$$

可以证明，广义空间两阶段最小二乘估计量 $\hat{\delta}$ 具备渐近正态一致的属性。此外，由式（16-7）可知，空间计量的待估参数向量 $\hat{\boldsymbol{\delta}}$，本质上是以空间关联系数 ρ 和空间权重矩阵 $\mathbf{W}$，对OLS估计量 $\hat{\boldsymbol{\delta}}_o = (\mathbf{Z'Z})^{-1}\mathbf{Z'y}$ 的一种修正，且修正部分为 $\rho^*(\mathbf{Z'Z})^{-1}\mathbf{Z'Wy}$。并且，可以发现，$(\mathbf{Z'Z})^{-1}\mathbf{Z'Wy}$ 实际上是GS2SLS第一阶段估计的系数，是以 $\mathbf{Wy}$ 为因变量、以 $\mathbf{Z}$ 为解释变量的OLS回归系数，即本地区的解释变量对邻近地区因变量的影响，可以简记为 $\hat{\boldsymbol{\delta}}_d$：

$$\hat{\boldsymbol{\delta}} = \hat{\boldsymbol{\delta}}_o - \rho^*\hat{\boldsymbol{\delta}}_d$$

当空间关联系数为0时，广义空间两阶段最小二乘估计量 $\hat{\boldsymbol{\delta}}$ 会收敛到OLS估计量（这就是上一章为什么使用spregress命令但不使用空间权重矩阵时，能够得到和OLS一致的参数估计结果）。此外，空间计量模型GS2SLS残差方差估计值为：

$$\hat{\sigma}^2 = n^{-1}\mathbf{e}(\rho^*)'\mathbf{e}(\rho^*)$$

其中，$\mathbf{e}(\rho^*) = \mathbf{y} - \rho^*\mathbf{Wy} - \mathbf{Z}\hat{\boldsymbol{\delta}}$。

最后，广义空间两阶段最小二乘估计（GS2SLS），虽然理论上是分两阶段进行估计，但实际上是利用空间联立方程一次性估计出来。广义空间两阶段最小二乘估计实际上是将 $\alpha,\boldsymbol{\beta},\boldsymbol{\theta},\rho,\sigma^2$ 多个参数的优化求解过程转化为通过空间相关系数 $\rho = \rho^*$ 的优化求解，并求解其他参数的过程。

以上推导过程，虽然是将SAR和SDM模型放在一起，但是读者必须清楚两者还是有本质区别的。SDM模型中，外生解释变量 $\mathbf{Z}$ 包含了解释变量 $\mathbf{X}$ 的空间加权 $\mathbf{WX}$，而SAR模型中的外生解释变量 $\mathbf{Z}$ 没有包含解释变量 $\mathbf{X}$ 的空间加权 $\mathbf{WX}$。因而相对于SAR模型而言，SDM模型更能减少因为潜在空间关联因素遗漏导致的缺失变量偏误。

16.1.3 SAR和SDM模型的MLE估计

跟传统计量的极大似然估计逻辑（MLE）一样，空间计量模型的极大似然估计（MLE）也是通过构造似然函数的形式，求解最优参数。

当总体 $\mathbf{y}$ 为连续型随机变量时，设其分布密度为 $f(\mathbf{y}|\rho,\boldsymbol{\delta},\sigma^2)$，其中，$\rho,\boldsymbol{\delta},\sigma^2$ 代表待估参数。又设 $y_1,y_2,\cdots,y_n$ 为总体的一个样本，则可以构造似然函数：

$$\text{Max} \quad L(\mathbf{y}|\rho,\boldsymbol{\delta},\sigma^2) = \prod_i^n f(Y_i|\rho,\boldsymbol{\delta},\sigma^2)$$

根据极大似然估计的逻辑，可以对目标函数先取对数，然后再求和，根据一阶条件，就可以通过极大似然估计的方法直接求出 $(\hat{\rho},\hat{\boldsymbol{\delta}},\sigma^2)$。空间计量模型参数优化求解有两种对数似然函数：

（1）对数似然函数的Anselin设定。 对于SAR和SDM模型，上一节已经进行了变形，可以转化成下面三种形式：

$$\begin{cases} \mathbf{y} = \rho\mathbf{W}\mathbf{y} + \mathbf{Z}\boldsymbol{\delta} + \boldsymbol{\varepsilon} \\ \boldsymbol{\varepsilon} = (\mathbf{I_n} - \rho\mathbf{W})\mathbf{y} - \mathbf{Z}\boldsymbol{\delta} \\ \mathbf{y} = (\mathbf{I_n} - \rho\mathbf{W})^{-1}\mathbf{Z}\boldsymbol{\delta} + (\mathbf{I_n} - \rho\mathbf{W})^{-1}\boldsymbol{\varepsilon} \end{cases}$$

假设因变量 $\mathbf{y}$ 服从均值 $\mathrm{E}(\mathbf{y}) = (\mathbf{I_n} - \rho\mathbf{W})^{-1}\mathbf{Z}\boldsymbol{\delta}$ 的正态分布，且根据变形后的方程式有：

$$\big[\mathbf{y} - \mathrm{E}(\mathbf{y})\big]'\big[\mathbf{y} - \mathrm{E}(\mathbf{y})\big] = \boldsymbol{\varepsilon}'\boldsymbol{\varepsilon} = \big[(\mathbf{I_n} - \rho\mathbf{W})\mathbf{y} - \mathbf{Z}\boldsymbol{\delta}\big]'\big[(\mathbf{I_n} - \rho\mathbf{W})\mathbf{y} - \mathbf{Z}\boldsymbol{\delta}\big]$$

雅可比行列式：

$$\left|\frac{\partial\boldsymbol{\varepsilon}}{\partial\mathbf{y}}\right| = \left|\frac{\partial\big[(\mathbf{I_n} - \rho\mathbf{W})\mathbf{y} - \mathbf{Z}\boldsymbol{\delta}\big]}{\partial\mathbf{y}}\right| = |\mathbf{I_n} - \rho\mathbf{W}| = \prod_{i=1}^{n}(1 - \rho v_i)$$

其中，$v_i (i = 1, 2, \cdots, n)$ 是空间权重矩阵 $(\mathbf{I_n} - \rho\mathbf{W})$ 的特征值。为了确保误差项的方差协方差矩阵正定，$\frac{1}{v_{min}} < \rho < \frac{1}{v_{max}}$，其中 v_{min} 和 v_{max} 分别为矩阵 $(\mathbf{I_n} - \rho\mathbf{W})$ 特征值中的最小值和最大值，而且 v_{min} 为负数，v_{max} 为正数。又因为导数 $\big(\mathbf{ln}|\mathbf{I_n} - \rho\mathbf{W}|\big)' = |\mathbf{I_n} - \rho\mathbf{W}|^{-1}$，所以有 $\int|\mathbf{I_n} - \rho\mathbf{W}|^{-1}\mathrm{d}y = \ln|\mathbf{I_n} - \rho\mathbf{W}|$。

根据正态分布函数的概率密度函数公式，单个 y_i 发生的概率为：

$$\mathrm{P}\big(y_i \mid \rho, \boldsymbol{\delta}, \sigma^2\big) = \frac{1}{\sqrt{2\pi}\sigma}\mathrm{e}^{-\frac{[y_i - \mathrm{E}(y_i)]^2}{2\sigma^2}}$$

结合雅可比行列式，可得 y_i 的联合概率分布为：

$$\mathrm{L}\big(\rho, \boldsymbol{\delta}, \sigma^2\big) = \prod_{i=1}^{n}\mathrm{P}\big(y_i \mid \rho, \boldsymbol{\delta}, \sigma^2\big) = \prod_{i=1}^{n}\frac{1}{\sqrt{2\pi}\sigma}\mathrm{e}^{-\frac{[y_i - \mathrm{E}(y_i)]^2}{2\sigma^2}}$$

$$= \big(2\pi\sigma^2\big)^{-n/2} \cdot \exp\left\{\big(\ln|\mathbf{I_n} - \rho\mathbf{W}|\big) \cdot \left(-\frac{\boldsymbol{\varepsilon}'\boldsymbol{\varepsilon}}{2\sigma^2}\right)\right\}$$

取对数可得对数似然函数（Anselin，1988）：

$$\ln\mathrm{L}\big(\rho, \boldsymbol{\delta}, \sigma^2\big) = -\frac{n}{2}\ln(2\pi) - \frac{n}{2}\ln\big(\sigma^2\big) + \ln|\mathbf{I_n} - \rho\mathbf{W}| - \frac{\boldsymbol{\varepsilon}'\boldsymbol{\varepsilon}}{2\sigma^2} \qquad (16\text{-}8)$$

根据对数似然函数，只需要分别对 $\rho, \boldsymbol{\delta}, \sigma^2$ 求一阶条件，即可得到相应的最优参数值。其中，对式（16-8）中的参数向量 $\boldsymbol{\delta}$ 求偏导，因为只有 $\boldsymbol{\varepsilon}$ 含有 $\boldsymbol{\delta}$，所以有：

$$\frac{\partial\mathrm{L}}{\partial\boldsymbol{\delta}} = \frac{\partial(\boldsymbol{\varepsilon}'\boldsymbol{\varepsilon})}{\partial\boldsymbol{\delta}} = \frac{\partial\big[(\mathbf{I_n} - \rho\mathbf{W})\mathbf{y} - \mathbf{Z}\boldsymbol{\delta}\big]'\big[(\mathbf{I_n} - \rho\mathbf{W})\mathbf{y} - \mathbf{Z}\boldsymbol{\delta}\big]}{\partial\boldsymbol{\delta}} = 0$$

该一阶条件和普通最小二乘法相同，由此可得：

$$\hat{\boldsymbol{\delta}} = (\mathbf{Z}'\mathbf{Z})^{-1}\mathbf{Z}'(\mathbf{I_n} - \rho\mathbf{W})\mathbf{y} = (\mathbf{Z}'\mathbf{Z})^{-1}\mathbf{Z}'\mathbf{y} - \rho^*(\mathbf{Z}'\mathbf{Z})^{-1}\mathbf{Z}'\mathbf{W}\mathbf{y} = \hat{\boldsymbol{\delta}}_o - \hat{\rho}\hat{\boldsymbol{\delta}}_d$$

对式（16-8）的方差求偏导可得：

$$\frac{\partial L}{\partial \sigma^2} = -\frac{n}{2\sigma^2} + \frac{\varepsilon'\varepsilon}{2\sigma^2} = 0$$

整理可得：

$$\hat{\sigma}^2 = \frac{\varepsilon'\varepsilon}{n}$$

（2）对数似然函数的Pace和Barry简化。

在安瑟林（Anselin，1988）设定的基础上，佩斯和巴里（Pace and Barry，1997）提出以下对数似然函数的简化形式：

$$\ln L(\rho) = \kappa + \ln|\mathbf{I}_n - \rho\mathbf{W}| - (n/2)\ln[S(\rho)] \qquad （16-9）$$

其中，κ为与ρ不相关的常数；方差协方差矩阵$S(\rho)$为：

$$S(\rho) = \varepsilon(\rho)'\varepsilon(\rho) = \varepsilon_o'\varepsilon_o - 2\rho\varepsilon_o\varepsilon_d + \varepsilon_d'\varepsilon_d$$

$$\varepsilon_o = \mathbf{y} - \mathbf{Z}\delta_o; \varepsilon_d = \mathbf{W}\mathbf{y} - \mathbf{Z}\delta_d; \quad \hat{\delta}_o = (\mathbf{Z'Z})^{-1}\mathbf{Z'y}; \hat{\delta}_d = (\mathbf{Z'Z})^{-1}\mathbf{Z'Wy}$$

这样，待估参数向量依然是：

$$\hat{\delta} = \hat{\delta}_o - \hat{\rho}\hat{\delta}_d = (\mathbf{Z'Z})^{-1}\mathbf{Z'}(\mathbf{I}_n - \hat{\rho}\mathbf{W})\mathbf{y}$$

残差的方差估计：$\hat{\sigma} = \frac{1}{n}S(\hat{\rho})$

方差–协方差矩阵估计：$\mathbf{\Omega} = \hat{\sigma}^2[(\mathbf{I}_n - \hat{\rho}\mathbf{W})'(\mathbf{I}_n - \hat{\rho}\mathbf{W})]^{-1}$

由此可见，空间自回归模型和空间杜宾模型MLE参数估计核心本质，是通过构建包含空间相关系数的对数似然函数，求解最优空间相关系数，并结合参数估计的最小二乘法矩阵过程，最终对参数和残差方差进行估计。

16.2 SEM模型参数的GS2SLS和MLE估计

空间误差模型（SEM）的参数求解过程与SAR、SDM模型类似，也是多参数向单参数的优化求解过程。但是，因为SEM模型的数据生成过程与前两类模型存在一定的差异，所以将其参数估计过程单列出来解释。

16.2.1 SEM模型的GS2SLS估计

关于SEM模型及其单参数优化过程，依然是参照2SLS两阶段最小二乘法原理。首先，设定SEM模型的基本表达式：

$$\mathbf{y} = \mathbf{X}\beta + \mu, \mu = \lambda\mathbf{W}\mu + \varepsilon \Rightarrow$$

$$\mathbf{y} = \mathbf{X}\beta + (\mathbf{I}_n - \lambda\mathbf{W})^{-1}\varepsilon, \quad \varepsilon \sim N(0, \sigma\mathbf{I}_n) \qquad （16-10）$$

对SEM模型基本表达式进行变形:

$$\mathbf{y} = \lambda\mathbf{W}\mathbf{y} + (\mathbf{I_n} - \lambda\mathbf{W})\mathbf{X}\boldsymbol{\beta} + \boldsymbol{\varepsilon}$$

不同于SAR和SDM模型,变形之后的SEM模型,不仅有内生解释变量 $\lambda\mathbf{W}\mathbf{y}$,在方程的右端还多了一项 $(\mathbf{I_n} - \lambda\mathbf{W})$。为了简化分析,不妨令 $\mathbf{X}(\lambda) = (\mathbf{I_n} - \lambda\mathbf{W})\mathbf{X}$,则上式可改写为:

$$\mathbf{y} = \lambda\mathbf{W}\mathbf{y} + \mathbf{X}(\lambda)\boldsymbol{\beta} + \boldsymbol{\varepsilon} \tag{16-11}$$

参照两阶段最小二乘法2SLS参数求解原理:第一阶段,可以使用内生解释变量 $\mathbf{W}\mathbf{y}$ 作为因变量,使用外生解释变量 $\mathbf{X}(\lambda)$ 作为工具变量进行估计得到残差预测值 $\hat{\boldsymbol{\varepsilon}}$,并计算空间关联系数 $\hat{\lambda}$(如果变量 $\mathbf{X}(\lambda)$ 中也有内生解释变量,还可以指定变量 $\mathbf{X}(\lambda)$ 的工具变量);第二阶段,根据第一阶段计算空间关联系数 $\hat{\lambda}$,使用OLS方式估计参数 $\hat{\boldsymbol{\beta}}$。具体而言,将式(16–10)转换为:

$$(\mathbf{I_n} - \lambda\mathbf{W})\mathbf{y} = \mathbf{X}(\lambda)\boldsymbol{\beta} + \boldsymbol{\varepsilon}$$

在给定 $\hat{\lambda} = \lambda^*$ 的条件下,将 $(\mathbf{I_n} - \lambda^*\mathbf{W})\mathbf{y}$ 视为OLS参数估计过程中的 $\mathbf{y}$,因此根据OLS参数估计过程,可得解释变量参数矩阵的估计值为:

$$\hat{\boldsymbol{\beta}} = [\mathbf{X}(\lambda^*)'\mathbf{X}(\lambda^*)]^{-1}\mathbf{X}(\lambda^*)'(\mathbf{I_n} - \lambda^*\mathbf{W})\mathbf{y}$$

$$= [\mathbf{X}(\lambda^*)'\mathbf{X}(\lambda^*)]^{-1}\mathbf{X}(\lambda^*)'\mathbf{y} - \lambda^*[\mathbf{X}(\lambda^*)'\mathbf{X}(\lambda^*)]^{-1}\mathbf{X}(\lambda^*)'\mathbf{W}\mathbf{y}$$

此外,还可以计算残差的方差估计: $\hat{\sigma}^2 = n^{-1}\mathbf{e}(\lambda^*)'\mathbf{e}(\lambda^*)$。其中, $\mathbf{e}(\lambda^*) = (\mathbf{I_n} - \lambda^*\mathbf{W})\mathbf{y} - \mathbf{X}(\lambda^*)\hat{\boldsymbol{\beta}}$。

上述结果表明,虽然SEM模型与SAR、SDM模型略有差异,但SEM模型的参数求解关键,仍然是先估算空间关联系数 λ。

16.2.2　SEM模型的MLE估计

由SEM模型的GS2SLS参数求解过程可知,SEM模型的参数估计依然是要先估算出残差项的空间关联系数 λ。SEM模型的参数估算,依然可以使用极大似然估计,同样需要构造对数似然函数,其原理与SAR和SDM模型相同,但略有差异。

(1)SEM模型的对数似然函数Anselin设定。根据安瑟林(Anselin,1988)的设定,SEM模型的对数似然函数设定为:

$$\ln L = -(n/2)\ln(2\pi\sigma^2) + \ln|\mathbf{I_n} - \lambda\mathbf{W}| - \frac{\mathbf{e}'\mathbf{e}}{2\sigma^2} \tag{16-12}$$

其中, $\mathbf{e} = (\mathbf{I_n} - \lambda\mathbf{W})(\mathbf{y} - \mathbf{X}\boldsymbol{\beta})$。SEM模型对数似然函数形式虽然与SAR和SDM模型相同,但残差的计算略有差异,因为在SAR和SDM模型中, $\mathbf{e} = \mathbf{y} - \rho\mathbf{W}\mathbf{y} - \mathbf{Z}\boldsymbol{\delta}$。

（2）SEM模型的对数似然函数简化过程。 根据佩斯和巴里（Pace and Barry，1997）的设定，SEM模型的对数似然函数可以简化为：

$$\ln L = \kappa + \ln|\mathbf{I_n} - \lambda\mathbf{W}| - (n/2)\ln[S(\lambda)] \tag{16-13}$$

其中，$S(\lambda) = \mathbf{e}(\lambda)'\mathbf{e}(\lambda)$，代表SEM模型的残差平方和；又因为 $\mathbf{e}(\lambda) = (\mathbf{I_n} - \lambda\mathbf{W})\mathbf{y} - \mathbf{X}(\lambda)\hat{\boldsymbol{\beta}}$ 代入化简后可得：

$$S(\lambda) = \left[(\mathbf{I_n} - \lambda\mathbf{W})\mathbf{y} - \mathbf{X}(\lambda)\hat{\boldsymbol{\beta}}\right]'\left[(\mathbf{I_n} - \lambda\mathbf{W})\mathbf{y} - \mathbf{X}(\lambda)\hat{\boldsymbol{\beta}}\right]$$

为简化分析，令 $\mathbf{y}(\lambda) = (\mathbf{I_n} - \lambda\mathbf{W})\mathbf{y}$，代入可得：

$$S(\lambda) = \mathbf{y}(\lambda)'\mathbf{y}(\lambda) - 2\hat{\boldsymbol{\beta}}'\mathbf{X}(\lambda)'\mathbf{y}(\lambda) + \hat{\boldsymbol{\beta}}'\mathbf{X}(\lambda)'\mathbf{X}(\lambda)\hat{\boldsymbol{\beta}} \tag{16-14}$$

同样地，根据对数似然函数，我们只需要分别对 $\lambda, \boldsymbol{\beta}, \sigma^2$ 求一阶条件，即可得到相应的最优参数值。依据SEM模型的极大似然估计结果，可以估算最优的 $\hat{\lambda}$。①解释变量的参数估计值：$\hat{\boldsymbol{\beta}} = \left[\mathbf{X}(\lambda)'\mathbf{X}(\lambda)\right]^{-1}\mathbf{X}(\lambda)'\mathbf{y}(\lambda)$。②随机残差的方差估计值：$\hat{\sigma} = \frac{1}{n}S(\hat{\lambda})$。③方差-协方差矩阵估计值：$\boldsymbol{\Omega} = \hat{\sigma}^2\left[(\mathbf{I_n} - \hat{\lambda}\mathbf{W})'(\mathbf{I_n} - \hat{\lambda}\mathbf{W})\right]^{-1}$。

由此可见，SEM模型估计的核心本质，也是通过构建包含空间相关系数的对数似然函数，求解最优的残差空间关联系数。然后，再将SEM模型的多参数向单参数转化，对参数向量和方差进行估计。

事实上，根据第15章的内容，SEM模型也可以直接转化为SDM模型，因而也可以参照SDM模型的方法估算参数，本章不再赘述。

16.3　用Stata做空间计量模型的GS2SLS和MLE估计

16.3.1　用Stata做SAR/SDM模型的GS2SLS和MLE估计

横截面数据的SAR、SDM模型的GS2SLS和MLE估计命令有很多，第15章其实已经作了初步的介绍。回顾前一章的内容，使用city2018的数据，可以做SAR/SDM模型GS2SLS和MLE估计：

```
. use city2018.dta, clear
spset
spmatrix create contiguity WI      //生成相邻权重矩阵
spmatrix create idistance MI       //生成空间逆距离权重矩阵
spregress lgdp lfirm lfiscal lsci, gs2sls dvarlag(MI) ivarlag(MI:lfirm lfiscal lsci)      //
空间杜宾模型GS2SLS估计，逆距离空间加权（见表16.1）。
```

表 16.1　　　　　　　　　　　　**空间 SDM 模型 GS2SLS 估计**

```
Spatial autoregressive model              Number of obs   =       273
GS2SLS estimates                          Wald chi2(7)    =   5329.23
                                          Prob > chi2     =    0.0000
                                          Pseudo R2       =    0.9501
```

lgdp	Coef.	Std. Err.	z	P>|z|	[95% Conf. Interval]	
lgdp						
lfirm	.3302856	.0238345	13.86	0.000	.2835708	.3770005
lfiscal	.5880048	.0319131	18.43	0.000	.5254562	.6505534
lsci	.0248389	.0227266	1.09	0.274	-.0197044	.0693823
_cons	6.100346	.2489194	24.51	0.000	5.612473	6.588219
MI						
lfirm	.0161708	.2582404	0.06	0.950	-.4899711	.5223128
lfiscal	-1.089466	.4334872	-2.51	0.012	-1.939085	-.2398468
lsci	-.3388551	.156121	-2.17	0.030	-.6448467	-.0328636
lgdp	1.126484	.3098086	3.64	0.000	.5192707	1.733698

```
Wald test of spatial terms:       chi2(4) = 66.43      Prob > chi2 = 0.0000
```

　　也可以做一个空间自回归 SAR 的极大似然估计：

　　. spregress lgdp lfirm lfiscal lsci, ml dvarlag(MI)　　//空间自回归 MLE 估计，逆距离空间加权（见表 16.2）。

表 16.2　　　　　　　　　　　　**空间 SAR 模型 MLE 估计**

```
Spatial autoregressive model              Number of obs   =       273
Maximum likelihood estimates              Wald chi2(4)    =   4336.27
                                          Prob > chi2     =    0.0000
Log likelihood = 17.995619                Pseudo R2       =    0.9409
```

lgdp	Coef.	Std. Err.	z	P>|z|	[95% Conf. Interval]	
lgdp						
lfirm	.3088771	.0249507	12.38	0.000	.2599747	.3577795
lfiscal	.6031692	.0311257	19.38	0.000	.542164	.6641744
lsci	-.0069651	.0214336	-0.32	0.745	-.0489742	.0350441
_cons	6.507377	.2508575	25.94	0.000	6.015705	6.999049
MI						
lgdp	-.0150341	.0045415	-3.31	0.001	-.0239353	-.0061329
var(e.lgdp)	.051318	.0043924			.0433924	.0606912

```
Wald test of spatial terms:       chi2(1) = 10.96      Prob > chi2 = 0.0009
```

　　通过第 15 章和第 16 章的学习，空间横截面计量回归的命令 spregress 与空间权重矩阵生成命令 spmatrix 的组合，到目前为止读者应该已经非常熟悉了。为了进一步丰富我们的空间权重矩阵工具箱，做更多、更丰富的空间计量模型，本章继续介绍空间权重矩阵生成的另外一个命令 spwmatrix：

　　. ssc install spwmatrix

　　. spwmatrix gecon varlist [if] [in], wname(wght_name) econvar(varname1) row [wtype(bin|inv|econ|invecon) cart r(#) dband(numlist) alpha(#) knn(#) beta(#) Other_options]

　　. spwmatrix socio 相关经济社会文化指标, wname(wght_name) wtype(socnet) idvar(provinceid) xport(spatialdata_province, txt)　　//输出广义"相邻"空间权重矩阵，如文化距离、基因距离、制度距离等

　　其中，wname(wght_name) 表示要生成的空间权重矩阵的名称；wtype(bin | inv | econ | invecon | socnet | socecon) 分别代表**相邻空间权重矩阵、距离衰减（逆距离）、经济距离、逆经济距离、社会网络和社会经济**空间权重矩阵；cart表示纬度和经度采用笛卡尔坐标，这是默认选项；如果采用球面坐标则只能选择 r(#)，此时不能同时选择cart，并且需要指定地球半径距离（英里），一般默认填写 r(3958.761)；dband(numlist)表示最大的权重矩阵边界，其中的 numlist 表示确定边界的变量，一般是各省份代码的最大值；alpha(#) 表示参数限制范围，默认为 alpha(1)。

　　以第15章保存的city2018数据为例，分别生成空间逆距离和经济逆距离空间权重矩阵：

. use city2018.dta, clear

　spset

　spwmatrix gecon _CX _CY, wn(mmx) wtype(inv) cart alpha(1) xport(mmx, txt) rowstand replace　　//生成并输出为mmx.txt空间逆距离权重矩阵，rowstand代表行标准化

　spwmatrix gecon _CX _CY, wn(mmx2) wtype(invecon) cart econvar(gdp) rowstand xport(mmx2, txt) replace　　//输出为mmx2.txt经济逆距离权重矩阵

　insheet using "mmx.txt", delimiter(" ") clear　　//导入mmx.txt空间反距离空间权重矩阵到stata中

　drop if _n==1　　//删除第一行的缺失值

　drop v1　　//删除第一个序号变量

　save mmx.dta, replace

　insheet using "mmx2.txt", delimiter(" ") clear　　//导入mmx2.txt经济反距离空间权重矩阵到stata中

　drop if _n==1　　//删除第一行的缺失值

　drop v1　　//删除第一个序号变量

　save mmx2.dta, replace

然后重新打开city2018.dta数据，并输入下面的命令：

. use city2018.dta, clear

. spautoreg lgdp lfirm lfiscal lsci, wmfile(mmx) model(sar) mfx(lin) test　　//为节省篇幅，表16.3仅展示部分输出结果（建议此命令用Stata16运行）

　　也可以使用经济逆距离空间权重矩阵mmx2做空间杜宾模型的极大似然估计：

. spautoreg lgdp lfirm lfiscal lsci, wmfile(mmx2) model(sdm) mfx(lin) test　　//空间杜宾模型极大似然估计，建议用Stata16运行，空间经济逆距离加权，仅展示部分结果（见表16.4）。

表 16.3   空间 SAR 模型极大似然估计

```
Sample Size        =          273  |  Cross Sections Number  =
Wald Test          =    4817.8794  |  P-Value > Chi2(3)       =      0.0000
F-Test             =    1605.9598  |  P-Value > F(3 , 270)    =      0.0000
(Buse 1973) R2     =       0.9471  |  Raw Moments R2          =      0.9998
(Buse 1973) R2 Adj =       0.9467  |  Raw Moments R2 Adj      =      0.9998
Root MSE (Sigma)   =       0.2152  |  Log Likelihood Function =     28.6006
---------------------------------------------------------------------------
- R2h= 0.9471   R2h Adj= 0.9467  F-Test = 1606.18 P-Value > F(3 , 270) 0.0000
- R2v= 0.9421   R2v Adj= 0.9416  F-Test = 1457.82 P-Value > F(3 , 270) 0.0000
```

lgdp	Coef.	Std. Err.	z	P>|z|	[95% Conf. Interval]	
lgdp						
lfirm	.3300229	.023438	14.08	0.000	.2840853	.3759605
lfiscal	.6226411	.0279227	22.30	0.000	.5679136	.6773685
lsci	-.0080571	.0199542	-0.40	0.686	-.0471667	.0310524
_cons	17.73374	1.986799	8.93	0.000	13.83969	21.6278
/Rho	-.7042372	.1207085	-5.83	0.000	-.9408215	-.467653
/Sigma	.2175785	.0093121	23.37	0.000	.1993272	.2358298

表 16.4   空间 SDM 模型极大似然估计

```
===========================================================================
* MLE Spatial Durbin Normal Model (SDM)
===========================================================================
  lgdp = lfirm + lfiscal + lsci + w1x_lfirm + w1x_lfiscal + w1x_lsci

Sample Size        =          273  |  Cross Sections Number  =
Wald Test          =    3836.3737  |  P-Value > Chi2(6)       =      0.0000
F-Test             =     639.3956  |  P-Value > F(6 , 267)    =      0.0000
(Buse 1973) R2     =       0.9352  |  Raw Moments R2          =      0.9998
(Buse 1973) R2 Adj =       0.9339  |  Raw Moments R2 Adj      =      0.9998
Root MSE (Sigma)   =       0.2397  |  Log Likelihood Function =     52.2327
---------------------------------------------------------------------------
- R2h= 0.9369   R2h Adj= 0.9357  F-Test = 657.88 P-Value > F(6 , 267) 0.0000
- R2v= 0.9640   R2v Adj= 0.9633  F-Test = 1186.73 P-Value > F(6 , 267) 0.0000
```

lgdp	Coef.	Std. Err.	z	P>|z|	[95% Conf. Interval]	
lgdp						
lfirm	.2393776	.024847	9.63	0.000	.1906783	.288077
lfiscal	.5882441	.0313297	18.78	0.000	.526839	.6496491
lsci	-.0064681	.0208739	-0.31	0.757	-.0473802	.0344439
w1x_lfirm	-.1222494	.0420262	-2.91	0.004	-.2046193	-.0398796
w1x_lfiscal	-.3147098	.0621442	-5.06	0.000	-.4365101	-.1929094
w1x_lsci	-.0176306	.0307155	-0.57	0.566	-.077832	.0425707
_cons	2.055044	.4888257	4.20	0.000	1.096964	3.013125
/Rho	.6173411	.0584185	10.57	0.000	.502843	.7318392
/Sigma	.1895848	.0084205	22.51	0.000	.173081	.2060887

16.3.2　用 Stata 做 SEM 模型的 GS2SLS 和 MLE 估计

SEM 模型数据过程和 SAR、SDM 略有差异，但是在使用 Stata 进行操作时，除了设定有所不同外，命令的语法和方式并无差异。为节省篇幅，本节基于逆距离权重矩阵，分别使用 spregress 命令和 spautoreg 命令各演示一次。

. spmatrix create idistance MI

. spregress lgdp lfirm lfiscal lsci, gs2sls errorlag(MI)　　//空间逆距离加权（见表16.5）。

表16.5 空间SEM模型GS2SLS估计

```
Spatial autoregressive model                    Number of obs    =        273
GS2SLS estimates                                Wald chi2(3)     =    3988.76
                                                Prob > chi2      =     0.0000
                                                Pseudo R2        =     0.9372
```

lgdp	Coef.	Std. Err.	z	P>|z|	[95% Conf. Interval]	
lgdp						
lfirm	.3027323	.0220075	13.76	0.000	.2595983	.3458662
lfiscal	.6125452	.0306906	19.96	0.000	.5523928	.6726976
lsci	.010056	.0223258	0.45	0.652	-.0337018	.0538139
_cons	5.974734	.2360502	25.31	0.000	5.512084	6.437384
MI						
e.lgdp	3.291469	1.10058	2.99	0.003	1.134373	5.448566

```
Wald test of spatial terms:        chi2(1) = 8.94        Prob > chi2 = 0.0028
```

同样，再使用spautoreg命令做一次SEM模型空间逆距离加权的极大似然估计：

. spautoreg lgdp lfirm lfiscal lsci, wmfile(mmx) model(sem) mfx(lin) test   // SEM模型极大似然估计，建议用Stata16运行spautoreg命令，空间逆距离加权（见表16.6）。

表16.6 空间SEM模型MLE估计

```
=================================================================
* MLE Spatial Error Normal Model (SEM)
=================================================================
  lgdp = lfirm + lfiscal + lsci

  Sample Size      =        273 |  Cross Sections Number  =
  Wald Test        =  3336.4807 |  P-Value > Chi2(3)      =      0.0000
  F-Test           =  1112.1602 |  P-Value > F(3 , 270)   =      0.0000
  (Buse 1973) R2   =     0.9254 |  Raw Moments R2         =      0.9998
  (Buse 1973) R2 Adj =   0.9248 |  Raw Moments R2 Adj     =      0.9998
  Root MSE (Sigma) =     0.2557 |  Log Likelihood Function =    23.1383
- ---------------------------------------------------------------
- R2h= 0.9381  R2h Adj= 0.9377  F-Test = 1359.43 P-Value > F(3 , 270) 0.0000
- R2v= 0.9953  R2v Adj= 0.9952  F-Test =18892.06 P-Value > F(3 , 270) 0.0000
```

	Coef.	Std. Err.	z	P>|z|	[95% Conf. Interval]	
lgdp						
lfirm	.2874426	.0225469	12.75	0.000	.2432515	.3316338
lfiscal	.6295097	.0304068	20.70	0.000	.5699134	.6891059
lsci	-.0122655	.0219291	-0.56	0.576	-.0552456	.0307147
_cons	6.200175	.3213428	19.29	0.000	5.570355	6.829995
/Lambda	.926855	.0727699	12.74	0.000	.7842287	1.069481
/Sigma	.2205199	.0094726	23.28	0.000	.2019539	.2390858

```
LR Test SEM vs. OLS (Lambda=0): 162.2260   P-Value > Chi2(1)   0.0000
Acceptable Range for Lambda:    -8.4954  < Lambda < 1.0000
-----------------------------------------------------------------
```

第17章 空间面板计量模型检验

前面已经初步学习了空间计量经济学的基础知识，以及空间横截面计量模型的检验与应用。在此基础上，本章将系统介绍空间面板计量经济模型及Stata应用。空间面板计量模型相对于传统面板计量模型而言，最大的区别在于对个体之间空间依赖关系处理不同，从而导致估计的方法产生显著差异。但除此之外，传统面板模型的基本原理在空间面板数据中仍然适用，比如固定效应和随机效应模型等。

17.1 空间面板数据回归基础模型

17.1.1 空间面板数据导入与空间权重矩阵生成

在前面的章节中，对于普通的计量回归我们已经学习了面板数据的相关内容，也了解了面板数据的应用所带来的诸多优点，例如使用面板数据缓解内生性问题等。不仅如此，面板数据在空间计量回归中也占有重要的地位，它主要是可以帮助我们识别出一个观测值的趋势，以便于更好地处理那些不可观测因素的混淆效应。

那么空间面板计量模型如何进行实证检验呢？本章使用2010~2018年的中国城市统计年鉴数据进行演示：

. use 中国城市统计年鉴地级市面板数据.dta, clear

keep 行政区划代码 城市 年份 年末总人口_全市_万人 地区生产总值_当年价格_全市_万元 行政区域土地面积_全市_平方公里 规模以上工业企业数_全市_个 地方一般公共预算收入_全市_万元 科学技术支出_全市_万元 普通高等学校_全市_所

/* 为了便于后续分析，我们将冗长的中文变量名进行重命名 */
rename 行政区划代码 fips
rename 年份 year
drop if year<2010

rename 城市 city

encode city, gen(city2)　　//将字符型变量转换为数值型变量

drop city

rename city2 city

rename 年末总人口_全市_万人 pop

rename 地区生产总值_当年价格_全市_万元 gdp

rename 行政区域土地面积_全市_平方公里 land

rename 地方一般公共预算收入_全市_万元 fiscal

rename 科学技术支出_全市_万元 sci

rename 规模以上工业企业数_全市_个 firm

rename 普通高等学校_全市_所 univ

Sum　　//（见表17.1）。

表 17.1　　　　　　　　　　　　　　描述性统计

Variable	Obs	Mean	Std. Dev.	Min	Max
fips	2,870	384574.2	141456	110000	652200
year	2,870	2014.032	2.585046	2010	2018
pop	2,781	675.4146	1228.01	0	11153.2
land	2,778	26492.92	54613.98	13	665523
gdp	2,716	2.88e+07	5.72e+07	349527	7.31e+08
firm	2,765	1927.424	4684.338	3	64371
fiscal	2,766	2069849	5626698	5658	7.11e+07
sci	2,742	384277.1	955562.5	918	1.35e+07
univ	2,697	12.91694	24.56608	1	177
city	2,870	165.9976	95.93537	1	330

对于均值较大的变量，要尽量取对数，以减少模型估计的异方差。然后，可以使用duplicates drop命令检查数据，将可能的重复数据删除。输入以下命令：

gen lgdp=log(gdp)

gen lpop=log(pop)

gen lfirm=log(firm)

gen lland=log(land)

gen lfiscal=log(fiscal)

gen lsci=log(sci)

duplicates drop fips year, force　　//删除fips和year两变量皆一致的重复数据

sum　　//（见表17.2）。

设定面板数据：

. xtset fips year　　//（见图17.1）。

表 17.2 取对数后的描述性统计

Variable	Obs	Mean	Std. Dev.	Min	Max
fips	2,870	384574.2	141456	110000	652200
year	2,870	2014.032	2.585046	2010	2018
pop	2,781	675.4146	1228.01	0	11153.2
land	2,778	26492.92	54613.98	13	665523
gdp	2,716	2.88e+07	5.72e+07	349527	7.31e+08
firm	2,765	1927.424	4684.338	3	64371
fiscal	2,766	2069849	5626698	5658	7.11e+07
sci	2,742	384277.1	955562.5	918	1.35e+07
univ	2,697	12.91694	24.56608	1	177
city	2,870	165.9976	95.93537	1	330
lgdp	2,716	16.45363	1.08673	12.76434	20.41021
lpop	2,780	5.974477	.9369878	-3.218876	9.319482
lfirm	2,765	6.659571	1.275624	1.098612	11.07242
lland	2,778	9.493576	1.050518	2.564949	13.40833
lfiscal	2,766	13.27136	1.496326	8.640826	18.07934
lsci	2,742	11.84558	1.307178	6.822197	16.42071

```
panel variable:  fips (unbalanced)
 time variable:  year, 2010 to 2018, but with gaps
         delta:  1 unit
```

图 17.1 平衡面板数据设定

图 17.1 表明，该面板数据是一个非平衡的面板数据。因为空间面板计量的很多命令都要求平衡数据，为了避免运行命令时出错，可以进一步将其整理为平衡的面板数据：

. ssc install xtbalance　　//安装面板平衡数据转换命令

xtbalance , range(2010 2018) miss(_all)　　//保留拥有 2010-2018 年数据的城市

codebook city　　//查看城市数量，剩下 216 个城市。如果读者需要更多的城市，那就事先应该通过搜集信息把数据补全，或者插值补全（但误差较大）。

xtset fips year　　//这个时候已经转换为严格平衡的面板数据

sum　　//结果省略

/*接下来我们将其与地图数据进行匹配，以便于后期链接地图数据，并生成相应的空间权重矩阵*/

merge m:1 fips using 市 .dta　　//匹配之后，因为地图数据包含所有的城市，所以有很多匹配失败的城市进入数据，导致数据又重新变成不平衡数据

xtset _ID year

/*由于空间面板数据要求数据集为平衡面板，因此我们将有缺失年份的个别个体剔除，输入以下命令*/

duplicates tag _ID , gen(num)　　//这一步是为了清点个体的年份数，从 2010~2018 年，共 9 年的数据，变量 num 取值从 0-8

keep if num==8   //保留平衡数据

xtset _ID year   //如果不平衡，可以再运行xtbalance命令，直到平衡（见图17.2）。

```
panel variable:  _ID (strongly balanced)
 time variable:  year, 2010 to 2018
        delta:  1 unit
```

图17.2　平衡面板数据设定

图17.2表明，数据已经是一个严格平衡的面板数据了。我们先将数据保存好，并命名为citypanel2：

. save citypanel2.dta, replace

spset   //（见图17.3）。

```
Sp dataset citypanel2.dta
           data:  panel
   spatial-unit id:  _ID
        time id:  year (see xtset)
     coordinates:  _CX, _CY (planar)
  linked shapefile:  市_shp.dta
```

图17.3　空间面板数据设定

图17.3表明，我们生成的面板数据citypanel2.dta已经成功设定为空间面板数据，并且已经链接到地图数据"市_shp.dta"。然后，就可以生成相应的空间权重矩阵：

. spmatrix create contiguity W if year == 2018, replace   //以某一年的数据生成空间相邻权重矩阵，后面的面板回归可以直接调用

. spmatrix create idistance M if year == 2018, replace   //生成逆距离权重矩阵

还可以使用以下命令将权重矩阵输出为".txt"格式，并转换成相应的".dta"文件：

/*首先，导出空间相邻权重矩阵*/

spmatrix export W using Wxt.txt, replace

insheet using "Wxt.txt", delimiter(" ") clear   //导入Wxt.txt空间相邻权重矩阵到stata中

drop if _n==1   //删除第一行的缺失值

drop v1   //删除第一个序号变量

save Wxt.dta, replace

/*其次，导出空间逆距离权重矩阵*/

spmatrix export M using Mxt.txt, replace

insheet using "Mxt.txt", delimiter(" ") clear   //导入Mxt.txt空间反距离空间权重矩阵到stata中

drop if _n==1   //删除第一行的缺失值

drop v1   //删除第一个序号变量

save Mxt.dta, replace

/*我们也可以使用spwmatrix命令生成空间逆距离、经济逆距离、文化距离等广义空间权重矩阵*/

/*首先，生成空间逆距离空间权重矩阵，并导出为dta文件*/

use citypanel2.dta, clear

spwmatrix gecon _CX _CY, wn(M2) wtype(inv) cart alpha(1) xport(M2, txt) rowstand replace　　//生成并输出为M2.txt空间逆距离权重矩阵，rowstand代表行标准化

insheet using "M2.txt", delimiter(" ") clear　　　　//导入M2.txt空间反距离空间权重矩阵到stata中

drop if _n==1　　//删除第一行的缺失值

drop v1　　//删除第一个序号变量

save M2xt.dta, replace

/*其次，生成经济逆距离空间权重矩阵，并导出为dta文件*/

use citypanel2.dta, clear

spwmatrix gecon _CX _CY, wn(E2) wtype(invecon) cart econvar(gdp) rowstand xport(E2, txt) replace　　　　//输出为E2.txt经济逆距离权重矩阵

insheet using "E2.txt", delimiter(" ") clear　　　//导入E2.txt经济反距离空间权重矩阵到stata中

drop if _n==1　　//删除第一行的缺失值

drop v1　　//删除第一个序号变量

save E2xt.dta, replace

17.1.2　计算空间关联系数与绘制莫兰散点图

在进行空间面板计量回归之前，为诊断因变量与解释变量之间的空间关联性，需要使用莫兰空间关联系数和莫兰散点图。通常情况下，只有因变量和解释变量都做了相应的检验，才能判断使用什么样的模型更加合适。

. use citypanel2.dta, clear

. spatwmat using Mxt, name(W) standardize　　//因为空间相邻权重矩阵Wxt矩阵有11个孤岛，我们这里使用空间逆距离权重矩阵

假如想要知道gdp在2018年的空间莫兰指数（空间相关系数），可以输入下面的命令（因为矩阵是214×214的，所以检测的变量也必须是214个观测值，可以使用sum查看）：

keep if year==2018　　//也可以选择其他的年份作比较，比如2010年

spatgsa gdp, weights(W) moran　　//全局莫兰指数，变量gdp不能有缺失值，一

定要确保变量gdp的观测值数量和空间权重矩阵W的维度一致（见表17.3）。

表17.3　　　　　　　　　　　**2018年城市GDP全局莫兰指数**

```
Weights matrix

Name: W
Type: Imported (non-binary)
Row-standardized: Yes

Moran's I
```

Variables	I	E(I)	sd(I)	z	p-value*
gdp	0.045	-0.005	0.006	7.724	0.000

```
*1-tail test
```

表17.3中，虽然空间关联莫兰指数只有0.045，但是很显著。进一步，再检验局部莫兰指数：

. spatlsa gdp, weights(W) moran　　　//局部莫兰指数，因为有214个，为节省篇幅，这里省略输出结果

. spatlsa gdp, weight(W) moran graph(moran)　　　//绘制莫兰散点图（见图17.4）。

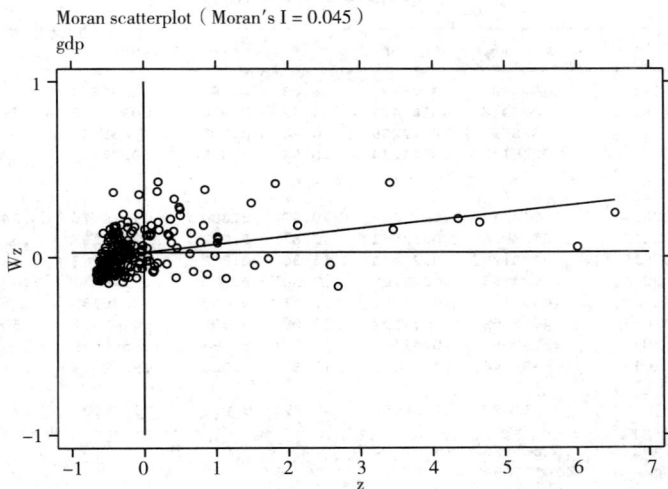

图17.4　2018年城市GDP局部莫兰散点图

17.1.3　面板数据空间计量回归

关于面板空间计量回归，在这里引入其回归命令spxtregress（Fixed- and Random-Effects Linear Regression Models for Panel Data），该命令是基于极大似然估计方法，将传统面板计量估计命令xtreg, fe和 xtreg, re在空间面板数据回归中拓展而来。其具体命令格式如下：

. spxtregress depvar [indepvars] [if] [in], fe [fe_options]

. spxtregress depvar [indepvars] [if] [in], re [re_options]

空间面板计量命令spxtregress也是空间截面计量命令spregress的拓展，两者的语法结构基本一致。但不同的是空间面板计量命令spxtregress只有MLE估计，没有GS2SLS估计。

此外，根据空间加权变量的设定不同，可以通过选项dvarlag()、ivarlag()和errorlag()来控制模型结构，轻松应用SAR、SDM、SEM、SAC、SDEM等空间面板计量模型。

如果样本存在缺失值，出现不能估计的情况，依然可以使用force选项，该选项可以使用样本的子集生成对应的空间权重矩阵，然后进行强制空间计量估计。为了更加直观地观察变量的直接效应和间接效应，可以使用estat impact命令。为了更好地对比分析，首先进行普通面板数据回归：

. use citypanel2.dta, clear

. xtreg lgdp lfirm lfiscal lsci lpop i.year, fe   //（见表17.4）。

表17.4   传统面板双固定效应估计

lgdp	Coef.	Std. Err.	t	P>|t|	[95% Conf. Interval]	
lfirm	.1973537	.0245831	8.03	0.000	.1491374	.2455699
lfiscal	.067318	.0161427	4.17	0.000	.0356563	.0989796
lsci	.0608692	.0127295	4.78	0.000	.035902	.0858364
lpop	.0236129	.0241274	0.98	0.328	-.0237097	.0709355
year						
2011	.2044413	.0211402	9.67	0.000	.1629776	.2459049
2012	.2800904	.0217562	12.87	0.000	.2374187	.3227621
2013	.3403129	.0222471	15.30	0.000	.2966783	.3839475
2014	.3904864	.0225708	17.30	0.000	.346217	.4347559
2015	.4099468	.0234701	17.47	0.000	.3639135	.45598
2016	.4615569	.024192	19.08	0.000	.4141077	.5090061
2017	-.3180667	.0247181	-12.87	0.000	-.3665478	-.2695856
2018	.6385444	.0368431	17.33	0.000	.5662818	.7108069
_cons	13.11489	.2624651	49.97	0.000	12.6001	13.62967
sigma_u	.61005286					
sigma_e	.20175659					
rho	.90140795	(fraction of variance due to u_i)				

表17.4中，可以发现面板数据双向固定效应估计结果中，除了人口数量lpop对lgdp的影响不显著，其余变量对lgdp的影响均显著为正。再将空间关联性纳入考量，首先考虑空间Durbin双固定效应模型：

. spset

spmatrix create contiguity W if year == 2018, replace   //空间相邻权重矩阵

spmatrix create idistance M if year == 2018, replace   //空间逆距离权重矩阵

spxtregress lgdp lfirm lfiscal lsci lpop i.year, fe dvarlag(M) ivarlag(M: lfirm lfiscal lsci lpop)

//需要在Stata16中运行该命令，Stata17和Stata18不能使用i.year   //（见表17.5）。

表17.5 空间面板SDM双固定效应极大似然估计

lgdp	Coef.	Std. Err.	z	P>|z|	[95% Conf. Interval]	
lgdp						
lfirm	.1382178	.0263604	5.24	0.000	.0865523	.1898832
lfiscal	.062671	.0158559	3.95	0.000	.031594	.0937479
lsci	.0403145	.01296	3.11	0.002	.0149133	.0657157
lpop	.0291066	.0239124	1.22	0.224	-.0177607	.075974
year						
2011	.2384534	.0480589	4.96	0.000	.1442598	.3326471
2012	.2622745	.0504807	5.20	0.000	.1633342	.3612148
2013	.2606618	.0491476	5.30	0.000	.1643342	.3569893
2014	.2712194	.0495115	5.48	0.000	.1741787	.3682602
2015	.2656581	.0548773	4.84	0.000	.1581005	.3732157
2016	.3084801	.0612713	5.03	0.000	.1883905	.4285696
2017	-.1415556	.0666372	-2.12	0.034	-.2721621	-.0109491
2018	.4737416	.0796089	5.95	0.000	.317711	.6297722
M						
lfirm	.5643568	.16002	3.53	0.000	.2507234	.8779903
lfiscal	-.0717204	.0493806	-1.45	0.146	-.1685047	.0250639
lsci	.0077847	.0444909	0.17	0.861	-.0794158	.0949852
lpop	.4350568	.3597529	1.21	0.227	-.2700461	1.14016
lgdp	.438803	.0635942	6.90	0.000	.3141607	.5634452
/sigma_e	.1964898	.0033587			.1900159	.2031842

Wald test of spatial terms: chi2(5) = 78.40   Prob > chi2 = 0.0000

表17.5的结果说明，解释变量的空间关联性并不显著，可以考虑使用空间自回归SAR模型：

spxtregress lgdp lfirm lfiscal lsci lpop i.year, fe dvarlag(W)   // 需要在Stata16中运行该命令（见表17.6）。

表17.6 空间面板SAR双固定效应极大似然估计

lgdp	Coef.	Std. Err.	z	P>|z|	[95% Conf. Interval]	
lgdp						
lfirm	.1681475	.0232039	7.25	0.000	.1226687	.2136263
lfiscal	.0491355	.0152304	3.23	0.001	.0192844	.0789866
lsci	.0478542	.012002	3.99	0.000	.0243307	.0713776
lpop	.0196238	.0226776	0.87	0.387	-.0248235	.0640712
year						
2011	.1561628	.0201841	7.74	0.000	.1166026	.1957229
2012	.2109304	.0210724	10.01	0.000	.1696292	.2522315
2013	.2543423	.0218467	11.64	0.000	.2115234	.2971611
2014	.291784	.0224244	13.01	0.000	.247833	.335735
2015	.3059081	.0233516	13.10	0.000	.2601398	.3516763
2016	.3443698	.0243203	14.16	0.000	.2967029	.3920367
2017	-.2093259	.0245733	-8.52	0.000	-.2574887	-.1611631
2018	.4808552	.0365231	13.17	0.000	.4092714	.5524391
W						
lgdp	.3918415	.0288671	13.57	0.000	.3352631	.44842
/sigma_e	.1896172	.0032529			.1833477	.1961012

Wald test of spatial terms: chi2(1) = 184.25   Prob > chi2 = 0.0000

最后，对各控制变量的边际效应进行分解：

. estat impact   //（见表17.7）。

表17.7 直接效应、间接效应和总效应

```
Average impacts                              Number of obs    =      1,926
```

	dy/dx	Delta-Method Std. Err.	z	P>|z|	[95% Conf. Interval]	
direct						
lfirm	.1765201	.0242439	7.28	0.000	.1290029	.2240373
lfiscal	.067706	.0158311	4.28	0.000	.0366776	.0987344
lsci	.0416768	.0127155	3.28	0.001	.0167548	.0665987
lpop	.022776	.0236616	0.96	0.336	-.0235999	.0691519
indirect						
lfirm	.1233625	.03071	4.02	0.000	.063172	.183553
lfiscal	.0473169	.0153162	3.09	0.002	.0172978	.0773361
lsci	.0291261	.0099555	2.93	0.003	.0096138	.0486385
lpop	.0159172	.0168976	0.94	0.346	-.0172015	.0490359
total						
lfirm	.2998825	.0470288	6.38	0.000	.2077077	.3920574
lfiscal	.115023	.0289349	3.98	0.000	.0583117	.1717342
lsci	.0708029	.021341	3.32	0.001	.0289754	.1126304
lpop	.0386932	.0403394	0.96	0.337	-.0403706	.117757

除了计算直接效应、间接效应和总效应外，命令spxtregress相关的后验估计命令见表17.8。

表17.8 空间面板计量命令**spxtregress**的后验估计命令

Command	Description
contrast	contrasts and ANOVA-style joint tests of estimates
estat ic	Akaike's and Schwarz's Bayesian information criteria（AIC and BIC）
estat summarize	summary statistics for the estimation sample
estat vce	variance-covariance matrix of the estimators（VCE）
estimates	cataloging estimation results
lincom	point estimates, standard errors, testing, and inference for linear combinations of coefficients
lrtest	likelihood-ratio test
margins	marginal means, predictive margins, marginal effects, and average marginal effects
marginsplot	graph the results from margins（profile plots, interaction plots, etc.）
nlcom	point estimates, standard errors, testing, and inference for nonlinear combinations of coefficients
predict	predictions, residuals, influence statistics, and other diagnostic measures
predictnl	point estimates, standard errors, testing, and inference for generalized predictions
pwcompare	pairwise comparisons of estimates
test	Wald tests of simple and composite linear hypotheses
testnl	Wald tests of nonlinear hypotheses

注：详细使用方法可以查看：help spxtregress postestimation。

在使用空间Durbin模型进行检验时，因变量的空间权重矩阵和解释变量的空间权重矩阵还可以分别设置不同的矩阵。例如，因变量使用空间相邻权重矩阵W，解

释变量使用逆距离空间权重矩阵M：

. spxtregress lgdp lfirm lfiscal lsci lpop i.year, fe dvarlag(W) ivarlag(M: lfirm lfiscal lsci lpop i.year)　　//使用W和M两个空间权重矩阵（见表17.9）。

表17.9　　　　　　　　　　空间杜宾模型（SDM）双固定效应估计

```
Fixed-effects spatial regression          Number of obs     =      1,926
Group variable: _ID                       Number of groups  =        214
                                          Obs per group     =          9

                                          Wald chi2(25)     =    4523.28
                                          Prob > chi2       =     0.0000
Log likelihood =    428.9181              Pseudo R2         =     0.0833
```

lgdp	Coef.	Std. Err.	z	P>|z|	[95% Conf. Interval]	
lgdp						
lfirm	.1180482	.0259222	4.55	0.000	.0672417	.1688548
lfiscal	.0333566	.0160112	2.08	0.037	.0019753	.0647379
lsci	.0276324	.0144996	1.91	0.057	-.0007864	.0560512
lpop	.026835	.0227551	1.18	0.238	-.0177642	.0714342
year						
2011	.2104116	.069727	3.02	0.003	.0737492	.347074
2012	.3435511	.0699719	4.91	0.000	.2064088	.4806934
2013	.418137	.0701341	5.96	0.000	.2806767	.5555973
2014	.4463364	.0707311	6.31	0.000	.3077059	.5849669
2015	.4989989	.0715525	6.97	0.000	.3587586	.6392392
2016	.5062042	.0728287	6.95	0.000	.3634626	.6489457
2017	-.0755705	.0727481	-1.04	0.299	-.2181541	.0670132
2018	.7640387	.0849967	8.99	0.000	.5974483	.9306292
M						
lfirm	.1364372	.2245108	0.61	0.543	-.3035959	.5764702
lfiscal	.6449133	.159085	4.05	0.000	.3331125	.9567141
lsci	.2962857	.0871391	3.40	0.001	.1254962	.4670752
lpop	.5373312	.3501819	1.53	0.125	-.1490127	1.223675
year						
2011	-.29111	.1149258	-2.53	0.011	-.5163604	-.0658595
2012	-.5503894	.1285919	-4.28	0.000	-.8024249	-.298354
2013	-.7171378	.1397845	-5.13	0.000	-.9911104	-.4431653
2014	-.7636828	.14387	-5.31	0.000	-1.045663	-.4817028
2015	-.9258118	.1631352	-5.68	0.000	-1.245551	-.6060726
2016	-.9432481	.1715515	-5.50	0.000	-1.279483	-.6070134
2017	-.9522055	.1871474	-5.09	0.000	-1.319008	-.5854034
2018	-1.219031	.2936593	-4.15	0.000	-1.794592	-.643469
W						
lgdp	.3896365	.0325824	11.96	0.000	.3257761	.4534969
/sigma_e	.1865761	.0032039			.1804012	.1929625

```
Wald test of spatial terms:          chi2(13) = 247.80    Prob > chi2 = 0.0000
```

17.1.4　空间面板数据MLE估计

空间面板数据估计的命令有很多，本节介绍空间面板数据模型极大似然估计的另外一个命令xsmle（Spatial Panel Data Models），该命令不是系统命令，需要提前下载安装：

. ssc install xsmle, replace

. help xsmle

必须注意的是，不同于spxtregress命令（该命令可以计算非平衡的空间面板数据），**命令xsmle要求数据必须是严格平衡的，不能有缺失值**。另外，xsmle命令其实没有spxtregress方便，但它的特点在于可以做动态空间面板计量。它的语法结构为：

（1）空间自回归模型（spatial autoregressive model，SAR）。

. xsmle depvar [indepvars] [if] [in] [weight], fe/re wmat(name) model(sar) [SAR_options]

（2）空间杜宾模型（spatial durbin model，SDM）。

. xsmle depvar [indepvars] [if] [in] [weight], fe/re wmat(name) model(sdm) [SDM_options]

（3）空间自相关模型（spatial autocorrelation model，SAC）。

. xsmle depvar [indepvars] [if] [in] [weight], fe/re wmat(name) emat(name) model(sac) [SAC_options]

（4）空间误差模型（spatial error model，SEM）。

. xsmle depvar [indepvars] [if] [in] [weight], fe/re emat(name) model(sem) [SEM_options]

（5）广义空间面板随机效应模型（generalized spatial panel random effects model，GSPRE）。

. xsmle depvar [indepvars] [if] [in] [weight], wmat(name) model(gspre) [emat(name) GSPRE_options]

其中，选项dlag()用于指定因变量的滞后期，默认为dlag(0)，即静态空间面板模型；dlag(1)代表一阶动态空间面板计量模型，以此类推；选项wmat()用来指定空间权重矩阵；选项emat()用来指定残差空间权重矩阵；选项dmat()用来指定解释变量空间权重，默认为wmat()；选项effects代表计算直接效应、间接效应和总效应，但该选项要求空间权重矩阵不能有缺失值；选项fe表示固定效应，默认为随机效应，也可以用re表示；

仍然以前文中的citypanel2数据为例，首先基于地理信息数据生成空间权重矩阵（以反距离空间权重矩阵为例）。

. use citypanel2.dta, clear

在17.1节，曾经导出了Wxt.txt（空间相邻）和Mxt.txt（空间逆距离）两个空间权重矩阵。首先，以空间逆距离权重矩阵Mxt.txt为例：

. spmat import Mxt using Mxt.txt   //将空间权重矩阵Mxt.txt导入为spmat格式的空间权重矩阵

. spmat save Mxt using Mxt.spmat, replace   //将Mxt.spmat空间权重矩阵保存在Stata的工作路径中，并命名为Mxt.spmat，以备后期调用。这一步有时会失败，可以多尝试几次

. spmat use Mxt using Mxt.spmat, replace　　　//调用Mxt.spmat空间权重矩阵

其次，考虑到xsmle命令对面板数据的要求非常严格，一定要确保该数据是严格平衡的面板数据。

接下来，使用命令xsmle，分别进行空间杜宾随机效应和空间杜宾固定效应回归估计（其他空间自回归SAR、空间自相关SAC、空间误差模型SEM等请读者自行检验）。

. xsmle lgdp lfirm lfiscal lsci lpop i.year, fe wmat(Mxt) model(sdm)　　　//空间杜宾双固定效应模型极大似然估计（见表17.10）。

表17.10　　　　　　　　　　**空间杜宾模型双维固定效应极大似然估计**

lgdp	Coef.	Std. Err.	z	P>|z|	[95% Conf. Interval]	
Main						
lfirm	.1208091	.0251833	4.80	0.000	.0714508	.1701675
lfiscal	.0447072	.0155221	2.88	0.004	.0142844	.0751299
lsci	.0265217	.0140868	1.88	0.060	-.001088	.0541315
lpop	.0291643	.0221047	1.32	0.187	-.0141602	.0724888
year						
2011	.2012263	.0677413	2.97	0.003	.0684558	.3339968
2012	.3290533	.067989	4.84	0.000	.1957974	.4623092
2013	.399649	.0681529	5.86	0.000	.2660718	.5332262
2014	.4174978	.068711	6.08	0.000	.2828267	.5521689
2015	.4659463	.0695432	6.70	0.000	.3296441	.6022484
2016	.4663317	.0707039	6.60	0.000	.3277546	.6049088
2017	-.1071355	.0709101	-1.51	0.131	-.2461168	.0318457
2018	.6689705	.0824285	8.12	0.000	.5074136	.8305273
Wx						
lfirm	.1131346	.2183762	0.52	0.604	-.3148749	.541144
lfiscal	.670397	.1546349	4.34	0.000	.3673183	.9734758
lsci	.2093289	.0850539	2.46	0.014	.0426262	.3760315
lpop	.5188728	.3403063	1.52	0.127	-.1481154	1.185861
year						
2011	-.3628611	.1120283	-3.24	0.001	-.5824324	-.1432897
2012	-.6536148	.1253523	-5.21	0.000	-.8993009	-.4079287
2013	-.861918	.1362533	-6.33	0.000	-1.128969	-.5948665
2014	-.9318539	.1404944	-6.63	0.000	-1.207218	-.65649
2015	-1.100774	.1589156	-6.93	0.000	-1.412242	-.7893046
2016	-1.133826	.1675251	-6.77	0.000	-1.462169	-.8054826
2017	-.7848578	.1859094	-4.22	0.000	-1.149233	-.4204821
2018	-1.579807	.2857712	-5.53	0.000	-2.139908	-1.019706
Spatial						
rho	.7630288	.0717659	10.63	0.000	.6223702	.9036873
Variance						
sigma2_e	.0328568	.0010625	30.92	0.000	.0307744	.0349392

如果想要计算直接效应、间接效应和总效应，就要加入effects选项（但不能使用i.year）。以上计算过程，也同样适用于空间相邻权重矩阵Wxt.txt，同样可以使用命令制作相应的空间权重矩阵：

spmat import Wxt using Wxt.txt　　　//将空间权重矩阵Wxt.txt导入为spmat格式的空间权重矩阵

spmat save Wxt using Wxt.spmat, replace　　　//将Wxt.spmat空间权重矩阵保存在Stata的工作路径中，并命名为Wxt.spmat

spmat use Wxt using Wxt.spmat, replace　　　//调用Wxt.spmat空间权重矩阵

然后输入下面的命令进行计算，以空间自回归SAR固定效应模型为例：

. xsmle lgdp lfirm lfiscal lsci lpop i.year, fe wmat(Wxt) model(sar) nolog　　　//（见表 17.11）。

表17.11　　　　　　　　　空间自回归固定效应极大似然估计

lgdp	Coef.	Std. Err.	z	P>|z|	[95% Conf. Interval]	
Main						
lfirm	.1681475	.0218769	7.69	0.000	.1252697	.2110254
lfiscal	.0491355	.0143594	3.42	0.001	.0209916	.0772794
lsci	.0478542	.0113156	4.23	0.000	.025676	.0700323
lpop	.0196238	.0213807	0.92	0.359	-.0222815	.0615292
year						
2011	.1561628	.0190298	8.21	0.000	.1188651	.1934604
2012	.2109304	.0198672	10.62	0.000	.1719913	.2498694
2013	.2543423	.0205973	12.35	0.000	.2139723	.2947122
2014	.291784	.0211419	13.80	0.000	.2503466	.3332214
2015	.3059081	.0220161	13.89	0.000	.2627573	.3490588
2016	.3443698	.0229294	15.02	0.000	.299429	.3893106
2017	-.2093259	.0231679	-9.04	0.000	-.2547342	-.1639176
2018	.4808552	.0344343	13.96	0.000	.4133653	.5483452
Spatial						
rho	.3918415	.0272161	14.40	0.000	.3384989	.4451842
Variance						
sigma2_e	.0319597	.0010338	30.91	0.000	.0299335	.033986

17.1.5　空间SAR模型的GS2SLS估计

同等条件下，空间面板数据的观测值数量比横截面数据要多几倍，甚至几十倍。因而空间面板计量模型多数命令使用的是极大似然估计方法，主要是因为广义空间两阶段最小二乘估计（GS2SLS）的运算效率太低。因而，本节只对空间面板自回归的GS2SLS估计做简单介绍，包括gs2slsxt和gs2slsarxt两个命令。

. ssc install gs2slsxt, replace

. gs2slsxt depvar indepvars , nc(#) wmfile(weight_file) mfx(lin, log) stand inv inv2 order(#) be fe re coll zero tolog nolog predict(new_var) resid(new_var) level(#) vce(vcetype)

. ssc install gs2slsarxt, replace

. gs2slsarxt depvar indepvars , nc(#) wmfile(weight_file) mfx(lin, log) stand inv inv2 order(#) be fe re coll zero tolog nolog predict(new_var) resid(new_var) level(#) vce(vcetype)

这两个命令的用法几乎无差异。选项nc(#)用于指定个体的数量，是必选项，且该命令要求严格平衡的面板数据；选项wmfile(weight_file)用于指定横截面的空间权重矩阵，该命令会自动将其转换为面板空间权重矩阵；选项stand代表使用行标准化的空间权重矩阵；选项inv代表使用逆空间权重矩阵(1/W)；选项inv2表示使用逆距

离平方空间权重矩阵(1/W^2)；选项order(1, 2, 3, 4)用于指定因变量空间滞后的阶数，最高可以到4阶，默认为1阶；其他选项同前文分析。例如，仍然以citypanel2数据为例：

. use citypanel2.dta, clear

. gs2slsxt lgdp lfirm lfiscal lsci lpop, fe nc(214) wmfile(Wxt) order(1) mfx(lin) test　　// Wxt是空间相邻权重矩阵，该命令不能使用i.year等Factor变量，建议在Stata16中运行此命令（见表17.12）。

表17.12　　　　　　　　　空间自回归固定效应GS2SLS估计

```
===================================================================
* Generalized Spatial Panel Two Stage Least Squares (GS2SLS)
===================================================================
 lgdp = w1y_lgdp + lfirm + lfiscal + lsci + lpop

 Sample Size         =        1926 |  Cross Sections Number  =        214
 Wald Test           =    745.5306 |  P-Value > Chi2(5)       =     0.0000
 F-Test              =    149.1061 |  P-Value > F(5 , 1707)   =     0.0000
 (Buse 1973) R2      =      0.9438 |  Raw Moments R2          =     0.9998
 (Buse 1973) R2 Adj  =      0.9366 |  Raw Moments R2 Adj      =     0.9998
 Root MSE (Sigma)    =      0.2468 |  Log Likelihood Function =    78.3339
-------------------------------------------------------------------
- R2h= 0.0915   R2h Adj=-0.0245  F-Test =    38.67 P-Value > F(5 , 1707)0.0000

      lgdp |    Coef.    Std. Err.      t     P>|t|    [95% Conf. Interval]
-----------+-------------------------------------------------------------
  w1y_lgdp |  .4996646   .0923618     5.41    0.000    .3185103   .6808189
     lfirm |  .1237864   .0284469     4.35    0.000    .0679919   .1795809
   lfiscal |  .1768945   .0183709     9.63    0.000    .1408627   .2129264
      lsci | -.0264105   .0100892    -2.62    0.009   -.0461991  -.006622
      lpop |  .0282101   .0294729     0.96    0.339   -.0295967   .086017
     _cons |  8.026534   .8554303     9.38    0.000    6.348732   9.704336
```

读者也可以尝试使用空间逆距离权重矩阵Mxt.dta（建议在Stata16中运行此命令）：

. gs2slsxt lgdp lfirm lfiscal lsci lpop, fe nc(214) wmfile(Mxt) order(1) mfx(lin) test //空间逆距离权重矩阵，计算速度很慢，观测值数量大时慎重使用，结果省略

或者使用命令gs2slsarxt：

. gs2slsarxt lgdp lfirm lfiscal lsci lpop, fe nc(214) wmfile(Wxt) order(1) mfx(lin) test //结果省略

17.2　空间面板计量双重差分模型

17.2.1　空间双重差分估计

为了检验空间面板计量双重差分模型，需要对前文的数据做一些调整，虚构一个政策变量。首先，导入数据：

. use citypanel2.dta, clear

然后将样本进行随机分组，生成处理组（Treat==1），控制组（Treat==0）。输入以下命令：

. set seed 83979001

gen r=rnormal()

qui sum r, detail　　//对r进行分位数排序，这个步骤必须要有，否则下面一条命令运行产生其他值；qui 表示 quietly

bysort _ID : gen treat=(r>=r(p50)) if _n==1　　//按照id排序，对第一年的数据进行随机赋值，如果随机变量r超过50分位的值，i就取值为1，反之则取0。这样就只有每个id的第一年数据赋值了，其他年份均为 "."。作用是设置处理组和控制组

bysort _ID : replace treat=treat[_n-1] if treat==. & _n!=1　　//同一个id的每个i取值与第一个值相同，作用依然是设定处理组和对照组，也是完成上一步工作

drop r

sum treat　　//（见表17.13）。

表17.13　　　　　　　　　　　　描述性统计

Variable	Obs	Mean	Std. Dev.	Min	Max
treat	1,926	.4672897	.4990585	0	1

/*生成政策变量*/

gen post=(year>=2015)　　//只要年份大于或等于2015年，post就取值为1，否则取值为0

gen lgdp2=lgdp

replace lgdp2=lgdp+uniform()*3+rnormal()*3 if treat==1 & post==1　　//将同时满足 Treat==1，Post==1 的观测值lgdp2替换，此设计是为了体现政策的影响

ttest lgdp2, by(treat)　　//（见表17.14）。

表17.14　　　　　　　　　　　　分组统计

Two-sample t test with equal variances

Group	Obs	Mean	Std. Err.	Std. Dev.	[95% Conf. Interval]
0	1,026	16.39891	.0315733	1.011331	16.33695　16.46086
1	900	17.12747	.0821971	2.465913	16.96615　17.28879
combined	1,926	16.73936	.04273	1.875256	16.65556　16.82316
diff		-.7285675	.0840399		-.8933865　-.5637486

diff = mean(0) - mean(1)　　　　　　　　　　　　t = -8.6693

Ho: diff = 0　　　　　　　　　　　　degrees of freedom = 1924

Ha: diff < 0　　　　　　Ha: diff != 0　　　　　　Ha: diff > 0

Pr(T < t) = 0.0000　　　Pr(|T| > |t|) = 0.0000　　　Pr(T > t) = 1.0000

　　表17.14的检测结果说明处理组和控制组之间存在显著差异。接下来，生成DID
变量treat_post，并且使用空间杜宾固定效应模型进行双重差分实证检验：

```
. gen treat_post=treat*post
. spmatrix create contiguity W if year == 2018, replace        //空间相邻权重矩阵
. spmatrix create idistance M if year == 2018, replace        //空间逆距离权重矩阵
. xtset _ID year
. save citypanel2.dta, replace        //保存好数据，避免丢失
. spxtregress lgdp2 treat_post lfirm lfiscal lsci lpop i.year, fe dvarlag(W) ivarlag(W:
```
treat_post lfirm lfiscal lsci lpop i.year)　　// 需要在Stata16中运行该命令，Stata18目前
还不支持双维固定效应（见表17.15）。

表17.15　　　　　　　　　　　**空间杜宾TWFE–DID极大似然估计**

lgdp2	Coef.	Std. Err.	z	P>|z|	[95% Conf. Interval]	
lgdp2						
treat_post	1.571514	.1372404	11.45	0.000	1.302528	1.840501
lfirm	.6207566	.2013622	3.08	0.002	.2260939	1.015419
lfiscal	-.0887824	.1260002	-0.70	0.481	-.3357382	.1581734
lsci	.0206954	.1088468	0.19	0.849	-.1926404	.2340312
lpop	.0567769	.1768759	0.32	0.748	-.2898936	.4034474
year						
2011	.3633359	.319232	1.14	0.255	-.2623473	.9890192
2012	.4797587	.3207809	1.50	0.135	-.1489603	1.108478
2013	.542833	.3220348	1.69	0.092	-.0883436	1.17401
2014	.6192971	.3267825	1.90	0.058	-.0211848	1.259779
2015	.979409	.3349443	2.92	0.003	.3229303	1.635888
2016	.096728	.3412417	0.28	0.777	-.5720934	.7655495
2017	.686768	.3427608	2.00	0.045	.0149691	1.358567
2018	.5510079	.3957893	1.39	0.164	-.2247248	1.326741
W						
treat_post	-.0926155	.4230107	-0.22	0.827	-.9217013	.7364703
lfirm	.0022839	.4849936	0.00	0.996	-.9482861	.952854
lfiscal	.7447021	.2870204	2.59	0.009	.1821525	1.307252
lsci	-.0824762	.2289024	-0.36	0.719	-.5311167	.3661643
lpop	.2558691	.5036822	0.51	0.611	-.7313299	1.243068
year						
2011	-.185228	.446478	-0.41	0.678	-1.060309	.6898529
2012	-.3394805	.453196	-0.75	0.454	-1.227728	.5487674
2013	-.48462	.4601041	-1.05	0.292	-1.386407	.4171674
2014	-.5634056	.4621919	-1.22	0.223	-1.469285	.3424739
2015	-1.074771	.5289654	-2.03	0.042	-2.111524	-.0380176
2016	.1513099	.5318095	0.28	0.776	-.8910176	1.193637
2017	-1.598591	.5423911	-2.95	0.003	-2.661658	-.5355244
2018	-.7887713	.7514457	-1.05	0.294	-2.261578	.6840353
lgdp2	.0177076	.0492924	0.36	0.719	-.0789038	.1143189
/sigma_e	1.465201	.0250402			1.416936	1.51511

Wald test of spatial terms:　　　　chi2(14) = 33.28　　Prob > chi2 = 0.0026

　　表17.15中，变量treat_post的估计系数显著大于0，说明该政策对lgdp2的影响是
显著有效的。因为我们的政策变量是随机生成的，所以它的空间加权系数不显著。同
样的逻辑，还可以使用空间自回归固定效应模型做双重差分实证检验，具体命令如下：

. spxtregress lgdp2 treat_post lfirm lfiscal lsci lpop i.year, fe dvarlag(W)　　//（见表 17.16）。

表 17.16　　　　　　　　　　　　空间自回归 **TWFE–DID** 极大似然估计

lgdp2	Coef.	Std. Err.	z	P>|z|	[95% Conf. Interval]	
lgdp2						
treat_post	1.585393	.136218	11.64	0.000	1.318411	1.852376
lfirm	.6632121	.1803797	3.68	0.000	.3096743	1.01675
lfiscal	.0423325	.1186546	0.36	0.721	-.1902263	.2748912
lsci	.0119636	.0934688	0.13	0.898	-.1712319	.195159
lpop	.058262	.1768855	0.33	0.742	-.2884271	.4049511
year						
2011	.3271941	.1550481	2.11	0.035	.0233053	.6310828
2012	.3853902	.1596237	2.41	0.016	.0725336	.6982469
2013	.4135766	.1632422	2.53	0.011	.0936278	.7335253
2014	.4516281	.1656549	2.73	0.006	.1269504	.7763058
2015	.4570041	.1873144	2.44	0.015	.0898746	.8241335
2016	.3806962	.1928952	1.97	0.048	.0026285	.7587639
2017	-.1475778	.1938311	-0.76	0.446	-.5274798	.2323242
2018	.6288854	.2786912	2.26	0.024	.0826607	1.17511
W						
lgdp2	.0467736	.0466875	1.00	0.316	-.0447322	.1382794
/sigma_e	1.478782	.0252746			1.430065	1.529158

Wald test of spatial terms:　　　　chi2(1) = 1.00　　　　Prob > chi2 = 0.3164

政策变量 treat_post 的估计系数 1.59，在 1% 的水平下显著。同样地，仍然可以计算各变量的直接效应、间接效应和总效应：

.estat impact　　//结果省略

17.2.2　空间双重差分安慰剂检验

在计量经济学中，安慰剂检验的核心思想就是虚构处理组或者虚构政策时间进行估计，如果不同虚构方式下的估计量的回归结果依然显著，那么就说明原来的估计结果很有可能出现了偏误，我们的被解释变量 y 的变动很有可能是受到了其他政策变革或者随机性因素的影响。

仍然以 citypanel2.dta 数据为例，考虑到空间面板计量模型的计算时间比较长，不妨将蒙特卡罗模拟次数设定为 100 次。需要在 Stata16 中运行以下命令，目前为止 Stata17 和 Stata18 还不支持空间面板固定效应模型中使用 i.year。

. mat b = J(100,1,0)　　//设定系数矩阵 b，J(r,c,z) 代表 r 行 c 列包含 z 元素的矩阵，J(100,1,0) 表示 100 行 1 列，元素均为 0 的矩阵，具体可以参考 help matrix functions

mat se = J(100,1,0)　　//设定 100*1 标准误矩阵，这些矩阵都是系统变量，不会出现在变量窗口

mat p = J(100,1,0)　　//设定 100*1 的 p 值矩阵

drop _merge　　//把之前合并数据的记录删除（如果有该变量的话），然后保存好原数据

```
save citypanel2.dta, replace
/*接下来开始做蒙特卡罗随机模拟实验，循环100次*/
set seed 10101
forvalues i=1/100{
use citypanel2.dta, clear
keep if year==2014        //从2010-2018年中，随便选一年数据保留
sample 100, count         //随机抽取100个城市
keep _ID          //得到所抽取样本城市的ID编号，这样就只有100个观测值，并且
只有_ID一个变量
save match_id.dta, replace        //另存_ID编号数据
merge 1:m _ID using citypanel2.dta        //与原数据匹配
gen treat2 = (_merge == 3)        //匹配成功的_ID，也就是所抽取样本赋值为1，其
余为0，得到政策分组虚拟变量
gen period = (year>= 2015)        //生成政策时间虚拟变量，政策发生年份为2015
年，因为是安慰剂检验，也可以将政策发生年份提前或者推后
gen did2 = treat2*period
quietly spxtregress lgdp2 did2 lfirm lfiscal lsci lpop i.year, fe dvarlag(W)        //进行空
间面板自回归TWFE-DID实证检验
mat b[`i',1] = _b[did2]        //提取每次回归估计的系数，并赋值给系数矩阵b，矩
阵b/se/p都是系统默认的变量，不会显示在变量窗口
mat se[`i',1] = _se[did2]        //提取每次回归估计的系数标准误，并赋值于标准误
矩阵se
mat p[`i',1] = 2*ttail(e(df_r), abs(_b[did2]/_se[did2]))        //赋值p矩阵
}
/*以上程序也可以通过修改gen period = (t>= 2015)，将政策发生的时间提前或者
推后。接下来，将前面得到的矩阵转化为向量*/
svmat b, names(coef1)        //将系统默认的系数矩阵b赋值给变量coef1，即生成新
的变量coef1，以便于后期制图
svmat se, names(se1)        //将系统默认的标准误矩阵se赋值给变量se1，这里会生
成新的变量se1
svmat p, names(pvalue1)        //将p值矩阵赋值给变量pvalue1
/*将上面模拟结果得到的系数、标准误和p值进行画图，在do-file中输入以下命令*/
kdensity coef1 if coef1 !=. ,        ///通过施加约束条件避开coef的缺失值
title("Placebo Test")        ///图的标题
xlabel(-2(.2)2) ylabel(,angle(0))        ///x轴取值范围从-2到2，间隔单位为0.2
```

xline(1.59, lwidth(vthin) lp(shortdash)) xtitle("Coefficients")　　///真实的估计系数为1.59，即真实数据回归得到的估计系数

legend(label(1 "kdensity of estimates"))　　///图例说明

plotregion(style(none))　　///不需要边框

graphregion(color(white))　　//白色的底图（见图17.5）。

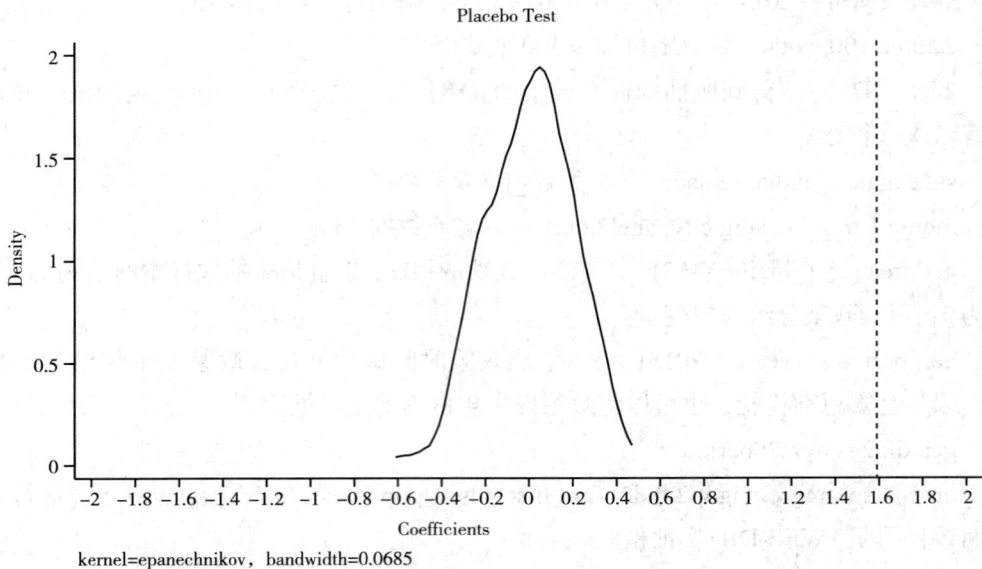

图17.5　空间面板自回归TWFE–DID双重差分安慰剂检验

17.3　动态空间面板计量模型

17.3.1　Han–Philips动态空间面板线性回归

本节介绍动态空间面板Han–Philips（2010）和Arellano–Bond（1991）线性回归命令spregdpd（Spatial Panel Han–Philips or Arellano–Bond Linear Dynamic Regression: Lag & Durbin Models），该命令是系统外部命令（需要在Stata16中运行）：

. ssc install spregdpd, replace

spregdpd depvar indepvars [weight] , nc(#) wmfile(weight_file) [model(sar|sdm) run(x tabond|xtdhp|xtdpd|xtdpdsys) be fe re test mfx(lin) zero

其中，选项nc(#)代表横截面个体数量（number of cross sections units），这是必选项；选项wmfile(weight_file)代表指定空间权重矩阵；选项model(sar|sdm)用于指定SAR或者SDM模型；选项run()表示选择Han–Philips（2010）或Arellano–Bond（1991）

动态线性回归模型；选项 run(xtdhp) 表示 Han–Philips（2010）模型；选项 run(xtabond) 表示 Arellano–Bond（1991）模型；选项 be/fe/re 只有在 Han–Philips（2010）模型下才可以使用；选项 test 表示各类检验；选项 mfx 表示计算直接效应、间接效应和总效应；选项 zero 表示将缺失值转换为观测值 0（最好是插值，不要将缺失值转化为 0）。仍然以 citypanel2 和空间权重矩阵（Wxt）为例：

. spregdpd lgdp lfirm lfiscal lsci lpop, nc(214) wmfile(Wxt) model(sar) run(xtdhp) test // run(xtdhp) 表示空间动态 Han-Philips 估计（见表 17.17）。

表 17.17 空间滞后 Han–Philips 线性动态面板数据估计

```
* Spatial Lag Han-Philips Linear Dynamic Panel Data Regression
================================================================================
  lgdp = w1y_lgdp + lfirm + lfiscal + lsci + lpop

  Sample Size       =       1712  |  Cross Sections Number  =        214
  Wald Test         =  2707.2576  |  P-Value > Chi2(6)      =     0.0000
  F-Test            =   451.2096  |  P-Value > F(6 , 1706)  =     0.0000
  (Buse 1973) R2    =     0.6134  |  Raw Moments R2         =     0.9988
  (Buse 1973) R2 Adj =    0.6123  |  Raw Moments R2 Adj     =     0.9988
  Root MSE (Sigma)  =    14.3271  |  Log Likelihood Function = -1465.7482
--------------------------------------------------------------------------------
- R2h= 0.6662   R2h Adj= 0.6652  F-Test =  567.14 P-Value > F(6 , 1706)0.0000

        lgdp |    Coef.    Std. Err.      t    P>|t|     [95% Conf. Interval]
-------------+------------------------------------------------------------------
        lgdp |
         L1. | -1.974388   .0669634   -29.48   0.000    -2.105727    -1.843049
             |
    w1y_lgdp |  .0177893   .0043984     4.04   0.000     .0091624     .0264162
       lfirm |  .3561015   .0219389    16.23   0.000     .3130715     .3991314
     lfiscal | -.0437698   .0153311    -2.85   0.004    -.0738395      -.0137
        lsci |  .3908555   .0175969    22.21   0.000     .3563418     .4253693
        lpop |  .0953678   .0284753     3.35   0.001     .0395176      .151218
       _cons |  27.52441    .5946906   46.28   0.000     26.35801     28.69081
--------------------------------------------------------------------------------
  Rho Value  =  0.0178      Chi2 Test =    16.358   P-Value > Chi2(1)  0.0001
--------------------------------------------------------------------------------
================================================================================
*** Spatial Panel Aautocorrelation Tests
================================================================================
  Ho: Error has No Spatial AutoCorrelation
  Ha: Error has    Spatial AutoCorrelation

- GLOBAL Moran MI          =     0.5118    P-Value > Z(29.199)   0.0000
- GLOBAL Geary GC          =     0.5175    P-Value > Z(-15.737)  0.0000
- GLOBAL Getis-Ords GO     =    -0.3348    P-Value > Z(-29.199)  0.0000
--------------------------------------------------------------------------------
- Moran MI Error Test      =    44.8532    P-Value > Z(2555.848) 0.0000
--------------------------------------------------------------------------------
- LM Error (Burridge)      =   840.7823    P-Value > Chi2(1)     0.0000
- LM Error (Robust)        =   842.3729    P-Value > Chi2(1)     0.0000

  Ho: Spatial Lagged Dependent Variable has No Spatial AutoCorrelation
  Ha: Spatial Lagged Dependent Variable has    Spatial AutoCorrelation

- LM Lag (Anselin)         =     0.5188    P-Value > Chi2(1)     0.4714
- LM Lag (Robust)          =     2.1094    P-Value > Chi2(1)     0.1464

  Ho: No General Spatial AutoCorrelation
  Ha:    General Spatial AutoCorrelation

- LM SAC (LMErr+LMLag_R)   =   842.8917    P-Value > Chi2(2)     0.0000
- LM SAC (LMLag+LMErr_R)   =   842.8917    P-Value > Chi2(2)     0.0000
--------------------------------------------------------------------------------
```

17.3.2 Arellano–Bond 动态空间面板线性回归

本节仍然使用citypanel2数据和空间权重矩阵Wxt为例，基于动态空间面板Arellano–Bond（1991）线性回归模型进行实证检验：

spregdpd lgdp lfirm lfiscal lsci lpop, nc(214) wmfile(Wxt) run(xtabond) model(sdm)

// run(xtabond)表示空间动态Arellano-Bond估计该命令需要使用Stata16运行；为了节约时间，我们没有使用test选项（见表17.18）。

表17.18 空间杜宾动态 **Arellano–Bond** 线性面板数据估计

```
* Spatial Durbin Arellano-Bond Linear Dynamic Panel Data Regression
=================================================================
 lgdp = lfirm + lfiscal + lsci + lpop + w1x_lfirm + w1x_lfiscal + w1x_lsci + ...

 Sample Size           =        1712 |  Cross Sections Number  =        214
 Wald Test             =    385.6669 |  P-Value > Chi2(9)      =     0.0000
 F-Test                =     42.8519 |  P-Value > F(9 , 1703)  =     0.0000
 (Buse 1973) R2        =      0.1846 |  Raw Moments R2         =     0.9997
 (Buse 1973) R2 Adj    =      0.1808 |  Raw Moments R2 Adj     =     0.9997
 Root MSE (Sigma)      =      0.6865 |  Log Likelihood Function =  -377.5649
-----------------------------------------------------------------
- R2h= 0.5188   R2h Adj= 0.5165  F-Test =  203.85 P-Value > F(9 , 1703)0.0000
- R2v= 0.4181   R2v Adj= 0.4154  F-Test =  135.90 P-Value > F(9 , 1703)0.0000

        lgdp |    Coef.    Std. Err.      t     P>|t|    [95% Conf. Interval]
-------------+---------------------------------------------------------------
        lgdp |
         L1. | -.0372845    .0532514    -0.70   0.484   -.1417297    .0671606
             |
       lfirm |  .2414849    .0727154     3.32   0.001    .098864     .3841058
     lfiscal |  .1925477    .0313492     6.14   0.000    .1310607    .2540347
        lsci | -.0126103    .0228426    -0.55   0.581   -.0574128    .0321922
        lpop | -.0005729    .0507733    -0.01   0.991   -.1001576    .0990118
   w1x_lfirm |  .7442879    .1662109     4.48   0.000    .4182889   1.070287
 w1x_lfiscal | -.1645377      .05045    -3.26   0.001   -.2634882   -.0655873
    w1x_lsci | -.2730014    .0467349    -5.84   0.000   -.3646653   -.1813375
    w1x_lpop | -.0309652    .1467199    -0.21   0.833   -.3187355    .256805
       _cons |  13.49285    .9171243    14.71   0.000    11.69404    15.29166
-----------------------------------------------------------------
* Over Identification Restrictions Test
  Ho: Over Identification Restrictions are Valid
- Sargan Over Identification LM Test  =   954.703   P-Value > Chi2(35) 0.0000
-----------------------------------------------------------------
```

对比表17.17和表17.18的结果可以发现，两种动态空间面板数据模型估计的结果存在一定的差异。其中，空间杜宾动态Arellano–Bond线性面板数据估计的过度识别约束检验没有通过。

17.3.3 动态空间面板极大似然估计

Han–Philips（2010）或Arellano–Bond（1991）动态空间线性面板数据回归模型只是两种不同的算法，其核心仍然是SAR和SDM主体模型为基础。除了前文介绍的两类方法，如果还想用SEM、SAC等模型做动态空间面板计量估计，可以使用命令xsmle：

. use "D:\01傻瓜计量经济学与stata应用\data\citypanel2.dta", clear   //为避免命
令xsmle生成的变量与其他命令产生冲突，一定要重新调用citypanel2数据

. spmat use Mxt using Mxt.spmat, replace   //调用Mxt.spmat空间权重矩阵

. xtset fips year

. xsmle lgdp lfirm lfiscal lsci lpop i.year, fe wmat(Mxt) dlag(1) model(sdm) nolog
//其中，选项dlag(1)代表因变量的一阶滞后，也可以设置2阶或3阶滞后（见表17.19）。

表17.19   动态SDM双维固定效应极大似然估计

lgdp	Coef.	Std. Err.	z	P>|z|	[95% Conf. Interval]	
Main						
lgdp						
L1.	.2329863	.0265111	8.79	0.000	.1810255	.2849472
lfirm	.0872894	.0285091	3.06	0.002	.0314125	.1431662
lfiscal	.1274775	.0191198	6.67	0.000	.0900034	.1649516
lsci	.001886	.0152009	0.12	0.901	-.0279072	.0316793
lpop	.0182955	.0233532	0.78	0.433	-.027476	.064067
year						
2011	.0069812	.			.	.
2012	.0746593	.07033	1.06	0.288	-.0631849	.2125035
2013	.1015777	.0712008	1.43	0.154	-.0379733	.2411287
2014	.0890021	.0725149	1.23	0.220	-.0531244	.2311286
2015	.1302031	.0739403	1.76	0.078	-.0147174	.2751235
2016	.1098239	.0756205	1.45	0.146	-.0383896	.2580375
2017	-.4440934	.0754961	-5.88	0.000	-.592063	-.2961238
2018	.278959	.0882812	3.16	0.002	.105931	.4519869
Wx						
lfirm	-.1274631	.2690494	-0.47	0.636	-.6547902	.399864
lfiscal	.514938	.1731385	2.97	0.003	.1755927	.8542832
lsci	.1311903	.0936054	1.40	0.161	-.0522729	.3146535
lpop	.2860108	.3717079	0.77	0.442	-.4425234	1.014545
year						
2011	.9035644	.			.	.
2012	.6877258	.0805308	8.54	0.000	.5298882	.8455633
2013	.5418161	.0938751	5.77	0.000	.3578242	.7258079
2014	.5026611	.1018066	4.94	0.000	.3031238	.7021985
2015	.3644935	.12058	3.02	0.003	.1281611	.6008259
2016	.3497833	.1263093	2.77	0.006	.1022216	.5973449
2017	.6328633	.1499233	4.22	0.000	.3390191	.9267076
2018	.0294103	.2546631	0.12	0.908	-.4697203	.5285409
Spatial						
rho	.7159824	.0856961	8.35	0.000	.5480211	.8839437
Variance						
sigma2_e	.0396435	.0012096	32.77	0.000	.0372726	.0420143

综上所述，所谓空间面板计量模型，实际上就是在传统面板数据模型的基础上，纳入空间关联因素。因而，传统面板计量的模型，多数都可以扩展到空间面板计量中。受篇幅所限，没有对其他空间计量模型做详细介绍，如空间贝叶斯模型、空间面板中介效应等，留待读者自行验证。

17.4　空间面板双权重矩阵的Mata应用

17.4.1　什么是Mata

Mata是Stata的高级编程语言，具有运算速度快的特征，它看起来很像 Java 和C语言，但是增加了对矩阵编程的直接支持。当用户希望快速地执行矩阵计算或需要编写复杂的程序时，可以使用Mata。Stata 的大多数新特性都是用Mata编写的，如多水平模型（multilevel modeling）、潜在类分析（latent class analysis）、贝叶斯估计（bayesian estimation）和空间双权重矩阵估计SPM等。

Mata是Stata的重要组成部分，可以在Stata和Mata场景中交互使用（来回切换），也可以作为do-file和ado-file延伸的矩阵编程语言。通常而言，Mata会比 ado 的运算速度快10–40倍。所有版本的 Stata 都会限制矩阵大小（matrix size），而Mata在 Stata/MP 中却可容纳超过 20 亿行和列的矩阵。

进入Mata的方式是在Stata的命令窗口输入：

. clear

. mata　　//进入 Mata，以下命令可以逐一运行，也可以放入do-file中一起运行。但是，如果放入do-file中运行，需要把里面输出的结果和图片全部删除

/*Mata的基本运算规则为*/

a1=(1, 2)　　//","逗号表示列，即生成1×2的行向量a1

a1　　//（见表17.20）。

表 17.20　　　　　　　　　　　向量a1展示

	1	2
1	**1**	**2**

a2=(1..4)　　//利用".."生成[1,4]范围内的（整数）行向量

a2　　//（见表17.21）。

表 17.21　　　　　　　　　　　向量a2展示

	1	2	3	4
1	**1**	**2**	**3**	**4**

a3=(1 \2 \3 \4)　　//"\"反斜杠为行合并运算符，即生成4×1的列向量a3

a3　　//（见表17.22）。

表17.22 　　　　　　　　　　　　　向量a3展示

```
              1
    1    ┌    1    ┐
    2    │    2    │
    3    │    3    │
    4    └    4    ┘
```

a4=(1::4)　　//利用"::"生成[1,4]范围内的（整数）列向量，等价于a4=(1 \2 \3 \4)，生成4×1的列向量a4

a5=(1,2)'　　//"'"撇号为转置运算符

a5　　//（见表17.23）。

表17.23 　　　　　　　　　　　　　向量a5展示

```
              1
    1    ┌    1    ┐
    2    └    2    ┘
```

也可以将上述运算规则进行混合：

c1 = (1, 2, 3 \ 4, 5, 6 \ 7, 8, 9)

c1　　//（见表17.24）。

表17.24 　　　　　　　　　　　　　矩阵c1展示

```
          1    2    3
    1  ┌  1    2    3  ┐
    2  │  4    5    6  │
    3  └  7    8    9  ┘
```

r1 = (1, 2, 3)

r2 = (1, 2, 3 \ 4, 5, 6 \ 7, 8, 9)

m1 = r1 :+ r2　　//将行向量r1中的元素逐行加入到r2的每一行，最终得到3*3矩阵

m2 = r2 :+ r1　　//生成的m2与m1相同

m3 = r1 :/ r2　　//将行向量r1中的元素逐行除以r2的每一行，得3*3矩阵

m4 = r2 :/ r1　　//将行向量r2中的元素逐行除以r1的每一行，得3*3矩阵

m5 = sqrt(m1)　　//针对每个元素的开根运算

end　　//退出 Mata

17.4.2　mmat格式文件的读入与生成

Mata在空间计量中有很大的用处，原因就是Stata在处理空间面板数据时，往往

因为空间权重矩阵存储太大，而导致运算速度很慢，但是Mata可以克服这一点。举例而言，假设用户要处理一个包含200000个观测值和150个变量的数据集，并且需要再生成一个包含180000个观测值的80个变量的矩阵。Stata中直接生成矩阵可能需要110MB，而Mata只需要640Bytes。

不同于Stata的dta格式，Mata矩阵有自身的数据存储格式，其后缀名为".mmat"。可以使用命令mata matuse读入（Stata使用命令use），语法结构类似于Stata，也需要指明路径和文件名。类似于Stata的save命令，也可以将Mata矩阵保存为".mmat"格式，用到的命令是mata matsave，保存的时候同样需要指明路径和文件名。

以Stata自带的auto.dta数据为例，首先在Stata窗口调用数据，并进行一些必要的数据处理（有的数据在Stata中处理更加便捷，不要在Mata中处理，增加程序的复杂度；也有时候在Mata中更加方便，根据个人爱好灵活应用）：

```
. sysuse auto.dta, clear
drop make foreign      //删除make和foreign两个变量
keep in 1/10      //仅保留前10个观测值，凑成10×10矩阵
list, table      //（见表17.25）。
```

表17.25   变量展示

	price	mpg	rep78	headroom	trunk	weight	length	turn	displa~t	gear_r~o
1.	4,099	22	3	2.5	11	2,930	186	40	121	3.58
2.	4,749	17	3	3.0	11	3,350	173	40	258	2.53
3.	3,799	22	.	3.0	12	2,640	168	35	121	3.08
4.	4,816	20	3	4.5	16	3,250	196	40	196	2.93
5.	7,827	15	4	4.0	20	4,080	222	43	350	2.41
6.	5,788	18	3	4.0	21	3,670	218	43	231	2.73
7.	4,453	26	.	3.0	10	2,230	170	34	304	2.87
8.	5,189	20	3	2.0	16	3,280	200	42	196	2.93
9.	10,372	16	3	3.5	17	3,880	207	43	231	2.93
10.	4,082	19	3	3.5	13	3,400	200	42	231	3.08

为了将上述数据转换为Mata的".mmat"格式，可以在do-file编辑窗口输入以下命令：

```
mata
mata clear      //清空mata内存
C=st_data(.,.)      //生成矩阵C是所有变量的所有观测值，也可以用字母W或其
他字母表示
mata matsave mmxi1 C, replace      //将矩阵C存储为mmxi1.mmat文件
end
```

这样就生成了mmxi1.mmat的Mata文件，并且存储在路径"d: \stata17\"中。如果我们要查看或者调用mmxi1.mmat文件，可以在do-file编辑窗口输入下面的命令：

```
mata
mata clear
mata matuse mmxi1, replace
C          //在stata中输出矩阵C
end        //（见表17.26）。
```

表17.26   矩阵C展示

: c	1	2	3	4	5	6	7
1	4099	22	3	2.5	11	2930	186
2	4749	17	3	3	11	3350	173
3	3799	22	.	3	12	2640	168
4	4816	20	3	4.5	16	3250	196
5	7827	15	4	4	20	4080	222
6	5788	18	3	4	21	3670	218
7	4453	26	.	3	10	2230	170
8	5189	20	3	2	16	3280	200
9	10372	16	3	3.5	17	3880	207
10	4082	19	3	3.5	13	3400	200

	8	9	10
1	40	121	3.579999924
2	40	258	2.529999971
3	35	121	3.079999924
4	40	196	2.930000067
5	43	350	2.410000086
6	43	231	2.730000019
7	34	304	2.869999886
8	42	196	2.930000067
9	43	231	2.930000067
10	42	231	3.079999924

如果已经用Stata生成了dta格式的空间权重矩阵，则可以用上面的方式将其转换为mmat格式。如果要调用该空间权重矩阵，则可以在使用完上面的调用程序之后，继续在命令窗口输入：

```
. mata st_matrix("C", C)
```

17.4.3　空间面板双权重矩阵SPM估计

在实际研究过程中，我们经常遇到一个问题，就是同一省份内部各城市之间的相邻与不同省份之间的城市相邻，所产生的空间关联效应是显著不一样的。有的政策在同一省份内部各城市之间具有很好的扩散效应，但是有的要素资源在不同省份之间又更容易流动，因为相同省份的不同城市之间禀赋可能趋同。无论是哪种情况，区分不同省份（政策或制度）和相同省份（政策或制度）的城市地理相邻的空间溢出效应是有必要的。

空间双权重面板固定效应模型，又称为两区制空间面板固定效应模型（Lacombe，2004；Elhorst and Freret，2009），它的基本结构为：

$$y_{it} = \rho_1 \sum_{j=1}^{N} W_{ij,1} y_{jt} + \rho_2 \sum_{j=1}^{N} W_{ij,2} y_{jt} + \mathbf{X}_{it}\beta + \theta_1 \sum_{j=1}^{N} W_{ij,1} Z_{it} + \theta_2 \sum_{j=1}^{N} W_{ij,2} Z_{it} + u_i + v_t + \varepsilon_{it}$$

其中，下标i表示地区，下标t表示时间。因变量y代表地区人均产出；X代表控制变量，Z代表核心解释变量或处理变量；u_i为空间固定效应，v_t为时间固定效应，

ε_{it} 为残差。θ_1 和 θ_2 分别代表省域内相邻城市的资本竞争反应系数和省际交界处相邻城市的资本竞争反应系数；ρ_1 和 ρ_2 分别代表省域内相邻城市的经济竞争反应系数和省际交界处相邻城市的经济竞争反应系数。

权重矩阵 $W_{ij,1}$ 用来解释省内相邻地（市、州）的空间关联作用，它是省域内城市相邻空间权重矩阵 W_1 的元素；权重矩阵 $W_{ij,2}$ 用来解释省际交界相邻地（市、州）的空间关联作用，它是省际交界城市相邻空间权重矩阵 W_2 的元素；具体而言，

$$W_{ij,1} = \frac{w_{ij,1}}{\sum_{j=1}^{N} w_{ij,1}}, \quad W_{ij,2} = \frac{w_{ij,2}}{\sum_{j=1}^{N} w_{ij,2}}。其中：$$

$$w_{ij,1} = \begin{cases} 1 & 区域i和区域j相邻，并且两者位于相同省份 \\ 0 & 其他情况 \end{cases}$$

$$w_{ij,2} = \begin{cases} 1 & 区域i和区域j相邻，并且两者位于相同省份 \\ 0 & 其他情况 \end{cases}$$

空间面板双权重矩阵 spm 命令（SAR, SEM and Durbin Fixed Effects Spatial Models with Double Weights Matrix for Balanced Panel Data）可以用于估计 SAR、SEM 和 SDM 的双权重固定效应模型，但要求**面板数据必须是严格平衡的**。

空间面板双权重矩阵 spm 命令是一个系统外部命令，需要用户提前下载安装，可以使用 help spm 命令搜寻安装包，然后单击下载安装。它的语法结构为：

（1）空间自回归模型（SAR）。

. spm depvar [indepvars] [if] [in] [weight] [, SAR_options]

（2）空间误差模型（SEM）。

. spm depvar [indepvars] [if] [in] [weight], model(sem) [SEM_options]

（3）空间杜宾模型（SDM）。

. spm depvar [indepvars] [if] [in] [weight], model(durbin) [DURBIN_options]

其中，选项 sarwmat() 和 sarw2mat() 用来控制双权重矩阵；选项 type(idvar timevar) 用来控制个体固定效应和时间固定效应；选项 detrend 代表去除线性趋势；选项 robust 用来计算稳健标准误；对于空间杜宾模型，可以计算直接效应和间接效应，使用选项 indirect nsim(#)，其中 # 号用于指定勒萨热和佩斯（Lesage and Pace，2009）模拟次数（用于计算标准误）。

下面以空间杜宾双权重矩阵模型为例，考察意大利地区卫生医疗支出的空间制度约束。以下模型是阿泰拉等（Atella et al.，2014）基于拉科姆（Lacombe，2004）空间双权重矩阵模型基础上做的修改：

$$y_{it} = \alpha + \rho_w \sum_{j=1}^{n} w_{ij}^w y_{jt} + \rho_b \sum_{j=1}^{n} w_{ij}^b y_{jt} + \mathbf{X}_{it}\boldsymbol{\beta} + \sum_{j=1}^{n} w_{ij}^w \mathbf{Z}_{jt}\boldsymbol{\theta}_w + \sum_{j=1}^{n} w_{ij}^b \mathbf{Z}_{jt}\boldsymbol{\theta}_b + d_t\mu_i + \epsilon_{it}$$

按照空间杜宾模型的结构，$\rho_w \sum_{j=1}^{n} w_{ij}^w y_{jt}$ 和 $\rho_b \sum_{j=1}^{n} w_{ij}^b y_{jt}$ 代表因变量的空间滞后项；

$\sum_{j=1}^{n} w_{ij}^w \mathbf{Z}_{jt} \boldsymbol{\theta}_w$ 和 $\sum_{j=1}^{n} w_{ij}^b \mathbf{Z}_{jt} \boldsymbol{\theta}_b$ 代表解释变量的空间滞后项；$\mathbf{X}_{it}\boldsymbol{\beta}$ 是控制变量（特别注意，这里 $\mathbf{Z}_{jt}$ 可以与 $\mathbf{X}_{it}$ 相同）；μ_i 代表个体效应，d_t 是时间固定效应。

矩阵 $w = w^w + w^b$，并且 w^w 和 w^b 都是行标准化的矩阵，对角线上的元素均为0。如果两个城市属于同一个省份（或制度）并且边界相邻，则矩阵 w^w 的元素取值为1，其余元素为0；如果两个城市不属于同一个省份（或制度），仅仅是边界相邻，则矩阵 w^b 的元素取值为1，其余元素为0。w^w 和 w^b 中的元素不能同时为1，但可以同时为0。

为了展示空间双权重矩阵模型的应用过程，下面使用阿泰拉等（Atella et al., 2014）数据的一个简化版本为例，该数据测度的是意大利的某种制度约束对地方卫生当局支出的影响：

. use "http://www.econometrics.it/stata/data/spm_demo.dta", clear
. sum　　//（见表17.27）。

表17.27　　　　　　　　　　　　描述性统计

Variable	Obs	Mean	Std. Dev.	Min	Max
id	940	94.5	54.29905	1	188
t	940	3	1.414966	1	5
y	940	15.24347	9.902384	.3007887	38.66438
x1	940	1.374253	1.19882	-2.039139	4.966914

表17.27中，变量id代表城市，共188个城市；变量t代表年份，2001~2005年共5年的数据，分别用1~5表示；观测值数量总共为940个，说明是一个严格平衡的面板数据。变量y是因变量，代表地方卫生当局支出；变量x1是解释变量（影响医疗支出的制度约束）。

现在来研究x1对y的影响，以及y的空间依赖特征。在Stata的命令窗口依次输入以下命令（或者在do-file编辑窗口一起运行）：

. mata mata matuse W1.mmat, replace　　　//调用空间权重矩阵W1.mmat到Mata中。需要提前将W1.mmat和W2.mmat放在Stata当前的工作路径中

mata st_matrix("W1", W1)　　//将矩阵存储在Mata的st_matrix中，并命名为W1

mata mata matuse W2.mmat, replace　　//解释同上一条调用W1的命令

mata st_matrix("W2",W2)　　//将矩阵存储在Mata的st_matrix中，并命名为W2

xtset id t　　//设定面板格式

spm y x1, model(durbin) durbin(x1) sarwmat(W1) sarw2mat(W2) detrend　　// durbin(x1)表示对解释变量x1进行空间加权，当有多个解释变量时，可以用该选项控制对某些变量加权。如果不使用该选项，则默认对所有解释变量进行空间加权（见表17.28）。

表 17.28   空间杜宾模型双权重矩阵固定效应估计

```
SDM with spatial fixed effects                  Number of obs    =       940

Group variable: id                              Number of groups =       188

Time variable: t                                Obs per group: min =        5
                                                               avg =      5.0
                                                               max =        5


Log-likelihood = -1184.8868

         y |    Coef.    Std. Err.      t     P>|t|     [95% Conf. Interval]
-----------+----------------------------------------------------------------
Main       |
        x1 |  .4455453    .0342796    13.00   0.000     .3782493    .5128413
-----------+----------------------------------------------------------------
Durbin     |
        x1 |  .5987288    .0632763     9.46   0.000      .474508    .7229495
-----------+----------------------------------------------------------------
Durbin2    |
        x1 |  .3133951    .0642437     4.88   0.000     .1872752    .4395149
-----------+----------------------------------------------------------------
Spatial    |
       rho |  .2469694    .0215325    11.47   0.000     .2046979    .2892408
      rho2 |   .661785    .0183894    35.99   0.000     .6256839    .6978861
-----------+----------------------------------------------------------------
Variance   |
    sigma2 |  .7663576    .0287507    26.66   0.000     .7099157    .8227996
```

其中，Main 计算的是 x_1 的直接边际效应；Durbin 和 Durbin2 计算的是 $\sum_{j=1}^{n} w_{ij}^{w} z_{jt} \theta_w$ 和 $\sum_{j=1}^{n} w_{ij}^{b} z_{jt} \theta_b$ 中的 θ_w 和 θ_b，并且这里 $z_{jt} = x_1$；Spatial 中的 rho 和 rho2 报告的是 $\rho_w \sum_{j=1}^{n} w_{ij}^{w} y_{jt}$ 和 $\rho_b \sum_{j=1}^{n} w_{ij}^{b} y_{jt}$ 中的 ρ_w 和 ρ_b。

另外，也可以使用空间双权重矩阵 SAR 模型进行估计：

. spm y x1, model(sar) sarwmat(W1) sarw2mat(W2) detrend   //（见表 17.29）。

表 17.29   空间自回归双权重矩阵固定效应估计

```
SLM with spatial fixed effects                  Number of obs    =       940

Group variable: id                              Number of groups =       188

Time variable: t                                Obs per group: min =        5
                                                               avg =      5.0
                                                               max =        5


Log-likelihood = -1244.5135

         y |    Coef.    Std. Err.      t     P>|t|     [95% Conf. Interval]
-----------+----------------------------------------------------------------
Main       |
        x1 |  .4844562    .0355222    13.64   0.000     .4147211    .5541912
-----------+----------------------------------------------------------------
Spatial    |
       rho |  .3196266    .0197074    16.22   0.000     .2809382    .3583151
      rho2 |  .6483463    .0173392    37.39   0.000     .6143069    .6823856
-----------+----------------------------------------------------------------
Variance   |
    sigma2 |  .8435708    .0317938    26.53   0.000     .7811551    .9059865
```

　　最后，Stata 的空间数据处理功能非常强大，由于篇幅和本人精力所限，本教材无法穷尽所有功能和命令，读者如果有兴趣，可以进一步了解以下空间计量的外部命令（见表17.30）。

表 17.30　　　　　　　　　　部分空间计量模型和权重矩阵处理 **Stata** 外部命令

命令	说明
空间面板回归模型	
spregxt	Spatial Panel Regression Econometric Models: Stata Module Toolkit
gs2slsxt	Generalized Spatial Panel 2SLS Regression
gs2slsarxt	Generalized Spatial Panel Autoregressive 2SLS Regression
spglsxt	Spatial Panel Autoregressive Generalized Least Squares Regression
spgmmxt	Spatial Panel Autoregressive Generalized Method of Moments Regression
spmstarxt	（m–STAR）Spatial Lag Panel Models
spmstardxt	（m–STAR）Spatial Durbin Panel Models
spmstardhxt	（m–STAR）Spatial Durbin Multiplicative Heteroscedasticity Panel Models
spmstarhxt	（m–STAR）Spatial Lag Multiplicative Heteroscedasticity Panel Models
spregdhp	Spatial Panel Han–Philips Linear Dynamic Regression: Lag & Durbin Models
spregdpd	Spatial Panel Arellano–Bond Linear Dynamic Regression: Lag & Durbin Models
spregfext	Spatial Panel Fixed Effects Regression: Lag & Durbin Models
spregrext	Spatial Panel Random Effects Regression: Lag & Durbin Models
spregsacxt	MLE Spatial AutoCorrelation Panel Regression（SAC）
spregsarxt	MLE Spatial Lag Panel Regression（SAR）
spregsdmxt	MLE Spatial Durbin Panel Regression（SDM）
spregsemxt	MLE Spatial Error Panel Regression（SEM）
空间横截面回归模型	
spregcs	Spatial Cross Section Regression Econometric Models: Stata Module Toolkit
gs2sls	Generalized Spatial 2SLS Cross Sections Regression
gs2slsar	Generalized Spatial Autoregressive 2SLS Cross Sections Regression
gs3sls	Generalized Spatial Autoregressive 3SLS Regression
gs3slsar	Generalized Spatial Autoregressive 3SLS Cross Sections Regression
gsp3sls	Generalized Spatial 3SLS Cross Sections Regression
spautoreg	Spatial Cross Section Regression Models
spgmm	Spatial Autoregressive GMM Cross Sections Regression
spmstar	（m–STAR）Spatial Lag Cross Sections Models
spmstard	（m–STAR）Spatial Durbin Cross Sections Models
spmstardh	（m–STAR）Spatial Durbin Multiplicative Heteroscedasticity Cross Sections Models
spmstarh	（m–STAR）Spatial Lag Multiplicative Heteroscedasticity Cross Sections Models

续表

命令	说明
spregsac	MLE Spatial AutoCorrelation Cross Sections Regression（SAC）SAC极大似然估计
spregsar	MLE Spatial Lag Cross Sections Regression（SAR）SAR极大似然估计
spregsdm	MLE Spatial Durbin Cross Sections Regression（SDM）SDM极大似然估计
spregsem	MLE Spatial Error Cross Sections Regression（SEM）SEM极大似然估计
Tobit 空间面板回归模型	
sptobitgmmxt	Tobit Spatial GMM Panel Regression
sptobitmstarxt	Tobit（m-STAR）Spatial Lag Panel Models
sptobitmstardxt	Tobit（m-STAR）Spatial Durbin Panel Models
sptobitmstardhxt	Tobit（m-STAR）Spatial Durbin Multiplicative Heteroscedasticity Panel Models
sptobitmstarhxt	Tobit（m-STAR）Spatial Lag Multiplicative Heteroscedasticity Panel Models
sptobitsacxt	Tobit MLE Spatial AutoCorrelation（SAC）Panel Regression
sptobitsarxt	Tobit MLE Spatial Lag Panel Regression
sptobitsdmxt	Tobit MLE Spatial Panel Durbin Regression
sptobitsemxt	Tobit MLE Spatial Error Panel Regression
spxttobit	Tobit Spatial Panel Autoregressive GLS Regression
Tobit 空间横截面回归模型	
sptobitgmm	Tobit Spatial GMM Cross Sections Regression
sptobitmstar	Tobit（m-STAR）Spatial Lag Cross Sections Models
sptobitmstard	Tobit（m-STAR）Spatial Durbin Cross Sections Models
sptobitmstardh	Tobit（m-STAR）Spatial Durbin Multiplicative Heteroscedasticity Cross Sections
sptobitmstarh	Tobit（m-STAR）Spatial Lag Multiplicative Heteroscedasticity Cross Sections
sptobitsac	Tobit MLE AutoCorrelation（SAC）Cross Sections Regression
sptobitsar	Tobit MLE Spatial Lag Cross Sections Regression
sptobitsdm	Tobit MLE Spatial Durbin Cross Sections Regression
sptobitsem	Tobit MLE Spatial Error Cross Sections Regression
空间矩阵处理	
spcs2xt	Convert Cross Section to Panel Spatial Weight Matrix 将横截面权重矩阵转换成面板权重矩阵
spweight	Cross Section and Panel Spatial Weight Matrix 生成横截面、面板空间权重矩阵
spweightcs	Cross Section Spatial Weight Matrix 生成空间横截面权重矩阵
spweightxt	Panel Spatial Weight Matrix 生成空间面板权重矩阵

参考文献

［1］阿诺德·泽尔纳.计量经济学贝叶斯推断引论［M］.张尧庭，译.上海：上海财经大学出版社，2005.

［2］陈强.高级计量经济学及Stata应用（第2版）［M］.北京：高等教育出版社，2014.

［3］陈昭，徐芳燕，付铭苏.计量经济学软件EViews10.0应用教程：从基础到前沿［M］.北京：中国人民大学出版社，2021.

［4］达摩达尔·N.古扎拉蒂.计量经济学基础［M］.费剑平，译.北京：中国人民大学出版社，2011.

［5］丹尼尔·P.麦克米伦.空间计量经济学［M］.闫吉丽，肖光恩，译.北京：中国人民大学出版社，2018.

［6］杜江.计量经济学及其应用［M］.北京：机械工业出版社，2018.

［7］樊丽淑.计量经济学教程［M］.杭州：浙江大学出版社，2016.

［8］菲利浦·汉斯·弗朗西斯.计量经济学入门［M］.彭立志，译.上海：上海财经大学出版社，2005.

［9］龚志民，马知遥.计量经济学［M］.北京：清华大学出版社，2017.

［10］龚志民，马知遥.计量经济学［M］.湘潭：湘潭大学出版社，2014.

［11］古扎拉蒂.计量经济学基础（第五版）［M］.费剑平改编.北京：中国人民大学出版社，2010.

［12］洪永淼.高级计量经济学［M］.北京：高等教育出版社，2011.

［13］杰弗里·M.伍德里奇.横截面与面板数据的计量经济分析（第2版）［M］.胡棋智，胡江华，王忠玉，译.北京：中国人民大学出版社，2016.

［14］杰弗里·M.伍德里奇.计量经济学导论：现代观点（第6版）经济科学译丛［M］.北京：中国人民大学出版社，2018.

［15］靳云汇，金赛男.高级计量经济学［M］.北京：北京大学出版社，2011.

［16］科林·卡梅伦.用STATA学微观计量经济学［M］.肖光恩，杨洋，王保双，译.重庆：重庆大学出版社，2015.

［17］克里斯托弗·F.鲍姆.用Stata学计量经济学［M］.王忠玉，译.北京：中

国人民大学出版社，2012.

[18]李占风.计量经济学［M］.北京：北京大学出版社，2016.

[19]李子奈，潘文卿.计量经济学（第五版）［M］.北京：高等教育出版社，2020.

[20]李子奈，叶阿忠.高等计量经济学［M］.北京：清华大学出版社，2000.

[21]李子奈.计量经济学模型方法论［M］.北京：清华大学出版社，2011.

[22]林文夫.计量经济学［M］.北京：中国人民大学出版社，2021.

[23]刘晓平.计量经济学［M］.北京：中国经济出版社，2018.

[24]刘艳春，王敏.计量经济学（第二版）［M］.北京：北京大学出版社，2016.

[25]陆根尧，李太龙，苏湘昱.计量经济学教程［M］.杭州：浙江大学出版社，2015.

[26]吕杰.计量经济学［M］.北京：中国农业大学出版社，2014.

[27]马成文.计量经济学［M］.北京：机械工业出版社，2021.

[28]迈克尔·P.默里.计量经济学（现代方法）［M］.北京：北京大学出版社，2009.

[29]潘省初，周凌瑶.计量经济学（第6版）［M］.北京：中国人民大学出版社，2018.

[30]庞皓.计量经济学（第四版）［M］.北京：科学出版社，2019.

[31]乔舒亚·D.安格里斯特.基本无害的计量经济学——实证研究者指南［M］.郎金焕，李井奎，译.上海：格致出版社，2016.

[32]乔舒亚·安格里斯特，约恩-斯特芬·皮施克.基本无害的计量经济学［M］.郎金焕，李井奎，译.上海：格致出版社，2012.

[33]乔舒亚安格里斯特.精通计量从原因到结果的探寻之旅［M］.郎金焕，译.上海：格致出版社，2016.

[34]乔万尼·赛鲁利.社会经济政策的计量经济学评估：理论与应用［M］.邸俊鹏，译.上海：格致出版社，2020.

[35]沈体雁，于瀚辰.空间计量经济学（第2版）［M］.北京：北京大学出版社，2019.

[36]孙敬水，马淑琴.计量经济学（第4版）［M］.北京：清华大学出版社，2018.

[37]孙敬水.计量经济学中级教程（第2版）［M］.北京：清华大学出版社，2019.

[38]王斌会.计量经济学时间序列模型及Python应用［M］.广州：暨南大学出版社，2021.

[39]王超.计量经济学［M］.成都：西南财经大学出版社，2012.

[40]王芹，康玉泉，田杰.计量经济学［M］.西安：西安交通大学出版社，2017.

［41］王少平，杨继生.计量经济学［M］.北京：高等教育出版社，2011.

［42］王少平.计量经济学［M］.北京：高等教育出版社，2020.

［43］王涛，田秀杰.计量经济学——基于R语言的实现（第二版）［M］.北京：科学出版社，2021.

［44］王周伟，崔百胜，张元庆.空间计量经济学：现代模型与方法［M］.北京：北京大学出版社，2017.

［45］威廉·H.格林.计量经济分析［M］.张成思，译.北京：中国人民大学出版社，2011.

［46］吴建民.计量经济学理论与应用［M］.北京：人民邮电出版社，2017.

［47］肖光恩.空间计量经济学：基于MATLAB的应用分析［M］.北京：北京大学出版社，2018.

［48］徐彦伟.计量经济学［M］.北京：中国铁道出版社，2019.

［49］许振宇，国琳，吴云勇.计量经济学原理与应用［M］.北京：清华大学出版社，2019.

［50］许振宇，宋新欣，乔彬.计量经济学原理与应用［M］.北京：清华大学出版社，2016.

［51］杨讷华.计量经济学［M］.北京：经济管理出版社，2008.

［52］叶霖莉，薛襄稷.计量经济学实务［M］.大连：大连理工大学出版社，2015.

［53］于俊年.计量经济学［M］.北京：对外经济贸易大学出版社，2014.

［54］约翰斯顿，迪纳尔多.计量经济学方法［M］.唐齐鸣，译.北京：中国经济出版社，2002.

［55］詹姆斯·勒沙杰，凯利·佩斯.空间计量经济学导论［M］.肖光恩，等译.北京：北京大学出版社，2014.

［56］詹姆斯·斯托克，马克·W.沃森.计量经济学（第3版）［M］.沈根祥，孙燕，译.上海：格致出版社，2012.

［57］张建强，向其凤.计量经济学［M］.北京：科学出版社，2018.

［58］张润清，王俊芹.实用计量经济学［M］.北京：中国计量出版社，2021.

［59］张晓峒.计量经济学［M］.北京：清华大学出版社，2017.

［60］张晓峒.计量经济学基础［M］.天津：南开大学出版社，2014.

［61］张兆丰.计量经济学基础［M］.北京：机械工业出版社，2019.

［62］赵国庆.高级计量经济学：理论与方法［M］.北京：中国人民大学出版社，2014.

［63］赵国庆.计量经济学（第六版）［M］.北京：中国人民大学出版社，2021.

［64］赵西亮.基本有用的计量经济学［M］.北京：北京大学出版社，2017.

［65］周蓓，宋昱雯.常用计量经济学软件教程［M］.哈尔滨：哈尔滨工业大学出版社，2021.

［66］朱顺泉.计量经济分析及其Python应用（数量经济学系列丛书）［M］.北京：清华大学出版社，2020.

［67］朱长存，田雅娟，白云超.计量经济学［M］.北京：科学出版社，2016.

［68］Abadie A. and Gardeazabal J.Economic Costs of Conflict：A Case Study of the Basque Country［J］. American Economic Review，2003.

［69］Abadie A.，Diamond A. and J. Hainmueller.Synthetic Control Methods for Comparative Case Studies：Estimating the Effect of California's Tobacco Control Program ［J］. Journal of the American Statistical Association，2010.

［70］Abadie A.，Diamond A.and J. Hainmueller.Comparative Politics and the Synthetic Control Method［J］. American Journal of Political Science，2014.

［71］Acemoglu D.,Leopoldo Fergusson,Simon Johnson.Population and Conflict［J］. The Review of Economic Studies，2020，87（4）：1565–1604.

［72］Acemoglu D.，Simon Johnson，James A. Robinson. The Colonial Origins of Comparative Development：An Empirical Investigation［J］. American Economic Review，2001，91（5）：1369–1401.

［73］Adão R.，Kolesár M.and Eduardo Morales.Shift–Share Designs：Theory and Inference［J］. The Quarterly Journal of Economics，2020，134（4）：1949–2010.

［74］Ahn，Seung C.Orthogonality tests in linear models［J］.Oxford Bulletin of Economics and Statistics，1997（59）：183–186.

［75］Anderson T. W. & H. Rubin. The Asymptotic Properties of Estimates of the Parameters of a Single Equation in a Complete System of Stochastic Equations［J］. Annals of Mathematical Statistics，1950（21）：570–582.

［76］Anderson T. W. and H. Rubin. Estimation of the parameters of a single equation in a complete system of stochastic equations［J］. Annals of Mathematical Statistics，1949（20）：46–63.

［77］Anderson T.W.Estimating linear restrictions on regression coefficients for multivariate normal distributions［J］. Annals of Mathematical Statistics，1951（22）：327–351.

［78］Anderson T.W.，Darling D.A.A Test of Goodness of Fit［J］. Journal of the American Statistical Association，1954（49）：765–769.

［79］Angrist J. and Kruger A.Does compulsory school attendance affect schooling and earnings?［J］.Quarterly Journal of Economics，1991，106（4）：979–1014.

［80］Angrist J.D.and Pischke J.–S.Mostly Harmless Econometrics：An Empiricist's

Companion [M] .Princeton: Princeton University Press, 2009.

[81]Anselin L. & Kelejian H. H.Testing for Spatial Error Autocorrelation in the Presence of Endogenous Regressors [J] .International Regional Science Review, 1997 (20): 153–182.

[82]Anselin L.& Florax R.J.New Directions in Spatial Econometrics. Introduction. In New Directions in Spatial Econometrics, Anselin L, Florax R.J（eds）. Berlin, Germany [M] . Springer–Verlag, 1995.

[83]Arkhangelsky D., Susan Athey, David A. Hirshberg, Guido W. Imbens and Stefan Wager [J] .Synthetic Difference–in–Differences. American Economic Review, 2021, 111（12）: 4088–4118.

[84]Armstrong M.P., Xiao N. and D.A. Bennett.Using genetic algorithms to create multicriteria class intervals for choropleth maps [J] . Annals of the Association of American Geographers, 2003（93）: 595–623.

[85]Aroian L. A.The probability function of the product of two normally distributed variables [J] .Annals of Mathematical Statistics, 1944（18）: 265–271.

[86]Atella V., Belotti F., Depalo D., Piano Mortari A.Measuring spatial effects in the presence of institutional constraints: The case of Italian Local Health Authority expenditure [J] .Regional Science and Urban Economics, 2014（49）: 232–241.

[87]Bai J.Panel data models with interactive fixed effects [J] . Econometrica, 2009, 77（4）: 1229–1279.

[88]Baker Andrew C., David F Larcker and Charles C.Y.Wang.How Much Should We Trust Staggered Difference–In–Differences Estimates? [D] .Working Paper, 2021.

[89]Baltagi B. H.Econometric Analysis of Panel Data. 4th ed [J] . New York: Wiley, 2008.

[90]Baron R. M.& Kenny D. A.The moderator–mediator variable distinction in social psychological research.conceptual, strategic, and statistical considerations [J] . Chapman and Hall, 1986, 51（6）: 1173–1182.

[91]Basmann R.L.On Finite Sample Distributions of Generalized Classical Linear Identifiability Test Statistics [J] .Journal of the American Statisical Association, 1960, 55（292）: 650–659.

[92]Baum C. F., Schaffer M.E.and Stillman S.Enhanced routines for instrumental variables/GMM estimation and testing [J] .The Stata Journal, 2007, 7（4）: 465–506.

[93]Baum C.F., Schaffer M.E.and Stillman S.Instrumental Variables and GMM: Estimation and Testing [J] .The Stata Journal, 2003, 3（1）: 1–31.

[94]Belloni A., Chen D., Chernozhukov V. and Hansen, C.Sparse models

and methods for optimal instruments with an application to eminent domain [J]. Econometrica, 2012, 80（6）: 2369–2429.

[95]Belloni A., Chernozhukov V. and Hansen C.High–dimensional methods and inference on structural and treatment effects [J]. Journal of Economic Perspectives, 2015, 28（2）: 29–50.

[96]Belloni A., Chernozhukov V., Hansen C.and Kozbur D.Inference in High Dimensional Panel Models with an Application to Gun Control [J]. Journal of Business and Economic Statistics, 2016, 34（4）: 590–605.

[97]Belloni A., Chernozhukov V.and Hansen C.Inference for high–dimensional sparse econometric models [J].In Advances in Economics and Econometrics: 10th World Congress, Vol. 3: Econometrics, Cambridge University Press: Cambridge, 2013（3）: 245–295.

[98]Belloni A., Chernozhukov V.and Wang L.Pivotal estimation via square–root–lasso in nonparametric regression [J].Annals of Statistics, 2014, 42（2）: 757–788.

[99]Belloni, A., Chernozhukov V.and Hansen C.Inference on treatment effects after selection among high–dimensional controls [J].Review of Economic Studies, 2014 （81）: 608–650.

[100]Bhalotra D., Clarke J., Gomes and A.Venkataramani.Maternal Mortality and Women's Political Participation [D].Centre for Economic Policy Research Discussion Paper, 2020.

[101]Black Sandra E.Do better schools matter? Parental valuation of elementary education [J]. Quarterly Journal of Economics, 1999（114）: 577–599.

[102]Bleemer Z. and Aashish Mehta.Will Studying Economics Make You Rich? A Regression Discontinuity Analysis of the Returns to College Major [J]. American Economic Journal: Applied Economics, 2022, 14（2）: 1–22.

[103]Borgen N. T.Fixed effects in unconditional quantile regression [J].Stata Journal, 2016（16）: 403–415.

[104]Borusyak K., Hull P., Jaravel X.Quasi–experimental shift–share research designs [J]. The Review of Economic Studies, 2022, 89（1）: 181–213.

[105]Borusyak Kirill, Xavier, Jaravel and Jann Spiess.Revisiting Event Study Designs: Robust and Efficient Estimation [D].Working Paper, 2021.

[106]Breitung J.The local power of some unit root tests for panel data [J]. SFB 373 Discussion Papers, 1999, 15（15）: 161–177.

[107]Breusch T., Qian H., Schmidt P. and Wyhowski D.Redundancy of moment conditions [J].Journal of Econometrics, 1999（9）: 89–111.

［108］Breusch Trevor & Adrian Pagan.The Lagrange Multiplier Test and its Applications to Model Specification in Econometrics［J］. Review of Economic Studies, 1980（47）: 239–253.

［109］Brewer C.A., Hatchard G.W. and M.A. Harrower.Color Brewer in print: A catalog of color schemes for maps［J］.Cartography and Geographic Information Science, 2003（30）: 5–32.

［110］Brewer C.A.Color use guidelines for data representation. Proceedings of the Section on Statistical Graphics, American Statistical Association［M］. Alexandria VA, 1999: 55–60.

［111］Brundson C. A. S. Fotheringham. & M. Charlton.Geographically Weighted Regression［J］.A Method for Exploring Spatial Nonstationarity. Geographical Analysis, 1996（28）: 281–298.

［112］Bruno G. S. F.Estimation and inference in dynamic unbalanced panel–data models with a small number of individuals［D］. Kites Working Papers, 2005, 5（4）: 473–500.

［113］Bun M.& Kiviet J. F.On the diminishing returns of higher–order terms in asymptotic expansions of bias［J］.Economics Letters, 2003, 79（2）: 145–152.

［114］Callaway Brantly and Sant'Anna, Pedro H. C.Difference–in–Differences with multiple time periods［J］. Journal of Econometrics, 2021, 225（2）: 200–230.

［115］Calonico S., M. D. Cattaneo and R. Titiunik. Optimal Data–Driven Regression Discontinuity Plots［J］.Journal of the American Statistical Association, 2015, 110（512）: 1753–1769.

［116］Calonico S., M. D. Cattaneo and R. Titiunik. rdrobust: An R Package for Robust Nonparametric Inference in Regression Discontinuity Designs［J］.R Journal, 2015b, 7（1）: 38–51.

［117］Calonico S., M. D. Cattaneo and R. Titiunik. Robust Data–Driven Inference in the Regression–Discontinuity Design［J］.Stata Journal, 2014, 14（4）: 909–946.

［118］Calonico S., M. D. Cattaneo and R. Titiunik. Robust Nonparametric Confidence Intervals for Regression–Discontinuity Designs［J］.Econometrica, 2014b, 82（6）: 2295–2326.

［119］Cameron Colin A., Gelbach, Jonah B., Miller & Douglas L.Robust inference with multiway clustering［J］.Journal of Business & Economic Statistics, 2011.

［120］Card D., D. S. Lee, Z. Pei and A. Weber.Inference on Causal Effects in a Generalized Regression Kink Design［J］. Econometrica, 2015, 83（6）: 2453–2483.

［121］Cattaneo M. D., B. Frandsen and R. Titiunik. Randomization Inference in the

Regression Discontinuity Design. An Application to Party Advantages in the U.S. Senate [J]. Journal of Causal Inference, 2015, 3 (1): 1–24.

[122] Cattaneo M. D., L. Keele, R. Titiunik and G. Vazquez-Bare.Interpreting Regression Discontinuity Designs with Multiple Cutoffs [J].Journal of Politics, 2016, 78 (4): 1229–1248.

[123] Cattaneo M. D., M. Jansson and X. Ma. rddensity: Manipulation Testing based on Density Discontinuity [D].Working Paper, University of Michigan, 2016b.

[124] Cattaneo M. D., M. Jansson and X. Ma.Simple Local Regression Distribution Estimators with an Application to Manipulation Testing [D].Working Paper, University of Michigan, 2016a.

[125] Cattaneo M. D., N. Idrobo and R. Titiunik. A Practical Introduction to Regression Discontinuity Designs. Part I. In preparation for Cambridge Elements. Quantitative and Computational Methods for Social Science [M].Cambridge University Press, 2018a.

[126] Cattaneo M. D., N. Idrobo and R. Titiunik.A Practical Introduction to Regression Discontinuity Designs. Part II. In preparation for Cambridge Elements. Quantitative and Computational Methods for Social Science [M].Cambridge University Press, 2018a.

[127] Cattaneo M. D., R. Titiunik and G. Vazquez-Bare. Comparing Inference Approaches for RD Designs. A Reexamination of the Effect of Head Start on Child Mortality. Working Paper [M].University of Michigan, 2016a.

[128] Cattaneo M. D., R. Titiunik and G. Vazquez-Bare. rdlocrand: Inference in Regression Discontinuity Designs under Local Randomization [J].Stata Journal, 2016, 16 (2): 331–367.

[129] Cattaneo M. D.and R. Titiunik.Regression Discontinuity Designs. A Review of Recent Methodological Developments, manuscript in preparation [M].University of Michigan, 2016.

[130] Cattaneo Matias D.Nicolas Idrobo and Rocio Titiunik.A Practical Introduction to Regression Discontinuity Designs: Extensions [M].Cambridge University Press, 2021.

[131] Cavallo E., S. Galiani, I. Noy and J. Pantano.Catastrophic natural disasters and economic growth [J].Review of Economics and Statistics, 2013 (95): 1549–1561.

[132] Cengiz D., A. Dube, A. Lindner and B. Zipperer. The Effect of Minimum Wages on Low-Wage Jobs [J].The Quarterly Journal of Economics, 2019, 134 (3): 1405–1454.

［133］Cengiz D., Dube A., Lindner A.et al.The effect of minimum wages on low-wage jobs［J］. The Quarterly Journal of Economics, 2019, 134（3）: 1405–1454.

［134］Choi I.Unit root tests for panel data［J］.Journal of International Money and Finance, 2001, 20（2）: 249–272.

［135］Christopher F. Baum, Mark E. Schaffer & Steven Stillman.Instrumental Variables and GMM: Estimation and Testing［J］.The Stata Journal, 2003, 10（1）: 1177/1536867X0300300101.

［136］Cleveland W.S. and R. McGill.Graphical perception: Theory, experimentation, and application to the development of graphical methods［J］.Journal of the American Statistical Association, 1984（79）: 531–554.

［137］Cleveland W.S.The Elements of Graphing Data［M］.Summit: Hobart Press, 1994.

［138］Cook R.D.& S. Weisberg.Diagnostics for Heteroscedasticity in Regression［J］. Biometrica, 1983（70）: 1–10.

［139］Cowell F.A.and E.Flachaire.Income distribution and inequality measurement: The problem of extreme values［J］.Journal of Econometrics, 2007（141）: 1044–1072.

［140］Damodar Gujarati.Basic Econometrics 3rd Edition, McGraw Hill［D］.New York, USA, 1995.

［141］Davidson R.and MacKinnon,J.Estimation and Inference in Econometrics［D］. New York: Oxford University Press, 1993.

［142］de Chaisemartin C.and D'Haultfoeuille X.Two–Way Fixed Effects Estimators with Heterogeneous Treatment Effects［J］.American Economic Review,2020a,110（9）.

［143］Deville J.–C.Variance estimation for complex statistics and estimators: Linearization and residual techniques［J］.Survey Methodology, 1999（25）: 193–203.

［144］Doornik J.A., M. Arellano and S. Bond.Panel data estimation using DPD for Ox. http.//www.nuff.ox.ac.uk/Users/Doornik, 2002.

［145］Douglas Holtz–Eakin, Whitney, Newey, Harvey & S.et al. Estimating vector autoregressions with panel data［J］.Econometrica, 1988, 56（6）: 1371–1395.

［146］Driscoll J.C. and Kraay A.Consistent Covariance Matrix Estimation with Spatially Dependent Panel Data［J］.Review of Economics and Statistics, 1998, 80（4）: 549–560.

［147］Drukker D. M., I. R. Prucha and R. Raciborski.A command for estimating spatial–autoregressive models with spatial autoregressive disturbances and additional endogenous variables［D］.Working Paper, The University of Maryland, Department of Economics, 2011.

［148］Drukker D. M., I. R. Prucha and R. Raciborski.Maximum-likelihood and generalized spatial two-stage least-squares estimators for a spatial-autoregressive model with spatial-autoregressive disturbances［D］.Working Paper, University of Maryland, Department of Economics, 2011.

［149］Dufour J.M.Identification, Weak Instruments and Statistical Inference in Econometrics［J］.Canadian Journal of Economics, 2003, 36（4）: 767-808.

［150］Elhorst J. Paul.Specification and Estimation of Spatial Panel Data Models［J］. International Regional Science Review, 2003, 26（3）: 244-268.

［151］Evans I.S.The selection of class intervals［J］.Transactions of the Institute of British Geographers, 1977（2）: 98-124.

［152］Firpo S. P., N. M. Fortin and T. Lemieux.Decomposing wage distributions using recentered influence function regressions［J］.Econometrics, 2018（6）: 28.

［153］Firpo S.,N. M. Fortin and T. Lemieux. Unconditional quantile regressions［J］. Econometrica, 2009（77）: 953-973.

［154］Gerardino M. P., Litschig S., Pomeranz D.Can Audits Backfire? Evidence From Public Procurement in Chile［D］.NBER Working Papers（23978）, 2017.

［155］Giovanni S.F., Bruno.Approximating the bias of the LSDV estimator for dynamic unbalanced panel data models［J］.Economics Letters,（3）, doi. 10.1016/ j.econlet.2005.01.005.

［156］Godfrey L. G.Testing for Multiplicative Heteroskedasticity［J］.Journal of Econometrics, 1978（8）: 227-236.

［157］Goldsmith-Pinkham P., Sorkin I.and Swift H.Bartik Instruments: What, When, Why, and How［J］.American Economic Review, 2020, 110（8）: 2586-2624.

［158］Goodman-Bacon, Andrew.Difference-in-differences with variation in treatment timing［J］.Journal of Econometrics, 2021, 225（2）: 254-277.

［159］Graham J. and C. A. Makridis.House Prices and Consumption: A New Instrumental Variables Approach［J］.American Economic Journal: Macroeconomics, 2023, 15（1）: 411-443.

［160］Greene W. H.Econometric Analysis（8th ed）［M］.New York. Pearson, 2018.

［161］Greene W.H.Econometric Analysis（5th ed）［M］.Prentice-Hall, 2018.

［162］Greene William.Econometric Analysis（6th ed）［M］.Macmillan Publishing Company Inc., New York, USA, 2007.

［163］Griffiths W., R. Carter Hill & George Judge.Learning and Practicing

Econometrics［M］.John Wiley & Sons, Inc., New York, USA, 1993.

［164］Gruber J.The incidence of mandated maternity benefits［J］.American Economic Review, 1994, 84（3）: 622-641.

［165］Hahn J., P. Todd and W. van der Klaauw.Identification and Estimation of Treatment Effects with a Regression-Discontinuity Design［J］.Econometrica, 2001, 69（1）: 201-209.

［166］Hainmueller J.Entropy Balancing: A Multivariate Reweighting Method to Produce Balanced Samples in Observational Studies［J］.Political Analysis,2012,20（1）: 25-46.

［167］Harris R.& Tzavalis, E.Inference for unit roots in dynamic panels where the time dimension is fixed［J］.Journal of Econometrics, 1999, 91（2）: 201-226.

［168］Harry H. Kelejian and Ingmar R. Prucha. A Generalized Spatial Two-Stage Least Squares Procedures for Estimating a Spatial Autoregressive Model with Autoregressive Disturbances［J］.Journal of Real Estate Finance and Economics,1998（17）: 99-121.

［169］Harry H., Kelejian and Ingmar R., Prucha. Estimation of Simultaneous Systems of Spatially Interrelated Cross Sectional Equations［J］.Journal of Econometrics, 2004（118）: 27-50.

［170］Harry H., Kelejian and Ingmar R., Prucha.A Generalized Moments Estimator for the Autoregressive Parameter in a Spatial Model［J］.International Economic Review, 1999（40）: 509-533.

［171］Hausman Jerry & Taylor W.Identification in Linear Simultaneous Equations Models with Covariance Restrictions. An Instrumental Variables Interpretation［J］. Econometrica, 1983（51）: 1527-1549.

［172］Hausman, Jerry.Specification Tests in Econometrics［J］.Econometrica, 1978（46）: 1251-1271.

［173］Hayakawa K.A simple efficient instrumental variable estimator for panel ar(p) models when both n and t are large［J］.Econometric Theory, 2009, 25（3）: 873-890.

［174］Holtz-Eakin D., W. Newey and H. S. Rosen.Estimating vector autoregressions with panel data［J］.Econometrica, 1988（56）: 1371-1395.

［175］Iacobucci D., Saldanha N.& Deng X.A meditation on mediation. evidence that structural equations models perform better than regressions［J］.Journal of Consumer Psychology, 2007, 17（2）: 139-153.

［176］Imbens G. W.and K. Kalyanaraman.Optimal Bandwidth Choice for the Regression Discontinuity Estimator［J］.Review of Economic Studies, 2012, 79（3）:

933–959.

［177］Imbens G.and T. Lemieux.Regression Discontinuity Designs. A Guide to Practice［J］.Journal of Econometrics, 2008, 142（2）: 615–635.

［178］Imbens Guido W.and Donald B. Rubin.Causal Inference in Statistics, Social, and Biomedical Sciences［M］.New York: Cambridge University Press, 2015.

［179］James LeSage and R. Kelly Pace.Introduction to Spatial Econometrics, Publisher. Chapman & Hall/CRC, 2009.

［180］Jann B.The Blinder–Oaxaca decomposition for linear regression models［J］. Stata Journal, 2008, 8（4）: 453–479.

［181］Joakim & Westerlund.Testing for error correction in panel data［M］.Oxford Bulletin of Economics & Statistics, 2007.

［182］Jörg Breitung and Samarjit Das.Panel unit root tests under cross‐sectional dependence［M］.Statistica Neerlandica（4）, 2005.

［183］Jose P.E.Doing statistical mediation and moderation［M］. Guilford Press, 2013.

［184］Judge Georege W. E. Griffiths R. Carter Hill, Helmut Lutkepohl, & Tsoung–Chao Lee.The Theory and Practice of Econometrics［M］.2nd ed. John Wiley & Sons, Inc., New York, USA, 1985.

［185］Jushan Bai & Serena Ng.Instrumental variable estimation in a data rich environment［J］.Econometric Theory, 2010（6）, doi.10.1017/S0266466609990727.

［186］K Hadri.Testing for stationarity in heterogeneous panel data［J］. Econometrics Journal, 2000, 3（2）: 148–161.

［187］Kao C.Spurious regression and residual–based tests for cointegration in panel data［J］.Journal of Econometrics, 1999（90）.

［188］Keele L. J.and R. Titiunik.Geographic Boundaries as Regression Discontinuities［J］. Political Analysis, 2015, 23（1）: 127–155.

［189］Kiefer N. M.Estimation of Fixed Effect Models for Time Series of Cross–Sections with Arbitrary Intertemporal Covariance［J］.Journal of Econometrics, 1980, 14（2）: 195–202.

［190］Kiviet J. F.& CC Jel–Code.Expectations of Expansions for Estimators in a Dynamic Panel Data Model; Some Results for Weakly–Exogenous Regressors［M］. Teoreticheskaia Elektrotekhnika, 1999.

［191］Kleibergen F. and Paap R.Generalized Reduced Rank Tests Using the Singular Value Decomposition［J］.Journal of Econometrics, 2006（133）: 97–126.

［192］Kleibergen F. and Schaffer, M.E.ranktest: Stata module for testing the rank of a matrix using the Kleibergen–Paap rk statistic，2007.

［193］Kleibergen F.Generalizing Weak Instrument Robust Statistics Towards Multiple Parameters，Unrestricted Covariance Matrices and Identification Statistics［J］. Journal of Econometrics，2007，139（1）：181–216.

［194］Kmenta Jan. Elements of Econometrics，（2nd ed）［M］.Macmillan Publishing Company，Inc.，New York，USA，1986：618–625.

［195］Koenker R.A Note on Studentizing a Test for Heteroskedasticity［J］.Journal of Econometrics，1981（17）：107–112.

［196］Kranz.Synthetic Difference–in–Differences with Time–Varying Covariates ［R］.Working Paper，2022.

［197］Lee D. S.and T. Lemieux. Regression Discontinuity Designs in Economics［J］. Journal of Economic Literature，2010，48（2）：281–355.

［198］Lee D. S.and T. Lemieux.Chapter 14. Regression discontinuity designs in social sciences［C］. in H. Best，C. Wolf eds，The sage handbook of regression analysis and causal inference. PDF，2014.

［199］Lee D. S.Randomized Experiments from Non–random Selection in U.S. House Elections［J］.Journal of Econometrics，2008，142（2）：675–697.

［200］Ljung G. & George Box.On a Measure of Lack of Fit in Time Series Models ［J］.Biometrika，1979（66）：265–270.

［201］Ludwig Jens and Douglas L.，Miller.Dose head start improve children's life chance? Evidence from a regression discontinuity design［J］.Quarterly Journal of Economics，2007（122）：159–208.

［202］Machado J.A.F. and Santos Silva J.M.C. Glejser's Test Revisited［J］.Journal of Econometrics，2000（97）：189–202.

［203］Machado J.A.F.，Parente P.M.D.C.and Santos Silva J.M.C. QREG2：Stata module to perform quantile regression with robust and clustered standard errors，Statistical Software Components S457369［D］.Boston College Department of Economics，2011.

［204］MacKinnon D. P.& Dwyer. J. H.Estimating mediated effects in prevention studies［J］.Evaluation Review，1993（17）：144–158.

［205］MacKinnon D. P.，Warsi G.& Dwyer J. H. A simulation study of mediated effect measures［J］.Multivariate Behavioral Research，1995，30（1）：41–62.

［206］Maddala G.Introduction to Econometrics，2nd ed［M］.Macmillan Publishing Company，New York，USA，1992.

［207］Manuel Arellano & Olympia Bover.Another look at the instrumental variable estimation of error–components models［J］.Journal of Econometrics，1.

doi.10.1016/0304–4076（94）01642–D.

［208］Manuel Arellano & Stephen Bond.Some Tests of Specification for Panel Data. Monte Carlo Evidence and an Application to Employment Equations［J］. The Review of Economic Studies，1991（2）.

［209］Marc P. Armstrong，Ningchuan Xiao & David A. Bennett.Using Genetic Algorithms to Create Multicriteria Class Intervals for Choropleth Maps［J］.Annals of the Association of American Geographers，2003（3）.

［210］McCrary J.Manipulation of the running variable in the regression discontinuity design. A density test［J］.Journal of Econometrics，2008，142（2）：698–714.

［211］Mcgill C. R.Graphical perception. theory，experimentation，and application to the development of graphical methods［J］.Journal of the American Statistical Association，1984，79（387）：531–554.

［212］Mehmet & Mehmetoglu.Medsem：a stata package for statistical mediation analysis［J］.International Journal of Computational Economics & Econometrics，2018.

［213］Newey W. K.& West K. D.Automatic lag selection in covariance matrix estimation［J］.Review of Economic Studies，1994，61（4）：631–653.

［214］Olden A. and J. Møen.The triple difference estimator［J］.Econometrics Journal，2022（25）：531–553.

［215］Olson J.M.Noncontiguous area cartograms［J］.The Professional Geographer，1976（28）：371–380.

［216］Pagan Adrian R. & Hall D.Diagnostic Tests as Residual Analysis［J］. Econometric Reviews，1983，2（2）：159–218.

［217］Parente P. M. D. C. and Santos Silva J. M. C.Quantile Regression with Clustered Data［J］.Journal of Econometric Methods，2016（5）：1–15.

［218］Pearson E. S.，D'Agostino R. B.& Bowman K. O.Tests for Departure from Normality［J］.Comparison of Powers，Biometrika，1977，64（2）：231–246.

［219］Pedroni P.Critical values for cointegration tests in heterogeneous panels with multiple regressors［J］.Oxford Bulletin of Economics and Statistics，1999（61）：653–670.

［220］Pedroni P.Panel cointegration. Asymptotic and finite sample properties of pooled time series tests with an application to the PPP hypothesis［J］.Econometric Theory，2004（20）：597–625.

［221］Persyn D. and J. Westerlund.Error Correction Based Cointegration Tests for Panel Data［J］.Stata Journal，2008，8（2）：232–241.

［222］Pisati M.Simple thematic mapping［J］.The Stata Journal，2004（4）：361–

378.

［223］Porter J.Estimation in the Regression Discontinuity Model［D］.Working Paper，University of Wisconsin，2003.

［224］Powell David.Quantile Regression with Nonadditive Fixed Effects［D］. RAND Labor and Population Working Paper，2015.

［225］Powell David.Quantile Treatment Effects in the Presence of Covariates［D］. RAND Labor and Population Working Paper，2016.

［226］Preacher K. J. & Hayes A. F. SPSS and SAS procedures for estimating indirect effects in simple mediation models［J］.Behavior Research Methods，Instruments & Computers，2004，36（4）：717–731.

［227］Ramsey J. B.Tests for Specification Errors in Classical Linear Least–Squares Regression Analysis［J］.Journal of the Royal Statistical Society，Series B，1969（31）：350–371.

［228］Richard Blundell & Stephen Bond.Initial conditions and moment restrictions in dynamic panel data models［J］.Journal of Econometrics，1998（1），doi.10.1016/S0304–4076（98）00009–8.

［229］Rios–Avila，F.Recentered influence functions（RIFs）in Stata：RIF regression and RIF decomposition［J］.Stata Journal，2020，20（1）：51–94.

［230］Roodman D.How to do xtabond2. an introduction to difference and system gmm in stata［J］.Stata Journal，2009，9（1）：86–136.

［231］Sant'Anna Pedro H.C.and Jun Zhao.Doubly Robust Difference–in–Differences Estimators［J］.Journal of Econometrics，2020，219（1）：101–122.

［232］Sargan J.D.The Estimation of Economic Relationships Using Instrumental Variables［J］.Econometrica，1958（26）：393–415.

［233］Sascha O.，Becker and Luigi Pascali.Religion，Division of Labor，and Conflict：Anti–Semitism in Germany over 600 Years［J］.American Economic Review，2019，109（5）：1764–1804.

［234］Shannon C. A Mathematical Theory of Communication［J］.Bell Entity Technical Journal，1948，27（3）：379–423.

［235］Skovron C.and R.Titiunik.A Practical Guide to Regression Discontinuity Designs in Political Science［D］.Working Paper，University of Michigan，2015.

［236］Slocum T.，Mcmaster R. B.，Kessler F. C.& Howard H. H.Thematic Cartography and Geographic Visualization［M］.Pearson/Prentice Hall，2009.

［237］Sobel & M.，E.Direct and indirect effects in linear structural equation models［J］.Sociological Methods & Research，1987，16（1）：155–176.

［238］Sun L. and S. Abraham. Estimating dynamic treatment effects in event studies with heterogeneous treatment effects［J］.Journal of Econometrics, 2020, 225（2）: 175-199.

［239］Swamy P. A. V. B.Efficient inference in a random coefficient regression model ［J］.Econometrica, 1970（38）: 311-323.

［240］Szroeter J.A Class of Parametric Tests for Heteroscedasticity in Linear Econometric Models［J］.Econometrica, 1978（46）: 1311-1328.

［241］Thistlethwaite Donald L.and Donald T. Campbell.Regression-discontinuity analysis: An alternative to the ex-post facto experiment［J］.Journal of Educational Psychology, 1960（51）: 309-317.

［242］Tibshirani R.Regression Shrinkage and Selection via the Lasso［J］.Journal of the Royal Statistical Society, 1996, 58（1）: 267-288.

［243］Vanderbei R.J.LOQO: An interior point code for quadratic programming［J］. Optimization Methods and Software, 1999（11）: 451-484.

［244］West N.A simple, positive semi-definite, heteroskedasticity and autocorrelation consistent covariance matrix［J］.Econometrica, 1987, 55（3）: 703-708.

［245］Westerlund J.New simple tests for panel cointegration［J］.Working Papers, 2005, 24（8）: 297-316.

［246］White Halbert.A Heteroskedasticity-Consistent Covariance Matrix Estimator and a Direct Test for Heteroskedasticity［J］.Econometrica, 1980（48）: 817-838.

［247］Windmeijer F.A finite sample correction for the variance of linear efficient two-step gmm estimators［J］.Journal of Econometrics, 2005（126）.

［248］Wooldridge J.Econometric Analysis of Cross-Section and Panel Data［M］. MIT Press, Cambridge, MA, 2010.

［249］Wright S.The Method of Path Coefficients［J］.The Annals of Mathematical Statistics, 1934, 5（3）: 161-215.

［250］Zhao X., Jr. J. G. L.& Chen Q.Reconsidering baron and kenny. myths and truths about mediation analysis［J］.Journal of Consumer Research, 2010, 37（2）: 197-206.

后　记

　　"道之为物，惟恍惟惚。惚兮恍兮，其中有象；恍兮惚兮，其中有物。窈兮冥兮，其中有精。其精甚真，其中有信"。追寻真理是一条崎岖坎坷的路，践行真理更是难上加难。希望本书的出版，能够对读者探寻和践行真理有所助力。

　　当笔者写下《"傻瓜"计量经济学与Stata应用》这本书的最后一个句号时，并未有结束的感觉，反而觉得这是一个全新的开始，是一次崭新的启航。这本书，就像一艘精心打造的船，正载着您和笔者的期待，驶向那充满挑战和魅力的计量经济学"大海"。

　　《"傻瓜"计量经济学与Stata应用》这本书，是笔者为您打开的一扇窗户，透过它您可以窥见计量经济学的广袤世界。相信您从这里看到的风景，一定会比您阅读这本书之前所想象的更加美丽、更加引人入胜。这本书或许不能让您立即成为计量经济学的专家，但它一定能让您对这个领域有更深入的了解，让您对计量经济学的"透过现象看本质"有更深的感受。

　　自从本教材第一版发行以来，笔者收到了许多读者的来信，这些信件充满了你们的热情与智慧。你们指出了书稿中存在的问题，提出了许多宝贵的建设性意见，这些都让笔者深受启发，也帮助笔者更好地完善了这本教材。你们的反馈是笔者前进的动力，也是笔者不断追求卓越的源泉，希望你们能够继续关注本教材的更新，并多提宝贵建议。

　　计量经济学世界的美丽，需要亲身去体验和深入探索。只有这样，才能更深刻地理解它的内涵，才能更好地应用它去解决实际问题，更好地理解人类社会发展的逻辑。希望在未来的学习和学术生涯中，《"傻瓜"计量经济学与Stata应用》这本书能够伴您左右，和您一起披荆斩棘，攀登新的高峰。

　　笔者将会继续努力，持续不断地更新教材，为您带来更多优质的内容，与您共同探索计量经济学的奥秘，享受学术的乐趣。让我们携手在计量经济学的世界里，共同成长，共同进步！

2024年7月